LOS MITOS DE LA GUERRA CIVIL

LOS MITOS DE LA GUERRA CIVIL

Pío Moa

la esfera historia

Primera edición: enero de 2003
Tercera edición: febrero de 2003

Avenida de Alfonso XIII, 1, bajos.
28002 Madrid
Teléf.: 91 296 02 00 - Fax: 91 296 02 06
Pág. web: www.esferalibros.com

ISBN: 84-9734-093-0
Depósito legal: M. 4.409-2003
Fotocomposición: IRC, S.L.
Impresión: Cofás
Encuadernación: Méndez
Impreso en España-*Printed in Spain*

A los jóvenes,
que deben conocer la historia.

Índice

Nota del autor 13

PRIMERA PARTE

Introducción. Los personajes de la república en en la marcha hacia la guerra 21

1. Alcalá-Zamora, el conservador que trajo la república y precipitó la guerra 36

2. Azaña, la inteligencia jacobina y los gruesos batallones populares 48

3. Largo Caballero o la revolución *proletaria;* Prieto, el amigo socialista de Azaña 63

4. Companys, levantar Cataluña 78

5. García Oliver, la gimnasia revolucionaria 93

6. José Díaz, estrategia de Moscú 105

7. José Antonio, dialéctica de los puños y las pistolas 118

8. Calvo Sotelo, «la democracia no frenará el comunismo» . 133

9. José María Gil-Robles, ¿fue posible la paz? 147

10. Franco, «lo que ni usted ni yo queremos que pase» ... 168

11. Consideraciones generales sobre las causas de la guerra 183

SEGUNDA PARTE

12. ¿Salvó a la república el armamento de las masas? 199
13. El primer puente aéreo 210
14. «La mayor persecución religiosa de la historia» 223
15. García Lorca, Maeztu, los *padres espirituales* de la república, y otros intelectuales 241
16. El Alcázar de Toledo y otros asedios 254
17. Las matanzas de Badajoz y de la cárcel Modelo madrileña 274
18. El oro enviado a Moscú, ¿un mito franquista? 293
19. ¿Perdió Franco Madrid por ganar Toledo? 309
20. La batalla de Madrid 321
21. Las Brigadas Internacionales 343
22. Intervención y No intervención 354
23. Guernica 369
24. Guerra civil en la guerra civil: mayo del 37 en Barcelona 391
25. El Pacto de Santoña 410
26. El enigma Negrín 427
27. El salvamento de las obras del Museo del Prado y otros salvamentos 447
28. El enigma Franco 473

EPÍLOGO

I. La guerra civil española en el siglo XX 495
II. La guerra civil en la historia de España 513

APÉNDICES

I. *Mapas* 539
II. *Origen regional de personajes citados* 545
III. *Cronología* 563
IV. *Notas* 575
V. *Índice onomástico* 593

NOTA DEL AUTOR

La guerra civil española, cuyo apasionamiento pervive, ha sido pródiga en mitos, sobre todo en su primer año, cuando se definieron las fuerzas, posturas e ideales: el Alcázar de Toledo, la defensa de Madrid, la persecución religiosa, la matanza de Badajoz, las Brigadas Internacionales, y tantos más. En los aquí seleccionados puede observarse cierta arbitrariedad. ¿Por qué no dedicar capítulos a Durruti, la batalla de Guadalajara, Andrés Nin, la batalla del Ebro, la muerte de José Antonio, las milicianas, Paracuellos, Belchite y a tantos otros sucesos o personajes que vienen enseguida a la cabeza? Porque el libro se alargaría indefinidamente, pero sobre todo porque esos temas vienen contenidos en los aquí tratados. Por ejemplo, he resumido el terror de retaguardia en las matanzas de Badajoz y de la cárcel Modelo de Madrid, con sólo algunas líneas para la de Paracuellos y otras; o he preferido a García Oliver sobre Durruti, porque el primero pesó más en la guerra. Etc. No es ésta una historia sistemática de los episodios de aquel conflicto, sino un examen crítico de los sucesos y personajes más destacados o «mitificados» por la historiografía o la propaganda.

Suelen denominarse mitos los relatos inspiradores de sentimientos y conductas religiosas o éticas, que también refuerzan la identidad comunitaria. Deben de responder a una necesidad psicológica, porque incluso las ideologías antirreligiosas producen sus mitos, piénsese en el «buen salvaje» o el «proletariado», con su cortejo de relatos más o menos históricos o literarios, que fundan la adhesión a ellas. En nuestra época, no muy religiosa, la publicidad y la propaganda crean sin tregua mitos, generalmente triviales. Así son llamados figuras y sucesos variopintos del arte, el espectáculo, la política, etc., por su capacidad para *inspirar* en la gente identificación emocional e imitación, erigiéndose en modelos de conducta o de sentimientos.

El lenguaje original del mito es simbólico, se vale de personajes y hechos irreales o cuya realidad ha sido transformada, para los fines inspiradores indicados, de tipo religioso o ético. El simbolismo nace de la dificultad o imposibilidad de expresar en forma lógica tales fines, referidos, en resumen, al elusivo sentido de la vida. De esa irrealidad, en otros casos artificiosa, deriva una segunda acepción de la palabra mito, la de simple fraude urdido *ex profeso* para motivar adhesión política. Un discurso del presidente de la Generalidad, Jordi Pujol, animaba a los nacionalistas catalanes a crear mitos que inspiraran creencia fervorosa, y ponía por modelo a los griegos actuales, en su opinión ajenos, étnicamente y en cualquier aspecto, a la Grecia clásica, pero que han llegado a creerse descendientes de ella y se lo han hecho creer a todo el mundo. De igual modo operan muchos de los mitos abordados aquí. Parte de ellos se desmontan con sólo recurrir a la lógica, otros requieren ahondar en los datos y en los argumentos.

La fabricación actual de mitos, sobre todo en el orden político e histórico, sufre, por suerte, una corrosión crítica o «desmitificadora» no menos incesante, que trata de iluminar la realidad bajo las fábulas. Pero, ¿se pueden desmontar todos los mitos? ¿Existen mitos consistentes, capaces de resistir la crítica? En mi opinión sí, y no rara vez el afán desmitificador juega con cartas marcadas, o concluye en un banal y estéril escepticismo, o refuerza otros mitos inconsistentes. En este libro, no ya expuesto a la crítica sino acucioso de ella, encontrará también el lector ejemplos al respecto.

Reflejo de la mitificación de la guerra civil es precisamente la dificultad para calificar a los contendientes. Se han usado los términos «frentepopulistas y nacionalistas», «demócratas y fascistas», «franquistas y rojos», «rebeldes y leales», etc. Lo inadecuado de varios de ellos salta a la vista. Los sublevados en julio del 36 sólo fueron rebeldes o facciosos durante unos meses, cuando carecían de estado y parecían abocados a la derrota. Pero desde octubre o noviembre ya constituían un poder beligerante sólido, con cierto reconocimiento internacional, superando el estadio de la mera rebeldía. Tampoco eran fascistas, aunque algunos de sus rasgos superficiales y una de sus fuerzas principales –pero no la principal–, la Falange, pudieran asimilarse al fascismo. Y la palabra «rojos», asumida con orgullo entonces por los así llamados, ha terminado por adquirir un matiz peyorativo, aparte de no identificar a los anarquistas, a los republicanos de izquierda o a los nacionalistas vascos.

Hoy predominan los términos «republicanos y nacionales» (o «nacionalistas»). Pero, ¿era republicano un bando integrado por varias de las fuerzas más hostiles a la república desde su origen, como la CNT, o los comunistas, o el mismo PSOE a partir de 1934? La legalidad republicana, nadie lo discute, rodó por tierra el 19 de julio de 1936, sustituida por una revolución anárquica, y luego, en septiembre, por un gobierno básicamente revolucionario. Titular republicanos a esos poderes carece de rigor. Al caer la república, en julio del 36, quedó también maltrecho el Frente Popular, formado, como sabemos, por revolucionarios marxistas y republicanos de izquierda, éstos en el gobierno; lo reconstituido en septiembre fue dicho frente, no la vieja república, y con un cambio esencial: los republicanos de izquierda pasaron a un tercer plano, y los marxistas al poder. El nuevo Frente Popular logró atraerse al PNV, y después a la CNT, anarquista, y cabe hablar, por tanto, de un bando «frentepopulista» o, para abreviar «populista», en sentido diferente del usado en la sociología política.

Tampoco distingue el nacionalismo al bando de Franco, porque el contrario cultivó un nacionalismo no menor. La expresión «bando nacional», aunque vaga, parece más adecuada, por cuanto uno de sus signos básicos de identidad fue la concepción de España como una nación, cosa menos clara en el campo opuesto.

Otro modo de identificar a los contendientes sería el más simple de «izquierdistas y derechistas», aunque entre los primeros combatiese también el muy derechista PNV, y en los otros la Falange se proclamase al margen de la derecha. También resulta propio hablar de un bando «franquista», aunque no al principio, pues Franco se hizo pronto el líder indiscutido en su zona, cosa que nunca lograron, aunque sí intentaron, Largo Caballero y Negrín en la opuesta.

En este libro emplearé, por tanto, los términos «populista», «izquierdista» o «revolucionario» para nombrar a uno de los bandos, y «nacional», «derechista» o «franquista» para el opuesto. Con su inevitable carga de vaguedad, me parecen bastante más ajustados y neutros que los de republicanos, rojos, leales, fascistas, etc.

Otra advertencia terminológica: empleo a menudo, aunque no exclusivamente, las formas «Usa» y «useño» en lugar de Estados Unidos y «norteamericano» o «estadounidense», términos estos últimos incómodos e inadecuados, con resonancias mesiánicas, y usurpadores, por así decir, de su lugar a otros muchos países. Cierto que USA significa exactamente Estados Unidos de América, pero reducido a la expresión Usa, queda como un nombre más de país, en cuyo origen o significado no se piensa, como no se piensa en el de Suecia, Francia o España.

He dedicado una primera parte del libro a la marcha hacia la guerra, siempre tan debatida, por el método de exponer la actitud y la conducta de los personajes más destacados de la república. Me ha parecido clarificador.

Entre los apéndices incluyo uno sobre el origen regional de numerosos personajes, que, entre otras cosas, indica hasta qué punto la guerra civil lo fue en todas partes y no, como algunos pretenden, «contra» alguna o algunas regiones en particular.

Asimismo hay uno dedicado a mapas, los cuales son muy esquemáticos, no detallados, para dar una idea de la evolución de la guerra y de algunos episodios particulares.

Agradezco, en fin, su ayuda en la corrección del original y apoyo de otras diversas formas, a Jesús Salas Larrazábal, Carlos Pla Barniol, Joaquín Puig de la Bellacasa, Francisco Carvajal Gómez, Dolores Sandoval León, Miguel Platón, José Orejas Canseco.

PRIMERA PARTE

Introducción

LOS PERSONAJES DE LA REPÚBLICA EN LA MARCHA HACIA LA GUERRA

La voluntad de mentir se concentra especialmente en la presentación del pasado cercano [...]. No se abrirá de verdad el horizonte de España mientras no haya una decisión de establecer el imperio de la veracidad. Julián Marías [1].

Sobre ningún episodio de los años 30 se ha mentido tanto como sobre éste [la guerra de España], y sólo en años recientes han empezado los historiadores a extraer la verdad de la montaña de mendacidad bajo la cual estuvo oculta durante una generación. Paul Johnson [2].

La primera de todas las fuerzas que dirigen el mundo es la mentira. Jean François Revel [3].

En una conferencia que di sobre las causas de la guerra, un oyente me criticó indignado: «Usted no es imparcial. Si hubo una guerra, las culpas deben repartirse más o menos al cincuenta por ciento entre los dos bandos». Pretensión absurda, en nombre de una supuesta imparcialidad o espíritu reconciliador. Tal vez a una guerra hayan contribuido ambos contendientes por igual, o tal vez no. Muchos estudiosos, incluso de derecha, cargan casi toda la responsabilidad en el lado de Franco, por haberse alzado «contra un gobierno legítimo y democrático». El argumento es fuerte, si es verdadero, pero su veracidad sólo destilará de un examen cuidadoso.

Más interés que esta obviedad tiene la «culpa» misma. Sesenta años después, los sentimientos de culpa y acusación siguen vivos y usados como factor de legitimación política. Persiste un auténtico fanatismo en torno al asunto, y sigue válida la queja del historiador R. Salas Larrazábal sobre ciertas mentalidades blindadas contra los datos y la lógica. Un amigo me habló de un conocido suyo, incapaz de terminar *Los orígenes de la guerra civil española,* porque le deprimía ver puestas en tela de juicio ideas que él había tenido por firmes. Por mi parte, intento soslayar esa pesada disputa en torno a culpas por hechos tan antañones, y procuro más bien entender el pasado a través de las intenciones y valoraciones de sus protagonistas reales, de la lógica de sus actos, de sus objetivos y medios.

En los últimos dos decenios la bibliografía española y extranjera sobre la guerra ha aumentado mucho en cantidad, si bien no cabe decir lo mismo de su calidad, justificadora a menudo del dicho de Revel: «¿Qué es la ideología? Es una triple dispensa: dispensa intelectual, dispensa práctica y dispensa moral. La primera consiste en retener sólo los hechos favorables a la tesis que se sostiene, incluso en inventarlos totalmente, y en negar los otros, omitirlos, olvidarlos, impedir que sean conocidos [4].»

Un número muy elevado de los estudios publicados cae en enfoques y métodos típicos de esa propaganda ideológica.

Una falacia muy extendida consiste en identificar, implícitamente, los problemas con determinadas soluciones. Buen ejemplo ofrece Pierre Vilar, tan influyente en la historiografía española, en el comienzo de su libro resumen sobre la guerra civil: «Hay que encontrarle otros orígenes distintos a los de una mala combinación ministerial, una buena voluntad frustrada, la torpeza de un presidente. La España del siglo XX heredó del XIX graves *desequilibrios. Sociales:* vestigios del antiguo régimen agrario, estructuras incoherentes de la industria. *Regionales:* un desarrollo desigual opone mental y materialmente, en el seno del Estado, antiguas formaciones históricas. *Espirituales:* La Iglesia católica mantiene una pretensión dominante a la que responde un anticlericalismo militante, político-ideológico en una cierta burguesía, pasional en las masas populares anarquizantes. Se trata, en primer lugar, de ponderar la fuerza de estos problemas[5]. El empleo del término «desequilibrio» en lugar de «diferencia», sugiere una tendencia a la caída, al derrumbe. Implica, además, una igualdad social, espiritual y regional –prometida y nunca cumplida por algunas ideologías–, que garantizaría un equilibrio «correcto». Bajo la aparente exposición objetiva de los problemas se desliza así el prejuicio de que determinados partidos o doctrinas resolvían los *desequilibrios,* y otros los acentuaban.

Por lo demás, el análisis de Vilar es una obviedad en lo poco que tiene de real. En todo país y época hallamos *desequilibrios* sociales, regionales y espirituales. Ellos eran más acentuados en 1890 que en 1930, o en Portugal, Grecia, Polonia o Bulgaria que en España, y sin embargo ninguna de ellas sufrió conmoción semejante a la española de 1934 ó 1936. O considérese, en la misma Francia, la diferencia (creciente, según la doctrina marxista de Vilar) entre la oligarquía financiera y la masa de trabajadores peor pagados; entre la rica región parisina y la Auvernia; o, durante decenios, entre la pretensión dominante del Partido Comunista con sus millones de votantes deseosos de una dictadura *proletaria* a imitación de la URSS, correspondida por un anticomunismo político-ideológico y pasional de las masas conservadoras. ¿Por qué tales *desequilibrios* no engendraron en Francia una guerra civil –aunque el país estuvo cerca de ella también en los años treinta–, y en España sí?

Planteamiento similar vemos en libros no marxistas, como *Spain betrayed (España traicionada):* «La distancia entre ricos y pobres en España era inmensa, y la poderosa jerarquía católica hacía poco por mejorar las condiciones. El resultado fue que campesinos en la miseria y obreros descontentos apoyaban el anarquismo radical o el socialismo, reforzado con un acre anticlericalismo, mientras el liberalismo en España tendía a un mayor extremismo que en la mayor parte de Europa. Sin embargo los ricos terratenientes y ciertas áreas del país, especialmente en el norte, mantenían una visión incondicionalmente conservadora que excluía cualquier reconsideración de los males del país. Muchos españoles, de tendencia monárquica, veían la salvación de su país en las tradiciones propias españolas y en un gobierno fuertemente centralizado. Al mismo tiempo, los movimientos nacionalistas en las provincias vascas y Cataluña animaban a su gente a considerarse distintos de los castellanos que mandaban en Madrid...» [6].

Esta mezcla de hechos, prejuicios y falsedades ayuda poco a entender la situación. ¿Comparada con qué países era «inmensa» la distancia entre ricos y pobres? Más pobreza padecían otros países europeos, y no obstante apenas cundió en ellos el anarquismo, o incluso el socialismo, el cual tuvo en cambio peso fundamental en varios países ricos. Es una osadía afirmar que la Iglesia no hacía casi nada por los desfavorecidos, cuando su red asistencial, de preparación profesional, enseñanza, etc., era cualquier cosa menos desdeñable. Por lo demás, ¿dependía de la «poderosa jerarquía eclesiástica» el desarrollo económico y la mengua de las diferencias? La vasta masa popular se seguía considerando católica, aunque mucha gente en todas las capas sociales fuera anticlerical, pero ¿procedía el anticlericalismo de la actitud de la Iglesia, o de unas ideologías hostiles por principio a la religión, y martilleadas sin tregua durante generaciones? Por otra parte, la tradición española no era centralista; al contrario, el centralismo va ligado más bien al liberalismo. Y sólo una parte de éste tendía al extremismo. Decir que en Madrid «mandaban los castellanos» es simplemente ridículo, y poco pertinente equiparar los nacionalismos vasco y catalán, el primero profundamente racista y separatista, bastante menos el segundo.

Sin duda en renta *per capita,* acceso a la enseñanza, mortalidad infantil, expectativa de vida etc., el país estaba bastante detrás de los del centro-noroeste europeo, pero, si consideramos el grupo de países, más numeroso, que rodea ese núcleo, la posición española no era tan mala. Al llegar la república, España venía a ser un país medio, económicamente atrasado en relación con los más ricos de Europa, pero, y esto tiene importancia, en vías de cerrar poco a poco la brecha con ellos. Como ha demostrado Stanley Payne, era ya un país bastante modernizado. Poseía una notable red de comunicaciones, una industria considerable, aunque muy concentrada en Vizcaya y Barcelona, pero radicada también en otras provincias, como Asturias, Madrid, Gerona, Guipúzcoa, etc. Un 75 por ciento de la población estaba alfabetizada, y el número de publicaciones periódicas era alto. Disfrutaba de un cierto esplendor en pintura, literatura, música, pensamiento, y de un desarrollo científico de segundo orden, pero en rápido desarrollo. Nada de ello, con ser fundamental, queda reflejado en el pretendido retrato de *Spain betrayed.*

Retrato aún menos fiel al no mostrar la evolución previa. Tampoco lo hace P. Vilar al mencionar la «herencia del siglo XIX», como si en los primeros treinta años del XX no hubiera sucedido nada de relieve, e implicando de paso una supuesta oposición entre modernizadores y partidarios de perpetuar el siglo XIX. Un buen modo de desfigurar la historia es contentarse con la foto fija, incluso si es buena, que en los casos vistos no lo es. España había permanecido semiestancada entre principios del siglo XIX y 1875, debido a las numerosas guerras internas y externas, pronunciamientos militares, intrigas políticas, pobreza de la enseñanza universitaria, decadencia intelectual, etc. Suma de ello, su renta *per capita* apenas creció, y si en 1800 llegaba al 94 por ciento de la británica y francesa combinadas, en 1875 había bajado al 55 por ciento*. En cambio, a partir de la última fecha la sociedad española cobró un nuevo dinamismo.

Entonces, vencida la I República, que había llevado a la nación al borde de la desintegración y la ruina, el desorden disminuyó, al fundar Cánovas el régimen conocido como la «Restauración», porque restauraba la monarquía borbónica, bajo Alfonso XII. El sistema integraba las dos fuerzas liberales, la moderada y la exaltada, cuyas luchas y disputas habían marcado los decenios anteriores. Los exaltados o progresistas, parte de ellos republicanos, heredaban el espíritu jacobino, que en la Revolución francesa había destacado por su cerrado anticristianismo y por el uso del terror de masas y el genocidio en nombre de su concepto de la libertad. A los jacobinos se deben en España los pronunciamientos militares, sinónimo de la inestabilidad decimonónica, pues en el ejército tenían aquellos sus bases, comúnmente logias masónicas. Algunas de sus propuestas eran razonables, pero el comportamiento violento y epiléptico que las acompañaba, provocaba un temor y rechazo muy extendidos. En la Restauración, los jacobinos no republicanos renunciaron al viejo espíritu y, como Partido Liberal, aceptaron la convivencia con los liberales moderados del Partido Conservador, sobre la base del turno en el gobierno, siguiendo más o menos el modelo inglés.

La Restauración, época crucial en la historia contemporánea del país, evolucionó a una mayor democracia (sufragio universal desde 1890), aunque lastrada por la corrupción electoral (el «caciquismo»), pero con genuinas libertades de expresión, asociación, etc. El caciquismo, la dificultad para una política de altu-

---

* Según resume G. Tortella de otros autores. Y sin olvidar que las estimaciones económicas históricas varían a veces muy notablemente de unos autores a otros.

ra a causa del continuo cambio ministerial, la escasa atención a la enseñanza pública, el muy desigual desarrollo económico, el proteccionismo excesivo y otros defectos del régimen, han recibido una crítica durísima por parte de sus enemigos y de historiadores e intelectuales tanto de derecha como de izquierda, desde Ortega y Gasset a Tuñón de Lara. Pero estudios como los de C. Seco Serrano, J. M. Marco, L. Arranz, J. Varela Ortega y otros, han cambiado la imagen de la época. Hoy el balance de la Restauración nos parece extraordinariamente positivo, comparado con la época anterior o con la II República: libertades, despliegue cultural, superación de los «pronunciamientos», estabilidad interna mantenida durante casi medio siglo –una verdadera proeza, dados los precedentes–, mayor complejidad social. Por primera vez desde comienzos del siglo XIX España salió de su semiatrofia económica para crecer de modo sostenido y acelerado. Cabe especular con lo que habría sido la historia de España si aquel régimen no hubiera caído ante fuerzas políticas adversas. La II República y la guerra civil vienen a ser el resultado último de esa caída.

El esfuerzo integrador de la Restauración fue deshecho por las nuevas fuerzas surgidas al abrigo de las libertades y del desarrollo económico, sobre todo el socialismo, el anarquismo y los nacionalismos periféricos. Se ha achacado al régimen incapacidad para integrar esas fuerzas, pero la crítica no aprecia lo bastante el carácter revolucionario e intransigente de ellas, tan difícilmente asimilable. Los anarquistas asesinaron a Cánovas, Canalejas y Dato, quizá los tres políticos de mayor altura de la época junto con Antonio Maura, a quien también intentaron matar –como al propio rey Alfonso XIII, realizando para ello una auténtica carnicería–. El líder socialista Pablo Iglesias llegó a justificar en el Parlamento el terrorismo. Unos y otros rechazaban la sociedad liberal, cuyas ventajas tenían por irrisorias, aunque las aprovechasen a fondo mientras socavaban su legalidad, aliándose entre sí para intentonas revolucionarias. El nacionalismo vasco nació con definida vocación de arruinar el espíritu fraternal reinante de siglos entre los vascos y los demás españoles. El catalán, más moderado, y en ocasiones sostén de la ley, cayó a veces en extremismos y maniobró con los revolucionarios, mientras un sector de él basculó hacia posturas jacobinas*. El republicanismo, desacreditado tras la experiencia de la I República, intentó algún pronunciamiento militar, en la tradición jacobina**, y combinaba un sentimentalismo social sin clara salida práctica, con un impulso revolucionario próximo al anarquismo.

Al subrayar la incapacidad del régimen para integrar a esas corrientes, se olvida además que todas ellas pudieron organizarse, expresarse y participar en elecciones; que, pese a la corrupción electoral, o haciendo uso de ella, lograron a veces resultados excelentes en los ayuntamientos, y lucidos en las Cortes –salvo los anarquistas, por decisión propia–; y que su intensa agitación nunca les ganó al grueso de la opinión pública, refractario a sus programas, en parte por influjo del catolicismo.

La Restauración quebró en 1923, víctima de una ola de terrorismo sin precedentes, de los efectos del desastre militar de Annual, en Marruecos, demagógicamente, explotado por la oposición, y de la ineptitud de los políticos de la hora. Pero entonces quedó a la luz cómo las fuerzas revolucionarias y antiliberales, aunque muy capaces de arruinar el sistema, no constituían alternativa a él. Vino la dictadura de Primo de Rivera, y el PSOE colaboró con ella, desapareció el terrorismo anarquista (y el patronal), y republicanos y nacionalistas catalanes y vascos cayeron en una discre-

---

* Véase el capítulo sobre Companys.

** Es curioso cómo en la opinión pública ha colado La falsa idea de que los pronunciamientos militares eran «de derechos»: casi todos ellos eran izquierdistas o revolucionarios.

ta pasividad, aunque la represión contra ellos fue suave, nada sangrienta, y siguiera publicándose mucha de su propaganda. Al mismo tiempo la gangrena marroquí quedó curada, y el desarrollo económico fue el más intenso habido hasta entonces.

Sin embargo la dictadura sólo podía ser una solución transitoria. Cuando, a los seis años y pico, Primo abandonó, salió a flote la arrasadora crisis moral de los partidos monárquicos y liberales, mientras saltaban a primer plano las fuerzas que el régimen liberal no había logrado encauzar. El 14 de abril de 1931 nacía la república. ¿Triunfaría ésta donde había fracasado la Restauración, logrando la convivencia de socialistas, republicanos jacobinos, anarquistas y nacionalistas, al lado de las corrientes conservadoras? Así cabía esperarlo, pues las fuerzas antes destructoras iban pronto a hacer suya la república, pese a haber sido llevadas al poder, paradójicamente, por líderes conservadores. España inauguraba una etapa histórica promisoria de una nueva y fructífera estabilidad sobre bases mucho más amplias que las de la Restauración, pues heredaba de la dictadura la mejor situación económica en un siglo y cuarto –aunque ensombrecida por la depresión mundial–, y la superación de los dos cánceres del régimen anterior: el terrorismo y la guerra de Marruecos.

En tales condiciones, casi espléndidas, la convivencia era el verdadero reto del nuevo régimen. De cómo lo afrontara dependía la solución o el agravamiento de los problemas o «desequilibrios». El marxismo de P. Vilar, aunque harto más flexible e inteligente que el tan frecuente en nuestros lares, le lleva a una falacia, al buscar el origen de la guerra en algo distinto a «una mala combinación ministerial, una buena voluntad frustrada, la torpeza de un presidente», como escribe con desenvoltura. Ciertamente no yace ahí la fuente de la guerra. Pero tampoco en los problemas o *desequilibrios* de aquella sociedad, *y sí en la manera como abordaban esos problemas los partidos y sus dirigentes, y en el carácter ideológico y objetivos de éstos.* A ellos debemos ceñirnos, pues no son los juicios del historiador sobre los problemas de la época los que influyen en la historia, sino los juicios de sus verdaderos protagonistas, los cuales quedan desvirtuados en enfoques como los de Vilar, tan sugestivos también para no marxistas, debido a su engañoso objetivismo. Una guerra civil no es efecto ineluctable de unas «condiciones objetivas» mejor o peor definidas por el historiador, sino un hecho político, fruto ante todo de las decisiones políticas del momento.

Pueden distinguirse en la república cinco etapas: una primera de formación, entre agosto de 1930 (Pacto de San Sebastián) y mayo de 1931, con equilibrio aparente entre las fuerzas conservadoras (Alcalá-Zamora, partido de Lerroux) e izquierdistas (socialistas y jacobinas).

La segunda, de jacobinización del régimen, disparada con la «quema de conventos», en mayo, manifiesta luego en una constitución netamente anticatólica, y asentada, en diciembre, en la coalición jacobino-socialista que gobernará hasta septiembre de 1933, veintiún meses caracterizados por las reformas de Azaña (en especial la del ejército, la agraria y el estatuto de Cataluña), dos insurrecciones anarquistas, el golpe de Sanjurjo y un gran desorden público. Hacia el final de ella, el PSOE rompe con los republicanos y se inclina por la dictadura del *proletariado.*

La tercera etapa, de reacción contra la política anterior, se extiende, tras un breve interludio, desde las elecciones de noviembre de 1933, ganadas por el centro derecha –sin que las izquierdas aceptasen el dictamen de las urnas–, hasta la rebelión armada del PSOE y de los nacionalistas catalanes de izquierda en octubre de 1934, contra el gobierno democrático. La rebelión, aun derrotada, comenzó la guerra civil, porque sus promotores mantuvieron e intensificaron un clima de crispación extrema.

En la cuarta destacan la inestabilidad política y las disensiones entre el gobierno de centro derecha y el presidente Alcalá-Zamora, hasta culminar en la liquidación del partido Radical de Lerroux, en septiembre de 1935, y la expulsión de la CEDA del gobierno, en diciembre, antes de tener tiempo de aplicar su programa.

La quinta y última etapa abarca desde la disolución de las Cortes, en enero de 1936, a julio del mismo año. La convocatoria de elecciones originó una campaña a la que cuadra el calificativo de feroz, y dio el triunfo electoral, en febrero, al Frente Popular, coalición de las fuerzas que en octubre de 1934 se habían sublevado contra la república o habían apoyado moralmente la rebelión. El resultado fue un período de extrema violencia contra la derecha, con esporádicas réplicas de un sector de ella, culminado en el alzamiento militar del 17 de julio.

Estas alternativas del régimen no pueden explicarse sin atender cuidadosamente a las formas de pensar, las apreciaciones de la realidad y las decisiones de los políticos implicados, cabezas de importantes fuerzas sociales. Por tanto, la primera parte de este libro abordará sus actitudes, que trazaron la marcha hacia la guerra. He procurado hacer comprensibles a los personajes, aunque sea esquemáticamente, y no juzgarlos, pues no me parece esta última la misión del historiador. La imagen resultante colisiona con la hoy mayoritaria, y ello podría deberse a mis inevitables errores o insuficiencias, aunque espero mostrar que obedece más bien a la defectuosa metodología aplicada a menudo al estudio de estos asuntos.

Un ejemplo ayudará a entenderlo. En su libro *Las tres Españas del 36,* P. Preston encara la significación histórica de Azaña, entre otros, y para ello empieza citando al general Mola, para quien el político republicano era un «monstruo que parece más bien la absurda experiencia de un nuevo y fantástico doctor Frankenstein que fruto de los amores de una mujer», merecedor de reclusión «para que escogidos frenópatas estudien en él un caso, quizá el más interesante, de degeneración mental ocurrido desde el hombre primitivo a nuestros días».Y Preston aclara: «Nada indica de modo más directo la importancia de los servicios prestados por Manuel Azaña a la Segunda República que el odio que sintieron hacia él los ideólogos y propagandistas de la causa franquista» [8].

Tal presentación tiene auténtico valor propagandístico. La opinión de Mola, de entrada descalificada, refuerza la contraria del estudioso inglés, discrepar de la cual, viene a sugerirse, equivaldría a identificarse con la *morralla* franquista. Dicho autor usa mucho ese truco, tachando a sus discrepantes de apologistas de la «reacción»*. La propaganda es en buena medida un juego de sugerencias donde se escamotea la información real, y aquí ocurre algo de eso. Pero el valor propagandístico rara vez coincide con el historiográfico, y las frases de Mola, dictadas por la pasión de la lucha, no prueban nada pro o contra Azaña. Más interés tendrían otras de Unamuno o Marañón, y aun éstas carecen de sentido si no se contrastan con hechos concretos. Esos hechos los establece Preston así: «Las reformas hechas durante el primer bienio –la nueva Constitución, el voto de la mujer, el divorcio, las reformas militares, la separación de la Iglesia y el Estado, el Estatuto de Cataluña, la legislación laboral y la reforma agraria– fueron considerables, y cada una, a su manera, constituyó un desafío a los privilegios de la derecha.»

---

* Un discípulo de Preston, el profesor Moradiellos, me calificaba en una crítica, entre otras lindezas, como «comisario inquisitorial furibundamente crítico» de las posiciones que él defiende... con trucos semejantes a los de su maestro [9].

Nada más lógico, entonces, que el odio de los privilegiados y el afecto del pueblo hacia el autor de las reformas... Pero –omite el historiador– no fue la derecha, sino el pueblo quien retiró la confianza al líder republicano. Tras sus reformas, su partido quedó casi sin diputados. La opinión popular sobre los servicios de Azaña –y la opinión del propio Azaña, expuesta en sus diarios– era, pues, harto menos fervorosa que la de Preston, y no sin buenas razones, como veremos en el capítulo correspondiente.

Azaña, nos informa el autor, «concebía el ejercicio del poder como la práctica de la virtud; tenía razón, convencía con palabras y actuaba legislando». Cosas así se leen en S. Juliá y otros. Pero gobernar es mucho más que perorar o legislar, como sabía Azaña, aunque parezcan ignorarlo sus devotos. ¿Qué fue, si no, su amplio uso de la Ley de Defensa de la República, que de hecho invalidaba la Constitución y los derechos ciudadanos? No sólo la mayoría de sus reformas fracasaron, por diversas razones, sino que fueron escoltadas por duras represiones, por un brusco aumento del hambre, la delincuencia y los disturbios –de origen izquierdista casi todos–, del cierre de centros educativos prestigiosos sólo por ser católicos, etc. Datos nada triviales, que no impresionan al historiador –ni los cita–, pero que sí impresionaron a la población.

El victimismo, como eficaz técnica de propaganda, tiene su parte en *Las tres Españas,* al ponderar el odio feroz a Azaña por parte de la derecha. Cierto, el odio cumplía un gran papel en aquella política, pero tratarlo de manera historiográfica y no propagandística obliga, en primer lugar, a atender al odio recíproco de las izquierdas a los jefes derechistas. Baste señalar –Preston no lo hace– que Azaña no llegó a ser amenazado de muerte en el propio Parlamento, como sí lo fueron los derechistas Calvo Sotelo y Gil-Robles, cumpliéndose la amenaza en un caso y, casi, en el otro. Además, la aversión de la derecha a Azaña no era tan general, y el autor podría haber recogido frases laudatorias hacia él incluso de José Antonio, jefe del partido fascista. También podría comparar los juicios mutuos entre Azaña y Gil-Robles, mucho más razonables los del último. Y no vendría mal mencionar el odio profesado a Azaña por los ácratas, sobre todo después de la matanza de Casas Viejas, perpetrada por la republicana Guardia de Asalto. Después de todo no fueron las derechas, sino los anarquistas, quienes empujaron a aquél fuera del poder en 1933. Un retrato del prohombre alcalaíno debe tener en cuenta estas cosas, sin lo cual no puede aspirar a pasar por fiel.

El título del libro comentado, *Las tres Españas del 36,* ya es engañoso, aunque haya dado lugar a una de esas modas fáciles. No existieron «tres Españas», sino dos bandos enfrentados. En cada uno variaban enormemente el fervor y el compromiso según las personas, y se tuvieron al margen algunos individuos y grupos, como ocurre en cualquier guerra. Las razones de los abstencionistas, muy variadas y aun opuestas entre sí, forman un cajón de sastre y no llegaron a crear en ningún caso una corriente homogénea ni una opción política. Oponerlos como una «tercera España» a los contendientes es abusar de la credulidad o desinformación del lector. En fin, la historiografía, insistamos, tiene sus exigencias, distintas de las de la propaganda, y no admite tan fácilmente la atención exclusiva a los hechos favorables a la tesis y la omisión de los inconvenientes, como decía Revel.

Ofrecer una versión aceptable del papel de los personajes obliga a señalar su trasfondo ideológico. Así, el jefe socialista Largo Caballero enfocaba los problemas políticos y sociales desde el marxismo, según el cual la «clase obrera» tenía unos intereses históricos antagónicos a los de la «clase burguesa» y debía derrocar a ésta cuando las circunstancias madurasen. Maduración alcanzada, a juicio de dicho líder, en los años treinta. Sin atender a este factor básico, las explicaciones tienden a convertirse en galimatías.

En segundo lugar debe señalarse la importancia política del personaje. No pesaban lo mismo las ideas y soluciones de Largo, cabeza del partido más nutrido y organizado de la izquierda y quizá del país, que las de Andrés Nin o las de José Antonio, líderes de grupos marginales. El extremismo de unos podía ser decisivo, y el de otros no pasar de retórica. La diferencia no siempre es tenida en cuenta.

En tercer lugar, conviene comparar un mismo factor en los dos bandos o en sus dirigentes. Acabamos de ver, hablando de Azaña y el odio, cómo atender sólo a una parte distorsiona la realidad. Este defecto es muy frecuente. Suelen mencionarse, por ejemplo, las deficiencias en armamento de un bando, sin examinar las del contrario, el cual, queda sugerido implícitamente, nadaría en la abundancia. Así un reciente libro del estudioso inglés G. Howson sobre las armas de la república.

Una cuarta condición es apoyarse con cierta amplitud en las palabras de los propios personajes. Pero todos hablaron y a veces escribieron mucho a lo largo de los años, y, como humanos, caen en no infrecuentes contradicciones: ¿con qué palabras quedarse? ¿cuándo son significativos sus propósitos o justificaciones? Estas dificultades se superan aceptablemente relacionando las palabras con el momento en que fueron pronunciadas y con los actos. Si no, caeremos en otro efecto propagandístico muy común, al subrayar los buenos propósitos de algún dirigente o partido, al margen de sus acciones reales.

Capítulo 1

NICETO ALCALÁ-ZAMORA, EL CONSERVADOR QUE TRAJO LA REPÚBLICA Y PRECIPITÓ LA GUERRA

Niceto Alcalá-Zamora nació en Priego, Córdoba, poseía buenas dotes intelectuales, entre ellas una memoria casi prodigiosa, una oratoria florida y a veces enrevesada, pero eficaz, y había escrito numerosos estudios jurídicos. En 1931, año de la instauración republicana, cumplió 54 años. Fue la máxima jerarquía de la república, como jefe del gobierno provisional primero, y a continuación como presidente, es decir, jefe del estado. Fue también el político más duradero en el poder: desde el 14 de abril de 1931 hasta el 7 del mismo mes de 1936, cinco años, prácticamente la vida entera del régimen, hundido definitivamente en julio del 36, como veremos. Influyente siempre, su papel fue decisivo en, al menos, dos momentos clave: en 1930-1931, para traer la república, y a finales de 1935 y principios del 36, al desahuciar del poder a la derecha moderada y allanar el camino al Frente Popular.

Pese a la importancia política del personaje, las historias suelen pintarlo con tonos desvaídos. Un nieto suyo, miembro de la Academia de la Historia, ha querido rescatar y resumir así su gestión: «Al hacerse cargo de la presidencia de la República, comprendió muy bien que su primer deber para salvar el futuro del régimen, zarandeado por las olas de la crisis económica mundial del 29 y por los totalitarismos de izquierda y derecha, radicaba en el ejercicio infatigable de su limitado poder moderador, cuyo éxito dependía, por desgracia, de la improbable benevolencia con que se escucharan sus consejos para impedir que llevasen a cabo sus propósitos los extremismos de uno y otro signo, que detestaban el *obstáculo* presidencial, cada día más decididos a exterminarse mutuamente» [1].

¿Hasta qué punto fue de ese modo?

Alcalá-Zamora, o don Niceto, como solía llamársele, había hecho su carrera como diputado y ministro de la Restauración, cuyas costumbres «caciquiles» conocía bien y, según sus enemigos, compartía. Al colapsar el régimen en 1923 tras una larga crisis, Alcalá-Zamora rehusó colaborar con la dictadura de Primo. En 1930, la ida del dictador abrió el tránsito a la normalidad constitucional. Algunos concebían ésta como una vuelta al régimen de la Restauración, demasiado desprestigiado ya para ser viable; otros deseaban una monarquía más democratizada; y fuerzas importantes anhelaban la república, que sería la segunda en la historia de España.

En abril de ese año, don Niceto, muy católico y nunca antes republicano, abandonó de pronto la monarquía. Decisión arriesgada, pues la mayoría de la gente no tenía, seguramente, sentimientos republicanos, y la I República era recordada, no sin razones, como una catástrofe. No obstante, el monarquismo estaba minado por un cáncer moral. La razón del súbito republicanismo de don Niceto la expone Miguel Maura, otro monárquico que le había precedido dos meses en la conversión: «La Monarquía se había suicidado, y, por lo tanto, o nos incorporábamos a la revolución naciente, para defender dentro de ella los principios conservadores legítimos, o dejábamos el campo libre, en peligrosísima exclusiva, a las izquierdas y a las agrupaciones obreras» [2].

Sonaba excesivo afirmar el suicidio de la monarquía entonces, pero en los meses siguientes pudo comprobarse en sus líderes una auténtica vocación autodestructiva. Sus políticos vacilaban o traicionaban al rey Alfonso XIII, muchos de ellos con un plus de bajeza o cobardía. En cambio los republicanos, todavía pocos y divididos, agitaban combativamente. Muchos pertenecían a la masonería, organización también asentada en el ejército.

Maura y Alcalá-Zamora procedieron enseguida a unir y organizar la corriente republicana en torno a un plan de acción. Asombra en principio que los republicanos, casi todos anticlericales de estirpe jacobina, aceptaran la dirección de dos católicos y monárquicos de la víspera, pero les obligó su propia dispersión, debilidad y escasez de líderes. El único capaz de rivalizar con los dos ex monárquicos era Alejandro Lerroux, jefe del republicanismo histórico y del Partido Radical, el más sólido entre los republicanos; pero los celos y recelos de sus correligionarios dieron la primacía a don Niceto. Éste, pues, y Maura, promovieron lo que pasaría a la historia como Pacto de San Sebastián, el 17 de agosto de 1930, un principio de programa y de estrategia para traer la república.

De los reunidos en San Sebastián, sólo don Niceto y Lerroux disfrutaban de amplio reconocimiento público. No así Azaña y otros, luego famosos. Prieto, socialista asistía sin mandato de su partido. Participaron nacionalistas catalanes, pero no vascos, al parecer por presiones del obispo Múgica, y tampoco los catalanistas de derecha, convencidos de que una nueva república sólo acarrearía desgracias.

El medio acordado para acabar con la monarquía fue el clásico pronunciamiento militar, muy en la tradición jacobina del siglo XIX, secundado por una huelga general. A ese fin debían atraer al PSOE, único partido organizado y potente por entonces, pero reacio a la aventura. Prieto se encargó de arrastrar a los socialistas al golpe, con buen éxito. No sabemos si don Niceto y Maura aceptaron muy de grado el pronunciamiento, pero lo aceptaron.

Intentado en diciembre, el golpe fracasó, y dos militares complicados en él, Galán y García Hernández, fueron fusilados. Parecía un serio retroceso republicano, pero los monárquicos suicidas no se arredraron por eso, e hicieron lo posible por convertir aquel fracaso de sus contrarios en fracaso de sí mismos*. Y de este modo, cuatro meses después, el 12 de abril de 1931, los procesados por el golpe de diciembre concurrían a las elecciones municipales convocadas por el gobierno como paso previo para unas generales. En las capitales de provincia ganaron los republicanos, pero no en el conjunto del país, donde vencieron ampliamente sus contrarios.

Los líderes republicanos acogieron con euforia este relativo triunfo, pensando en las próximas elecciones generales, pero Maura, seguro de la descomposición monárquica, empujó a sus compañeros a tomar el poder. Tal como previó, casi todos los ministros de Alfonso XIII, empezando por el principal de ellos, el conde de Romanones, carecían de cualquier voluntad de lucha. Por tanto, la noche del 14 de abril, el Gobierno Provisional Revolucionario, presidido por Don Niceto, ocupó los ministerios, mientras Alfonso XIII abandonaba el Palacio de Oriente con rumbo a Cartagena, y allí embarcaba para Francia.

Así, y contra una idea extendida, la república nació bajo el impulso y dirección de unos monárquicos de la víspera, católicos y fundamentalmente conservadores. Y nació en paz, gracias,

---

* El proceso del suicidio ha sido bien descrito por M. Maura en *Así cayó Alfonso XIII;* por el anarquista E. de Guzmán en *1930, Historia política de un año decisivo;* y otros. En *Los personajes de la república vistos por ellos mismos* resumo diversos testimonios.

no a los republicanos, resueltos a la violencia desde el principio, sino a la decisión monárquica de no oponerles resistencia*.

Alcalá-Zamora quedó muy ufano de su éxito, y años después, hundida la república, replicará con sarcasmo a críticas de Lerroux, el republicano histórico: «¿Que aun siendo yo según él muy dinámico no tengo condiciones de luchador? Pues si a pesar de ello vencí pronto, total y fácilmente, ello tendrá al menos el mérito de la rareza. ¿Que él dirigió con excepcionales dotes, que yo no tengo, varios movimientos revolucionarios republicanos? Pues si en pocos meses el único que prevaleció en España fue dirigido por mí, ello será, como dicen los castizos, *suerte que uno tiene*» [4].

Y sin duda él y Maura influyeron decisivamente, pues dirigieron el proceso y percibieron su momento crucial, y, no menos importante, contribuyeron a acelerar la disgregación monárquica y a calmar a la opinión conservadora en relación con la república, ligada, para muchos, a excesos jacobinos y revolucionarios.

Pero la suerte no iba a durarles. Ellos esperaban dirigir una amplia opinión conservadora, capaz de contrarrestar los extremismos, pero antes de un mes, a partir del 11 de mayo, grupos de fanáticos anticlericales lanzaron una oleada de incendios por varias provincias. Más de cien edificios fueron pasto de las llamas, entre ellos la biblioteca tenida por segunda de España, y otra más, laboratorios, centros de formación profesional, templos de gran valor artístico, esculturas, pinturas, etc. Alcalá-Zamora, jefe del gobierno, resultó una «verdadera calamidad presidencial en

---

* La influencia masónica en la llegada y conformación de la república está generalmente reconocida. Según el socialista y masón Juan Simeón Vidarte, el conde de Romanones, supuesto defensor de la monarquía en los últimos días de ésta, se había iniciado en la *orden* en condiciones especialmente secretas [3]. Es difícil saber si su filiación masónica, caso de confirmarse, pues no hay otra referencia, gravitó sobre su conducta, claramente entreguista.

momentos difíciles», en palabras del indignado Maura, ministro de la Gobernación, a quien el presidente y el resto del gobierno impidieron frenar a los delincuentes [5].

Las izquierdas, en general, justificaron los desmanes como procedentes del «pueblo», y supuestamente provocados por la derecha, y presionaron para que el gobierno tomase una actitud radical. Alcalá-Zamora aceptó medidas de castigo no contra los incendiarios, sino contra las víctimas, entre ellas la decisión de disolver la orden jesuita, aunque de momento no se aplicase.

Si aquellos sucesos fueron catastróficos cultural y artísticamente, no lo fueron menos en lo político. En cierto modo, lo peor no fueron los desmanes, sino la manera como obraron ante ellos el gobierno y las izquierdas, pórtico a mayores disturbios. La consternada opinión católica reaccionó sin violencias, pero buena parte de ella retiró su confianza al régimen, y algunos sectores, como los carlistas, decidieron prepararse para la acción armada, mientras los monárquicos alfonsinos pasaron a una oposición frontal, conspirando en el ejército como antes habían hecho los republicanos. En el plano económico, la sensación de inseguridad jurídica retrajo la iniciativa privada.

Contra lo que suele decirse, y como ya hemos visto, el nuevo régimen había llegado en condiciones excelentes, sin conflictos externos ni terrorismo. La Iglesia y el Vaticano se mostraban conciliadores. La situación económica era la mejor en casi un siglo y medio, y aunque amenazada por la depresión mundial, ésta repercutiría en España mucho menos que en sus vecinos, debido a la débil imbricación del país en la economía internacional. Pero el fuego de aquellas jornadas condensó nubes de tormenta. Don Niceto constata en sus memorias algunas consecuencias «desastrosas» para la república: «Le crearon enemigos que no tenía; quebrantaron la solidez compacta de su asiento; mancharon un crédito hasta entonces diáfano e ilimitado; motivaron reclamaciones de países tan laicos como Francia o violentas censuras de (...) Holanda (...). Pero de momento los partidos de izquierda aprovecharon mezquinos para fines de provecho inmediato el odioso hecho, alegando que reflejaba indignaciones del sentimiento popular, no satisfecho por nuestras templanzas» [6].

Y lo más amargo: «Habíamos perdido el apoyo principal de las torpes derechas, las cuales sintieron el horror bastante para detenerse en su adhesión a la República y el terror sobrado para acudir a la lucha electoral».

La segunda parte del aserto es discutible, pues sólo sectores minoritarios de la derecha resolvieron marginarse de la legalidad. En cambio sí fracasó la ambición de don Niceto y Maura, de encabezar un amplio partido moderado. No era de extrañar: uno de ellos presidía, y el otro era ministro, en un gobierno que de hecho había amparado los desmanes, y ninguno de los dos había dimitido, ni desmentido las interpretaciones de la izquierda, ni resistido a las medidas de castigo a las víctimas. En las elecciones siguientes, en junio, el partido de ambos políticos, el Republicano Conservador, aislado de la opinión de derechas, obtuvo sólo veintidós diputados, en torno a un 5 por ciento del total.

Luego, los debates sobre la Constitución trajeron un nuevo descalabro para don Niceto, el cual terminó dimitiendo, el 13 de octubre, en protesta por el sectarismo antirreligioso por él achacado a la ley fundamental. Le sucedió Azaña, quien dio un giro izquierdista al gobierno: sustituyó la alianza del 14 de abril por una coalición jacobino-socialista, en diciembre, excluyendo a Lerroux y a otros. Con todo, también entonces fue nombrado don Niceto presidente de la República, sin poder inmediato, pero con capacidad para derribar un gobierno retirándole su confianza. El favorecido atribuye el nombramiento a su prestigio, y Azaña, que le trata de perturbado, a la simple y lamentada ausencia de alguien más idóneo en aquel momento.

Los dos años siguientes, la coalición de izquierdas gobernó sin injerencias del presidente, salvo en sus últimos tiempos, cuando la coalición se descomponía. Durante ese periodo ocurrieron varias sublevaciones anarquistas y el golpe militar de Sanjurjo. Y en marzo de 1933 nacía el gran partido conservador moderado, tan deseado por Alcalá-Zamora y Maura. Se trataba de la CEDA (Confederación Española de Derechas Autónomas), dirigida por José María Gil-Robles y orientada por la Iglesia. Pero la CEDA, aunque legalista, no se proclamaba republicana (ni lo contrario), y escapaba por completo a la tutela de don Niceto. Éste iba a obsequiarle una profunda e irreconciliable inquina.

En noviembre de 1933 unas elecciones desastrosas para la izquierda daban el poder al centro derecha, con la CEDA como partido más votado. Estos comicios marcan el punto de viraje de la república. Casi todas las izquierdas reaccionaron abruptamente a su fracaso en las urnas: unas propugnaron el golpe de estado, y otras organizaron una insurrección armada. En cuanto a la CEDA de Gil-Robles, dejó el poder al Partido Radical de Lerroux, republicano centrista, contentándose con apoyarlo desde fuera.

La CEDA y Alcalá-Zamora coincidían en varios objetivos, sobre todo el de reformar la Constitución, y el partido de Lerroux era notablemente moderado. Por tanto, debiera haber reinado entre ellos una armonía fundamental. Pero ocurrió lo contrario. Si en el primer bienio el presidente apenas había interferido con la labor gubernamental de las izquierdas, ahora pasó a hacerlo constantemente contra las derechas, llegando a provocar un grave choque constitucional al oponerse a la vuelta al ejército de los militares de la *sanjurjada*, amnistiados en abril del 34.

Las injerencias presidenciales y las maniobras desestabilizadoras de las izquierdas llevaron a Gil-Robles a reclamar, finalmente, la entrada en el gobierno, a principios de octubre. En ese momento el PSOE y la Esquerra nacionalista catalana se alzaron en armas contra el gobierno legítimo, empujando al régimen a una situación catastrófica.

Vencida la revuelta, pareció posible que el centro-derecha aplicase por fin, en calma, el programa con que había ganado las elecciones. Pero no fue así. Alcalá-Zamora aumentó sus presiones hasta límites no constitucionales, perturbando en extremo la labor de gobierno, y en el otoño de 1935 asestó dos golpes formidables al centro derecha. En primer lugar colaboró con Prieto y Azaña en destruir políticamente a Lerroux y su Partido Radical, por medio de una campaña que hinchó en forma desmesurada unas pequeñas corruptelas, conocidas como el estraperlo. Siendo el partido lerrouxista el único capaz de atemperar los odios crecientes entre izquierdas y derechas, su hundimiento constituyó una verdadera tragedia para el régimen.

En un segundo y decisivo golpe, en diciembre, don Niceto arrojó a la CEDA del poder. Esta acción, muy dudosamente legal, abría el camino a nuevas elecciones, las más decisivas del régimen, en un ambiente de crispación extrema, y de odio desatado.

¿Por qué obró de esta manera un político básicamente conservador y católico, empujando a la república hacia el abismo? Sabemos que él creía, en 1935, que la experiencia de izquierda se había agotado en el primer bienio, y la de derecha en el segundo. Por tanto, la opinión popular debía inclinarse entonces por una opción de centro, que él aspiraba a tutelar, arrebatándosela a Lerroux, hacia quien sentía un desprecio bien visible en sus *Memorias* [7]. Chapaprieta y Portela Valladares, los políticos por quienes optó en sustitución de los de la CEDA, testimonian cómo el presidente confiaba en propulsar un partido de centro, a organizar sobre la marcha. El nuevo partido debía obtener unos 150 diputados, bastantes más que ningún otro hasta la fecha, dictando la marcha del régimen. Este cálculo demostraría ser ilusorio.

Tal error no se entendería sin otra consideración: Alcalá-Zamora era lo que podríamos llamar un católico *progresista*, y de ello se ufana en sus escritos. Le horrorizaba pasar por *reaccionario*, y mostraba complacencia con las izquierdas, aunque éstas lo zahiriesen con motes despectivos como «el Botas», «el cacique de Priego» y, justamente, «reaccionario». Esa mezcla de temor y simpatía por la izquierda se trocaba en desdén hacia las derechas conservadoras, a las cuales había aspirado a dirigir y de las cuales se había sentido abandonado a raíz de las jornadas incendiarias del 31. Por tanto veía como rivales a Gil-Robles y a Lerroux, y procuró eliminarlos cuando creyó llegado el momento. Añádase que, pese a lo repentino de su propio republicanismo, y a que llega a describir a los republicanos de izquierda como «un manicomio no ya suelto, sino judicial, porque entre su ceguera y la carencia de escrúpulos sobre los medios para mandar, están en la zona mixta de la locura y la delincuencia»[8] tenía al nuevo régimen por creación personal suya, no sin base, y le irritaba la negativa de la CEDA a proclamarse republicana.

Abierta la crisis, las elecciones tuvieron lugar el 16 de febrero de 1936. En ellas naufragó el proyecto centrista del presidente, triunfando el Frente Popular, coalición de izquierdas mucho más radicalizada e incontrolable que la del primer bienio. Y triunfó de modo muy fundamental gracias a Alcalá-Zamora, que le había despejado la senda con sus ataques al Partido Radical y a la CEDA. Si el anterior gobierno de centro había rehabilitado y admitido en el ejército a los partidarios de Sanjurjo, ahora los militares implicados en la insurrección de octubre del 34 no sólo volvían a sus puestos, sino que lo hacían cubiertos de gloria, sin que el presidente se opusiera, como se había opuesto rígidamente a la vuelta de los derechistas.

No obstante, los nuevos dueños del poder, con todos sus motivos de gratitud hacia don Niceto, no pensaban tolerar un presidente conservador, capaz de usar sus prerrogativas para ponerles en apuros, o hasta para echarles del gobierno, como había hecho con la CEDA. Por ello urdieron, para arrojarlo de la presidencia, una maniobra comúnmente juzgada como una de las más extravagantes e ilegítimas de la época.

El presidente podía disolver dos veces las Cortes, provocando nuevas elecciones, pero los diputados salidos de los segundos comicios podían juzgar si la disolución previa había tenido justificación. Si la hallaban injustificada, el presidente quedaba destituido. Había en el caso otro problema: la disolución cuestionada, la de principios del 36, ¿era la segunda o la primera? Había razones jurídicas para considerarla la primera, pues la de 1933 había correspondido a unas Cortes Constituyentes cuya labor terminaba con la elaboración de la Constitución y de las leyes complementarias. Pero el Frente Popular se impuso como juez y parte, y juzgó la disolución del 36 como segunda e injustificada. ¡En cierto sentido, las Cortes se declaraban injustificadas a sí mismas y al gobierno del Frente Popular, pues de esa disolución provenían ambos!

Aquella conducta de las izquierdas fue prácticamente revolucionaria, dejando una impresión de ilegitimidad y uso torticero de la ley. Esto ocurría el 7 de abril de 1936. Don Niceto lo consideró un doble golpe de estado, pero no resistió. Resulta irónico leer en sus *Memorias* expresiones de aprecio hacia Largo Caballero, el cual escribió de él un cruel epitafio político: «Había sido doblemente traidor, a la Monarquía y a la República». Cambó, colaborador suyo cuando se deshizo de la CEDA, también lo maltrata en sus *Memorias:* «Él tuvo gran parte de la culpa de que viniera la República, él tuvo la culpa principal de que viniera la revolución, y ni una vez ni otra actuó impulsado por una ilusión, por un entusiasmo, que, equivocados incluso, son una excusa: las dos veces obró por resentimiento.» Lerroux considera a Alcalá-Zamora el máximo responsable del hundimiento de la república y, por tanto, de la guerra. Expresiones acaso algo injustas y excesivas, pero no sin un claro fondo de verdad [9].

De cualquier modo, no cabe sostener que se redujera a dar consejos para impedir «los propósitos de los extremistas de uno y otro signo de exterminarse mutuamente». Hizo mucho más que aconsejar: contribuyó decisivamente a hundir el centro, a radicalizar a la derecha moderada, y a abrir paso a una izquierda dispuesta a tomarse la revancha por la derrota de 1934, provocando un brusco bandazo político en el apogeo de los odios y los miedos. Obró así pensando que había llegado el momento de «centrar» y moderar definitivamente la república bajo su orientación personal. Tan craso error precipitó una guerra quizá, aunque difícilmente, evitable.

El ambiente por los días de la destitución presidencial lo describe el escritor liberal Salvador de Madariaga: «Aumentaron, en proporción aterradora, los desórdenes y las violencias, volviendo a elevarse llamaradas y humaredas de iglesias y de conventos hacia el cielo azul, lo único que permanecía sereno en el paisaje español. Continuaron los tumultos en el campo, las invasiones de granjas y heredades, la destrucción del ganado, los incendios de cosechas (...). En el país pululaban agentes revolucionarios a quienes interesaba mucho menos la reforma agraria que la revolución. Huelgas por doquier, asesinatos de personajes políticos de importancia local (...). Había entrado el país en una fase francamente revolucionaria [10].

Faltaban poco más de tres meses para que la derecha se sublevase a su vez.

Capítulo 2

AZAÑA: LA INTELIGENCIA JACOBINA Y LOS GRUESOS BATALLONES POPULARES

Si Alcalá-Zamora presidió la república durante prácticamente los cinco años de existencia de ella, Azaña dirigió el gobierno del primer bienio, perdió el poder por otros dos años, y lo recuperó en febrero de 1936, para ocupar en mayo el puesto de don Niceto, una vez destituido éste. Luego, tras el alzamiento del 18 de julio, siguió presidiendo durante casi tres años un régimen que propagandísticamente se seguía llamando II República, pero con muy poco en común con ella.

En contraste con Alcalá-Zamora, la historiografía ha prestado a Azaña la máxima atención: no menos de treinta biografías más o menos completas, cientos de semblanzas, artículos y comentarios. Ningún prohombre republicano ha suscitado tanto examen y polémica, predominando, en los últimos veinte años, las opiniones laudatorias. Su complejo carácter ha dado lugar asimismo a mil versiones. Dentro de las diferencias, tenía llamativas similitudes con don Niceto: ambos de familia acomodada, excelentes estudiantes y luego oradores, llegarían a creerse indispensables para la república, y descargarían en los demás la culpa de todos los males. Entre los republicanos de izquierda o jacobinos, Azaña destacaba muchos codos por su talento político, intelectual y literario, dotes algo menguadas por un talante adusto, mordaz, frívolo e inestable. Tenía 51 años al llegar la república, y era de Alcalá de Henares.

Algunos estudiosos de derechas le han dedicado incondicional aversión (J. Arrarás); otros, abierta simpatía (E. Aguado, J. Tusell, F. Jiménez Losantos en sus primeros libros). La derecha ha solido respetar sus dotes de orador e intelectual, si bien culpándole mucho o algo por la guerra. Las izquierdas lo tratan con favor: Azaña encarnaría el gran designio de democratizar y modernizar el país, frustrado por los errores de la izquierda extremista, pero sobre todo de los horrores de la derecha autoritaria o fascista, tachada de refractaria a cualquier reforma que afectase a sus privilegios.

Para J. Marichal, «Pocas figuras hay en la Europa contemporánea tan originales y tan reveladoras del drama histórico del medio siglo 1898-1939. Intelectual de raza, fue también hombre de notables aptitudes ejecutivas, combinándose en él nuevamente las «armas» –la capacidad para el mando y el gobierno– y las «letras». «Surgió en 1931 como la personalidad más vigorosa de su tiempo». «Se opuso a la violencia y a la venganza». Tuñón de Lara y S. Juliá coinciden: su poder descansaba «sólo en la posesión de la razón máxima, de la más clara palabra». J. Tusell y G. Queipo de Llano lo consideran «la vida española más interesante del siglo XX», aunque empiezan por atribuirle una «indomable resistencia», puramente imaginaria, a la dictadura de Primo de Rivera. Y un largo etcétera. Más analíticos y menos ditirámbicos resultan libros como los de J. M. Marco, F. Jiménez Losantos o F. Suárez [1].

Azaña se inició en la política con poca fortuna, durante la monarquía y en el Partido Reformista de Melquíades Álvarez, que había de ser asesinado veinte años después, en 1936, en una cárcel del régimen presidido por el propio Azaña. El republicanismo de éste data de la dictadura de Primo, hacia la cual muestran sus escritos una intensa hostilidad, no traducida en acción.

Ido el dictador, se sumó al proyecto impulsado por Maura y Alcalá-Zamora en el Pacto de San Sebastián, para traer la república.

Se reveló como orador el 28 de septiembre de 1930, en un mitin en la plaza de toros de Madrid. Allí afirmó: «Todos cabemos en la República»; pero matizó que ésta «será pensada y gobernada por los republicanos», idea jacobina, no democrática –máxime siendo escasos los republicanos–, y no ocasional, sino concepción clave y repetida en su pensamiento, sin la cual no podrá entenderse su conducta política.

Por esas fechas aclaró sus planes en un discurso en el Ateneo de Madrid, influyente centro cultural presidido por él. La transformación política, anunció, sería dirigida por «la inteligencia», es decir, por los republicanos afines al propio Azaña, auxiliados por «los gruesos batallones populares» en calidad de «brazos», los «brazos del hombre natural, en la bárbara robustez de su instinto». Concebía esa tarea como «vasta empresa de demoliciones», como «empresa demoledora» de la herencia histórica de España –que comparó a la sífilis–, pues «Ninguna obra podemos fundar en las tradiciones españolas, sino en las categorías universales humanas». El futuro «no me importa. Tan sólo que el presente y su módulo podrido se destruyan. Si agitan el fantasma del caos social, me río». Con ese optimismo, advirtió: «No seré yo (...) quien siembre desde esta tribuna la moderación». Este discurso, pronunciado cuando preparaba la toma del poder, ha recibido poca atención, y sin embargo no puede ser más iluminador: refleja casi proféticamente el futuro y define una actitud jacobina [2].

En otros lugares explicó Azaña su atracción por el jacobinismo: «En el ápice del poderío, más aire me hubiese dado a Robespierre que a Marco Aurelio», e interpretó así las razones del profeta del terror revolucionario francés: «La inteligencia no es libre: es sierva de la verdad». La verdad imponía, en consecuencia, asestar «terribles tajos». Sin embargo Azaña era por naturaleza más bien pacífico, se describe a sí mismo como «indolente», y temía «los horrores de la revolución social». Pero pensaba explotar y encauzar ese impulso revolucionario a fin de democratizar y modernizar España tal como él lo entendía.

Al jacobinismo español lo distinguía una débil producción intelectual y un cerrado anticatolicismo. Se creía portador de la democracia y la libertad, y con derecho, por ello, a imponer su poder en toda circunstancia, y a aliarse con las fuerzas más extremistas. En el siglo XIX los jacobinos se llamaron liberales «exaltados», luego «progresistas» y por fin republicanos. Eran pocos, pero disponían de núcleos activos en el ejército, y con ellos dieron numerosos golpes militares, los «pronunciamientos».

Desentendido del posible caos social y de la moderación, Azaña apoyó, sin duda, el plan de imponer la república por medio de un pronunciamiento. Al fracasar éste, en diciembre de 1930, se ocultó*, y si bien no tuvo parte alguna en la llegada del nuevo régimen, pronto destacó como uno de sus principales líderes. Reveladora fue su actitud ante la quema de templos, bibliotecas, etc., apenas llegada la república. Entonces se opuso en redondo a usar la fuerza pública para detener a los incendiarios, amenazó con provocar una crisis política si no se le hacía caso, y pronunció la frase: «Todos los conventos de Madrid no valen la vida de un republicano». Según don Niceto, «la furiosa actitud de Azaña planteó, con el motín y el crimen ya en la calle, la más inicua y vergonzosa crisis de que haya memoria» [3]. No obstante, hay consecuencia en su actitud: ¿no provenían los incendios del «hombre natural en la bárbara robustez de su instinto», puesto a demoler la historia de España, materializada en los templos y en las

---

* No obstante se preocupó de seguir recibiendo su sueldo de funcionario.

actividades culturales de la Iglesia, enemigo muy fundamental a abatir? No creo distorsionar su punto de vista al señalarlo.

La misma coherencia mostrará el 13 de octubre en los debates parlamentarios sobre la Constitución, empeñando todo su vigor dialéctico en proscribir la enseñanza religiosa. Objetivo esencial a su juicio, pues si bien «tenemos la obligación de respetar la libertad de conciencia», urgía mucho más «poner a salvo la República y el Estado»: «No me vengan a decir que esto es contrario a la libertad, porque esto es una cuestión de salud pública». Y decidió, osadamente: «España ha dejado de ser católica». Estaba en pleno «proceso de demoliciones».

Los disgustos, sin embargo, no le llegaron de los divididos y asustados católicos, sino de algunos «gruesos batallones populares» refractarios al liderazgo de «la inteligencia»: la CNT anarquista, que había ayudado a traer la república, votando sus candidaturas, enseguida pasó a organizar revueltas y desórdenes. Este «caos social» ya preocupó a Azaña, que decidió reprimirlo «con la mayor violencia», en sus propias palabras. Cuando la insurrección ácrata de enero de 1932, Fernando de los Ríos, ministro en su gabinete, ante su medida de «fusilar a quien se cogiese con las armas en la mano, quiso disentir, pero yo no le dejé, y con mucha brusquedad le repliqué que no estaba dispuesto a que se me comiesen la República. Todos los demás ministros aprobaron mi resolución». La represión fue, pues, muy dura. Según los líderes de la CNT, «las cárceles se llenaron de bote en bote y las torturas estuvieron a la orden del día». Más de un centenar de presos fue deportado a África en virtud de la Ley de Defensa de la República, promovida por Azaña, que permitía al gobierno prescindir de la Constitución en la práctica. Esa ley fue aplicada a menudo, cerrando prensa, imponiendo multas o deteniendo a personas sin acusación. Azaña había advertido: «La República es de todos los españoles, gobernada, regida y dirigida por los republicanos, y ¡ay del que intente alzar su mano contra ella!», «A la amenaza responderé con la acción, y a la acción de otro con una acción centuplicada por la furia del poder, atacado en su justa posesión del mando» [4].

En enero de 1933 ocurrió la matanza de Casas Viejas, en Cádiz, donde la Guardia de Asalto asesinó a 14 campesinos prisioneros, y a otros varios, anarquistas, incendiando el chamizo donde resistían. Azaña fue acusado de ordenar «tiros a la barriga». La acusación puede muy bien ser falsa, pero la tragedia tiene clara relación con la línea azañista de «máxima violencia» contra el «hombre natural» desmandado. Casas Viejas marcó el comienzo de su caída.

Más éxito tuvo Azaña, al principio, con otros «batallones populares», los socialistas. Comenzó su gobierno, en diciembre del 31, en alianza con el PSOE, aceptando éste una posición subordinada, pese a tener muchos más votos que los jacobinos. Sin embargo la disposición socialista a dejarse regir por la «inteligencia» republicana, duraría poco. A lo largo de 1933, Azaña pudo comprobar cómo el PSOE se radicalizaba y reclamaba la «dictadura del proletariado». Y el 2 de octubre, en las Cortes, el líder socialista Prieto proclamaba la ruptura con los republicanos, «cualesquiera sean sus características, su matiz y su tendencia».

La «inteligencia», por tanto, había perdido sus «brazos». Desastre agravado porque la «inteligencia» republicana demostraba ser muy exigua. Azaña lamenta constantemente en sus diarios la ineptitud y botaratería de los partidos republicanos y sus líderes, a la mayoría de los cuales trata con profundo menosprecio. Gordón Ordás, jefe radical-socialista es un «pedante fracasado», «insigne albéitar», que «se ha afanado por adquirir una ilustración vasta y general, sin que podamos estar seguros de que la haya asimilado». De Marcelino Domingo deplora: «¿Qué sería un Gobierno presidido por este hombre? ¿Y qué puede ser la reforma agraria dirigida por él?». Álvaro de Albornoz queda retratado como un simple que «no se entera de nada», «ha fracasado hasta un extremo que raya en lo cómico». Y así sucesivamente [5].

Del conjunto, no piensa mejor. Describe un congreso del Partido Radical Socialista, el más votado entre los republicanos de izquierda: «Llevan tres días, mañana, tarde y noche, desgañitándose. Y lo grave del caso es que de ahí puede salir una revolución que cambie la política de la república (...). Después de tan feroces discusiones, se han echado a llorar oyendo el discurso de Domingo; se han abrazado y besado, han gritado (...) gente impresionable, ligera, sentimental y de poca chaveta». De otros afines comenta: «No saben qué decir, no saben argumentar». «No se ha visto más notable encarnación de la necedad.» El desprecio llega a la amargura: «Me entristezco casi hasta las lágrimas por mi país, por el corto entendimiento de sus directores y por la corrupción de los caracteres (...). Veo muchas torpezas y mucha mezquindad, y ningunos hombres con capacidad y grandeza suficientes para poder confiar en ellos (...). ¿Tendremos que resignarnos a que España caiga en una política tabernaria, incompetente, de amigachos, de codicia y botín, sin ninguna idea alta?». Ningún enemigo del régimen ha pintado de él y sus hombres un retrato tan lúgubre [6].

La pretensión de gobernar en tales términos y con tales métodos se justificaba en la intención de «modernizar el país». Intención que su biógrafo Santos Juliá califica: «Es de todo punto imposible negarle grandeza, la misma que conserva aún el propósito de la República de establecer un marco de convivencia democrática para una sociedad escindida» [7]. Pero todos los datos indican más bien una convivencia democrática muy discutible, y una escisión social cada vez más profunda en el marco republicano. En sus dos años de gobierno hubo muchos más obreros y no obreros muertos por la fuerza pública o en otras violencias políticas (no menos de 200, la cifra más alta del siglo para un período tan corto), muchos más presos y deportados, y muchos más periódicos cerrados, que en diez o veinte años de la monarquía. El mismo Azaña aparece un tanto escindido en sus escritos. Invoca espléndidos, si bien algo vaporosos, ideales de concordia, eficiencia y libertad, e implícitamente los declara irrealizables, por falta de gente capaz de trabajar por ellos, o simplemente de comprenderlos. Y él mismo defiende o aplica métodos que infaliblemente habían de conducir al «caos social». Refrendó la secularización de los cementerios, disolvió la orden jesuita, prohibió la enseñanza católica, justificó la violencia anticristiana, hostigando, en fin a la población católica, muy mayoritaria, vulnerando para ello las libertades de conciencia, asociación y expresión, como él mismo admitió*.

El balance de sus dos años de gobierno dista de ser deslumbrante. Mucha gente –incluso católica–, aunque resentida, estaba dispuesta a sobrellevar su sectarismo, a cambio de realizaciones prácticas. Y alguna hubo. Implantó el voto femenino (con apoyo de la derecha y fuertes reticencias en la izquierda, temerosa del conservadurismo atribuido a las mujeres) y el divorcio. Pero su reforma agraria sólo dio unas parcelas míseras a 4.400 campesinos. Aumentó el presupuesto de enseñanza, pero éste siguió entre los más bajos de Europa, y lo avanzado por un lado se perdió por otro: politización del magisterio y supresión de muchos centros católicos prestigiosos, entre ellos lo más parecido que había en España a una facultad de Ciencias Económicas, en Deusto. El estatuto catalán debía cerrar el problema nacionalista, pero lo exacerbó. La inseguridad retrajo la iniciativa privada, agravando la incidencia de la depresión mundial, y el hambre volvió a los niveles de treinta años atrás. En el plano de las libertades, la Ley de

---

* A menudo se dice que Azaña y sus reformas eran moderados, pero que erró al adoptar un tono radical y, a veces, provocador. Pero fue bastante más que un «tono».

Defensa de la República las reducía a muy poco en la práctica. Etc. Su reforma militar estuvo bien concebida, como reconocerá el mismo Franco, pero otros factores crearon malestar en la oficialidad: los aires de «trágala», promociones arbitrarias, el antimilitarismo izquierdista. El propio Azaña se queja amargamente de los suyos, que, incapaces de «bajarle los humos a un sargento, ahora que tienen al ejército desarmado políticamente (...) se afilan los colmillos en él, a mansalva» [8].

El gran éxito de su gobierno fue la derrota de la rebelión de Sanjurjo. Este general había asegurado la llegada pacífica de la república, en abril del 31, al mantener pasiva a la Guardia Civil, cuyo jefe era, y ofrecerse a los republicanos. Pero en agosto de 1932 se sublevó por considerar insoportable la situación del país. Su golpe ha sido presentado como «de la derecha» –hasta por Madariaga–, y Azaña, tras vencerlo fácilmente, reprimió sin contemplaciones a los partidos y prensa conservadores. Pero en realidad sólo mínimos sectores derechistas participaron en él, y la *sanjurjada* demostró que el grueso de la derecha optaba por la vía pacífica y legal.

Con tan flojos puntos positivos y tantos negativos, las elecciones de noviembre de 1933 derrumbaron a los jacobinos. El partido de Azaña bajó de 26 a 5 diputados, y el Radical Socialista, escindido, de 56 a 4. El propio Azaña prefirió presentarse en las listas socialistas de Bilbao, auspiciado por su amigo Prieto. El centro derecha ganó por gran número de votos (cinco millones a tres) y mayor aun de escaños.

Sin embargo no por haber perdido en las urnas se creyeron obligados los jacobinos a dejar el poder. Su primera reacción consistió en proponer un golpe de estado: Azaña y otros presionaron a Alcalá-Zamora y a Martínez Barrio, jefe del gobierno a la sazón, para que no convocasen las Cortes salidas de los comicios y mantuviesen un gobierno de centro-izquierda que preparase nuevas elecciones con garantías de éxito para ellos. Don Niceto resistió la presión, y éste fue sin duda un mérito democrático suyo.

Azaña, pese a algunas declaraciones legalistas, persistió en su actitud, y en junio-julio de 1934, volvió a la carga, con un plan golpista para imponer un gobierno evidentemente ilegal y fraudulento desde Barcelona, arropado por la Esquerra, que debía apoyar el PSOE con una huelga general. Este suceso merece atención, por lo característico. En sus diarios, y en el libro *Mi rebelión en Barcelona,* Azaña pretende exactamente lo contrario: él habría defendido los medios legales frente a las tentaciones de rebelión de la Esquerra, y habría enviado a un propio, llamado Esplá, a calmar a los inquietos nacionalistas catalanes. Dencàs, un jefe separatista de la Esquerra, que en aquel verano preparaba la insurrección nacionalista, sostiene que en realidad Esplá fue a ayudar en los preparativos, y lo mismo viene a decir Amadeu Hurtado, a la sazón representante de la Generalidad ante Madrid. ¿Quién dice la verdad? La dicen Dencàs y Hurtado, según he podido comprobar en los archivos de Largo Caballero. Como consta en un acta, el republicano propuso a los socialistas apoyar el golpe, previsto para principios de julio, pero el PSOE no quiso saber nada, porque estaba preparando su propia revolución *proletaria* y no pensaba supeditarse a los *burgueses* jacobinos [9].

Pérez Salas, militar muy próximo a Azaña, menciona el complot y la causa de su fracaso. Casualmente, Pérez figuró en octubre entre los asesores de Dencàs cuando por fin la Esquerra se sublevó, en connivencia con el PSOE. Entonces el partido azañista, Acción Republicana, no sólo rompió con el poder democrático, sino que amenazó con usar «todos los medios» contra él.

Estas conductas no encajan en la imagen de parlamentario liberal y demócrata ofrecida por tantos historiadores sobre Azaña, pero en cambio cuadran perfectamente con su concepción jacobina de la república, según la cual sólo los republicanos, apoyándose en los «batallones populares», tenían «títulos» para gobernar el régimen, y no las derechas, por muchas mayorías que obtuviesen en las urnas.

Durante 1935 el radicalismo de Azaña aumentó. Su proceso por complicidad en la intentona de octubre fue archivado por falta de pruebas, pero él se sintió humillado y perseguido. Creyó posible, entonces, recomponer la alianza con el PSOE, esperando que el escarmiento de octubre habría humillado en los socialistas la soberbia de instaurar la dictadura *proletaria*, y que volverían al papel de «brazos» de la «inteligencia» republicana. Esperanza válida para un sector socialista, el de Prieto, pero no para el fundamental, liderado por Largo Caballero. El PSOE del primer bienio ya no existía. Y el otro gran «batallón popular», la CNT, mostraba mayor rebeldía que nunca a las pretensiones dirigistas *burguesas*. Tampoco el Partido Comunista, en rápido auge, tenía la menor disposición a dejarse orientar; por el contrario, pensaba dirigir él a los *burgueses* mediante la táctica de los frentes populares.

En el verano de 1935 Azaña, antes hundido por Casas Viejas y luego por la derrota de octubre, resurgió con fuerza inusitada. A sus magnos mítines no sólo iban los suyos, sino también socialistas, comunistas y otros que, para embarazo del líder, saludaban con el puño cerrado y no con pañuelos blancos, como él sugería. Hizo en sus discursos apología de la rebelión de octubre, equiparándola en valor democrático a los comicios que le habían echado a él del poder, exageró dramáticamente la represión, y rechazó la conciliación. Él comprendía que aquella emocionalidad estaba desatando un «torrente popular que se nos viene encima», pero, optimista una vez más, afirmó no sentir temor: «la cuestión es saber dirigirlo [el torrente], y para eso nunca nos han de faltar hombres» [10]. Frase asombrosa cuando, por sus diarios, conocemos su pesadumbre por la falta de hombres «que sepan hacer las cosas».

Otro aparente triunfo de ese verano fue para Azaña la intriga del estraperlo, que según muchos indicios organizaron él, Prieto y un chantajista holandés llamado Strauss. En la trama terminó colaborando Alcalá-Zamora, como ya quedó indicado, y su fruto consistió en la aniquilación de Lerroux y su partido, casi único elemento de estabilidad persistente en la República.

La expulsión de la CEDA del poder, en diciembre, otorgó a Azaña su gran ocasión, en un clima de odios salvajes entre izquierdas y derechas. En las elecciones de febrero de 1936, la coalición de izquierdas, dirigida por él, salió vencedora, no en votos, pues hubo un empate con las derechas, pero sí en escaños parlamentarios, gracias a una ley electoral muy favorable a las coaliciones. El bloque izquierdista todavía no solía ser llamado, como lo sería luego, Frente Popular, término de origen comunista.

El programa del Frente tenía neto carácter jacobino: desdeñando puntos obreristas, proponía una práctica revancha para los rebeldes de octubre: total amnistía, con amenaza de persecución para quienes habían defendido la ley. Pero sobre todo planeaba «republicanizar» la administración, depurando el funcionariado para asegurar el control izquierdista tanto de los poderes ejecutivo y legislativo como del judicial. Con ello pensaban impedir un nuevo triunfo de la derecha, la cual quedaría reducida a elemento testimonial y justificador de un régimen que en realidad dejaba de ser democrático. Azaña inició su nueva etapa gobernante con palabras de conciliación, pero en el fondo muy similares a las del mitin de la plaza de toros de Madrid en 1930, es decir, la república para los «republicanos» de izquierda. El 1 de marzo prometía cumplir el programa del Frente Popular «para que la República no salga nunca más de nuestras manos, que son las manos del pueblo»[11]. La democracia y las posibilidades de convivencia iban desvaneciéndose.

Con esa concepción, los vencedores ampliaron su ventaja en las Cortes hasta hacerla aplastante, quitando escaños a la derecha mediante una «revisión de actas» que atendía arbitrariamente a denuncias de supuestos abusos electorales derechistas y desoía denuncias similares contra las izquierdas. La misma intención rigió para expulsar de la presidencia de la república a don Niceto, cuyos derechos constitucionales pendían amenazantes sobre la decisión azañista de perennizarse en el poder. La maniobra contra don Niceto, como la del estraperlo contra Lerroux, fue planeada por Prieto y Azaña, y éste sustituyó al defenestrado: desde 1935 venía pensando en ocupar la presidencia.

La situación parecía colmar las expectativas de Azaña, pues el gobierno ya no era, como en el primer bienio, jacobino-socialista, sino exclusivamente jacobino, pero con el respaldo exterior del PSOE, el PCE y hasta la misma CNT, que habían aportado su voto a la victoria. Sin embargo las apariencias engañaban. Prieto sí apoyaba a Azaña, pero el grueso del PSOE preparaba la revolución e imponía la ley desde la calle: así la amnistía o la nueva reforma agraria. Los comunistas y los ácratas tampoco ofrecían visos de sumisión a la «inteligencia» jacobina. Cundieron los disturbios y desmanes: asesinatos, incendios de templos, asaltos a locales y prensa de la derecha, explosión de bombas, invasiones de fincas, sabotajes y huelgas incontrolables. Prieto mismo consideró la situación insoportable para el país.

También Azaña ofrece tétricas pinceladas de esos días. Si el «caos social» le hacía reír en 1930, ahora le angustiaba, al corroer la legitimidad de su gobierno. Reaccionó con la huida: «bulto todavía parlante de un hombre excesivamente fatigado», como se retrató[12], rechazó las peticiones de la acorralada derecha para que restableciera el orden público, y abandonó en mayo la política inmediata para refugiarse en la presidencia del estado. Encargó entonces el gobierno a Casares Quiroga, hombre nervioso y enfermo de tuberculosis, considerado por todos como aun menos capaz que Azaña para afrontar el vendaval. En realidad ambos políticos sentían impotencia, carecían de «los cien hombres» necesarios para controlar a los «gruesos batallones populares», al «torrente popular», que ellos habían contribuido a desatar.

Desde finales de abril del 36 empezó a cobrar consistencia la conjura militar. Casares y Azaña creían tenerla controlada –en parte así era–, y esperaban liquidarla como habían hecho con la de Sanjurjo. Pero ahora era distinto: no estaban ante unos conspiradores aislados, pues la masa popular de la derecha empezaba a ver su salvación en el recurso a la violencia.

Cuando el 17 de julio del 36 se sublevó parte del ejército, Casares rehusó en un principio armar a los sindicatos, sabiendo que ello equivalía al golpe de gracia a una república ya en ruinas. No obstante, su resistencia duró poco más de un día, y tras unas horas de gobierno de Martínez Barrio, otro hombre de Azaña, Giral, ordenó el reparto de armas. En ese momento cayeron por tierra los últimos vestigios de legalidad republicana, y la guerra tomó un carácter revolucionario.

Hay en Azaña un aspecto trágico y patético que vuelve su figura muy atractiva para numerosos comentaristas. Fue sin duda un personaje contradictorio. Descalifica la violencia, pero toma parte, ya en 1930, en la preparación de un pronunciamiento militar. Se proclama burgués y moderado, pero empezó condenando la moderación para terminar en alianza con fuerzas revolucionarias en extremo violentas. En sus diarios dice haberse empeñado en mantener al ejército al margen del orden público, cuando obró muy al contrario; y criticará, como todos, el empleo de las tropas de África por Franco, cuando él fue el primero en traer moros a la península, para reprimir la rebelión de Sanjurjo. Defensor de las libertades, cerró más periódicos que nadie antes y en tan poco tiempo. Invoca a menudo la pureza parlamentaria y la democracia, pero intentó dos golpes de estado al perder las elecciones. Definió como grave peligro político incluir la clausura de las primeras Cortes entre las dos disoluciones autorizadas a Alcalá-Zamora, y luego utilizó dicha clausura para destituir y suceder a éste. Habla de acabar con los fusilamientos entre españoles, pero se mostró partidario de fusilar sobre la marcha (por otra parte sugiere la idea de que antes de él los fusilamientos eran una conducta frecuente, pero en el medio siglo de la Restauración sólo se fusiló en casos muy extremos, y en ningún caso durante la dictadura de Primo). Exalta a menudo la idea de España, y declara su historia real una desastrosa serie de opresiones y desgracias. Etc.

En los escritos de Azaña, especialmente en *La velada de Benicarló,* al igual que en los de Alcalá-Zamora, no hay indicio de que se creyese responsable por el rumbo de la república, pese a haberla dirigido en momentos clave. La culpa recae siempre en otros, y los historiadores afines a sus ideas le dan la razón: «Azaña era la solución burguesa a los problemas españoles de 1931 y, sin embargo, la burguesía no lo quiso tomar en cuenta», provocando el sangriento fracaso. «Manuel Azaña representa un símbolo valioso de liberalismo y democracia en la España dominada por la injusticia y el avance totalitario». Juicios tales, muy difundidos hoy, comparten dos desenfoques: identificar el liberalismo con su manifestación extremista o jacobina, y prestar demasiada atención a ciertas frases, bien escritas, de Azaña, y muy poca a los hechos [13].

Capítulo 3

LARGO CABALLERO, O LA REVOLUCIÓN *PROLETARIA;* PRIETO, EL AMIGO SOCIALISTA DE AZAÑA

Francisco Largo Caballero e Indalecio Prieto fueron ministros en el gobierno provisional republicano, con Alcalá-Zamora, y luego durante el primer bienio, con Azaña. No volverían a ostentar cargos públicos bajo la república, aunque sí ya entrada la guerra. Sin embargo su papel fue decisivo en el destino del régimen, como jefes de los «batallones populares» con los que Azaña contaba.

Tanto Largo, madrileño con 62 años en 1931, como Prieto, bilbaíno de origen asturiano con 48 años, habían salido de lo más bajo de la escala social, y habían llegado a convertirse, por su esfuerzo y talento, en líderes sindicales y políticos. Su acción más destacada antes de la república había sido la dirección de la huelga revolucionaria de 1917, de carácter jacobino-socialista. Entonces habían aceptado el papel de «brazos» subordinados a la iniciativa republicana, pero Largo había salido de la experiencia furioso con los *burgueses*, que casi nada hicieron en la ocasión, y por quienes se consideró engañado y utilizado. No pensaba volver a sacarles las castañas del fuego. Coincidió en ello con Besteiro, pero no con Prieto. Los tres serían los grandes jefes del PSOE de la época, tras la muerte, en 1925, del fundador del partido, Pablo Iglesias.

El desengaño de 1917 influyó para que, al caer el régimen de la Restauración, Largo llevase al partido, contra la opinión de

Prieto, a colaborar con la dictadura de Primo, en la cual Largo llegó a consejero de Estado. Esa colaboración hizo del sindicato socialista, UGT (Unión General de Trabajadores), el único potente, con un PSOE moderado en línea socialdemócrata. Al final de la dictadura, el PSOE-UGT era la principal, o la única, fuerza política y de masas organizada. De él iba a depender en mucho el curso de los acontecimientos.

Prieto deseaba ayudar a los republicanos a derrocar la monarquía, pero se oponían Besteiro y Largo. Éste menospreciaba a los republicanos, cuyas conjuras le parecían «dignas de ser representadas en un espectáculo de revista». Pero Prieto, con actos consumados, logró empujar al partido al pronunciamiento urdido en el Pacto de San Sebastián, y Largo terminó por ceder. El PSOE auxiliaría al golpe militar con una huelga general. No obstante, Besteiro seguía renuente, y llegado el momento saboteó la huelga en Madrid, favoreciendo el fracaso de la acción. Tales hechos causarían largos rencores en el partido.

Implantada la república, la conjunción del PSOE y los jacobinos marcó los dos primeros años. Esa alianza la entendían de modo diferente Prieto y Largo: el primero, en coincidencia con Azaña, como una política a largo plazo; el segundo, como un pacto pasajero a fin de asentar el régimen y usarlo como trampolín para saltar luego a un sistema socialista. ¿Cuándo? Lo dirían las circunstancias. Largo criticaba a Prieto: «Pretende que los más fuertes secunden a los más débiles», que «la gobernación del Estado debe estar encomendada a los partidos de menor arraigo en la opinión nacional, relegando a la calidad de servidores a los más numerosos y fuertes», con el PSOE en «el papel de mozo de estoques de don Manuel Azaña». Pero los socialistas: «No queremos [actuar] como unos subalternos a quienes se tenga simplemente para prestar un servicio» [2].

El problema, en suma, consistía en quién dirigiría a quién. Largo, coherente con el marxismo, doctrina oficial del partido, seguía la táctica expuesta ya en el *Manifiesto* de Marx y Engels, de apoyar a las fuerzas *burguesas* más *progresistas*, para arrastrarlas a la revolución, sin dejarse frenar por ellas. El proceso debía culminar en la destrucción –«la violencia es la partera de la historia», dijo Marx–, del sistema *burgués,* y la transformación radical de la sociedad mediante la dictadura del *proletariado,* que erradicaría la religión, la familia tal como era conocida, la propiedad privada de los medios de producción y, a la larga, el estado. Así pensaban Largo y otros muchos, y de ahí su pugna sorda con quienes aceptaban la primacía *burguesa,* como Prieto, y de otra manera Besteiro.

A los socialistas les repugnaban la indisciplina, querellas y desorden de los republicanos, y además sufrían la competencia de la CNT, que les motejaba de cómplices de los *explotadores.* En ese contexto, la impopularidad de Azaña después de Casas Viejas, y sus derrotas sucesivas en comicios parciales, convencieron a muchos socialistas de que la alianza con él les perjudicaba, y de que maduraban las condiciones para pasar del apoyo a los jacobinos a la lucha abierta contra la democracia *burguesa*: «Sin duda nos tenían por socialdemócratas inofensivos, cargados de prejuicios seudodemocráticos», se mofaba *El Socialista* en el verano del 33 [3]. Largo lideró la ruptura con los republicanos, y recibió el título de *Lenin español,* como llamado a dirigir en España una revolución análoga a la rusa del 17.

Prieto, incapaz de hacer frente a Largo, le secundó no muy sinceramente. Sólo Besteiro rechazó aquella «locura colectiva». Llamó «vana ilusión infantil» a la consigna de dictadura *proletaria,* cada vez más popular en el partido, denunció la propaganda oficial y pronosticó un baño de sangre. Pero le desbordaba el empuje de los radicales o *bolcheviques*, así llamados por analogía con los seguidores de Lenin. Abatido, exclamaba: «¿Es que no habrá posibilidad de salir de esta locura dictatorial que invade el mundo?» [4].

En enero de ese año, 1933, Hitler había accedido al poder en Alemania, y comenzado a desmantelar las antes muy poderosas organizaciones socialistas y comunistas. La propaganda del ala *bolchevique* del PSOE sacó partido del suceso alemán para invocar un supuesto peligro de golpe fascista en España y justificar por él sus propios anhelos de dictadura. Según Largo, influido por intelectuales prosoviéticos como Araquistáin, Baraibar o Álvarez del Vayo, ya no había sitio para una democracia *burguesa,* y el país debía optar entre un régimen de estilo soviético y otro de estilo nazi.

En septiembre, el fuerte desgaste de Azaña movió al presidente Alcalá-Zamora a retirarle la confianza, y así terminó el bienio de izquierdas. El 1 de octubre, el *Lenin español* declaró en un mitin: «Nuestro partido es (...) revolucionario (...) cree que debe desaparecer este régimen». Propuso «crear un espíritu revolucionario en las masas, un espíritu de lucha», y encomió la dictadura *proletaria:* «aunque haya unos hombres que por motivos sentimentales digan: *No, eso no; eso es algo horroroso,* es inútil», pues «en España se va creando una situación, por el progreso del sentimiento político de la clase obrera y por la incomprensión de la clase capitalista, que no tendrá más remedio que estallar algún día». Al día siguiente, Prieto anunciaba en las Cortes: «Yo declaro, en nombre del grupo parlamentario socialista (...), que la colaboración del Partido Socialista en gobiernos republicanos, cualesquiera que sean sus características, su matiz o su tendencia, han concluido definitivamente». Decisión «indestructible e inviolable» [5].

En las elecciones de noviembre, el PSOE obtuvo 60 diputados (113 en 1931), pero salió incomparablemente mejor librado que los jacobinos, y sobre todo mantuvo sus sólidas organizaciones. Entonces quedó claro el anacronismo de colaborar con partidos tan insignificantes y desprestigiados como los republicanos de izquierda, no digamos de seguir su batuta. Había llegado la ocasión para el PSOE de luchar directamente por sus propios objetivos, marcados por la doctrina oficial: un régimen semejante al de Stalin, muy popular entonces en la propaganda de izquierdas.

El obstáculo seguían siendo Besteiro y los suyos, atrincherados en la dirección de la UGT. Los revolucionarios volcaron su energía en desalojarlos: «En la historia del Partido Socialista no existe antecedente de una lucha ideológica tan agria, tan violenta en su fondo y en su forma», explica Amaro del Rosal, uno de los *bolcheviques*. Besteiro acusaba a la prensa del partido de «envenenar a los trabajadores», y de seguir la línea soviética: «Por ese camino de locura decimos a la clase trabajadora que se la lleva al desastre, a la ruina y en último caso se la lleva al deshonor». «Vais a llegar al poder, si llegáis, empapados y tintos en sangre», auguró, y sólo para emprender luego otra lucha con la CNT. Pero los besteiristas, sometidos a una lluvia de acusaciones, presiones e intimidación, terminaron excluidos de cualquier poder efectivo en el partido y el sindicato [6].

Vencedores, Largo y Prieto prepararon la revolución. Una comisión secreta coordinó e instruyó al partido, al sindicato y a la juventud. Hoy conocemos las instrucciones: la insurrección debía entenderse como guerra civil, y desarrollarse con la máxima violencia. Fueron organizados grupos de choque, depósitos de armas, células en las tropas y cuerpos policiales, y la colaboración de bastantes jefes militares. En este empeño transcurrió la mayor parte del año 34. El tono del partido se exaltó: «En las elecciones de abril [del 31] los socialistas renunciaron a vengarse de sus enemigos y respetaron vidas y haciendas; que no esperen esa generosidad en nuestro próximo triunfo (...) La consolidación de un régimen exige hechos que repugnan, pero que luego justifica la historia (...). El socialismo ha de acudir a la violencia máxima para desplazar al capitalismo. La revolución no puede tener por objeto asustar al capital, sino destruirlo.»

A la acusación de predicar la guerra civil, Largo replicaba: «Pongámonos en la realidad, estamos en plena guerra civil». Las consignas de las Juventudes Socialistas tenían el mismo estilo: «¡¡Estamos en pie de guerra!! ¡Por la insurrección armada! ¡Todo el poder a los socialistas!»; anunciaban su disposición entusiasta a ejecutar a numerosos enemigos, y cultivaban «Un poso de odio imposible de borrar sin una violencia ejemplar y decidida». Tal era el lenguaje y la actitud, casi nunca citados por cierta historiografía [7].

El PSOE creía poder empujar a las masas a la lucha, pero algo indicaba la falta de un clima bélico en los obreros: la caída en la afiliación a la UGT, que llegó a bajar de los 400.000 miembros efectivos –suele atribuírsele un millón y hasta un millón y medio de afiliados, aunque probablemente nunca por entonces pasó de los 700.000– [8]. El retroceso no desanimó a los *bolcheviques*.

El alzamiento se desencadenó el 4 de octubre, con el pretexto de la entrada, presentada como golpe fascista, de tres ministros de la derechista CEDA en el gobierno. El 6 se unía al PSOE la Esquerra catalana, dueña de la *Generalitat*. La rebelión originó episodios sangrientos en 26 provincias, con numerosos muertos en Madrid, Barcelona, Guipúzcoa, Vizcaya, León, Santander, Zaragoza, Albacete, etc. En Asturias los rebeldes se impusieron durante casi dos semanas, obligando a complejas operaciones bélicas. Murieron casi 1.400 personas, y quedaron destruidos cientos de edificios (iglesias, centros culturales, la Universidad de Oviedo, colecciones de arte y libros, edificios públicos, fábricas), saboteados ferrocarriles y carreteras, etc. Fue el mayor intento revolucionario en Europa Occidental desde la Comuna de París, 64 años antes, y las izquierdas obreristas en todo el mundo lo celebraron como un hito en el camino de la emancipación humana.

La revuelta ha sido explicada como un movimiento espontáneo o apenas preparado, «defensivo», producto de un temor popular al golpe fascista, e impuesto a los líderes del PSOE por las masas, indignadas y rebeldes a causa de las sevicias y el hambre sufridos por culpa de la patronal y el gobierno «reaccionario». Así lo han planteado desde H. Thomas a Broué y Temime, Santos Juliá, Fusi, Tuñón, D. Ruiz, Preston, Díaz-Nosty, Jackson y un largo etcétera. Coincidencia extraordinaria, incluso en estudiosos de tendencia derechista como García de Cortázar. Y sin embargo se trata de una versión perfectamente falsa, ciñéndose mucho más a los hechos las versiones opuestas, a menudo desdeñadas, como las de R. de la Cierva, Aguado, Teruel, Sánchez García-Saúco, etc. Actualmente ya no hay duda de que la insurrección fue preparada cuidadosamente por la dirección socialista, con el fin de imponer una dictadura de estilo soviético, a su juicio liberadora. Y la población, lejos de presionar en pro de la rebelión, desoyó los llamamientos a las armas –con la única excepción de la cuenca minera asturiana–. Tampoco sufrían las masas más hambre que en el bienio izquierdista, pues el hambre empezó a remitir lentamente en el período de centro derecha, como indica el número de muertos por esa causa, de 260 en 1933, más del doble que en 1930, a 233 en 1934.

En cuanto al peligro fascista, Besteiro no creía en él. Los demás le contradecían, pero ¿lo hacían sinceramente? Este es un problema clave. Una extensa bibliografía pinta a unos socialistas angustiados, quizá erróneamente, pero con bastantes razones, por el fascismo de la derechista CEDA. Hoy está claro que sabían muy bien que la CEDA no era fascista. Araquistáin, principal teórico *bolchevique,* negó, en plenos preparativos de la revuelta, la existencia de tal peligro... en la revista norteamericana *Foreign Affairs:* no existían en España condiciones sociales y políticas para el fascismo, escribía. Y hubo declaraciones semejantes del mismo Largo.

La prueba fehaciente de su convicción resplandece en el acuerdo de los dirigentes de no reivindicar la revuelta si ésta fracasaba, a fin de aprovechar las garantías de la legalidad *burguesa* y eludir en lo posible la represión posterior. Es decir, apelaban al peligro fascista como justificación y para excitar a las masas, pero en realidad contaban con que la democracia subsistiría incluso después de un fracaso de su intentona, y podrían explotarla. Y acertaron. De haber reivindicado su acción, aclara muy bien S. Carrillo, uno de los jefes *bolcheviques:* «Aparte de la suerte personal que hubiéramos podido correr en el momento, nuestras organizaciones hubieran sido aplastadas y no se hubieran mantenido y fortalecido tan rápidamente» [9].

La insurrección marcó el comienzo del derrumbe de la república. Se la ha equiparado al pronunciamiento de Sanjurjo, dos años antes, pero no hay base para ello. Con Sanjurjo sólo se rebeló un sector insignificante de la derecha, mientras que en octubre del 34 lo hicieron los principales partidos de la izquierda, con el apoyo moral de los jacobinos, y, cosa realmente notable, contra una legalidad diseñada por ellos mismos. Fue, como la llamó acertadamente G. Brenan, «la primera batalla de la guerra civil». Podría no haberlo sido y quedar como un hecho aislado, si los revolucionarios hubieran entendido el fracaso como prueba de haber seguido un camino errado. Así lo pensó Prieto, huido al extranjero, pero Largo Caballero, detenido en Madrid y luego absuelto por «falta de pruebas», lo interpretó como un revés pasajero dentro de una estrategia general acertada. Se trataba de persistir, aprendiendo de la experiencia para triunfar en la próxima ocasión.

El año siguiente, 1935, transcurrió, en cuanto al PSOE, en una lucha interna casi feroz entre Prieto y Largo. Pareció ganar Prieto, al hacerse con el órgano oficial del partido, *El Socialista,* y con la dirección del partido. Además, logró imponer su política de apoyo y subordinación a los jacobinos en un nuevo pacto con Azaña, que fraguaría en el Frente Popular. Pero Largo conservó la hegemonía en las juventudes, en federaciones clave como la de Madrid, y en la UGT, base de masas del partido. Aceptó pactar con Azaña, pero con fines muy distintos de los de Prieto: ganar las elecciones y con ellas la amnistía, para reorganizarse e insistir en la vía revolucionaria. La vuelta a una alianza como la del primer bienio era ilusoria.

Principal consigna unitaria del Frente Popular fue la amnistía de los detenidos por la rebelión de octubre. Toda la izquierda se volcó en una enorme campaña de propaganda contra el centro derecha en el poder, acusándole de una represión inhumana en Asturias, de orgías de asesinatos, violaciones y torturas, con abundancia de detalles espeluznantes. Prieto descolló en esa campaña, de trascendentales efectos, pues suministró a las izquierdas, incluidos los anarquistas, un motivo de unidad, y exacerbó en las masas un espíritu de indignación, revancha y odio. El golpe de octubre había fracasado ante todo porque, evidentemente, no existía un clima de guerra civil en la población, pero la campaña posterior sobre la represión enconó los ánimos de modo terrible. No obstante, las acusaciones sobre la represión fueron casi todas falsas o muy exageradas. Llegado al poder, el Frente Popular rehusó investigar y aclarar los hechos denunciados, que tanto le habían beneficiado electoralmente.

Tan pronto las elecciones de febrero del 36 dieron la victoria a las izquierdas, quedó de relieve la doble orientación dentro del PSOE, llevándolo al borde de la escisión. Los prietistas respaldaron a Azaña, pero los *bolcheviques* lo socavaron. Escribirá Largo: «El señor Azaña creyó que iba a gobernar una Arcadia feliz. Que por el hecho de estar él en el poder se terminarían los conflictos entre patronos y obreros y no habría huelgas, y que los trabajadores sufrirían con paciencia la explotación capitalista esperando ser emancipados por él con su programa electoral. Como a pesar de haber un Gobierno republicano se producían huelgas, se desesperaba» [10].

Había mucho más que huelgas. Los seguidores del *Lenin español* y otros impusieron enseguida la amnistía, la invasión de fincas, etc., entre incendios, asaltos y atentados; infiltraron la policía y el ejército, y reorganizaron sus milicias, que a veces desfilaban con armas. En suma, establecieron un doble poder.

A menudo se ha tachado de ciega o absurda esta táctica de Largo Caballero, por acosar a un gobierno después de todo muy izquierdista y resuelto a impedir la vuelta de la derecha al poder. Sin embargo, aclara el socialista Vidarte –uno de los jefes de octubre– era una táctica muy coherente: el Frente Popular ofrecía a los *bolcheviques* la ocasión de alcanzar el poder sin necesidad de arriesgarse a una nueva revuelta ni a nuevas elecciones. Les bastaba desgastar y llevar a la crisis a Azaña para, de modo legal, sucederle como miembros del Frente Popular [11]. Única sombra en esa estrategia: que la derecha, empujada a la desesperación, se adelantase a golpear.

En paralelo al desorden público, crecían las discordias en el PSOE. Al asumir Azaña la presidencia del estado, tras expulsar a Alcalá-Zamora, se pensó en Prieto para dirigir el gobierno. Muchos le creían el único capaz de afrontar el caos, pero el sector de Largo lo impidió, recayendo el cargo en el excitable Casares Quiroga. A primeros de mayo, Prieto hizo su célebre llamamiento: «¡Basta ya! ¡Basta, basta! (...) Lo que no puede soportar un país es la sangría constante del desorden público sin finalidad revolucionaria inmediata, lo que no soporta una nación es el desgaste de su Poder público y de su propia vitalidad económica, manteniendo el desasosiego, la zozobra y la intranquilidad. Podrán decir espíritus simples que ese desasosiego, esa zozobra, esa intranquilidad, la padecen sólo las clases dominantes. Eso, a mi juicio, constituye un error.»

Pues las «clases *dominantes*», más bien dominadas a la sazón, podían tener una reacción peligrosa. Ello inquietaba menos a Largo, a cuyo juicio un golpe militar derechista sería aplastado por el movimiento *popular*.

Las tensiones en el PSOE llegaron a tal extremo que a finales de mayo Prieto y varios de los suyos estuvieron cerca de perder la vida en un mitin, en Écija, a manos de los seguidores de Largo, de quienes tuvieron que huir defendiéndose a tiros, y protegidos finalmente por la Guardia Civil. Por entonces Prieto se desesperaba también por la conspiración militar derechista. Instó al gobierno a desarticularla, pero, para su indignación, Casares se negó, creyendo tener la trama bajo control y poder aplastarla en el momento oportuno.

Posiblemente Prieto y Largo llegasen a un cierto entendimiento a principios de julio, ante los rumores crecientes de golpe militar. En estas circunstancias ocurrió el atentado que obligaría a los conspiradores a actuar sin demora: el secuestro y asesinato de Calvo Sotelo, por parte de un extraño grupo compuesto de guardias de asalto y milicianos socialistas, al mando de Condés, un capitán de la Guardia Civil. Calvo Sotelo, monárquico, era cabeza de la oposición, junto con Gil-Robles, líder de la CEDA, el cual se salvó por no estar en casa cuando fueron a buscarle los pistoleros.

Sobre este crimen se han formulado diversas versiones. Según una, oficial en cierto modo en el PSOE, y refrendada por estudiosos como I. Gibson, se trató de una venganza espontánea de unos cuantos policías y milicianos por el asesinato del teniente Castillo, instructor de las milicias socialistas. De ser cierta esa hipótesis, testimoniaría la extrema descomposición de las fuerzas de orden público; pero aun siendo esa descomposición real, la idea suena inverosímil. Por estúpidos que fuesen los verdugos, no podían ignorar que tal atentado suponía la guerra civil. Otras versiones hablan de un crimen premeditado, de origen masónico, desde la organización militar izquierdista UMRA.

No ha solido atenderse a una hipótesis que, sin oponerse al supuesto masónico, es a mi juicio más fundada: la intervención, o al menos inspiración, de Prieto. El atentado tuvo el efecto de forzar a los militares conjurados a salir de una vez a la palestra, y a duras penas puede creerse que no fuera ése el fin premeditado. ¿Y quién tenía interés en lograr tal efecto? Desde luego, Prieto. Él consideraba la situación insoportable, y le oprimía el ánimo la conspiración militar. Frustradas sus gestiones para forzar al gobierno a desarticularla, una táctica bastante lógica sería la de provocarla a saltar de una vez, sin dejarle tomar la iniciativa.

Pero no se trata de un simple ejercicio de lógica algo abstracto. Muchos indicios tangibles convergen en Prieto. El director del secuestro y asesinato, Condés, le era muy afecto, y el autor material del crimen, Cuenca, era miembro destacado de su guardia personal, llamada «la Motorizada», y probable salvador de su vida cuando estuvo a punto de ser linchado en el mitin de Écija. A las dos semanas, el sumario del crimen fue robado a mano armada por milicianos... prietistas.

Si estos hechos llaman mucho la atención, no menos la conducta de Prieto en los días siguientes. Según él, Condés se presentó a él «abrumado por el deshonor» y presto al suicidio, pero la estampa no encaja en el odio crispado de entonces, cuando Calvo y Gil-Robles habían recibido amenazas de muerte, y muchos izquierdistas considerarían un timbre de gloria hacerlas efectivas. El sentir reinante lo expresó crudamente Ángel Galarza, ministro de Gobernación poco tiempo después: «A mí el asesinato de Calvo Sotelo me produjo un sentimiento. El sentimiento de no haber participado en la ejecución» [12]. Algo indica, en cambio el argumento con que Prieto dice haber disuadido a Condés de su supuesta intención suicida: la guerra estallaría enseguida. Y desde luego no lo denunció. Le ayudó a ocultarse de la justicia.

El día 15, en la dramática discusión por el atentado en la Diputación Permanente de las Cortes, Prieto tuvo un lapsus extraño, o quizá no: por tres veces llamó «Gil-Robles» al asesinado, cuenta Zugazagoitia. Gil-Robles estaba, en efecto, entre los objetivos de la operación. Y tiene el mayor significado, a mi juicio, el intento de Prieto de igualar aquel asesinato con el de Castillo. Con ello igualaba a las fuerzas de seguridad del estado con un grupo terrorista, cosa quizá no del todo disparatada para esos días, pero a él no podía escapársele la desproporción política entre el asesinato de un líder muy principal de la oposición, y el de un teniente de policía, uno más entre los muchos de la época. La equiparación carece de la mínima base en esos términos, pero tiene un significado perfecto como excusa propagandística para justificar el magnicidio y velar de paso su verdadera motivación.

Los indicios no demuestran taxativamente la hipótesis, pero son muy sugestivos. En mi opinión, todo pudo haber sucedido así: Prieto y otros habrían acordado utilizar cualquiera asesinato derechista como pretexto para liquidar a Gil-Robles y a Calvo Sotelo, y desencadenar la acción bélica. Ello explicaría que Prieto se hallara descansando en Vizcaya el día mismo de la acción. Al siguiente, en su periódico *El Liberal,* de Bilbao, escribía unas expresivas frases: «Hoy se dijo que la trágica muerte del señor Calvo Sotelo serviría para provocar el alzamiento de que tanto se viene hablando. Bastó este anuncio para que, en una reunión que sólo duró diez minutos, el Partido Socialista, el Partido Comunista, la Unión General de Trabajadores, la Federación Nacional de Juventudes Socialistas y la Casa del Pueblo quedaran de acuerdo (...) para una acción común. (...). Será una batalla a muerte, porque cada uno de los bandos sabe que el adversario, si triunfa, no le dará cuartel. *Aun habiendo de ocurrir así, sería preferible un combate decisivo a esta continua sangría* [cursivas mías]».

A su vez, el diario *Claridad*, órgano del sector bolchevique del PSOE, decía: «Sea la guerra civil a fondo (...). Todo menos el retorno de las derechas». Así pues, los dos sectores del PSOE, enfrentados casi a muerte poco tiempo antes, se unieron en aquel momento crucial. ¿O fue antes del asesinato de Calvo? En todo caso, observa S. Payne, iban a tener más guerra civil a fondo de la que pensaban [13].

Sorprendentemente casi todos los historiadores han subestimado estos indicios o no los han interrelacionado. La causa yace, como en el caso de Azaña, en la imagen propagandística del personaje, presentado, por lo común, como hombre de espíritu sentimental, abierto y noble, a veces incontrolable y dado a la intriga, pero esencialmente moderado, un político hábil, experto y muy patriota. Esa imagen, aunque negada por Largo, la han compartido la mayoría de los historiadores y políticos izquierdistas, y también muchos derechistas, como Alcalá-Zamora, Maura, y los mismos Gil-Robles o José Antonio.

Sin embargo Prieto fue también uno de los jefes de la huelga revolucionaria de 1917 y luego el principal agitador cuando el desastre de Annual, implicando en él al rey, sin prueba alguna, y empujando al derrumbe al régimen constitucional. En 1934 secundó a Largo Caballero para preparar –textualmente– la guerra civil, ayudando a defenestrar a Besteiro, el líder demócrata y moderado. Entonces ideó, según Largo, cortar el agua a Madrid, y según Vidarte, el «*putsch* a lo Dollfus», un plan para adueñarse de centros administrativos vitales mediante milicianos disfrazados de guardias civiles y de asalto, imitando un golpe nazi similar en Austria. Luego destacó en la campaña sobre la represión en Asturias, que tales odios fomentó; y urdió, con Azaña y Strauss, la liquidación del Partido Radical y de Lerroux. Él fue, también con Azaña, quien expulsó a Alcalá-Zamora de la presidencia de la república, en una maniobra que deslegitimó al gobierno y dio un paso más hacia la guerra. Estos y otros hechos modifican su imagen tradicional, y hacen verosímil su implicación, no probada pero a mi entender muy probable, en el atentado contra Calvo y Gil-Robles.

En cuanto a Largo, muy ensalzado por toda la izquierda durante la república y parte de la guerra civil, sería después vilipendiado por comunistas y prietistas. Los historiadores, en su mayoría, tienden a considerarlo un burócrata gris, vanidoso y con manías de grandeza, de escaso talento, marxista superficial, etc. Pero la descripción no hace justicia al hombre a quien rindieron pleitesía casi todas las izquierdas durante años, llegado a su puesto dirigente por su esfuerzo personal, y vencedor en la mayoría de las querellas partidistas, sobre rivales presuntamente más inteligentes y políticos, como Prieto y Besteiro. Su marxismo fue coherente, y él llevó a España más cerca de la revolución que los líderes correligionarios de cualquier país occidental. Desde el punto de vista de las izquierdas de entonces, esto es un inmenso mérito, aun si supuso la guerra civil, coste alto, pero compensador para ellos, en pro de un régimen totalitario y emancipador, como deseaba la mayor parte de la izquierda.

Capítulo 4

COMPANYS, LEVANTAR CATALUÑA

Durante la república, el nacionalismo catalán tuvo sus principales líderes en Francesc Macià y Lluis Companys, sucesivamente. Siendo Cataluña la región más rica de España, y habiendo prendido el nacionalismo en buena parte de su población, la acción de sus nacionalistas repercutió fuertemente en el conjunto del país. El nacionalismo catalán, como el vasco, tomó cuerpo a finales del siglo XIX, sobre todo tras el «desastre del 98», que produjo en España una sensación de fracaso y revisiones de la historia en un sentido a menudo fantasioso, no sólo por parte de los nacionalistas periféricos, sino también de los regeneracionistas, Ortega, Azaña y tantos más.

Pero el nacionalismo catalán difiere del vasco. Éste eligió desde el principio el separatismo (aunque en épocas y sectores relegara esa aspiración a un incierto futuro), y un racismo exaltado y atrabiliario.

Creo especialmente reveladoras estas frases de Sabino Arana, fundador y maestro del PNV, que he citado en otras ocasiones: «El euskeriano y el maketo. ¿Forman dos bandos contrarios? ¡Ca! Amigos son, se aman como hermanos, sin que haya quien pueda explicar esta unión de dos caracteres tan opuestos, de dos razas tan antagónicas.» Tales expresiones encierran todo el programa político del PNV, dedicado en cuerpo y alma a inculcar a los vascos la *conciencia* de ser una raza superior, «la más noble y libre del mundo», «sin punto de contacto o fraternidad con ninguno de sus vecinos», y en trance de corromperse, por estar «hermanada y confundida con el pueblo español, que malea las inteligencias y los corazones de sus hijos, y mata sus almas». Consecuencia inevitable de tales concepciones era el intento de romper la amistad y fraternidad con los demás españoles, sentimientos intolerables para Arana, y de marginar a los vascos reacios a aceptar sus doctrinas. Así, el PNV tendía a crear en *Euzkadi** una sociedad alejada en lo posible del contacto con *Maketania,* influyendo mucho menos que el nacionalismo catalán en la historia española. Otro rasgo del PNV, su carácter antiliberal y semiteocrático, le valió el apoyo de buena parte del clero [1].

El nacionalismo catalán es más complejo, también más confuso, y así como en el vasco dominó una línea muy derechista, en aquél terminó por imponerse la izquierda. Parte del nacionalismo catalán pensaba en el resto de España como simple mercado reservado a su industria, otra parte aspiraba a elevar a las demás regiones al nivel material de Cataluña, y encabezar un estado imperialista «ibérico» desde Lisboa al Ródano. De ahí su proclividad a intervenir en la política general española. Solía negar la

---

* La palabra «Euzkadi» es una invención de Arana y, como señaló Unamuno y se ha observado a menudo, un disparate en vascuence, pues emplea un sufijo solo usado para vegetales, como si España fuese transformado en «Españoleda», por afinidad con alameda, rosaleda, etc. Además transformó arbitrariamente «eusko» en «euzko», al parecer con la idea de dar un matiz «solar» (del sol) al término. De hecho los aranistas atribuían al término Euzkadi un carácter literalmente mágico: «palabra mágica, creada por el genio inmortal de nuestro Maestro», dice el político peneuvista M. de Eguileor. Y debía de serlo, pues fue un término que «no acertó a sacar durante cuarenta siglos nuestra raza del fondo de su alma». ¡Durante tantos siglos los vascos habían sido incapaces, según el PNV, de inventar un término que los distinguiese! Esa pretensión, debe admitirse, no deja en buen lugar la capacidad mental del pueblo que dicen defender, y al cual vegetalizan, por así decir.

existencia de España, sustituida, también algo mágicamente, por el término «Estado español», estado de raíces fantasmales, e interpretaba la historia en clave victimista y lastimera, proclive a un exclusivismo resentido. Ello explica su papel ambiguo durante la Restauración, a la cual apoyó a veces, pero más a menudo socavó al lado de los revolucionarios, cuyo ímpetu aspiraba a encauzar, un poco como Azaña.

Aquellas aventuras desembocaron en la dictadura. La *Lliga regionalista,* el partido nacionalista de derecha dirigido por Francesc Cambó, incitó, probablemente, el golpe de Primo de Rivera, en 1923, ante la imposibilidad de frenar el terrorismo en Cataluña, pero luego negó su concurso a Primo. El nacionalismo catalán, de derecha o de izquierda, no ofendió gran cosa a la dictadura*, ni ésta a aquél. Lo mismo ocurrió con el nacionalismo vasco.

Finalizada la dictadura, Cambó defendió, limitado por su precaria salud, una vuelta a la monarquía constitucional. El filósofo Ortega y Gasset, por entonces partidario entusiasta de la república, quiso atraerle a ella, pero Cambó rehusó, y Ortega «tuvo que escuchar una exposición serena de mis argumentos dirigidos a hacerle ver que aquella República de que me hablaba era

---

* La excepción principal fue la expedición de Macià a Prats de Molló. Macià, antiguo coronel muy españolista, evolucionó hacia el separatismo, y fundó el partido Estat Catalá. Desde Francia trataba de organizar un movimiento de «almogávares» para imponerse en Cataluña, y buscó al efecto apoyo en Moscú. «Todo por la liberación de Cataluña, incluso el comunismo», había dicho. Al saberlo, algunos millonarios catalanes residentes en Hispanoamérica amenazaron con retirarle el dinero que le pasaban, y así concluyó la peripecia moscovita de Macià. La intentona de Prats de Molló culminó de forma algo tartarinesca, con el arresto de los aguerridos expedicionarios por la policía francesa, y una campaña de propaganda en Francia contra la «España intolerante e inquisitorial».

un puro ensueño; que si la República venía (...) supondría el comienzo de una era de convulsiones para España (...). Al oírme, tuvo un ataque de furia. Salió del salón batiendo la puerta»[2].

En cambio los nacionalistas más o menos de izquierda, no articulados aún en verdaderos partidos, entraron en el Pacto de San Sebastián. El acuerdo entre ellos y los republicanos no resultó fácil. El nacionalista Carrasco i Formiguera, declaró: «A partir del nacimiento del nuevo régimen, Cataluña recaba su derecho a la autodeterminación y se dará a sí misma el régimen que le convenga». Es Maura quien lo relata: «A este desatino sucedió un silencio general y penoso». Maura contestó a Carrasco y los otros «algo que estoy seguro que tenían bien sabido: que por tal camino se iba derecho a la guerra civil». Según el acuerdo final, las Cortes aprobarían la autonomía una vez los catalanes la hubieran aceptado en referéndum[3].

El Pacto de San Sebastián fue verbal, un «acuerdo entre caballeros». Los nacionalistas, reticentes e incrédulos ante una república próxima, mostraron pocas ganas de participar en el Gobierno Provisional Revolucionario, constituido para prepararla. Sin embargo, cuando de forma tan inesperada nació, en abril del 31, el nuevo régimen, supieron explotar el desorden y la emocionalidad del momento para hacerse con el poder, colocar a sus hombres en todos los niveles de la administración regional, y proclamar, por boca de Macià, la «república catalana», invitando a las demás regiones a entrar en una «confederación de pueblos ibéricos». Ello rompía el Pacto de San Sebastián, y prometía conflictos. Presionado, Macià retiró la «república catalana», pero obtuvo lo esencial, pues copó la administración con gente adicta. Los republicanos y socialistas vieron en tales conductas una preocupante deslealtad.

Macià, ya anciano, estaba en la cúspide de su gloria. Cambó, en sus momentos más bajos, observa con razonable acidez: «Francesc Macià, a quien nadie tomaba en serio en los primeros años de la Dictadura, cuando hacía ridículas maniobras en los alrededores de París, se había convertido en un símbolo. La ida a Prats de Molló, que consistió en embarcar un día unas decenas de jóvenes uniformados en París, debidamente vigilados por la policía, para hacerse detener en Perpiñán, se presentaba como una gesta heroica» [4].

En marzo, sólo un mes antes de la república, varios grupos nacionalistas se habían fusionado, bajo la presidencia de Macià, para formar la Esquerra Republicana de Catalunya, de acusado corte jacobino, y de peso muy notable en los destinos del régimen.

Los políticos de la Esquerra, entre ellos el leridano Companys, que iniciaba a sus 49 años una rutilante carrera política, se habían adueñado de la administración en Cataluña, y luego, gracias a ello y a su popularidad del momento, arrasaron en las elecciones, hundiendo a la *Lliga* de Cambó (36 escaños contra 3). También atrajeron los votos de la CNT, con la cual vivían una luna de miel, finalmente corta, pues los ácratas no se dejaron controlar. La CNT se rehízo con rapidez y violencia, asesinando a obreros de otros sindicatos, y promoviendo constantes disturbios, ante los cuales la Esquerra miraba hacia otro lado, o fingía buena cara.

En julio, Azaña consigna cómo «Macià no está conforme con que se tomen medidas de excepción (...). No quiere indisponerse con los sindicatos, de quienes espera votos para el referéndum del Estatuto». Además, «las autoridades se rinden al ambiente sentimental (...), y como los niños besan a Macià, los gobernadores se impresionan como ante un santón*, y no se atreven a contra-

---

* Josep Pla escribe: «La terminología política de la Esquerra está llena de todos los tópicos del humanitarismo más insincero y tronado (...). Hacen grandes gestos, se ponen cada dos minutos la mano en el pecho, dan chillidos sentimentales y hacen unos terribles aspavientos de bondad (...). Toda la

riarle». Un enviado de la *Generalitat,* Lluhí, fue a Madrid a tratar el caso. Entendía la gravedad del asunto, pero vacilaba. «Maura le hace observar cómo va a recibir la Generalidad la economía de Cataluña, si ésta continúa como hasta aquí, y de qué medios va a disponer para conservar el orden, si se encuentra con el sindicalismo desbordado, y con la industria paralizada, como ya lo está» [5]. Sin embargo, con el tiempo la Esquerra aplicaría una represión inmisericorde a sus turbulentos aliados de primera hora.

En agosto, la autonomía recibió masivo respaldo en referéndum, y comenzó un penoso trámite para aprobarla en Cortes. Muchos socialistas y republicanos recelaban de los nacionalistas, por las que juzgaban deslealtades anteriores; más recelaban las derechas, por la ambigüedad de la Esquerra hacia la unidad española; y causaba malestar la «comprensión» nacionalista hacia la violencia ácrata. Entre unas cosas y otras, las discusiones se prolongaban, como las de la reforma agraria, hasta que, en agosto de 1932, aprovechando la derrota de Sanjurjo, Azaña logró aprobar en las Cortes el estatuto. En cambio el estatuto vasco sufría la abierta hostilidad de socialistas y jacobinos, temerosos de «un Gibraltar vaticanista» en las provincias Vascongadas, debido al carácter del PNV, tan derechista y clerical.

En un muy citado discurso Azaña expuso: «Cataluña dice, los catalanes dicen: queremos vivir de otra manera dentro del Estado español. La pretensión es legítima; es legítima porque la autoriza la ley (...) constitucional. La ley fija los límites que debe seguir esta pretensión, y quién y cómo debe resolver sobre ella. Los catalanes han cumplido estos trámites y ahora nos encontramos ante un problema que se define de esta manera: conjugar la aspira-

---

pornografía del exilio, el onanismo de los catalanes de América, los estados más abyectos de la mugre sensorial se han implantado en Cataluña de la manera más simple y natural» [6].

ción particularista o el sentimiento o la voluntad autonomista de Cataluña con los intereses o los fines generales y permanentes de España dentro del Estado organizado por la República».

Estas palabras limaron asperezas y dieron la impresión de superar el conflicto. Pero la Esquerra, ¿haría del estatuto una clave para su integración en España, o un resorte para la secesión? Casi todos los catalanistas lo aceptaban como un cuadro satisfactorio de convivencia, pero en la Esquerra tenían fuerza los separatistas, que presentaban a España como una entidad ajena o extranjera, y esperaban una ocasión favorable para romper la unidad.

Companys era más bien autonomista, y Macià lo era sólo de modo provisional. Un mal presagio fue la creación de milicias por el grupo *Estat Català,* integrado en la Esquerra y dirigidas por Josep Dencàs. Las milicias, llamadas *escamots*, «pelotones», por afinidad con las «escuadras» mussolinianas, tenían ideología izquierdista y estilo fascistoide. Declaradamente separatistas, cultivaban modos exaltados y violentos, gustaban de desfiles uniformados y aparatosos, y practicaban la intimidación y acciones de «castigo», en una de las cuales destrozaron los talleres de una revista satírica cuyas burlas les enfadaban. Llamadas, medio en broma, medio en serio, «el fascio de Macià», generaban tensiones en la propia Esquerra, pero sus furores antiespañoles eran consentidos y estimulados, por creerlos un medio útil de presión frente a Madrid.

En noviembre del 33, al barruntarse el fracaso electoral izquierdista, la Esquerra llamó: «Contra el alud reaccionario, contra el fascismo, contra la dictadura, Cataluña, baluarte de la República». Y, dice Cambó, «se lanzó a toda suerte de violencias (...), se llegó a la rotura de urnas, cosa que no había ocurrido en Barcelona desde 1901, es decir, desde que por primera vez fue verdadero el sufragio. ¡Tenían que ser los que gobernaban la Cataluña autónoma los que diesen este triste espectáculo!». Contados los votos, la furia esquerrista llegó al *summum.* Su prensa clamó contra «la tropa negra y lívida de la inquisición y el fanatismo religioso», vencedora en las urnas por «el llamamiento al fanatismo, a la locura, a la traición, a la miseria moral y mental (...) de una conciencia de esclavo y de iluminado»; y dio la consigna: «el arma al brazo y en pie de guerra». «Tomen nota la *Lliga*, el obispo y su tropa siniestra (...) y mediten bien el significado de nuestras palabras (...). No amenazamos, advertimos (...). No hacemos literatura, nosotros». En vano les exhortó la *Lliga* a la paz, y a no repetir «la historia de España en el siglo XIX»* [7].

Macià murió en Navidad de ese año, y le sucedió a la cabeza de la Generalidad Lluis Companys, cuya compleja trayectoria política le había llevado, en opinión de Cambó, de ser «netamente anticatalanista» a un catalanismo de circunstancias. Como abogado, había defendido a muchos anarquistas, y tenía simpatías entre ellos. Durante la dictadura había sido detenido, pero pronto soltado sin acusaciones graves. En la jornada del 14 de abril de 1931 se había apoderado del Ayuntamiento, con algunos seguidores y ácratas, autoproclamándose alcalde de Barcelona. Para su embarazo, algunos nacionalistas le reprochaban su viejo historial.

Ante los comicios municipales catalanes, en enero del 34, las izquierdas unieron sus fuerzas, con ayuda de figuras como Azaña, Prieto, Marcelino Domingo o Casares Quiroga, preludio de un recobro de la unidad izquierdista en toda España. El título de «baluarte de la república» dado a Cataluña, volvía a testimoniar

---

* La historiografía nacionalista catalana, de izquierdas y de derechas, acostumbra olvidar estos lenguajes y violencias, presentando en toda ocasión a unos catalanistas razonables, víctimas de la incomprensión y el fanatismo ajenos. Ejemplo típico son las voluminosas memorias de Carles Pi i Sunyer, casi inútiles para el historiador, excepto como expresión de un talante y recordatorio peculiares.

su concepción del régimen, no como un sistema democrático, sino como una propiedad de la izquierda. Lema curioso, además, porque el poder en Madrid había pasado, tras las elecciones, al más votado y antiguo de los partidos republicanos, el de Lerroux. La CEDA había aplazado su entrada en el gobierno, a fin, decía, de calmar los rencores.

En los meses siguientes menudearon los roces entre la Generalidad, dominada por la Esquerra, y el gobierno central, para alcanzar su culmen con motivo de una ley de contratos agrarios. Alegando abusos de la Esquerra, la *Lliga* había abandonado el *Parlament*, y la ley pasó en él sin trabas. Pero la *Lliga,* considerándola contraria a la tradición catalana y a los derechos de propiedad, la denunció ante las Cortes por rebasar el estatuto, y el conflicto llegó al Tribunal de Garantías Constitucionales, creado en tiempos de Azaña para resolver tales contenciosos. El tribunal dictaminó contra dicha ley, pero el gobierno, presidido por Samper y ansioso de aplacar a la Esquerra, propuso a ésta unos ligeros retoques «sin alterar en nada su contenido esencial», y promulgar la norma enseguida, para no dar tiempo a nuevos recursos.

Companys no sólo rechazó la decisión del tribunal, poniéndose en rebeldía, sino también la propuesta conciliatoria de Samper. «El fallo [del Tribunal] –afirmó– es la culminación de una ofensiva contra Cataluña», y «los buenos catalanes» debían «defender su prestigio con la sangre de sus venas». «Tal vez yo os diré a todos: ¡hermanos, seguidme! Y toda Cataluña se levantará». El 12 de junio, mientras grupos de manifestantes gritaban «¡lucharemos hasta la muerte!», declaró en el *Parlament:* «Me han llenado de estupor unas declaraciones del (...) señor Samper, lanzando la sugerencia (...) de que tal vez, si se modificaban algunos aspectos (...) podría haber un plano de avenencia que, en este problema, la sola palabra nos cubre de vergüenza». A su entender Cataluña sufría «la agresión de los lacayos de la monarquía y de las huestes fascistas», y por tanto «se nos plantea el problema de si las libertades de Cataluña están en peligro por haberse apoderado de la República todo lo viejo y podrido que había en la vida española». No cabía la transacción, pues «¡oh amigos!, si eso sucediese y yo tuviese la desgracia de quedar con vida, me envolvería en mi desprecio y me retiraría a mi casa para ocultar mi vergüenza como hombre (...) y el dolor (...) de haber perdido la fe en los destinos de la Patria».

El nacionalista moderado Abadal advirtió, entre insultos de los demás, el deber de acatar al Tribunal, fundado con acuerdo de la Esquerra, y el riesgo de perder la autonomía por tales trifulcas. Companys le replicó: «Admitamos que Cataluña sea vencida y que nos arrebaten todas las libertades; pero como los que estamos al frente perderemos la vida, renacerá de una manera triunfante la nacionalidad catalana». Con cierta incongruencia añadió: « No somos hombres que nos dejemos llevar por los nervios ni por exaltaciones clamorosas momentáneas (...). Sabemos adoptar aquel tono ponderativo de táctica y equilibrio, de saber hacer (...). No somos unos insensatos». Según sus adeptos, por aquellos días la figura de Companys «adquiría proporciones épicas, de leyenda, mientras que Samper, Lerroux, Salazar Alonso [ministro de Gobernación], aparecían en su miserable minusculidad» [8].

Companys, a quien Azaña trata con desprecio, se parecía mucho a éste en su tendencia a utilizar y espolear fuerzas sociales que se les volvían incontrolables. Menos sobrio que Azaña, Companys era aficionado a escenas teatrales, como recoge Bolloten del comunista Serra Pàmies, que le conocía bien: «Le daban ataques, se tiraba de los pelos, arrojaba cosas, se quitaba la chaqueta, rasgaba la corbata, se abría la camisa. Este comportamiento era típico». Sin embargo, su temperamento era más bien pacífico como el de Azaña.

Estos sucesos, de gran efecto sobre el régimen, han recibido interpretaciones varias. La izquierda y los nacionalistas los presentaron como causados por una provocación de la derecha a «Cataluña», pero suena más auténtica la versión de Amadeu Hurtado, agente negociador de la propia Generalidad en el conflicto: «Supe que a la sombra de aquella situación confusa, la ley de Contratos de Cultivo era un simple pretexto para alzar un movimiento insurreccional contra la República, porque desde las elecciones de noviembre anterior no la gobernaban las izquierdas» [9].

Las frases de Companys, coreadas por su partido y prensa, buscaban crear un clima de exasperación y rebeldía popular. Dencàs fue nombrado consejero de Gobernación, a fin de preparar militarmente la revuelta: «Intentábamos organizar unas juventudes armadas, precisamente para traducir en hechos prácticos los clamores de heroísmo y de actitudes rebeldes (...) para implantar y hacer factible aquella revolución que todos los dirigentes en los actos y mítines predicaban a nuestro pueblo» [10].

Si bien los preparativos fueron ocultados cuidadosamente cuando el golpe fracasó, hoy sabemos que se trató de una estrategia deliberada para, en la intención de unos, separar a Cataluña del resto de España, y en la de otros, derrocar al gobierno legítimo.

El plan preveía instruir unas fuerzas armadas y utilizar los Mozos de Escuadra, las guardias Civil y de Asalto, bajo mando de la *Generalitat* en virtud de la autonomía, y depuradas en parte. Así, la legalidad era usada para preparar la guerra civil. También trabajaba la Esquerra las guarniciones, y atrayendo a bastantes oficiales del ejército. Los responsables locales serían advertidos por radio: «En todas las emisiones de las radios locales se hacían sonar al final unos golpes secos y acompasados que significaban que no había llegado aún el momento para el alzamiento, pero se sabía la consigna de aquellos golpes, que cuando fuesen seguidos y rápidos, serían la orden de insurrección inmediata». Hubo tratos, hoy todavía oscuros, con el PNV y el PSOE. Como en el caso de éste, la pretextada amenaza fascista carecía de base, sirviendo de coartada justificativa y para excitar a las masas* [11].

Azaña rememora al Companys de aquel verano «como un iluminado; como hombre seguro de su fuerza, del porvenir, engreído por el triunfo fácil que le había procurado el Gobierno». Muchos nacionalistas propugnaban romper la unidad española; el «trapo infecto» de la bandera republicana fue hecho trizas en varias ocasiones, y menudeaban los insultos a España y «su sucia historia». Ello ocurría mientras el PSOE aprestaba su insurrección, y Azaña su golpe de estado en combinación con la propia Esquerra. Amadeu Hurtado anota cómo ciertos republicanos de Madrid «con una inconsciencia inexplicable (...), por aquello del baluarte de la república, venían a Barcelona a informarse y a seguir con entusiasmo las peripecias del movimiento que se preparaba, aunque fuera a favor del extremismo nacionalista» [12].

Companys y los suyos entraron en acción el 6 de octubre, cuando creyeron que la revuelta socialista cundía victoriosa por el país. Pero se vinieron abajo tan pronto como el general Batet –con cuyo apoyo o al menos inhibición habían contado– defendió resueltamente la democracia. Bastaron cuatro o cinco compañías de soldados y guardias para sofocar la intentona en una sola noche. Durante aquellas horas los jefes esquerristas lanzaron ardien-

---

* Claro que los preparativos no podían mantenerse del todo ocultos, pero el gobierno estaba resuelto a ignorarlos. El 25 de junio el monárquico Goicoechea denunció en las Cortes que la Esquerra se armaba, y Samper replicó: «¿Contra quién? ¿Contra el Poder público del Estado español? Yo no seré capaz de inferir semejante injuria a los representantes de la Generalidad. Eso sería incubar la catástrofe.» Y el ministro de Marina, el radical Rocha, criticó severamente las denuncias, propias de un talante «separador», equivalente al «separatista».

tes llamamientos a las armas, pero los catalanes, en su casi totalidad, respaldaron al poder legítimo. La CNT, resentida por la cruda represión sufrida de la Esquerra los meses anteriores, se tuvo al margen.

Fracasados en octubre, y pese a no ser ilegalizados, la Esquerra y el PSOE procedieron a mitificar su revuelta. Companys había predicho que él y los demás jefes resistirían hasta la muerte, como ejemplo y semilla para un resurgir nacionalista, pero erró doblemente. Capitularon con singular facilidad, dando a la aventura un toque algo estrafalario, y pese a ello resurgieron al cabo de un tiempo. Así, el nacionalismo jacobino pudo haber naufragado en el ridículo, como vaticinó Alcalá-Zamora, pero tras una etapa de burla y despego popular, se recobró, gracias, como en el caso del PSOE, a una campaña victimista hábil e insistente.

La campaña jugaba con el sentimiento catalanista, exaltando a los líderes del golpe como «héroes de Cataluña», vencidos con dignidad en lucha desigual por la libertad y los intereses catalanes: Companys y Cataluña «se encontraron juntos el 6 de octubre, y no se separarán jamás». «Companys es Cataluña. Cataluña es Companys», «Cataluña» había sufrido una derrota a manos del fascismo y la reacción, bien caracterizados por sus crímenes de Asturias. El proceso contra Companys y los suyos sirvió a los nacionalistas y la izquierda de eje para una recia propaganda. La Esquerra, como el PSOE, pretendía que en octubre sólo había ocurrido una «reacción popular espontánea» frente al «golpe fascista», como llamaban a la entrada de la CEDA en el gobierno. Los esquerristas ahora presos habrían intentado, precisamente, moderar esa reacción popular y darle un cauce viable, aun si no del todo legal, cosa lógica en aquellas condiciones extremas. Tal versión, como la del PSOE, negaba la evidencia, pues había sido la Esquerra la que había llamado a las armas, y el pueblo el que espontáneamente había hecho caso omiso. Pero los detenidos y la Esquerra sostuvieron con impavidez sus justificaciones [13].

Ante los jueces, pues, los procesados ocultaron celosamente sus preparativos de insurrección, envolviéndolo todo en nubes de exacerbada sentimentalidad. La prensa de izquierda en Madrid los presentaba como hombres simpáticos y honrados, entregados al bien de su pueblo y víctimas inocentes de unas circunstancias dramáticas. Dada la discreción de los implicados, quizá hoy seguiríamos ignorando los entresijos del golpe, de no ser por su necesidad convertir a Dencàs en chivo expiatorio, obligando a éste, en defensa propia, a hacer alguna luz sobre ellos.

El gobierno estuvo a punto de suprimir el estatuto de autonomía, pero sólo lo dejó en suspenso, mientras se normalizaba la situación. La Esquerra supo pintar la suspensión como un nuevo ataque a Cataluña, aunque ellos mismos la habían provocado al romper los tratos y acuerdos legales. El gobierno pudo haber puesto la autonomía en manos de la *Lliga,* pero la desconfianza creada hacia el nacionalismo en general era muy grande, y la interinidad se prolongó, bien explotada por los esquerristas. Otro éxito clave para éstos consistió en el cambio de actitud de la CNT. Reprimida antes por la *Generalitat*, incluso con métodos terroristas, se había abstenido en octubre, pero tras la derrota volvió a apoyar de hecho a las izquierdas, como en los primeros tiempos de la república.

Así, en las elecciones de febrero de 1936, los votos ácratas ayudaron a la Esquerra a obtener una amplia mayoría, mientras la *Lliga,* retrocedía acusadamente (12 escaños, frente a 36 izquierdistas). Companys y los suyos, liberados de la cárcel y despedidos en Madrid con un multitudinario mitin de simpatía, habían pensado presentarse en Barcelona y «tomar posesión del poder por la fuerza», apunta indignado Azaña, que los trata de pueriles [14] y hubo de hacer serios esfuerzos por reducirlos a los trámites legales. En los meses siguientes, la derecha catalana, atemorizada, apenas hizo oposición y llegó a un cierto acuerdo con la triunfante izquierda. Cataluña padeció menos disturbios que la mayoría de las regiones, pero la CNT recuperó su protagonismo, y la Esquerra no podía frenar sus amenazadores avances. El proceso revolucionario, aunque no muy estridente, se percibía con claridad, como un mar de fondo, para estallar con tremenda violencia en julio de 1936.

Capítulo 5

GARCÍA OLIVER, LA GIMNASIA REVOLUCIONARIA

Juan García Oliver, natural de Reus y con treinta años al llegar la república, fue probablemente el dirigente anarquista más destacado de aquellos años. Inteligente y con dotes de líder, representaba el elemento irreductible del anarquismo español, de pensamiento un tanto simple, muy obrerista y dado a la violencia: «A los anarquistas de origen proletario les movía la pasión de hacer pronto la revolución social e instaurar inmediatamente la justicia social mediante la aplicación de estrictas normas de igualdad. Entre los anarquistas de origen burgués o de influencia liberal burguesa, prevalecía la observancia de los principios, sin conceder primordial importancia a la realización de la justicia social y a la instauración del comunismo libertario» [1].

García formó «grupo de afinidad» con los famosos Durruti, Ascaso y Jover *(Los solidarios,* y luego *Nosotros),* y participó en acciones terroristas, entre ellas la preparación del atentado contra Dato, uno de los políticos más capaces de España, cuya muerte supuso una irreparable pérdida para el régimen de la Restauración.

Durante la dictadura de Primo de Rivera fue fundada la FAI (Federación Anarquista Ibérica), suerte de sociedad secreta creada para asegurar la pureza de ideas y conductas libertarias dentro de la más amplia y difusa Confederación Nacional del Trabajo o CNT. García Oliver y los suyos, que participaron en alguna acción sangrienta contra el dictador, terminaron entrando en la FAI, para evitar verse aislados, y pese a conceptuarla como una caterva de burócratas e intelectuales «trepas». García detestaba en particular a Abad de Santillán y a Federica Montseny, a quienes trata con acritud en sus memorias. Paradójicamente llegaría durante la guerra a ministro de Justicia.

La CNT aunaba de modo confuso las diversas corrientes del anarquismo, desde la sindicalista, partidaria de la acción de masas, hasta la individualista, propensa al terrorismo y aun al mero bandolerismo, exaltado ya desde los tiempos de Bakunin, para quien el bandido que roba y mata revela un espíritu revolucionario auténtico y sin adornos. Los ácratas formaron una sociedad propia dentro de la sociedad española, donde convergían, en mezcla contradictoria, puritanismo y libertinaje, pacifismo y atentados con bomba o con pistola, esperanto y vida sana y «natural», vegetarianismo y nihilismo, con sus escuelas y centros culturales como los ateneos libertarios, y sus normas de conducta peculiares. Pese a sus anhelos de igualdad y convivencia feliz y armónica, esas organizaciones no ofrecían un ejemplo muy edificante al respecto, pues en ellas proliferaban las luchas por el poder, nunca bautizado de esa manera, las aversiones personales y las maniobras sin escrúpulos por imponer unas u otras tendencias.

Los anarquistas, en general, propugnaban la gran explosión de violencia que «destroza la costra de los pueblos y pone a flote los valores auténticos de una sociedad», liberando radical y definitivamente al hombre. Por ello desechaban el método comunista de la «dictadura proletaria»: «Un hecho revolucionario es siempre violento. Pero la dictadura del proletariado (...) no tiene nada que ver con el hecho violento de la revolución, sino que, en resumidas cuentas, se trata de erigir la violencia en una forma práctica de gobierno. Esta dictadura crea, natural y forzosamente, clases y privilegios (...). La dictadura del proletariado esteriliza la revolución y es una pérdida de tiempo y energías» [2].

La discusión sobre estos asuntos, sobre las fases en el camino de la emancipación humana, y la organización adecuada a tal objetivo, provenían ya de la época de Marx y Bakunin, y no tenían fin.

Por otra parte, la necesidad anarquista de hacer explícita la decisión común como suma de las individuales, solía multiplicar y alargar interminablemente las disputas, limitando mucho la eficacia de sus grandes organizaciones. Con frecuencia era la decisión de actuar tomada por algún sector o sindicato menor la que forzaba al conjunto a secundarlo bajo la invocación de la solidaridad. Como señala el líder libertario J. Peirats, tampoco era posible para los dirigentes establecer pactos con otras fuerzas pues no podían garantizar su cumplimiento: «La autonomía de que gozaban los sindicatos para declararse en huelga, su feroz apego a la libertad de acción y la nula influencia de los comités superiores en los problemas profesionales y reivindicativos económicos convierten en quimérico en la CNT el dirigismo desde arriba» [3].

Por contra, ofrecían un campo excelente para la acción de sociedades secretas, como la FAI, que dominó en buena medida a la sindical durante esos años. Según datos manejados habitualmente, la CNT tenía millón y medio de afiliados, pero sus congresos nunca representaron a tantos, y la cifra real se encuentra seguramente en torno a la mitad, como también pasaba con la UGT.

La CNT se veía a sí misma como «una organización eminentemente política (política, bien entendido, de la antipolítica), social (agitación social) y revolucionaria (insurreccional)» [4]. La práctica del terrorismo la había convertido en un verdadero cáncer del régimen de la Restauración, pero no había impedido a republicanos, socialistas y nacionalistas catalanes colaborar con ella, tomándola por fuerza de choque, útil para destruir el poder liberal. Al acercarse la república, todos ellos pensaron nuevamente en utilizarla a su favor para, una vez alcanzado el poder, meterla enérgicamente en cintura si se desmandaba.

Un sector de la CNT había tenido trato con los políticos del Pacto de San Sebastián en abril de 1931, y en todo caso hubo una alianza de hecho: los ácratas dieron buen número de votos a las candidaturas republicanas. Pero muchos anarquistas no estaban de acuerdo o, bien apoyaban la república sólo como un poder débil al que sería fácil derrocar luego. Los republicanos, y en especial los nacionalistas catalanes, pensaban explotar las discrepancias en el seno de la sindical para domesticarla o al menos controlarla. Companys se había especializado en la defensa de anarquistas durante los años álgidos del terrorismo, de 1919 a 1923, conocía bien el movimiento, y dio aliento al sector meramente sindicalista, persiguiendo en cambio al más doctrinalmente libertario, es decir, a la FAI. Intentó, al modo del PNV, crear una «Federación Obrera Catalana» atrayendo a ella a una parte de los sindicalistas, para lo cual «explotaba la xenofobia más vulgar, propagando que la CNT estaba compuesta exclusivamente de muertos de hambre procedentes de las zonas paupérrimas del sur de España» [5].

El intento empezó a fracasar pronto. Al llegar la república, los anarquistas habían invadido el Ayuntamiento de Barcelona e impuesto a Companys como alcalde, pero a las dos semanas la armonía comenzó a deshacerse. En la manifestación del 1 de mayo, cuenta García Oliver: «Desde el camión-tribuna dirigí una mirada a los cuatro lados de la multitud y *grosso modo,* conté no menos de cien compañeros que, con su pistola entre pantalón y barriga, sólo esperaban la oportunidad de lanzarse, a su manera, a la práctica de la gimnasia revolucionaria» [6].

Al llegar la muchedumbre a la plaza del Ayuntamiento, los mozos de escuadra intentaron cortarle el paso, y estalló un tiroteo, quedando tendidos en la calle varios muertos y heridos.

No obstante, dentro de la CNT cobró impulso la corriente partidaria de dar una oportunidad a la república, mediante una cierta conciliación y aplazamiento de los objetivos revolucionarios. Dirigía esa tendencia Ángel Pestaña, un líder cenetista histórico, y fue llamada «de los treintistas», por el número de firmantes de un manifiesto en ese sentido. En junio tuvo lugar uno de los más tormentosos congresos de la CNT para decidir los objetivos y la táctica de la nueva etapa, así como la hegemonía de los conciliadores o de los revolucionarios. Terminarían imponiéndose estos últimos en los meses siguientes, derrotando y expulsando sin contemplaciones a los *treintistas,* apoyados por la Esquerra. «Para nosotros –diría el diario madrileño *CNT*– todos los políticos son iguales en la demagogia electoral, en la sisa del mando, en su deseo de fama, en su oportunismo, en su habilidad para criticar cuando están en la oposición y en su cinismo para justificarse una vez en el poder. [7]»

Entre los revolucionarios se hacía notar García Oliver, propulsor de acciones radicales, inmediatas y persistentes para desmoronar el poder burgués. En opinión de García, «los problemas sociales sólo podían encontrar solución en un movimiento revolucionario que, al par que destruía las instituciones burguesas, transformara la economía. Sin precisar fecha, nosotros propugnábamos el hecho revolucionario, despreocupándonos de si estamos o no preparados para hacer la revolución e implantar el comunismo libertario, por cuanto entendemos que el problema revolucionario no es de preparación y sí de voluntad, de quererlo hacer, cuando las circunstancias de descomposición social como las que atraviesa España abonan toda tentativa de revolución». Se trataba de practicar una «gimnasia revolucionaria», consistente en golpear sin tregua, con la mayor violencia posible, organizando para ello y sobre la marcha una estructura de grupos insurreccionales.

No todo el anarquismo compartió esa táctica, pero, observa García Oliver: «Sí fue generalizándose la teoría de la gimnasia revolucionaria en todo el ámbito español, donde los conflictos obreros entre nuestros sindicatos y las autoridades locales terminaban frecuentemente en enfrentamientos armados con la Guardia civil, con asalto de los ayuntamientos, izado en ellos de la bandera rojinegra y proclamación del comunismo libertario» [8].

Simultáneamente con el congreso, una huelga en la compañía Telefónica, impulsada por la CNT, corrió enseguida por rumbos muy violentos. «La inexperiencia de la mayoría de los huelguistas de Teléfonos, entre los que abundaba el personal femenino, fue un serio inconveniente para sostener el conflicto. El grueso de las operaciones más arriesgadas, tales como sabotajes, tuvieron que pesar sobre los militantes de otros sindicatos (...). La lucha degeneró muy pronto en guerrilla entre [la Guardia Civil] y los comandos saboteadores de la CNT. [9]»

En julio hubo otra fuerte convulsión en Andalucía, especialmente en Sevilla, con numerosos muertos y donde las fuerzas de orden practicaron, según todos los indicios, la «ley de fugas», es decir, el asesinato de presos so pretexto de intentos de huida.

Aparte de frecuentes atentados, huelgas y atracos, los libertarios organizaron dos amplias insurrecciones. La primera, el 18 de enero de 1932, en el Alto Llobregat. Contra ella mandó Azaña tropas con órdenes drásticas para sofocar el movimiento, desterrando luego a 104 dirigentes rebeldes a las colonias africanas. Esto dio lugar a nuevas protestas, enfrentamientos y atentados, prolongados hasta finales de mayo en Barcelona y otras ciudades catalanas. La constante agitación sacaba de quicio a las autoridades y aflojaba la coalición republicano-socialista. La Esquerra, muy complaciente durante un período con los desmanes anarquistas, pues deseaba retener sus votos, iba irritándose cada vez más. Según Peirats: «entraron en liza grupos de jóvenes nacionalistas de Estat Catalá (ala extremista separatista de la Esquerra) que tenía sus centros en los centros o «casals» del partido. Estos grupos *(escamots)* se insinuaron como fascistas por sus procedimientos: secuestros, apaleamientos, asesinatos, contando con la impunidad más absoluta» [10]. En efecto, bastante de todo ello hubo, y el jefe de la represión nacionalista, Miquel Badia, caería bajo las balas anarquistas, en venganza, en 1936.

Con sus castigos, Azaña había dado por vencido el peligro ácrata, y a mediados de 1932, cuando se preparaba para acabar con la conspiración de Sanjurjo, escribía estas expresivas palabras: «Así como sofocamos por la fuerza el movimiento anarcosindicalista, hay que sofocar el de la derecha a toda costa y pase lo que pase» [11]. Esto último lo consiguió sin apenas dificultad y con poca sangre, pero se equivocaba en lo primero, pues el anarquismo, lejos de encontrarse liquidado, lanzaba el 8 de enero de 1933 una nueva y más amplia insurrección, con la ambiciosa finalidad de derrocar el poder de una vez por todas. Las fuerzas de seguridad conocían su designio, pues la propia prensa libertaria no hacía ningún misterio del próximo y feliz momento de la liberación, y el gobierno pudo entonces desarticular en buena parte el alzamiento. Pero políticamente iba a sufrir una derrota decisiva.

García Oliver fue apresado en Barcelona, frustrándose varios tremendos atentados para volar la Capitanía General, Gobernación y Jefatura Superior de Policía. Sin embargo, «En Barcelona y en Cataluña –dice García–, la conmoción fue enorme al enterarse la gente de las terribles palizas que nos propinaron los guardias de asalto», a resultas de las cuales él y sus compañeros quedaron «como piltrafas de carne machacada». Pero todo eso «fue pálida orgía comparado con la brutalidad desplegada en Casas Viejas» [12]. En efecto, la lucha se enconó en ese pequeño pueblo de

Cádiz, donde la Guardia de Asalto, cuerpo creado por los republicanos y enviado con órdenes de actuar expeditivamente, abrasó a un anciano apodado *Seisdedos* y a su familia, incluidas mujeres y niños, en una casucha donde se negaban a rendirse y resistían a tiros. Además, los guardias hicieron una *razzia* en la localidad y capturaron y luego asesinaron a otros doce o catorce campesinos. Siguió un escándalo memorable. El gobierno de Azaña, que parecía firme y asentado después de haber derrotado a Sanjurjo, cayó en el mayor descrédito, del cual no iba a reponerse, viéndose obligado a dimitir, en septiembre.

García estuvo perdiendo sangre durante treinta horas por una herida en la cabeza, según dice, y quedó moribundo. Logró salvarse, pero debió dedicar un tiempo a reponerse, apartado de la primera línea de acción. Las repetidas insurrecciones, huelgas y demás violencias, principalmente anarquistas, aunque también de otros orígenes, causaron en los primeros dos años de la república no menos de 280 muertos, según ha calculado el historiador S. Payne, y sacudieron una y otra vez la estabilidad del régimen.

A su vez, la represión creó en la CNT un rencor feroz, explícito en comentarios como éste del periódico *La Tierra,* en la conmemoración del segundo aniversario del régimen: «Dos años de República. Dos años de dolor, de vergüenza, de ignominia. Dos años que jamás olvidaremos, que tendremos presentes en todo instante; dos años de crímenes, de encarcelamientos en masa, de apaleamientos sin número, de persecuciones sin fin. Dos años de hambre, dos años de terror, dos años de odio».

Por consiguiente, en lugar de ayudar a las izquierdas en las elecciones de noviembre del 33, como habían hecho en las de abril del 31, los ácratas lanzaron una furiosa campaña por la abstención, contribuyendo así de modo significativo, aunque menor de lo que solía pensarse, a la derrota izquierdista.

El 8 de diciembre, la CNT celebraba el triunfo del centro derecha a su manera, es decir, con su mayor movimiento insurreccional hasta la fecha. En él murieron unas 90 personas, casi 20 en un sabotaje que hizo despeñarse un tren, en Valencia. A ese alzamiento, propugnado por la FAI, se habían opuesto García Oliver y su «grupo de afinidad» *Nosotros,* argumentando: «1. Que debíamos considerar sospechosa toda tentativa insurreccional acordada a espaldas del grupo «Nosotros». 2. Que los motivos alegados para la insurrección –impedir la entrega del gobierno a las derechas– no tenían por qué afectar a los trabajadores de la CNT, porque si los derechistas triunfaron se debía a que por nuestra propaganda antielectoral los trabajadores no habían votado. 3. Que nuestra propugnada «gimnasia revolucionaria» alcanzaba solamente a la práctica insurreccional de la clase obrera al servicio del comunismo libertario, pero nunca para derribar ni colocar gobiernos burgueses, fuesen de derecha o de izquierda» [13]. La oposición del grupo –con el voto en contra de Durruti–, no impidió sin embargo el alzamiento, indicio de la «anarquía» reinante en la sindical.

De todas formas, el aborrecimiento a los socialistas y a la Esquerra apartaron a la CNT de la insurrección de octubre del 34, cuyos fines, la imposición de una dictadura de tipo comunista o la práctica separación de Cataluña, tampoco le interesaban. La única excepción ocurrió en Asturias, donde el comité regional ácrata firmó con la federación asturiana del PSOE un pacto por «el triunfo de la revolución social en España, estableciendo un régimen de igualdad económica, política y social sobre los principios socialistas federalistas».

Durante 1935 la subversión anarquista continuó, si bien con intensidad menor. Debido a su abstención en la revuelta de octubre, la CNT sirvió de blanco a ensañados ataques y burlas del resto de la izquierda, y pasó el año en rifirrafes con los comunistas, a quienes caracterizaba como «descocados sin inteligencia ni moral», «maestros indiscutibles del embuste», «enanos saturados de ponzoña»; con los socialistas, «bandas terroristas y rompehuelgas, o agentes confidenciales de la policía», cuyos «más caros afanes consistían en enriquecerse velozmente» a costa del erario público, utilizando con cinismo a los obreros mediante una demagogia seudorrevolucionaria; con Companys, «atorrante político que vivió del halago al anarquismo y luego lo persiguió con refinamiento», y cuyos seguidores, «los gloriosos masacradores de anarquistas (…) se entregaron como azoradas mujerzuelas». Etc. [14].

Pero la CNT tenía en la cárcel a bastantes adeptos, sobre todo detenidos en Asturias (los procedentes de las insurrecciones anteriores habían sido amnistiados en 1934), y por ello le convenía la amnistía prometida por la coalición de izquierdas. Llegadas las elecciones de febrero del 36, dio sus votos a dicha coalición, cooperando a la llegada del Frente Popular, como hiciera en abril de 1931 a favor de la república; y también por creer que el nuevo gobierno facilitaría, por su debilidad, una pronta revolución libertaria. Y, al igual que en 1931, la sindical ácrata se transformó de inmediato en un foco de desorden público, en emulación unas veces y en rivalidad otras, con la UGT de Largo. De este modo ambos sindicatos, los más poderosos con diferencia, competían por desestabilizar al gobierno de Azaña. Éste, durante el primer bienio, había podido apretar a los revoltosos con mano de hierro, gracias al apoyo de un PSOE unido, pero ahora se veía impotente por completo. Envuelto en la maraña de sus promesas, miedos y debilidades, contemporizaba y procuraba encauzar contra las derechas el turbión revolucionario.

Así las cosas, el triunfo del Frente Popular abría espléndidas perspectivas al movimiento libertario, y el grupo de *Solidaridad Obrera,* en Barcelona, mostraba una euforia muy extendida: «En la voluntad de obrar de la masa militante, en la inteligencia con que se aprovechen estos momentos y se encaren los problemas de la revolución, reside la posibilidad de que la CNT sea la organización de las multitudes y la fuerza transformadora por excelencia (...). La consigna de hoy es reconstruir la organización para que sea capaz de cumplir con su misión histórica» [15].

En ese clima de fervor, sólo ensombrecido por los rumores de golpe militar, la CNT reunió a primeros de mayo un Congreso en Zaragoza, con vistas a dar pasos decisivos hacia la revolución libertaria. Fue examinada a fondo la sociedad futura, cuya llegada se vislumbraba claramente, y que debía asentarse en conjuntos de «comunas» federadas, con abolición del dinero, del poder político, de las divisiones sociales por motivo de división del trabajo, del sexo, etc. La actividad humana, hasta las relaciones amorosas, quedarían sometidas a normas supuestamente nacidas de la propia naturaleza humana y sin necesidad de un poder externo que asegurase su cumplimiento. García Oliver critica en sus memorias esos entretenimientos como extravíos ante la urgencia de contrarrestar el tan rumoreado golpe militar, pero tenían sentido en la esperanza, muy extendida, de una pronta revolución.

Más prácticas resultaron otras medidas y acuerdos, en especial el cierre de algunas brechas internas. De tiempo atrás habían germinado disidencias, surgiendo los «sindicatos de oposición», y aunque se habían evitado las polémicas públicas, para no disgregar el movimiento, el riesgo de escisiones era muy real. Pero quedó superado en el congreso: «Fue francamente positivo el acuerdo de reunificación de la CNT y la reincorporación de los Sindicatos separados, que era fundamental desde el punto de vista de la estrategia revolucionaria. Este acuerdo, junto con el que recayó sobre proponerle a la UGT entrar a formar parte de una unidad de acción con la CNT, ponía de manifiesto la inteligencia revolucionaria» García Oliver se atribuye buena parte del mérito de la estrategia unitaria que debía «ofrecer un frente compacto en las luchas inevitables que se avecinaban» [16].

La propuesta de unidad de acción con los socialistas rezaba: «Primero: la UGT, al firmar el pacto de alianza revolucionaria reconoce implícitamente el fracaso del sistema de colaboración política y parlamentaria. Como consecuencia lógica de este reconocimiento, dejará de prestar toda clase de colaboración política y parlamentaria al actual régimen imperante. Segundo: para que sea una realidad efectiva la revolución social, hay que destruir completamente el régimen político y social que regula la vida del país».

Este planteamiento significaba una acción insurreccional a corto plazo, pero carecía de viabilidad, no sólo por los celos entre ambos sindicatos, sino porque el sector *bolchevique* del PSOE seguía otra estrategia, como vimos: no pretendía asaltar de frente el estado, sino desestabilizar al gobierno y llevarlo a una crisis que abriera a los socialistas las puertas del poder por un camino en apariencia legal.

Así, ambas fuerzas prosiguieron cada una por su lado, rivalizando o combatiéndose en huelgas enconadísimas, sin faltar choques sangrientos entre ellas, y al mismo tiempo cooperando, por distintas vías, a crear una crisis revolucionaria. La revolución, en efecto, podía venir, bien por el camino elegido por Largo, bien por un asalto directo como el de octubre de 1934, pero en mucha mayor escala, propugnado por la CNT; o, finalmente, como réplica a una reacción derechista que muchos daban por descontada en aquellos meses trágicos. Ante esta última eventualidad, rememora García Oliver, «en Barcelona día y noche no hacíamos otra cosa que contar y recontar los fusiles, pistolas y cartuchos de que disponíamos» [17].

Capítulo 6

JOSÉ DÍAZ, LA ESTRATEGIA DE MOSCÚ

José Díaz y Dolores Ibárruri, *La Pasionaria,* fueron las figuras más destacadas del Partido Comunista de España, el primero como máximo dirigente (secretario general), y la segunda como fogosa oradora y agitadora. Encuadrarlos históricamente exige atender a los rasgos especiales del Partido Comunista. Al comparar a éste con el PSOE o la CNT, advertimos, al margen de su muy distinto tamaño por entonces, una diferencia de peso: el PCE se concebía como organización de revolucionarios profesionales, disciplinados en una «unidad de acero», un «bloque monolítico», con toda su energía concentrada en destruir el *capitalismo.* Su tono militar resaltaba en su autodefinición como «vanguardia» del *proletariado,* y en sus lemas y canciones tipo «Llamamiento de la Comintern»:

> Legión proletaria
> legión campesina
> en filas compactas marchemos al frente
> al hombro el fusil...

El estilo comunista era directo y duro, sin el toque sentimental o lastimero de socialistas y anarquistas, un estilo libre de «prejuicios burgueses», propio para la acción inexorable. El bolchevique debía tener, como enseñaba Stalin, «una pasta especial». Le inspiraba una mística de «emancipación social» respaldada por los éxitos atribuidos a Lenin y Stalin en la aplicación práctica del marxismo y en la creación del «hombre nuevo», entregado a la causa y ajeno a los vicios y taras de la *burguesía*. Ello dotaba al partido de consistencia, activismo y habilidad maniobrera fuera de lo común. Hasta 1936 el PCE no dejó de ser un partido pequeño, y sólo la guerra le convertiría en el más fuerte de la izquierda. Pero incluso antes su influjo se medía por más que el número de sus afiliados.

También distinguía al PCE su total entrega a la URSS, y su financiación, en buena medida, por ésta. Los partidos comunistas componían la Comintern (abreviatura de Internacional Comunista) o «Tercera Internacional», y formaban el aparato subversivo mundial más formidable que haya existido. La Comintern no era un tejido laxo de partidos autónomos, como la socialista Segunda Internacional, sino un aparato rígidamente centralizado en Moscú y sumiso a Stalin. La defensa de la URSS, primera revolución socialista mundial, «patria del proletariado asediada por el imperialismo», constituía el deber primordial, «la piedra de toque del internacionalismo proletario», para los comunistas de cualquier país. La dirección cominterniana no sólo intervenía en el nombramiento de los comités ejecutivos de los partidos nacionales, sino que colocaba al lado de éstos a agentes directos, los cuales asesoraban y vigilaban la aplicación de las directrices, y solían actuar en calidad de verdaderos jefes en la sombra. Pocos partidos –el chino en especial, y con dificultad– escaparon a esa tutela de acero, y el PC español no fue de ellos. El «ojo de Moscú» en España era el argentino Victorio Codovilla, y luego, ya en la guerra, el italiano Palmiro Togliatti, uno de los agentes más talentosos de la Comintern, el búlgaro Stepanof y algún otro.

Perseguido bajo la dictadura de Primo, el PCE tuvo nula influencia en la llegada de la república. Era entonces un grupo marginal, volcado en la denuncia del nuevo régimen como un engendro «burgués», al cual oponía la consigna de un «gobierno obrero y campesino», formación de soviets, liberación de los «pueblos oprimidos», etc., siguiendo de modo esquemático la orientación general de Moscú.

La inestabilidad y flojas raíces de la república ofrecían óptimas condiciones para la acción subversiva, pero el PCE continuó aislado. En marzo de 1932, la Comintern promovió una pugna interna, e impuso una dirección nueva en el partido, desplazando a la anterior, de José Bullejos, tachada de «oportunista», «dogmática», aquejada de «infantilismo izquierdista», etc. En la nueva dirección destacaban José Díaz, Dolores Ibárruri, Pedro Checa, Vicente Uribe y Jesús Hernández. El primero había sido obrero panadero en Sevilla y militante de CNT hasta 1927, habiendo ingresado entonces en el PCE. Ibárruri, procedente de Vizcaya, venía del defenestrado equipo de Bullejos, pero supo desprenderse de él a tiempo y criticarlo con la severidad precisa, haciéndose apta para la nueva dirección. También de Vizcaya procedían Uribe y Hernández, los dos de historial terrorista. Al valenciano Checa quizá el más competente del grupo, le distinguía una menor afición al poder.

La nueva directiva impuso al PCE un activismo frenético, pero apenas logró salir del gueto. Atacando a la república *burguesa* y tachando al PSOE de «socialfascista», participó no obstante en la revolución de octubre del 34, y hasta se distinguió en Asturias, en los últimos días de la revuelta, si bien en conjunto su papel fue auxiliar, y los socialistas no le entregaron armas. Tras la tormenta, los comunistas explotaron la interesada inhibición del PSOE para reclamar con desenvoltura «la plena responsabilidad del movimiento», aunque el gobierno no le hizo mucho caso. A juicio del PCE, la lección clave de la lucha consistía en la urgencia de formar «un fuerte Partido proletario revolucionario», a cuya ausencia atribuían la derrota: Con todo. «El proletariado ha dado un paso formidable (...). La revolución ha crecido (...). El camino de Asturias (...) es el faro que señala a las masas la única senda de su liberación» [1].

Sería ya avanzado 1935 cuando el PCE comenzara a pesar en la política española, y lo haría adoptando la nueva estrategia diseñada en el VII Congreso de la Comintern, reunido en Moscú a finales de julio. El Congreso respondía a los cambios causados en el panorama europeo por el triunfo del nazismo, a principios de 1933, y por la rápida liquidación del Partido Comunista Alemán, antes la gloria de la Comintern y su ariete más potente. La línea comunista hasta entonces había consistido en un ataque frontal a la burguesía y sus «agentes y lacayos socialdemócratas» en cada país. Ahora, el triunfo nazi imponía otras medidas de autoprotección para la URSS, pues Hitler aspiraba a extender el dominio germano por las grandes llanuras rusas. Urgía concitar por doquier las mayores fuerzas posibles. El fascismo, enemigo principal, fue convenientemente definido como el poder terrorista de un ínfimo sector de la oligarquía financiera, de sus elementos «más reaccionarios, más nacionalistas, más imperialistas». Por tanto, ya no procedía el ataque frontal a «toda la burguesía y sus lacayos», sino el envolvente, procurando atraerse a buena parte de los hasta entonces adversarios, para aislar y destruir al enemigo principal, el fascismo. El instrumento a tal fin serían los «frentes populares».

Esa estrategia se enmarcaba en otra más amplia. Stalin preveía una próxima «guerra imperialista» entre las potencias burguesas, por un nuevo reparto del mundo. Esa guerra le beneficiaría, pues abonaría el continente europeo para la revolución y la expansión soviética, pero había el peligro de que se unieran dichas potencias contra Moscú, o simplemente empujaran a Hitler en tal dirección. ¿Empezaría antes la «guerra imperialista» o la agresión del fascismo alemán a la URSS? De eso dependía todo. Stalin buscaba ganar tiempo, usando los frentes populares para agravar las «contradicciones» entre las democracias *burguesas* y la Alemania nazi. Al tiempo, y subterráneamente, maniobraba para llegar a un acuerdo con Hitler.

Esta doble política es conocida por testimonios como el de W. Krivitski, alto cargo del espionaje soviético en Europa Occidental, luego encargado del apoyo a España, y desertor a Occidente a finales de 1937. Durante muchos años, la mayoría de los historiadores negaron veracidad a sus testimonios, pese a la evidencia de que dichas maniobras culminaron exitosamente en 1939, con el amical y antes inimaginable reparto de Polonia entre Stalin y Hitler. El acuerdo entre ambos dictadores ha sido presentado por dichos historiadores, y por la propaganda soviética, como una solución improvisada ante el fracaso de la política anterior del Kremlin, de movilizar a las democracias contra Alemania. Pero resulta ingenuo creer improvisado un acuerdo de tal envergadura, que abrió las compuertas de la guerra mundial como «guerra interimperialista», en el sentido deseado por Moscú. Investigaciones recientes, como la de S. Koch en *El final de la inocencia,* indican que Krivitski tenía básicamente razón, y sus críticos estaban fundamentalmente errados.

La perspectiva de la guerra centraba, por tanto, los planes de Stalin, empezando por el reforzamiento de su poder personal, simultáneo con la política de frentes populares. El régimen soviético había practicado desde el principio el terror de masas, y ahora el método se volvió contra quienes, en el Partido Bolchevique, podían hacer sombra a Stalin. Se desató el «Gran Terror», durante el cual cientos de miles de comunistas, empezando por la plana mayor de jefes de la revolución de 1917, fueron eliminados en secreto o luego de juicios prefabricados, poco después de que millones de «contrarrevolucionarios», sobre todo en Ucrania, hubieran perecido por hambre, fusilamientos y trabajo esclavo en el *archipiélago Gulag**.

Pese a no subsistir en la URSS la menor libertad política, ni apenas libertad personal, y a que las ideas comunistas sobre la «democracia burguesa» estuvieran bien claras para quien quisiera enterarse, la táctica de los frentes populares tuvo un éxito extraordinario en los países occidentales, pues aunque sólo en España, Francia y Chile llegó a cuajar en gobiernos frentistas, creó un ambiente social y político muy prosoviético, cuyos ecos aún resuenan. Los comunistas no sólo aparecían como demócratas, sino como árbitros de la democracia. Por supuesto, bajo el equívoco de las palabras, las «democracias» por ellos propugnadas serían «avanzadas» o «de nuevo tipo», y el Frente Popular debía entenderse como antesala de la revolución socialista, según aclaró Dimítrof, la estrella del VII Congreso cominterniano.

El congreso nombró a José Díaz vocal de la Comisión ejecutiva de la Internacional, y Largo Caballero, tratado hasta poco antes de embaucador y agente de la reacción, fue vitoreado como «el Lenin español». Las críticas al PSOE cobraron un tinte más «fraternal», y Largo recibió el apoyo del PCE contra la fracción de Prieto, llamada «centrista» y no inclinada a nuevas insurrecciones. También promovieron los comunistas la fusión con el PSOE en una «unidad férrea» sobre la base de los principios bol-

---

* La destrucción del campesinado «contrarrevolucionario» dio lugar a escenas infernales de canibalismo y asesinatos masivos por hambre. Los niños eran abandonados por sus padres hambrientos y desesperados y transportados, por la policía política, para morir, a su vez, lejos de las ciudades. El líder soviético Oryonikidsé escribía a su colega Kírof en enero de 1934: «Nuestros cuadros que conocieron la situación de 1932-1933 y que soportaron el choque están verdaderamente templados como el acero. Pienso que con ellos se construirá un estado como la historia no ha conocido nunca» [2].

cheviques, para dotar al *proletariado* de un «gran partido invencible». La anterior hostilidad dio paso, poco a poco, a una verdadera luna de miel.

Todos cantaban loas a Stalin y a la URSS, la cual, informaba José Díaz: «se ha convertido en el primer país del mundo en cuanto a cultura –porque la cultura de los obreros de la Unión Soviética está por encima de la de todos los demás países–; ha pasado a ser el segundo país industrial del mundo –el primero de Europa–, y dentro de poco será también el primero del mundo; ha dado bienestar a los campesinos, y hoy tiene un ejército, el glorioso Ejército Rojo, que se hace respetar en el mundo entero. Allí los hombres de ciencia, los sabios, los intelectuales, no tienen trabas para desarrollar sus investigaciones científicas» Etc. Lógicamente, señalaba Mije, otro líder del PCE, la URSS era: «La atalaya luminosa que nos alumbra el camino; allí hay un pueblo orgulloso, un pueblo libre, que no sufre ni explotación ni hambre, que se ha libertado por completo y que marcha a la cabeza de las muchedumbres de trabajadores del mundo entero (...) Unámonos en un solo partido para que España, por encima de los fascistas, le tienda la mano y diga: "Igual que tú, he hecho mi revolución; hermana soy en el concierto de los países soviéticos del mundo"». También en la prensa socialista, e incluso en la jacobina, abundaban los ditirambos al modelo staliniano [3].

En su política de unidad con el PSOE, el PCE iba a cosechar triunfos memorables: integró su débil sindicato, CGTU, en la UGT, influyendo en éste de manera creciente, pero, sobre todo, llegó a fusionar las juventudes de ambos partidos, en abril del 36, bajo principios y dirección comunistas.

Otro logro del PCE fue entrar en la coalición planeada entonces por Azaña y Prieto para recuperar el poder mediante las urnas. Ambos líderes deseaban marginar a los comunistas, pero la amistad de éstos con Largo lo impidió. La coalición, más tarde conocida como «Frente Popular», según la terminología comunista, fue llamada un tiempo «Bloque Popular» por el propio PCE, quizás con propósito de no alarmar.

La campaña electoral de febrero del 36 tuvo tremenda virulencia, y José Díaz no se quedó atrás: «La lucha está planteada con absoluta claridad. Fascismo o antifascismo, revolución o contrarrevolución». «Nuestra lucha, en España, no tiene el menor parecido con las "elecciones de tipo normal" de países como Inglaterra, Norteamérica, Suiza, etcétera. Aquí se ventila mucho más. La movilización de las masas (...) tiene más significación que el simple hecho de designar a unos representantes en Cortes. Con los votos va a decidirse esta vez el futuro, la forma y el cauce por los que ha de marchar el movimiento ascendente de los oprimidos.» «La papeleta llevada a las urnas, en este momento, tiene casi el mismo valor que tenían los fusiles en Asturias (...). Una cosa no excluye la otra, cada cosa a su tiempo» [4].

Si bien la propaganda comunista insistía desde octubre en que el país vivía bajo el fascismo, preguntaba ahora «qué sería el fascismo en España». Y se contestaba: «Sería un régimen mucho más terrible que el de Alemania. Una prueba de lo que sería la tenéis en la inaudita represión del movimiento de Asturias. Ese refinamiento en los métodos bárbaros de represión cobraría proporciones monstruosas». El PCE jugó a fondo la baza de las supuestas atrocidades de Asturias, en competencia con Prieto y los demás: «Durante la época de Torquemada fueron quemadas nueve mil personas y atormentadas cien mil. Después, en tiempos de su continuador, Deza, dos mil seiscientos quemados y treinta y cinco mil atormentados. ¿No os recuerda esto lo que, siglos más tarde, se ha hecho en Asturias? (Voces: «¡Asesinos!») ¡Treinta mil presos en las cárceles y los presidios de España! ¡Y en qué condiciones! ¡En la situación más inhumana que se puede dar a los presos!». Al margen de las fantasías sobre la Inquisición, el número de presos debía de estar entre un cuarto y un tercio de aquella cifra, y en condiciones normales, según testimonios de los mismos presos; y diversos responsables, entre ellos el líder principal, Largo Caballero, habían sido absueltos o, como Vidarte, ni siquiera procesados [5].

Díaz exponía el programa inmediato: «Queremos un ejército democrático, un ejército del pueblo (...). Queremos que las nacionalidades de nuestro país –Catalunya, Euzkadi, Galicia– puedan disponer libremente de sus destinos ¿por qué no? Si ellos quieren liberarse del yugo del imperialismo español (...) tendrán nuestra ayuda». Etc. La «reacción» –y todas las derechas eran para el PCE reaccionarias y fascistas, con la posible excepción del PNV– tenían ante sí un futuro bien lóbrego: «Los que os explotan ni son españoles, ni son defensores de los intereses del país ni tienen derecho a vivir en la España de la cultura y el trabajo» [6].

Ideas tales, con más o menos matices, las compartía la mayor parte de los socialistas y anarquistas, fuerzas mucho mayores y mejor organizadas que los jacobinos, los cuales alentaban el «torrente popular», pese a sentir cierta inquietud por la conducta de aquellos «gruesos batallones populares».

Había, no obstante, una diferencia entre el PCE y Largo. Para éste, la alianza con los jacobinos se limitaba a los comicios, mientras que Díaz veía en el Frente Popular «una necesidad, no solamente para el momento de las elecciones, sino también para después, como garantía para la realización de lo pactado, y como fuerza de combate, hasta que venzamos a la reacción y al fascismo» [7]. En principio, esta política conectaba con Prieto, favorable a una alianza estable, y no sólo electoral, con Azaña. Pero era una falsa apariencia. Prieto y Azaña pensaban usar el Frente Popular para reducir a la derecha a la impotencia, como hemos visto, pero sin eliminarla del todo, y manteniendo ciertos rasgos de democracia. Para el PCE, «la realización de lo pactado» consistía en la total erradicación de los partidos de la derecha, empezando por el más influyente y moderado de ellos, la CEDA.

Las elecciones dieron al PCE 17 escaños, representación por encima de su fuerza electoral, pero prueba de su creciente peso, también manifiesto en el nombramiento de Dolores Ibárruri, *La Pasionaria,* como vicepresidente de las Cortes. En ellas iban a brillar los comunistas por su intervención constante y agresiva.

Díaz expuso su política tan pronto como el 27 de febrero: «Bajo la presión de las masas el Gobierno empieza a marchar. Pero el Gobierno actual tiene un empacho de legalismo que le impide marchar al ritmo que exigen los acontecimientos. ¿A qué vienen esos empachos de legalismo? ¿Hay algo que pueda ser más legal que la voluntad del pueblo?». Por «presión de las masas» entendía la imposición de la ley desde la calle, táctica del PCE y el PSOE de Largo, aplicada enseguida a la amnistía y luego a la «reforma» agraria: «Decimos a las masas trabajadoras: no os hagáis ilusiones acerca de vuestras fuerzas, cread órganos de lucha, seguid de cerca la actividad del gobierno nacido del Bloque Popular para que realice el programa que se ha comprometido a realizar, y seguid avanzando sin deteneros hacia la consecución de vuestros objetivos». «Apoyaremos lealmente al Gobierno si éste realiza el programa del Bloque Popular (...). Pero lo combatiremos si no lo realiza. Y (...) el Partido Comunista, partido dirigente de la revolución, no se detendrá ahí» [8] *.

* En el prólogo del libro, aquí ampliamente citado, *Tres años de lucha,* de José Díaz, escribió S. Carrillo, tan tarde como en 1978: «Es un verdadero compendio de táctica política marxista leninista», donde «puede encontrarse respuesta cumplida a problemas como el de las alianzas que el proletariado establece en su lucha con otras capas y clases de la sociedad, la relación entre democracia y revolución, entre lucha de masas y lucha armada».

Era una política revolucionaria, tendente a organizar un doble poder («órganos de lucha») incluyendo la infiltración en el estado y la creación de milicias, cuyos desfiles se hicieron parte del paisaje: «¿Deben ser, por una parte, milicias socialistas, por otra milicias comunistas y por otra milicias anarquistas? ¡No! Deben ser una sola Milicia», con vistas a disponer, en un futuro muy próximo, de «miles y miles de jóvenes con camisas de un solo color para que tengamos el embrión del Ejército del pueblo» [9].

No decaía un momento el grito por destruir a los partidos derechistas, explotando los bulos sobre Asturias: «No vamos a hacer responsable de la bestial represión de octubre a un guardia civil cualquiera –aunque no nos olvidamos de los ejecutores– sino al gobierno Lerroux-Gil Robles». «Necesitamos que las cárceles queden vacías para que puedan pasar a ocuparlas rápidamente los otros, los criminales que han maquinado y perpetrado la sangrienta represión de octubre». «Queremos que las celdas que han sido desalojadas por nuestros hermanos sean ocupadas rápidamente por el gobierno Gil Robles-Lerroux.» «Es necesario que estén rápidamente en la cárcel, porque constituye una verdadera vergüenza para el pueblo que Gil Robles se pueda sentar con tranquilidad en los escaños de la Cámara (...). Los muertos y los torturados piden justicia y hay que encarcelar a todos sus asesinos. No pedimos venganza, sino justicia aplicada por un tribunal revolucionario o por quien sea, y estamos seguros de que ese tribunal decidirá aplicar la misma sentencia que ellos aplicaron: el fusilamiento.» Y así sucesivamente [10].

La cuestión de fondo: «Nosotros, camaradas, no podemos estar conformes con esa falsa concepción de la democracia que consiste en dejar a los enemigos del pueblo hacer lo que se les antoje. ¡Eso, no! Cuando la reacción y el fascismo estaban en el Poder, millares de los mejores camaradas nuestros estaban en las cárceles. Los periódicos obreros y algunos republicanos, suspendidos. ¿Acaso es democracia dejar que ellos, después de haber oprimido y ensangrentado el país, se paseen libremente por las calles? ¡No! Las celdas que ocuparon nuestros hermanos deben ser ocupadas por los elementos reaccionarios. Y hay que proceder con mano dura contra su prensa». «No hay derecho a que hoy continúen publicándose periódicos reaccionarios (...). Democracia sí, para nosotros, para los trabajadores, para el pueblo. No hay democracia para los verdugos de la democracia» [11].

El 15 de abril, Díaz amenazó de muerte a Gil-Robles en las Cortes.

Obviamente, Lerroux y Gil-Robles habían defendido en octubre la legalidad republicana frente al asalto de socialistas, comunistas y nacionalistas catalanes, pese a lo cual no habían disuelto los partidos golpistas. Y, significativamente, Díaz y los suyos eludían clarificar, mediante una investigación desde las Cortes, la realidad de aquella represión, como les exigía Gil-Robles. Sin tener en cuenta estas circunstancias no podrá entenderse cabalmente la acción izquierdista en aquellos meses.

Los jacobinos, dueños de un gobierno cada semana más impotente, sufrían ante el curso de los acontecimientos, y sentían en sus aliados un peligro en aumento. A su vez, éstos sentían creciente impaciencia, y Díaz advertía perentoriamente el 5 de julio: «El Gobierno, al que estamos apoyando lealmente en la medida en que cumple el Pacto del Bloque Popular, comienza a perder la confianza de los trabajadores. Y yo digo al Gobierno republicano de izquierda que (...) si sigue por ese camino, nosotros obraremos, no rompiendo el Bloque Popular, sino fortaleciéndolo y empujando hacia la solución de un gobierno de tipo popular revolucionario que imponga las cosas que este Gobierno no ha comprendido o no ha querido comprender» [12]. Era también la política de Largo, como quedó indicado.

Mucha tinta ha corrido sobre la importancia del PCE en la creación del clima de guerra civil. La derecha siempre invocó el «peligro revolucionario» en general, y el comunista en particular, e incluso circularon documentos comunistas sobre una próxima insurrección. Se sabe desde hace tiempo la falsedad de los documentos, ya que el PCE no pensaba en un alzamiento próximo. Partiendo de ahí, historiadores y comentaristas como H. Southworth, Tuñón de Lara, Jackson y un largo etcétera, han negado la existencia de un peligro revolucionario, o al menos comunista, por aquellas fechas. Sin embargo sí existía. Nadie puede seriamente poner en duda el carácter revolucionario de la táctica comunista, centrada en la abolición de los partidos de derecha –y con ello de la legalidad y de la democracia–, con el encarcelamiento de quienes en octubre del 34 habían salvado la legalidad republicana, y en la formación de un doble poder. Dichos historiadores juegan con equívocos, pues si bien el PCE no pensaba lograr sus objetivos mediante un golpe inmediato, presionaba y desgastaba al gobierno jacobino para forzarlo a dimitir y heredarlo «legalmente». Para la derecha, esa táctica entrañaba mucho más peligro que una nueva insurrección.

Tampoco cabe restar importancia al PCE invocando su relativa pequeñez, pues no sólo crecía rápidamente e influía con su extraordinario activismo, sino que su política se imbricaba, en mutuo refuerzo, con la de los poderosos PSOE y la UGT *bolcheviques*.

Capítulo 7

JOSÉ ANTONIO, DIALÉCTICA DE LOS PUÑOS Y LAS PISTOLAS

Uno de los fenómenos más llamativos de la guerra, tras su reinicio en julio de 1936, fue el explosivo auge del Partido Comunista, en el Frente Popular, y de la Falange en el bando nacional. Ello ha creado un cierto espejismo sobre la importancia de ambos partidos en la preparación de la guerra. Sin embargo esa importancia fue muy secundaria. El PCE sólo comenzó a influir en la política española tras la insurrección de octubre, y sobre todo desde las elecciones de febrero del 36; y con la Falange sucede algo parecido, pero mucho más acentuado, pues en aquellas elecciones quedó aislada de la derecha y no obtuvo ni un escaño. En realidad, este partido sólo cobró relieve en dos breves períodos: los cuatro meses anteriores a la insurrección izquierdista de octubre, y los cuatro posteriores a las elecciones del 36. Y en ambos su protagonismo provino de acciones terroristas, no de masas, pese a lo cual en muchas historias aparece como uno de los factores determinantes de la guerra.

El fascismo, como el comunismo, tuvo poca acogida en España. Al llegar la república prácticamente no existía, y sus primeros tanteos, a cargo del doctor Albiñana y luego de Ramiro Ledesma Ramos, un intelectual cercano a la *Revista de Occidente,* de Ortega y Gasset, apenas cuajaron en grupúsculos. Hasta 1934 no tomó consistencia un partido de más enjundia, la Falange, cuyo acto fundacional tuvo lugar en el Teatro de la Comedia, de Madrid, el 29 de octubre de 1933, con José Antonio Primo de Rivera como principal orador. A la Falange se uniría el grupo de Ledesma, llamado JONS (Juntas de Ofensiva Nacional Sindicalista).

José Antonio, con 30 años, era hijo del dictador Primo de Rivera, y ha pasado a la historia no por su apellido sino por su nombre. Aristócrata madrileño, su vocación política no era muy absorbente, y llegó a ver en otros, incluso en Prieto o en Azaña, al líder que, movido por el patriotismo, podría dirigir la renovación nacional por él anhelada. No obstante, al fundirse con las JONS, él se impuso pronto como jefe único, superando el triunvirato inicialmente compartido con Ruiz de Alda y con Ledesma. Este último acabaría abandonando el partido, por encontrarlo poco fascista.

El talante de José Antonio, y por tanto de la Falange, venía determinado por un agudo sentimiento de crisis de civilización. El comunismo significaba una nueva «invasión de los bárbaros», y, de acuerdo con O. Spengler, cuyo libro *La decadencia de Occidente,* muy influyente en Europa por aquellas fechas, él recomendaba a sus seguidores, la civilización la salva en última instancia «un pelotón de soldados». De ahí la necesidad de forjar un «espíritu de servicio y de sacrificio, un sentido ascético y militar de la vida», el estilo «mitad monje, mitad soldado».

A su juicio: «Nos guste o no, la época es revolucionaria». Los sistemas liberales estaban condenados: «Juventudes nuestras y juventudes revolucionarias marxistas (...) nos combatiremos de una manera trágica a veces, pero que en su misma tragedia gana dimensiones de historia. Este Estadito liberal, anémico y decadente, nos combate a unos y a otros con las medidas angustiosas, chinchorreras e inútiles que les sugiere su aspiración agonizante ¡No importa! Esto pasará, y vosotros o nosotros triunfaremos sobre las ruinas de lo que por minutos desaparece». Era una impresión bastante común en Europa, tanto en la izquierda como en la derecha: «Cuando el mundo se desquicia no se puede remediar con parches técnicos; necesita todo un nuevo orden».

En tal situación histórica: «La dictadura comunista tiene que horrorizarnos a nosotros, europeos, occidentales y cristianos, porque ésta sí que es la terrible negación del hombre: esto sí que es la asunción del hombre como una inmensa masa amorfa, donde se pierde la individualidad», y «la dictadura del proletariado no la ejercerá el proletariado, sino los dirigentes comunistas servidos por un fuerte Ejército rojo». No obstante: «la lucha de clases tuvo un móvil justo, y el socialismo tuvo, al principio, una razón justa». «El socialismo, contrafigura del capitalismo, supo hacer su crítica, pero no ofreció el remedio, porque prescindió artificialmente de toda estimación del hombre como valor espiritual.» Con todo: «en la revolución rusa, en la invasión de los bárbaros a que estamos asistiendo, van ya, ocultos y hasta ahora negados, los gérmenes de un orden futuro y mejor». La tarea consistía en «salvar esos gérmenes».

El capitalismo no salía mejor parado: «La propiedad privada es lo contrario del capitalismo. La propiedad es la proyección directa del hombre sobre sus cosas: es un atributo elemental humano. El capitalismo ha ido sustituyendo esa propiedad del hombre por la propiedad del capital...». «Ha ido sorbiendo su contenido a la propiedad familiar, a la pequeña industria, a la pequeña agricultura.» El hombre quedaba así desarraigado, privado «de todos sus atributos», despersonalizado en un «individuo químicamente puro». Pero «la verdadera unidad jurídica» no es el individuo, sino la persona «portadora de relaciones sociales», que ha de ejercer sus derechos no «en abstracto», sino en la familia, el municipio y el sindicato. En la nueva sociedad: «La plusvalía de la producción no irá al capital, sino al sindicato nacional productor», sindicato no *de clase*, sino compuesto de obreros, técnicos y empresarios. Tarea esencial de la «revolución pendiente» sería la nacionalización del crédito y la banca.

El estado armonizaría los intereses y conflictos sociales: «La dignidad humana, la integridad del hombre y su libertad son valores eternos e intangibles. Pero sólo es de veras libre quien forma parte de una nación fuerte y libre». Rechazaba el concepto romántico de nación: no la distinguirían «rasgos físicos, colores o sabores locales», sino un destino propio «que no es el de las otras naciones», manifiesto en una concepción y empresa común de sus habitantes, una «unidad de destino en lo universal». Ese destino, para España, se había manifestado con plenitud en la época imperial, y en ella, al menos en un sentido espiritual, había que inspirarse. En fin, José Antonio concebía la política como una función «religiosa y poética»: «A los pueblos no los han movido nunca más que los poetas, y ¡ay del que no sepa levantar, frente a la poesía que destruye, la poesía que promete!» [1].

Estas ideas aspiraban a superar el liberalismo y el marxismo, pero ofrecían blanco a la crítica de ambos. Los últimos veían en el falangismo una ideología «pequeño burguesa», añorante de la pequeña propiedad irreversiblemente superada por el capital, ilusión que, al combinarse con el anticomunismo, convertía a la Falange, con toda su mística ascética y militar, en fuerza de choque al servicio de la oligarquía reaccionaria. Los liberales encontraban confusas sus ideas sobre la propiedad y la economía, y su insistencia en la libertad y la dignidad humanas contradictoria con su pretensión de crear un estado totalitario, falto de barreras limitadoras al poder.

La Falange fue el partido más similar al fascismo que hubo en España, si bien no solía reconocerse fascista. Desde luego sus diferencias con el nazismo eran esenciales: no admitía el racismo ni el principio de «sangre y tierra», se proclamaba abiertamente religiosa y exaltaba valores caballerescos, sin rendir culto a la violencia, aunque predispuesto a ella. José Antonio apreciaba poco a Mussolini, y muy poco a Hitler, lo cual no impedía a la Falange simpatizar con los fascismos, por su lucha contra el comunismo, su supuesta superación del liberalismo, y por los valores comunes de disciplina, patriotismo y jerarquía.

Los falangistas tuvieron escasa audiencia, menos aun que los comunistas, y pese a afirmarse «inasequibles al desaliento», tenían bastantes razones para sentirse desalentados. Como lamentaría José Antonio: «En vano hemos recorrido España desgañitándonos en discursos; en vano hemos editado periódicos; el español, firme en sus primeras conclusiones infalibles, nos negaba, aun a título de limosna, lo que hubiéramos estimado más: un poco de atención». Sus lemas antiburgueses apenas calaban entre los obreros –aunque el grueso de sus escasos afiliados eran obreros y empleados, al menos en Madrid–, debido a la competencia de partidos mucho más fuertes y arraigados (con igual barrera chocaba el PCE). Tampoco influían en una derecha muy remisa al espíritu ascético y heroico. La masa derechista, aunque cada vez más asustada y ajena a la república, buscaba una salida pacífica y aceptable dentro del régimen. El principal partido derechista, decía José Antonio, «tras la cortina, promueve nuestras persecuciones. Las gentes de la CEDA son maestras en la insidia; no hay órgano mejor que sus periódicos para recoger y divulgar cuantas falsas especies pueden perjudicarnos» [2].

Los dos años y medio de vida de la Falange hasta julio del 36 transcurrieron, salvo los dos cuatrimestres indicados, en una pugna gris y ardua por sostenerse numérica y financieramente. Pese a su poca afición a los monárquicos, José Antonio hubo de pedirles dinero, en agosto del 34, a cambio de no atacarles y tenerles al corriente de su política. También recibió, desde junio del 35, una subvención de Mussolini.

Así pues, lo decisivo en la Falange fueron aquellos dos breves períodos en que ocupó el primer plano de la atención pública. En el discurso fundacional del partido, José Antonio había llamado a emplear «la dialéctica de los puños y las pistolas cuando se ofende a la justicia o a la patria». La primera parte de la frase ha sido empleada abundantemente por políticos e historiadores para definir el carácter violento de la Falange, desatendiendo a menudo el contexto de mucho más drásticas y sistemáticas exhortaciones a la violencia por parte del PSOE y el resto de las izquierdas. Vidarte, un jefe de las Juventudes Socialistas, afirma que éstas se vieron forzadas a defenderse de las agresiones falangistas, y lo mismo sugieren Tuñón, Juliá, Sheelagh Ellwood, Preston, etc. Recientemente el estudioso benedictino Hilari Raguer consideraba a José Antonio «víctima de la dialéctica de los puños y las pistolas por él desatada» [3].

Esa versión ha sido tan divulgada en historias, novelas y en el cine, que hoy la mayoría achaca a la Falange el comienzo del terrorismo en la república. Pero, como con más veracidad aclara Tagüeña, dirigente juvenil marxista por entonces: «Las calles se ensangrentaban con motivo de la venta de *FE,* órgano de Falange Española, ya que grupos armados socialistas estaban dispuestos a impedirla. Hubo algunas represalias (...) pero los falangistas llevaron, al principio, la peor parte». De forma peculiar lo expresa el historiador J. L. Rodríguez Jiménez: «La venta de *FE* condujo a enfrentamientos con las milicias de la izquierda y la debilidad numérica de los fascistas ocasionó a éstos varios muertos». No mataron, pues, las milicias izquierdistas, sino el virus fatal de la «debilidad numérica». Por lo demás, los muertos no lo fueron en enfrentamientos, sino en atentados. El PSOE, «en pie de guerra», incitaba a formar «grupos de choque», y en su prensa abundaban expresiones como: «El proletariado marcha a la guerra civil con ánimo firme.» «La guerra civil está a punto de estallar sin que nada pueda ya detenerla». «Los obreros pierden las ilusiones democráticas». No eran retórica [4].

Ya en las elecciones de noviembre del 33 un joven de las JONS había sido muerto a puñaladas, y tiroteado un mitin de José Antonio, en Jerez, dejando un muerto y una mujer malherida. Nuevos atentados, incluso contra simples compradores de *FE,* sucedieron en enero del 34. El 1 de febrero José Antonio denunciaba en las Cortes: «Frente a esas imputaciones vagas, de hordas fascistas, y de nuestros asesinatos y pistoleros, yo invito al señor Hernández Zancajo [acusador líder socialista] a que cuente un solo caso con nombres y apellidos. Mientras, yo, en cambio, le digo a la Cámara que a nosotros nos han asesinado a un hombre en Daimiel, otro en Zalamea, otro en Villanueva de la Reina y otro en Madrid, y está muy reciente el del desdichado capataz de venta del periódico *FE;* y todos éstos tenían sus nombres y apellidos, y de todos se sabe que han sido muertos por pistoleros que pertenecían a la Juventud Socialista o recibían muy de cerca sus inspiraciones». Dirá el mismo Prieto: «Nadie ponía coto a la acción desaforada de las Juventudes Socialistas». Era parte del entrenamiento insurreccional*.

Los monárquicos, aunque poco aficionados al riesgo, azuzaban con burlas a José Antonio, llamando a su partido Funeraria Española, y a él «Juan Simón», por la copla del enterrador, e iro-

---

* Creo significativa esta anécdota: Cuando escribía *Los orígenes de la guerra civil,* encontré a un conocido de viejas actividades antifranquistas. «¡No irás a decir, como sostiene Ansaldo, que los falangistas empezaron a matar por reacción contra los atentados de la izquierda!», me dijo. «Bueno –contesté–, la verdad es que eso es lo que indican la prensa de entonces y los demás documentos». Quedó un momento pensativo, y repuso: «¿Sabes qué te digo? Pues que hicieron bien, y que debieron matar no a seis o diez falangistas, sino a diez mil». En otros tiempos, él había pertenecido a la extrema izquierda, pero por entonces se había vuelto mucho más moderado.

nizaban sobre su espíritu «franciscano». También los falangistas deseaban devolver los golpes, pero su líder rehusó aplicar la ley del talión, y advirtió que la Falange «no se parece en nada a una organización de delincuentes».

En febrero, un líder estudiantil falangista, Matías Montero, fue asesinado, probablemente por el mismo que dispararía en la nuca a Calvo Sotelo, según I. Gibson. Siguieron otros muertos y heridos, y algún nuevo atentado contra José Antonio. Éste declaró: «Una represalia puede ser lo que desencadene en un momento dado (...) una serie inacabable de represalias y contragolpes. Antes de lanzar así sobre un pueblo el estado de guerra civil, deben los que tienen la responsabilidad del mando medir hasta dónde se puede sufrir y desde cuándo empieza a tener la cólera todas las excusas» [5]. Pero el ansia de venganza era incontenible, y finalmente se creó un cuerpo especial, «la Falange de la sangre», para replicar a los atentados.

La primera represalia no tuvo lugar hasta el 10 de junio. Ese día, en el bosque de El Pardo, cerca de Madrid, un falangista fue apaleado hasta morir por jóvenes del PSOE. Entonces, camaradas del muerto dispararon contra un autobús que traía de vuelta a la capital a los socialistas, matando a una chica e hiriendo a un hermano suyo. Desde entonces hasta la insurrección de octubre, los ataques y réplicas se repitieron. Según Ricardo de la Cierva caerían unas 18 personas por cada lado.

Aunque las derechas ignoraban las instrucciones y preparativos secretos del PSOE y la Esquerra, saltaban a la vista sus manifestaciones externas, como huelgas violentas, atentados y consignas en la prensa. El 24 de septiembre, José Antonio escribió al general Franco una carta: «Ya conoce usted lo que se prepara: no un alzamiento tumultuario, callejero, sino un golpe de técnica perfecta, con arreglo a la escuela de Trotski, y quién sabe si dirigido por Trotski mismo (...). El alzamiento socialista va a ir acompañado de la separación, probablemente irremediable, de Cataluña (...). En Cataluña la revolución no tendría que adueñarse del poder: lo tiene ya». Salvo la alusión a Trotski, el análisis de la situación se ajustaba a la realidad *.

Vencida la insurrección izquierdista, la Falange volvió a sumirse en el frustrante empeño por sobrevivir. José Antonio intervino a menudo en las Cortes, atacando sin descanso a un centro derecha que, a su juicio, echaba a perder los frutos de la victoria de octubre, y no superaba la crispación del país por medio de una reforma agraria en profundidad y otras medidas semejantes.

En junio de 1935, en el parador de Gredos, reunió a la plana mayor de su partido, ante la cual hizo un análisis de la situación: «Sería conveniente la formación de un Frente Nacional para evitar que las elecciones las ganen las izquierdas». Pero no tenía esperanzas. «Yo os digo que en las próximas elecciones el triunfo será de las izquierdas y que Azaña volverá al poder», y como resultado. «Los republicanos se verán pronto desbordados por socialistas, comunistas y anarquistas. España irá hacia la revolución y el caos a velas desplegadas». «España va irremediablemente hacia la dictadura de Largo Caballero [en aquel momento encarcelado, pendiente del juicio] (...) seremos pasto de la horda rusa, que nos arrollará.»

Ante el siniestro panorama: «No tenemos más salida que la insurrección. Hay que ir a ella, aun cuando perezcamos todos».

---

* Preston, califica esta carta de delirante [6], aunque, con lo hoy sabido, el calificativo podría aplicarse mejor a la versión del mismo Preston, según la cual el alzamiento socialista y nacionalista fue provocado adrede por la CEDA. En realidad venía gestándose desde la pérdida de las elecciones de 1933, y aun antes, y estaba cuidadosamente preparado, como he probado documentalmente en *Los orígenes de la guerra civil*.

Por tanto urgía formar una «Primera Línea capaz de todos los ataques y de todas las represalias», aunque advertía contra los militantes «que gustan del riesgo más de la cuenta. Si no los disciplinamos, no sólo van a dar disgustos a los marxistas». «Hoy no hay más fuerza nueva y sana que nosotros y los carlistas, y nos hace falta el apoyo material, que tenemos que buscarlo en el Ejército.» Trazó un plan de acción algo disparatado: «haríamos concentrar en un punto próximo a la frontera portuguesa a unos miles de nuestros hombres de primera línea». Un general tomaría el mando, y empezaría la lucha. La Falange debía mantenerse independiente del ejército, en cuyas filas echaba raíces el partido. Acordaron penetrar en los medios castrenses a través de la UME (Unión Militar Española), fundamentalmente monárquica y que había dado cumplidas pruebas de su ineptitud para la acción [7].

En octubre, José Antonio hizo el juego involuntariamente a la maniobra de Prieto y Azaña para destruir a Lerroux y su partido mediante el escándalo del *estraperlo.* En las Cortes hincó el aguijón como el que más contra la corrupción del Partido Radical. Lo hacía por debilitar la coalición de centro derecha.

Hacia finales del año, cuando Alcalá-Zamora frustró las aspiraciones de la CEDA, la decepción de algunos cedistas jóvenes se tradujo en adhesiones a la Falange. No se sabe de cuántos afiliados disponía el partido a principios de 1936. Payne los ha calculado, como mucho, en 25.000, probablemente bastantes menos [8].

La campaña electoral de febrero desengañó amargamente a la Falange: lejos de ser el alma de un Bloque Nacional, quedó fuera de las alianzas derechistas, y sólo obtuvo 46.000 votos y ningún escaño. En la campaña cayeron varios falangistas, causando a su vez víctimas a sus contrarios. El 23 de febrero José Antonio escribió en *Arriba,* órgano de su partido: «Como veníamos prediciendo desde hace un año, triunfaron las izquierdas». Pero las dotes de Azaña, «que tantas veces antes de ahora hemos calificado de excepcionales», podrían depararle «un puesto envidiable en la historia», evitando la catástrofe: «Le cercan dos terribles riesgos: el separatismo y el marxismo», pero podía «ganarse una ancha base nacional no separatista ni marxista, que le permitiera emanciparse de los que hoy, apoyándole, le mediatizan». Por tanto ordenó evitar «actitud alguna de hostilidad al nuevo gobierno o de solidaridad con las fuerzas derechistas derrotadas», desoír «todo requerimiento para tomar parte en conspiraciones», abstenerse «de toda exhibición innecesaria», y no provocar incidentes. Incluso parece haber hablado con el sector prietista del PSOE, con vistas a una fusión, aceptando hasta la dirección de Prieto [9].

Sin embargo, tanto el gobierno como los partidos del Frente Popular, llenos de animosidad contra la Falange, la atacaron de inmediato. El 27 de febrero, apenas diez días después de las elecciones, las autoridades cerraban su sede central. El 5 de marzo, en *Arriba,* un decepcionado José Antonio acusaba a Azaña de actuar con más arbitrariedad y sectarismo que en el primer bienio. Quizás tenía alguna razón, porque ese mismo día el gobierno clausuraba el *Arriba*. E inmediatamente las izquierdas emprendieron un acoso mortal, asesinando a varios «fascistas» en Almuradiel; el día 6, dos o cuatro obreros falangistas, según versiones, caían acribillados en Madrid; al día siguiente fallecía otro en Palencia, por heridas; el 11 les tocaba el turno, en Madrid, a dos estudiantes, uno carlista y otro falangista.

Fuera por decisión oficial o por venganza espontánea de los «camaradas arriscados» a quienes temía José Antonio, el 13 de marzo unos falangistas disparaban a Jiménez de Asúa, destacada figura intelectual del PSOE y abogado de Largo Caballero en el juicio por la insurrección de octubre, del que éste salió absuelto por «falta de pruebas». Jiménez se salvó, pero murió un escolta suyo. El clamor de las izquierdas por aniquilar a la Falange se hizo ensordecedor. Hubo disturbios, con al menos un muerto, asalto a una armería, incendios de iglesias (dos bomberos muertos al apagarlos), de varios centros políticos de derechas, del periódico derechista *La Nación*, e intento de quemar el *ABC*. A los pocos días el gobierno suspendió la Falange, encarceló a casi todos sus dirigentes, cerró todos sus centros y detuvo a cientos de militantes. No detuvo, en cambio, ni siquiera persiguió, a los pistoleros de izquierda iniciadores del nuevo duelo terrorista [10].

También en este caso, como en el de los sucesos de 1934, la mayoría de los historiadores –no así S. Payne ni, por supuesto, R. de la Cierva– pasan por alto los primeros golpes a la Falange, dando a entender que ésta actuaba con un plan deliberado de provocaciones para desestabilizar al Frente Popular. Pero los datos indican más bien que la violencia le fue impuesta a una Falange poco deseosa de hacerse notar en aquellos momentos.

Apenas detenido, José Antonio escribió: «La guerra está declarada y ha sido el Gobierno el primero en proclamarse beligerante.» «Ha triunfado la revolución de octubre.» «Hoy están frente a frente dos concepciones totales del mundo (...). O vence la concepción espiritual, occidental, cristiana, española, de la existencia, con cuanto supone de servicio y sacrificio, pero con todo lo que concede de dignidad individual y de decoro patrio, o vence la concepción materialista, rusa, de la existencia que, sobre someter a los españoles al yugo feroz de un ejército rojo y de una implacable policía, disgregará a España en Repúblicas locales –Cataluña, Vasconia, Galicia– mediatizadas por Rusia (...). Rusia ha ganado las elecciones. Sus diputados son sólo quince, pero los gritos, los saludos, las manifestaciones callejeras, los colores y distintivos predominantes son típicamente comunistas. Y el comunismo manda en la calle; en estos días los grupos comunistas de acción han incendiado en España centenares de casas, fábricas e iglesias; han asesinado a mansalva, han destituido y nombrado autoridades (...) sin que a los pobres burgueses, que se imaginan ser ministros, les haya cabido más recurso que el disimular esos desmanes bajo la censura de la prensa [11]».

Este análisis era quizá exagerado en aquel momento, aunque vale la pena citar a Azaña por las mismas fechas, 17 de marzo: «Hoy nos han quemado Yecla: 7 iglesias, 6 casas, todos los centros políticos de derecha y el registro de la Propiedad. A media tarde, incendios en Albacete, Almansa. Ayer, motín y asesinatos en Jumilla. El sábado, Logroño, el viernes, Madrid: tres iglesias. El jueves y el miércoles, Vallecas... Han apaleado (...) a un comandante, vestido de uniforme, que no hacía nada. En Ferrol, a dos oficiales de artillería; en Logroño acorralaron y encerraron a un general y cuatro oficiales (...). Creo que van más de doscientos muertos y heridos desde que se formó el Gobierno, y he perdido la cuenta de las poblaciones en que han quemado iglesias». Solo había pasado un mes desde las elecciones.

El gobierno, consciente de la debilidad de la Falange, confiaba en reducirla a la impotencia. Pero no lo logró, pues el grupo, aunque mal coordinado, mantenía una actividad clandestina, sacaba irregularmente el periódico *No importa,* difundía propaganda y establecía conexiones con los militares que preparaban un golpe. En parcial compensación por sus lesiones organizativas, nuevos militantes, desprendidos de la CEDA y los monárquicos, llenaban los huecos en las filas falangistas. *El Debate,* órgano de la CEDA, se alarmaba el 10 de mayo: «Los remedios heroicos seducen a mucha gente, por lo que tienen de rápidos, y quizá porque no requieren el esfuerzo de todos. La evolución lenta siempre será más fecunda». Pero la propia CEDA se vería pronto arrastrada por la vorágine.

El aspecto más notorio de la actividad falangista fueron los atentados, entre ellos un tiroteo contra la vivienda de Largo Caballero, una bomba en la casa de Eduardo Ortega y Gasset, hermano muy radicalizado del filósofo, y los asesinatos del juez Manuel

Pedregal, que había condenado a fuertes penas a los autores o cómplices del atentado contra Jiménez de Asúa, y del capitán Faraudo, a quien Largo Caballero quería hacer jefe militar de sus milicias [12]. Debió de haber atentados menos resonantes, y algunos atribuidos a Falange los ejecutaban probablemente otros que se encubrían bajo el protagonismo de ella. Pero en la oleada de crímenes de aquellos meses parece claro que la derecha llevó, con mucho, la peor parte, al contar la izquierda con la simpatía y la pasividad del poder. Prieto lo reconocía implícitamente en sus ya citadas palabras del 1 de mayo: «Podrán decir espíritus simples que el desasosiego, la zozobra, la intranquilidad, la padecen sólo las clases dominantes. Eso, a mi juicio, constituye un error».

El error, desde el punto de vista de Prieto, consistía en el desgaste y descrédito ocasionados al gobierno por los desórdenes y en el peligro de rebelión derechista. No sólo los revolucionarios cometían sus propias violencias, sino que respondían a las más esporádicas de Falange con represalias y tumultos desproporcionados, nuevos atentados, incendios y asaltos, multiplicando así el efecto de las acciones falangistas.

A partir de mayo, el clima de amenaza revolucionaria y de golpe militar cobró una densidad ominosa. La legalista CEDA se deshilachaba. Políticos como Maura e incluso Prieto, pensaban en una «dictadura republicana» que reprimiese a la extrema izquierda y abortase la conspiración. Fracasó el proyecto de formar un gobierno Prieto tras la subida de Azaña a la presidencia de la república. Y bajo la dirección del general Mola cobraba entidad la conjura en el ejército, antes no superior a aquellas conjuras republicanas que a Largo le parecían dignas de un teatro de variedades.

En los planes de Mola, la Falange tendría un papel auxiliar y secundario. José Antonio presionaba desde la cárcel, de donde ya no saldría vivo, contra las vacilaciones y aplazamientos de los militares, advertía a los suyos contra el carácter reaccionario y torpe de éstos, y de la necesidad de mantener a todo trance la independencia política. Pasaban las semanas, crecía el nerviosismo, y José Antonio terminó por aceptar, ya a finales de junio, la subordinación efectiva de su partido a los militares, aunque participando en el golpe o la guerra civil, si se producía, «con unidades propias». Sería con la guerra en marcha cuando la Falange recibiera un alud de adherentes, convirtiéndose en un partido de masas muy influyente, aunque, como había de verse, bajo ese exterior brillante iba a perder también su independencia.

Resulta instructivo el paralelismo entre la Falange y el PCE. La ampliación explosiva de ambos en el curso de la guerra tiene, en parte, una explicación fácil: estaban mejor preparados, por su mística, disciplina y organización, para una situación bélica. En ese sentido fueron el producto más típico de la crisis ideológica y moral de los tiempos. No obstante, hay diferencias profundas entre ellos. Si el PCE era, de modo muy literal, un agente de Moscú, la Falange no lo era en modo alguno de Alemania o Italia, y su fascismo difería algo del italiano y mucho más del germano, del cual había dicho José Antonio: «No es fascismo (...). Es la última consecuencia de la democracia, una expresión turbulenta del romanticismo alemán. En cambio Mussolini es el clasicismo, con sus jerarquías, sus secuelas y, por encima de todo, la razón» [13]. Una interpretación curiosa.

Capítulo 8

CALVO SOTELO, «LA DEMOCRACIA NO FRENARÁ EL COMUNISMO»

Bajo la Restauración, Calvo Sotelo había sido maurista, es decir, partidario de las reformas democratizantes del conservador Antonio Maura, orientadas a consolidar dicho régimen y que fueron literalmente saboteadas por el Partido Liberal. En la dictadura había sido ministro de Hacienda, y por ello la naciente república le persiguió. Entonces Calvo se había exiliado en Francia. En 1931 ganó el acta de diputado por Orense, pero no pudo volver a España.

Centró entonces su acción en el plano intelectual. Pontevedrés de Tuy, tenía amplios conocimientos hacendísticos y extensa cultura, y era experto en música. Fundó, con Maeztu, Vegas Latapie, Sainz Rodríguez y otros, la revista *Acción Española,* salida a finales de 1931 con título imitado de *Action Française,* de Charles Maurras, cuyas ideas antidemocráticas y antiparlamentarias compartía. La revista se inspiraba en el pensamiento conservador y reaccionario español (Donoso Cortés, Balmes, etc.) y en el francés, como exponía Calvo: «Está haciendo *Acción Española* lo que hicieron la mayor parte de los intelectuales franceses en 1870», tras la sacudida revolucionaria de la *Commune*, dispuestos a «no rendir la inteligencia ante la muchedumbre», a resistir a la «tiranía de las masas» [1].

Se había vuelto, pues, resueltamente antidemócrata. Para entenderlo, es preciso considerar la ingloriosa caída de la monarquía. Como sabemos, fueron dos conservadores, Alcalá-Zamora y Maura, quienes reunieron las fuerzas republicanas, las dotaron de un plan de acción, y aprovecharon el momento crítico de las elecciones municipales para tomar el poder, mientras otros conservadores como Sánchez Guerra, socavaban el régimen, y otro más, Romanones, allanó desde dentro de él la entrada a los republicanos. Mucha gente vio un entreguismo y una quiebra moral vergonzosos en la conducta de aquellos políticos y en la desbandada de los adeptos al trono.

Semejante crisis política y moral separó drásticamente las dos tendencias, conservadora y liberal, cuyo juego había dado estabilidad a la Restauración. Pese a sus nombres, ambas tendencias podían llamarse indistintamente conservadoras o liberales, por contraste con las revolucionarias. Pero entonces la llamada liberal se volvió en parte republicana, mientras la conservadora trocó el liberalismo por un neto reaccionarismo. Una y otra actuaban bajo idéntica presión psicológica: el empuje de las masas. Los liberal-republicanos querían canalizar ese empuje, y los reaccionarios, frenarlo. La ansiedad de estos últimos creció con las jornadas incendiarias que saludaron a la república. Para ellos, los incendios iluminaban la verdad del régimen, y derrocarlo les pareció tarea vital.

Al comenzar la república, las decaídas derechas formaron agrupaciones sueltas, con el denominador común de un conservadurismo anti o muy poco liberal. Al perfilarse doctrinas y planes, se abrió en ellas una grieta en torno al punto clave: ¿aceptar el nuevo régimen o rechazarlo, incluso por la violencia? Un sector, influido por el episcopado, lo aceptaba, y *Acción Española,* no. Ésta, en su número 7, invocó a Balmes y a los teólogos del Siglo de Oro, que justificaban la rebelión contra la tiranía, para criticar al diario católico *El Debate,* el cual, «invocando toda clase de razones morales y religiosas, condenaba a diario, sin atenuantes, los atentados y los complots», bajo «la doctrina errónea de que en todas las hipótesis y en todas las circunstancias era forzoso acatar el poder constituido». Sainz Rodríguez explicará: «¿Por qué no he sido nunca demócrata-cristiano? Pues porque (…) no acepto que, por imperativo de una doctrina que es discutible, el católico pase a ser un ciudadano de segunda, con el cual todos los gobiernos saben que pueden hacer cuanto quieran, porque es un borrego al que sus ideas le impiden sublevarse ante cualquier injusticia» [2].

Probablemente algunos miembros de *Acción Española* tuvieron lazos con el golpe de Sanjurjo, de agosto del 32, o al menos estuvieron al corriente de él (si bien estaba al corriente casi todo el mundo, empezando por Azaña), y Calvo viajó de París a Biarritz, donde esperó anheloso el resultado. Azaña tachó de monárquica la *sanjurjada,* pero no lo fue, salvo por algunos respaldos. Sanjurjo había contribuido a traer la república, y todo indica que pensaba sustituir a Azaña por Lerroux, y permitir el retorno de los colaboradores de Primo. En cualquier caso, el gobierno reaccionó contra la derecha en pleno, sin atender a pruebas, y suspendió su prensa, llevando al *ABC* al borde de la quiebra. *Acción Española* fue cerrada tres meses. Las fincas de los aristócratas quedaron confiscadas, y la Ley de defensa de la República permitió detener sin acusación a cientos de conservadores.

A los siete meses, en marzo de 1933 se consumó la división de las derechas. El día 1 nacía Renovación Española, grupo monárquico alfonsino (del derrocado Alfonso XIII), encabezado por Antonio Goicoechea y guiado por la doctrina de *Acción Española.* Y el día 5 quedaba constituida la CEDA (Confederación Española de Derechas Autónomas), bajo hegemonía del partido Acción Popular, de Gil-Robles, cuyo órgano oficioso era el diario *El Debate.* Las ideas generales de CEDA y Renovación coincidían en varios puntos: aspiraban a un estado autoritario, a la organización de la sociedad en una «democracia social», con un estado «nacional, cristiano y corporativo». Pero Renovación quería una monarquía «tradicional», con sufragio no universal, sino adecuado «a las desigualdades y matices de la realidad nacional», y atacaba la «confusión inadmisible de los campos en que se mueven la Iglesia y el Estado», en crítica a la inspiración eclesiástica de la CEDA. Admitía las urnas, pero «votando para dejar de votar algún día» [3]. La CEDA, a su vez, mostraba poco empeño en restaurar la monarquía, y, sobre todo, rechazaba la acción ilegal y la violencia. Por ello Renovación la hostigó sin tregua, tachando su táctica de republicana en la práctica, y de inútil para contener la revolución.

Puesto que Renovación volvía a algo semejante al tradicionalismo defendido por los carlistas desde el siglo XIX, y negaba el liberalismo de la Restauración, considerado ahora «nefasto» y causa de la ruina final de la monarquía y del auge revolucionario, debía ser posible reunificar ambas ramas dinásticas. El carlismo conservaba mucha fuerza en Navarra, bastante en las Vascongadas, y algunas más desperdigadas por todo el país. Sus líderes más destacados eran quizás Javier Pradera, el conde de Rodezno, y Manuel Fal Conde, poco conocidos nacionalmente. Los carlistas defendían una monarquía «tradicional» cuya mejor representación veían en los Reyes Católicos, firmemente opuesta a los nacionalismos, pero con amplia descentralización regional («autarquía», opuesta a «autonomía», en cuanto que ésta semejaba una concesión del poder central, el cual concebían, al contrario, como resultado de las «autarquías» regionales). Tenían fuerte sentido de la libertad personal y muy vago de las libertades políticas, detestaban las concepciones y prácticas liberales, y no rechazaban el empleo de la violencia.

Su actitud hacia la república la expresa bien A. de Lizarza, uno de sus hombres de acción: «Dudábamos (...) que la República pudiera mantenerse en los límites paternales con que pretendió presentarse ante los españoles. Sabíamos que era un paso más hacia el abismo, como la Monarquía liberal lo fue hacia la República (...). Por eso, desde sus mismos comienzos, allá en el año 1931, se empezaron los primeros trabajos». Es decir, la formación de «grupos para contención de posibles desmanes y que pudieran ser vivero de futuros esfuerzos de mayor envergadura» [4].

Los grupos nacieron en Navarra para custodiar las iglesias durante las quemas de mayo. El gobierno quiso desmontarlos: «Monarquía liberal o República venían a coincidir en su afán de destruir el viejo y odiado Carlismo. Entonces, como siempre, se pensaba en Madrid que con represiones se acababa con el Carlismo, al que tantas veces habían dado por muerto», dice Lizarza.

«La quema de conventos, la prohibición de procesiones, la Ley del Divorcio, la expulsión de la Compañía de Jesús, la supresión del Crucifijo en las escuelas, etc. Los sucesos de Castilblanco, donde se asesinó a todo el puesto de la Guardia Civil; la proclamación del comunismo libertario en Casas Viejas; la revuelta anarcosindicalista en la cuenca del Llobregat, etc. Aunque no hubiera motivos de otra índole contra la república, vivir bajo tanto oprobio era la mayor razón para organizar el Requeté [la conocida milicia carlista]» [5].

Así pensaban éstos. Parecían superados los obstáculos a la reunificación monárquica después de un siglo de odios y tres guerras civiles, pero ambos partidos estaban plagados de resquemores y personalismos, y la fusión no llegó, aunque se crease una teórica agrupación común, TYRE (Tradicionalistas y Renovación Española).

Aun exiliado, Calvo constituía un gran activo de los monárquicos, por su calidad intelectual y combatividad. Abogaba por la guerra civil, que olfateaba en el aire del país: «¡Vivimos en guerra! ¡Milagro de Dios! Porque a la guerra deben Italia, Alemania, Portugal, Polonia y otros pueblos la ventura infinita de haberse sacudido el espantapájaros parlamentario» [6]. Postura simétrica a la de Largo, si bien el socialista representaba una potencia política y el monárquico, una actitud marginal.

La ocasión para Calvo surgió en los comicios de noviembre del 33. Las querellas entre CEDA y Renovación no les impidieron presentarse juntos en muchos lugares. Los monárquicos deseaban un compromiso político más allá de las elecciones, pero la CEDA rehusó, pues ya debía de pensar en una alianza con el Partido de Lerroux, el más veterano de los republicanos, aunque moderado y muy votado.

Renovación obtuvo 16 escaños (20 los tradicionalistas, y 36 los agrarios, partido derechista de poco relieve), pocos frente a los 115 de la CEDA. El triunfo del centro derecha abrió camino a la amnistía, y el 2 de mayo del 34 Calvo retornó a España. Pidió entonces plaza en la Falange, fundada meses antes, pero José Antonio lo rechazó abruptamente. Al margen de las antipatías personales, chocaban con el estilo falangista las ideas elitistas y antipopulistas de Calvo, expresadas en frases como: «Las masas quieren no sólo bienestar –justicia distributiva– sino, además, Poder pleno, afán monopolístico. Les excita el virus marxista. Les empuja un anhelo de Mando y Odio. Nos arrastran al pugilato que estas jornadas sangrientas alumbraron con siniestros resplandores: la Masa contra la Inteligencia, la Cantidad contra la Calidad, la Fuerza bruta contra el espíritu de la Fuerza» [7].

La vuelta de Calvo cayó en Renovación como «un regalo de la providencia», dice el intelectual y conspirador monárquico Sainz Rodríguez. Llegaba «la gran figura en la que se cifraba toda la esperanza de un futuro diferente». Enseguida descolló como líder de la extrema derecha, eclipsando al un tanto gris Goicoechea [8].

Por la primavera y verano del 34, cuando el PSOE preparaba su revolución, la Esquerra su levantamiento y Azaña un golpe de estado, también los monárquicos, en sus facciones carlista y alfonsina, realizaron su más importante acción conspirativa conjunta. A finales de marzo el jefe de Renovación, Goicoechea, dos representantes del carlismo, Lizarza y Olazábal, y el general Barrera*, partícipe en la *sanjurjada* y refugiado luego en Francia, negociaron la ayuda de Mussolini para un plan de insurrección. El *Duce* accedió a suministrar un millón y medio de pesetas, 20.000 fusiles, 200 ametralladoras y otras armas, y a entrenar voluntarios. Al parecer, el dinero y algunas armas llegaron a España, pero tuvieron poca utilidad, pues el golpe no llegó a concretarse, y todo quedó en una conjura monárquica más.

Quienes sí llevaron a la práctica sus planes fueron, como sabemos, el PSOE y la Esquerra, en octubre, con tremenda conmoción para la derecha. El conspirador monárquico Ansaldo dice que los suyos pensaron explotar el golpe socialista para replicar con un contragolpe definitivo: así lo propusieron al general Franco, entonces al cargo de la lucha contra los revolucionarios, pero éste rehusó. A juicio del monárquico, esta negativa estropeó una magnífica ocasión de golpear de modo fácil y poco cruento, e hizo inevitable la prolongada guerra posterior.

Sofocada la revuelta, Calvo, con su incisiva oratoria, puso en aprietos a Gil-Robles, tratando de arrastrarle a una acción más resolutiva y antirrepublicana. Pero la fuerza de su partido seguía siendo marginal. Conscientes de ello, Calvo y Sainz Rodríguez fundaron el Bloque Nacional para forzar la «unión de las derechas». En él entraron, sin mucha efectividad, los carlistas y algunos más, pero en realidad no pasó de ser otro nombre para Renovación Española. El Bloque realizó una agitación amplia aunque no muy efectiva, y promovió, con mediocre éxito, unas «guerrillas de España», al mando del citado Ansaldo, el organizador

---

* A Barrera, pese a sus aficiones conspirativas, le tenían por poco hábil sus compañeros de armas. No recibió cargos relevantes en la conspiración de 1936 ni en la guerra civil.

de la Falange de la sangre, que había sido expulsado por José Antonio.

El manifiesto del Bloque, señala Sainz Rodríguez, aunque redactado a finales de 1934 «parece hecho en vísperas del alzamiento de 1936». Y así era: «La revolución de octubre ha sacudido nuestras fibras más sensibles con el ramalazo de su barbarie (...). No está vencida todavía». Aludía a una doble crisis, la de «un Estado decrépito apenas nacido, y la crisis moral de una sociedad que ha contemplado con impasibilidad suicida la organización metódica de su propio aniquilamiento y el ataque traidor contra nuestra gran unidad histórica». Frente al peligro propugnaba: «la defensa a vida o muerte y exaltación frenética de la unidad española, que la monarquía y el pueblo labraron juntos a lo largo de quince siglos. Y con ella la soberanía única del Estado, que las especialidades forales tradicionales han de vigorizar y fortalecer», [unidad] «católica, mediante la concordia moral del estado con la Iglesia». En suma, «creemos caducado el sistema político que, nacido con la Revolución francesa, sirve de soporte a las actuales instituciones y que, como Cánovas predijera, nos arrastra al comunismo». Condenaba el laicismo, la lucha de clases, la bandera tricolor y el estatuto catalán, así como la huelga y el *lockout* como instrumentos de lucha económica.

Para remediar esos males proponía una «eficaz autoridad», el gobierno «patriota y fuerte que España necesita», para lograr: «En plazo brevísimo el completo desarme moral y material del país y emprender sin más dilaciones la ya inaplazable reconstrucción económica nacional (...). Unas semanas de actuación implacable dentro del derecho, devolverían el sosiego a España, el prestigio a la toga y la fuerza de intimidación al Estado, que nosotros queremos robusto en sus organismos militares. El Ejército, escuela de ciudadanía, depurado por sus tribunales de honor, difundirá la disciplina y las virtudes cívicas, forjando en sus cuarteles una juventud llena de espíritu patriótico, inaccesible a toda ponzoña marxista y separatista. El Ejército no es sólo el brazo, sino la columna vertebral de la Patria».

La CEDA desoía a Renovación, y ésta, desde su posición marginal, flagelaba verbalmente a aquella. «A partir de entonces –dice Gil-Robles– no dejaron de zaherirme sin piedad, como si fuera un verdadero traidor a España. Todas las armas resultaron buenas para quebrantar y destruir, en lo posible, a un partido que (...) procuraba no agudizar los problemas espirituales de España.»

En el escándalo del estraperlo, los monárquicos vieron la ocasión de fracturar la alianza radical-cedista, y llevaron en las Cortes la voz cantante contra el Partido Radical. Sus ataques y desprecios se recrudecieron cuando Alcalá-Zamora expulsó a la CEDA del poder, hacia finales de 1935. Renovación acusaba a Gil-Robles de haber dilapidado la victoria electoral del 33, y facilitado con componendas el auge revolucionario. Declaró muerto el «accidentalismo», la táctica moderada de la CEDA [9].

Fue en 1936, tras la pérdida de las elecciones por la derecha, cuando la voz y la figura de Calvo Sotelo adquirieron el tono trágico con que han pasado a la historia. Retuvo *in extremis* su escaño, del que intentó despojarle en el Parlamento la izquierda, y en unas Cortes turbulentas y adversas desafió reiteradamente al Frente Popular, sustituyendo pronto a un desmoralizado Gil-Robles como el líder con más mordiente de la oposición.

Pronunció el primero de sus retumbantes discursos en abril, dos meses después de las elecciones, cuando las derechas lograron llevar a las Cortes, los días 15 y 16, un debate sobre el orden público. Entre interrupciones e insultos de las izquierdas, Calvo pidió al gobierno la aplicación de la ley contra un desorden interminable («¡Y lo que durará!», le gritó Margarita Nelken). Cuantificó los desmanes en 74 muertos y 345 heridos, 73 asaltos a centros de derecha y a domicilios particulares de conservadores, incendio de 142 iglesias, etc. Datos verídicos, pues ya un mes antes Azaña mencionaba 200 muertos y heridos. Sus contrarios, lejos de rebatirlos, los justificaron como reacción a las «atrocidades» de Asturias, o bien, contradictoriamente, culpando al mismo Calvo de promover los crímenes y pagar a sus autores. Algunos historiadores han dado pábulo a estos cargos, pero su absurdo salta a la vista. De ser así, Calvo no habría llevado el asunto al Parlamento, y sí lo habrían llevado con especial empeño las izquierdas. Pero éstas revelaban tan pocas ganas de atajar el desorden público como de investigar la represión de Asturias.

La Pasionaria trató de asesinos a Calvo y a los conservadores, e instó a «arrastrarlos». La denuncia de la quema de templos provocó burlas en las izquierdas, que achacaron alguna de ellas al «obispo de Alcalá». El orador destacó las pérdidas artísticas en los incendios: «Esculturas de Salzillo, magníficos retablos de Juan de Juanes, lienzos de Tiziano, tallas policromadas, obras que han sido declaradas monumentos nacionales, como la iglesia de Santa María de Elche», etc., entre interrupciones como: «¡Para la falta que hacían…!». El socialista prosoviético Álvarez del Vayo achacó los disturbios a la indignación popular ante la lentitud del gobierno en la aplicación del programa electoral, que para él consistía en la completa supresión de las derechas. Su interpretación era igual a la de casi toda la izquierda cuando la ola de incendios de iglesias, bibliotecas y demás, en mayo de 1931.

Frente a la evasión del gobierno ante su deber de poner coto a las tropelías, Calvo apeló con poco disimulo al ejército. El 26 de abril escribió en *ABC:* «Yo creo que el avance comunista no será frenado por los instrumentos del régimen democrático parlamentario que lo ha impulsado». El 19 de mayo, al presentar a las Cortes su gobierno, Casares se declaró, no garante del orden, sino beligerante contra una de las partes que lo alteraban: el fascismo. Éste, no obstante, seguía muy débil, si bien tomaba impulso ante la amenaza revolucionaria, según admitía el mismo Prieto. Calvo explicó el fascismo como «un movimiento de integración que se opone al socialismo en cuanto suprime la libertad individual por suprimir la propiedad individual, y al capitalismo en cuanto corrige los excesos y abusos del capitalismo». Advirtió finalmente que si bien un militar debía «servir lealmente cuando se manda con legalidad y en servicio de la Patria», tenía el deber de «reaccionar furiosamente cuando se manda sin legalidad y en detrimento de la Patria».

La intervención más célebre de Calvo Sotelo tuvo lugar el 16 de junio, un mes casi justo antes del reinicio de la guerra. Para entonces las derechas habían vuelto a la carga en torno al orden público, y trataban de forzar al gobierno con una proposición no de ley: «Las Cortes esperan del Gobierno la rápida adopción de las medidas necesarias para poner fin al estado de subversión en que vive España». Las izquierdas volvieron a abrumar con denuestos, burlas y amenazas a los proponentes. Calvo incitó a la rebelión militar: «Sería loco el militar que al frente de su destino no estuviera dispuesto a sublevarse a favor de España y en contra de la anarquía». Debía de tener contactos con los conspiradores en el ejército –si bien éstos no le tenían muy en cuenta–, pues en realidad, desde mucho tiempo atrás los monárquicos auspiciaban el golpe militar como única salida. Denunció la incesante agitación de las milicias de izquierda y la preparación de un ejército rojo –lo cual no era ningún secreto, como hemos visto–, citando palabras de Largo al respecto. Y dado que el gobierno estaba umbilicalmente unido al *Lenin español,* concluyó, «sobran notas, sobran discursos (...) sobra todo. En España no puede haber más que una cosa: la anarquía».

Casares le replicó: «De cualquier cosa que pudiera ocurrir, que no ocurrirá, Su Señoría sería el responsable con toda responsabilidad». Las violencias, afirmó audaz, eran «escasas», y las derechas sus causantes. *La Pasionaria,* en tono injurioso y exaltado, admitió «las tempestades» que sufría al país, culpando de los crímenes, una vez más, a Calvo y otros que «llenos de sangre de la represión de octubre vienen aquí a exigir responsabilidades». Y demandó su encarcelamiento. Calvo no había tenido la menor intervención en Asturias, y *La Pasionaria* había integrado, en marzo, una comisión investigatoria sobre dicha represión, de la que nunca más se había sabido.

Calvo, desdeñando a *La Pasionaria*, contestó a Casares: «Su Señoría es hombre fácil y pronto para el gesto de reto y para las palabras de amenaza (...). Me doy por notificado de la amenaza de S. S. Me ha convertido S. S. en sujeto, y por tanto no sólo activo, sino pasivo, de las responsabilidades que puedan nacer de no sé qué hechos. Bien, señor Casares Quiroga (...) mis espaldas son anchas; yo acepto con gusto y no desdeño ninguna de las responsabilidades que se puedan derivar de actos que yo realice, y las responsabilidades ajenas, si son para bien de mi patria (...). Yo digo lo que Santo Domingo de Silos contestó a un rey castellano: "Señor, la vida podéis quitarme, pero más no podéis". Y es preferible morir con gloria a vivir con vilipendio».

Instó luego a Casares a medir sus propias responsabilidades ante la revolución: «Repase la historia de los veinticinco últimos años y verá el resplandor doloroso y sangriento que acompaña a dos figuras que han tenido participación primerísima en la tragedia de dos pueblos, Rusia y Hungría, que fueron Kerenski y Karoly. Kerenski fue la inconsciencia; Karoly, la traición a toda una civilización milenaria. Su señoría no será Kerenski, porque no es inconsciente, tiene plena conciencia de lo que dice, de lo que calla y de lo que piensa. Quiera Dios que S.S. no pueda equipararse jamás a Karoly».

Marcelino Domingo, un líder republicano de izquierda, bastante maltratado por Azaña en sus diarios, volvió a cargar sobre las derechas la culpa de los males, por conspirar contra la república desde el principio, y provocar las violencias, y concluyó: «todos los actos realizados en la calle, los de mayor desmán, los más insultantes, los más violentos, los más demagógicos, todos los actos cometidos en la calle, no representan para el desorden público un acto de mayor gravedad que el realizado por ese hombre [Calvo] con su discurso». No era cierto que la derecha hubiera conspirado contra la república, sino sólo una pequeña minoría de ella, lo cual, por lo demás, no eximía al gobierno de su deber elemental de sostener el imperio de la ley. Y Domingo había estado en el gabinete azañista anterior a Casares, el cual no había tomado medida alguna contra el terrorismo de las izquierdas, pasividad alentadora para éstas.

Tampoco en esta ocasión surtió efecto la petición de las derechas sobre el orden público. El lenguaje izquierdista en la prensa y en las mismas Cortes subía de tono. El 1 de julio, el diputado socialista Ángel Galarza dijo: «La violencia puede ser legítima en algún momento. Pensando en Su Señoría [por Calvo], encuentro justificado todo, incluso el atentado que le prive de la vida». El presidente de las Cortes dio orden de borrar sus frases, pero Galarza advirtió: «Esas palabras, que en el *Diario de Sesiones* no figurarán, el país las conocerá, y nos dirá a todos si es legítima o no la violencia». Gil-Robles las recoge en sus memorias [10]. Este Galarza era el mismo que, siendo ministro de la Gobernación, proclamará unos meses después, en plena guerra, su sentimiento por no haber participado en el asesinato de Calvo Sotelo.

El líder monárquico sentía rondarle el peligro. El gobierno le había puesto escolta policial, más para vigilarlo que para protegerlo, creía él. Días antes de su asesinato protestó al ministro de Gobernación, Moles, el cual prometió cambiar la escolta. Probablemente Moles tenía buena intención, pero el poder real del ministro era muy escaso, y los nuevos policías parecieron a Calvo peores todavía. El 7 de julio comentó a Gil-Robles que uno de sus custodios le había confiado haber recibido, con los demás, la consigna de espiarle e inhibirse en caso de atentado. Y así ocurrió exactamente muy pocos días después, cuando unos guardias de asalto y milicianos socialistas, dirigidos por un guardia civil afecto a Prieto, lo secuestraron en su casa y lo asesinaron.

Aquel crimen no desató la guerra, pues el impulso hacia ella era ya demasiado fuerte, pero destruyó hasta la última esperanza de impedirla, y dio a su inicio una especial aura de tragedia.

Capítulo 9

JOSÉ MARÍA GIL-ROBLES, ¿FUE POSIBLE LA PAZ?

En la mira de los pistoleros no sólo estaba Calvo Sotelo, sino también Gil-Robles, a quien fueron a buscar a su casa la noche fatídica. Pero el líder de la CEDA pasaba unos días fuera de Madrid, y eso le salvó. Al igual que Calvo, había recibido constantes improperios y provocaciones en el Parlamento, sin excluir amenazas de muerte. El 15 de abril José Díaz había dicho: «Esta es una Cámara de cuellos flojos y de puños fuertes (...). Yo no sé cómo va a morir Gil-Robles (un diputado: «¡en la horca!») (...) pero sí puedo afirmar que si se cumple la justicia del pueblo morirá con los zapatos puestos». Siguió un escándalo, y Jiménez de Asúa, presidente de las Cortes, ordenó borrar la frase del *Diario de Sesiones*. Pero *La Pasionaria* la repitió con escarnio: «Si os molesta, le quitaremos los zapatos y le pondremos las botas»*.

---

* Muchos años después, el 25 de julio de 1981, en una entrevista a *El País*, Dolores Ibárruri explicaba: «Pude haberle dicho [a Calvo] muchas cosas, es usted un vividor, un sinvergüenza, pero nunca le dije que moriría con los zapatos puestos: yo no podía hacer una amenaza de esa naturaleza. Ahí está el *Diario de Sesiones*». La amenaza no fue, en efecto, contra Calvo (como se ha dicho a menudo por un error comprensible) sino contra Gil-Robles, y no está en el *Diario de Sesiones* –como no lo están las incitaciones de Galarza, por la razón vista–, pero fue reproducida en *Mundo Obrero* al día siguiente. Ello apar-

La política de Gil-Robles había sido muy distinta de la de Calvo. Buena parte de la historiografía ha querido presentarlo como un líder prácticamente fascista o pronazi, pero se trata de una falsedad evidente, de poco curso hoy día. El error metodológico, por así llamarlo, causante del desenfoque, es el mismo que ha producido una fundamental desvirtuación de Azaña: excesiva atención a algunas frases y poca a los hechos. Todo político –toda persona– cae en incoherencias y contradicciones, pero si enlazamos las palabras con los hechos, esas contradicciones no impiden casi nunca detectar una trayectoria vital y política más o menos sostenida.

Muchos derechistas habían contribuido a la victoria de la república en 1931. Querían «darle una lección al rey», unos por haber aceptado la dictadura y sido «perjuro» a la Constitución, otros por haber dejado caer de modo «vergonzoso» a Primo de Rivera y renegado de su memoria. En Madrid, los republicanos habían ganado incluso en barrios muy monárquicos. Pero el idilio sólo duraría un mes escaso, hasta las jornadas de fuego de mayo.

En aquellas circunstancias, la masa conservadora se sintió vencida y objetivo a destruir por el nuevo régimen, y tras el primer momento de «sorpresa y pánico», sufrió «aplanamiento y aun cobardía» [1]. Prieto advertirá a los suyos, más adelante, que el acobardamiento de los conservadores no duraría, pero eso nadie podía saberlo al principio. Gil-Robles iba a significarse pronto como el gran organizador de las derechas, afrontando un desánimo generalizado. Salmantino, en 1931 era joven, con 33 años, vivaz, inteligente y hábil para la réplica ingeniosa. Su padre había sido una descollante figura intelectual del carlismo.

---

te, *La Pasionaria* exigía constantemente el encarcelamiento de Gil-Robles, Calvo y demás líderes conservadores, y en alguna ocasión, su «arrastramiento».

El diario *El Debate,* inspirado por el Episcopado, promovió enseguida un movimiento conservador y católico unitario, con el nombre de Acción Nacional, luego Acción Popular, al prohibir el gobierno la primera denominación. El mismo 14 de abril del 31 definió Gil-Robles su posición básica: «Por la noche deliberamos en *El Debate,* bajo la amenaza de un asalto (...). Había que intentar la lucha en el único terreno posible entonces: dentro de la legalidad republicana, que habían contribuido a traer con su voto tantas gentes conservadoras». La situación se presentaba así: «Liquidados los partidos políticos conservadores, imposible la reacción de los elementos monárquicos dispersos, era urgente establecer un fuerte núcleo de resistencia», con vistas a las elecciones de junio [2].

El nuevo líder ganó en Salamanca, donde las izquierdas, ante el resultado «rodearon, con el intento de asaltarlo, el hotel donde me alojaba; irrumpieron en las oficinas electorales del Bloque Agrario, destrozando cuanto allí se encontraba, e intentaron quemar algunas iglesias, en las que fue necesario poner vigilancia de fuerzas de infantería. El gobernador civil, lejos de oponerse a los excesos de las turbas (...) los alentaba.» De no haber actuado Maura desde el ministerio de la Gobernación, habría habido «una jornada sangrienta en Salamanca» [3]. En el conjunto del país los comicios resultaron pésimos para las derechas. El Bloque Agrario, donde se incluía Gil-Robles, sacó 26 diputados, siendo el grupo derechista más votado, seguido por el vasco-navarro, con 14, la Lliga catalana, con 3, y un solo monárquico: 44 diputados frente a 263 de las izquierdas y 110 del centro (fundamentalmente lerrouxista).

La primera delimitación de campos la hizo Gil-Robles con los republicanos conservadores de Alcalá-Zamora y Maura, en quienes vio un «dócil instrumento de la pasión destructiva de las izquierdas revolucionarias». Sobre todo le preocupaban los ataques a la religión. Medidas como la disolución de los jesuitas, la prohibición a las órdenes religiosas de cualquier actividad económica, y especialmente de la enseñanza, y el ambiente anticatólico generado por las izquierdas, hirieron a buena parte de la población. Con ello «el problema religioso se convirtió desde entonces en bandera de combate, agudizando hasta el paroxismo el choque de las dos España» [4].

Acción Popular lanzó fuertes campañas para «exteriorizar vigorosamente la protesta contra la política sectaria, dar a las derechas, por medio de grandes concentraciones de masas, la conciencia perdida de su propia fuerza, acostumbrarlas a enfrentarse con la violencia izquierdista y a luchar, cuando fuera necesario, por la posesión de la calle, y difundir su ideario y hacer prosélitos [5]. Tuvo notable éxito, pues amplias masas de población se sentían conservadoras y católicas, si bien el sentimiento católico no implicaba un automático derechismo. El éxito aumentó en los años siguientes, gracias en buena medida a la energía de Gil-Robles. La derecha, timorata y de impulso romo, cobró aliento y vio en aquél a su salvador, su «hombre providencial», rodeándole de un cierto culto a la personalidad.

En los conservadores, el talante anticristiano del nuevo régimen provocó una «repugnancia invencible a declararse republicanos» [6]. La mayoría de ellos era monárquica, aunque no ferviente. Parecía improbable la vuelta del trono, al menos por un largo plazo, pero en torno a esa cuestión surgieron las primeras discordias: los monárquicos militantes identificaban a la propia España con la monarquía, tesis no admitida por otros muchos.

La polémica interna, cada vez más acre, empeoró con motivo de la «sanjurjada», en agosto de 1932, explotada por el gobierno para golpear indiscriminadamente a los conservadores: «Parecía desmoronarse la organización de las derechas, que presentaba entonces tan magníficas perspectivas (...). [Se quería] hacer ver al país que las fuerzas contrarrevolucionarias quedaban materialmente desarticuladas. Aún recuerdo con emoción aquellos instantes en que la policía clausuraba nuestros locales y las salas de redacción de los periódicos que nos eran afectos, en que las cárceles se llenaban de amigos entrañables que no habían cometido el menor delito... El Gobierno decretó la suspensión indefinida de ciento catorce periódicos. Solamente en Madrid dejaron de publicarse los diarios *ABC, La Nación, El Siglo Futuro, Diario Universal, Informaciones, El Mundo, La Correspondencia* y *El Imparcial,* y los siguientes semanarios y revistas: *Acción Española, Gracia y Justicia, Marte y El Triunfo*[7].

Los monárquicos explotaron la emocionalidad reinante para ensalzar como héroes a los golpistas, y denigrar «la táctica acomodaticia y derrotista de Acción Popular». Pero en octubre del 32, dos meses después del golpe, la primera asamblea de este partido acordó «el leal acatamiento al régimen vigente», y Gil-Robles precisó: «Se engañan quienes creen que nuestra organización es un escudo de legalidad detrás del cual puedan acogerse actitudes violentas». Acción Popular, por tanto, se declaraba legalista y pacífica, sin poner en primer término la cuestión del régimen. Su líder volvería a explicarlo en noviembre: «Las derechas deben prepararse para ocupar el poder ¿Cuándo? Cuando se pueda. ¿Con qué régimen? Con el que sea. No nos detengamos en accidentalismos. Lo esencial es la defensa de la religión y de la patria».

Esta declaración, como otras, irritó a los monárquicos, y la utilizaron los republicanos para tachar de desleal a Gil-Robles. Sin embargo tenía plena legitimidad desde el punto de vista democrático. La exigencia de una declaración republicana era además absurda, pues bajo el calificativo se ocultaban concepciones incompatibles: el republicanismo de Azaña, el de Alcalá-Zamora, el del PSOE o el de la Esquerra tenían poco en común[8].

En marzo de 1933 se consumó la ruptura, como ya observamos, y la CEDA y Renovación Española, fundadas entonces, siguieron distintas sendas. Sólo la urgencia de afrontar unidos a las izquierdas en las elecciones de noviembre del 33 dejó en sordina los ataques monárquicos.

Durante la campaña, Gil-Robles marcó distancias con el fascismo, no admitiendo el «fetichismo del Estado ni la idolatría de la raza»; y propuso «un Estado fuerte, que respete las libertades individuales». Pero también advirtió: «Si mañana el Parlamento se opone a nuestros ideales, iremos contra el Parlamento». Y, en otro discurso: «Hay que ir a un Estado nuevo (...). ¿Qué importa que nos cueste hasta derramar sangre? (...) La democracia no es, en nosotros, un fin, sino un medio (...). Llegado el momento, el Parlamento se somete o lo haremos desaparecer». Frases invocadas mil veces para acusar a la CEDA de fascista o fascistoide. Pero los acusadores, en particular los socialistas, exhibían propósitos mucho más radicalmente antidemocráticos, no ocasionales, sino constantes, y no referidos a un vago futuro, como los de Gil-Robles, sino a una acción próxima. En la práctica, el día de las elecciones cayeron asesinados cinco militantes de la CEDA, y heridos otros, y ésta no replicó de igual forma [9].

Entonces la CEDA, el partido más votado, ganó 115 escaños. Ante éxito tan abultado, su jefe mostró indecisión. Previamente había dicho: «No aspiramos a un triunfo imprudente que nos lleve al Poder». Según las normas democráticas, tenía derecho a encabezar el gobierno o al menos a integrarlo, pero renunció a ambas cosas. En un importante discurso en las Cortes razonó su timidez invocando la conveniencia de calmar los ánimos para acceder al poder cuando los rencores políticos se hubiesen enfriado. Anunció su voluntad de reformar, dentro de la ley, la Constitución, porque «una Constitución de este tipo no llevará más que a una solución: una dictadura de izquierda o una dictadura de derecha, que no apetezco para mi patria, porque es la peor de las soluciones». Censuró el fascismo, y, aunque las urnas habían casi hundido a los partidos jacobinos, interpretó que los ciudadanos habían votado contra la política del primer bienio, no contra el régimen. Su audacia, evidentemente, ni de lejos igualaba a la de los republicanos, que habían extraído conclusiones mucho más vastas de unos simples comicios municipales en 1931. Cuando gobernase, prometió, lo haría «con acatamiento leal al Poder, con absoluta y plena lealtad a un régimen que se ha querido dar el pueblo español». Brindó apoyo al gobierno del Partido Radical, segundo en diputados, en cuanto éste rectificase la política del primer bienio [10].

Otras derechas han acusado a la CEDA de no haber intentado un gobierno conservador, pero lo impedía su falta de mayoría absoluta. En cambio fue viable una alianza con el Partido Radical, pese a su fama de corrupto y masonizado. Gil-Robles explica su opción por la aritmética parlamentaria, pero es probable que prefiriese a Lerroux sobre los embarazosos monárquicos, los cuales entendían las votaciones en clave antirrepublicana y no sólo contraria a la política del primer bienio.

El ideario cedista giraba en torno a la defensa de la religión, la familia, la propiedad privada y la integridad nacional. Abarcaba varias tendencias, desde la republicana, incluso próxima a la socialdemocracia (personificada en el futuro ministro Giménez Fernández), hasta alguna no lejana del fascismo. Pero la corriente principal y directiva la marcaba *El Debate,* con orientación similar a la del *Zentrum* alemán. Algunos estudiosos, como Raúl Morodo, han identificado el ideario de la CEDA con el monárquico: antiliberal, antiparlamentario, tradicionalista, corporativista, incluso totalitario, etc., diferenciándolos sólo en la táctica para alcanzar el poder. Pero tal identificación no es convincente. Esas tendencias existían en la CEDA, como reflejo de la crisis general del liberalismo, pero en un grado mucho más atenuado que en Renovación. El talante cedista podría resumirse en esta reflexión de *El Debate*: «¡Qué distintos el pensamiento y la práctica fascista, el pensamiento y la realización prudente de Oliveira Salazar, la nueva política de Roosevelt, la evolución lenta y callada de Inglaterra y las actividades del racismo germánico (...). No necesitamos decir el método que tiene nuestras preferencias: el de los ingleses». Su «totalitarismo» consistía en la intervención del estado para armonizar los intereses de obreros y patronos mediante un sistema «corporativo» harto confuso y difuso. Pero descartaba un «Estado omnipotente», o la destrucción de las libertades. Contra todas las leyendas, los documentos y las actuaciones definen sin duda a la CEDA como uno de los partidos más moderados, en la derecha o en la izquierda [11].

Asertos como el de Morodo han dado crédito a la «desconfianza» de la izquierda, pues la táctica cedista podía interpretarse como la del caballo de Troya, una argucia para destruir la república desde dentro. Tal supuesto, desmentido por los hechos, como comprobaremos, equivale a la pretensión contraria de asimilar la socialdemocracia, todavía nominalmente marxista, con el comunismo, y separarlos sólo por la «táctica». En efecto, la relación entre la CEDA por un lado y la Falange y Renovación por otro, recuerda a la del Partido Socialdemócrata alemán con el comunista (no, en cambio, a la del PSOE con el PCE, identificados entonces en ideario y conducta). La «táctica», en ese sentido, distingue de modo muy fundamental a unos partidos de otros.

Asombra la moderación de Gil-Robles después de su triunfo en las urnas, y hoy está claro que la izquierda la tomó por simple debilidad: replicó a ella intensificando su actividad subversiva, culminada en la demoledora rebelión de octubre del 34 cuando, por fin, la CEDA resolvió entrar en el gobierno. Algunos historiadores han afirmado que Gil-Robles lo hizo para provocar adrede la revuelta izquierdista, a fin de aplastarla a tiempo, pero no hubo nada de ello*.

Para explicar la reacción de la izquierda se ha aludido, aparte de al *fascismo* de Gil-Robles, hoy desechado, a una supuesta anulación, por la derecha, de todos los avances y leyes del primer bienio. Pero en noviembre del 33 una fuerte mayoría ciudadana había votado contra la política del primer bienio, la cual había entrado antes en bancarrota, por lo que la crítica tiene poco sentido. Y aun lo tiene menos por cuanto dicha anulación apenas existió. La reforma agraria continuó, y con mayor rapidez que antes; los presupuestos de enseñanza crecieron notablemente, y se atenuaron los pésimos efectos de la prohibición de enseñar a los religiosos; siguieron transfiriéndose servicios a la autonomía catalana; los jurados mixtos no dejaron de actuar; los estudios parciales muestran que los sueldos, contra lo que suele decirse, no fueron rebajados por lo general, aunque sí en algunos casos, mientras en otros subieron [12], y era contenido el rápido avance del hambre durante el bienio azañista. En ese contexto, las acusaciones de fascismo, de ham-

---

* El propio Gil-Robles llegó a decir: «Yo puedo dar a España tres meses de aparente tranquilidad si no entro en el Gobierno. ¡Ah!, ¿pero entrando estalla la revolución? Pues que estalle antes de que esté bien preparada, antes de que nos ahogue». Pero, como he expuesto en *Los orígenes de la guerra civil,* la pretensión no casa con los hechos, y se trata de una justificación *a posteriori*, para disimular la casi nula preparación oficial contra la insurrección. Las declaraciones de la CEDA en días anteriores muestran que creía desarticulada la trama subversiva por los hallazgos de armas en septiembre, y la rebelión tomó al gobierno y a la CEDA por sorpresa. Tardaron varios días en tomar la iniciativa, y ello gracias a que en casi ningún lugar las masas siguieron a los rebeldes. En fin, al entrar en el gobierno, la CEDA no lo hizo en el plan desafiante sugerido por Gil-Robles, sino sólo en tres ministerios no decisivos, y con ministros elegidos entre los más moderados y aceptables para las izquierdas.

bre y abolición de las reformas del primer bienio deben entenderse como meros recursos de propaganda en la táctica para tomar el poder. Realmente la subversión de las izquierdas provino de sus propias convicciones y estrategias: los socialistas creían llegada la hora de la revolución, lo mismo los anarquistas, y los jacobinos rechazaban de modo tajante un gobierno ajeno a ellos.

Como hemos visto, la rebelión de octubre otorgó a la CEDA la mejor ocasión y excusa para aplastar definitivamente a las izquierdas, pero sus consignas se centraron inequívocamente en la defensa de la ley: «¿Qué disciplina ni qué norma de civilización es esa que consiste en levantarse en armas contra las instituciones, contra la autoridad y contra la ley cuando éstas no les placen? (...) Que los ciudadanos se den cuenta de que lo son y de los deberes que impone la ciudadanía; que adviertan que se atenta contra las libertades públicas» [13].

La CEDA defendió, por tanto, la ley y la democracia, ni siquiera abogó por la proscripción de los rebeldes PSOE y Esquerra, y se limitó a suspender el estatuto catalán, sin abolirlo.

La victoria de octubre abría amplio campo a la política cedista, pero ésta topó con un nuevo enemigo, en cierto modo más peligroso para ella que las izquierdas: el presidente de la república. Alcalá-Zamora provocó una grave crisis al orillar la Constitución para impedir la ejecución de un militar rebelde y de otros condenados a muerte, imponiendo así el indulto para los jefes (aunque serían fusilados cuatro ejecutores). En ámbitos militares y conservadores la acción del presidente, considerada «impunista», hizo cundir intensísimo malestar. Gil-Robles creía «absurdo pensar que una política de mal entendida clemencia habría de tener efectos favorables en la pacificación del país (...). La debilidad del poder público en ocasiones como ésta, acelera el proceso de descomposición en lugar de contenerlo (...). No corrió entonces la sangre de Pérez Farrás, como tampoco corrió después la de González Peña [dirigentes insurrectos]. Pero, en cambio, corrieron más tarde torrentes de sangre inocente y generosa»[14].

Esa convicción, correcta o no, y la injerencia no constitucional de don Niceto, indujo a Gil-Robles a proponer a algunos generales que hicieran «saber al presidente su firme deseo de impedir que se vulnerara el código fundamental de la nación». Ello podría suponer un golpe de estado, pero los militares, por influencia de Franco, prefirieron abstenerse.

Don Niceto manifestaría una notoria aversión al jefe cedista, cuyos proyectos hizo lo posible por obstruir. La CEDA planeaba medidas económicas para paliar el desempleo; mejora de la disciplina y la capacidad operativa del ejército, cuyas deficiencias habían resaltado en octubre; saneamiento de la Hacienda; reforma de la Constitución y de una Ley electoral «mussoliniana», en opinión de Gil-Robles, que primaba exageradamente a los ganadores y concedía un poder legislativo y ejecutivo desmesurados a una pequeña mayoría, o incluso a una minoría en ciertas condiciones; etc. Pero los avatares políticos y las crisis de gobierno perturbaban su puesta en marcha. Tras un paréntesis de un mes fuera del gobierno, en mayo de 1935, la CEDA volvió reforzada, con cinco ministerios, uno de ellos el de la Guerra, a cargo de Gil-Robles mismo. El panorama pareció por fin despejarse.

Sin embargo antes de cuatro meses era destituido Lerroux. La jefatura del gabinete debía recaer entonces en Gil-Robles, pero Don Niceto prefirió a un político oscuro y sin apoyo parlamentario, Chapaprieta, excelente hacendista. Era el comienzo de las insidias del estraperlo, que iban a arruinar tantas expectativas. La actuación del presidente, deseoso de fomentar un nuevo partido de centro en sustitución del lerrouxista, enturbió en grado sumo la confianza gubernamental. Chapaprieta dimitió el 9 de diciembre. Ya no quedaba más repuesto que el jefe de la

CEDA, único con fuerza suficiente en las Cortes, y contra quien nadie podría gobernar.

En ese momento crucial, Don Niceto dio el paso definitivo. Expulsó de manera humillante a Gil-Robles del Ministerio de la Guerra, rodeando el edificio de guardias civiles, y encomendó el gobierno a Portela Valladares, otro político oscuro, típico cacique de la Restauración y sin base electoral alguna. Tales actos sólo podían interpretarse como un intento de perjudicar a la CEDA, congraciarse con las izquierdas, ganar tiempo para poner en marcha el nuevo partido centrista, bajo orientación de Portela, y disolver las Cortes.

Fue un golpe fulminante para Gil-Robles: «Todo el porvenir trágico de España se presentó a mi vista. Con ardor, casi con angustia, supliqué al señor Alcalá-Zamora que no diera un paso semejante. El momento elegido para la disolución, le dije, no podía ser más inoportuno. Las Cortes se hallaban capacitadas aún para rematar una obra fecunda, tras la cual podría llevarse a cabo sin riesgos la consulta electoral. En un breve plazo, a lo sumo dentro de algunos meses, sería posible sanear la Hacienda; votar los créditos necesarios para un plan de obras públicas que absorbiese la casi totalidad del paro; liquidar los procesos del movimiento revolucionario de 1934, que eran temible bandera de agitación en manos de las izquierdas; aplicar la reforma agraria, con el reparto de los cien primeros millones de pesetas ya consignados; completar la reorganización del Ejército y la puesta en marcha de nuestras industrias militares, para acabar con la situación de absoluto abandono en que nos hallábamos... A la vez que reforzar los resortes de la autoridad, podríamos, en fin, dar de comer a cientos de miles de españoles e iniciar una justa distribución de la tierra, para adoptar enseguida el acuerdo de la reforma de la Constitución que, según palabras del propio jefe del Estado, "invitaba a la guerra civil". Impedir la realización de esa tarea, añadí con toda vehemencia, era tan peligroso como injusto» [15].

Pero, recuerda Gil-Robles «mis razones no hicieron mella alguna. El presidente llevaba a España hacia el abismo. "Su decisión –terminé diciéndole– arrojará, sin duda, a las derechas del camino de la legalidad y del acatamiento al régimen. Con el fracaso de mi política, sólo podrán ya intentarse las soluciones violentas. Triunfen en las urnas las derechas o las izquierdas, no quedará otra salida, por desgracia, que la guerra civil. Su responsabilidad por la catástrofe que se avecina será inmensa. Sobre usted recaerá, además, el desprecio de todos. Será destituido por cualquiera de los bandos triunfantes. Por mi parte, no volveré a verle jamás aquí. Ha destruido usted una misión conciliadora." (...) La última parte de nuestra conversación fue durísima, violenta. Como pretendiese, por ejemplo, el señor Alcalá-Zamora justificar su negativa a entregarme la confianza para formar gobierno en el hecho de que yo no había votado la Constitución de 1931, hube de recordarle incisivamente: "Es cierto; pero tampoco juré, como otros [como don Niceto], la Constitución de la Monarquía". Hasta el despacho donde se encontraban los ayudantes de servicio, incluso hasta la sala donde esperaban las visitas, llegaba mi voz, vibrante de indignación».

Don Niceto se justificará con argumentos izquierdistas: si Gil-Robles quería dirigir el gobierno, escribe, debía desligarse de apoyos monárquicos y hacer «inequívocas declaraciones republicanas, sin reserva alguna. Además, convenía que se impusiera al núcleo fascista de su partido, el más ruidoso y el más mimado hasta entonces por él» [16].

Tales razones carecen de peso. La exigencia de republicanismo no era democrática, y la referencia al supuesto núcleo fascista –la JAP o Juventud de Acción Popular–, falseaba la realidad. Como en los demás partidos, en la CEDA era el sector juvenil el más radicalizado, y se distinguía por algunas expresiones y gestos más o menos fascistoides. Pero lo que cuenta no son, desde luego, tales gestos, sino los actos, y la JAP no creó milicias, ni organizó asaltos a locales enemigos, menos aun asesinatos o detenciones ilegales, no vigiló las conductas políticas de los vecindarios ni formó partidas de la porra en las campañas electorales. Estas cosas sí las hacían, en cambio, las juventudes socialistas o las nacionalistas catalanas, a cuyos partidos nunca puso don Niceto reparos. La moderación práctica de la JAP resulta tanto más notable cuanto que sufrió a menudo atentados y campañas violentas de las milicias y juventudes contrarias, y no les replicó por la misma vía. Por extraño que suene, casi ningún historiador, incluso en la derecha, señala este dato fundamental y definitivo*.

Privado del poder en forma parlamentariamente irregular, Gil-Robles comunicó al general Fanjul: «Estoy convencido de que el decreto de disolución en que piensa el presidente, contrario a toda ortodoxia constitucional, representa un verdadero golpe de Estado que nos llevará a la guerra civil (...). Si el Ejército, agrupado en torno a sus mandos naturales, opina que debe ocupar transitoriamente el poder con objeto de que se salve el espíritu de la Constitución y se evite un fraude gigantesco de signo revolucionario, yo no constituiré el menor obstáculo» [17]. Esta segunda invitación al golpe militar falló porque, una vez más, Franco la rechazó.

Gil-Robles, pues, hubo de retroceder «lleno de amargura infinita». Inmediatamente se generó una tensión extrema entre las Cortes y el presidente. Éste trató de sostener a Portela suspen-

---

* Olvidando los hechos y subrayando en exceso algunos gestos y frases, Santos Juliá afirma que la CEDA no hacía nada por demostrar su no fascismo; J. Tusell asegura: «los mismos dirigentes de la CEDA hicieron poco por combatir esas tendencias fascistas o semifascistas dentro de su propia organización», en especial en la JAP[18].

diendo el Parlamento e intentó prorrogar los presupuestos, medidas poco compatibles y muy dudosamente constitucionales. La derecha contraatacó acusando a Portela y a don Niceto de un delito contra la Constitución y al primero de uno penal, por paralizar las Cortes y vulnerar sus funciones. Viéndose en serio peligro, los dos jefes, del gobierno y del estado, optaron, el 7 de enero de 1936, por disolver las Cortes y convocar elecciones. La suerte quedaba echada.

La pasión electoral fue desorbitada. Las izquierdas no ocultaban su intención de suprimir de una vez a las derechas, y éstas replicaban: «¡Contra la revolución y sus cómplices! ¡Españoles! La patria está en peligro». «Por el mantenimiento de la civilización cristiana en nuestro pueblo.» «Por nuestros hogares amenazados por la muerte y la ruina.»

Los problemas cotidianos y económicos quedaron de lado, pues los dos bandos estimaban que estaba en juego algo más crucial: la propia subsistencia.

La noche del 16 al 17 de febrero, al conocerse los primeros resultados favorables al Frente Popular, comenzaron los disturbios. Gil-Robles visitó a Portela para hacerle ver que «dominaba ya la anarquía en algunas provincias, los gobernadores civiles desertaban de sus puestos, las turbas amotinadas se apoderaban de las actas. De no dictarse urgentes medidas con mano férrea, sería inmenso el peligro*»; y le incitó a declarar el estado de guerra para asegurar el orden. Con «desconfiado gesto de abatimiento», Portela pidió por teléfono a don Niceto la firma del estado de alarma y del estado de guerra. Don Niceto firmó ambos decretos, recomendando

---

* Un panorama similar pinta Azaña: «Los gobernadores de Portela habían huido casi todos. Nadie mandaba en ninguna parte y empezaron los motines» [19].

no emplear el segundo, de momento. Entraría en vigor el primero, ya hasta la reanudación de la guerra. Según Portela, Gil-Robles le incitó a proclamarse dictador, lo que suena extraño, y él le habría replicado: «Lo más probable es que nos encontremos en vísperas de una nueva guerra civil», pero «el daño está hecho, y no por mi culpa (...). A otros incumbe ahora la tarea». La ilusión de un poderoso partido de centro se había esfumado a aquella hora, y el político nombrado por Alcalá-Zamora desfallecía [20].

El día 18, Portela, acorralado por crecientes disturbios, entregó apresuradamente el poder a Azaña, sin esperar a la segunda vuelta de las elecciones, la cual tendría así lugar bajo un gobierno parcial. Se conoce hoy el empate a votos entre izquierdas y derechas, y la evaporación del centro, antes poderoso. La ley electoral, que la CEDA no había logrado reformar, favoreció con mucho a las izquierdas, dándoles muchos más diputados.

Gil-Robles había pronosticado que la política de don Niceto expulsaría a la derecha de la legalidad, pero de momento no fue así. Cundió en la CEDA una oscura depresión, y su líder se eclipsó pasajeramente. Aterrado por el peligro revolucionario, el partido católico se agarró a las promesas vagamente conciliatorias de Azaña como a un clavo ardiendo, y multiplicó sus gestos de concordia. Azaña describe: «Tienen un miedo horrible. Ahora quieren pacificar, para que las gentes irritadas se calmen y no les hagan pupa (...). *La Pasionaria* le ha cubierto de insultos [a Gil-Robles]. No sabe dónde meterse, del miedo que tiene». La situación le divertía, señala en sus cartas, y se jacta de haberse convertido en «ídolo nacional», también para las derechas [21].

Gil-Robles fue sustituido provisionalmente a la cabeza del grupo parlamentario cedista por Giménez Fernández, un republicano que puso a sus diputados ante el dilema: «¿fascismo o democracia? ¿república o monarquía? ¿reformas sociales o pleno conservadurismo?» La posición oficial fue por la democracia y la república, y por aceptar o propugnar más reformas sociales. Pero su voluntad de concordia recibiría un rudo golpe cuando el Frente Popular, para hacer totalmente aplastante su ventaja, procedió a una arbitraria revisión de actas, arrebatando a las derechas casi 30 escaños. La CEDA abandonó las Cortes en protesta, aunque hubo de volver luego, bajando la cabeza. Pero esa sumisión iría menguando al crecer los tumultos y agresiones. El gobierno, además, cercenaba la independencia del poder judicial al «republicanizar» la administración.

El legalismo de la CEDA recibió otro duro revés en abril, cuando, como vimos, el gobierno rechazó en la práctica sus peticiones de asegurar el orden público –lo cual era también una forma de deslegitimarse él–. El día 15, Gil-Robles advirtió en las Cortes: «Una masa considerable de opinión española, que por lo menos es la mitad de la nación, no se resigna implacablemente a morir: yo os lo aseguro. Si no puede defenderse por un camino, se defenderá por otro (...). La guerra civil la impulsa, por una parte, la violencia de aquellos que quieren ir a la conquista del Poder por el camino de la revolución; por otra, la están mimando, sosteniendo y cuidando la apatía de un Gobierno que no se atreve a volverse contra sus auxiliares, que tan caras le están pasando las facturas de la ayuda que le dan (...). Si no se rectifica rápidamente el camino, en España no quedará más solución que la violencia de la dictadura roja que aquellos señores propugnan, o una defensa enérgica de los ciudadanos que no se dejan atropellar».

El día 16 la derecha salió a la calle por primera vez masivamente, en el entierro de un guardia civil asesinado dos días antes. Grupos izquierdistas dispararon contra los manifestantes, causando numerosos muertos y heridos.

Ese día el líder cedista ofreció en las Cortes una macabra estadística de los últimos cuatro meses: 269 muertos y 1.287 heridos, 160 iglesias destruidas y 251 dañadas, 69 centros políticos y particulares destruidos y 312 asaltados, 10 periódicos totalmente destruidos y asaltos y destrozos a otros 33, 146 explosiones de bomba, 113 huelgas generales y 228 parciales, 138 atracos*. Mostró cómo la violencia crecía, pese al estado de alarma y a vagos y verbalistas propósitos del gobierno de corregir alteraciones «anárquicas».

Le replicó el socialista De Francisco: «Cuando (...) consideraba yo el discurso de S. S. le diré sin ironía que me parecía que estaba relatando episodios del bienio en que su señoría mismo gobernó. Así, cuando hablaba de suspensiones de garantías que fueron permanentes, cuando aludía a centenares y miles de encarcelamientos que superan en mucho a los actuales (...) No se puede venir aquí a echar en cara cosas de que uno mismo tiene que acusarse. (...) Eso resultará muy habilidoso; pero, realmente, para ello (...), lo primero que se necesita, a mi modesto juicio, es tener autoridad moral *(Muy bien)* y yo entiendo que vosotros carecéis en absoluto de ella *(Aplausos)*.»

No se entenderá a De Francisco sin saber que él fue uno de los organizadores de la revolución de octubre del 34, causa de las detenciones y suspensión de garantías por él mencionadas. Acusó también a los terratenientes de negarse a segar los cereales en años anteriores, «con tal de que no comieran los obreros del campo» (la famosa consigna «comed república»), poniendo por testigo a Maura. En realidad fue un caso particular, y Maura indicó que el trigo había terminado por recogerse. En el primer año de gobierno de centro, la cosecha había sido una de las más copiosas del siglo, prueba de la inexistencia de tal consigna, y había sido

---

* Datos seguramente fidedignos, y quizá inferiores a la realidad, pues la censura impedía a la prensa publicar los desmanes y crímenes. Estudios de E. Malefakis, R. Cibrián y J. Linz dan un número algo inferior de muertos pero son datos incompletos, por esa razón.

el PSOE quien había intentado impedir su recolección, mediante una huelga muy violenta.

La CEDA perdía gente y nervio. Dirá Gil-Robles: «diariamente llegan voces que nos dicen: «Os están expulsando de la legalidad; están haciendo un baldón de los principios democráticos; están riéndose de las máximas liberales incrustadas en la Constitución; ni en el Parlamento ni en la legalidad tenéis nada que hacer. Y ese clamor (...) indica que está creciendo y desarrollándose eso que en términos genéricos habéis dado en denominar fascismo; pero que no es más que el ansia, muchas veces nobilísima, de libertarse de un yugo y de una opresión (...). Es un movimiento de sana y hasta de santa rebeldía que prende en el corazón de los españoles y contra el que somos totalmente impotentes los que día tras día y hora tras hora nos hemos venido parapetando en los principios democráticos, en las normas legales y en la actuación normal» [21].

Estas frases pertenecen a su intervención en la Diputación Permanente de las Cortes, el 15 de julio por la mañana, tras el asesinato de Calvo Sotelo. El jefe católico anunció también: «Todos los días, por parte de los grupos de la mayoría, por parte de los periódicos inspirados por vosotros, hay la excitación, la amenaza, la conminación a que hay que aplastar al adversario, a que hay que realizar con él una política de exterminio. A diario la estáis practicando: muertos, heridos, atropellos, coacciones, multas, violencias (...). Nosotros estamos pensando muy seriamente que no podemos volver a las Cortes (...) porque eso en cierto modo es decir ante la opinión pública que aquí todo es normal (...). Hay un abismo entre la farsa que representa el Parlamento y la honda y gravísima tragedia nacional».

E, ignorante de que él mismo había estado a punto de caer junto con Calvo Sotelo, profetizó: «Ahora estáis muy tranquilos porque veis que cae el adversario. ¡Ya llegará el día en que la misma violencia que habéis desatado se volverá contra vosotros!».

Ese día iba a llegar apenas 48 horas más tarde, en una oleada de sangre y odio sin precedentes en la historia española.

Ya en guerra, la súbita popularidad de la Falange redundó en descrédito de Gil-Robles y la CEDA. Las derechas, antes muy mayoritariamente afectas al «Jefe», le acusaban de haber propiciado la contienda por no haber actuado más resolutivamente cuando tuvo cierto poder, y llegaron a culparle de la ejecución de José Antonio, por no haberlo admitido en sus listas para las elecciones de febrero, privándole así de la inmunidad parlamentaria.

Años después, el ya ex líder cedista afirmará no haber tenido arte ni parte en la rebelión, y cita a Maurice Schumann, uno de los padres de la Unión Europea: «La adhesión demostrada en todo momento hacia la doctrina de la Iglesia y las simpatías que sintió entonces por el Ejército parecían obligar a Gil-Robles a abrazar sin reservas la causa de los militares sublevados el 18 de julio (...). Pero Gil-Robles creyó siempre que la guerra era evitable, y desde un principio manifiesta su dolor mediante el apartamiento (...). No tiene, por lo tanto, sangre en las manos».

Y apostilla el interesado: «Ésta ha sido mi tragedia. Tal vez haya sido también mi mayor gloria» [22]. Declaración extraña. Si la revolución tomaba los rasgos de amenaza inminente que él describe, y que otros muchos testimonios avalan, ¿sería una gloria haberse abstenido de combatirla, desde su propio punto de vista?

Pero tales consideraciones no son del todo veraces. Ya el título de sus memorias, *No fue posible la paz,* contradice la versión de Schumann. Y es cierto que no estuvo complicado directamente en el golpe militar, pero a partir del mes de junio lo apoyó, como explicará claramente en 1942: una vez que «los manejos antidemocráticos y la violencia criminal de las turbas» derrumbaron la experiencia legalista, «cooperé con el consejo, con el estímulo moral, con órdenes secretas de colaboración e incluso con auxilio económico, tomado en no despreciable cantidad de los fondos electorales del partido (...). Transmití a los elementos directivos de las organizaciones provinciales, (...) durante los meses de junio y julio de 1936, las siguientes instrucciones reservadas para el momento en que el alzamiento se iniciase: 1.ª Todos los afiliados se pondrían inmediata y públicamente al lado de los elementos militares. 2.ª Las organizaciones del partido ofrecerían y prestarían la más amplia colaboración (...). 3.ª Los elementos jóvenes se presentarían en el acto en los cuarteles para vestir el uniforme del Ejército»[23].

Así, el partido moderado fue empujado por la violencia revolucionaria a entrar en la sublevación, y a apoyarla fervientemente una vez en marcha.

Capítulo 10

FRANCO, «LO QUE NI USTED NI YO QUEREMOS QUE PASE»

Aunque el general Franco fue personaje secundario en la república, estuvo presente a lo largo de ella como una sombra enigmática, de cuya decisión todos temían o esperaban algo. Azaña lo cita muy poco en sus diarios de la república, pero en dos ocasiones lo califica de «temible». Por eso lo sometió a vigilancia, y lo relegó en los ascensos. Prieto, el 1 de mayo de 1936, próximo el alzamiento derechista, avisará: «Le he visto pelear en África; y para mí, el general Franco (...) llega a la fórmula suprema del valor, es hombre sereno en la lucha. Tengo que rendir este homenaje a la verdad. Ahora bien, no podemos negar (...) que entre los elementos militares (...), existen fermentos de subversión (...). Franco, por su juventud, por sus dotes, por la red de sus amistades en el ejército, es hombre que, en un momento dado, puede acaudillar (...) un movimiento de este género» [1].

Esas impresiones, y el hecho de su final rebelión contra el Frente Popular, han creado de él la imagen de un militar desleal a la república, dispuestos a destruirla en el momento oportuno. Idea muy difundida en las izquierdas, como baldón, y en las derechas, como mérito. En plena contienda cundió el rumor de que Gil-Robles, ya impopular entre los sublevados, había desechado, siendo ministro de la Guerra, un plan de Franco para un golpe de estado que habría ahorrado torrentes de sangre. Gil-Robles protestó al mismo *Caudillo*, el cual le contestó: «La intervención que la fábula me atribuye, de que yo le haya propuesto un plan detallado de éxito seguro para que Vd. diera un golpe de Estado, está muy lejos de mi conducta y de la realidad; ni por deber de disciplina, ni por la situación de España, difícil pero no aún en inminente peligro, ni por la corrección con que Vd. procedió en todo su tiempo de Ministro, que no me autorizaba a ello, podía yo proponerle lo que en aquellos momentos hubiese pecado de falta de justificación de la empresa y de carencia de posibilidad de realización, pues el ejército, que puede alzarse cuando causa tan santa como la de la Patria está en inminente peligro, no puede aparecer como árbitro en las contiendas políticas ni volverse definidor de la conducta de los partidos, ni de las atribuciones del Jefe del Estado. Cualquier acción en aquellos momentos estaba condenada al fracaso por injustificada, si el Ejército la emprendía, y éste que hoy se levantó, para salvar a España, aspiraba a que se salvase a ser posible, por los cauces legales que le evitasen estas graves sacudidas, indispensables y santas, pero dolorosas.*»

Esta actitud, bien distinta de la que suele achacársele, podía ser simple hipocresía. Pero nada le obligaba en 1937 a fingir respeto a la legalidad, pues el ambiente en su propio campo era el expresado por el bulo: los escrúpulos legalistas de Gil-Robles habrían causado el desastre. No hay, pues, razón para dudar de su sinceridad. Con todo, el criterio decisivo será, una vez más, el de los hechos.

Franco definió más tarde su postura ante la república. Según su diagnóstico, bastante realista: «La república (...) no tenía más dificultades que no contar con republicanos que la apoyaran. Sus

* La carta ha desaparecido de la última edición de las *Memorias* de Gil-Robles, de 1998. Cabe sospechar que no es casual la omisión, pese (o por) su elevado valor testimonial.

primates eran monárquicos resentidos con el rey y la dictadura, en su mayoría por motivos sin verdadera importancia. Las masas obreras eran en su mayoría sindicalistas y socialistas. El comunismo no estaba aún organizado.» Con todo: «Siempre dije a mis compañeros: mientras haya alguna esperanza de que el régimen republicano pueda impedir la anarquía o no se entregue a Moscú, hay que estar al lado de la república que fue aceptada por el rey (...). Esto no quiere decir que yo fuese republicano, pero acataba los hechos consumados aunque no me gustasen». «Nuestro deseo debe ser que la República triunfe (...) sirviéndola sin reservas, y si desgraciadamente no puede ser, que no sea por nosotros [2].»

Así como Azaña aclaró su orientación poco antes de llegar la república, y su actuación posterior se explica muy bien por ella, también la trayectoria de Franco se hace inteligible a partir de su postura inicial. Cuando el nuevo régimen exigió al ejército la promesa –lógica– de servirlo bien y lealmente, algunos militares monárquicos se retiraron, pero Franco reprendió a alguno por dejar «el camino libre a unos cuantos que todos conocemos (...). Los que nos hemos quedado lo vamos a pasar mal, pero creo que quedándonos podemos hacer mucho más para evitar lo que ni usted ni yo queremos que pase, que si nos hubiésemos ido a casa» [3]. Lo que no quería que pasase era, obviamente, una revolución social.

La conducta de Franco, objeto de mil lucubraciones, ha sido mayoritariamente tratada de hipócrita, retorcida o maquiavélica: habría disimulado su odio al régimen a fin de destruirlo, como la víbora del cuento oculta bajo el ala del águila. Sin embargo, para él, prometer lealtad a la república no implicaba falsedad, pues «el soldado debe servir a España y no a un régimen particular». Aunque de simpatías monárquicas, distaba mucho de identificar el país con la monarquía, al estilo de Renovación Española, y en ese sentido su actitud recuerda a la de Gil-Robles.

La república le deparó enseguida una cruda decepción, al clausurar Azaña la Academia Militar de Zaragoza, que él dirigía. Su discurso de despedida fue un canto a la disciplina, incluso «cuando el corazón pugna por levantarse en íntima rebeldía o cuando la arbitrariedad o el error van unidos a la acción del mando». Expresaba así tanto su obediencia como su frustración. Azaña conceptuó el discurso «completamente desafecto al Gobierno». De no haber cesado Franco en el cargo, lo habría destituido fulminantemente. Estudió acciones judiciales, pero no debieron de resultar viables. Por fin, aparte de una reprensión, perjudicial para su hoja de servicios, lo dejó disponible durante ocho meses y lo sometió a vigilancia [4].

En agosto del 31 Azaña le recibió: «Le digo que me dio un disgusto con su proclama y que no la pensó bien. Pretende sincerarse, un poco hipócritamente». Pero Franco no debió de desdecirse, y sólo observó que «respeta al régimen constituido, como respetó a la monarquía», declaración profesional, nada entusiasta. Azaña, por atraérselo, le sugirió que más adelante le «sería grato utilizar sus servicios», pero el general replicó con idéntica frialdad: «¡Y para utilizar mis servicios me ponen policía que me sigue a todas partes en automóvil! Habrán visto que no voy a ninguna parte» [5]. Algunos autores atribuyen su legalismo a mero interés egoísta por su carrera, pero ello no concuerda con su despego ante la insinuación del político.

Franco no temía, por tanto, la república, sino la revolución, y por ello desechaba los complots: «Me indigné cuando [Sanjurjo] hablaba así de mi actitud contra la república, contraria a mi modo de pensar, pues en aquellos tiempos en que el pueblo estaba ilusionado con el régimen, un levantamiento militar de no triunfar abriría las puertas al comunismo» [6]. Estas frases, muy posteriores a los hechos, podrían entenderse como una reconstrucción justificativa. Pero sus actos en la república concuerdan básicamente con ellas.

La primera gran tentación de atacar al régimen provino, pues, de Sanjurjo, y corrieron rumores de la implicación de Franco en la conjura. Éste dice que ante ellos se enojó e increpó con dureza a los propaladores. No obstante tuvo una entrevista con el general golpista en la cual, según Sainz Rodríguez, dejó entrever que podría participar en el golpe, y en todo caso evitaría hacer nada contra él o que otros lo hicieran. Si así fue, desde luego no lo cumplió, pues se tuvo por completo al margen, y después, cuando el vencido Sanjurjo le pidió que lo defendiera ante el tribunal, rehusó: «Pienso, en justicia, que al sublevarse usted y fracasar, se ha ganado el derecho a morir» [7].

Esa actuación coincide con sus ideas expuestas más arriba. Muy poco iluso en su apreciación de las personas, debía de tener una opinión poco elevada de Sanjurjo, cuyos devaneos políticos, en particular su ayuda para traer la república, difícilmente le harían gracia. Algo revela su opinión sobre quienes «por aquellas fechas conspiraban contra la república, no obstante haber contribuido a traerla. No se consideraban suficientemente premiados por el nuevo régimen, de ahí su desilusión». Tampoco le agradaban los tratos de Sanjurjo con el masonizado Partido Radical, y no parece haber creído que el conspirador pasase a la acción: «Hasta días antes del 10 de agosto [fecha del pronunciamiento] no me convencí de que estaba dispuesto a lanzarse contra el régimen republicano» [8].

Y, sobre todo, no creía la situación política tan grave como para exigir un golpe de ese género. En mayo del 32, mientras la conjura fraguaba, Alcalá-Zamora habló con Franco, a quien califica de «interesante y simpático», aunque poco abierto, y le advirtió «de que una aventura reaccionaria, sin ser mortal para la república, lo sería para cuanto queda, o espera rehacerse, de sano y viable sentido conservador». El general le expresó su acuerdo [9].

El hecho claro es, por tanto, su lealtad «profesional» al régimen. Por ello le molestó en extremo la postergación en su carrera, de la que tenía un alto concepto. El 1 de marzo de 1933 consigna Azaña, con un toque frívolo: «Se ha enojado mucho por la anulación de ascensos, y eso que él no ha perdido más que unos cuantos puestos en el escalafón». En enero le había rebajado nada menos que del primer puesto entre los generales de brigada, al 24.

Medidas de aquel tipo buscaban asegurar al régimen mandos políticamente adictos, pero daban frutos peligrosos. Azaña observa: «Cada día recibo noticias confirmando que algunos del Gabinete militar, a quienes yo di toda mi confianza, han hecho mal uso de ella, en la cuestión de destinos. Y esto es lo que más duele a la gente, de todo cuanto se ha hecho. Difícil remedio». El llamado «gabinete negro» sembraba descontento, pues muchos oficiales se sentían postergados en favor de otros menos aptos, a menudo masones. El mismo Azaña estimaba poco a los militares republicanos, a quienes describe varias veces como botarates, o en otros términos hirientes. A Franco, después de rebajarle su posición, le encomendó el mando de las Baleares, cargo correspondiente a general de división, que Franco aún no era. Quizá lo hizo por ganárselo, pero más probablemente por alejarle. Después de dimitido Azaña lograría aquél ascender a general de división [10].

Franco tenía, en efecto, la carrera militar más brillante de España, realizada sobre todo en Marruecos, donde había sido prácticamente cofundador y organizador de la Legión, único cuerpo militar español realmente operativo, junto con los Regulares. Luego había dirigido la Academia Militar de Zaragoza, a la que había dado prestigio también fuera de España. Fue un militar atípico, ajeno a muchos hábitos corrientes en su medio. Según Sainz Rodríguez, de él «nunca se supo ninguna aventura galante; no era amigo de juergas ni bebía; tampoco se sabía que hubiera jugado jamás» [11].

Como prueba de fuego para su talante, en octubre del 34 se materializó todo lo que él «no deseaba», es decir, un intento revolucionario de tipo soviético combinado con el separatismo de un sector del nacionalismo catalán, contra los cuales hubo precisión de movilizar al ejército. Poco antes José Antonio le había advertido al respecto, y su prestigio y relaciones en el ejército, más la conmoción por la previa agitación social, le ofrecían óptimas circunstancias y justificaciones para un contragolpe. En sus *Apuntes* dice: «La revolución de Asturias fue el primer acto para la implantación del comunismo en nuestra nación» [12]. Muchos observadores pronosticaban el fin de la república, y los monárquicos debieron de requerirle a tal efecto. Pero él respetó la ley. Tal es la realidad escueta, coherente, una vez más, con sus palabras.

Las operaciones debían ser coordinadas por el general Masquelet, jefe del Estado Mayor, pero el ministro, Diego Hidalgo, desconfiaba de él, no sin buenas razones, pues el general simpatizaba con Azaña y había tenido al menos contactos con la trama golpista del PSOE. Hidalgo llamó a Franco para orientar las operaciones. Admiraba en el militar su capacidad para «analizar, inquirir y desarrollar los problemas», su estilo concreto, «es uno de los pocos hombres de cuantos conozco que no divaga jamás», y su carácter «comprensivo, tranquilo y decidido». En contraste con posteriores expresiones de apasionado aborrecimiento, por entonces elogiaban a Franco incluso algunos que serían luego adversarios suyos, como Prieto o Madariaga. Según Josep Pla, el general eliminó enseguida el desorden y desconcierto reinantes en el Ministerio ante las primeras noticias de la insurrección [13].

Nada indica que el papel de Franco fuera otro que la coordinación militar desde Madrid, de donde no se movió. Sin embargo sus adversarios le achacaron la responsabilidad por la represión de Asturias, cargo tan falso como exagerada la propaganda sobre la represión misma*. Por el contrario, si la república continuó en pie se debió en buena parte a su esfuerzo en defensa de la legalidad, evidencia rara vez resaltada en la historiografía.

Los sucesos posteriores a octubre le defraudaron: «Salvamos a la nación y con ella a la República; pero ésta desconfiaba de nosotros» [15]. A su juicio la victoria sobre la insurrección no había sido resolutiva, y los antagonismos civiles, lejos de desaparecer, crecían**. Alcalá-Zamora provocó una grave crisis al imponer diversos indultos, y el «impunismo» reprodujo la tentación golpista en medios políticos y militares. Franco, nuevamente, volvió a rechazar la intervención militar en la política. Siguió de asesor ministerial y comandante de las Baleares y luego pasó a mandar las fuerzas en Marruecos, hasta que en mayo del 35 el nuevo ministro de la Guerra, Gil-Robles, lo llevó a la jefatura del Estado Mayor central. El político y el militar se compenetraron excelentemente, pues no sólo compartían la misma postura ante la república, sino también los proyectos: la lucha de octubre había revelado serios fallos en el ejército, y los dos hombres trataron de superarlos robusteciendo su disciplina, medios y operatividad, con vistas tanto a asegurar la neutralidad

---

* Preston cree o quiere creer a pies juntillas esa campaña, y denuncia «la manera particularmente severa con que Franco dirigió la represión desde Madrid». O bien: «libre de consideraciones humanitarias que hacían que algunos oficiales superiores dudaran de utilizar todo el peso de las fuerzas armadas contra civiles, Franco afrontaba el problema con gélida crueldad». No eran «civiles», sino milicianos armados, y si alguien empleó «todo el peso de las fuerzas armadas» fue el general López Ochoa, jefe sobre el terreno, que procuró hacer caso omiso de las recomendaciones de Franco, y a quien tampoco puede achacarse «gélida crueldad», pues el número total de muertos, entre milicianos, guardias, soldados y civiles, subió a un millar escaso, no muchos para una lucha enconada durante dos semanas [14].

** Recibió la confidencia de que su nombre constaba en una lista de personas a eliminar, en la que figuraba también Calvo Sotelo [19].

española ante las nubes de guerra flotantes sobre Europa como a afrontar nuevos golpes revolucionarios.

«La revolución de Asturias y Cataluña y lo que pudo pasar abrió los ojos de la oficialidad ante los peligros que amenazaban», facilitando su tarea preventiva. Organizó una sección de información anticomunista y contraespionaje, y distribuyó mandos y armas «en forma que pudiesen responder a una emergencia», aunque sus previsiones serían desbaratadas por el Frente Popular. A finales del verano del 35, trabó contacto con la Unión Militar Española (UME), asociación secreta monárquica. Quería tenerla alerta por si «llegaba la hora del peligro para la Patria», y evitar «conspiraciones de vía estrecha ni pronunciamientos militares». Pero el tiempo de que dispondría para llevar a cabo sus planes iba a ser mínimo [16].

En diciembre, al forzar Alcalá-Zamora la salida de Gil-Robles del Ministerio, la extrema tensión política provocó una nueva tentación de intervención militar, disuadida, nuevamente, por Franco.

Su postura iba a cambiar con la victoria del Frente Popular, que él describe así: «La noche del domingo de las elecciones fue trágica en el Ministerio de la Gobernación. Las impresiones eran malas en las capitales principales y el pánico iba cundiendo entre las autoridades gubernativas. El propio ministro de la Gobernación (...) se encontraba deprimido y vacilante. La revolución llamaba a su puerta y no sabía qué resolver».

Los tumultos se extendían, y en su opinión, «la táctica comunista del Frente Popular había ganado su primera batalla. La revolución iba a ser desencadenada desde el poder». Temía que ante la defección de las autoridades, «lo mismo que la Monarquía fue rebasada podía serlo la República por el comunismo» [17].

En esas circunstancias se movió febrilmente a fin de aprestar al ejército y la Guardia Civil, y obtener la declaración del estado de guerra «para asegurar el traspaso pacífico de poderes y garantizar el orden». Alertó a la UME y presionó al ministro de la Guerra y al jefe de la Guardia Civil, Pozas, el cual, «acomodaticio y servil», desechó el aviso. Incitó a otros generales, como Goded y Del Barrio, a prevenirse «por si llegaba a hacerse necesario» actuar. Sabiendo que don Niceto había firmado el estado de guerra, promovió su declaración en varias provincias, pero enseguida el gobierno la revocó. Todo esto en cuestión de horas. Finalmente visitó al jefe de gobierno, Portela, hombre «abrumado por su responsabilidad y sin saber qué partido tomar». Le insistió en el peligro comunista. El político, aunque concordó con él, se declaró demasiado viejo, con setenta años, para hacer nada. Franco replicó: «Yo tengo cuarenta y tres para ayudarle». Pero Portela ya debía de estar pensando en dimitir [18].

El temor de Franco a que las izquierdas aprovecharan la huida de las autoridades para dar un golpe no se cumplió, pero la ley empezó a ser impuesta desde la calle. La posición del general era precaria. El Frente Popular, había prometido perseguir a quienes, en defensa de la legalidad, hubieran cometido excesos, y Franco era especialmente acusado de ellos. Aun así, nada le ocurrió –al revés que a López Ochoa, encarcelado y luego asesinado al recomenzar la guerra–, porque los acusadores encontraron poco interesante abrir una investigación.

Masquelet, nuevo ministro de la Guerra, alejó a Franco a las Canarias, donde quedaría aislado y bajo control. Antes de partir a su destino, Franco visitó a Alcalá-Zamora y a Azaña. Según su testimonio, el primero no quería creer en un peligro comunista; al segundo le dijo: «Hacen ustedes mal en alejarme, porque yo en Madrid podría ser más útil al Ejército y a la tranquilidad de España». Pero Azaña le replicó con una indirecta inquietante: «No temo a las sublevaciones. Lo de Sanjurjo lo supe y pude haberlo evitado, pero preferí verlo fracasar» [20].

Burlando la vigilancia, el 8 de marzo, antes de salir para Canarias, asistió, según se ha repetido muchas veces, a una reunión conspirativa de generales. Muy alarmados, acordaron preparar un alzamiento «que evite la ruina y la desmembración de la patria». Unos lo querían monárquico, y otros, en especial Mola, republicano. Franco impuso dos condiciones: «el movimiento sólo se desencadenará en el caso de que las circunstancias lo hiciesen absolutamente necesario», y no sería republicano ni monárquico, sino sólo «por España». También acordaron nombrar jefe superior a Sanjurjo, exiliado por entonces cerca de Lisboa.

No estaba claro qué haría «absolutamente necesario» el alzamiento. Mola pensó pronto en actuar sin demora, pero no así Franco, preocupado por la posibilidad de una nueva «sanjurjada». Contra las anteriores propuestas de Gil-Robles de una presión o intervención militar, él había alegado la inmadurez de la situación, en el doble sentido de no creer imprescindible actuar, ni al ejército lo bastante unido. Ahora, por contra, entendía que «había llegado la hora de salvar a España del caos en que se hallaba», pero constataba una división mayor que nunca en las fuerzas armadas, reflejo de la división civil. Por consiguiente, el riesgo de un golpe fallido y una revolución triunfante era mayor que nunca, y no debía de confiar mucho en Sanjurjo.

Además, el gobierno «iba desmantelando las fuerzas del Ejército que hacían frente a los marxistas (...). Unas veces encarcelaba a jefes y oficiales, dejándolos además sin destino, otras cambiaba de guarnición a los regimientos (...). Me daba cuenta de que el movimiento militar iba a ser reprimido con la mayor energía.»

En Canarias se sentía prisionero de la vigilancia oficial y de la ejercida por grupos del Frente Popular. Para escapar a ellas y participar más activamente en la conjura, concurrió en mayo a las elecciones por Cuenca, junto con José Antonio, pero la maniobra fracasó [21].

El 20 de abril hubo un conato de pronunciamiento, de aquellos tan temidos por él, pero apenas pasó de la intención [22]. En realidad la conjura no cobró entidad hasta finales de abril, cuando asió las riendas Mola, más experto y hábil que los demás. Mola, «el Director», nada monárquico, había sido trasladado a la guarnición de Pamplona, capital de la región más monárquica, por no decir la única, si bien carlista.

Los conspiradores tejían, contra el tiempo, la red de contactos y acuerdos, entre continuos tropiezos, por las diferencias entre las personas y fuerzas proclives al golpe. Además debían moverse bajo la atenta mirada de las autoridades y la presión de los revolucionarios, empeñados en forzar al gobierno a tomar la iniciativa y aniquilar la trama. El gobierno tenía intervenidos muchos teléfonos, conocía bastantes aspectos de la intriga, y perturbaba sus movimientos con arrestos y cambios súbitos de destino. Azaña y Casares pensaban repetir la maniobra de 1932 frente a Sanjurjo, esperando a que los conjurados salieran a la calle para aplastarlos. En los planes iniciales del *Director*, la actuación de Franco tenía poco relieve, pues el peso del golpe lo llevarían tropas de la península, con escasa atención a la armada, las islas y el ejército de Marruecos. Pero conforme reconsideraba la situación dio a éstos un papel mayor.

Franco escribió el 23 de junio su célebre carta a Casares, donde pasaba revista a los motivos de insatisfacción militar, negaba –lógicamente– la existencia de un complot, sugería un cambio en la política seguida en el ejército para calmar el malestar, y advertía del «peligro que encierra este estado de conciencia colectiva en los momentos presentes, en que se unen las inquietudes profesionales con aquellas otras de todo buen español ante los graves problemas de la Patria». Siete días antes había naufragado en las Cortes, entre gritos e injurias, la última propuesta de las derechas para que el gobierno impusiera la ley.

La carta ha recibido muchas interpretaciones, pero parece clara su intención: frenar las medidas de Casares, muy entorpecedoras del complot, y ofrecer al gobernante una última ocasión de rectificar. Pues Franco, aunque decidido al golpe en general, en concreto seguía hallando motivos para aplazarlo, provocando la impaciencia y a veces la exasperación de sus colegas, algunos de los cuales llegaron a motejarle *miss Islas Canarias*. A fines de junio o principios de julio su compromiso con Mola pareció definitivo y fue encargado un avión en Londres para trasladarlo de Canarias a Marruecos.

Todo parecía listo para la acción entre el 12 y el 14 de julio, pero a última hora se rompieron los tratos con los carlistas, al exigir éstos la vieja bandera española, y la abolición de los partidos y leyes republicanas, cuando Mola proyectaba justamente una pasajera dictadura republicana. La situación creada llevó al *Director* al borde de la desesperación. Más o menos solventado el conflicto, la acción quedó aplazada al día 17. Entonces, el 12, Franco envió un mensaje recomendando una nueva dilación.

Pero esa misma noche el asesinato de Calvo Sotelo cambió el panorama. Carlistas, falangistas y demás anularon sus discrepancias, y Mola concluyó que aguardar más sería suicida. El 13 le llegó el mensaje de Franco, causándole un ataque de furia, pero el general de las Canarias también había superado sus últimas dudas al conocer el suceso. Según su pariente Franco Salgado, afirmó que «ya no se podía esperar más y que perdía por completo la esperanza de que el gobierno cambiase de conducta» [23]. Sin duda seguía consciente de la endeblez de los preparativos, de la división del ejército y de las no muy brillantes perspectivas, pero ya no admitió el retroceso.

El golpe iba a salir mal para sus autores, pero también para la expectativa de Casares de aplastarlo. En la renuencia de éste a desarticularlo en ciernes pesaba, aparte dicha expectativa, un miedo comprensible hacia sus aliados revolucionarios. Lo indica Zugazagoitia, director de *El Socialista,* para quien el gobierno «tenía muy serios motivos para sentirse contrariado, no por los militares, sino por la suma fabulosa de conflictos sociales y de orden público que le creaban sus amigos». Y Vidarte, también socialista opina: «¿A quién temía más Azaña, (...) a Largo Caballero o a los militares? El haber temido más a Largo (...) hizo posible la sublevación» [24].

Al margen de contradicciones momentáneas o secundarias, la conducta de Franco se ofrece clara: acatar la ley, desconfiar del posible curso revolucionario del régimen, prepararse para tal eventualidad, y actuar sólo en caso extremo. Él fue el último en sublevarse contra la república, y no sólo entre los militares: le habían precedido la CNT (tres insurrecciones), Sanjurjo, Azaña (dos intentos de golpe de estado), los socialistas y los nacionalistas catalanes. Dejando a un lado lucubraciones y análisis psicológicos más o menos arbitrarios y que a menudo no pasan de simple cotilleo, llegamos a la conclusión ya dicha de que obró con más coherencia y respeto a la Constitución que, desde luego, el propio Azaña. Conclusión chocante, pero inevitable frente a una masa de historiografía lastrada por la necesidad de moldear los hechos para encajarlos en tesis preestablecidas*.

* De manera aun más acentuada que en el caso de Azaña, los puntos de vista y la actuación de Franco no suelen ser tenidos en cuenta, sino interpretados *a priori*. El mismo P. Johnson califica al general de «poco agradable, y es probable que nunca conquiste el aprecio de los historiadores», aunque lo ve como «una de las figuras políticas más eficaces del siglo». El coronel Blanco Escolá, que tiene a Preston por «quizá el más brillante biógrafo de Franco», dice de él: «Todas las debilidades y flaquezas de la humana condición encontraban buen acomodo en su persona, y, por lo demás, fue la medio-

Franco ha tenido apasionados enemigos y panegiristas, más todavía que Azaña. De espíritu religioso y amante de la tradición, aunque «regeneracionista» a su modo, poseía un carácter muy estable, realista y firme, y un fácil autodominio. Su inteligencia, sin lugar a dudas muy notable, se manifestaba mucho más en la acción que en consideraciones teóricas o intelectuales, a las que no era muy aficionado. En casi todo venía a ser la contrafigura de Azaña.

---

cridad el rasgo que de manera más fiel le acompañaría a lo largo de la vida». La acumulación de flaquezas y debilidades daría un perfecto malvado o un completo inepto, difícilmente un mediocre. Y los tajantes juicios de Blanco, ¿revelan a un sagaz analista [25]?

Capítulo 11

CONSIDERACIONES GENERALES SOBRE LAS CAUSAS DE LA GUERRA

Como he expuesto en otro libro, la cuestión clave en torno a la guerra es: ¿nació ella de una extrema amenaza fascista o de un inminente peligro revolucionario? La versión de la amenaza fascista, hoy la más vulgarizada, puede resumirse así: la república llegó pacíficamente y, con talante generoso, prescindió del «cortejo sangriento de la represalia y la venganza», en palabras de Prieto, instaurando una democracia progresista y moderada. Pero la vieja oligarquía reaccionaria, temerosa de perder sus privilegios, conspiró desde el primer momento contra el régimen.

Que así fue lo probaría una serie de hechos: los monárquicos organizaron enseguida conjuras en el ejército, los carlistas volvieron a armarse y a preparar milicias, y la Iglesia inspiró un partido fascista o fascistoide, Acción Popular, luego la CEDA, para acosar a la república utilizando torcidamente sus leyes en defensa de la oligarquía. El golpe de Sanjurjo, en agosto de 1932, puso de relieve el peligro de esta reacción.

Vencido Sanjurjo y fracasada de momento la vía violenta, los enemigos de la república habrían intensificado la demagogia, sobre todo por medio de la CEDA, la cual, explotando la religiosidad popular, atraía a masas considerables, a fin de ocupar legalmente el poder, y desde él abolir la democracia, al estilo de lo hecho por Hitler. De paso entró en liza un partido más abiertamente fascista, la Falange. La CEDA consiguió una lucida votación en las elecciones de 1933, gracias a la división de la izquierda. Ladinamente, no reclamó el poder entonces, pero se dedicó a destruir la obra del primer bienio, presionando sobre los débiles gobiernos de centro. El peligro fascista subió de punto en octubre del año siguiente, cuando la CEDA entró en el gobierno. Llegados ahí, el PSOE y la Esquerra catalana, secundados moralmente por las izquierdas republicanas, tuvieron que reaccionar con una insurrección defensiva y precipitada, muy posiblemente provocada por la propia derecha, y abocada a la derrota. La *reacción* sacó partido del desastre para desatar una feroz e inhumana represión contra los mineros de Asturias.

En febrero de 1936, una vez fracasado políticamente el reaccionario «bienio negro», las izquierdas, esta vez unidas en el Frente Popular, cosecharon un decisivo triunfo electoral. Su programa seguía siendo progresista y moderado, pero los grupos oligárquicos decidieron recurrir ya, sin rebozo, a la subversión violenta. Se reconocen por esos meses excesos de las izquierdas –lógicos, dada la brutal represión padecida anteriormente a manos de la derecha–, pero serían los atentados fascistas, a cargo sobre todo de la Falange, los mayores causantes de la inquietud. Así, creando deliberadamente la inseguridad y la subversión, y conspirando en el ejército, los fascistas y reaccionarios prepararon la rebelión militar de julio, la guerra civil.

¿Por qué habría reaccionado desde un principio la derecha de manera subversiva, y no con sensatez y moderación, como en otros países? Una razón estaba en el talante de una oligarquía ciegamente egoísta, falta de ilustración y habituada a reprimir brutalmente al «pueblo». Y, desde luego, las capas pudientes españolas no brillaban por su elevado espíritu. Cambó, que las conocía bien por pertenecer a ellas, expone: «Si yo hubiera gastado mucho dinero en el juego, en joyas, en exhibiciones de lujo, el buen burgués barcelonés lo hubiera encontrado razonable, porque eran los gastos suntuarios que él comprendía y sentía. Pero que yo, que seguía viviendo confortablemente, pero sencillamente, invirtiera grandes sumas en la compra de obras de arte, lo encontraban de tal manera absurdo que lo estimaban una provocación. Y al saber que todo estaba destinado a los museos de Barcelona y que era para todo el mundo, lo encontraban inexplicable, indignante. Dado el espíritu mezquino y envidioso que tanto abunda en nuestra tierra, yo no tengo ninguna duda de que el hecho de invertir dinero en cosas de interés general, inclinación sin precedentes entre nuestros conciudadanos, contribuyó fuertemente a crearme enemigos. En mí, en definitiva, no se envidiaba y odiaba el que fuera rico, sino que supiera ser rico por todos aquellos que no sabían serlo.» Por supuesto, fuera de Cataluña ocurría lo mismo, y conservaba alguna vigencia el juicio del inglés George Borrow, «don Jorgito», en el siglo XIX: «Los andaluces de clase alta son probablemente los seres más necios y vanos de la especie humana, sin otros gustos que los goces sensuales, la ostentación en el vestir y las conversaciones obscenas. Su insolencia sólo tiene igual en su bajeza y su prodigalidad en su avaricia. Las clases bajas son, por lo general, más corteses y, con seguridad, no más ignorantes» [1].

En España y otros países existe una literatura sobre la bajeza de las clases altas, la innobleza de las aristocracias y la miseria de los ricos. Aunque esas críticas tienen, seguramente, un amplio fondo de verdad, probablemente exageran, como advirtió Madariaga. Después de todo, España había progresado de forma lenta, pero constante y acelerada desde hacía sesenta años, y algo debía ese progreso a la iniciativa de los capitalistas, aunque haya prevalecido la peor imagen de ellos.

Había otra razón para que la oligarquía financiera y terrateniente, como se la ha solido llamar, recurriera al fascismo o algo parecido en defensa de sus privilegios, y es que los regímenes fascistas y autoritarios se extendían por Europa, desde Finlandia a Italia, y en 1933, al triunfar en Alemania, el futuro daba la impresión de pertenecerles. Nada más natural y europeísta que la alta burguesía española optase por una solución de fuerza, libre de las para ella inútiles y peligrosas formalidades democráticas. De ahí la subversión derechista bajo la república, la guerra y el régimen autoritario o fascista, según preferencias, venido después.

Tal es, en esquema, la tesis que, con unas u otras complicaciones, han defendido Tuñón de Lara, Juliá, Preston, Jackson, Elorza y muchos más, y hoy día aceptan amplios círculos tanto en la izquierda como en la derecha. Tiene un aire convincente porque descansa en hechos reales, pues sin duda la república llegó pacíficamente, pronto comenzaron las conspiraciones monárquicas, Sanjurjo se sublevó, la CEDA no era del todo democrática ni afecta a la república, la Falange organizó atentados y hubo una nueva sublevación militar en julio del 36, y la guerra consiguiente.

Sin embargo se trata de una colección de mixtificaciones o, si se quiere, «mitos». Aun a costa de repetir cosas ya dichas, conviene recordar algunas realidades escamoteadas en esa tesis:

Primera, si la república llegó pacíficamente no se debió a los republicanos, que intentaron imponerla por un golpe militar o pronunciamiento, sino a los monárquicos, los cuales permitieron presentarse a las elecciones a republicanos y socialistas, sólo cuatro meses después del fallido pronunciamiento. Y pese a tener aquellas elecciones carácter municipal, no parlamentario, y perderlas los republicanos, la *reacción* se apresuró a entregar el poder, renunciando a la violencia. No importan aquí las causas del hecho, sino el hecho indudable, reconocido por todos los testimonios, empezando por el de Miguel Maura. ¡Sorprendentemente la *oligarquía* había abierto el paso a la república! ¿Cómo hablar de generosidad republicana por no haber recurrido al «cortejo sangriento de la venganza y la represalia»?

Segunda, los republicanos mostraron nula generosidad con quienes les habían regalado el poder, en expresión de Maura. Pusieron al monarca fuera de la ley, confiscaron sus bienes, y procesaron a políticos de la dictadura... con la cual habían colaborado varios de los ahora republicanos. Mucho peor fue la magna quema de edificios religiosos y culturales antes de que los conservadores hubieran mostrado la menor hostilidad al régimen. El gobierno «modernizador», permisivo con los vándalos y punitivo con sus víctimas, reveló nulo espíritu democrático o respeto a los derechos ciudadanos, por decirlo de modo muy suave.

Tercera, si bien los monárquicos optaron entonces por la subversión, la respuesta muy mayoritaria de los conservadores fue pacífica y legalista. Por ello, la rebelión de Sanjurjo quedó aislada, y Azaña pudo felicitarse en las Cortes por el frustrado golpe, y explotarlo para perseguir a la derecha en general.

Cuarta, la CEDA, sin ser republicana ni demócrata, poseía una cualidad que hubiera permitido la convivencia ciudadana: la moderación. Sus adversarios acusaban y acusan a Gil-Robles de doblez y de aspirar a destruir el régimen desde dentro, pero la realidad prueba otra cosa. Al revés que los supuestos adalides de la democracia y el progreso, la CEDA no predicó ni organizó la violencia, que sí sufrió de las izquierdas y sus milicias. Y cuando éstas se alzaron, en octubre de 1934, mantuvo la legalidad republicana, que tan poco le gustaba. Hechos demostrativos, a juicio de Madariaga y de cualquiera a quien no cieguen los prejuicios, y en los que debe insistir todo historiador veraz, dada la enorme masa de desvirtuaciones al respecto.

Quinta, no existió la sanguinaria y brutal represión en Asturias después de la revolución del 34, mencionada en cientos de libros. Los excesos –inferiores a los cometidos por los revolucionarios–, no guardan la menor relación con las acusaciones de la izquierda, como he mostrado más por extenso en otro libro. Este sigue siendo uno de los mitos fundamentales de la guerra, e impresiona constatar cómo una campaña basada en falsedades y exageraciones tuvo tan inmensa trascendencia histórica, al articular el Frente Popular y su propaganda electoral de 1936, y exaltar terriblemente los odios.

Sexta, tampoco puede aceptarse la versión de que eran los propios conservadores quienes, bajo el Frente Popular, fomentaban el desorden a fin de justificar el golpe. Ni siquiera la Falange actuó antes de verse acosada mortalmente, y fueron Gil-Robles y Calvo Sotelo quienes en las Cortes acuciaron al gobierno a reprimir la ola de crímenes. Prueba de que las izquierdas conocían el origen de los desmanes, aunque sembrasen confusión al respecto, es la respuesta del Frente Popular a dichas peticiones: justificar los crímenes aludiendo a las pretendidas atrocidades de Asturias, y rechazar las peticiones, con amenazas públicas a sus promotores. Si los desmanes hubieran venido de la derecha, sin duda el gobierno los habría reprimido y así lo hacía con la Falange, a la que persiguió con dureza y discutible legalidad. Dejaba impunes, en cambio, a los revolucionarios, evidentes autores de la gran mayoría de los atentados. Ello hundía la legitimidad democrática del gobierno.

Estos y otros muchos datos prueban que los conservadores, lejos de obstruir la instauración republicana, la facilitaron, y mantuvieron una moderación y legalismo mayoritarios, defendiendo la legalidad y la democracia frente a la insurrección armada izquierdista: los monárquicos y la Falange constituían grupos muy minoritarios, como probaron las elecciones de 1933, y luego las de 1936.

Así pues, en el alzamiento militar de julio del 36 no puede verse la culminación de una sorda subversión antirrepublicana desde el mismo nacimiento del régimen, sino una rebelión ante una situación juzgada insoportable no sólo por las derechas, sino también por políticos izquierdistas, empezando por Prieto. Y si en octubre del 34 un contragolpe derechista tenía casi seguridad de vencer, en 1936 casi todo estaba en contra: el poder en manos de la izquierda, y el ejército más dividido que nunca. Fue, por tanto, un movimiento azaroso, casi a la desesperada, apoyado por casi toda la derecha –incluyendo a una CEDA frustrada en sus propósitos legalistas–, convencida de que la marea revolucionaria estaba a punto de ahogarla.

No hubo en esos años, pues, peligro fascista real. ¿Era real, a su vez, el peligro revolucionario? Del carácter revolucionario de las ideas y estrategias de las fuerzas principales de la izquierda no cabe duda alguna. Los ácratas intentaron su revolución desde el principio de la república, y luego, con mucho mayor peligro, los socialistas, en octubre del 34; y la amenaza no desapareció, sino que se agravó desde febrero del 36. El caos y el doble poder de aquellos meses lo admiten implícitamente *La Pasionaria* o Azaña, y explícitamente Prieto o Zugazagoitia, los republicanos Martínez Barrio, Alcalá-Zamora, Madariaga, etc. Por tanto, la masa conservadora del país se alzó en 1936 contra un peligro revolucionario real y muy avanzado, y su rebelión no puede equipararse a la de octubre del 34 contra un peligro fascista inexistente, y que la izquierda sabía inexistente. Luego la pasión de la lucha, la crisis mundial del liberalismo y el influjo de los fascismos europeos dio a la rebelión algunos rasgos más o menos fascistas, nunca completos al estilo italiano, y mucho menos al alemán. Pero ello ocurrió a última hora y como reacción a una amenaza que ya nadie esperaba frenar mediante la democracia liberal.

Lo que hace persuasiva y persistente la tesis izquierdista sobre la causa de la guerra, a pesar de todas las evidencias en contra, es la teoría general que la envuelve y le da sentido. Según ésta, el fondo de la historia consistió en un comprensible conflicto de intereses: las izquierdas aspiraban a modernizar el país defendiendo a los trabajadores, a los humildes, con reformas que, inevitablemente, perjudicaban a los poderosos y privilegiados. Y éstos reaccionaron con brutalidad típica en unos años de auge fascista. ¿Qué más lógico?

La teoría se funda en una visión amplia, si bien probablemente ilusoria, sobre ciclos históricos y revoluciones. Estaba –y sigue estando– muy difundida la versión, de cuño marxista, según la cual España tenía pendiente su «revolución burguesa», todavía no *proletaria,* pero antesala de ella. El modelo *burgués* sería la Revolución francesa: eliminación, incluso por el terror, de la «reacción» y de la influencia religiosa, reparto de fincas y otros bienes, etc. Se descartaban evoluciones como las propiciadas por regímenes liberales anglosajones, mucho más respetuosos con la religión, las libertades ajenas, o la propiedad. Una revolución a la francesa no había acabado de cuajar en España, pero en 1931 había llegado la ocasión, aunque con mucho retraso, como lamentaba Vidarte. No por casualidad el nuevo régimen eligió el aniversario de la toma de la Bastilla para inaugurar sus primeras Cortes. Esa concepción presidió la alianza izquierdista del primer bienio y la del Frente Popular, y de ella surgieron equívocos peligrosos: Azaña se hacía la ilusión de dirigir los «gruesos batallones populares», mientras el designio de los jefes obreristas era justamente dirigirle a él y los suyos. En las condiciones existentes, la «revolución burguesa» sólo podría ser realizada bajo la dirección marxista, con los débiles burgueses «progresistas» (los jacobinos), en posición auxiliar*. Bastantes jacobinos aceptarían más o menos conscientemente su subordinación, sobre todo durante la guerra.

---

* De ahí, por ejemplo, la insistencia de los comunistas en que fueran Azaña y Casares quienes se encargaran de destruir a los partidos de la derecha,

Según esas teorías, los conservadores defendían privilegios oligárquicos, y las izquierdas las aspiraciones populares. Pero si bien la izquierda sacralizaba al *pueblo*, o a la *clase obrera*, y denunciaba crispadamente las injusticias y miserias reinantes, eso no la convertía en representante del «pueblo trabajador». Varios grupos se proclamaban representantes exclusivos de éste, aunque estaban enfrentados entre sí, y sólo fracciones de los supuestos representados les votaban o seguían. Las denuncias, con frecuencia exageradas o falsas, daban a entender que las soluciones propuestas eran adecuadas, o, mejor, emancipadoras: abolición de la religión, el estado y la familia; sustitución del empresario por el burócrata, pretendido distribuidor de la riqueza, y dotado de poderes totalitarios; posible desintegración de España. Pero buena parte del pueblo real hallaba tales remedios mucho peores que la enfermedad*.

---

tachados en bloque de «fascistas». José Díaz hablaba claro: «Aunque el carácter de la revolución en España sea el de una revolución democrático-burguesa, ya hoy la burguesía no puede, como los hechos han demostrado, llevar hasta el fin su revolución. Ha de ser el proletariado el que lo haga. ¿Sabéis por qué? Porque el proletariado es una clase homogénea, revolucionaria, consecuente, y como tal clase no se queda a mitad de camino, no vacila como le ocurre a la pequeña burguesía. Y si no, ved el ejemplo de la Unión Soviética. Allí se llegó al socialismo después de haber realizado la revolución democrático-burguesa; pero quien realizó esta revolución, quien la llevó a la práctica, no fue Kerenski, no fue la burguesía, sino que fue el proletariado. El proletariado, aliado con los campesinos y dirigido por el Partido Bolchevique al asumir el Poder, llevó a término la revolución democrático-burguesa y la transformó en revolución socialista» [2].

* Idea bien sintetizada por dos estudiosos izquierdistas, Joan Villarroya y Josep Maria Solé, en relación con los crímenes de la guerra: «La represión ejercida por jornaleros y campesinos, por trabajadores y obreros, también por la aplicación de la ley entonces vigente, era para defender los avances sociales y políticos de uno de los países con más injusticia social de Europa. Los muchos

Y así como los intereses populares no se identificaban con la izquierda, tampoco los millones de personas de ideas conservadoras se identificaban con la *oligarquía*. La inmensa mayoría de ellas era de condición modesta, incluyendo numerosos obreros, aunque en el medio obrero operase con especial ahínco la propaganda revolucionaria, y obtuviera en ella más prosélitos. Los conservadores no creían defender los intereses del «gran capital» o la «reacción», sino la religión, la propiedad privada, la familia, el estado, la unidad española. Los revolucionarios aspiraban a abolir esas instituciones, por considerarlas formas burguesas de dominación, cadenas que mantendrían al hombre alienado y explotado, romper las cuales permitiría forjar al «hombre nuevo», liberado de taras ancestrales. En cambio los conservadores veían en el estado un instrumento necesario y perfectible de ordenación colectiva, apto para dar salida no violenta a los conflictos propios de cualquier sociedad humana, y no un simple aparato de dominación de una clase social; en la unidad de España el fruto de un esfuerzo y tradición secular, cuya quiebra sería un insoportable

---

errores que indudablemente se cometían, pretendían defender una nueva sociedad. Más libre y más justa. La represión de los sublevados y sus seguidores era para defender una sociedad de privilegios» [3].

Desde luego, nadie negará a esos autores su derecho a identificarse, si quieren, con la pequeña minoría de asesinos ultra politizados que aprovecharon el hundimiento de la ley para matar y robar a mansalva. Mucho menos derecho tienen, en cambio, a confundir a los asesinos con los trabajadores en general. Y menos aún a pregonar que con tales métodos defendían una sociedad justa y libre. En los países donde triunfaron ideas como las de los revolucionarios españoles, no advino una sociedad tal, sino un régimen policíaco donde el pueblo perdió todas sus libertades y derechos, sometido férreamente al dictado de castas burocráticas. Así es la experiencia histórica, en realidad ya contenida en la lógica de la teoría. Pero los amantes de tales justicias y libertades gozan todavía de predicamento en muchos países.

Como jefe de la XV Brigada de Infantería de la Coruña, Franco recibe al jefe de Gobierno, Manuel Azaña, y al ministro de la Gobernación de la República, Casares Quiroga, en 1932 [Foto: *El Mundo*].

Niceto Alcalá Zamora durante un mitin electoral en la Plaza de Toros de Madrid, 1931 [foto: *El Mundo*].

Manuel Azaña, Marcelino Domingo y Cipriano de Rivas Cherif, en un mitin [foto: *El Mundo*].

Julián Besteiro, Santiago Carrillo y Pedro Rico, saludando desde un balcón, el 14 de abril de 1931 [foto: *El Mundo*].

Federica Montseny, en un mitin en 1937. [*El Mundo Catalunya*].

Diego Martínez Barrio y Queipo de Llano
en una recepción de autoridades en el Alcázar
de Sevilla [*El Mundo Andalucía*].

José Antonio Aguirre, tomando posesión como lehendakari [foto: *El Mundo*].

Juan Negrín [foto: Cordon Press].

José Díaz, de pie durante un mitin. Ocupó la Secretaría General del Partido Comunista de España entre 1932 y 1939 [foto: *El Mundo*].

General Miguel Cabanellas, jefe nominal durante la rebelión derechista del 36, hasta ser sustituido por Franco [foto: Cordon Press].

General José Sanjurjo,
marqués del Rif
[foto: *El Mundo*].

José Antonio
Primo de Rivera
[foto: *El Mundo*].

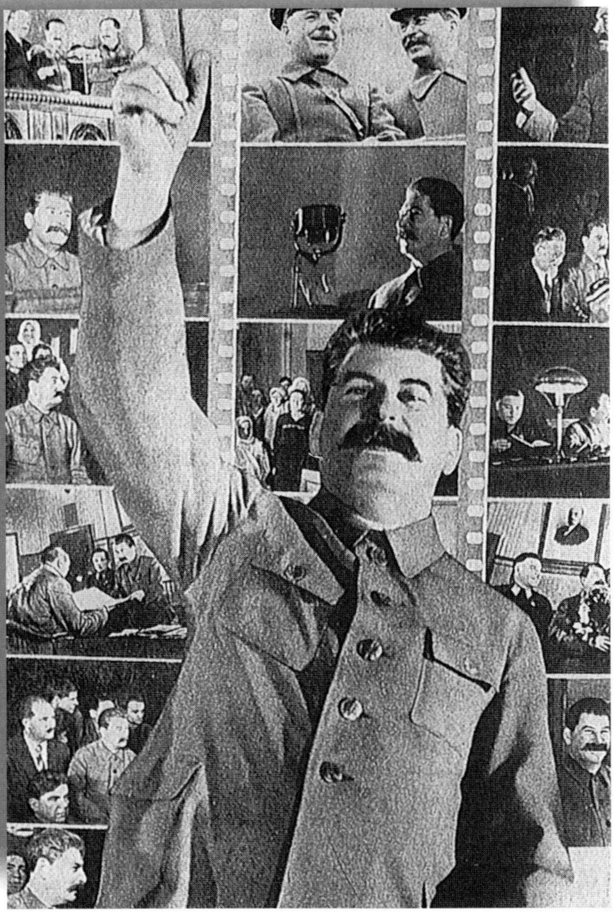

Josef Stalin, en un montaje fotográfico de los años treinta [foto: *El Mundo*].

Dolores Ibárruri pasea junto a un miliciano [foto: *El Mundo*].

Buenaventura Durruti [foto: Cordon Press].

Francisco Franco junto al coronel Moscardó, tras la liberación del Alcázar de Toledo, 1936 [foto: *El Mundo*].

El general Franco en Brunete [foto: Cordon Press].

Antonio y Manuel Machado [*El Mundo Valladolid*].

Federico García Lorca, María Teresa León y Rafael Alberti, en un merendero de Madrid, en 1934 [foto: *El Mundo*].

retroceso histórico; y en la familia el núcleo básico de la sociabilidad, transmisora de una moral que, bajo formas variables, encerraría una ley fundamental para la vida humana; encontraban en la propiedad privada la base de la economía, y en su eliminación una vía segura hacia la barbarie y la miseria; y en la religión, no una fantasmagoría nacida de la ignorancia y el miedo, «opio del pueblo» para enturbiar la conciencia de las masas con una moral servil, sino la expresión de una verdad esencial: la impotencia humana sería, no una situación superable por la ciencia, sino una manifestación de la vida, a la que la religión aportaría un sentido y un consuelo veraz, no ilusorio.

Al objeto de este libro sólo es preciso señalar estas esenciales discrepancias de concepción y proyecto político entre revolucionarios y conservadores, sin entrar a debatir quiénes tenían razón. Baste con establecer, con muy pocas dudas, que fueron las izquierdas quienes, movidas por sus aspiraciones, rompieron las reglas del juego y empujaron al régimen a la guerra civil, que solían considerar empresa lamentable, pero necesaria para acceder al mundo nuevo y presuntamente luminoso; y que fueron los conservadores quienes, deseando evitar el choque, sostuvieron mayoritariamente una actitud moderada, próxima a veces a la cobardía, hasta que la amenaza se les hizo cuestión de vida o muerte.

Este proceso histórico puede entenderse igualmente a partir del problema planteado al comienzo de este libro: ¿tendría éxito la II República allí donde había fracasado la Restauración, es decir, conseguiría la integración y convivencia de aquellas fuerzas –anarquistas, socialistas, nacionalistas, jacobinos– que habían hecho quebrar al régimen anterior? La respuesta es no, cosa en verdad sorprendente por cuanto las reglas del juego republicanas fueron elaboradas por aquellas mismas fuerzas. La rebelión de ellas contra su propia Constitución, elaborada a su gusto y sin consenso con la derecha, la subversión continuada contra su propia legalidad, prestan a la Segunda República, como a la Primera, un peculiar aire de delirio, subrayado por diversos comentaristas, como el sagaz Josep Pla.

Resta saber por qué aquellos movimientos se revelaron tan ingobernables en ambos regímenes. Sus doctrinas en cierto modo mesiánicas, y las debilidades de la estructura económica del país, necesitada de más tiempo y calma para robustecerse, ayudan a explicarlo. También se ha especulado con el carácter anárquico y arbitrario achacado a los españoles, pero probablemente la mayoría de ellos deseaban precisamente orden y calma. Además las ideas revolucionarias eran todas de origen foráneo, sin que sus sostenedores en España hicieran mucho esfuerzo por adaptarlas o aportarles matices: una vasta carencia de esos movimientos fue su escasísima producción intelectual, en contraste con su exhuberancia propagandística.

Estas consideraciones dan pie a creer inevitable la guerra civil. Pero quizá no lo fue. Así como suele olvidarse que no fue la derecha, sino la izquierda, en especial la anarquista, la que puso contra las cuerdas a Azaña en el primer bienio, se pasa por alto que en el segundo bienio no fue la izquierda, pese a sus duros embates, la liquidadora del centro derecha, sino el conservador Alcalá-Zamora. Hay en este último episodio un elemento de auténtica tragedia, reflejado por Gil-Robles en sus memorias. Ya hemos visto cómo las izquierdas derrotadas en octubre del 34 persistieron básicamente en las posturas que les llevaron a la insurrección, pero ello no significaba que tuvieran capacidad, al menos por un buen período, para nuevas intentonas. Por el contrario, el victorioso centro derecha tuvo la ocasión de solidificar el régimen e impedir un nuevo asalto revolucionario. A ese fin precisaba tiempo, como señaló Gil-Robles a Alcalá-Zamora: tiempo para aplicar su programa político, para superar los efectos iniciales de la estabilización y saneamiento económico, para terminar los juicios por la pasada revuelta, etc. No tenía garantía de éxito, claro está, pues el impulso hacia la guerra era fortísimo, pero los dos años de gobierno que en principio le quedaban habrían podido rebajar las tensiones.

Ese tiempo le fue negado, con precaria legalidad, por un presidente anheloso de capitanear un movimiento centrista, deseoso de congraciarse con las izquierdas, despectivo hacia la derecha moderada, y que no había comprendido el significado del alzamiento de octubre ni de las ideas y objetivos en él envueltas. Fue él quien abrió el paso, innecesariamente, a unas izquierdas resentidas y ávidas de revancha. Los frutos de su decisión no eran difíciles de prever, pero está claro que él no los deseaba. Luego las izquierdas le pagaron expulsándole ilegítimamente de su cargo, en un paso más hacia la reanudación de la contienda.

Y así, una opción resuelta en la intimidad del pensamiento del presidente, y que no tenía necesariamente que ser la que fue, tuvo efectos trascendentales sobre la vida de millones de personas y sobre la historia del país.

SEGUNDA PARTE

Capítulo 12

¿SALVÓ A LA REPÚBLICA EL ARMAMENTO DE LAS MASAS?

Tras el asesinato de Calvo Sotelo, una delegación del PSOE, la UGT y el PCE visitó a Casares Quiroga, dice la historia oficial comunista de la guerra, y le pidió el armamento de las masas para «defender la república». Por esas fechas la Constitución republicana carecía de vigencia práctica, y poca cosa quedaba del régimen del 14 de abril, pero Casares se había negado en redondo a la petición [1], que, evidentemente, entrañaba saltar del doble poder instalado a partir de febrero, a la imposición abierta del poder revolucionario, acabando con los últimos restos o apariencias de legalidad republicana. Calvo Sotelo había advertido a Casares contra la posibilidad de jugar el papel de un Kerenski o un Karoly, y él tenía cierta obsesión por no pasar a la historia de esa manera, al extremo de haber puesto un retrato del ruso en su despacho, para recordarle el peligro, según cuenta el socialista Vidarte.

Transcurrieron aún cuatro días hasta la sublevación derechista. El 17 de julio, hacia las cuatro y media de la tarde, un choque fortuito entre fuerzas de seguridad y legionarios, en Melilla, precipitaba la rebelión de las tropas en la ciudad. Una hora y media más tarde, en el calor del verano madrileño –relata Diego Martínez Barrio, presidente de las Cortes y jacobino del sector más moderado–, escuchaba el gobierno, con más o menos atención, la lectura de un tedioso e interminable proyecto sobre jurados industriales, presentado por el ministro de Trabajo, el esquerrista Lluhí, cuando Casares, recién enterado de los sucesos, le interrumpió: «Bueno, Lluhí, no siga usted. Hace una hora se ha sublevado parte del ejército de Marruecos y me voy al ministerio a tomar las disposiciones pertinentes». El gobierno se dispersó sin discutir ni acordar nada, y Casares, según Martínez Barrio, se limitó a «anestesiar» al país con noticias optimistas [2].

Pero lo último dista de ser exacto. Casares entendió acertadamente el suceso de Melilla como el chispazo de la rebelión esperada tras de la muerte de Calvo, y reaccionó con medidas prontas y oportunas. Las urgencias más vitales eran aislar Marruecos y garantizar Madrid, donde había concentrado, previsoramente, grandes fuerzas de seguridad afectas. En pocas horas dispuso el envío de numerosas unidades navales hacia la zona del estrecho de Gibraltar, para impedir el paso de las tropas de África a la península, la preparación de aviones para bombardear la zona rebelde, y el acuartelamiento de la guarnición madrileña, la más nutrida de España, muy infiltrada por la izquierdista UMRA. De paso telefoneaba a los comandantes de las bases aéreas y a los mandos de las divisiones, para asegurarse su fidelidad.

Al difundirse las noticias, los partidos y sindicatos revolucionarios movilizaron a sus masas para exigir armas. Esto era lo último que deseaba Casares, ya sometido a la congoja de una probable expansión del alzamiento a la península, y ahora a la presión no menos angustiosa de sus inquietantes aliados. En los meses anteriores se había ocupado de situar hombres de confianza a la cabeza de las divisiones y de otras muchas unidades, y esperaba razonablemente, que la mayor parte del ejército le obedeciera. Si así ocurría, no necesitaba armar a los sindicatos, acción que, evidentemente, le haría perder el control de la situación. Desde 1930 ninguna intentona había triunfado contra el poder estatal, y quizá ahora se repitiera la *sanjurjada* de 1932, si acaso algo más sangrienta.

Pero, observa Martínez Barrio, no cabía tratar el nuevo golpe «como si desde aquellos días a los de 1936 no hubiera sido visible la destrucción sistemática de la autoridad del Estado». Además, pronto quedaría claro, los partidos y masas conservadores apoyaban la sublevación, al revés que en 1932. Y, en fin, Sanjurjo y los suyos habían dado pruebas de escasa convicción y tenacidad; ahora iban a luchar con extraordinario ímpetu y constancia.

De madrugada, Franco se rebeló en las islas Canarias, donde pronto se impuso. Uno de sus primeros actos fue radiar un mensaje a las guarniciones y a la armada, saludando al «heroico Ejército de África», dando por hechas nuevas sublevaciones en la península, en lo que erraba, y exigiendo «fe ciega en el triunfo». Deliberadamente o no, obraba como jefe de la rebelión. Pero, aislado y con el estrecho de Gibraltar a punto de ser bloqueado, apenas aumentaba el peligro para el gobierno.

En la mañana del día 18 no hubo nuevos alzamientos, y el gobierno obtuvo un éxito trascendental al impedir la rebelión de la flota, gracias a que un telegrafista llamado Balboa, del ministerio de la Marina, alertó a las tripulaciones para que vigilasen a la oficialidad, en su mayoría levantisca. A las 3,10 de la tarde el gobierno anunciaba: «la rebelión no ha encontrado en la península ninguna asistencia y sólo ha podido conseguir adeptos en una fracción del ejército que la República Española mantiene en Marruecos» [3]. Optimismo prematuro, pues una hora antes el general Queipo de Llano, líder de la conjura militar republicana en 1930, había comenzado sus audaces maniobras en Sevilla, que le llevarían, contra toda probabilidad, a adueñarse de la capital andaluza. En las horas siguientes prendió la rebelión en Cádiz, Córdoba, Málaga y otros puntos de la región, con resultados diversos.

Según llegaban las noticias, los frágiles nervios de Casares se quebraban. Un testigo, recogido por Zugazagoitia, lo describe vociferante «como un poseído», dentro del Ministerio de la Guerra convertido en «una casa de locos»: «Su aspecto da miedo, y no me sorprendería que en uno de sus accesos de furor se cayese muerto (...). No quiere oír nada del armamento del pueblo y ha dicho en los términos más enérgicos que quien se propase a armarlo por su cuenta será fusilado».

Personificaba el drama del jacobino, arrastrado a la revolución por su propia dinámica, y resistiéndose a ella en el último momento. A las seis de la tarde, dice Martínez Barrio, fueron al Ministerio de la Guerra él, Prieto, Largo y Marcelino Domingo: «La desoladora verdad surgía sin rebozo alguno. El gobierno, aterrado, giraba sobre sí mismo, que era igual a hacerlo sobre el vacío. Largo Caballero expresó su opinión resuelta: había que armar al pueblo. Callaron los demás». Los ministros, «envueltos en sombras divagaban inoperantes, cohibidos entre la rebelión desenmascarada y la agitación popular inquieta y amenazadora» [4].

Hacia las ocho Casares dimitía, y Maura respondía con un «ya es tarde» a una petición de Azaña para que colaborase. En sustitución de Casares, Azaña llamó a Martínez Barrio, que aceptó sin muchas ganas. Martínez quiso atraer al PSOE a su gobierno, pero sólo obtuvo una promesa de apoyo desde fuera. A eso de las diez, *La Pasionaria* radiaba un encendido llamamiento: «Vibra de indignación el país ante estos desalmados que quieren, por el fuego y la violencia, sumir la España democrática y popular en un infierno de terror. Pero no pasarán. España entera está en pie de lucha. ¡Trabajadores! El Partido Comunista os llama a ocupar un puesto en el combate para aplastar definitivamente a los enemigos de la República y de las libertades populares. ¡Viva el Frente Popular! ¡Viva la unión de todos los antifascistas! ¡Viva la República del Pueblo!»

Queipo, desde Sevilla, inventaba el empleo de la radio como arma de guerra, difundiendo una mezcla de información y embustes, de gran efecto moral.

Hacia medianoche Martínez volvió al palacio de Oriente a dar cuenta a Azaña de sus esfuerzos y declinar el encargo. Grupos de sindicalistas patrullaban las calles. «La ausencia de los poderes coactivos del Estado era notoria, declarados en huelga por cansancio o por automática dimisión.» «En la Puerta del Sol –dice Marcelino Domingo– el ambiente de guerra lo envolvía ya todo [5].» Parece que algún militar adicto a Largo Caballero y desobediente a Casares había repartido 5.000 fusiles a las izquierdas. El presidente convenció a Martínez de insistir.

A las dos de la noche se anunció, con sobresalto, la sublevación de las tropas de Getafe y Carabanchel, próximas a la capital. «¡Es tarde ya para todo!», dijo Azaña. Resultó una falsa alarma, que hizo perder aun más tiempo a los nerviosos políticos. Por fin tomó forma el gobierno, al cabo de una hora. Martínez se aseguró la lealtad de Cartagena, Valencia y Badajoz, pero su gestión clave fue un intento de conciliación con militares a punto de rebelarse, en especial Mola. Tras haber desdeñado en los meses anteriores las peticiones de la derecha, los republicanos trataban de ofrecerle, a última hora y a la desesperada, la garantía del orden público y, probablemente, puestos políticos decisorios. En la versión del político, Mola habría respondido: «Estoy a las órdenes de mi general don Francisco Franco y me debo a los bravos navarros que se han colocado a mi servicio. Si quisiera hacer otra cosa, me matarían. Claro que no es la muerte lo que me arredra, sino la ineficacia del nuevo gesto y mi convicción. Es tarde, muy tarde.»

Esta reconstrucción ha sido puesta en duda pues Mola no se subordinaría a Franco, siendo el jefe máximo Sanjurjo. Pero Franco había empezado a actuar como líder en la madrugada del 18, y quizá Mola lo acogiese como tal, mejor que a Sanjurjo. Éste iba a hallar la muerte al día siguiente, en el despegue accidentado del avión que debía llevarle desde cerca de Lisboa a Burgos.

En aquellas horas se había sublevado Valladolid, y el gobierno podía dar por perdidas Burgos, Zaragoza y Baleares, y por ganadas

Vizcaya, Santander y otras. También pudo Martínez cortar la rebelión en Málaga, convenciendo al general de la ciudad. Pero intentaba, dice él mismo «una tarea desesperada (...). Poner paz en las calles y en las almas, cuando toda la nación se había convertido en una hoguera, y en todos los corazones latía la violencia homicida». Formó un gabinete de conciliación, incluyendo a ministros ajenos al Frente Popular, que ofreciese alguna confianza a los rebeldes. Los revolucionarios vieron muy claramente un intento de arreglo a costa suya, y reaccionaron al momento. A las seis de la madrugada miles de manifestantes recorrían las calles céntricas clamando contra el gobierno: «Militantes socialistas de la Casa del Pueblo, comunistas (...), republicanos que no aceptan la fórmula de compromiso, camiones de gente armada, coches que han sido requisados (...), banderas rojas con la inscripción UHP, obreros de la CNT, mujeres; increpan, amenazan, vociferan. La palabra traición corre de boca en boca; se pronuncian discursos a cargo de oradores improvisados y violentos; se agitan en alto armas», describe Luis Romero. Martínez, impresionado, dimitió irrevocablemente y huyó a toda prisa a Valencia, y sin avisar a nadie, según Azaña * [6].

---

* De manera algo incongruente, Martínez Barrio escribe en sus *Memorias* sobre el momento en que aceptó el gobierno: «Era muy otro el espectáculo de aquel septiembre de 1923, donde bastó que el general Primo de Rivera hiciera sonar sus espuelas para que los españoles se refugiasen bajo las mesas. Sería difícil, pero se podría gobernar. Prefiero ver y soportar a un pueblo enfurecido a tenerlo a los pies, acobardado como un lebrel sin alientos» [8]. Pero la población izquierdista resultó demasiado enfurecida para la capacidad de aguante de Martínez, como para la de Casares. En cuanto al golpe de Primo, pocos españoles se metieron bajo las mesas, pues, según todos los testimonios, fue acogido con aplauso por una población harta del desastre político y de la violencia. Y en 1936 resulta abusivo identificar al pueblo con uno de los bandos, cuando la mitad de él estaba con los rebeldes.

Azaña probó todavía un gobierno moderado con Ruiz Funes, ministro de Casares y opuesto a la entrega de armas, pero el encargo fue rehusado. La impresión de que era tarde para cualquier solución estaba ya muy arraigada. Entonces Azaña claudicó, y hacia las ocho de la mañana encargó la formación del gabinete a José Giral, hombre muy de su confianza, con el reparto de armas a los sindicatos como primer acuerdo.

El cumplimiento de esa medida, como podía darse por descontado, desató un vertiginoso movimiento revolucionario. El reparto de armas fue una de las acciones más definitorias de la guerra. Tradicionalmente ha sido presentada como un inevitable último recurso para defender la república frente a la acción rebelde, y el único factor de victoria en aquel momento. Muchos suscriben la conclusión de Tuñón de Lara: «Se han perdido cuarenta horas decisivas», sugiriendo que si se hubiera armado antes a las masas, la revuelta habría sido vencida enseguida y la república salvada. Estudiosos más ecuánimes, como Luis Romero, vienen a coincidir en que sin el reparto de armas «la República está perdida»; o, para Hugh Thomas, «La única fuerza capaz de oponerse a los sublevados era la constituida por los sindicatos y los partidos de izquierdas». Y así otros muchos [7].

Con esa visión, no extrañará que Casares haya recibido mil dicterios, el de inepto el más suave. Pero debemos preguntarnos por qué, si se trataba de defender la república, tanto él como Martínez Barrio y, detrás, Azaña, se resistieron cuanto pudieron al reparto. El aserto de Tuñón es, una vez más, un tópico de propaganda. El armamento de las masas no podía entrañar la defensa, sino la completa extinción del régimen del 14 de abril, gravemente herido en octubre del 34, y agonizante desde febrero del 36. Los restos de la legalidad y del poder republicano zozobraron entre el oleaje de las masas armadas. Asombra que esta obviedad haya sido tan ignorada.

Por motivos de propaganda y por reclamar cierta legitimidad en las relaciones con el exterior, los revolucionarios permitieron subsistir a un gobierno sin autoridad*, y se mantuvo la ficción de una continuidad esencial con la república. Azaña siguió como jefe nominal de un estado cuya ruina nadie mejor que él describe. De la *Generalitat,* escribirá: «Su deber más estricto, moral y legal (...) era haber conservado para el Estado (...) los servicios, instalaciones y bienes que le pertenecían en Cataluña. Se ha hecho lo contrario. Desde usurparme (y al Gobierno de la República, con quien lo comparto) el derecho de indulto, para abajo, no se han privado de ninguna transgresión (...). Asaltaron la frontera, las aduanas, el Banco de España, Montjuich, los cuarteles, el parque, la Telefónica, la CAMPSA, el puerto, las minas de potasa... ¡Para qué enumerar! Crearon la Consejería de Defensa, se pusieron a dirigir la guerra, que fue un modo de impedirla, quisieron conquistar Aragón, decretaron la insensata expedición a Baleares, para construir la Gran Cataluña...».

Quejas vanas, pues, ¿qué ocurría en el resto del país, donde el gobierno central conservaba supuestamente más autoridad? Exactamente lo mismo, como revelan sus conocidas frases de *La velada de Benicarló:* «Proliferan por todas partes comités de grupos, partidos, sindicatos; de provincias y regiones, de ciudades, incluso de simples particulares. Todos usurpan las funciones del Estado, al que dejan inerme y descoyuntado». Y en otro lugar: «La democracia que había, se acabó al empezar la guerra»[9].

---

* El gobierno Giral seguía siendo «republicano», es decir, constituido por miembros de los partidos jacobinos Izquierda Republicana, de Azaña, Unión Republicana, de Martínez Barrio, y Esquerra catalana, con el general Pozas en Gobernación.

A pesar de esas realidades, muchas veces descritas, Azaña avaló con su figura una continuidad ficticia, contradicción no extraña en él. Por otra parte era su única salida, a menos de huir al extranjero en pésimas condiciones y maldecido por unos y otros. Lo ocurrido era la consecuencia última de su impulso al «torrente popular», y de sus claudicaciones y actitudes no democráticas tras ganar las elecciones. Sólo cuando la rebelión estaba ya en marcha había respaldado el intento de Martínez Barrio de reconciliarse con la derecha y prometer la aplicación de la ley, pero era ciertamente un intento muy tardío. Tampoco podía desertar al bando rebelde, donde le consideraban culpable de lo ocurrido. Entre los revolucionarios podía, quizás, influir de algún modo, y seguramente con esa idea permaneció. Pero sus diarios de guerra vienen a ser un prolongado lamento, y a veces un sollozo, por su situación.

A menudo se ha dicho que el alzamiento derechista desató la revolución, pero eso no es muy exacto. Fue el armamento de las masas el que lo hizo. Claro que, por otra parte, la revolución, alimentada copiosamente en los meses anteriores, era inevitable por una vía u otra, y la debilidad de la resistencia final opuesta a ella por los jacobinos, incapaces de soportar la presión más de un día y medio, demuestra cuán avanzado estaba el proceso.

Queda la segunda parte del aserto: ¿era preciso armar a las masas para resistir el alzamiento derechista, y habría sido éste vencido si se hubiera hecho antes? Tampoco parece probable. Un reparto anterior habría animado a rebelarse a más militares, que permanecían indecisos o se mantenían fieles al gobierno bajo el supuesto formal, tan importante en la mentalidad castrense, de que la legalidad republicana continuaba en pie. Y el desenlace de los primeros días de lucha, cuando los dos bandos quedaron delimitados, tampoco autoriza a creer en la necesidad del reparto.

Los alzamientos y luchas iniciales continuaron hasta el día 21, cuando pudo establecerse un balance de las fuerzas enfrentadas. Entonces quedó a la luz que casi todos los elementos decisivos para la lucha habían quedado en el lado de la izquierda, como veremos en el próximo capítulo. Pero nada debió al armamento de los sindicatos el predominio izquierdista en campos tan importantes como la aviación, la marina, las fuerzas de seguridad y una buena parte de las guarniciones, donde fueron las previsiones y medidas tomadas por Casares y Martínez Barrio las que inclinaron la balanza. En cambio se ha atribuido a la intervención de las masas el triunfo en varias ciudades, especialmente en Barcelona y en la decisiva Madrid. Y, por cierto, en esas ciudades las masas ocuparon enseguida las calles, se lanzaron contra los rebeldes, y tuvieron un papel muy vistoso. Pero esa impresión llamativa y colorista ha solido oscurecer el hecho de que junto a aquellos milicianos improvisados, sin instrucción ni táctica de combate, lucharon oficiales y tropas, fuerzas de seguridad bien entrenadas (Guardia Civil y de Asalto), y la aviación. A estas tropas, ante todo, se debe la victoria sobre los rebeldes allí donde se produjo, aunque no quepa desdeñar el papel auxiliar y moral de las multitudes.

Casares adoptó medidas mucho más adecuadas e inteligentes de lo que luego se ha dicho, y a ellas se debe fundamentalmente el optimista resultado del primer asalto. Sólo cometió un error serio, e inesperable, al relevar a los soldados de la obediencia a sus mandos allí donde se hubiera producido algún conato de rebelión. La idea era dejar en el vacío a los oficiales sublevados, pero, sorprendentemente, ocurrió al revés. Los rebeldes conservaron sin problemas a sus tropas, mientras que fue en el gran número de unidades en que habían sido sofocados los movimientos o indicios de rebelión, donde los soldados se fueron a sus casas, mostrando luego muy poco entusiasmo por reintegrarse, como indica Zugazagoitia.

Así, las milicias se impusieron enseguida sobre las tropas regulares, y los mandos profesionales quedaron más bien como asesores de aquéllas. La combinación de la experiencia y la profesionalidad con el fervor miliciano –estimulado con un sueldo de 10 pesetas diarias, más del triple del de los soldados rebeldes– debía provocar un mutuo estímulo y dar resultados excelentes, comparada con la combinación tradicional de mandos rutinarios y tropas poco motivadas y aun deseosas de desertar, como se suponía a los sublevados. Algo similar había ocurrido en otras revoluciones célebres. Pero en España iba a suceder lo contrario, y el resultado del armamento de las masas fue, en definitiva, que las grandes posibilidades de acción de que disponían las izquierdas se les fueron en buena parte de las manos. Y por ello los sublevados lograrían superar su situación inicial, angustiosamente desfavorable.

En suma, y contra lo pretendido por el mito, el reparto de armas no salvó a la república, sino que acabó de derrumbarla, contribuyó de manera importante, pero en definitiva auxiliar, a las derrotas iniciales de los sublevados, y en cambio iba a permitir pronto que éstos superasen su desesperada posición de comienzo.

Capítulo 13

EL PRIMER PUENTE AÉREO

El general Mola había elaborado, tan tarde como el 25 de mayo, un plan de acción para imponer una especie de dictadura militar republicana. Daba por improbable un triunfo inmediato en Madrid y Barcelona, y lo creía más fácil en otras divisiones, tres de las cuales (Zaragoza, Burgos y Valladolid) convergirían sobre la capital, donde la guarnición debía sublevarse y resistir. Galicia vigilaría a Asturias, y Valencia a Barcelona, quedando a la expectativa la armada y las fuerzas africanas y de los archipiélagos. En instrucciones posteriores dará mayor relieve a las últimas: el ejército de Marruecos, transportado por la flota, debería avanzar desde el sur sobre Madrid. El plan final preveía levantamientos escalonados en Marruecos y la península los días 18 y 19, y una rápida victoria en menos de cuatro días.

Pero ya el día 21 pudo verse claramente que el plan había fallado, con derrotas demasiado completas en Madrid, aplastados los insurgentes en el Cuartel de la Montaña, y en Barcelona, en ambos casos por la acción conjunta de las fuerzas de seguridad, la aviación, tropas y masas armadas. Valencia había permanecido inactiva, y los revolucionarios habían tomado la iniciativa en casi todas partes, entusiasmados ante la oportunidad de aniquilar definitivamente a la «reacción». Los alzados, perdida la posibilidad de imponerse en pocos días, afrontaban un porvenir tenebroso.

En la mitad norte del país, los rebeldes habían ocupado un vasto territorio entre Galicia y Aragón, pero no la franja cantábrica, densamente poblada y asiento de las fábricas militares (cañones, ametralladoras, explosivos, armas cortas, etc.) y de recursos mineros clave, como el hierro y el carbón, así como de la industria pesada. Esa franja quedaba aislada del resto del Frente Popular, pero contaba con buenos puertos y comunicación terrestre con Francia, a través de Guipúzcoa. En cambio la zona sublevada, aunque extensa, estaba poco habitada y guarnecida, con municiones escasas, y expuesta a fáciles infiltraciones. En la mitad sur, la rebelión había triunfado en Sevilla, Córdoba y Cádiz, pero salvo la última, que incluía buena parte de la provincia, se trataba de enclaves en una región hostil. Otros enclaves eran Albacete y Oviedo, Toledo y el cuartel de Simancas, en Gijón. Luego estaban las islas Canarias y Baleares (aunque pronto perderían Menorca, Ibiza y Formentera). Su baza principal consistía en el Ejército de África, pequeño (cerca de 25.000 hombres) y ligero, pero muy bien entrenado y con alta moral, en contraste con las tropas peninsulares [véase mapa 1].

En manos del Frente Popular había quedado en torno al 60 por ciento del territorio y de la población, con casi todas las grandes ciudades, todas las reservas financieras –factor en principio decisivo en cualquier guerra–, casi toda la industria militar y no militar, las minas de carbón y de hierro, la mayoría de los cultivos de regadío y exportación, y casi la mitad de los cerealistas y de la cabaña ganadera. En aviación, tan importante en la guerra moderna, las izquierdas retenían 430 aparatos de un total de 549 de todas clases; y su ventaja naval no era menor: once destructores y tres cruceros contra uno de cada (aunque en Ferrol, ganada por los rebeldes, había dos cruceros modernos en avanzada construcción), doce submarinos contra ninguno, y un viejo acorazado contra otro. También conservaban un 60 por ciento de las fuerzas de seguridad –en especial la Guardia Civil y de Asalto, mucho mejor adiestradas que las tropas de reemplazo– y aproximadamente la mitad del ejército de tierra, aunque el ejército de Marruecos desequilibraba algo la balanza en favor de las derechas.

A la abrumadora superioridad material se añadía la estratégica, pues el Frente Popular poseía los principales nudos de comunicaciones, y su ventaja aeronaval le permitía anular, bloqueándola en Marruecos, la principal baza rebelde.

Así, Prieto era muy realista cuando, el 9 de agosto, declaraba: «Una guerra no es simplemente heroísmo (...). Si la guerra, cual dijo Napoleón, se gana principalmente a base de dinero, dinero y dinero, la superioridad financiera del Estado (...) es evidente (...). Con los recursos financieros totalmente en manos del Gobierno; con los recursos industriales de la nación, también totalmente en poder del Gobierno, podría ascender hasta la esfera de lo legendario el valor heroico de quienes impetuosamente se han lanzado en armas contra la República, y aun así, (...) serían inevitable, inexorable, fatalmente vencidos».

Unos días antes había expuesto Martínez Barrio, desde Valencia: «Bien se vislumbra que estamos al fin de la prueba. Los sublevados se encuentran técnicamente en el momento de rendirse o huir. Su derrota la tienen por inevitable. Quisieron abatir a un régimen político y a un Gobierno y se han encontrado con que habían de conquistar y dominar a todo un pueblo. Ríndanse, pues»*. La embajada alemana en Madrid informaba a Berlín en

---

* De paso resumía las líneas maestras de la propaganda izquierdista: «Los designios [rebeldes] son tan notorios y el propósito tan evidente que sólo los ciegos de entendimiento o de malicia pueden negarlo. Simplemente se trata de sustituir la voluntad general del pueblo por la de una clase social deseosa de perpetuar sus privilegios. Ni amor a España, ni inquietud por el cuer-

un sentido bastante parejo, y las fuerzas izquierdistas tenían tal confianza en vencer en pocas semanas o meses, que a menudo se preocupaban más de fortalecerse cada una sobre las demás, con vistas al reparto de la victoria, que de una acción bien concertada, como lamentará Azaña [1].

Las acciones bélicas comenzaron ya el día 20, cuando una columna izquierdista partió de Madrid para adueñarse de Toledo, lográndolo al día siguiente, con la excepción del Alcázar. Otras cuatro columnas salieron el 21 y el 22 hacia la sierra y Guadalajara, donde ocuparon bastante territorio. En la zona rebelde, sobre todo en Navarra, Mola, animado por la torrencial afluencia e ímpetu de los voluntarios navarros y alaveses, insistió en el plan de caer sobre Madrid desde el norte, y trató de capturar los puertos de la sierra, a lo largo de la cual se sucedieron intensos ataques y contraataques, especialmente en el alto del León, culminados en Somosierra el 25. Pero a los pocos días su capacidad ofensiva se había reducido a casi nada, quedando expuesto por todas partes al ataque enemigo. Desesperado, a fin de mes tuvo que ordenar: «Ni un tiro más. Tengo 26.000 cartuchos para todo el Ejército del norte» [2]. También le deprimía su inferioridad aérea. Al parecer, pensó en retirarse tras la línea del río Duero. Algunos historiadores han especulado en vano con la eventualidad de una conquista de Madrid por Mola: la hacía del todo imposible su falta de medios, cuando, además, los revolucionarios madrileños vivían el ápice de su moral y ánimo ofensivo.

En Barcelona, Companys formó el día 21 las Milicias Ciudadanas de Cataluña y la Consejería de Defensa, pero le desbor-

---

po de la Patria, ni temores por su desmembración, ni zozobra por el desarrollo de su economía (...). Se disfrazan con frases sonoras los propósitos para encubrir la turbia e inconfundible realidad». ¿Cómo podía haberse negado a armar a ese pueblo, e intentado pactar con semejantes rebeldes?

dó el Comité Central de Milicias Antifascistas, creado por la CNT. La superioridad demográfica, industrial y en armas invitaba a ocupar la vecina y mal guarnecida Aragón. El 23, aviones de la Generalitat bombardearon Huesca, y emprendió la marcha la primera columna de Barcelona, mandada por el famoso jefe anarquista Durruti, y asesorada por el comandante Pérez Farrás, comprometido en la intentona de octubre del 34. El día siguiente partía una nueva columna, y el movimiento aumentó a partir del 25, cuando, en el sureste de la península, las izquierdas tomaban el enclave rebelde de Albacete. Las columnas de Barcelona conquistaron buena parte de Aragón, sin topar con mucha resistencia hasta las capitales regionales, Huesca, Zaragoza y Teruel, donde fueron detenidas. Para el 2 de agosto las izquierdas catalanas planeaban otra ofensiva, por mar, contra Mallorca, empresa estratégicamente acertada, pese a las críticas que la abrumaron una vez fracasada. Se hacía, como la de Aragón, en nombre de la «Gran Cataluña».

En Oviedo, el coronel Aranda declaró la rebelión el 20 de julio, tras engañar a las milicias, a las que estimuló a marchar hacia el sur. Pero fracasó en dominar el triángulo entre esa ciudad, Avilés y Gijón, que le habría permitido salir al mar, y quedó encerrado en la ciudad, con pocas probabilidades de resistir. En el resto de la zona cantábrica, hasta Francia, ganaron por completo las izquierdas tras reducir los cuarteles de San Sebastián el día 28. En Bilbao intentaron lanzarse sobre la sublevada Vitoria, el día 22, cuando unos pocos aviones enemigos desbarataron la columna.

Pero no era en esos frentes, sino en el estrecho de Gibraltar, donde se jugaba el destino. El balance de las acciones bélicas iniciales favorecía mucho a las izquierdas, y aun más las perspectivas a fin de mes, y si los revolucionarios lograban cerrar el estrecho, el alzamiento, estancado o en retroceso en los demás frentes, difícilmente habría podido sostenerse. Los alzados iban a demostrar extraordinaria capacidad de lucha, incluso en condiciones desesperadas, pero su penuria en dinero, armas y municiones, con tropas poco instruidas y en vastos espacios mal protegidos, les condenaba a la impotencia. La ayuda sólo podía venirles de África, y por ello se les hizo cuestión de vida o muerte romper el bloqueo del estrecho.

En Marruecos, la sublevación había triunfado en sólo dos días, pero quedaba por ver la reacción marroquí. En tiempos aún recientes, los rifeños habían infligido a los españoles varios desastres, entre ellos el terrible de Annual, y sólo desde 1927, nueve años antes, podía darse el país por pacificado. Si la autoridad musulmana o parte de los marroquíes apoyaban al gobierno, o se sublevaban aprovechando la confusión, los rebeldes se habrían visto en muy grave aprieto. El día 18 la aviación izquierdista había bombardeado varios objetivos, entre ellos el barrio moro de Tetuán, donde provocó un peligroso conato de rebelión. Pero la actitud pacífica del Gran Visir, la habilidad del mando español, en especial del teniente coronel Beigbeder, y el prestigio de Franco entre los líderes musulmanes*, resolvieron el problema de modo rápido y, como se vería, definitivo.

El segundo problema, el paso de las tropas, parecía insoluble sin apoyo de la armada. No al principio, pues aunque Casares, previsor, había situado el mismo día 18 dos destructores frente a Melilla y uno frente a Ceuta, este último, pasado a los rebeldes, transportó un batallón (tabor) de tropas marroquíes a Cádiz, y otro tabor llegó Algeciras a bordo de un cañonero. Llegado Franco a Tetuán, desde Canarias, en la madrugada del 19, ordenó acelerar los embarques, pero fue imposible, porque a la vuelta de

* La carta del caid Soliman el Jatabi comenzaba así: «Al glorioso héroe, tan afortunado de mano, alma y corazón: al general Franco» [3].

Cádiz la tripulación del destructor se amotinó y arrestó a los mandos.

Lo mismo ocurriría en casi todo el resto de la flota, según la pauta del acorazado *Jaime I,* que informaba al ministerio el día 20: «Hemos tenido seria resistencia con jefes y oficiales de servicio, venciéndolos violentamente. Resultaron muertos un capitán de corbeta y un teniente de navío; heridos graves, ocho cabos, un teniente de navío, un alférez, un cabo artillero y dos marineros. Rogamos urgentes instrucciones sobre cadáveres». La respuesta fue: «Con solemnidad respetuosa echen al mar los cadáveres» [4]. Algún tiempo después, los oficiales prisioneros serían asesinados en masa. La pérdida de la flota, debida a la hazaña del radiotelegrafista Benjamín Balboa, que desde Madrid alertó a las tripulaciones, supuso una derrota en principio definitiva para los alzados, pues sentenciaba a la pasividad al ejército de Marruecos. El mismo 19 surcaban las aguas del estrecho un crucero, dos guardacostas y un cañonero populistas. Franco propuso entonces un convoy nocturno, protegido por los contados aviones de que disponía, pero al día siguiente se presentaba un nuevo crucero, y al otro un acorazado, tres destructores y un torpedero, fuerza absolutamente imbatible para el cañonero, los dos guardacostas y el torpedero en manos rebeldes.

Franco aseguró a Mola que pasaría el ejército a toda costa por aire, y procedió a organizar el primer puente aéreo de la historia. La solución no parecía muy promisoria, pues la capacidad de transporte de los aviones de la época era escasa, y los aparatos disponibles más escasos aún. La empresa exigiría un continuo vaivén entre ambos lados del estrecho, sumamente vulnerable si lo atacaban los izquierdistas cuya superioridad aérea en aviones de caza era de 62 a 12. Aun así, el mismo día 20 comenzaba el puente aéreo con dos aviones, que trasladaron unas decenas de legionarios a Cádiz. El 19, creyendo todavía contar con la escuadra,

Franco había pensado pedir bombarderos a Alemania, pero el 23 envió a unos comisionados alemanes a pedir sobre todo transportes (Junkers 52, también utilizables como bombarderos). Hizo asimismo gestiones en Italia e Inglaterra, vanas en la última.

Entre tanto, el puente aéreo proseguía con rendimiento escaso, pero de efectos decisivos, mediante un corto número de aviones españoles, más otro alemán requisado, los cuales debían combinar el transporte con continuas acciones de hostigamiento a la flota. Durante el resto de julio, el hostigamiento mutuo en la zona fue frecuente, con bombardeos navales contra las ciudades y posiciones costeras sublevadas. En cambio, y sorprendentemente, apenas actuó la aviación populista.

El mismo día 19 los rebeldes y el gobierno subsistente en Madrid habían iniciado gestiones para conseguir aviones, en Inglaterra, Italia y Alemania, los primeros, y en Francia, sus contrarios (desde el 1 de agosto también lo intentarían en Alemania, a la que ofrecían pagar en oro. La operación en principio viable, se frustró pronto). El 25, sábado y día de Santiago, y de combates intensos en los frentes peninsulares, las gestiones llegaron a buen término simultáneamente en París y en Berlín, aunque en el caso francés tropezarían enseguida con nuevos obstáculos*. El 26 los italianos accedían a su vez a las peticiones de Franco.

El primer avión alemán llegó el día 2, pero hasta el 5 no hubo un número significativo de aviones italianos y alemanes en la zona del estrecho: once, al lado de trece españoles; y sólo a partir del día 8 la mayoría de los aparatos fue extranjera, y el paso de tropas aumentó, siempre con números bajos.

---

* Franco debía recibir veinte aviones de transporte Junkers 52 (uno aterrizó en zona izquierdista) y seis cazas Heinkel 51, inferiores a los franceses Potez 54 y los Dewoitine 371, pedidos por Madrid[6]. Los italianos Savoia 81 y Fiat CR 32, eran mejores que los demás.

A menudo se lee que los Junkers alemanes salvaron a Franco, y Hitler así lo pretendió, pero no es cierto. Según los cálculos más fiables, fueron pasados a la península unos 2.000 soldados por aire, y alrededor de un millar por agua, sin más intervención germana que un avión requisado. Tropas mínimas, pero cuya calidad les permitió desempeñar un papel crucial en la ampliación y consolidación de la zona andaluza en poder de Queipo. De este modo, en diez días fue superado el peligroso aislamiento inicial de los enclaves, y el 1 de agosto Franco creyó la situación en Andalucía lo bastante afianzada como para formar dos pequeñas columnas con aquellas tropas y emprender una rápida marcha hacia el norte, a fin de conquistar Mérida y con ello unir la zona andaluza con la zona norte de la rebelión. Los días 2 y 3, esas tropas emprendían la marcha, y antes de cualquier intervención seria de aviones alemanes e italianos, habían avanzado 140 km, hasta sólo 60 de Mérida, portando millones de cartuchos para Mola (otros pasaron a través de Portugal, país temeroso de la revolución y por ello amistoso hacia los sublevados). Como concluye J. Salas: «Esto nos demuestra que el 5 de agosto, antes de que zarpase de Ceuta el llamado "Convoy de la Victoria" los aviones [españoles] habían resuelto los principales problemas del Sur» [5]. Las columnas lograron unir las dos zonas sublevadas el 11 de agosto, sin influencia real de la segunda fase del puente aéreo, la de los aviones alemanes, comenzada «en fuerza» el día 8, con nueve de los 19 Ju-52 llegados inicialmente [véase mapa 2].

Con el puente aéreo sobre el estrecho de Gibraltar, Franco contrarrestó la victoria, en principio decisiva, de sus enemigos en la flota, y, partiendo de una situación casi sin esperanza, logró cuatro objetivos estratégicos fundamentales: superar el bloqueo del ejército de África, convertir los precarios enclaves andaluces en una zona amplia y estabilizada, impedir el colapso de Mola, y unir las dos zonas de la rebelión. Bastantes historiadores atribuyen el mérito a los alemanes, pero la cronología demuestra que no fue así: cuando la intervención alemana se hizo significativa, aquellos cuatro objetivos cruciales ya habían sido alcanzados*.

El día 5 tuvo lugar otro hecho crucial, aunque de interés sobre todo propagandístico: el cruce del estrecho en barco, en desafío a la poderosa flota allí desplegada por el Frente Popular. Franco había confiado en que los barcos enemigos, privados de buena parte de su oficialidad, habrían menguado bastante en capacidad operativa, pero aun así un solo destructor podía llevar la empre-

---

* C. Blanco Escolá asevera, por las buenas: «Después de que los aviones alemanes e italianos fueron llegando a Tetuán, quedó realmente establecido el puente aéreo. Los hagiógrafos de Franco aprovechan esta circunstancia para lanzar las campanas al vuelo y proclamar que su héroe posee el honor de haber sido el organizador del primer puente aéreo de la Historia (...) ¿cómo podría el rutinario y mediocre Franco contribuir con su granito de arena a la evolución del arte de la guerra? (...) El verdadero puente aéreo se organizó con la llegada de los grandes aviones de transporte extranjeros». G. Cardona: «La aviación de Franco fue inicialmente posible por los Savoia y Junkers recibidos de Italia y Alemania. Con ellos, el puente aéreo a Sevilla fue una realidad». Según Viñas, no más escrupuloso, los aviones alemanes «rápidamente se dedicaron a montar el primer puente aéreo intercontinental de la historia». Yendo más allá, estima que el apoyo alemán no sólo permitió «que un golpe de fuerza fallido se transformase, irremediablemente, en una larga y cruenta guerra civil», sino que aseguró la primacía de Franco frente a la rivalidad (inexistente) de Mola. La cronología de *La guerra civil española 50 años después,* dirigida por Tuñón de Lara informa: «5 de agosto. Se inicia el puente aéreo». Llevaba ya dos semanas en marcha.

Preston, aquí más veraz y lógico, explica: «Separado por mar de la España peninsular, Franco, aconsejado por Kindelán, empezó a acariciar la revolucionaria idea de trasladar su ejército por aire». «La decisión alemana de enviar veinte bombarderos a Franco ayudó a convertir un golpe de estado en apuros en una sangrienta y prolongada guerra civil, aunque con el tiempo es evidente que Franco habría cruzado el estrecho con sus hombres sin la ayuda alemana.» Todos escriben como si la república continuara en pie[7].

sa al desastre, mediante un simple ejercicio de tiro al blanco. El comandante del cañonero *Dato,* principal protección del previsto convoy, consideró la idea temeraria, y lo expuso al teniente coronel Yagüe, jefe de las tropas africanas, el cual compartió su opinión. Franco, sin embargo, insistió aunque después atribuyó su difícil éxito a una especie de gracia de Dios. Para asegurar el cruce, la aviación debía emplearse a fondo contra la escuadra enemiga, obligándola a alejarse dos horas de marcha de la ruta del convoy entre Ceuta y Algeciras. Por entonces los aviones tenían posibilidad de molestar seriamente a la flota, pero durante toda la guerra sólo un barco de guerra, el destructor *Císcar,* fue hundido en ataque aéreo.

La expedición llegó a la mitad de su viaje sin tropiezos, cuando la temida posibilidad de un ataque se materializó en forma de un destructor enemigo que, habiéndose hurtado a la vigilancia aérea, empezó a cañonear los transportes. El *Dato* le salió audazmente al encuentro, y varios aviones entraron en acción urgentemente, hostigándole hasta hacerle abandonar la presa. El ataque del destructor estuvo bien orientado, y de haber mostrado mayor agresividad y puntería pudo haber ocasionado una catástrofe a sus enemigos. Fue la primera acción en que participaron los aviones italianos (siete, hostigando los barcos) y alemanes (cuatro, transportando soldados), junto con trece españoles.

El «Convoy de la victoria», así llamado por los rebeldes, pasó de golpe 1.600 soldados, una batería de 105 mm. con 1.200 proyectiles, 4 morteros, dos millones de cartuchos y algún otro material. «¿Merecía la pena tanto riesgo y fatiga para tan escasos logros? –se pregunta Jesús Salas–. Desde el punto de vista material no, pues en aquel momento se estaba en condiciones de pasar esos mismos hombres, por aire, en dos jornadas (...). El éxito de la operación fue, sobre todo, moral», concluye, citando a Martínez Bande: «Se había roto la interceptación del Estrecho y esa noticia sería pronto conocida en España y en todo el mundo. La propaganda nacional airearía ese título de convoy de la Victoria, bajo cuya divisa daba a entender la llegada a la Península de todo el Ejército de Marruecos o de una parte tan considerable de él, que pesaría de modo definitivo y favorable en la difícil e indecisa balanza de la guerra» [8]. El hecho causó suma contrariedad y aprensión en los medios revolucionarios.

Pero en realidad la escuadra izquierdista seguía dueña de la zona, y a los dos días, para demostrar que la hazaña rebelde había sido un golpe aislado, exhibía su poderío, dejando Cádiz, Larache, Arcila, Tarifa y Algeciras, «inundadas de hierro y fuego», según el diario azañista *Política,* y poniendo fuera de combate al cañonero *Dato*, héroe de la jornada del 5. El transporte prosiguió gracias al puente aéreo, siempre lento y vulnerable. Hasta finales de octubre no lograría poner en la península al ejército de Marruecos casi entero (unos 22.000 hombres).

Fue también en octubre cuando el dominio del estrecho pasó a manos del bando nacional, al enviar allí dos cruceros, uno de ellos el moderno *Canarias,* recién botado en El Ferrol. Aprovecharon para ello la marcha poco acertada del grueso de la flota contraria al Cantábrico.

El éxito del transporte por aire fue posible, en buena medida, porque las fuerzas revolucionarias resultaron aun más desordenadas que agresivas, y porque su triunfalismo les hizo minusvalorar a su enemigo y rivalizar prematuramente entre ellas, privándoles de hacer uso eficiente de su enorme ventaja material. Los rebeldes demostraron en cambio un gran sentido de la oportunidad, y audacia y decisión para aprovecharla, pues cualquier vacilación en tales momentos habría traído sobre ellos el desastre. No hay duda de que el puente aéreo fue la acción militar más importante de la guerra, pues aunque no invirtió ni mucho menos la relación de fuerzas, cambió radicalmente el panorama inicial, negro en extremo para los sublevados: no sólo lograron éstos los objetivos estratégicos ya citados, consolidando a Queipo y a Mola, sino que a lo largo de agosto fueron ganando la iniciativa, hasta permitirse, pese a su desventaja material, pasar a la ofensiva en Guipúzcoa, defender eficazmente Oviedo, Córdoba, Granada, Mallorca y las capitales aragonesas, y plantearse la misma toma de Madrid y un rápido fin de la contienda.

Ello es sabido, pero se ha prestado menos atención a otro efecto crucial. La forma como se produjo el levantamiento había dividido la zona sublevada en tres partes, cada una de ellas al mando de un general prestigioso, con el riesgo de rivalidades debilitadoras como las manifiestas en el campo izquierdista. Mola no parece haber tenido mucha ambición de liderazgo, pero probablemente Queipo sí la tenía. En ese paisaje, el éxito de las arriesgadas maniobras de Franco colocó a éste por encima de los otros dos en prestigio e influencia, y más tarde en el mando efectivo. Además, Italia y Alemania le prestaron enseguida la mayor atención. Pero, contra lo que cree Viñas, no fue éste el factor decisivo, sino sólo un añadido.

Capítulo 14

«LA MAYOR PERSECUCIÓN RELIGIOSA DE LA HISTORIA»

UN resultado bastante previsible del reparto de armas a las masas fue el estallido de una persecución contra la Iglesia que tomó proporciones gigantescas, superiores a las de la Revolución francesa y, probablemente, a las del Imperio romano. En ella caerían en torno a 7.000 religiosos, incluyendo 13 obispos, más 3.000 laicos católicos por el mero hecho de serlo [1], la mitad en sólo los dos primeros meses.

Acompañó a la siega una extrema crueldad. Un anciano coadjutor fue desnudado, martirizado y mutilado, metiéndole en la boca sus partes viriles. A otro le fusilaron poco a poco, apuntando sucesivamente a órganos no vitales. Varios fueron toreados, y a alguno le sacaron los ojos y lo castraron. A un capellán le sacaron un ojo, le cortaron una oreja y la lengua, y le degollaron. A otro le torturaron con agujas saqueras ante su anciana madre. Otro fue atado a un tranvía y arrastrado hasta morir. Once detenidos en una checa fueron golpeados y cortados con mazas, palos y cuchillos, hasta hacerlos pedazos. Bastantes fueron asesinados lentamente, en espectáculos públicos, a hachazos, etc. Un cadáver tenía una cruz incrustada entre los maxilares. A una profesora de la Universidad de Valencia le arrancaron los ojos y le cortaron la lengua para impedirle seguir gritando «viva Cristo Rey». A otra seglar la violaron delante de su hermano, atado a un olivo, y luego mataron a ambos. Casos como éstos, recogidos por el investigador V. Cárcel Ortí en *La gran persecución, España, 1936-1939,* y referidos a la diócesis de Valencia, se repitieron en las demás regiones, con algunas variantes, como la de las personas arrojadas vivas a fieras del zoo madrileño [2]. Otros muchos eran fusilados en grupos. Cayeron así jóvenes y ancianos y cerca de trescientas monjas de todas las edades, en circunstancias a menudo horripilantes. Varios obispos fueron vejados y apaleados; al de Barbastro le cortaron los testículos*, y luego, ya agonizante, le arrancaron algún diente de oro.

Con frecuencia se ofrecía a las víctimas salvar la vida a cambio de algún acto o expresión antirreligiosa, como blasfemar, pisar un crucifijo, etc., pero nunca o rara vez tuvieron éxito esas presiones, justificando el conocido verso de Claudel, *«... et pas une apostasie»* (y ni una apostasía).

Las vejaciones y ensañamiento con las víctimas proseguían muchas veces sobre los cadáveres, los cuales eran golpeados, quemados o tirados por barrancos. En los conventos eran exhumados a menudo ataúdes y esqueletos o cuerpos momificados, y expuestos al ludibrio público. Muchos templos quedaron convertidos en cuadras o almacenes, y los altares en pesebres, y menudearon las ceremonias burlescas, con imitaciones obscenas de misas y destrucción de objetos del culto. En los cementerios solían ser quebradas las cruces y rotas las lápidas con alusiones cristianas.

---

* Pero puede haberse producido, en este y otros casos, el clásico retorcimiento imaginativo de testigos reales o supuestos. La clásica *Historia de la persecución religiosa en España,* de Antonio Montero, señala que el dictamen forense sobre el cadáver, hecho, de todos modos, cuatro años más tarde, cuando quedaría poco de sus partes blandas, no recoge dicha amputación [3]. En otros muchos casos, las torturas están bien documentadas.

La persecución se cebó también sobre las cosas, devastando un ingente patrimonio: «tesoros históricos y artísticos de incalculable valor fueron pasto de las llamas: retablos, tapices, cuadros, custodias (...), imágenes sagradas de grandes pintores y escultores como Montañés, Salcillo, Pedro de Mena, Alonso Cano, José María Sert, y otros monumentos insignes de la arquitectura y escultura religiosas quedaron abatidos», señala Cárcel Ortí. Igualmente ardieron «antiquísimas y valiosísimas bibliotecas de conventos, seminarios y catedrales, así como archivos diocesanos y capitulares»*. La mera destrucción dio paso al saqueo y la requisa sistemáticos, resultando de ellos la acumulación de grandes tesoros, buena parte de los cuales fue llevada al extranjero por los dirigentes, cuando perdieron la guerra [4].

Tales hechos, abundantemente documentados, muestran el carácter sistemático del exterminio del clero y el arrasamiento de la herencia histórico-religiosa de España. Configuran uno de los rasgos más peculiares y destacables de la guerra, por no decir su veta en cierto modo más profunda e íntima.

Los revolucionarios no ocultaban su satisfacción por los logros alcanzados. En agosto del 36, Andrés Nin, líder del POUM, partido semitrotskista, señalaba: «El problema de la Iglesia (...). Nosotros lo hemos resuelto totalmente, yendo a la raíz: hemos suprimido los sacerdotes, las iglesias y el culto». En marzo del 37, José Díaz, jefe del partido que torturaría y asesinaría a Nin, se con-

* Sólo en Cataluña, fueron destruidos decenas de miles de volúmenes (cien mil, se ha dicho) de la biblioteca franciscana de Sarriá, del seminario y del convento de los Capuchinos de Barcelona, en Igualada (cincuenta mil), etc. Joyas del gótico, del románico, del barroco y del mudéjar fueron entregadas al fuego o voladas. En Madrid, la catedral de San Isidro, un verdadero museo de arte por sus pinturas italianas y españolas, esculturas, etc., fue incendiada totalmente [6].

gratulaba: «En las provincias que dominamos (...) [hemos] sobrepasado en mucho la obra de los soviets, porque la Iglesia, en España, está hoy aniquilada». Otros anarquistas, socialistas, etc., hablaban con no menor euforia [5].

A menudo se ha dicho que las autoridades «republicanas» se vieron desbordadas y trataron de frenar aquel movimiento, pero ni la prensa, ni los documentos, ni los antecedentes autorizan a creerlo, fuera de gestos aislados y declaraciones inefectivas. Companys, por ejemplo, ayudó a salvar al cardenal Vidal i Barraquer*, y a los curas nacionalistas, pero, como líder de un partido jacobino y anticlerical, su actitud fue básicamente indiferente. Vidarte cuenta cómo, cuando se enteró de que acompañaba a Francia a un monje, hermano de Negrín, soltó una carcajada: «De esos ejemplares, aquí ya no quedan» [7]. El diario azañista *Política,* presuntamente moderado, atizaba las pasiones con noticias como ésta, el 16 de agosto: «Cien millones de pesetas [unos 20.000 millones actuales] en la caja de unas monjas. ¡Y se llamaban hermanitas de los pobres!». Aludía a las cajas privadas depositadas en los bancos, confiscadas por entonces, una de las cuales contendría el supuesto botín.

Y si Radio Barcelona animaba: «¿Qué importa que las iglesias sean monumentos de arte? El buen miliciano no se detendrá ante ellos. Hay que destruir la Iglesia» [8]; *Política* publicaba sueltos como éste, el 18 de agosto: «Ningún tesoro más precioso que la razón, la justicia y la libertad (...). Casi todos esos monumentos cuya caída deploramos, son calabozos donde se ha consumido

---

* Vidal, dice Azaña, mostró notable transigencia con las medidas anticatólicas tomadas por el gobierno azañista: su catalanismo «llega a extremos muy chistosos», pues «no ve con malos ojos la disolución de los jesuitas; pero estima que ha podido hacerse una excepción con Cataluña, que son de otra manera y, por supuesto, mejores» [9].

durante siglos el alma y el cuerpo de la humanidad (...). ¡Bien hayan los bellos versos del poeta sobre el castillo de sus antepasados, arrasado por la Revolución Francesa, versos que terminan con un pensamiento tan nuevo en poesía como en política: "Bendito seas tú, viejo palacio, sobre el que pasa ahora la reja del arado. Y bendito seas tú, el hombre que hace pasar el arado por ti". Este cántico al vandalismo, justificado en el concepto jacobino de la razón, sólo podía espolear a los incendiarios y saqueadores.

Y Azaña, que tantos desmanes lamenta en sus diarios, apenas menciona esta persecución, pese a afectarle, entre otras cosas, por haber sido masacrados casi todos los profesores que le habían educado (mal, a su juicio), en El Escorial. Deja clara su postura en anotación del 6 de septiembre de 1937, donde consigna la visita de uno de los raros supervivientes del colegio escurialense, el agustino Isidoro Martín, a quien no se priva de amonestar, pintándolo encogido y dándole la razón en todo. El alcalaíno culpa de la persecución a la propia Iglesia por intolerante: «La ferocidad del todo o nada nos ha traído la situación actual», pues el clero y las derechas no habían sabido «dejarse cortar un dedo para salvar la mano. Las aspiraciones de la República, por muchos motivos, tenían que ser moderadas. Se empeñaron en creer que eran expoliadoras y demoledoras. Ya ve usted: se ha perdido la mano y todo el brazo».

Lo que entendía Azaña por moderación no es fácilmente inteligible, máxime cuando él llegó al poder predicando lo contrario. Y remacha sobre el asustado superviviente: «Usted no tiene ningún motivo para ser republicano, pero los tiene, y muy graves, para condenar la violencia, las rebeliones, las guerras (...). Pues ya ve usted: sus amigos fervorosos, los apasionados de la religión y del orden, son los causantes, no solamente de la desventura personal de usted y de sus compañeros, sino de las instituciones a que pertenecen». Parecía haber olvidado la insistencia –baldía–

de las derechas en que él, como gobernante, pusiera coto al proceso revolucionario después del 16 de febrero.

El agustino le expone su deseo de marchar a Francia: «Ir a la zona rebelde "no le trae cuenta". (...) Cuando ha sabido por mí que el ex ministro católico Giménez Fernández ha sido asesinado en Sevilla [por los franquistas], se ha llevado las manos a la cabeza, horrorizado». Noticia falsa, por lo demás.

Otra explicación de Azaña tiene algo de alucinada: «¿No sabe usted que me pintan como un furibundo enemigo de la Iglesia católica? Es estúpido. Desde mi punto de vista, llamarme enemigo de la Iglesia católica es como llamarme enemigo de los Pirineos (...). Lo que no admito es que mi país esté gobernado por los obispos, por los priores, las abadesas o los párrocos (...). A lo que me opongo es a que [los religiosos] enseñen a los seglares filosofía, derecho, historia, ciencias... Sobre eso tengo una experiencia personal más valiosa que todos los tratados de filosofía política».

Que aprovechase el poder para clausurar centros de enseñanza, algunos de gran solera y prestigio, simplemente por una experiencia personal, y que concediera a ésta más valor que a «todos los tratados de filosofía política», tiene mucho de explícita declaración de despotismo. Según él, sería estúpido creerle enemigo de la Iglesia por estas y otras medidas similares. Aun más peculiar suena su presunción de que antes de él gobernaban el país los obispos o las abadesas [10].

La persecución venía alimentada por una cruda propaganda e innumerables agresiones y actos de vandalismo, ya desde el mismo comienzo del régimen. Durante la insurrección de octubre del 34 fueron asesinados 34 religiosos y seminaristas en Asturias y tres más en diversos puntos del país, incendiada la biblioteca de la Universidad de Oviedo y varios templos, y volados monumentos artísticos, algunos de ellos contados entre los más valiosos del románico en toda Europa. Entre las elecciones del 16 de febrero del 36 y el 18 de julio, 17 sacerdotes perdieron la vida, otros fueron heridos, golpeados o encarcelados, decenas de ellos amenazados y expulsados violentamente de sus parroquias. En muchos lugares las izquierdas organizaron parodias de actos religiosos, o gravaron éstos con tasas ilegales, o prohibieron los toques de campanas o los entierros católicos públicos. Hubo profanaciones de cementerios y sepulturas, destrucción de cruces, y sufrieron el fuego y el saqueo cientos de iglesias, ermitas, edificios administrativos eclesiásticos, etc. Todo ello sin el menor obstáculo efectivo del gobierno jacobino, con Azaña o con Casares. Es evidente que esta provocación sistemática se hacía en la creencia de que cualquier reacción sería fácilmente aplastada. Pero tales actos, lógicamente, soliviantaban a buena parte de la población, católica en su mayoría, y acumulaban un combustible hecho de miedo y odio, que iba a inflamarse a su vez en un espíritu de desquite muy extendido cuando se sublevó parte del ejército.

Las víctimas religiosas, en su inmensa mayoría, no pertenecían a partidos más o menos fascistas, de quienes las izquierdas pudieran temer agresiones, y por ello la persecución obedecía a algo más que al odio político. Su utilidad desde el punto de vista bélico fue nula, y políticamente perjudicó en extremo a sus autores, al dejar en evidencia sus pretensiones de democracia, o de humanitarismo y cultura, alimentando la reticencia de Gran Bretaña, Francia y Usa por ayudar al Frente Popular, pese a los clamores «republicanos» y «democráticos» de éste*.

---

* De ahí diversas medidas para ocultar o minimizar los hechos. Una directriz de la Comintern, el 19 de septiembre, ordenaba lanzar una campaña internacional «contra los cuentos de persecución religiosa». El PNV, en particular su ministro Irujo, hizo cuanto pudo por disimular ante el exterior la magnitud y los efectos de la matanza»[11].

La rabia y sistematicidad de la masacre, sus manifestaciones de sadismo, han originado explicaciones especulativas no muy convincentes. De acuerdo con una de ellas, las iglesias y conventos servían de polvorines o de fortalezas desde las cuales curas y frailes disparaban contra «el pueblo», aunque no se ha aportado un solo caso fehaciente de tal cosa. El evidente infundio continúa una larga tradición, iniciada en la primera mitad del siglo XIX con el bulo de que los frailes envenenaban las fuentes públicas. Sería un error atribuir tales falsedades, por su tosquedad, a mentes incultas «del pueblo», pues, por raro que suene, intelectuales o políticos las han creído y divulgado. Así por ejemplo, Ossorio y Gallardo, embajador del Frente Popular en diversos países, explicaba en Europa la persecución por el pretendido hecho de que muchas iglesias se habían convertido en «fortalezas desde las cuales se tiraba con fusiles y ametralladoras». A raíz de la pira de conventos, bibliotecas y escuelas de mayo del 31, Rivas Cherif, cuñado de Azaña, cuenta una frívola charla entre ambos, en la que el segundo: «Si se le argüía aduciendo la matanza de frailes del 34 del siglo pasado so pretexto de haber envenenado las aguas, decía que él no lo creía así; pero que si el pueblo lo aseguraba, era desde ese momento una verdad histórica irrebatible» [12].

En realidad, los bulos partían de círculos nada *populares,* que los utilizaban para azuzar a las masas sugestionables. No se trata, por tanto, de una explicación, sino de una parte de la persecución misma.

Un argumento más matizado alude a la excesiva influencia o interferencia política del clero, o a su hostilidad a la república. Así Azaña cuando menciona imaginarios gobiernos de obispos y abadesas o achaca la persecución a la «intransigencia, la ferocidad del todo o nada» supuesta a los católicos. Pero la Iglesia había perdido en buena parte su poder material, al ser despojada de sus bienes territoriales por la desamortización de Mendizábal, y había sido perseguida, y disueltas las órdenes religiosas, en las épocas de predominio jacobino a lo largo del siglo XIX; en cambio se había acomodado razonablemente bajo el liberalismo moderado. Su influencia era real, pero arraigaba en una historia de muchos siglos, en las creencias de la mayoría de la población, en sus instituciones culturales, y, por contraste, en la experiencia de los espasmódicos períodos de exaltación jacobina. El intento de erradicar esa influencia mediante la persecución desde el poder por parte de minorías exaltadas, sólo podía desencadenar la matanza o terminar en fracaso. La invocación del abrumador poder político de la Iglesia tiene mucho de pretexto para imponer a su vez un poder abrumador contra ella y las creencias mayoritarias.

En cuanto a la acusación de «intransigencia y ferocidad», ha calado, con más o menos matices, en sectores conservadores y del propio clero. Pero la realidad es la inversa exactamente. No fue la Iglesia la que hostigó a la república, sino los políticos jacobinos y revolucionarios de la república quienes hostigaron sin tregua a la Iglesia. Ni siquiera cuando la tremenda agresión de mayo del 31 respondieron el clero o los católicos con la violencia o la subversión. La CEDA no sólo acató el nuevo régimen, sino que lo salvó literalmente en octubre de 1934, cuando fue acometido por las propias izquierdas, como prueban los hechos contra una caudalosa propaganda.

Una tercera explicación, muy esgrimida incluso en círculos conservadores, afirma que la Iglesia se ganó la animadversión del pueblo por haber olvidado a éste, por no haber atendido sus necesidades y haberse aliado estrechamente con las capas «reaccionarias», o con el «capitalismo». Lo sostiene Madariaga, siguiendo sin crítica otras acusaciones izquierdistas: «La Iglesia solía ponerse infaliblemente al lado de las peores causas de la vida nacional: apoyando siempre al poderoso, al rico, a la autoridad opresora, el sacerdote había llegado a ser con excesiva frecuencia objeto de aversión popular» [13]. Por supuesto, existía una intensa «aversión popular» –es decir, aversión de una parte de la población, en todos los sectores sociales, pues otra parte, seguramente mayoritaria, sentía de otro modo–, pero ese sentimiento apenas procedía de la conducta del clero, pues, hiciera lo que hiciere, siempre sería interpretado de manera hostil por personas ideologizadas.

El argumento de Madariaga y de tantos otros tendría consistencia si el blanco del exterminio hubieran sido las jerarquías eclesiásticas o los sacerdotes de los barrios acomodados, pero no fue así. Los incendios de mayo del 31 se dirigieron, no por azar, contra centros de formación profesional o escuelas salesianas para obreros. En realidad, los perseguidores detestaban especialmente tales actividades, pues las veían como una intromisión en el campo obrero, que ellos consideraban monopolio propio. Los curas y frailes consagrados a esas tareas y no a «defender al rico y a la autoridad opresora», y que vivían a menudo en auténtica pobreza, fueron igualmente acosados como alimañas. Podrá argüirse que esa labor eclesial era, de todas formas, pequeña e insuficiente, pero eso no pasa de un hablar por hablar. La Iglesia sostenía una red de asilos de ancianos y desvalidos, asistencia a enfermos, centros de formación profesional y de enseñanza a obreros y jóvenes sin recursos, etc., tanto más apreciable en un tiempo en que apenas existía seguridad social. Lo que hacía la Iglesia, mucho o poco, y desde luego no era poco, no lo hacía nadie o casi nadie. Y es bien significativo que Azaña quisiera prohibir la beneficencia religiosa.

También se ha alegado el carácter rutinario, seco y sin contenido espiritual del clero y su doctrina. Cita Madariaga: «Los revolucionarios han destruido las iglesias –decía con tristeza una de las lumbreras catalanas en el puerto de Barcelona a bordo del barco que le llevaba al destierro–, pero el clero había destruido primero a la Iglesia» [14].

Debe de referirse a Vidal i Barraquer, salvado por amistad política. De creerle, los religiosos estaban siendo masacrados ¡no por defender a la Iglesia, sino por haberla destruido! Caritativa frase de quien se salvaba sobre los que, sin tanta suerte o relaciones, eran asesinados a racimos. Pero la presunción de una religiosidad formulista y hueca, seguramente cierta en muchos casos, no pudo serlo en general, como demuestran las víctimas, que muy a menudo aceptaron el tormento y la muerte por no renegar de sus creencias, y lo hicieron perdonando a sus verdugos. Los célebres versos de Claudel sobre los miles de mártires «y ninguna apostasía» parecen acercarse bastante la realidad*. Cabe dudar de que quienes hacen tales acusaciones desde el punto de vista católico estuvieran dispuestos a tanto, y sea cual sea el punto de vista con que se trate el hecho, está claro que al menos para un sector amplio de los católicos su fe no era superficial. ¿Qué otra institución o grupo social podría presentar un balance semejante de sacrificio y reconciliación, se compartan o no sus ideas?

---

* Tal hecho, con las excepciones que seguramente habría, es uno de los aspectos de más difícil aceptación para sus contrarios. Incluso Francisco Ayala, escritor por lo común inteligente y ponderado, afirma: «Les decían, por ejemplo: si quieres salvarte tienes que cagarte en Dios y blasfemar. Y los pobrecitos lo hacían y entonces los mataban para que fuesen al infierno» [15]. Al parecer, los asesinos creían en el infierno. Por lo demás, ¿qué casos cita Ayala? Ninguno, desde luego, pese a lo cual emplea el pasado imperfecto, dando a entender que era lo común. En el bando franquista se leían a veces jactancias de que muchos de los izquierdistas fusilados se habían convertido en el último momento, lo que no es de extrañar, porque la mayoría habían tenido, al menos en la infancia, formación católica, y en la angustia de la muerte inmediata podían volver a sus creencias. Aparte de quienes lo hicieran con intención de ganar el indulto, como probablemente fue el caso de uno de los más brutales chequistas, García Atadell. Pero la conversión no se esgrimía como medio de evitar la ejecución, sino sólo para permitir al reo morir «en gracia», según la antigua tradición.

Se ha esgrimido, asimismo, la ignorancia y bajo nivel cultural del clero como una causa de desprestigio conducente a la persecución. Madariaga hace ver por un lado lo infundado de la imputación, al señalar cómo las provincias de mayor cultura popular, donde el analfabetismo estaba erradicado, eran las muy clericales Santander y, en especial, Álava, «la provincia más devota de toda España». Pero por otra parte abunda como nadie en la censura, que vale la pena citar por extenso: «La Iglesia había descuidado su deber esencial en el país. La cultura católica española es de una riqueza incomparable sobre todo en aquello que más íntimamente llega al alma del hombre y en particular del español –las artes–. Ya en arquitectura, en escultura, pintura, costumbres y tradiciones, como procesiones, romerías, etc., teatro o música, España figura sin disputa a la cabeza de la cultura católica universal. Con todos estos medios en sus manos, la Iglesia debió haber ejercido sobre el pueblo español un imperio espiritual a la vez inexpugnable e irreprochable. ¿Qué se hizo con este tesoro? Absolutamente nada. Los maravillosos autos sacramentales de Calderón se solían dar de cuando en cuando en el pórtico de alguna catedral católica... pero en Suiza. En España los sacerdotes no los conocían y los obispos fruncían el ceño al oírlos nombrar. La noble música de Vitoria, Cabezón, Salinas, yacía enterrada en los polvorientos archivos de las catedrales, juntamente quizá con mucha música inédita, a lo mejor tan buena; mientras en nuestras iglesias y catedrales predominaba la música ramplona y aun a veces callejera. Y así los admirables edificios que alcanzó el arte animado por la fe se iban vaciando poco a poco de todo sentido religioso y nacional para degenerar en piezas de un vasto museo para el turismo y beneficio de sacristanes. Éste ha sido el mayor crimen de la Iglesia española, dejar en barbecho el espíritu del pueblo, dispuesto a recibir en su seno baldío otras simientes. Este es el crimen por el que vinieron a pagar miles de sacerdotes [16].

Como en los casos anteriores, tales cargos tienen alguna base, pero no la suficiente para juzgar en general, no digamos en bloque. La ignorancia de muchos clérigos –como de muchos políticos de todas las tendencias– era cierta, pero no lo era menos que el clero sostenía numerosas instituciones culturales, algunas de primer orden, como la Universidad de Deusto o el Colegio de El Escorial, o revistas de investigaciones muy variadas. Y *El Debate,* órgano oficioso del partido católico, aguantaba la comparación con los mejores diarios españoles de entonces. Sin vivir una etapa de brillantez intelectual, la Iglesia no estaba, ni mucho menos, tan decaída como cabría deducir de los párrafos citados.

Tampoco Madariaga, otras veces tan perspicaz y medido, muestra ambas cualidades cuando recomienda: «Al estallar la guerra civil, la Iglesia española debió haber abierto los brazos como Jesucristo, a la izquierda y a la derecha (...) debió haber luchado por la paz y por la unión, y por ellas muerto. Pero no. Desde el principio se puso de un lado sólo, del lado de la fuerza militar (...). No era quién la Iglesia para declararse parcial, y menos parcial en pro de la fuerza» [17].

Ello lo dice después de haber trazado una de las descripciones más vívidas de la situación revolucionaria en España en los meses previos a la reanudación de la guerra. Desde luego, y contra lo que él dice, la fuerza, militar y económica, estaba al principio, y lo estuvo durante mucho tiempo, del lado de los revolucionarios. Pero, ello aparte, el escritor olvida que la actitud de la Iglesia, durante los cinco años previos de república, fue justamente moderada y conciliadora, pero nunca aceptada por las izquierdas, y rechazada explícitamente por los socialistas a principios de 1934, y por Azaña en sus mítines de 1935. La Iglesia sufrió un acoso letal no desde el 18 de julio, sino desde el 16 de febrero; y al reanudarse la contienda, la persecución desatada no esperó a que la jerarquía eclesiástica se pronunciase a favor de uno u otro bando. Exigir que, llegada ahí después de todos sus esfuerzos anteriores, la Iglesia colocase en el mismo plano a quienes la estaban exterminando y a quienes la estaban salvando, resulta por lo menos vacuo, y más en quien nunca tuvo entre sus virtudes –abundantes en otros aspectos– un heroísmo remotamente comparable al que demandaba de otros y al que mostraron, efectivamente, tantos católicos entonces, acompañado del perdón reconciliador.

En fin, sin duda existía un clero ignorante, rutinario y devoto del poder, y el campo sindical fue apenas trabajado, como han visto el profesor Cuenca Toribio y otros; y, hasta quizá algún fraile pudo haber disparado desde algún campanario contra los «rojos». Pero tales cargos, aparte de su insuficiencia para juzgar la situación, tienen un matiz irónico, vistas desde el lado revolucionario: diríase que éste anhelaba una Iglesia intelectualmente brillante, pastoralmente eficaz, firmemente asentada en la conciencia popular y sin un solo cura reprobable, y que la persiguió por sentirse frustrado en sus buenos deseos.

Obviamente, no se trataba de nada semejante. En la mentalidad revolucionaria y jacobina, la Iglesia era, desde Voltaire, «la infame» a aplastar. Su infamia no procedía ante todo de la conducta práctica de sus miembros, sino de su supuesto papel objetivo e inevitable como institución defensora de la superstición y de los intereses «reaccionarios», y traficante del «opio del pueblo». Sus doctrinas contrariaban el imperio de la razón y la libertad, según aquellos, y ahí estaba el nudo de la motivación anticlerical. Sin tenerlo en cuenta, se vuelven ininteligibles la furia y la sistematicidad de la persecución. En ese contexto, las conductas, digamos virtuosas, del clero, nunca podían ser reconocidas, por cuanto contribuían a prestigiar la institución, mientras que los defectos eran exaltados y generalizados por una propaganda implacable, que sugestionaba a mucha gente*. Se trataba de erradicar la religión y a sus representantes como obstáculo fundamental para la nueva época de la igualdad y liberación social. La medida en que el obstáculo fuera aniquilado señalaba el avance en la buena dirección y de ahí que la crueldad apareciese a los ojos de muchos como un mérito y no como prueba o indicio de una perversión. La apelación a la revolución «ferozmente sangrienta» predicada por el viejo educador ácrata-republicano Ferrer Guardia, entraba en la tradición de amplios sectores izquierdistas.

Incluso los izquierdistas más pacíficos mostraron indiferencia, atribuyendo las matanzas, no a bandas de exaltados y criminales políticos, sino al «pueblo», nada menos. Esa identificación permanece hoy día en las condenas a las beatificaciones de quienes para la Iglesia son mártires y para los condenantes víctimas, quizá inocentes muchas de ellas, de una «justicia popular» que se les antoja muy comprensible, aun si posiblemente excesiva.

Aunque la Iglesia predicó durante la república la conciliación y el acatamiento del poder, la implacable carnicería sufrida la inclinó del lado de los rebeldes. Algunos obispos hablaron pronto de

---

* F. Borkenau, en *El reñidero español,* cuenta: «Un grupo de milicianos conversa con varias mujeres, divirtiéndose a expensas de la Iglesia y del clero (...). Sólo dos temas fundamentales pueden provocar esa especie de risa en que se mezclan el odio y el desprecio. Uno es la avaricia del clero: la Iglesia de los pobres, la Iglesia cuyo reino no es de este mundo, ha mostrado ser muy lista al asegurar para sí lo mejor de los placeres de este mundo. El segundo, proferido naturalmente entre más carcajadas, es la supuesta conducta objetable de los sacerdotes que, si se les creyera, se les consideraría profesionales de la castidad. La conversación no es original ni, creo, reveladora de los más profundos motivos de la quema de iglesias. Pero es interesante ver cómo, en sus ataques contra la Iglesia, el anarquismo español ha reivindicado y adaptado a sus propios fines todos los argumentos utilizados contra la Iglesia católica por los autores protestantes de libelos durante el siglo XVI»[18].

«cruzada» en defensa de la civilización cristiana. La primera declaración oficial fue la de los obispos de Vitoria (Múgica) y Pamplona (Olaechea), el 6 de agosto del 36, que incluía una dura crítica al PNV por ponerse del lado de los perseguidores. El obispo de Zaragoza, Doménech, habló poco después de «cruzada», siendo Pla y Deniel quien en el documento *Las dos ciudades,* a finales de septiembre, dio cierto carácter oficial a la expresión, refrendada por el cardenal Gomá en noviembre, en el documento *El caso de España.* La opción por el bando nacional quedaría oficializada definitivamente en la *Carta colectiva* de los obispos, de gran influencia internacional, aunque en ella no aparezca la palabra «cruzada» [19].

La *Carta* se publicó el 1 de julio de 1937, después de la caída de Bilbao, y estaba preparada desde tiempo antes. Redactada por Gomá, la firmaron todos los obispos menos los doce ya asesinados, Múgica y Vidal i Barraquer, estos últimos fuera de España. Vidal manifestó su acuerdo «con el fondo y la forma», pero se abstuvo por temor, dijo, a que «se le diera una interpretación política», y a que sirviera para recrudecer la persecución. El mismo temor expresó Múgica, de tendencias carlistas y que desde el primer momento había apoyado a los sublevados [20]. En realidad, la carta, por su fuerte eco en el exterior, sirvió para contener la persecución*. Los políticos del PNV intentaron contrarrestar la influencia de la *Carta* presionando en el Vaticano por medio de obispos y sectores católicos franceses e italianos, temerosos de la influencia alemana en España. En marzo de 1937 el Vaticano había tenido un agrio enfrentamiento con el régimen nazi, contra el que escribió la dura encíclica *Mit brennender Sorge,* denunciando su tota-

---

* El franquismo impidió a los dos la vuelta al país, aunque lo permitió a Múgica en los últimos años de su vida. El nacionalismo de Vidal, y el no haber hecho ninguna declaración pública –aunque sí muchas privadas– de apoyo a la causa franquista, provocó el veto a su retorno.

litarismo, pero la situación en España era obviamente distinta, y los grupos antifranquistas en el Vaticano perdieron la partida cuando el papa Pío XI reconoció de hecho a Franco, enviándole a finales de agosto al cardenal Antoniutti como representante semioficial.

No todo el clero español respondió del mismo modo a la persecución. Parte del vasco se alineó con los nacionalistas colaboradores del Frente Popular, y los clérigos nacionalistas catalanes que habían buscado asilo en Roma, mostraban reticencia hacia los sublevados*, como traslucen documentos del archivo del cardenal Gomá editados recientemente por los historiadores José Andrés Gallego y Antón M. Pazos.

---

* Gomá señala cómo «ha llamado poderosamente la atención el hecho de que los sacerdotes militantes del catalanismo hayan salido todos indemnes (...) mientras sucumbían a centenares sus hermanos [en Cataluña]. Persona de responsabilidad absoluta me asegura que fueron cuidadosamente buscados y puestos en salvo por uno de los ministros del Gobierno de la Generalidad». Ya en Roma dichos sacerdotes, el obispo de Vic expresaba al papa su preocupación «porque estaban aquí sin poder hacer nada y esto es peligroso para ellos mismos y convendría se ocuparan de algo en España» (en la zona rebelde). Pero los clérigos consultaron con «un sacerdote de Vich» también en Roma y éste les dijo que «de ninguna manera debían ir y que deberían quedarse todos en Roma indefinidamente. Es decir, que obedecen a un particular cualquiera y no obedecen a su Prelado. ¡Qué espíritu sacerdotal (...)! Con razón ha caído sobre nuestra atribulada patria la hecatombe que estamos pasando. Estas situaciones no se forman por generación espontánea», informaba a Gomá otro catalán llamado Carmelo Blay, en noviembre de 1936.

Gomá había tenido frecuentes roces con Vidal i Barraquer, que, presentándose como «cardenal más antiguo», y con una táctica de «pequeñas insidias», intentaba encabezar a los demás obispos y socavar la autoridad de Gomá como cardenal primado de España. El nuncio Tedeschini apoyaba a Vidal, contra las instrucciones precisas del Vaticano de mantener los derechos del primado, que «nunca creyó hallar tales dificultades». El nuncio habría tratado a éste de manera «algo más que inconveniente» [21].

En el resto de España, algunos sacerdotes de ideas izquierdistas simpatizaron o colaboraron abiertamente con las izquierdas, como el famoso padre Lobo, afecto a los servicios de propaganda revolucionarios.

Capítulo 15

GARCÍA LORCA, MAEZTU, LOS *PADRES ESPIRITUALES* DE LA REPÚBLICA, Y OTROS INTELECTUALES

Maeztu era un notable pensador, comprometido con el monarquismo en la línea de Calvo Sotelo, y autor de ensayos muy conocidos como *Defensa de la Hispanidad, Don Quijote, Don Juan y La Celestina,* o *La crisis del humanismo*. Había fundado, con Sainz Rodríguez, la emblemática revista intelectual *Acción Española*. Cuenta Sainz: «Dos o tres días antes del Alzamiento Nacional, algunos amigos nos fuimos a Burgos; siempre tendremos el remordimiento de no haber llevado con nosotros a Maeztu». Iban con Sainz, el general Jorge Vigón y el Marqués de las Marismas. ¿Por qué dejaron a Maeztu? La explicación del primero revela algo: «Ya sea porque no cabíamos bien en el coche, o porque no les seducía a los demás la compañía de Maeztu pues, aunque era hombre de gran mérito, en su conversación particular resultaba un poco reiterativo y pesado, y quizá por huir de eso durante el viaje, cometimos la ligereza de no avisarle».

Con esa frivolidad abandonaron a su suerte a un hombre de mérito harto superior, en el plano intelectual, al de cualquiera de los tres. Al empezar el alzamiento, Maeztu se refugió en casa de su amigo J. L. Vázquez Dodero. Allí le detuvieron el 31 de julio, mientras su esposa y su hijo buscaban asilo en la embajada inglesa [1].

En el clima enrarecido de julio, Federico García Lorca, poeta y dramaturgo de gran prestigio, anunció a sus amigos, el día 11, que pensaba ir a Granada. El escritor falangista Agustín de Foxá, le dijo: «Si quieres marcharte, no vayas a Granada, sino a Biarritz». Otros quisieron disuadirle, pero él replicó: «No soy enemigo de nadie». Apenas conocido el asesinato de Calvo Sotelo, comunicó a un amigo: «Estos campos se van a llenar de muertos. Me voy a Granada y sea lo que Dios quiera». Y así lo hizo esa misma noche[2].

En Granada triunfó el día 20 la sublevación, pero el poeta no se sintió amenazado. Su trayectoria política sólo podía estimarse tenuemente de izquierdas, había mantenido distancias con la política y tenía amistad o trato con gente de ambos bandos, incluso falangistas; hasta con el propio José Antonio. Pronto comprendió, sin embargo, que corría peligro en el clima de odios políticos y ajustes de cuentas imperante por aquellos días, y abandonó la casa paterna para confiarse a la protección de otro destacado poeta, el falangista Luis Rosales, en cuya casa recaló el 9 de agosto. Rosales, prudente, le ofreció pasarlo a la zona contraria, pero García Lorca rehusó, pensando capear la tormenta inicial. Cometía un trágico error.

Miguel de Unamuno era uno de los escritores y pensadores españoles más descollantes. Había «perseguido», más que a la recíproca, a la dictadura de Primo de Rivera, según sus propias palabras, y se le consideraba un «padre espiritual» del nuevo régimen: «Soy (...) uno de los que más han contribuido a traer al pueblo español la República». Pero su desencanto había ido en aumento, hasta hacerse visible repugnancia después de las elecciones del Frente Popular, sobre cuyo ambiente traza descripciones como la famosa de «una Sala de Audiencia cercada por una turba de energúmenos dementes que querían linchar a los magistrados, jueces y abogados. Una turba pequeña de chiquillos –hasta niños, a los que se les hacía esgrimir el puño– y de tiorras desgreñadas...»

Rector perpetuo de la Universidad de Salamanca, en manos de los rebeldes desde el principio, abrazó de inmediato la causa de éstos, considerándola salvadora de España y de la civilización cristiana. El escritor stalinista Iliá Ehrenburg le fulminaba: «Ya no hay en la lucha escritores "neutrales". El que no está con el pueblo, está contra él». Y ponía como ejemplos de «auténticos defensores de la cultura» a Ortega, Gómez de la Serna, Alberti o Antonio Machado, alineados con «el pueblo». Los populistas se esforzaron en contrarrestar el influyente apoyo moral de Unamuno al enemigo, movilizando firmas como la de Ortega y Gasset, el otro intelectual español de mayor proyección internacional [4].

Al comenzar la guerra, el filósofo José Ortega y Gasset, enfermo y sintiéndose en su casa a merced de los milicianos, fue a refugiarse en la Residencia de Estudiantes, renombrado centro intelectual madrileño. Tenía motivos para el miedo, pues, aunque en 1930 y 1931 había sido el gran mentor de la república, había sentido hacia ella un pronto desengaño, manifestado crudamente en algunos artículos, y había rechazado honores oficiales, lo que muchos republicanos tomaron por afrenta y deserción. Sin embargo era, con Unamuno, el intelectual español más conocido e influyente fuera de España, y eso le proporcionaba cierta salvaguardia. Pero tampoco en la Residencia pudo estar tranquilo, pues, como dice Moreno Villa: «unas cuantas mujeres [de la servidumbre] aleccionan a las demás y empiezan a mirarnos como a burgueses dignos de ser arrastrados. Un escribiente de la oficina se enfrenta con la dirección y pide que se le entregue el dinero de aquella Casa». El director, Jiménez Fraud, se negó, exponiéndose a ser «paseado», y terminó huyendo a Inglaterra, en septiembre [4].

Hacia finales de julio, una asociación intelectual pro revolucionaria, la Alianza de Intelectuales Antifascistas para Defensa de la Cultura, dirigida por el cristiano *progresista* José Bergamín, ideó un manifiesto: «Contra este monstruoso estallido del fascismo, que tan espantosa evidencia ha logrado ahora en España, nosotros, escritores, artistas investigadores, hombres de actividad intelectual, en suma, agrupados para defender la cultura en todos sus valores nacionales y universales de tradición y creación constante, declaramos nuestra identificación plena y activa con el pueblo, que ahora lucha gloriosamente al lado del gobierno del Frente Popular defendiendo los verdaderos valores de la inteligencia al defender nuestra libertad y dignidad humanas, como siempre hizo.»

La Alianza solicitó la firma de Ortega, el cual rehusó al principio, pero cedió enseguida, atemorizado por el torvo ambiente.

Desde el 31 de julio el manifiesto fue difundido al mundo entero, con firmas como las de Ortega, Gregorio Marañón, Ramón Pérez de Ayala, Antonio Machado, Ramón Menéndez Pidal, Juan Ramón Jiménez, Ramón Gómez de la Serna y otros destacados escritores. Los cuatro primeros solían ser considerados «los padres espirituales de la república», por su importante papel en la creación del clima popular pro republicano en 1930 y 1931, pero de ellos quizá era Machado el único firmante sincero. Algunos no engañaban a las izquierdas. El 4 de agosto publicaba *Claridad,* órgano del sector socialista de Largo, un sarcástico comentario sobre el «cinismo» de *Azorín:* «El delicado y espiritual Azorín, el intrépido Azorín, se adhiere al Frente Popular». No le daba crédito, pues «pertenece a una generación de intelectuales traidores o *neutrales*», en alusión a la Generación del 98, de la que sólo salvaba a Valle-Inclán, ya muerto. El calificativo de traidor en aquellas circunstancias suponía un peligro inminente, y el aludido se apresuró a poner tierra por medio.

Tras la firma del manifiesto, los milicianos exigieron a Ortega hablar por Radio América, pero esta vez el filósofo rehusó. En consecuencia, empezó a hablarse de él como orientador de la Falange y el fascismo. El acusado, bien apercibido de lo que ello significaba, se dio prisa en desaparecer, logrando embarcar en Alicante para entrar en Francia el 7 de agosto.

La segunda mitad de agosto trajo varios sucesos relacionados con los intelectuales. Entre insultos y amenazas, el Frente Popular destituyó a Unamuno, Ortega y otros, de sus cargos en la universidad o en otros organismos. Sirva como muestra el suelto sobre Unamuno aparecido en 20 de agosto en el diario azañista *Política*, teóricamente moderado: «La traición de Unamuno –prevista y despreciable– desnuda moralmente a un histrión calculador, travestido de austero puritano. Lo que no encontraríamos a lo largo de esta vida inconexa –brillante escaparate y trastienda de mercader judío– es valor cívico, desinterés ni consecuencia».

La consigna en el mismo diario, el 31 de julio, era: «La intelectualidad española execra el criminal levantamiento militarista. Unión total, plena y activa con el pueblo». No obstante, muchos intelectuales preferían alejarse de aquel «pueblo». Josep Pla, considerado el mejor prosista del siglo en catalán, huía a Francia desde Barcelona, con un falso pasaporte escandinavo, facilitado por el padre de una amante suya, noruega. Hacia finales de año llegaban también al vecino país Juan Ramón Jiménez, Ramón Gómez de la Serna, Gregorio Marañón, *Azorín*, Menéndez Pidal, Pío Baroja, Pérez de Ayala y otros, huidos de la zona «republicana» por sentirse en peligro o a disgusto en ella. A Baroja lo capturaron en un primer momento unos requetés sublevados, que, dice el escritor, quisieron fusilarlo, aunque lo dejaron seguir. Flores de Lemus, el economista más prestigioso del país y maestro de otros muchos, también se evaporó, por amenazas de muerte.

Pero el hecho más retumbante y trágico fue el asesinato de García Lorca, en el bando rebelde. El 16 de agosto el poeta fue detenido. Según el testimonio de Luis Rosales, recogido por el también escritor I. Agustí, capturaron a García Lorca en un gasómetro detrás de la casa del primero. «Cuando le sacaron de allí yo vi asomar su cabeza, lívida como la de un muerto» [5]. Rosales hizo gestiones para su liberación, quizá sin demasiado empeño, se ha dicho, por creer imposible lo que iba a suceder. Y el día 19 en la madrugada, García Lorca era asesinado, con otras tres personas, en una localidad cercana a Granada, Víznar. El eco del crimen fue inmenso, todavía resuena, e intelectuales de todo el mundo se movilizaron en la protesta y la condena.

Repercusión infinitamente menor tuvieron asesinatos perpetrados por las izquierdas, como el de Francisco Valdés, literato extremeño y colaborador de la revista monárquica *Acción Española*, o el del jesuita Ignacio Casanovas, investigador sobre Balmes e Ignacio de Loyola, autor de numerosos estudios críticos de pensamiento y fundador de una prestigiada revista de historia sacra. Paul Claudel clamó por una protesta de los intelectuales europeos, pero éstos prefirieron el silencio.

Octubre será otro mes en que el papel de algunos intelectuales tendrá vasta repercusión, especialmente por el incidente del día 12, en Salamanca, protagonizado por Unamuno. Éste, destituido de sus cargos por el gobierno y repuesto por los rebeldes, había ido enfriando su entusiasmo por los últimos, ante las venganzas y crímenes en curso, víctimas de los cuales habían sido amigos suyos, como un pastor evangélico de Salamanca y otro, acusado de masón. Amargado, empezó un libro titulado *El resentimiento trágico de la vida,* recordando otro título suyo famoso. No se trata de una reflexión histórica o política, sino moral, en la que denuesta por igual a unos y a otros contendientes, mediante descripciones de crueldades y vilezas cargadas de significado.

El 12 de octubre, en la conmemoración del día de la Hispanidad, en la Universidad de Salamanca, Unamuno chocó con el fundador de la Legión, Millán Astray. Sobre el incidente y las palabras pronunciadas por uno y otro hay versiones diversas, pero en lo esencial parece que el primero empezó criticando los odios desatados por la contienda, a la que, haciendo un juego de palabras más bien vacuo, calificó de «incivil». Millán, con la mentalidad del soldado en lucha a vida o muerte, despreciador de las vacilaciones intelectuales, le replicó: «¡Viva la muerte!», o bien «¡Muera la inteligencia!», corrigiéndole el escritor José María Pemán, allí presente, con un «¡Viva la inteligencia y mueran los malos intelectuales!». Unamuno acusó al militar de querer crear una España nueva a imitación de sí mismo, es decir, mutilada: «Este es el templo de la inteligencia, y yo soy su sumo sacerdote. Vosotros estáis profanando su sagrado recinto. Yo siempre he sido, diga lo que diga el proverbio, un profeta en mi propio país. Venceréis, pero no convenceréis».

Entre el revuelo, la esposa de Franco, Carmen Polo, secundada por Pemán, dio el brazo al intelectual, para protegerlo de posibles agresiones, y los tres salieron del lugar.

Unamuno narraría así el incidente a un amigo: «Dije que vencer no es convencer ni conquistar es convertir, que no se oyen sino voces de odio (...). Hubiera oído usted aullar a esos dementes falangistas azuzados por ese loco y grotesco histrión que es Millán Astray». Y había clamado al novelista griego Kazantzakis: «¡Estoy desesperado! (...) Se lucha, se matan unos a otros, queman iglesias, celebran ceremonias, ondean las banderas rojas y los estandartes de Cristo. ¿Cree usted que esto ocurre porque los españoles tienen fe, porque la mitad de ellos cree en la religión de Cristo y la otra mitad en la de Lenin? En absoluto (...). Todo lo que está ocurriendo en España es porque los españoles no creen en nada (...). El pueblo español se ha vuelto loco. El pueblo español y el mundo entero (...). ¡Estoy solo! ¡Solo, como Croce en Italia [6]!

Unamuno fue destituido nuevamente de su cargo de rector de la universidad salmantina, ahora por los franquistas, pero no sufrió persecución, contra versiones muy difundidas. Lleno de pesadumbre, se recluyó a su casa, donde falleció el último día de diciembre, siendo enterrado con grandes honores por los falangistas, que antes le habían insultado. Sobre su actitud en esos meses han corrido diversas versiones. Al parecer, en medio de sus dudas angustiadas, reafirmó a un periodista francés que el movimiento rebelde «tiende a salvar la civilización occidental cristiana y la independencia nacional» [7].

En la noche del 28 al 29 de octubre, dos semanas y media después del incidente de Salamanca, Ramiro de Maeztu, encarcelado en la prisión madrileña de Ventas, era despertado por los guardianes, supuestamente para hablar con el director de la prisión. Empezó a vestirse, pero un vigilante «antiguo camarero, maestro en asesinatos», le advirtió: «Para donde va, puede usted ir muy bien en pijama». El prisionero pidió la absolución a un sacerdote compañero de celda y salió. Acaso lo mataron enseguida, y llevaron el cadáver a Aravaca, o bien lo fusilaron junto con otros en este lugar, cercano a la capital. Diversos especialistas lo han considerado el pensador español más relevante de su tiempo, después de Ortega y Unamuno* [8].

---

* Los comentaristas de izquierda suelen despreciar el valor intelectual de Maeztu, contra quien han acumulado invectivas. Cosa llamativa, habida cuenta de la escasa enjundia del pensamiento de izquierda en España. *Víctimas de la guerra civil*, por ejemplo, presenta al asesinado como «el intelectual de mayor prestigio que pudieron pasear como mártir los franquistas». A. Trapiello, en

El carácter espiritual de la contienda tuvo un nítido reflejo en los intelectuales. Las izquierdas, mucho más hábiles en este aspecto, sobresalieron en la guerra de la propaganda, forjando estereotipos perdurables, en especial el de que la intelectualidad se puso, casi en bloque, a su lado, el lado del «pueblo» y de la cultura. El caso de García Lorca tuvo difusión mundial como la prueba terminante del carácter salvajemente anticultural de los rebeldes, y el de Unamuno como expresión de su primario odio al intelecto. Los contrarios no supieron o no quisieron explotar en la misma escala las fechorías de sus contrarios. Y sin embargo la represión del Frente Popular contra intelectuales desafectos fue muy dura (en noviembre caería en Madrid otro conocido dramaturgo y humorista, Pedro Muñoz Seca, aumentando una lista que incluye a diversos clérigos profesores o investigadores de mérito*). La actitud izquierdista hacia los miembros de la

---

Las armas y las letras, lo califica de «un invento del franquismo, el escritor muerto que se intentó oponer al otro muerto ilustre, que era García Lorca, en un esfuerzo desesperado por demostrar que la barbarie de la guerra se había propagado en ambas zonas por igual»; o bien: «Era un hombre nada refinado, que no entendía nada de casi nada» (todo lo contrario de Trapiello, claro). El tono sugiere que referirse al crimen apenas vale la pena, o hace el juego a la propaganda franquista. Este sectarismo un tanto brutal persiste de muchas formas: la derecha se ha unido a las conmemoraciones de García Lorca; la izquierda nunca lo ha hecho con las de Maeztu u otros intelectuales víctimas del Frente Popular, cuyo asesinato, da la impresión, sigue considerando de algún modo justificado [9].

* A. D. Martín Rubio da una lista de 29 intelectuales de diverso relieve asesinados por el Frente Popular, aparte de otros más directamente políticos, como Víctor Pradera, Ledesma Ramos o José Antonio, y de los religiosos. Los intelectuales de *Acción Española* fueron literalmente masacrados: además de Maeztu, Pradera o García Villada, A. Bermúdez-Cañete, J. Reina, A. Alcalá-Galiano, F. Santander, García de la Herrán, o M. Bueno [10].

Generación del 98, compuesta por varios de los principales escritores y pensadores de España, es inequívoca: Unamuno, *Azorín*, Baroja, Manuel Machado, hermano de Antonio, fueron anatematizados y si se hallaban en territorio izquierdista debieron huir de la amenaza mortal que sentían sobre sí, cumplida en Maeztu. Por otra parte, las izquierdas perpetraron una hecatombe de obras de arte, bibliotecas, edificios históricos o artísticos, etc. Que con tales acciones hayan logrado pasar, en España y en el extranjero, por apóstoles de la cultura, demuestra una destreza propagandística que sólo puede inspirar un respeto reverente y algo temeroso.

Lo indicado no impidió a otros intelectuales identificarse con los revolucionarios. Algunos de ellos de buena fe, como Antonio Machado o Miguel Hernández; otros hasta extremos policíacos, como Alberti, que publicaba en la revista *El mono azul,* la sección titulada, con juego de palabras inequívoco, «A paseo», en especial contra escritores «reaccionarios». A Bergamín, católico *avanzado,* no le preocupó la matanza del clero y la destrucción de iglesias, y justificó en su momento las torturas y asesinatos contra miembros del POUM, partido comunista heterodoxo, aplastado por el PCE*. Ambos participaron activamente en la movili-

---

* Vuelto a España tras la muerte de Franco, apoyó el terrorismo de ETA. Durante la guerra negó que los intelectuales sufrieran amenazas. María Teresa León, esposa de Alberti, recoge de Juan Ramón Jiménez, a quien encontraron un día en la calle, lleno de euforia: «Llegaron a mi casa unos de la FAI empeñados en que yo era un tal Ramón Jiménez al que iban buscando. Afortunadamente, uno de ellos me metió un dedo en la boca y aclaró: "Pues éste no es, porque éste no lleva dentadura postiza". Qué bien comprendimos lo sonriente que iba Juan Ramón, llevando entre los labios su documento de identidad intransferible». Y concluye María Teresa con tierna comprensión: ¡Ah, qué Madrid este!». Ella misma cuenta cómo ayudó a detener a dos infelices, cuyo destino no explicita. Alberti hizo más que participar en detenciones ocasionales [11].

zación internacional de escritores, organizada por el eficacísimo aparato de propaganda de la Comintern, que produjo innumerables declaraciones, protestas, recogidas de firmas, etc., culminando en el II Congreso Internacional de Escritores para la Defensa de la Cultura, en Valencia, en julio de 1937.

Por otra parte fue muy indicativa la reacción de los «padres espirituales de la república», Marañón, Pérez de Ayala y Ortega, así como la de otros intelectuales muy destacados, tras firmar, obviamente por temor, el manifiesto de identificación con el Frente Popular. Una vez lograron ponerse a salvo, expresaron su verdadero pensamiento, fuera en público o en cartas privadas. Ortega acusó duramente a los intelectuales extranjeros, ejemplificándolos en el caso de Einstein, de dogmatizar sobre España sin tener apenas la menor idea ni de su historia ni de su realidad presente, y de desacreditar de paso la función intelectual [12].

Los tres se inclinaron por Franco, y en sus cartas personales expresan sin ambages, en especial Marañón, uno de los referentes del liberalismo hispano, su aborrecimiento por las autoridades y las actuaciones del Frente Popular: «Esa constante mentira comunista, que es lo más irritante de los rojos. Por no someterme a esa servidumbre estúpida de la credulidad, que ha ganado a tantas gentes como Sánchez Román, Zuazo y tantos más, es por lo que estoy contento de mi actitud». «Ser demócrata ha llegado a ser, en la práctica, esto: creer todo lo que nos dicen en nombre de la democracia. Creer que Rusia representa la libertad; que Negrín es un sabio y un gran político; que el ejército rojo se rehace cada vez que le derrotan (...). La inmensa tragadera del demócrata se extiende a todo lo demás.»

De los líderes izquierdistas escribe: «¡Qué gentes! Todo es en ellos latrocinio, locura y estupidez. Han hecho, hasta el final, una revolución en nombre de Caco y de caca». «Bestial infamia de esa gentuza inmunda.» «Tendremos que estar varios años maldiciendo la estupidez y la canallería de estos cretinos criminales, y aún no habremos acabado. ¿Cómo poner peros, aunque los haya, a los del otro lado?» «Horroriza pensar que esta cuadrilla hubiera podido hacerse dueña de España. Sin quererlo siento que estoy lleno de resquicios por donde me entra el odio, que nunca conocí. Y aun es mayor mi dolor por haber sido amigo de tales escarabajos y por haber creído en ellos [13].»

Pérez de Ayala no era menos explícito: «Cuanto se diga de los desalmados mentecatos que engendraron y luego nutrieron a sus pechos nuestra gran tragedia, todo me parecerá poco (...). Lo que nunca pude concebir es que hubieran sido capaces de tanto crimen, cobardía y bajeza». «En Octubre del 34 tuve la primera premonición de lo que verdaderamente era Azaña.»

Marañón, después de haber suscrito en Madrid el célebre manifiesto de intelectuales izquierdistas, escribió, ya a salvo: «Mi respeto y mi amor por la verdad me obligan a reconocer que la República española ha sido un fracaso trágico (...). Desde el principio del Movimiento Nacional lo he aprobado explícitamente y le he enviado mi adhesión (...). Estoy orgulloso de tener a mis dos hijos en el frente como simples soldados». Y así otros [14].

Una polémica algo absurda se ha centrado en el número de intelectuales que apoyó a uno u otro bando. En cuanto a los extranjeros, la vasta mayoría apostó por los revolucionarios, pero la crítica que les hizo Ortega tenía algo, y aun mucho, de verdad: ignoraban casi todo sobre España. Y daban crédito a los productos de la propaganda de la Comintern, dirigida por el genial, a su modo, Willi Münzenberg.

Mayor peso podría tener la actitud de los intelectuales españoles, a quienes la izquierda ha presentado como identificados, casi en bloque, con «el pueblo», es decir, con los revolucionarios. Los rebeldes eran menos expertos y algo reacios a organizar tales campañas. Las expresiones de Millán Astray en su incidente con Unamuno no reflejaban sólo una especie de brutalidad soldadesca, sino el disgusto muy extendido en medios conservadores hacia los intelectuales, a quienes tendían a considerar mayoritariamente demagogos y agentes de «la mentira revolucionaria». No obstante, los rebeldes recibieron un apoyo intelectual no menos importante que el de sus contrarios. Si la izquierda contó con figuras tan notorias como Picasso, Antonio Machado, Bergamín, Alberti, Miguel Hernández, Buñuel, León Felipe, Sender, Barea, Sánchez Albornoz y tantos más, los rebeldes contaron con la adhesión, en distintos grados, de las figuras más destacadas del pensamiento, como Ortega, Unamuno (al menos al principio), D'Ors, García Morente, Maeztu, el patriarca de los historiadores Menéndez Pidal, etc.; de escritores destacados como el premio Nobel Benavente, *Azorín*, Baroja, Rosales, Pemán, Manuel Machado, Pérez de Ayala, y muchos más; o de artistas como Dalí, Gutiérrez Solana, Sert, Zuloaga, y otros; de los principales intelectuales vascos y catalanes (aparte de los citados, Pla, Valls Taberner, Agustí, etc.), y de los gallegos Fernández Flórez, Camba, Risco y otros. El historiador Cuenca Toribio ha mostrado cómo la joven generación intelectual que entonces afloraba optó mayoritariamente por el bando rebelde o nacional: Foxá, Sánchez Mazas, Ridruejo, Laín, Neville, Torrente Ballester, Tovar, Montes, Cela, Víctor de la Serna, Cunqueiro, Mourlane, el maestro Rodrigo, etc. [15] Todo lo cual reflejaba, como en tantos otros campos, un país partido en dos.

Capítulo 16

EL ALCÁZAR DE TOLEDO
Y OTROS ASEDIOS

Al comenzar el alzamiento derechista, el coronel Moscardó, comandante militar accidental de Toledo, desobedeció la orden de mandar a Madrid las reservas de municiones de la fábrica de armas toledana. Entonces una columna populista al mando del general Riquelme, veterano africanista, marchó desde Madrid sobre la ciudad del Tajo. El grueso de la columna se componía de guardias de asalto, y había además dos compañías de infantería y un nutrido grupo de milicianos anarquistas a las órdenes de un capitán de artillería. En total, 1.500 hombres, con una batería artillera. Moscardó declaró el estado de guerra en la ciudad, y concentró a los guardias civiles de la provincia, más algunos voluntarios, soldados y un puñado de cadetes de la academia militar, de 1.100 a 1.200 hombres en total. La disparidad de fuerzas era escasa, pero Toledo se encontraba totalmente aislada en medio de una vasta región enemiga, a sólo 70 km de Madrid, cuya capacidad de refuerzos era inagotable.

Después de una breve resistencia en las afueras de la ciudad, Moscardó resolvió hacerse fuerte en el alcázar, una grande y sólida fortaleza muy destacada sobre el caserío urbano, y en la vecina comandancia militar. También aprovechó las horas para trasladar allí gran cantidad de municiones y víveres. Con las tropas entraron unos 500 civiles, mujeres y niños, familiares de los guardias civiles, más un puñado de prisioneros izquierdistas, como garantía ante posibles represalias enemigas contra otros parientes de los sublevados. La decisión de encerrarse fue probablemente errónea desde el punto de vista militar, pues habría podido ocupar la ciudad entera, de fácil defensa por sus condiciones naturales.

En Madrid, el general Fanjul había cometido un error parecido, al concentrar sus fuerzas en el cuartel de la Montaña, donde, desmoralizado, hubo de rendirse el día 20, después de lo cual sucedió una matanza de prisioneros. Y el mismo error acababa de cometer, en Gijón, el coronel Pinilla, que tras un intento de dominar la ciudad, se encerró en el cuartel de Simancas y otro cercano, con 200 ó 300 hombres; el 21 hacía otro tanto, en San Sebastián, el teniente coronel Vallespín, en los cuarteles de Loyola. En contraste, el coronel Aranda, se impuso en Oviedo: fingiéndose afecto a las izquierdas, formó una columna con los milicianos más arriscados y los animó a dirigirse a Madrid, hecho lo cual ocupó la ciudad fácilmente y procuró extenderse hacia el mar, por la cercana Gijón. Casi lo había logrado cuando Pinilla se retiraba ya al cuartel. Aranda quedaría enseguida aislado en Oviedo, en condiciones casi tan difíciles como las de Simancas o el alcázar toledano. Las burladas columnas revolucionarias, dominantes en la mayor parte de Asturias, hicieron cuestión de honor la captura de los cuarteles de Gijón y, sobre todo, de la ciudad de Oviedo, volcando sobre ellos, con la mayor tenacidad, todos sus elementos de lucha.

En San Sebastián, los cuarteles de Loyola aguantaron una semana, y tras pactar su rendición y sometimiento a un tribunal, por intermedio del nacionalista Irujo, fueron fusilados sin causa 4 jefes y 15 oficiales, de un total de 7 y 21 respectivamente. En cambio los enclaves de Gijón, Oviedo y Toledo iban a resistir largo tiempo en condiciones casi imposibles. La lucha de la fortaleza toledana iba a tener especial proyección moral, dentro y fuera de España, por hallarse tan cerca de Madrid, centro mayor de la atención política y de los corresponsales extranjeros, y por algunas circunstancias de particular dramatismo.

El 23 de julio, apenas comenzado el asedio al Alcázar, un jefe revolucionario, Cándido Cabello, que se tocaba con la birreta del arzobispo Gomá, ideó forzar la rendición de Moscardó mediante la amenaza de fusilar a su hijo Luis, de 24 años. La conversación fue así:

–Son ustedes responsables de los crímenes y de todo lo que está ocurriendo en Toledo y le doy un plazo de diez minutos para que rinda el Alcázar, y de no hacerlo fusilaré a su hijo Luis, que lo tengo aquí a mi lado.

–Lo creo.

–Y para que vea que es verdad, ahora se pone al aparato.

–Papá.

–¿Qué hay, hijo mío?

–Nada, que dicen que me van a fusilar si el Alcázar no se rinde, pero no te preocupes por mí.

–Si es cierto, encomienda tu alma a Dios, da un viva a España y serás un héroe que muere por ella. ¡Adiós, hijo mío, un beso muy fuerte!

–¡Adiós, papá, un beso muy fuerte!

Y dirigiéndose al jefe miliciano, el coronel terminó:

–Puede ahorrarse el plazo que me ha dado, puesto que el Alcázar no se rendirá jamás.

Según algunas versiones, el hijo fue ejecutado de inmediato, pero en aquel momento fue sólo encarcelado, con otros muchos. Un testigo afirmó que la ejecución fue evitada por alguien presente, que advirtió de la posibilidad de canjear al joven por prisioneros izquierdistas retenidos en el Alcázar [1].

A finales de mes, Riquelme, una vez asegurado el cerco, salió para la sierra de Madrid, sustituyéndole el coronel Álvarez Coque. Un teniente, llamado Ciutat, distinguido más tarde en el norte cantábrico, entró una semana después como oficial de enlace, mientras la columna engrosaba con nuevos efectivos. Ciutat habla de un orden público aceptable, pese a lo cual advierte: «el pillaje y el asesinato cunde en forma que esto va a ser un foco que atrae a todos los maleantes, más o menos adheridos a las organizaciones obreras», lo cual «lejos de mejorar, sigue empeorando». En otros informes, la población «más que frialdad, muestra miedo». Los comunistas acusarán a los milicianos de formar en Toledo un «cantón independiente en el que (...) hacían y deshacían a su antojo». Líster, más crudo, trata de prostitutas a las milicianas: «De cuatro a cinco mil hombres, la mayoría anarquistas, acompañados de varios centenares de *señoras*, también con pañuelito rojo y negro, traídas de los burdeles de Madrid, se dieron la gran vida».

Kléber, un jefe de las Brigadas Internacionales describe cómo cada vez que los comunistas eran rechazados al intentar el asalto a la fortaleza, sufrían las burlas «de los indiferentes anarquistas y soldados, que vivían muy bien en Toledo, sometiéndolo a pillaje». Éstos pensaban rendir a los sitiados por medio de la destrucción de su baluarte, sin lanzarse a asaltos frontales, muy costosos en sangre [2].

Los ataques se recrudecieron el 2 de agosto con un intenso bombardeo artillero. El capitán Salinas y el pintor Luis Quintanilla, que en la rebelión socialista de octubre del 34 había dejado su piso como sede del comité coordinador de la insurrección en Madrid, propusieron a Álvarez Coque asfixiar a los defensores con gases, ofrecidos por representantes de una industria francesa; Álvarez no se decidió aunque el día 9 un avión atacó a los sitiados con gases lacrimógenos. La resistencia constituía un desafío para los revolucionarios, y el auxilio dependía de las tropas de Franco, que el día 11 se hallaban todavía en Mérida, a unos 300 km de distancia [3].

Al tomar Mérida y unir las dos zonas sublevadas, Franco habría podido trasladar sus tropas por territorio de Mola hasta la sierra de Madrid, sólo 50 ó 60 km al norte de la capital, para lanzar desde allí la ofensiva que decidiera la guerra. En cambio prefirió una larga y dura marcha por el valle del Tajo. La elección debió de obedecer a su escasez de medios, pues aunque sus tropas fueron aumentando en las semanas siguientes, no bastaban ni de lejos para tomar una urbe de un millón de habitantes, que fácilmente podía engullirlos y aniquilarlos en sus calles. Dada la desproporción de fuerzas, sólo un completo desánimo del adversario podía darle la victoria*. El camino más largo le permitía ir venciendo al enemigo por fracciones, en campo abierto o pequeñas ciudades, donde su superioridad maniobrera le hacía imbatible. De ese modo, la sucesión de fracasos iría desmoralizando al enemigo y haciendo madurar la caída de Madrid.

La liberación del Alcázar dependía del éxito de esta marcha Tajo arriba. Aunque el baluarte era muy fuerte, también constituía un blanco perfecto a los bombardeos, que dañaban sus muros y aumentaban las bajas día tras día. Además de aislado estaba incomunicado, pues sólo podía recibir noticias por radio, por cuyo medio se enteraron los de Moscardó de su propia rendición,

---

* Otra opción para tomar la capital con poco esfuerzo, consistía en cortarle el agua, capturando los pantanos que la abastecían. El 11 de agosto, Franco había telegrafiado a Mola: «Acción sobre Madrid estimo debe consistir en apretarle cerco y privarle de agua y aeródromos cortándole comunicaciones, evitando ataques casco población, que caso contrario defensa destrozaría tropas» [4]. Por razón ignorada, posiblemente de orden moral, renunció a privar de agua a la ciudad.

pretendida por las emisoras madrileñas. A mediados de agosto, los sitiadores comenzaron a construir una mina, a fin de volar el edificio y aplastar a los resistentes entre los escombros. El día 20, el gobierno, acuciado por la repercusión internacional de la lucha, dio un plazo improrrogable de 48 horas para tomar la fortaleza, rebelde ya durante un mes. Pero el 22, un avión franquista levantó el espíritu de los sitiados, al soltar sobre ellos un mensaje de Franco en que prometía liberarlos. Ese día el Ejército de África estaba en Navalmoral, a 150 km. En un principio, Franco había pensado dirigirse a Madrid dejando a un lado Toledo, pero finalmente optó por el Alcázar, convertido en un símbolo mundial.

El día anterior al mensaje de Franco terminaba en Gijón la resistencia del cuartel de Simancas, tras un mes largo de asedio entre durísimas penalidades, sin apenas alimentos ni luz, ayudado precariamente desde el mar por los cañonazos del único crucero en poder rebelde, el *Almirante Cervera*. Los revolucionarios obligaron a familiares de los sitiados a plantarse ante el cuartel, para pedir la rendición, pero en vano. Sometidos a continuos bombardeos y tiroteos, atacados con dinamita y gasolina, al límite de sus fuerzas, el 21 de agosto ya no pudieron contener el asalto de sus enemigos. Entonces radiaron al crucero: «El enemigo está dentro. Tirad sobre nosotros», aunque el crucero no parece haberlo hecho, temiendo se tratase de una argucia de los revolucionarios.

La caída del cuartel gijonés liberó más fuerzas para atacar Oviedo, cuya situación, siempre precaria, se tornó sombría, mientras la columna gallega de socorro, que desde el 25 de julio pugnaba por abrirse paso en las difíciles montañas, chocaba con creciente oposición. Prieto decía el 25 de agosto: «Extinguido el foco [de Gijón], el coronel Aranda está totalmente solo en Asturias, porque maldito si le sirve de compañía útil la pequeña columna que procedente de Galicia está embotellada por los mineros (...).

A las tropas gallegas las cogerá inmovilizadas en aquel abrupto lugar la noticia de la rendición de Oviedo, como las habrá cogido hoy el mensaje del aniquilamiento de Simancas (...). Destruidos los focos de la revuelta, de cuyos cuarteles sólo quedan escombros, el esfuerzo del proletariado asturiano (...) se concentrará sobre Oviedo (...). ¿Habrá también en Oviedo otro derroche de heroísmo inútil? Pronto lo veremos» [5].

A partir de entonces, con la recepción de seis aviones de bombardeo y uno de caza por los populistas, la ciudad y las escasas tropas gallegas quedaron sometidas a constantes ataques aéreos, y la liquidación de una y otras parecía inminente. Los partes oficiales señalan: «La aviación y el intenso fuego de artillería sobre la ciudad de Oviedo aumenta por horas la desmoralización de los sitiados y de la población civil». «Nuestra artillería bombardea sin cesar la ciudad.» «Oviedo, en la mañana de hoy, ha sufrido un fuerte bombardeo de la aviación.» «En las primeras horas de la mañana se ha iniciado un terrible fuego sobre Oviedo, combinado de artillería y aviación, cuyos efectos pueden apreciarse a simple vista.» Horas después: «El bombardeo iniciado a primera hora de la mañana sobre Oviedo continúa hasta este momento sin interrupción» (5 de septiembre y siguientes). Y así día tras día [6].

Y unos días antes, hacia el 18 de agosto, comenzaba a cuajar un nuevo enclave derechista en el santuario de la Virgen de la Cabeza, un edificio del siglo XIV erigido en un paraje solitario, árido, falto de árboles, aunque con bastante agua en el lugar mismo, donde, decía la leyenda, la Virgen se había aparecido a un pastor en 1227. Unos 250 guardias civiles de la comandancia de Jaén, con sus familias y otros –mil personas más– se habían concentrado en el santuario, sin declararse por uno u otro bando. Cuando la columna de Miaja, que venía de aplastar la rebelión en Albacete, marchaba a hacer lo mismo en Córdoba, exigió la incorporación de los guardias civiles. Se produjeron deserciones de éstos y una creciente hostilidad de los milicianos.

Tras unas semanas de calma tensa, el 2 de septiembre las autoridades izquierdistas exigieron el desarme de los guardias. Se negó terminantemente un capitán, llamado Cortés, que tomó el mando, iniciando otro episodio de resistencia ímproba, con escasez de municiones, de ropas de abrigo al llegar el invierno, y de víveres, llegando a comer hierbas y madroños, atacados con bombardeos artilleros y aéreos. Cortés pidió la evacuación de los no combatientes, pero le fue negada a fin de acelerar la rendición por hambre y desánimo. Los sitiados iban a sostenerse ocho meses, hasta el 1 de mayo de1937, cuando los últimos defensores fueron arrollados en un asalto final, con carros de combate. Sólo 52 combatiendes seguían ilesos, aunque exhaustos. Cortés, murió, de las heridas. Había arengado, al principio: «No quiero que nadie permanezca en el campamento contra su voluntad (...). Aquí nos espera una brega dura y difícil a cuantos permanezcamos defendiendo el honor del uniforme que vestimos y del Instituto al que pertenecemos (...) El deber hay que cumplirlo a rajatabla, sea como sea [7].»

Al día siguiente de la promesa de Franco a los del Alcázar, tenía lugar el asesinato del hijo de Moscardó más un grupo de prisioneros sacados de la cárcel, en represalia por la caída de una bomba de aviación que había matado a ocho personas.

En los días siguientes el avance de las columnas africanas se hizo más arduo. Pero el 3 de septiembre caía Talavera, ciudad de cierta importancia a 120 km de Madrid y 95 de Toledo. El golpe fue tremendo, y las izquierdas, hasta muchos ácratas, empezaron a comprender que estaban en auténtico peligro, que las milicias, ardorosas pero indisciplinadas, habían fracasado, y que urgía poner en pie un ejército en toda regla y sustituir un gobierno inane por otro representativo de las fuerzas revolucionarias, capaz de coordinar las fuerzas disponibles, todavía muy superiores a las de los rebeldes. Entonces el gobierno de Giral fue simplemente apartado y sustituido por otro, bajo la presidencia de Largo Caballero, el *Lenin español,* si bien Azaña seguía como presidente nominal de la «república».

Y el problema del Alcázar dejaba de ser moral y propagandístico para convertirse en estratégico, según señala la historia comunista de la guerra. Su persistencia en una retaguardia cada vez más próxima al frente debilitaba seriamente a éste, y a la inversa, aplastar a Moscardó permitiría liberar a unos 4.000 hombres, muy necesarios para afrontar a las columnas de Yagüe.

El nuevo gobierno tomó decisiones tajantes. Trató de recuperar Talavera a toda costa, mediante contraataques sucesivos, y bombardeando duramente la ciudad; y ordenó endurecer el asedio al Alcázar, combinándolo con maniobras psicológicas para desmoralizar a los sitiados. El continuo cañoneo de veinte piezas artilleras, sumado a los ataques aéreos, derribaba el torreón noreste el día 4; el 5 se hundía la fachada sur del patio; y el 8 el torreón del noroeste. Mientras, la mina avanzaba y los defensores seguían con creciente ansiedad los ruidos que marcaban su progresión. En realidad eran dos minas, pues los anarquistas construían otra por su cuenta, sin haberla comunicado al mando en un principio.

El día 9, el comandante Vicente Rojo, que sería luego el principal estratega del Frente Popular y tenía amigos en el Alcázar, entró en él para pedir la rendición, prometiendo la libertad inmediata de las mujeres, soldados y niños, y entrega de los oficiales y jefes a los jueces. Moscardó replicó: «Tengo la inmensa satisfacción de manifestarle que desde el último soldado hasta el jefe que suscribe, rechazan dichas condiciones y continuarán la defensa del Alcázar y de la dignidad de España hasta el último momento».

Pidió también un sacerdote para que celebrase una misa, y al día siguiente le fue enviado el canónigo Vázquez Camarasa, uno de los pocos clérigos partidarios de las izquierdas y de encubrir la persecución. Entró de paisano, vestido de punta en blanco, y ejerció una indisimulada presión moral a favor de la rendición. Aseguró que la vida en Madrid era normal, con las iglesias precintadas, pero respetadas. Su homilía dejó la impresión de que «venía a absolvernos en común a todos, porque al día siguiente íbamos a morir todos aplastados por la mina», deprimiendo el ánimo de los sitiados.

El canónigo dijo a Moscardó que no entendía por qué mantenía a las mujeres coaccionadas y no les permitía salir con los niños. La esposa de un oficial le respondió: «¿Coaccionadas nosotras? No. He hablado de este asunto con todas las mujeres del Alcázar, y todas piensan como yo. O salir libres con nuestros esposos y nuestros hijos, o morir abrazadas a ellos entre las ruinas, pero solas ¡nunca!»

Un tercer intento de mediación, a cargo del embajador de Chile, fracasó también.

El patio del Alcázar había quedado al descubierto desde el exterior, y sobre él caían ininterrumpidamente las granadas. El miedo a la mina provocó algunas deserciones en los días siguientes. Hasta el 17 siguieron los ruidos subterráneos, y entonces pararon: la obra estaba dispuesta. En cada mina se dispusieron dos toneladas y media de trilita, que debían volar el edificio entero con sus ocupantes. Sabiendo, por el ruido, la zona aproximada de las explosiones, los defensores se distribuyeron alejándose lo más posible de ellas. Para entonces las tropas de Franco se hallaban a 50 km, y si tenía éxito el ataque definitivo, podrían retirarse de Toledo fuerzas cuantiosas para contraatacarlas. A las 6 de la madrugada comenzó el bombardeo artillero, y media hora más tarde estallaban por fin las dos minas. Todo el poderoso edificio vaciló, se elevó una densa nube de humo, y cayó por tierra casi toda la fachada oeste y el torreón suroeste. Poco después, cuatro grupos de milicianos y guardias de asalto se lanzaron sobre las ruinas, pero, para su sorpresa, buen número de defensores los repelieron con fuego de ametralladora y fusil, rechazando en combate cuerpo a cuerpo a los que lograron entrar hasta el patio. A las cuatro horas se reanudaba el bombardeo artillero: el ataque había fracasado, dejando 170 bajas en los atacantes y 72 en los defensores.

Al día siguiente hubo un nuevo intento de asalto, orientado, como el anterior, por el general Asensio, militar de firme espíritu ofensivo, nombrado por Largo Caballero jefe de todo el ejército izquierdista del centro, y que dedicó sus mayores energías a acabar con la pesadilla de Toledo. El 21 se derrumbaba el último torreón. Para entonces los defensores sufrían 201 nuevas bajas, y su situación se hacía insostenible.

Las fuerzas rebeldes estaban ya a sólo 42 km, pero no fáciles de cubrir. Habían recorrido en un mes 425 km, de Sevilla a Talavera, pero desde esta última su progresión fue frenada por la oposición izquierdista, cada vez más enconada y con frecuentes contraataques: los siguientes 43 km de Talavera a Maqueda, distancia diez veces menor, les costaron casi tres semanas, desde el 3 al 21 de septiembre. En Maqueda se bifurcaba la carretera hacia Madrid y hacia Toledo. Entonces los rebeldes, por la misma necesidad que había llevado a la reorganización del Frente Popular unas semanas antes, se plantearon la construcción de un estado, y la concentración del mando en una sola persona, como exigencia militar inaplazable. La elección sólo podía recaer en Franco, y así fue.

Al caer Maqueda, Asensio decidió encargarse de Yagüe, y dejó Toledo al mando del teniente coronel Burillo, comunista que sustituía al teniente coronel Barceló, también comunista o comunistófilo, con la orden perentoria de acabar con Moscardó a cualquier precio. Los días siguientes, Asensio contraatacó reiteradamente a las tropas enemigas, ahora mandadas por Varela en sustitución de Yagüe, retrasando su avance, mientras en Toledo, Burillo, con creciente intervención de las milicias comunistas del célebre Quinto Regimiento (el batallón Thaelmann, al mando de Líster), repetía una y otra vez los asaltos y los bombardeos artilleros y aéreos contra el Alcázar. Creyendo la fortaleza a punto de ceder, los comunistas prepararon, con el corresponsal soviético Kóltsof, enviado de Stalin, el escenario de una victoria a la que pensaban dar máxima repercusión internacional. Pero no tuvieron mejor suerte que los anarquistas y guardias de asalto, y fueron también rechazados, aunque a duras penas. El 27, tropas en su mayoría comunistas hacían un último y baldío esfuerzo por arrollar la resistencia. En el intento de doblegar el Alcázar habían participado los jefes más prestigiosos del bando revolucionario, y el mismo Largo Caballero había ido a la ciudad a esperar la caída del baluarte.

En la noche de ese día, los soldados de Varela llegaban a la ciudad y la ocuparían al día siguiente, en medio de una represión muy violenta*.

Esta parece ser la historia, en líneas generales. Sin embargo algunos aspectos han sido puestos en duda. El periodista useño** Herbert Matthews la encontrará «demasiado buena para ser cierta», y, en palabras del polemista H. Southworth, «la leyenda del Alcázar ha estado desde sus comienzos manchada por el fraude». En la misma línea escribe Blanco Escolá, y resume el estudioso A. Reig Tapia: «Algunos de los hechos son verdaderos, pero el conjunto de la narración es falso. El soporte fundamental del mito es que el hijo de Moscardó fue amenazado de ser ejecutado si el

---

* Los datos expuestos aparecen en prácticamente todas las historias del sitio del Alcázar, por lo que no vale la pena poner referencias.

** Recuérdese, de Usa, o Estados Unidos.

Alcázar no se rendía y al negarse su padre la amenaza se cumplió. Evidentemente «si la amenaza no se cumplió, la leyenda del Alcázar cae por su propio peso» [textual en Southworth] y todo lo demás no es sino literatura.» Extraña interpretación. El mito del Alcázar nace de una resistencia extrema, durante dos meses largos, que obsesionó al Frente Popular sin que éste consiguiera vencerla y tuvo enorme repercusión dentro y fuera de España. Tal resistencia, por nadie discutida, incluye el episodio de Moscardó y su hijo como elemento especialmente dramático, pero no es sensato pretender que, de resultar éste falso, «todo lo demás es literatura» [8].

La polémica, no obstante, ha girado de preferencia en torno a la veracidad de la conversación entre el defensor del Alcázar y su hijo, y el destino de éste. Los historiadores Alfonso Bullón y Luis E. Togores han realizado un detenido examen de las tesis de los autores «antialcázar» Luis Quintanilla, Herbert Southworth, Isabelo Herreros, Vilanova, Preston y otros, las cuales pueden resumirse así:

1. La conversación entre Moscardó y su hijo no pudo tener lugar, porque el teléfono estaba cortado y/o porque Luis Moscardó ya había muerto en Madrid, en el Cuartel de la Montaña. Además, los franquistas han ofrecido varias versiones del diálogo, y los desertores de la fortaleza no sabían nada de él, ni fue reproducido en el diario *El Alcázar,* impreso por los sitiados con medios rudimentarios.

Estos argumentos carecen de base, como muestran convincentemente Bullón y Togores. El teléfono estaba intervenido, no cortado, y la conversación existió, sin duda alguna, pues lo certifican testimonios de ambas partes. Luis Moscardó no murió en Madrid, sino en Toledo. La conversación no fue reproducida en *El Alcázar* porque éste empezó a publicarse días después de ella, y por supuesto, era bien conocida entre los sitiados y los desertores. En cuanto a las versiones de las palabras dichas, son prácticamente iguales, con cambios mínimos, naturales en la reproducción.

2. Aceptado el fusilamiento del joven Moscardó en Toledo, se objeta que algunas versiones franquistas lo presentan, falsamente, como ejecutado tras hablar con su padre. Pero si bien es cierto que no fue matado de inmediato, como han contado algunos, por error o por dramatizar aun más el suceso, en general se ha dicho la verdad; el diario *ABC*, por ejemplo, rectificó una primera versión falsa. El propio Moscardó nunca dijo nada así, pues creía lo contrario, como explicaba en una carta íntima a su mujer, evidentemente sin el menor carácter propagandístico: «Mi hijo de mi alma, me habló con voz tranquila, y yo no hice más que decirle que encomendara su alma a Dios si llegara el caso y diera un Viva España muy fuerte. Yo espero que no sean tan crueles que quieran vengarse en la persona de mi hijo, completamente inocente en esta causa, y no pase de una amenaza, pero no obstante no puedo estar confiado» [9].

También alegan los desmitificadores que los franquistas informan diversamente sobre el dónde y el cuándo de su muerte. En realidad hubo muchas dificultades para identificar el cadáver, y distintas explicaciones por un tiempo, cosa por lo demás lógica.

3. Aceptado el fusilamiento de Moscardó hijo en Toledo, y la existencia de la conversación, se ha atribuido a ésta un carácter totalmente distinto, a partir de la tardía versión de un testigo de la izquierda, García-Rojo, recogida por Isabelo Herreros hace pocos años. Según el testigo, habrían hablado con el jefe del Alcázar no uno sino tres de los sitiadores: Carmelo Cabello, Malaquías Martín-Macho, y el propio García-Rojo: «En relación a su hijo fui yo quien le hizo saber a Moscardó. Le dije, pues le conocía personalmente, que pensase que estaba allí su hijo Luis, pero sin dar a entender ningún tipo de amenaza sobre el mismo. A continuación se puso al teléfono Luis Moscardó y, más o menos, el diálogo fue el siguiente:

LUIS: Papá, piensa bien en lo que están diciendo y haz caso de sus indicaciones, pues me pueden matar a mí.

MOSCARDÓ: Pues bien, es lo que haría yo con los cobardes como tú, Luis, y me quedaría el recuerdo de que por cobarde te han matado.

El muchacho comenzó a llorar y yo le dije que se tranquilizara, que no se preocupase porque no le iba a suceder nada».

Extraña que Luis pidiera a su padre la rendición sin mediar amenaza alguna, sólo por si a los milicianos se les ocurría matarle; y aun extraña más que, si los sitiadores no pensaban amenazar al coronel con la muerte de su hijo, hubieran llevado a éste allí. Por otra parte la pretensión de que fueron tres los jefes izquierdistas que hablaron con Moscardó no sólo contradice todos los demás testimonios, sino también uno anterior del mismo García-Rojo, al deponer ante el juez después de la guerra. ¿En cuál de las dos ocasiones falla la memoria al testigo? No es difícil verlo. Dice haber hablado con el coronel, por conocerle, pero éste, en la carta que envió a su mujer, sólo menciona un interlocutor, desconocido para él. Y al querer explicar su cambio de testimonio, el testigo se enreda más: «En mi declaración jurada, años después en la cárcel, me hice responsable único de la conversación en un intento de salvar la vida de Malaquías Martín-Macho, que como sabes fue fusilado». Pero, observan Bullón y Togores, en la citada declaración García-Rojo no se hizo responsable de la conversación, sino que la atribuye a Cándido Cabello. La falsificación, realmente tosca, salta a la vista.

4. Otro ataque al mito del Alcázar convierte a las mujeres y niños allí alojados en rehenes tomados para impedir el asalto. El periodista norteamericano de izquierdas, H. Matthews, recogiendo el argumento, escribió en 1957: «Las mujeres y niños que estaban en el Alcázar –unos 570– fueron sin duda atraídos y encerrados dentro de la fortaleza o por ignorancia o contra su voluntad. Más aún, los leales hicieron repetidos intentos, con las más rigurosas garantías de seguridad, para conseguir que los rebeldes dejaran salir a las muje-

res y a los niños. Estas pobres criaturas fueron simplemente rehenes de los rebeldes, aprisionados contra su voluntad. Lejos de ser una fuente de orgullo para los nacionalistas, su presencia y sus sufrimientos representan uno de los más vergonzosos incidentes de la guerra civil en el lado de Franco».

Y H. Southworth remacha que Moscardó bien podía imaginar que podían matar a su hijo, pues «él mismo tenía la suficiente [maldad] como para capturar a los hijos y las hijas de otros como rehenes, y… ¿quién sabe lo que hizo con ellos?» [10].

Estas fábulas proceden especialmente del exiliado pintor Quintanilla, que también había incitado a Mathews a negar la conversación y a afirmar que Luis Moscardó había muerto en Madrid días antes; aseguraba también que los guardias civiles bajo ningún concepto podían llevar consigo a sus familias. Cosas todas ellas falsas.

En su tiempo, Matthews recibió una contundente réplica del historiador franquista Manuel Aznar, y finalmente pidió disculpas a la viuda de Moscardó: «Estoy seguro de que usted se dará cuenta de que yo escribí lo que escribí en la versión original de buena fe. Creo también, que aquellos que me facilitaron la información que utilicé actuaron de buena fe. Sin embargo, estoy convencido, después de haber leído las razones escritas por Manuel Aznar y discutido el asunto con otras personas que merecen garantía, de que debo haber estado completamente equivocado» [11].

La buena fe de Mathews salta a la vista, pero no tanto la de Quintanilla ni la de otros que mantienen impertérritos esas leyendas. De haber cientos de rehenes izquierdistas, en su mayoría mujeres y niños, posiblemente el Alcázar no habría sido atacado tan furiosamente, con intentos de volar el edificio y sepultar indiscriminadamente a sus ocupantes. Pero en realidad, como observa R. Salas. «La existencia de rehenes en el Alcázar nunca fue motivo de preocupación para los sitiadores y el tema no fue objeto de debate en una sola de las reuniones de civiles y militares.

Sediles y Quintanilla sentían tan escasa preocupación por ellos que estaban dispuestos a bombardear el Alcázar con gases asfixiantes. La prensa y la radio tampoco se hicieron eco en ningún momento de este hecho, que jamás fue invocado como paralizante de la acción gubernamental. [12]» La idea de los rehenes, indudablemente, se le ocurrió a Quintanilla más tarde.

Hubo, sin embargo, algunos prisioneros izquierdistas, cuya utilidad para disuadir de ataques o del asesinato de derechistas en la ciudad resultó nula, aunque acaso salvaran momentáneamente al hijo de Moscardó. ¿Cuántos rehenes hubo? Sería absurdo que metieran en el bastión a cientos de ellos, sabiendo que tenían por delante un largo asedio. Su número fue de 16, según se desprende de las anotaciones en el *Cuaderno* escrito por Moscardó durante el sitio. Debieron de ser liberados al llegar las tropas de Franco, pero la suerte de varios de ellos fue trágica. Lo ejemplifica el caso de Francisco Sánchez, maestro izquierdista. Bullón y Togores dicen: «Logramos localizar a su hijo Virgilio, cuyas revelaciones aclaran el porqué de la diversa suerte corrida por los presos. Según su testimonio, su padre fue puesto en libertad por Moscardó, junto con los demás rehenes (...). Durante un día deambuló por la ciudad, sin saber a dónde dirigirse, pues su familia había abandonado Toledo. Pero Toledo era una ciudad enloquecida, donde los deudos de los asesinados por los republicanos buscaban venganza, y señalaban a las tropas las personas que debían ser fusiladas. Francisco Sánchez fue uno de los denunciados, por lo que fue pasado por las armas, sin que en su muerte tuviera nada que ver el coronel Moscardó (...). Cuando Moscardó supo que algunos de los rehenes habían sido asesinados se indignó, pues consideraba harto evidente que al haber estado encerrados dentro del Alcázar no se les podía culpar de ninguna de las tropelías que habían cometido sus correligionarios».

Otros corrieron mejor suerte, como la mujer e hija del concejal Domingo Alonso, auxiliadas por varios guardias civiles, pero quizá fueron más los represaliados [13].

Pese a la contundencia de testimonios y libros como el de Bullón y Togores, el «asedio al Alcázar» persiste encarnizadamente en los papeles. El estudioso Reig Tapia, después de limitar la «leyenda» al episodio de Luis Moscardó, y definir como «literatura» el resto, juzga la versión de García-Rojo, que presenta al padre llamando al hijo cobarde, «tan verosímil como cualquiera otra de las esgrimidas», cuando, como hemos visto, sólo resulta verosímil para quien quiera prescindir de la facultad crítica. Y explica: «Que el hijo de Moscardó se desplomara moralmente en la creencia de que iba a ser fusilado –recuérdese el caso de García Lorca–, simplemente humanizaría al hijo y, para el caso, el padre no hace sino reflejar la mentalidad militar propia de la época impregnada toda ella del militarismo fascista dominante» [14].

¿Sería fascista Guzmán el Bueno, o debería un jefe militar rendirse ante un chantaje así, para no serlo? ¿Qué dirían Reig, Southworth, Quintanilla, etc., si el caso hubiera ocurrido con los papeles de nacionales y «republicanos» invertidos? Y ya que Reig emplea la palabra fascista como un insulto, ¿no debería aplicarlo, más bien, a quienes idearon semejante tortura moral para el padre y el hijo? Por supuesto, es humano el desfallecimiento ante la muerte, y sólo un cretino lo reprocharía a García Lorca o a cualquiera. Pero también es humana la postura valerosa, y sólo un necio la denigraría.

La poca seriedad de Reig resalta en su pretensión de que los milicianos no pensaban fusilar al hijo de Moscardó. ¿Por qué no habían de hacerlo cuando, con mucho menos motivo, eran fusilados otros, en los dos bandos? La primera deposición de García-Rojo, en la cárcel, suena más veraz, cuando señala que sólo la interposición de algunos, aduciendo un posible canje de rehenes, salvó al joven en aquel momento. Pero así quiere verlo Reig: «Su hijo será fusilado, en otro contexto, como una víctima anónima más de las tantas que hubo en la guerra, un mes más tarde, el 23 de agosto, junto con otros presos que fueron objeto de una "saca" ante la sinagoga del Tránsito, como represalia de un bombardeo de la aviación rebelde sobre la ciudad que provocó numerosas víctimas inocentes, entre las que se encontraban varias mujeres y niños (matices y circunstancias que la propaganda franquista, obviamente, se encargó de ocultar celosamente). Todos estos matices y circunstancias confieren al suceso una perspectiva *radicalmente* nueva que imprime al lamentable episodio un sesgo bien diferente del presentado por la hagiografía franquista» [15].

En realidad no fue una «saca» tan anónima, pues con Luis Moscardó cayeron otros destacados derechistas locales, como el fiscal de la Audiencia o el secretario de la Diputación, amén de varios hermanos maristas.

Y no menos erróneo es atribuir a los nacionales el bombardeo causante de la «saca». Para apoyar su versión, Reig cita a historiadores franquistas como Arrarás y Jordana de Pozas, que cuando escribieron ignoraban la realidad. Pero omite que ya en 1973 Ramón Salas, en su monumental *Historia del Ejército Popular de la República,* transcribe una nota pasada al ministro por el estado mayor izquierdista en relación con el bombardeo del día 23: «A un aparato de la aviación leal se le cayó una bomba cerca de la esquina de la calle ancha de Zocodover y que ha producido cuatro muertos y aproximadamente dieciséis heridos que están en los hospitales».

En el parte del día siguiente el número de muertos subía al doble, probablemente por heridos fallecidos en el hospital. Así pues, las «víctimas inocentes, mujeres y niños» fueron causadas por un avión populista. Como señala Salas: «el bombardeo aéreo que provocó el asalto a la cárcel (...) fue efectuado por un avión gubernamental y el hecho era perfectamente conocido, desde que se produjo, por las autoridades civiles y militares y jefes de milicias y muy posiblemente incluso por la población civil, pues el bombardeo se efectuaba sobre el Alcázar y fue una sola bomba la que cayó fuera, aunque muy próxima al objetivo». No obstante lo cual fue utilizado para organizar una matanza de presos [16].

Parece poco dudoso a estas alturas que el mito del Alcázar responde en lo esencial a la realidad, como hubo de reconocer Matthews. Por lo demás no se trató de un caso único, pues muy similares fueron los de Simancas, Oviedo (liberada en octubre), Santa María de la Cabeza; y sin estar totalmente rodeadas, también fueron realmente duras, heroicas propiamente hablando, las resistencias de Guadalupe, Teruel, Huesca, Zaragoza y otras. Nada semejante ocurrió en el bando contrario, como reconoció el líder anarquista García Oliver: «Se está dando un fenómeno en esta guerra, y es que los fascistas cuando les atacan en ciudades aguantan mucho, y los nuestros no aguantan nada; ellos cercan una pequeña ciudad, y al cabo de dos días es tomada. La cercamos nosotros y nos pasamos allí toda la vida» [17].

Lo mismo vienen a reconocer las instrucciones del gobierno de Largo Caballero para la defensa de Madrid: «La defensa de la plaza de Madrid, que al ejemplo de la realizada por el enemigo en plazas como Toledo, Oviedo, Huesca y Teruel, debe hacerse a toda costa, defendiendo palmo a palmo el terreno...».

Capítulo 17

LAS MATANZAS DE BADAJOZ Y DE LA CÁRCEL MODELO MADRILEÑA

En el mes de agosto, mientras resistía el alcázar toledano, sucedieron dos acontecimientos que, por su carácter emblemático, han pasado a los anales: la matanza de Badajoz, por los rebeldes, y la de la cárcel Modelo madrileña por los izquierdistas.

Poco antes de la toma de Mérida por las tropas de Yagüe, se agruparon en Badajoz, 64 km al oeste, muy cerca de Portugal, varios miles de hombres, acaso hasta 8.000, entre milicianos, soldados, guardias civiles y de asalto, al mando del coronel Puigdengola. Era una fuerza numéricamente potente y un grave peligro sobre el flanco izquierdo del avance rebelde, pero minada por el desorden miliciano y el descontento de muchos guardias. Por esos días las milicias mataron entre quince y veinte clérigos y derechistas, e intentaron masacrar a los cientos de presos recluidos en la cárcel. La acción fue evitada por los guardias de asalto, y derivó en una sublevación de éstos, que no logró sostenerse.

Tomada Mérida entre el 11 y el 12, comenzó al día siguiente el ataque a Badajoz, que cayó el 14, tras una mañana de lucha enconada. Los atacantes sufrieron bastantes bajas, aunque menos de las que a menudo se dice: 185, incluyendo 44 muertos, 24 de ellos de una sola bandera legionaria (la bandera se componía de 600 hombres, y el tabor de 450). Ya en la ciudad, los rebeldes vencieron pronto los focos de resistencia, y al parecer mataron a muchos milicianos aunque se rindieran, dejando algunas calles sembradas de cadáveres. Otros prisioneros fueron llevados a la plaza de toros, y allí, el día 15 habría ocurrido la gran matanza, descrita en un artículo célebre del diario madrileño *La Voz,* ya en octubre: «Cuando Yagüe se apoderó de Badajoz (...) hizo concentrar en la Plaza de Toros a todos los prisioneros milicianos y a quienes, sin haber empuñado las armas, pasaban por gente de izquierda. Y organizó una *fiesta*. Y convidó a esa fiesta a los cavernícolas de la ciudad, cuyas vidas habían sido respetadas por el pueblo y la autoridad legítima. Ocuparon los tendidos caballeros respetables, piadosas damas, lindas señoritas, jovencitos de San Luis y San Estanislao de Kotska, afiliados a Falange y Renovación, venerables eclesiásticos, virtuosos frailes y monjas de albas tocas y mirada humilde. Y, entre tan brillante concurrencia, fueron montadas algunas ametralladoras. Dada la señal –suponemos que mediante clarines–, se abrieron los chiqueros y salieron a la arena, que abrasaba el sol de agosto, los humanos rebaños de los liberales, republicanos, socialistas, comunistas y sindicalistas de Badajoz. Confundíanse los viejos y los niños. También figuraban mujeres: jóvenes algunas, ancianas otras; gritaban gemían maldecían, increpaban, miraban con terror y odio hacia las gradas repletas de espectadores. ¿Qué iban a hacer con ellos? ¿Exhibirlos? ¿Contarlos? ¿Vejarlos? Pero pronto, al ver las máquinas de matar con los servidores al lado, comprendieron. Iban a ametrallarlos. Quisieron retroceder, penetrar nuevamente en los chiqueros. Pero fueron rechazados, a golpes de bayoneta y de gumía, por los legionarios y cabileños que estaban a su espalda. Y se apelotonaron, lívidos, espantados, esperando la muerte. Yagüe estaba en el palco, acompañado de su segundón, Castejón. Le rodeaban, obsequiosos y rendidos, terratenientes, presidentes de cofradías, religiosos, canónigos, señoras, damiselas vestidas con provinciana elegancia. Levantó un brazo y sacó un pañuelo. Y las ametralladoras comenzaron a disparar».

El minucioso relato parece escrito por un testigo de los hechos, pero, desde luego, no era así. Su objetivo era inducir a los madrileños a una resistencia a ultranza: «Quieren matar a cien mil madrileños (...). Por otra parte, han prometido a los moros y a los del Tercio dos días de saqueo, para indemnizarles de sus fatigas y peligros actuales. En el botín, como es natural, entran las mujeres (...). Ya sabe el pueblo de Madrid lo que le aguarda, si no quisiera defenderse (...). La muerte para muchos. La esclavitud para los demás (...). Ya dejaron [en Badajoz] las pruebas sangrientas de que sus amenazas no son vanas».

El texto rezuma propaganda desde el principio al final, y algunos comentaristas acusan a los autores profranquistas de haber explotado sus truculencias para hacer pasar por leyenda una matanza que, aun sin tales pormenores, habría sido masiva y horripilante.

Pero esas truculencias fueron un componente básico del mito de Badajoz, con aditamentos como el del toreo de algunos prisioneros. Incluso un socialista ponderado como Zugazagoitia los comenta así en su libro sobre la guerra: «Se tuvo por impostura lo que era referencia insuficiente, que las palabras, como no las concierte el genio de un Dostoievski, no alcanzan a transmitir los matices increíbles de un clima de horror como el que, en plenitud de mediodía, desarrollaron todas las potencias oscuras del hombre en la Plaza de Toros de Badajoz» [1].

El artículo de *La Voz* no fue una exageración descalificada por los franquistas, sino la esencia de versiones muy difundidas e influyentes en la opinión izquierdista española e internacional.

Estas narraciones son corrientes en tiempos de guerra, cuando la propaganda es un arma y la verdad padece no menos que las personas; pero incluso en nuestros días el PSOE extremeño ha hecho un notable esfuerzo por darles curso, reproduciendo panfletos escritos en 1938 o promoviendo «estudios» como el de Justo Vila, de 1983, donde puede leerse: «Hubo moros y falangistas que bajaron a la arena para jalear a los prisioneros, como si de reses bravas se tratase. Las bayonetas, a modo de estoque, eran clavadas en los cuerpos indefensos de los campesinos, con el beneplácito de jefes, oficiales y suboficiales. Luego abrían fuego las ametralladoras». Para Vila, «Se calcula que murieron en los primeros días, entre combate y represión, más de 9.000 personas en Badajoz. De éstas, más de 4.000 personas perecieron en las tristemente famosas matanzas de la plaza de toros.»

¿»Se» calcula, o lo calcula Vila? Reig Tapia, de cuya veracidad hemos tenido algún indicio en el capítulo anterior, corrobora: «nadie mínimamente serio ha desmentido tales hechos (...), que en Badajoz nadie discute». Aunque 9.000 ejecuciones en una ciudad de 40.000 habitantes supondrían el práctico exterminio de toda la población adulta masculina [2].

Reig narra: «A primeras horas de la mañana de ese terrible 15 de agosto de 1936 (...), donde ese mismo día iba a restaurarse la bandera roja y gualda de la monarquía, un mínimo de 1.200 hombres fueron masacrados en la plaza de toros de Badajoz, componiendo con su sangre sobre el albero la nueva enseña de la Nueva España. No era, pues, hipérbole que el albero de la plaza se tornara carmesí. La coincidencia en torno a esa cifra (...) es completa en la medida que meros cálculos oculares puedan serlo. Por ejemplo, el escritor James Cleugh, un propagandista católico partidario de Franco, escribió a propósito de las matanzas de Badajoz en la temprana fecha de 1961 que no podía caber duda de que «dos mil republicanos fueron ejecutados en la plaza de toros de Badajoz. ¿Cuántos el día 15, el día de la gran matanza en la plaza de toros? ¿Y cuántos en días sucesivos? [3]»

Preston abunda en ello, si bien con otras cifras: «El 14 de agosto, tras (...) el asalto de los legionarios de Yagüe (...), empezó una matanza salvaje e indiscriminada en la que fueron asesinadas casi 2.000 personas, incluidos muchos civiles que no eran activistas políticos (...). Una vez calmado el fragor de la batalla, doscientos prisioneros fueron concentrados en la plaza de toros. Todo aquel que llevaba la marca del retroceso de un fusil en el hombro fue fusilado. Los fusilamientos prosiguieron durante las semanas siguientes. Yagüe declaró al periodista americano John T. Whitaker: «Claro que los fusilamos. ¿Qué esperaba? ¿Suponía que iba a llevar cuatro mil rojos conmigo mientras mi columna avanzaba contra reloj? ¿Suponía que iba a dejarlos sueltos a mi espalda y dejar que volvieran a edificar una Badajoz roja? [4]». Y así podríamos seguir muchas páginas.

Sin embargo en la plaza de toros no hubo tales matanzas, al menos el día 15, como asevera el mito, ni el siguiente. Podemos tener razonable seguridad de ello, por el testimonio del izquierdista portugués Mario Neves, uno de los tres periodistas extranjeros presentes en la ciudad. El 15 de agosto escribe, para *O Seculo* de Lisboa: «Nos dirigimos enseguida a la plaza de toros, donde se concentran los camiones de las milicias populares. Muchos de ellos están destruidos. Al lado se ve un carro blindado con la inscripción «Frente Popular»... Este lugar ha sido bombardeado varias veces. Sobre la arena aún se ven algunos cadáveres (...). Todavía hay, aquí y allá, algunas bombas que no han explotado, lo que hace difícil y peligrosa una visita más pormenorizada».

Es decir, la plaza había sido bombardeada por albergar los camiones y blindados izquierdistas. Pero empezó a correr el rumor, en la cercana ciudad portuguesa de Elvas, de que allí se estaba fusilando gente, por lo que Neves retornó el día 16 al lugar, donde «algunas docenas de prisioneros aguardan su destino. Pero la plaza no tiene un aspecto diferente del que observamos ayer, lo que nos lleva a suponer que el rumor es infundado. Los mismos automóviles destruidos y los mismos cadáveres, que ayer tanto me impresionaron y que aún no han sido retirados».

Claro que, ya en los años ochenta, casi medio siglo después, a raíz de un programa de la televisión inglesa, y como «alivio de conciencia», el mismo Neves quiere dar crédito a las versiones de otros periodistas que «quedaron profundamente agraviados con la visión atroz de los cuerpos extendidos en la plaza de toros y se refirieron más tarde, horrorizados, a la presencia de los desgraciados que aguardaban en los chiqueros el momento de su próxima e inevitable ejecución».

La discordancia con su propio testimonio inicial la explica así: «Aunque había visitado en otras ocasiones, con idéntico pavor, aquel lugar siniestro, tal vez me haya dejado más impresionado todavía el elevado número de milicianos fusilados en muchos lugares dispersos de la ciudad». No tal vez, sino seguro, puesto que en 1936 los cuerpos tirados en la plaza, probablemente víctimas del bombardeo, no le permitieron dar crédito a la enorme matanza imaginada por otros, a la que tardíamente quiere dar respaldo.

El gran creador del mito fue el periodista useño Jay Allen, comprometido de lleno con la causa del Frente Popular y amigo de Largo Caballero y Negrín, y por tanto próximo a las posturas soviéticas. Allen escribió en el *Chicago Tribune* un reportaje titulado «Carnicería de 4.000 en Badajoz, ciudad de los horrores», que alcanzó una extraordinaria repercusión internacional, constituyendo el núcleo del abanico de interpretaciones, versiones e informes que siguieron. Dice el periodista: «Es la historia más dolorosa que me haya tocado tratar en mi vida (...). Creo que soy el primer periodista en poner pie allí sin pase y sin la inevitable conducción *(shepherding)* de los rebeldes, y sin duda alguna el primer periodista que sabía lo que buscaba».

Pero habría llegado nueve o diez días después de los hechos, mucho después que Neves y otros, cuyas crónicas no indican haber sido «pastoreados» por los vencedores. Más veraz suena cuando dice que sabía bien lo que buscaba [5].

Y que lo encontró; y, lo más sorprendente, facilitado en abundancia por las propias autoridades rebeldes, en cuyos testimonios basa todo su reportaje: «Hablaban en susurros (...). Miles de milicianos y milicianas republicanos, socialistas y comunistas fueron masacrados», dijeron, por el crimen, añade él, de «defender la República contra la embestida de los generales y terratenientes». Las víctimas capturadas en la ciudad crecían con los huidos a Portugal y desde allí «devueltos a la muerte» por los funcionarios lusos. Los rebeldes le informaron del «fusilamiento ceremonial», con banda de música y toda la parafernalia, y ante 3.000 espectadores, de siete jefes izquierdistas, en prueba de que no existían favoritismos, y que mataban tanto a los líderes como a los «obreros y campesinos». El gobernador militar, Cañizares, le habría narrado, con complacencia, la matanza en la plaza de 1.800 prisioneros, a los acordes de la Marcha Real y del himno de Falange, y con gran asistencia de público, una escena muy parecida a la de *La Voz*. Tales informes le permiten describir los sucesos con gran realismo, aunque no los hubiera presenciado. Le comentaron que la sangre empapaba más de un palmo de arena en el lado más alejado del ruedo. «No lo dudo», comenta. Y así sucesivamente: «A los rebeldes –dice Allen– no les gustan los reporteros que conocen los dos bandos. Pero se ofrecieron a llevarme y traerme de nuevo sin complicaciones». Debe admitirse que fueron realmente amables con él, sobre todo al explayarse en los más atroces detalles. Reig lo explica así: «Es evidente que ni las autoridades nacionalistas ni los amigos que tan cumplidamente informaron a Jay Allen pudieron sospechar el uso que el periodista haría de la información, pues, en tal caso, resulta obvio que no le habrían dado las facilidades que de hecho le proporcionaron».

Pero por muy necias que queramos creer a aquellas autoridades, ¿podrían esperar otra cosa de las historias espeluznantes contadas por ellos mismos? En verdad, ¿las habrían contado al periodista aun si lo creyeran afecto a su causa? Suena duro de creer, por decir poco.

Pero además ni siquiera tenían el menor motivo para pensar que Allen les fuera adicto. Reig, consciente de esa dificultad, aclara que el useño pudo acceder a las autoridades «por sus contactos y amistades. No en balde le acompañaba el prestigio de haber sido el primer corresponsal extranjero en haber podido entrevistar en profundidad al general Franco». Sin embargo ese *prestigio* sólo podía perjudicarle, pues la entrevista esgrimida por Reig como mérito fue absolutamente hostil a Franco, a quien califica, entre otras lindezas, de enano con aspiraciones de dictador, y le presenta diciendo, con sonriente firmeza, que está dispuesto a matar a media España. Realmente, Allen era un periodista afortunado: Franco y los suyos parecían encantados de hablarle como él y los revolucionarios deseaban. Reig supone que «las autoridades franquistas tardarían unos días en conocer el contenido de dicho reportaje, lo que permitió a Allen desenvolverse con entera libertad» [6]. Pero resulta difícil que lo desconocieran, pues había sido publicado el 29 de julio, casi un mes antes de que el reportero acudiera supuestamente a Badajoz. Tales entrevistas e informes a corresponsales extranjeros son siempre enfocados como propaganda, y por lo tanto mirados con lupa tan pronto salen en la prensa. La presunción de que los jefes sublevados ignorasen la tendencia política de Allen o la entrevista con Franco publicada semanas antes, suena tan poco verosímil como su disposición a obsequiar al reportero con el material más inflamable que pudiera desear la propaganda adversa.

El mito de las matanzas parece sólido sobre todo por lo mucho que se ha repetido, copiándose unos autores a otros –caso parecido al de la represión de Asturias– pero es de esos que, examinadas sus fuentes, suscitan profundas dudas. Estas y otras «cosas raras» han dado pie a varios estudiosos, como el británico McNeill-Moss, a negar en redondo los hechos. Con todo, al margen de las más que improbables masacres de la plaza de toros (suena más veraz la visión de Neves de las docenas de presos «aguardando su destino»), el corresponsal portugués dijo haberle impresionado los cuerpos tendidos en las calles, y un compañero suyo, el periodista francés J. Berthet, hablaba el día 15 de 1.200 muertos «acusados de resistencia armada o de crímenes graves», cifra en rápido aumento, según él, aunque no explica cómo la calculó. Otro corresponsal francés, M. Dany emplea frases similares, si bien más vagas. ¿Qué hay de cierto en ello? Los tres llegaron al día siguiente de la lucha, y vieron cadáveres aquí y allá, y en la plaza de toros, que podían corresponder a fusilados o a caídos en bombardeos o en focos de resistencia, como el de la catedral. Neves hablará en su tercera crónica, que le fue censurada, de la quema de cuerpos ante el peligro de epidemia, por falta de medios para inhumarlos a todos rápidamente. Estos hechos los aprovechará Jay Allen, corregidos y aumentados, para dar apariencia de veracidad a los datos que dice haber obtenido de los susurrantes jefes franquistas.

Tras las cifras y versiones contradictorias, queda la impresión de que hubo una represión rápida e inmediata, con fusilamiento de milicianos cogidos con armas o con huellas de haberlas usado, y luego un número de asesinatos destinados a paralizar por el terror a las izquierdas, a lo que aludiría Yagüe en sus supuestas declaraciones, presionado por la urgencia de reemprender la marcha sobre Madrid y asegurar su retaguardia. Pero la represión continuó, quizá aumentada, después de ido Yagüe. ¿Cuáles son las cifras reales? A. D. Martín Rubio ha recurrido al registro civil de Badajoz, donde empezaron a inscribirse en 1937 las víctimas. Entre ese año y 1945 da 1.080 muertes atribuibles a la represión, de las que 493 corresponden al verano y otoño de 1936, con cifras máximas de 172 en agosto y de 191 en septiembre, contrastables, con las de entradas en el cementerio (82 menos en éste, quizá correspondientes a los cremados). El estudioso izquierdista F. Sánchez Marroyo afirma que, considerando las irregularidades y dificultades de registro en aquellos meses, ese número podría ser un tercio del real, que así podría elevarse a 1.500 víctimas hasta fin de año (incluyendo seguramente los caídos en combate). Estas estimaciones, aun vagas, son, desde luego, más fiables que los impresionismos de los periodistas y *La Voz,* y situarían el número de los ejecutados y asesinados en agosto, entre dos y seis centenares. Aun sin las exageraciones de la leyenda, se trató de una represión larga y despiadada, pero no mucho mayor que en otros lugares. Asimismo los portugueses devolvieron a un número imprecisable de huidos, si bien salvaron a otros, como los 1.500 trasladados por barco, en octubre, a Tarragona, entre los cuales el coronel Puigdengolas.

Puede afirmarse, pues, la casi segura falsedad de las historias de cientos o miles de prisioneros masacrados en la plaza de toros u otros puntos, por no hablar de los sádicos espectáculos añadidos. Pero entonces, ¿por qué esa extraordinaria inflación de las cifras y la tenaz insistencia de la propaganda? El historiador Ricardo de la Cierva sospecha que pudo ser muy bien una maniobra de Jay Allen para borrar o desviar la impresión mundial causada por la matanza de la cárcel Modelo de Madrid, ésta sí bien conocida, y ocurrida entre los días 22 y 23. Es sólo una conjetura, pero no desdeñable, pues Allen dice haber ido a Badajoz el día 23, precisamente.

Dicha cárcel Modelo albergaba a presos políticos y comunes. Los primeros consideraban su encierro un mal menor, ante la probabilidad de morir a manos de las patrullas milicianas pululantes por las calles. Pero el día 8, el diario azañista *Política* traía un artículo sobre la prisión, inicio de una serie sobre otras, como la de San Antón, o una de mujeres llena de «pistoleras, espías y monjas». En el primero aludía en tono insolente y vejatorio a los «400 jefes, 700 oficiales y 700 señoritos fascistas» de la Modelo, que «hablan poco, meditan mucho y sollozan bastante». Los curas eran «como cumple a su oficio, gordos y lustrosos», y todos parecían «presos vulgares». El director, «estricto republicano», los traía a raya, y les había quitado un ajedrez hecho con miga de pan y servilletas. Citaba a presos como Ruiz de Alda, Melquíades Álvarez, Martínez de Velasco, o el doctor Albiñana[7].

Suele decirse que los republicanos se opusieron al terror revolucionario, pero, ya lo hemos indicado, su prensa no lo corrobora. El citado *Política,* por ejemplo, incitaba el 6 de agosto: «Estamos en guerra y quien flaquee es un enemigo. Estos días se está realizando una limpieza a fondo en la retaguardia. Es indispensable. Estamos (...) en la más implacable de las guerras, y sería pecado mortal dejar posibles traidores a retaguardia (...). Sobre esta obligación de velar por la causa de la República no puede haber consideraciones de ninguna especie. Ni relaciones de amistad ni vínculos familiares. Nada. No hay más que dos bandos en lucha encarnizada, en pugna irreductible».

Bajo el título de serie «Galería de traidores», trazaba retratos vejatorios de diversos personajes. Así Salazar Alonso, ex ministro republicano de Gobernación, «el efebo panzudo»; Rico Avello, ministro de Gobernación en el gobierno de Martínez Barrio de 1933, «el ambicioso tardío», etc. Peculiar era el comentario del 6 de agosto sobre Melquíades Álvarez, mentor de los primeros pasos políticos de Azaña, decano del Colegio de Abogados de Madrid, ex presidente del Parlamento y jefe del Partido Republicano Liberal Demócrata. Bajo el título «Héroes en calzoncillos» escribía: «No se ha atrevido (...) a incorporarse a la facción, pero tampoco ha hecho acto de acatamiento al Poder legítimo, porque estaba confabulado con el fascismo.» Y daba cuenta de su captura cuando «aguardaba debajo de la cama el resultado de la guerra civil». Historia llamativamente similar a la del arresto bajo la cama se había difundido sobre Azaña después de la rebelión de octubre del 34.

El 15 de agosto, milicianos socialistas y comunistas, y agentes de la Dirección General de Seguridad, al mando de un jefe de dos «checas» o prisiones irregulares, fueron a la Modelo a registrar a los presos, robándoles ropas y objetos de valor. Unas milicianas azuzaron a los comunes contra los políticos. El 21, miembros de la «checa» de la calle Fomento, una de las más sanguinarias, dependiente de la autoridad oficial, organizó un nuevo registro junto con milicianos de otra checa anarquista.

El 22 entraron en la cárcel celadores muy politizados junto con los chequistas del día anterior, y recluyeron a los políticos en un patio y en sus celdas, dejando libres dentro de la cárcel a los delincuentes comunes. Éstos exigieron salir de la prisión, y, sobre las cuatro de la tarde, incendiaron una leñera, hundiendo un piso de una galería. Los milicianos sembraron el bulo de que los «fascistas» habían prendido el fuego para huir, y pronto los alrededores se poblaron de milicianos, algunos de los cuales ocuparon las azoteas próximas y otros penetraron en la prisión, mientras fuera una turba gritaba su deseo de exterminar a los presos. Acudieron los directores generales de Seguridad y de Prisiones, y el general Pozas, ministro de Gobernación, «observando todos ellos una actitud pasiva, sin adoptar medida alguna para evitar los sucesos que se avecinaban». Los bomberos apagaron el incendio, y los milicianos, mandados por el socialista Enrique Puente, un jefe de la revolución de octubre en Madrid, soltaron a los presos comunes, los cuales asaltaron el almacén de víveres, el economato y las oficinas. Comenzaron los disparos desde las azoteas, causando un muerto y varios heridos.

Algunos elementos destacados de izquierdas, que habían acudido al lugar de los sucesos, instaron al Director General de Seguridad, diputado de Izquierda Republicana, Manuel Muñoz*, para que impusiera su autoridad y evitara el asesinato de los presos, pero Muñoz no mostró interés alguno en este sentido, y abandonó la prisión al anochecer, dejándola en manos de los que aquella misma noche comenzaron la matanza de presos [8].

Los milicianos y chequistas, dueños de la cárcel, echaron a los funcionarios y mataron, en dos fases, a unas 70 personas seleccionadas. Cayeron los ya citados en *Política* y otros más, como los generales Capaz y Villegas, el hermano de José Antonio, Fernando Primo de Rivera, ex ministros republicanos, el doctor Albiñana, Ruiz de Alda, jefe de Falange y uno de los héroes del vuelo del Plus Ultra, etc. La mayoría de los cientos de presos restantes sería asesinada en masa en noviembre.

Al día siguiente, 23, *Política* noticiaba: «Los fascistas provocan un incendio en la Cárcel Modelo». Contradiciendo su imagen anterior de que los presos «hablan poco, meditan mucho y sollozan bastante», bajo la férula del estricto director, les atribuía una improbable conducta jactanciosa, «con cánticos a coro», algún escándalo «descomunal», amenazas e insultos a milicianos y funcionarios, etc. El incendio, culminación de tales excesos, había sido sofocado, y los presos simplemente recluidos e impedida su fuga. No mentaba los crímenes.

Otro diario republicano, *El Liberal,* informaba el día 27: «Desde el incendio intencionado, los milicianos del Frente Popular

---

* Muñoz, azañista, organizó, desde su cargo público, la checa de Fomento, una de las más escalofriantes para los madrileños según el estudioso J. Cervera [9].

que, como un solo hombre, acudieron a su puesto para evitar fugas de elementos peligrosos, han controlado con energía el perfecto orden en dicha prisión (...). El Director General de Prisiones (...) felicitó, en nombre del Gobierno, a las milicias del Frente Popular, y muy especialmente a las milicias de Izquierda Republicana, CNT, comunistas y socialistas, por su disciplina y valor probado. Se sabe que es idea del Director General de Prisiones hacer estas felicitación a todos los que se distinguieron ese día».

La repercusión de los hechos aumentó por ser bastantes de las víctimas políticos y militares relevantes, varios de ellos miembros del partido republicano más moderado y arraigado, el Radical, defensores en el año 34 de la legalidad frente a la subversión de las izquierdas, y a quienes por ello aborrecían los revolucionarios.

Dice Sánchez Albornoz que Azaña, al conocer los sucesos, dijo: «No quiero ser presidente de una República de asesinos» [10]. Pero siguió en su cargo, persuadido por su amigo Ossorio. Un año largo después, el 7 de noviembre de 1937, escribía Azaña en su diario: «Pregunto a don Mariano Gómez su juicio sobre el origen de los horribles sucesos de la Cárcel Modelo (...) puesto que él estuvo allí desde las primeras horas del 23, trabajó con entereza y no pocos riesgos en poner término a tales atrocidades». Aunque éstas estaban consumadas cuando él llegó. Lo que sacó en consecuencia fue esto: la cárcel estaba abarrotada; gran parte de los presos políticos, capitaneados por Ruiz de Alda, en actitud levantisca; tenían armas; fraguaron, en combinación con los funcionarios de Prisiones, un plan de evasión: se produciría un incendio, y a favor de la confusión se fugarían; se encontró en la cárcel cantidad de leña de la que se gasta en los hornos de pan y algunas escaleras de mano, de la altura de las tapias que cercan la cárcel; entraron los bomberos y algunos milicianos para apagar el incendio; los presos políticos, desde las galerías (las celdas estaban abiertas), los recibieron con denuestos y tiros; hubo algunos heridos... Una provocación como cinco –dice– produce una reacción como quinientos».

De haber sido así las cosas, se trataría de un suceso deplorable pero, en fin, los mismos presos se lo habrían buscado, como si ignorasen cómo se las gastaban los milicianos.

La versión de Gómez, presidente del Tribunal Supremo, suena difícil de creer. ¿Cómo iban los presos políticos a intentar una fuga que equivalía a un suicidio, o a mostrar tal arrogancia cuando conocían en su propia piel el terror reinante en Madrid? Azaña, en apariencia, le da crédito. Pero García Oliver, ministro de Justicia unos meses después, cuenta cómo, cuando el gobierno de Negrín, más avanzada la guerra y con el propósito de mejorar su imagen exterior, pensó en descargar sobre los anarquistas las culpas por el terror de 1936, obligó a Gómez a dar marcha atrás en tal propósito: «O rompe ahora mismo esa infamia de proyecto de decreto, o de aquí me paso al fiscal general de la República y denuncio a usted como ejecutor de la indignidad jurídica más grande que se haya cometido: la de haberse constituido usted, como presidente de un tribunal, en la cárcel Modelo de Madrid y haber juzgado a unos presos, haberlos oído y condenado a muerte, cuando llevaban ya más de 24 horas ejecutados por Margarita Nelken y su grupo de jóvenes socialistas unificados. Y le aseguro que de ello tenemos en el extranjero, presto a ser entregado a varios periódicos, un expediente completo» [11].

Lo que haya de verdad en el testimonio es casi imposible saberlo hoy por hoy, pero revela todo un trasfondo.

Las matanzas de la Modelo y de Badajoz tuvieron carácter emblemático, y testimonian el odio y la resolución de «acabar con el problema» en los dos bandos. Desde el primer momento de la contienda proliferaron las ejecuciones y asesinatos de enemigos políticos, fruto de los odios concienzudamente sembrados por los partidos y sus líderes, en especial los revolucionarios, en los meses y aun años anteriores*.

La mentalidad de unos y otros a este respecto requiere explicación. Los sublevados, en inferioridad inicial, creían necesaria una extrema violencia a fin de paralizar al enemigo. La misma recomendación muestran las instrucciones socialistas para la rebelión en octubre de 1934, y, en general, responde a la lógica de una sublevación que aspira a imponerse con rapidez. Esta motivación fue cediendo conforme la inferioridad rebelde desaparecía y el recurso al terror se hizo menos necesario.

Asimismo, para los sublevados, los militares al servicio del Frente Popular de ningún modo eran fieles a un gobierno legítimo, sino traidores a España en beneficio de la revolución, lo hicieran por espíritu formalista, por cobardía o por connivencia. Los juzgaron, en aparente paradoja, por rebeldía, y fusilaron a generales y a otros jefes y oficiales capturados. A los milicianos los veían como fuerzas irregulares, merecedoras del trato recomendado por Azaña para los insurrectos anarquistas: fusilables sobre la marcha. Por lo demás, así había actuado el gobierno socialde-

---

* Un caso: a la esposa del novelista de izquierdas Ramón Sender le arrebataron de los brazos a su hija pequeña, diciéndole: «Los rojos no tenéis derecho a criar hijos». Por la noche, la fusilaron. Según se dice, quiso confesarse, y el cura le negó la absolución, por vivir «amancebada» con Sender. El asesino directo parece que fue un individuo que la había cortejado en vano. En su última voluntad, la mujer pedía al marido que no perdonase a sus matadores. Sender, estuvo también complicado en la represión.

Otro caso: dos milicianos violaron a dos chicas, asesinándolas, a una de ellas en el mismo acto de la violación, disparándole en la cabeza [12].

Estos casos son a la vez típicos, por el odio que rezuman, y atípicos, porque el número de mujeres sacrificadas no llegó al seis por ciento, salvo en Barcelona, donde subió al trece por ciento, quizá a causa de la matanza de prostitutas ordenada por Durruti, suceso que otros niegan [12].

mócrata alemán, tras la I Guerra Mundial, contra las insurrecciones comunistas. Tal mentalidad resalta en Badajoz.

Junto a estas consideraciones más o menos legalistas y de lógica militar, había otras motivaciones. En su avance, los rebeldes tropezaban con las pruebas de crímenes perpetrados por las milicias, y ello les inducía a imponerles, cuando los vencían, un castigo ejemplar y sin compasión. Por otra parte estaba el afán de venganza, sobre todo en muchos elementos civiles, falangistas, monárquicos o antiguos moderados de la CEDA, que habían sufrido de febrero a julio las agresiones, atentados y amenazas revolucionarias y aprovechaban la ocasión de desquitarse, a veces con auténtico sadismo. No faltaban quienes se significaban por su crueldad para hacer olvidar anteriores conductas sospechosas, o saciaban resentimientos personales, como debió de haber ocurrido con García Lorca. Así, aunque Yagüe se limitó en Badajoz a una represión rápida y sobre la marcha, los fusilamientos continuaron los días y meses siguientes, a cargo de la autoridad militar y civil de retaguardia.

El terror en el bando populista tuvo otros matices. Para los revolucionarios, *limpiar* la sociedad de «enemigos de clase», de «explotadores» y «reaccionarios», constituía una exigencia tradicional, visible ya en la insurrección de octubre del 34. Lo expresa muy bien Araquistáin, teórico de la izquierda socialista, en carta a su mujer, a finales de agosto: «La limpia va a ser tremenda. Lo está siendo ya. No va a quedar un fascista ni para un remedio» [13]. Pero incluso los jacobinos, burgueses y teóricamente moderados, manifiestan parecida despreocupación y afán represor, reflejado en textos como el de *Política* antes citado, o en la carcajada con que Companys comentó a Vidarte que en Cataluña ya no quedaban frailes. A esta mentalidad revolucionaria típica se sumaron, como en el otro bando, los resentimientos y ajustes de cuentas personales, la simple delincuencia común disfrazada de motivos políticos, etc.

Esa mentalidad fue estimulada por la seguridad en la victoria. Durante todo el verano, la prensa populista pregonaba constantes éxitos propios y tremendos fracasos enemigos, cuyos recursos se agotaban, cuyas tropas desertaban y cuyos jefes reñían entre sí, etc. Ello animaba una «limpieza de la retaguardia» que sin duda quedaría impune. Largo Caballero había expresado tiempo atrás una idea muy compartida: la revolución «exige actos que repugnan, pero que luego justifica la historia».

Una historiografía distorsionada afirma que la diferencia entre el terror de unos y de otros radica en que el de los sublevados fue deliberado y organizado desde el poder, sin voces en contra, y más masivo por tener que imponerse al «pueblo» desafecto, mientras que la represión contraria había tenido carácter «popular» e incontrolado, deplorado por las autoridades, que se esforzaron en ponerle coto con llamamientos humanitarios, habiendo logrado en buena parte su objetivo una vez que la autoridad «republicana» pudo recomponerse. La tesis no resiste el menor análisis ni la información disponible. En ambos bandos se alzaron voces pidiendo una conducta más compasiva, y fueron por igual poco atendidas. En los dos se produjo el apogeo del terror durante el año 36, disminuyendo notablemente, pero sin desaparecer, a partir de entonces. En los dos la represión fue impulsada desde el poder, y hubo también bastante descontrol en los primeros meses.

El supuesto de unos partidos republicanos opuestos a la «limpieza» no pasa de fábula, y la oleada de sangre en retaguardia ocurrió bajo su autoridad, ciertamente nominal, pero de la que no dimitieron sus líderes en ningún momento. El gobierno jacobino de Giral armó a las masas, haciéndose responsable de sus consecuencias, nada imprevisibles, y después, desbordado y arrastrado, no sólo acompañó y jaleó el terror, o lo encubrió y justificó, sino que organizó varias de las checas más feroces. Eso no quiere decir que todos los republicanos de izquierda se sintiesen complacidos. Muchos estaban asustados, pues no dejaban de ser burgueses, poco apreciados por los marxistas y ácratas, y prefirieron marchar de España y servir a la «república» en el extranjero, como deplora Azaña. Algunos buscaron asilo, con muchos derechistas, en las embajadas. Al margen de febles protestas e indicaciones bienintencionadas –también en Prieto– su actitud práctica, fingida o sincera, fomentaba el terror revolucionario.

Capítulo 18

EL ORO ENVIADO A MOSCÚ, ¿UN MITO FRANQUISTA?

Los días 3 y 4 de septiembre, diez después de la matanza de la Modelo, se sucedieron los descalabros para las izquierdas: fracasaba la expedición contra Mallorca, abandonada a su suerte por Barcelona y Madrid; los navarros de Mola, en inferioridad numérica pero ya con suficientes municiones, tomaban Irún y aislaban de Francia, por tierra, la franja populista del Cantábrico; y, sobre todo, caía Talavera. En ese ambiente lúgubre, el gobierno de Giral cedía el paso a otro de concentración revolucionaria, presidido por Largo como ya quedó indicado.

Los ministerios clave recayeron en socialistas: Largo Caballero en Presidencia y Guerra, Juan Negrín en Hacienda, Prieto en Marina y Aire, Ángel Galarza en Gobernación, Álvarez del Vayo, probable criptocomunista, en Estado. Había otro socialista, dos comunistas, uno de la Esquerra catalana, y tres republicanos, entre ellos Giral, sin cartera. Los ácratas prefirieron no entrar, por el momento, aunque entrarían más tarde, con cuatro ministros. Un éxito político de trascendencia militar fue, para el nuevo gobierno, la colaboración del PNV, que consolidaba a los populistas en Vizcaya; el PNV no había querido participar en el gobierno mientras no tuviera seguridades de un estatuto de autonomía, y, una vez logradas, cedió a Manuel de Irujo Ollo para ministro sin cartera.

A menudo se ha presentado este gabinete como un paso decisivo para reconstruir el estado republicano derribado el 19 de julio. Obviamente, no hay nada de eso, aunque de la misma forma que la revolución anárquica de julio había dejado en pie la fachada de un inane poder *burgués,* ahora, por las mismas razones utilitarias y propagandísticas se mantenía la ficción «republicana». Pero las fuerzas dominantes, bajo el liderazgo del *Lenin español,* eran las que, proclamándose revolucionarias y obrando en consecuencia, habían llevado la república al derrumbe. La pretensión de que ese gobierno continuaba la II República, suena en verdad grotesca y no puede ser hoy tomada en serio por ningún historiador digno de ese nombre.

Los izquierdistas sabían que su problema se reducía a sacar partido de su aplastante superioridad material, mediante la concentración del mando y una mejor coordinación de las fuerzas. Para entonces el fracaso de las milicias era indisimulable. Habían mostrado una combatividad muy desigual, destacando en la brutal represión de retaguardia más que en la lucha del frente, y las milicianas recibían a veces acusaciones de propagar enfermedades venéreas. Lejos de enriquecer su fervor político con la aportación de los militares profesionales, los milicianos solían imponer sus criterios a los oficiales y a los guardias de asalto y civiles, provocando su descontento. La idea de sustituir las milicias por un ejército en toda regla se abría paso, y los mismos anarquistas iban rindiéndose a la evidencia, aunque a disgusto.

Por tanto, los nuevos gobernantes se aplicaron a construir, como obligado cimiento del nuevo estado, un ejército también nuevo y revolucionario, desde los signos externos y saludos hasta los comisarios políticos o la hegemonía comunista, con casi nada en común con el reformado por Azaña en 1931. El carácter revolucionario del nuevo estado se coronó convirtiéndolo en protectorado o satélite soviético, proceso en el cual sería decisivo el envío del grueso de las reservas financieras españolas a Moscú, del que trata este capítulo.

Una baza fundamental de la superioridad izquierdista yacía en los sótanos del Banco de España, entidad de propiedad privada: el cuarto depósito de oro del mundo, acumulado sobre todo gracias al comercio facilitado por la neutralidad española durante la I Guerra Mundial*: 638 toneladas, de un total de 707. Según estima P. Martín Aceña, su valor ascendía a 805 millones de dólares, unos 8.050 millones actuales, o más de un billón seiscientos mil millones de pesetas, suma realmente gigantesca. A ello se añadían grandes depósitos de plata, los bienes privados confiscados por el gobierno de Giral primero y el de Largo después, en las cajas de los bancos, más las joyas y bienes procedentes del Palacio Real y de iglesias y domicilios saqueados en aquellos meses, botín elevadísimo, aunque imposible de evaluar**. Todos estos recursos, más las otras ventajas materiales, debían dar, casi por fuerza, la victoria al Frente Popular.

---

* Y no del oro traído de América en tiempos antiguos, como han creído algunos estudiosos.

** Una de las víctimas de la requisa fue el ex presidente de la república, Alcalá-Zamora, que lo cuenta con indignación en sus *Memorias*. Él cree que el objetivo, en su caso, fue robarle sus memorias, escritas durante su presidencia. «La inutilidad de las primeras pesquisas y de la violenta apertura de mi caja de caudales (...) excitó la curiosidad y el encono de su busca. Por fin, el 13 de febrero de 1937, los sabuesos de Galarza encontraban las Memorias al dar con las cajas alquiladas por mi mujer en el Crédit Lyonnais. Para llevarse todo cuanto allí se contenía (...) como en daño de los demás despojados, no vacilaron (...) en dar a la persecución contra mi mujer el carácter de procedimiento criminal ¡Y tanto como lo fue! Por ello, con las Memorias desaparecieron antigüedades, ropas, objetos de arte, incluso una mantilla que, ante el criterio proletario más extremista, sólo podía ser de la señora que la había bordado con sus propias manos» [1].

El historiador anarquista Francisco Olaya señala que en 1937 el gobierno centralizó en Valencia los productos de las requisas. «Para tener idea somera

Lógicamente el nuevo gobierno prestó máxima atención al oro del Banco de España. El 12 de septiembre, mientras los rebeldes pugnaban por abrirse camino desde Talavera hacia Maqueda, sesionaba el consejo de ministros populista. Aunque la prensa seguía imperturbable comunicando triunfos propios y desastres enemigos, los ministros conocían lo apurado de la situación, y consideraron por primera vez la posibilidad de instalarse en Barcelona o Valencia, sin llegar a una conclusión. Negrín presentó un decreto reservado que debía firmar Azaña, autorizando el traslado de las reservas de metales preciosos y billetes del Banco de España a un lugar más seguro. Azaña lo firmó. El decreto especificaba: «el Gobierno dará cuenta, en su día, a las Cortes de este decreto». El día nunca iba a llegar.

---

de este tráfico, baste tener en cuenta que solamente desde Madrid se enviaron 88 camiones o furgonetas, con bultos o cajas de joyas, monedas antiguas y objetos diversos de plata y oro sin especificar». En un lote de 26 bultos, «aparte de dos de ellos conteniendo «ropas de iglesia», y otro con acciones, títulos, valores y resguardos, todos ellos contenían joyas, monedas y lingotes, en su mayor parte coronas, relicarios, custodias, copones y diversos objetos de culto, de oro y plata, entre ellos muchas obras de arte». Cita asimismo el testimonio de Celestino Álvarez agente de Negrín: «En los primeros meses de la sublevación fascista (...) en Barcelona, todo el mundo requisaba: la Generalidad, los sindicatos, y hasta los simples particulares. Había una cosa, sin embargo, con la que nadie se había metido, ni se metía: las cajas de alquiler de los Bancos». Hasta que empezó a hacerse cargo de ellas el Sindicato de Banca y Bolsa de Barcelona, de la UGT, pero dominado por los comunistas. El argumento empleado para el saqueo fue el de adelantarse a los anarquistas, que, «si se daban cuenta de que existía aquello en los Bancos, irían sin escrúpulo a por ello». Lo mismo ocurrió en el resto del país. Numerosas alhajas y otros objetos de plata y oro fueron fundidos, siendo ya imposible identificarlos para sus dueños. Esta política causó una amplia y reconocida corrupción [2].

La razón aparente de la medida no era sólo la relativa proximidad de las tropas de Varela (algo menos de 100 km, que tardarían aún casi dos meses en recorrer), sino también el peligro de los anarquistas catalanes que, como la Esquerra, consideraban a Cataluña el centro de gravedad de la «república», debiendo ser ellos, por tanto, quienes controlasen las reservas del país.

Para salvar las apariencias, los consejeros del banco –cuatro quedaban, pues los doce restantes habían huido a la zona rebelde– fueron consultados, como si su opinión contase. Pero simultáneamente comenzaban las tareas de traslado. Furiosos por lo que entendían una farsa, algunos consejeros dimitieron, no siéndoles aceptada la dimisión. Entonces abandonaron todos sus funciones, salvo uno, que informó a los rebeldes. Un clavero de la entidad se suicidó.

Entre el 14 y el 16, fueron transportadas 560 toneladas de oro a un profundo túnel excavado en un monte de La Algameca, cerca de Cartagena, la base principal de la flota populista, muy alejada de los frentes e inexpugnable por mar. La carga permaneció allí sólo algo más de un mes, pues el 25 de octubre era embarcada casi toda ella, 510 toneladas, con rumbo a Odesa. ¿Qué había ocurrido en ese mes? Básicamente, tres cosas:

a. Por primera vez se vislumbró claramente la derrota del Frente Popular. La caída de Toledo y la liberación del Alcázar, el 27 de septiembre, habían resquebrajado la moral de las tropas y los líderes populistas. Madrid, y con ella el fin de la guerra, parecía al alcance del próximo movimiento de Franco. Los rebeldes dejaban de ser tales para transformarse en un bando beligerante en regla, prácticamente victorioso: el que se reconocía a sí mismo como «nacional».

b. El día 16, diez antes de la caída de Toledo, Stalin daba luz verde a la «Operación X», por la cual se involucraba de hoz y coz en el conflicto. Parte de la operación consistió en la denuncia del apoyo alemán e italiano al bando nacional, a fin de cubrir una acción propia ya decidida y en marcha. A finales de agosto llega el embajador soviético, Rosenberg, a Madrid, y seguirán numerosos consejeros de todo tipo, entre ellos el experto en finanzas Stashefski. Y el 4 de octubre llegaba a Cartagena el primer barco ruso con víveres y armas.

c. El gobierno de Largo Caballero había pedido la intervención soviética, aceptándola en todos sus extremos: armas, asesores y, como se vería, orientación política. El primer paso consistió, precisamente, en el envío del oro a la URSS.

El decreto reservado que, en principio, permitía una operación tan extraordinaria, era realmente vago: «Se autoriza al ministro de Hacienda para que en el momento que lo considere oportuno ordene el transporte con las mayores garantías, al lugar que estime de más seguridad, de las existencias que en oro, plata y billetes hubiese en aquel momento en el establecimiento central del Banco de España». ¿Podía extenderse aquella autorización al envío fuera de España? Con toda evidencia se trataba de un empleo abusivo del decreto, que difícilmente podía referirse a la exportación del tesoro, por lo demás ilegal.

Ello aparte, ¿quién podía llamar a Moscú un «lugar seguro» para el tesoro, como indicaba el decreto? Un régimen opaco, a 4.500 km de distancia y con difícil comunicación, ajeno a las normas y garantías financieras internacionales, regido por una burocracia hermética y todopoderosa, excluía de entrada cualquier posibilidad de control desde España. Sin embargo, la confianza de los jefes populistas en Stalin fue tan grande que ni siquiera exigieron un resguardo de la carga. Los soviéticos no pensaban darlo al embarcar o recibir el material, sino sólo después de la larga tarea de contarlo y pesarlo. El acta emitida por fin el 5 de febrero de 1937, una vez terminado el recuento del oro, especificaba que éste podía ser manejado libremente por «el Gobierno de la

República», exportándolo o vendiéndolo. Formalidad vacua, pues de hecho quedaba bajo poder soviético. Si a los líderes del Frente Popular les pareció «un milagro» la llegada del tesoro, incólume, a Odesa, mucho más milagrosa hubiera resultado su vuelta. Asombrosamente, fue Stalin quien, sin haberle sido pedido, propuso «garantizar los valores pertenecientes a España», que el soviético atribuyó al estado y no al banco. Así lo narra Largo Caballero: «Se trataba de extender dos actas, en francés y en ruso, que habían de depositarse en un banco francés, en una caja fuerte a nombre de tres personas, distribuyendo las llaves entre ellas». Las tres eran el propio Largo, Negrín y Prieto, como indica Araquistáin en otro momento[3].

Se afirma que el oro, casi todo él en monedas, fue fundido, pero no hay constancia de que los cuatro claveros del banco enviados con el cargamento, y luego retenidos en la URSS, prácticamente secuestrados, verificaran la fundición, la cual quizá se hiciera con la masa de monedas, pero difícilmente con las numerosas piezas antiguas, de un valor numismático elevado, pero pasado por alto en la contabilidad soviética*. Madrid podía ordenar la venta del metal, pero no tenía modo de verificar el manejo del mismo ni de las divisas generadas, ni si lo comprado cuadraba con el gasto, y debía aceptar los altos costes financieros endosados por Moscú.

Así pues, la confianza en Stalin fue absoluta. Pero, ¿la confianza de quiénes? No la de Azaña, máxima autoridad teórica de la «república», que ni siquiera fue informado porque, según Largo, «se hallaba entonces en un estado espiritual verdaderamente lamentable». Prieto se lo comunicó, tiempo después, y, dice, «nunca lo había

---

* Según A. Viñas, muy favorable a las tesis soviéticas, el valor numismático es una «construcción teórica ulterior», ajena a los documentos de la época. Pero se trata de algo tan evidente como el valor de una joya antigua, superior al de su mero contenido en metal.

visto tan fuera de sí. Me anunció que iba a dimitir inmediatamente». Pero, una vez más, no lo hizo. Lamentablemente, Azaña no dice en sus diarios una palabra respecto de este decisivo asunto [4].

Tampoco recibió información el resto del gobierno. Stalin recomendó el máximo secreto en una célebre carta en clave, a través del embajador Marcelino Pascua: «Por las condiciones y situación delicadas en que se ha producido el parto [el traslado del oro] y las repercusiones dañosas que su publicidad acarrearía tanto al padre [el gobierno soviético] como a la madre [el Frente Popular] caso de que toda la familia conociera lo sucedido, me permito insistir en que se conserve la máxima reserva. A mi juicio estas consideraciones imponen que, por ahora, sólo se advierta del nacimiento del niño y de sus detalles al padre de la madre [Negrín] y al abuelo por parte materna [Largo Caballero]*.

El consejo fue seguido al pie de la letra, aunque Prieto debió de ser puesto también al corriente, si bien él afirma haberse enterado por el azar de hallarse en Cartagena cuando el embarque.

La operación fue montada por Negrín, probablemente a inspiración del encargado de negocios soviético, Stashefski, de quien era amigo, y con la aprobación de Largo y, casi seguro, de Prieto, necesario colaborador en calidad de ministro de la Marina. ¿A qué obedecía tanto secretismo? Por una parte, a que el oro era de propiedad privada y destinado legalmente a respaldar el valor de la peseta, la cual se hundiría de hacerse público el traslado. Largo, al culpar más tarde a Negrín, escribirá: «De hecho, el Estado se ha convertido en monedero falso. ¿Será por esto y por otras

---

** Aunque la carta va firmada por Pascua, es obvio que un mero embajador no podía instruir al gobierno sobre los particulares del caso, sino que debería ser él quien recibiera las instrucciones del gobierno, o transmitiese las indicaciones de Stalin.

cosas por lo que Negrín se niega a enterar a nadie de la situación económica?» [5].

Por otra parte, la medida contravenía en toda su amplitud la ley, que no sólo prohibía la exportación del oro, salvo como préstamo del banco al gobierno para proteger la peseta, sino que exigía un acuerdo del consejo de ministros y unas especificaciones estrictas entre Hacienda y el Banco en cuanto a las condiciones del préstamo y el plazo de devolución. Y, en fin, resultaba muy difícil explicar cómo un régimen presuntamente legal y democrático ponía sus reservas en manos de un estado totalitario y completamente opaco en materia financiera. La operación sólo puede ser entendida como una requisa revolucionaria.

Con todo ello, no extrañará que dos de los tres implicados, Largo y Prieto, lo considerasen luego un hecho aciago, y procurasen cargar la responsabilidad sobre Negrín. Éste, a su vez, no parece haber dejado ningún escrito aclaratorio, salvo los documentos sobre la gestión del oro, que conservó celosamente hasta su muerte. Era su único poseedor, lo que indica en qué grado dirigió, personalmente, la operación. Largo y Prieto le acusan de haber obrado en todo por su cuenta, lo cual responde a la verdad, aunque no por completo. Los demás ministros sabrían, al menos por encima, el destino del oro, pero Negrín manejaba las finanzas sin asomo de transparencia. Resume Araquistáin: «No dio cuenta a nadie del empleo del tesoro de España (...). No quiso confiar jamás los secretos de la Hacienda pública ni al Parlamento ni al gobierno». Araquistáin llegó a detestar a Negrín, pero Zugazagoitia, muy amigo de éste, coincide: «La política económica era un puro misterio para todos los ministros», pues Negrín consideraba que «sólo un secreto inquebrantable (...) podía hacernos conducir la Hacienda en condiciones de seguridad». Los ácratas protestan que ni Hitler ni Mussolini osaron gestionar la Hacienda de modo tal [6].

Estas conductas dan a la política económica populista un aire profundamente anormal. Sorprende que el gobierno aceptara su propia desinformación sobre las finanzas como garantía para ganar la guerra. En todo caso, y al margen de la habilidad financiera de Negrín, el método era, desde luego antidemocrático, por no decir clandestino e insano*.

Debe advertirse que los responsables del envío, tan ciegamente fiados en Stalin, no fueron comunistas, sino socialistas, como recordará Prieto: «El PSOE no podrá vanagloriarse de los resultados desdichadísimos que concluyó teniendo aquella aventura, pero en justicia no puede, como desea cierta propaganda, descargar toda la responsabilidad sobre los comunistas. Un ministro socialista pidió plena autorización para proceder libremente; el Gobierno, del que formábamos parte otros cinco socialistas, incluso quien lo presidía, se la concedió, y socialistas eran también los bancarios que dispusieron cuanto se les ordenó, tanto en España como en Rusia, así como los paisanos que convoyaron el cargamento entre Madrid y Cartagena» [7]. Aunque el permiso debió de ser finalmente otorgado por Azaña.

---

* Véase la consideración del profesor Cuenca Toribio: «Los siguientes y contrapuestos testimonios nos servirán de excelente piedra de toque para comprobar una vez más la desazonante discrepancia con que aun los datos y materias más neutros y mensurables de la guerra se ven enfocados: «El desorden monetario, financiero y económico de la España republicana fue muy grande, y contribuyó a que los republicanos perdieran la guerra» (H. París Eguilaz, *Cincuenta años de economía española, 1930-1980,* Madrid, 1981, p. 55). «El profesor de fisiología Negrín iba a dirigir la Hacienda de guerra española con una competencia innegable. La mejor prueba es que la guerra acabó al cabo de tres años, no por falta de disponibilidades económicas, sino por reveses militares imputables a otras causas» (M. Ansó, *Yo fui ministro de Negrín,* Barcelona, 1976, p. 152).

La magna operación tuvo dos consecuencias, a cual más trascendental. En primer lugar, permitió al Frente Popular continuar una guerra que tenía prácticamente perdida; en ese sentido equivalió al puente aéreo de Franco –aunque sin el mérito de éste–, al salvar a los revolucionarios de una derrota casi inminente.

Y en segundo lugar, trasladó al Kremlin el control de las reservas españolas, y por tanto del aporte de armas, y con ello el destino del Frente Popular. Éste perdía así su independencia, convirtiéndose en un satélite o protectorado soviético. Desde su posición privilegiada, Stalin pasó a dictar de hecho la política populista, utilizando también otros dos poderosos resortes: un partido comunista cada vez más poderoso, y un cuerpo de consejeros militares y policiales. Como lamentará Largo Caballero, algo a deshora: «Tenía que hacer esfuerzos titánicos pata tolerar a los *asesores* [soviéticos], por la siguiente reflexión: ¿Y si no nos facilitan material de guerra?». Los asesores advertían, ante los signos de incomodidad de sus protegidos, su disposición a marcharse: «Con estas amenazas, ¿qué hacer? (...) El Gobierno soviético se erigía en definidor de cómo debíamos hacer la política de nuestro país. Cuando esto lo hacían con nosotros, ¿qué consignas no darían a los comunistas?».

Prieto, ministro del Aire, también señalará cómo los «amigos» soviéticos, verdaderos dueños del arma aérea y de los tanques, hacían caso omiso de las órdenes ministeriales. Y así otros muchos testimonios. El suministro de armas, pagadas muy generosamente con el tesoro español, permitía a Stalin orientar la política izquierdista española [9].

En diciembre de 1956, veinte años después de los hechos, el hijo de Negrín, Rómulo, cumpliendo últimos deseos de su padre, entregó a las autoridades franquistas los documentos guardados por el ex gobernante en absoluto secreto.

Esta historia había quedado envuelta en tinieblas y equívocos, y el franquismo supuso que Stalin había defraudado a España y retenido parte del tesoro. Pero en 1976 el profesor Ángel Viñas, pro socialista –aunque, como muchos otros, había hecho una notable carrera en la administración franquista–, publicaba *El oro de Moscú,* un minucioso estudio técnico, donde presentaba la operación como plenamente legal y normal entre regímenes más o menos democráticos o legítimos. El subtítulo de la obra, «alfa y omega de un mito franquista», sugería que las críticas a la operación debían tener carácter pro franquista, pasando por alto los ataques, quizá más duros, de los propios socialistas, de los anarquistas y otros*.

No son dichas críticas y ataques lo único que Viñas deja arbitrariamente de lado, sino también la cuestión central del caso, ya indicada: la dependencia política en que cayó el bando izquierdista. Desviando la atención de ese problema esencial, Viñas aborda otros, también muy importantes, aunque secundarios: si hubo estafa por parte de la URSS en el manejo del oro; si las autoridades populistas tenían otra opción que enviar el metal a Moscú; y si la operación fue legal. En cuanto a lo primero, afirma la inexistencia de fraude y el gasto completo del depósito bastante antes de terminar la guerra; en lo segundo, asegura que la política de No Intervención de las democracias forzó al gobierno a recurrir a la URSS; y, finalmente, da por legal el traslado.

Recientemente ha aparecido el libro de Pablo Martín Aceña, *El oro de Moscú y el oro de Berlín,* que redunda en los estudios de Viñas sobre la consunción del tesoro español y la legalidad de la transacción –con alguna duda–, y discrepa de que el Frente Popular sólo tuviera la alternativa moscovita.

---

* El título introducía un segundo equívoco, pues la expresión «el oro de Moscú» solía aplicarse más bien al dinero entregado por la URSS, como ayuda y dogal, a los partidos comunistas de muchos países, incluido el de España. La existencia del «oro de Moscú» fue largamente negada, pero los documentos soviéticos hoy conocidos han confirmado de lleno su realidad. Véase, por ejemplo, A. Maestro, «El oro de Moscú», en *Razón Española*, núm. 113.

Martín Aceña, siguiendo a Viñas y olvidando al minucioso Olaya, ve en los documentos de Negrín la prueba de la justeza del trato soviético, y se sorprende de la declaración del hijo de Negrín, según la cual los papeles debían «facilitar el ejercicio de las acciones que al Estado español puedan corresponder (...) para obtener la devolución del citado oro de España».

Pero no hay motivo para la sorpresa, pues Mariano Ansó, estrecho colaborador de Negrín, indica que las armas no debían ser pagadas, de acuerdo con el criterio de Naciones Unidas después de la guerra mundial, y con el de la propia URSS en relación con la ayuda recibida en dicha guerra de Usa. Rómulo atribuye esa opinión a su padre [10].

Viñas y Martín, sin tocar ese punto, arguyen que en los documentos resplandece la lealtad soviética tanto en la evaluación del oro –si bien con costes de fundición y financieros algo excesivos– como en su movilización, siguiendo estrictamente las órdenes de España. Esa oficiosidad prosoviética en funcionarios españoles como son ambos autores –y que en Viñas llega al servilismo de descartar varios testimonios por la sólida razón de provenir «de poumistas, trotskistas o comunistas renegados» [11], así como los de los socialistas contrarios a Negrín–, continúa la tradición de ciertos funcionarios del Frente Popular. Los costes aludidos son realmente altos, el valor numismático de las monedas antiguas no fue tenido en cuenta, y de partidas como las divisas generadas por el oro, nada se ha sabido*.

Pero, sobre todo, la contabilidad, supuesta por ellos fiel y fiable, excluye los gastos detallados a cuenta del oro o el precio unitario

* Como ha terminado por reconocer Viñas, la URSS nunca justificó cuentas, y sólo recientemente se ha abierto alguna ligera luz sobre la actuación de los bancos soviéticos Narodny Bank, que manejaba los activos españoles desde Londres, y, sobre todo, La Banque Commerciale por l'Europe du Nord, que hacía lo mismo desde París.

del material adquirido, datos que la URSS no se molestó en entregar entonces ni después, y que aparentemente no reclamaron los jefes populistas. Sólo recientemente, con la publicación por Howson de algunos documentos soviéticos, conocemos en parte este asunto. Pues bien, Martín, contradiciendo sus enfáticas afirmaciones sobre la ausencia de fraude, encuentra esos precios arbitrarios, alguna vez por debajo del valor real, pero otras muchas por encima, sin olvidar las remesas de armas anticuadas o inútiles. Además, aquel oro no fue el único valor enviado a la URSS, pues Olaya detecta otros envíos de joyas, monedas y lingotes. García Oliver menciona en sus memorias requisas de textiles, así como de joyas y recuerdos familiares de valor, de la gente común, con destino a la URSS. Deben contarse además las exportaciones de materias primas y siete barcos mercantes retenidos en puertos soviéticos [12].

Por lo tanto, sí habría habido una auténtica estafa, aceptada sin protesta por las autoridades españolas, pero ¿de qué envergadura? A mi juicio no es probable que Stalin defraudara masivamente a sus protegidos. El volumen del armamento suministrado iguala, y en algunos casos rebasa, el recibido de Alemania e Italia por sus contrarios, y el precio total no le es muy superior. Además, una política defraudatoria chocaría con las consignas de Stalin a sus protegidos, de poner en pie un ejército bien organizado, de férrea disciplina e intensa ideologización. Esto tenía aun más relevancia que las armas, las cuales poco valdrían en manos ineptas o desmotivadas; y está claro que después de sus esfuerzos –hechos a través del PCE, y de los asesores– por levantar un ejército tal, no iba a dejarlo desarmado. De hecho, si la capacidad bélica populista, y con ella la guerra, no se agotó en pocos meses, se debió ante todo a la «ayuda» soviética en todos los terrenos.

Stalin es acusado a menudo de haber traicionado al Frente Popular, pero la acusación deja de lado aspectos fundamentales. Francia había reducido la venta de armas al Frente Popular porque, entre otras razones, debía atender perentoriamente a sus propias necesidades ante la creciente amenaza alemana, y la misma urgencia sufría la URSS, la cual, no obstante, envió copiosas remesas de material, y parece normal que lo quisiese cobrar lo más alto posible.

Surge además, en torno al oro, otra acusación recurrente: según G. Cabanellas, por ejemplo, la URSS «había recibido el oro en depósito, y, en técnica jurídica, el depositante [¿depositario?] no puede utilizar para sí lo que en tal carácter ha recibido. Lo retuvo y lo utilizó en su propio beneficio, lo que constituye delito en todos los países civilizados» [13]. El argumento tiene poca solidez. Stalin no arrebató el tesoro, sino que los gobernantes populistas se lo entregaron y le permitieron consumirlo, sin queja, del modo como lo hizo. Si hubo traición al interés español, como explican o implican Largo, Prieto, Araquistáin, Abad de Santillán y tantos otros, partió de quienes enajenaron las reservas y con ellas la independencia española.

Mayor interés tiene el razonamiento de Martín Aceña en torno a la necesidad de recurrir a Moscú, que Viñas enfatiza y él niega. En realidad no había ninguna razón para trasladar el oro desde un lugar tan protegido como Cartagena, más seguro, a todos los efectos, que Moscú. Las alusiones al peligro de un desembarco enemigo, o a los bombardeos, no pasan de pretextos un tanto burdos. Lo mismo vale para la supuesta conducta hostil de las democracias o de los bancos extranjeros. Como recuerda Martín, y otros han señalado antes, los gobiernos de Giral y de Largo situaron en Francia hasta finales de 1936 la gruesa cantidad de casi 200 toneladas de oro, bastante más de un tercio de la llevada a Moscú. Con él negoció el Frente Popular sin problemas. Asimismo enajenaron las reservas de plata, vendiendo en Usa nada menos que 1.225 toneladas. El bando nacional probó a impedir esas operaciones, arguyendo que la exportación del tesoro era ilegal, enajenaba patrimonio español y contrariaba la política de No Intervención, pero, como filosofó un alto funcionario del Tesoro useño, «la plata es la plata». Idéntico criterio siguieron en Francia y, en medida algo menor, en Gran Bretaña, facilitando a la «república» todo tipo de transacciones. Otra cuestión es que las compras de armas con esos medios se vieran acompañadas de una notable ineptitud y corrupción [14].

La preferencia por la URSS tuvo, indudablemente, motivos ideológicos. Casi todos los estudiosos fingen olvidar que el gobierno de Largo Caballero no era una recomposición de la II República después de un período de revolución anárquica, sino la expresión hegemónica de las fuerzas marxistas. Y la URSS era el modelo de la sociedad que, con más o menos rodeos, aspiraban a construir en España aquellas fuerzas y gobernantes, empezando por el *Lenin español,* dedicado desde mediados de 1933 a derrocar la república *burguesa* y sustituirla por una dictadura *proletaria.* El traslado del oro responde sin duda alguna, y ante todo, a esa mentalidad, hecho sólo incomprensible para quienes persisten en hablar de la «república» y del «bando republicano», como si la revolución del 19 de julio no hubiera tenido consecuencias decisivas. Persistencia casi generalizada todavía hoy, pero no por ello menos engañosa. Desde el primer momento quedó clara la dependencia política entrañada en el envío del oro, pero casi nadie en el gobierno se sintió molesto por ello en una primera etapa. El despertar del *Lenin español,* Prieto y otros, vendría después, y con él las maldiciones y el reparto de culpas. El carácter, tanto de la «república» como de la intervención soviética, refulge, por así decir en la operación.

En cuanto al problema de la legalidad, Viñas y Martín lo resuelven a favor de la «república». Pero ¿es posible considerar legal una acción realizada con auténtica clandestinidad, a espaldas del presidente y del gobierno y en contravención de la ley bancaria? Como dije, se trató de una requisa típicamente revolucionaria, justificable sólo por la lógica revolucionaria. Tal vez compartan esa lógica, en secreto, nuestros autores, por lo demás típicos *burgueses* uno y otro.

Capítulo 19

¿PERDIÓ FRANCO MADRID POR GANAR TOLEDO?

El 21 de septiembre, cinco días después del traslado del oro a Cartagena y de la aprobación de la «Operación X» por Stalin, los rebeldes llegaban a Maqueda, pudiendo seguir desde allí sobre Madrid, o desviarse a Toledo, cuya liberación había prometido Franco un mes antes a Moscardó. De elegir Madrid, podían avanzar por la carretera principal, o bien un poco al norte de ella, envolviendo, en colaboración con Mola, a las tropas enemigas establecidas en la sierra, para caer finalmente desde el norte sobre la ciudad. En el papel, ésta parecía la vía más prometedora, pero obligaría a la tropa a penetrar flanqueada por fuertes concentraciones enemigas, que podían atenazarla. Kindelán, general de la aviación, advirtió a Franco: «Toledo podría costarle Madrid». Pero él mismo prefería correr el riesgo, debido al efecto moral de liberar el Alcázar, y el ferrolano pensaba igual, después de sopesar los pro y los contra. Su primo Franco Salgado-Araujo atribuye a Kindelán, por error de la memoria, una preferencia por Madrid*, que él compartía, pero Franco le insistió en el «factor espiritual» del Alcázar, y le añadió: «a los ocho días

* A menudo se lee que Kindelán deseaba atacar Madrid, pero en sus *Cuadernos de guerra* es bien explícito: «Yo iría a Toledo aunque con ello me expusiera a no tomar Madrid».

de tomar Toledo estaré en Madrid». Yagüe prefería orillar el alcázar, y quizá por eso fue sustituido por Varela al mando de las columnas. La decisión por Toledo es una de las cuestiones estratégicas que más tinta ha hecho fluir [1].

El día de la caída de Maqueda fue trascendental también por el cónclave de los mandos rebeldes en un barracón del aeródromo de San Fernando, cerca de Salamanca, para decidir sobre el mando único, juzgado inaplazable por Mola y otros. Antes, la sucesión desordenada de los acontecimientos tras el fracaso del golpe inicial, había acaparado las energías y horizontes de los alzados, y ello explica su tardanza en abordar un problema resuelto por el bando contrario casi tres semanas antes, al constituir el gobierno de Largo Caballero. El problema iba más allá del mando único: se extendía a la construcción de un estado, pues en ambas partes éste se había venido abajo, y ambas debieron afrontarlo a lo largo del mismo mes.

El curso espontáneo de la lucha había creado tres mandos rebeldes independientes, el de Mola en el norte, el de Queipo en Andalucía, y el de Franco sobre las columnas de África, bajo la coordinación difusa de la Junta de Defensa nacional, encabezada por Cabanellas, el general más antiguo, republicano y masón. No habían surgido fricciones serias entre ellos, pero eso podía cambiar fácilmente*. Además, el previsible fin victorioso de la lucha obligaba a atender el futuro político.

En apariencia, Franco no tenía interés en la jefatura, y fueron su hermano Nicolás, Yagüe, y sobre todo Kindelán, quienes

---

* Franco se hallaba en la incómoda posición de no disponer de una base territorial propia. Con Queipo no se llevaba nada bien, y éste era general de división más antiguo que él. La base se la cedió Mola, declarando exenta la provincia de Cáceres. Franco le retribuyó cediéndole tropas de Marruecos y algunos aviones.

le hicieron aceptarla. Reunidos en el aeródromo, escribe Kindelán: «Pedí votar el primero y lo hice a favor de Franco, adhiriéndose inmediata y cordialmente a mi voto Mola, Orgaz y, sucesivamente, los demás asistentes, salvo Cabanellas, quien dijo que, adversario del sistema, no le correspondía votar persona para cargo que reputaba innecesario» [2].

Pero Franco advirtió a sus conmilitones que sólo aceptaría el mando si éste concentraba todos los poderes. Por primera vez manifestaba ambiciones políticas. Tras algunas discrepancias, el acuerdo quedó en secreto hasta un refrendo oficial de la Junta, que especificase los poderes.

Una semana después era liberado el Alcázar toledano. Recibida la noticia en Cáceres al atardecer del día 27, una multitud entusiasta acudió ante el palacio de los Golfines, a cuyo balcón se asomaron Franco, Millán Astray y Yagüe. El último habló así: «La conquista de Toledo es motivo de orgullo para todos. Artífice de esta obra es el general Franco. Mañana tendremos en él a nuestro Generalísimo, al Jefe del Estado».

El 28, la Junta, con fricciones poco relevantes, acordó, a propuesta de Mola, la unión de la jefatura militar con la «del Gobierno del Estado mientras durase la guerra». El 29 se producía otro suceso casi tan bueno para los rebeldes como la toma de Toledo: los cruceros *Canarias* y *Almirante Cervera* se adueñaban del estrecho de Gibraltar, después de hundir un destructor populista y dañar a otro.

Y el día 30, el arzobispo catalán Pla y Deniel sancionaba la posición de la Iglesia española a favor de los rebeldes, mediante la pastoral *Las dos ciudades:* «Al apuntar la *revolución* ha suscitado la *contrarrevolución,* y ellas son las que hoy están en lucha épica en nuestra España, hecha espectáculo para el mundo entero, que la contempla no como simple espectador, sino con apasionamiento, porque bien ve que en el suelo de España luchan hoy cruentamente dos concepciones de la vida, dos sentimientos, dos fuerzas que están aprestadas para una lucha universal en todos los pueblos de la tierra, las dos ciudades que el genio del Águila de Hipona, padre de la Filosofía de la Historia, San Agustín, describió maravillosamente en su inmortal *Ciudad de Dios:* "Dos amores hicieron dos ciudades: la terrena, el amor de sí hasta el desprecio de Dios; la celeste, el amor de Dios hasta el desprecio propio". Estos dos amores, que en germen se hallan siempre en la humanidad en todos los tiempos, han llegado a su plenitud en los días que vivimos en nuestra España. El comunismo y el anarquismo son la idolatría propia hasta llegar al desprecio a Dios Nuestro Señor; y enfrente de ellos han florecido de manera insospechada el heroísmo y el martirio que, en amor exaltado a España y a Dios, ofrecen en sacrificio y holocausto la propia vida».

Recordaba también cómo la Iglesia no había provocado al poder republicano, y sí éste a aquella, hasta una situación límite de persecución ensañada. Criticaba los asesinatos, pues «sólo la autoridad pública puede quitar la vida», y señalaba: «¿Cómo ante el peligro comunista en España, cuando no se trata de una guerra por cuestiones dinásticas ni formas de gobierno, sino de una cruzada contra el comunismo para salvar la religión, la patria y la familia, no hemos de entregar los obispos nuestros pectorales y bendecir a los nuevos cruzados del siglo XX?»

El 1 de octubre el bando contrario aprobaba el estatuto de autonomía para «Euzkadi», ganándose así al PNV, al cual Franco intentaría en vano atraerse. Pero ese mismo día los rectores de diez universidades, nombrados por la república y destituidos por el Frente Popular en guerra, encabezados por Unamuno, exponían su repulsa al régimen revolucionario y su adhesión al bando alzado.

Y también ese día 1 era Franco investido jefe del estado en una solemne ceremonia en Burgos. La expresión «mientras dure la guerra», había desaparecido, dejando su poder sin límite de tiempo. Se ha calificado de «golpe de estado» el nombramiento en tales circunstancias, pero nadie puso reparos, y por otra parte no existía un estado al que golpear, sino que entonces empezaba a cobrar forma uno nuevo. Al aceptar el cargo, Franco dijo: «Ponéis en mis manos a España. Mi paso será firme, mi pulso no temblará y yo procuraré alzar a España al puesto que le corresponde conforme a su historia». No habló de monarquía ni de república, sino de un nuevo régimen que, en su intención, debía «eliminar las causas que habían producido tantas desdichas».

¿Cuáles eran esas causas? Franco se había formado bajo el liberalismo de la Restauración y contemplado su ruina, víctima de la subversión revolucionaria y jacobina, y del oportunismo de sus propios políticos. Luego, la república había sido mucho más convulsa. Por ello, y por la historia del siglo anterior, aquél había concluido que la democracia liberal disgregaba el país, sustituía la voluntad popular por los manejos de los partidos, y abría el paso a la revolución: ahí creía ver la raíz del mal. Como escribirá en la *Revue Belge:* «No basaremos el régimen futuro en sistemas democráticos que decididamente no convienen a nuestro pueblo. Se ha hecho la prueba y Dios sabe que no ha faltado buena voluntad para ensayarlo por espacio de cerca de un siglo: lo asentaremos sobre ideales más fielmente democráticos y mejor adaptados al carácter peculiar de la raza española» [3].

Franco estaba influido probablemente por el regeneracionismo de Joaquín Costa, autor reivindicado por izquierdas y derechas, y si bien no compartía su descalificación de la historia anterior de España, sí su propuesta de medidas drásticas que sacasen al país de su atraso, a aplicar por un dictador benéfico, un «cirujano de hierro». El régimen que proponía entroncaba con la «democracia orgánica» teorizada en España por Madariaga y, antes, por Maeztu o el socialista Fernando de los Ríos, con raíces en la

Institución Libre de Enseñanza: las elecciones se efectuarían a través de las instituciones que el ciudadano conocía y en que desarrollaba su vida, tales como el sindicato y el municipio. Los partidos desaparecerían o perderían gran parte de su poder. El sistema debía superar la desintegración y la manipulación de las masas achacada al voto «inorgánico» tradicional.

El nuevo jefe del estado empleó los títulos de «Generalísimo» y de «Caudillo», quizá por afinidad con el usado por los líderes fascistas italiano y alemán. También solía hablar de un estado totalitario, aunque es difícil saber qué entendía por tal: no la supeditación general de la sociedad al estado, como en el régimen nazi o el soviético, sino más bien la intervención decisoria del estado en la regulación de los conflictos socioeconómicos. Esto le llevaba a simpatizar con el fascismo y con el nazismo, el cual aún no había mostrado sus peores facetas y se presentaba también como un régimen superador tanto del peligro comunista como de la democracia liberal.

Sin embargo, el fondo de sus ideas era el catolicismo, pese a la ayuda recibida de los paganoides estados italiano y alemán, no muy felices con ese rasgo del Caudillo. Preston atribuye a un cálculo astuto y utilitario esa identificación con la Iglesia: «Franco se proyectó no sólo como el defensor de España sino también como el defensor de la fe universal. Al margen de la gratificación para su ego, semejante maniobra propagandística sólo podía proporcionarle enormes beneficios en cuestión de ayuda internacional a la causa rebelde. Por ejemplo, muchos parlamentarios conservadores británicos intensificaron su apoyo a Franco después de que empezara a insistir en sus credenciales cristianas en lugar de fascistas» [4]. Pero Franco obraba como católico convencido, y el maquiavelismo supuesto por Preston carece de base: tenía que interesarle mucho más el tangible apoyo recibido de los regímenes fascistas que la simpatía poco práctica de los conservadores ingleses.

El nuevo generalísimo y jefe del estado ordenó formar una «Junta Técnica», embrión de gobierno, encargada de dar cuerpo a los órganos de la administración, y que iba a trabajar con una burocracia mínima y muy flexible. Estructuró también dos ejércitos, el del Sur, a cargo de Queipo de Llano, y el del Norte, mandado por Mola, a cuyas órdenes pasaban también las columnas africanas.

El encumbramiento de Franco, tan rápido, ha generado amplia bibliografía, suponiéndosele un trasfondo de intrigas y lucha por el poder, que de hecho no parecen haber pasado de vagas reticencias de uno u otro general. Sólo Queipo o Mola podían pensar en competir con él, pero Mola aceptaba de buen grado su primacía. Queipo, militar audaz, valeroso y cruel, que pronto se revelaría excelente organizador económico, probablemente detestaba al Caudillo en ciernes, pero no podía hacerle sombra. Franco le había asentado a él y a Mola, salvando la crítica situación inicial, había dirigido la marcha sobre Madrid, liberado el Alcázar, cooperado en el avance hacia Oviedo, en la resistencia en Aragón y en la victoria en Guipúzcoa, además de ordenar la resistencia en la lejana Mallorca. Y con él se entendían los italianos y los alemanes. Nadie podía rivalizar con él, realmente.

Tampoco tiene sentido trivializar su encumbramiento como una manifestación de astucia y ansia de poder, pues fuera cual fuere esa ansia, casi todos sentían como una necesidad la unificación del mando. La dictadura republicana prevista por Mola se había vuelto tan inviable como sus planes de golpe en julio, y había sido abandonada sin debate. En cuanto a la monarquía, si bien los generales monárquicos pesaban bastante en la Junta de Defensa, la sublevación no tenía tal carácter en la conciencia ni la intención de la vasta mayoría de sus participantes. El trono había caído sin mucha dignidad, y pocos creían en su retorno. Franco apreciaba con claridad tal hecho, y desde el principio había insistido en invocar frente a la revolución, no la monarquía ni la república, sino sólo el nombre de España. Nadie pensaba en una democracia liberal, con corona o con gorro frigio. Los vientos europeos y la propia experiencia española parecían soplar en otra dirección, y la escasísima resistencia encontrada por el Caudillo revela la dificultad o inexistencia de una alternativa.

Así pues, la toma de Toledo sirvió de pedestal a la elevación de Franco, aunque probablemente ésta se habría producido de todos modos. Muchos autores creen que la elección de Toledo y no de Madrid buscaba, precisamente, asegurar su jefatura o al menos realzarla mediante un triunfo espectacular. Guillermo Cabanellas, estudioso de la guerra e hijo del general, resume: «Francisco Franco gana el Gobierno y los nacionalistas pierden Madrid». En ello abundan y ven Blanco Escolá y otros, la prueba de la mediocridad militar y el barato y sórdido maquiavelismo político del Caudillo, capaz de sacrificar a su ambición de poder la oportunidad de terminar enseguida la guerra y las penalidades de los españoles. Preston opina: «La reunión de ese día [el 21, en el aeródromo] le había dejado dudas que le reconcomían sobre su elección como Generalísimo. Detrás del voto casi unánime y las expresiones de apoyo a Franco, podía percibirse frialdad y reticencia [...]. El acuerdo de mantener la decisión en secreto hasta que la Junta de Burgos la ratificara formalmente y la hiciera pública reflejaba sus dudas. Habría sido muy propio de Franco intentar decantar la balanza a su favor mediante el golpe propagandístico de la liberación del Alcázar.» Con ello habría perdido «una excelente oportunidad para entrar fácilmente en Madrid».

Pero tan recias condenas no son concluyentes. ¿Cómo sabe Preston que a Franco «las dudas le reconcomían», o que percibía «frialdad y reticencia» en sus colegas, o que la balanza no se inclinaba ya por completo a su favor? Por lo demás, ¿no habría sido un golpe propagandístico mucho mayor la conquista de Madrid, tan fácil a juicio del historiador [5]?

En la misma línea, insiste: «De haber avanzado hacia Madrid de inmediato, lo habría hecho sin que su posición política estuviera irrevocablemente consolidada. Todo el proceso de la elección de un Caudillo se habría retrasado. Por tanto habría tenido que compartir el triunfo, y en consecuencia el futuro, con los demás generales de la Junta». No tenía por qué haber ocurrido nada de eso. Llegar a Madrid, incluso por la línea más corta, habría tomado semanas, y en su curso se habría decidido igualmente la jefatura única, política y militar. Y el triunfo siempre lo compartió con los demás generales, los cuales le debían la salvación a él, mucho más que él a ellos.

En fin, al margen de especulaciones sobre maquiavelismos y codicia de poder, quizá acertadas, quizá no, y en cualquier caso poco relevantes, la mayoría de los autores, desde Zugazagoitia, ha dado en creer que Franco pudo haber tomado fácilmente Madrid, cometiendo un crucial error estratégico al desperdiciar «una oportunidad única» de vencer por completo. Esa extendida convicción se basa en tres supuestos, nunca analizados con claridad: que Franco disponía de fuerzas proporcionadas al objetivo madrileño; que los populistas habían perdido toda voluntad de resistir; y que la dilación permitió a la URSS intervenir masivamente.

Pero, ante todo, la relación material de fuerzas continuaba desfavorable a los rebeldes. Las tropas de África se habían reorganizado el 8 de septiembre en cuatro columnas de poco más de 1.500 hombres cada una (tres batallones: dos tabores y una bandera, más una batería ligera). De las cuatro columnas quedaría una como reserva, más dos baterías ligeras y una pesada. El 16 se le sumó una nueva columna, conforme llegaban nuevas tropas africanas. En total, entre 7 y 9.000 soldados, contando servicios y algunos voluntarios. Frente a ellos, las fuerzas populistas, en constante aumento, alcanzaban a 21.000 milicianos, soldados y guardias, y no menos de 25 piezas artilleras, el día 19. Así, los éxitos de los atacantes descansaban en su disciplina y superior moral de combate, pero la desproporción de medios les impedía vencer decisivamente. Su táctica consistía en un ataque frontal para fijar al adversario, seguido de una maniobra envolvente, que, dado su corto radio, motivado por la escasez de fuerzas, no podía impedir al enemigo zafarse en buena medida del cerco. Y ganaban siempre en campo abierto, pero tenían dificultades en las ciudades, incluso pequeñas. Otra de sus ventajas tácticas consistía en cierta superioridad aérea, pues concentraban sus escasos recursos en apoyar sus columnas, mientras que los populistas los desperdigaban.

Desde el principio, como ya vimos, Franco consideró sus medios insuficientes para asaltar una gran ciudad como Madrid. Ésta debía entregarse prácticamente sin lucha, lo cual exigiría el previo derrumbe moral de los populistas. Por tanto, le era indispensable obtener una sucesión de pequeñas victorias que minasen más y más la confianza de aquellos; de otro modo la brillante marcha desde Sevilla podía concluir en desastre. Franco había mostrado audacia y hasta temeridad en el cruce del estrecho por aire y agua, pero luego se volvió más prudente. El éxito de la marcha sobre Madrid inducía a la euforia y a creer rápido y garantizado el triunfo final, pero él probablemente no abandonó su realismo, ya manifestado durante la conspiración previa al alzamiento, cuando dudaba de la fácil victoria predicha por otros generales.

Y cuando Yagüe llegó a Maqueda, ni la moral populista estaba en ruinas, aunque sí muy dañada, ni sus dirigentes dispuestos a entregar la capital. Sólo empezaron a pensar en abandonarla ellos, medida muy distinta y por lo demás prudente. Entre tanto, no cesaban de reforzar sus tropas y contraatacar y bombardear a las columnas africanas, desgastándolas y retrasando notablemente su marcha. Enviaban al frente nuevas unidades de la Guardia Civil, rebautizada Nacional Republicana, y de la de Asalto, así como tropas regulares, movilizadas en número creciente, mientras las milicias iban bregándose en la lucha, a pesar de sus espantadas; y en torno a la capital construían aceleradamente obras defensivas. La rapidez de avance de Yagüe había bajado de una media de 14 km diarios en el primer mes, a sólo 2,3 en los últimos 18 días. Al mismo ritmo, los rebeldes tardarían aún un mes largo en alcanzar Madrid, pero debían contar con una menor velocidad y mayor desgaste ante la oposición creciente, para luego acometer la empresa desmesurada de conquistar la gran urbe. No cabía esperar, pues, la fácil victoria asegurada por tantos críticos.

Franco explicó su opción por Toledo invocando precisamente el factor moral: el enemigo debía llegar a pensar «que cuanto nos proponemos lo realizamos sin que pueda impedirlo». Ello significaba proponerse objetivos realistas. ¿Lo era Madrid? Obviamente él no lo creía, ni autoriza a creerlo el análisis de la situación, por debajo de impresiones superficiales. Para atacar la capital, debía reforzar sus tropas y descomponer aun más la voluntad de lucha enemiga. En cambio Toledo, pequeña ciudad de unos 30.000 habitantes, sí constituía un objetivo accesible, cuyo logro, por su poder simbólico y eco internacional, asestaría a los ánimos populistas un golpe demoledor. La liberación del Alcázar debía hacer madurar la caída de Madrid.

Por lo demás, la distancia de Maqueda a Madrid, 75 km, aumentaba a 111 con el desvío por Toledo, es decir, unos 36 km más, o más bien 24, pues al día siguiente de Maqueda, y como parte de la misma operación, caía Torrijos, en el camino a Toledo. A esa diferencia se le ha querido dar un valor desmesurado. Al desviarse hacia el Alcázar, Franco alargaba su flanco izquierdo, riesgo compensado por el hecho de que embestía en una dirección de menor acumulación de fuerzas enemigas. No extrañará que pensase estar ante Madrid una semana después de tomar Toledo.

Finalmente, tampoco es seguro que, aun con la improbable conquista de la capital, terminase la guerra. La pérdida habría sido terrible, desde luego, para el Frente Popular, pero éste, lejos de desmoralizarse por entonces, cobraba nuevos bríos con la asistencia de Stalin ya en marcha, y preparaba a toda prisa un nuevo ejército libre de improvisaciones milicianas, y con abundante material, asesores y tropas especiales soviéticas. A todo ello habría tenido que enfrentarse el ejército nacional, tanto si marchaba directamente sobre Madrid como si iba por Toledo, excepto en el caso, harto improbable, de que la resistencia populista se viniera abajo después de perder Maqueda. Si la guerra se prolongó, todo indica que no se debió a un error de Franco, sino a la masiva aportación soviética, por él ignoraba entonces.

En suma, la crítica a la decisión de Franco tiene, en el terreno militar, poca enjundia, una vez escarbamos bajo las conjeturas o las impresiones vagas. Éstas, sin embargo, han tenido un éxito extraordinario para calibrar su acción, indicio del apasionamiento que sigue rodeando a su figura.

Capítulo 20

LA BATALLA DE MADRID

Al caer Toledo, el 27 de septiembre, cundió en el Frente Popular una sensación de desastre. La prensa madrileña seguía ofreciendo, impertérrita, noticias triunfales, pero los milicianos llegados del frente pintaban un cuadro desolador. Muchos, dentro y fuera de España, creían ya imposible parar a Varela. Sin embargo el gobierno tenía buenas razones para el optimismo. Entre el 14 y el 19 de septiembre, días antes de la toma de Toledo, según el cariz de la guerra daba un giro espectacular a favor de los sublevados, se habían sucedido en Moscú reuniones de jerarcas soviéticos y, en paralelo, de la Comintern, de las cuales había salido el acuerdo de enviar todo tipo de ayuda a las izquierdas españolas, incluyendo voluntarios. El apoyo soviético afluiría masivamente a lo largo de octubre. Por tanto, se trataba de ganar tiempo conteniendo al enemigo. El gobierno prometió hacer de Madrid «una fortaleza inexpugnable», base de «la gran contraofensiva victoriosa».

La consigna «Madrid será la tumba del fascismo» vibró en los aires. No era hablar por hablar, pues tomaba forma aceleradamente aquel ejército en pro del cual venían presionando sin tregua los comunistas y los soviéticos, contra la renuencia anarquista y la inicial de Largo. Giral había intentado algunas medidas para superar el estadio miliciano, y el nuevo gobierno las reafirmó, con la recluta de 8.000 carabineros y la llamada a filas de varios reemplazos. El 2 de octubre el general Asensio ordenaba recuperar Toledo, aunque en vano.

La medida clave fue la orden de crear ocho brigadas mixtas, seis españolas y dos internacionales. Se trataba de unidades autosuficientes, cuyo diseño se atribuyeron los consejeros rusos, aunque R. Salas las cree de origen español. Eran el embrión de un nuevo ejército, de cuño soviético, con estricto control sobre oficiales y soldados por parte de un cuerpo de comisarios políticos, y una sección especial de vigilancia policíaca. Al mismo tiempo proliferaban las obras de defensa: trincheras, búnkeres, nidos de ametralladoras, abundancia de hormigón y de alambradas*.

Los nacionales también marchaban contra el tiempo, aunque no sabían hasta qué punto. Tras descansar y reforzarse en Toledo, y guarnecer sus largas líneas de abastecimiento, el 3 de octubre reanudaban la ofensiva con 14.000 hombres, mediante ataques combinados desde el oeste y el sur de Madrid, para cegar el peligroso entrante paralelo al flanco izquierdo del ejército de África. En las dos semanas siguientes prosiguieron los avances, a veces fáciles, otras con fuertes resistencias.

El día 15, Largo Caballero pedía a Stalin que acogiese las reservas de oro español, que saldrían para Odesa diez días después. El 16 llegaban a Albacete los primeros voluntarios extranjeros alistados por la Comintern, y Stalin emitía su famoso telegrama a José Díaz: «Los trabajadores de la Unión Soviética, al ayudar en lo posible a las masas revolucionarias de España, no hacen más que cumplir con su deber. Se dan cuenta de que liberar a España de la opresión de los reaccionarios no es un asunto privado

---

* Muchos autores las juzgan chapuceras, pero había de todo, como muestra Martínez Bande, cuya obra *La marcha sobre Madrid,* magníficamente documentada, sigo aquí de preferencia.

de los españoles, sino la causa común de toda la humanidad avanzada y progresista»[1].

El día 18, el gobierno en pleno y el presidente de la república, Azaña, asistían al estreno de un clásico del cine soviético, *Los marinos de Kronstadt*. Entonces llegó una mala noticia: Illescas, a treinta y pocos kilómetros, había caído. Poco después Azaña huía en coche a Barcelona, sin avisar a nadie, tal como Martínez Barrio en julio, cuando salió para Valencia tras fracasar su gobierno.

Cubrir los 37 km de Toledo a Illescas había ocupado tres semanas a los nacionales, pero a partir de ahí la marcha hacia la capital parecía despejada. El día 19, Franco señalaba en una orden «la urgencia de proceder a la descomposición total del adversario antes de que pueda rehacerse», a la vista de la situación de conjunto y de «la próxima llegada de importantes refuerzos» al enemigo. Las columnas fueron reforzadas para el ataque final, pero Franco, aunque ya conocía los aportes soviéticos, ignoraba su volumen y cómo la retaguardia adversaria iba tomando un nuevo aspecto. El material soviético llegaba a Cartagena y Alicante desde principios de octubre, y las nuevas brigadas se instruían y armaban con presteza. Junto con las armas llegaban tropas especiales, asesores y miembros de la policía política (NKVD) y del espionaje militar (GRU). Bastante informados parecían los alemanes, que a mediados de mes proyectaron una ayuda más fuerte a Franco, lo que sería la Legión Cóndor.

Pocos días después de Illescas, los nacionales ocupaban una línea al suroeste de la capital, a menos de 30 km de ella en su parte más adelantada, y extendida en el extremo oriental hasta Seseña. Su avance desde el sur dejaba un flanco derecho cubierto en precario, invitación a un golpe envolvente que por allí cortara a sus vanguardias, aislándolas y destruyéndolas. El gobierno y los asesores soviéticos vieron la ocasión madura para una contraofensiva en toda regla, el día 29. De tener éxito, los nacionales perderían sus mejores tropas, recibiendo con ello un golpe demoledor capaz de invertir el curso de la guerra.

El plan, probablemente soviético, consistía en una embestida combinada de tanques, artillería e infantería por el pueblo de Seseña, para recuperar Illescas y descender desde allí sobre Toledo. Bien diseñado y con táctica novedosa, que en parte sugiere la guerra relámpago luego practicada por los alemanes, suscitó la mayor esperanza de los populistas. En dos célebres arengas, supuestamente radiadas, Largo Caballero animó a los suyos: se trataba «no sólo de hacer frente al enemigo, sino de arrojarle de una vez para siempre (...), liberar Madrid de la garra fascista». Según los rusos, el intempestivo discurso alertó al enemigo, acusación repetida por varios autores, pero falsa, pues los atacantes no la oyeron. El ataque fracasó porque la infantería no siguió a los carros, fue rechazada con serias pérdidas, y varios tanques, aislados, fueron destruidos con botellas de gasolina: en Seseña nació el «cóctel molotov», así bautizado más tarde por los finlandeses que lo reinventaron en su lucha con los soviéticos.

Y el 3 de noviembre, con los nacionales a sólo 10 km de las barriadas del sur de Madrid, el gobierno, con tropas mayores, reintentó la maniobra, que en el papel parecía de éxito obligado, tanto por la acertada concepción como por la superioridad de fuerzas. Pero volvió a fracasar.

Al día siguiente el gobierno se reorganizó, admitiendo a cuatro ministros anarquistas. Era una verdadera revolución para aquellos revolucionarios, opuestos por principio al estado; pero el peligro borró el escrúpulo. Como advertía el día 9 el líder cenetista *Ariel* convenía «dejar de lado las diferencias ideológicas y unirse todos para aplastar a los miserables asesinos que tenemos enfrente». En su comunicado, el gobierno advertía a la población: «No caben engaños: el enemigo está a las puertas de Madrid»; reclamaba una actitud «heroica», y llamaba a defender «la revolución y la República» [2].

Pero, fracasados los contraataques ante un enemigo en apariencia invulnerable, el desaliento se apoderó de los políticos. Casi ninguno creía en la defensa de Madrid, aunque tampoco renunciaran a ella. Se planteaba un dilema: ¿esperar a que las nuevas brigadas estuvieran plenamente dispuestas, y luego emplearlas con máxima efectividad, aunque entre tanto cayera la capital, o defender ésta a toda costa, utilizando las brigadas por partes, con merma de su eficacia? Asensio, Largo y otros preferían la primera opción, en apariencia la más correcta militarmente. Pero no lo era. En campo abierto, el enemigo había resultado invencible, pero en la masa de edificios de la ciudad el escenario cambiaba mucho, a favor de la defensa.

El problema volvió a ser fundamentalmente moral. La pérdida de Madrid habría tenido tal repercusión en ese terreno, con tales efectos políticos, internacionales, y militares, que habría podido desintegrar la voluntad de lucha en las izquierdas. Fueron los soviéticos y los comunistas quienes más claro vieron la necesidad de resistir a todo trance. El 3 de noviembre, el Comité Central del PCE declaraba: «Nuestro partido hermano de la Unión Soviética nos mostró el camino en las luchas heroicas del año 17, y muy especialmente en la defensa de Petrogrado (...). Hay que hacer milagros de organización (...), Al heroísmo de su pueblo tiene que corresponder la ayuda de los demás pueblos de España (...). TODOS LOS ESFUERZOS DEBEN CONVERGER EN UN MISMO OBJETIVO: SALVAR MADRID (...). Salvemos Madrid y salvaremos a España, salvaremos la República (...). ¡Comunistas: adelante hacia el triunfo! A darlo todo, a sacrificarlo todo en defensa de Madrid».

Tres días más tarde, el 6, el gobierno resolvía irse a Valencia, tras descartar Barcelona debido al predominio anarquista en esta ciudad. El acuerdo era razonable, pero su secreto y precipitación crearon una impresión de huida. En Tarancón, un control de la CNT sorprendió a varios ministros, y antes de dejarles pasar los sometió a una lluvia de insultos y amenazas de llevarlos al frente, o de fusilarlos. Ya en Valencia, el portavoz anunció, el día 8, que el gobierno estaba allí «sacrificando todo a la eficacia, pasando por el trance amargo de alejarse, en los momentos decisivos, de la heroica población madrileña que, consciente de su deber, está resuelta a estrangular el ataque enemigo». La explicación daba pie al sarcasmo.

El desordenado abandono originó sabrosas burlas de los resistentes. La defensa quedó encomendada a los generales Miaja, en la ciudad, y Pozas, en el entorno. El gobierno les ordenaba emular al enemigo resistiendo a toda costa, pero, contradictoriamente, admitía la retirada. Asensio ordenó aguantar al menos una semana, hasta tener listas las brigadas. Miaja, africanista y antiguo miembro de la monárquica UME, simpatizaba con el PCE, cuyo carné pronto recibiría, y encabezó una Junta de Defensa cuyas consejerías clave (Guerra y Orden Público), desempeñaban los comunistas Mije y Santiago Carrillo*. El general encargó al comandante Vicente Rojo, ex derechista como él, organizar el estado mayor. Inmediatamente buscaron a los jefes de las tropas en aquel momento dispersas. La consigna fue «resistir sin ceder un palmo de terreno».

Las fuerzas disponibles eran muy considerables: al menos 15.500 hombres, de momento desorganizados, más, en los alrededores, las tropas de Pozas, 10.000 más, como mínimo, situados amenazadoramente sobre el ala derecha de Varela; y muy pronto siete brigadas más o menos completas; además, los tanques y avio-

---

* Un aspecto insignificante del embrollo al que se ha dado relevancia indebida fue la confusión en las instrucciones, que para Miaja venían a nombre de Pozas, y viceversa.

nes rusos, manejados por especialistas, y una artillería pesada más poderosa que la de los atacantes* y en posición favorable: en alto, desde donde podían observar y cañonear los movimientos contrarios. Y, en fin, contaban con la reserva humana de Madrid, en principio inagotable.

Para los nacionales, resume Martínez Bande, «teniendo en cuenta el desgaste experimentado por estas fuerzas, algunas de las cuales llevan tres meses sin dejar de combatir, pueden darse aquí unos efectivos de 15.000 hombres»**. Su artillería pesada era escasa, sus blindados insignificantes frente a los tanques rusos, habían perdido la ventaja aérea lograda en septiembre y sus líneas de abastecimiento eran largas y vulnerables.

---

* Los tanques rusos, T-26, dotados de cañón y ametralladora, podían destruir fácilmente las tanquetas alemanas (Panzer I) e italianas (Fiat-Ansaldo), dotadas sólo de ametralladoras. Esa ventaja la mantendrían durante toda la guerra, y en los aviones durante bastantes meses. Se trataba de los bombarderos SB-2, «Katiuska», más rápidos que cualquier caza enemigo, y de los cazas I-15 («chatos») e I-16 («moscas»). La artillería quedó bajo el mando de Vóronof, uno de los grandes especialistas, luego distinguido en la II Guerra Mundial.

** Sobre el número de tropas en liza ha habido discrepancias entre, por ejemplo, R. Salas y Martínez Bande. Las cifras de éste para los nacionales parecen bajas, pero se basan, como las de los contrarios, en los estadillos y órdenes del momento. Para finales de octubre todo el ejército de África, en torno a los 25.000 soldados, había sido ya transportado a la península, pero no todas sus unidades se aplicaban a Madrid. Las columnas de Varela integraban también a mal armados voluntarios, marineros, etc. La fuerza de vanguardia constaba de 15.000 hombres, en tres columnas por la izquierda (Asensio Cabanillas, Delgado Serrano y Castejón), bajo el mando de Yagüe, y otras tres por la derecha (Barrón, Tella y Monasterio).

El día 7 ya disponía Miaja de las columnas de Barceló, Escobar, Carrasco, Líster, Álvarez y Bueno, más la brigada mixta de Galán y la Internacional de *Kléber*.

Dada la relación de fuerzas, todo el problema de la defensa se reducía a coordinar sus unidades, momentáneamente desordenadas, y levantar los ánimos. El comunista *Mundo Obrero* atribuía las victorias enemigas a «los materiales bélicos que le proporciona el fascismo internacional», pero, añadía con realismo: «También nosotros disponemos de importantes materiales bélicos. Tantos como ellos. Más que ellos». Con el mismo acierto hablaba *El Socialista*: «[Nuestros] recursos materiales son muchos. Pero no es a ellos a los que nos confiamos (...). La contienda la decidirán los recursos morales (...). La posesión de la ciudad dependerá, por modo exclusivo, de los recursos morales» [3].

Y a elevar la moral de lucha convergieron los esfuerzos. Hasta Companys arengaba a los madrileños: «Lucha, vence o muere en tu sitio, soldado del Ejército popular, hijo esforzado y simbólico del pueblo español. Combate con las armas, con los dientes, con las garras; lánzate en alud sobre el enemigo (...). Tú, cobarde, atrás; te marcaremos con el hierro candente de la infamia. Debes ser nacido de un bastardo borbónico y una cortesana extranjera. Por eso retrocedes y arrojas las armas...». *El Socialista* preconizaba: «Al desertor que huye ¡pena de muerte!» [4].

Pero no era fácil. El clima de derrota empeoraba con las penurias. La revolución había provocado el derroche de todos los recursos, desde el ganado a la gasolina, como denuncian Azaña o Zugazagoitia, y ahora la gente padecía escasez de alimentos. El abastecimiento funcionaba mal, y la falta de carbón se hacía sentir al dar paso el calor estival al frío del otoño. Los vecinos quemaban leña, muebles, papeles, y los edificios públicos se caldeaban incluso con documentos oficiales: así debió de desaparecer el valiosísimo archivo del Ministerio de Hacienda, ahora estado mayor de Miaja.

Los comunistas lanzaron una agitación frenética, con mítines en cines y discursos «relámpago» por calles y plazas, altavoces, pasquines, octavillas. Ellos dieron el tono: «Los desesperados ataques de los generales traidores tenían que dirigirse con toda su furia, con todo el odio que sienten hacia el pueblo español, sobre nuestro Madrid (...). Se está llevando a cabo la batalla definitiva y gloriosa entre dos mundos. Se está ventilando no solamente la suerte de España, sino la de Europa, la del mundo civilizado; la de los que quieren el progreso, la paz, el bienestar de los pueblos, y la de los otros, la de las gentes podridas, en quienes todo ha sido embuste y falacia».

Los madrileños, en especial los obreros, «el sector social que realiza la alta misión histórica de abrir el camino para un mundo nuevo» contenían «las desesperadas embestidas de las hordas alquiladas, que pretenden hacer a nuestro Madrid teatro de los crímenes infames».Y animaba a los ciudadanos, algo contradictoriamente, a seguir «cumpliendo con vuestro deber como hasta aquí, para que el mundo entero tome ejemplo de vosotros». Los cines exhibían películas soviéticas como *Chapaief, El acorazado Potemkin,* etc. *La Pasionaria* llamaba a «arrojar al enemigo, haciendo que sus cuerpos sirvan de estiércol que abone las tierras de nuestros campesinos». Mije clamaba: «El pueblo de Madrid, en esta lucha heroica, antes que entregar sus mujeres, está dispuesto a morir y a derrumbar la ciudad». Consigna: «¡Firmes hasta exterminarlos!» [5].

Todos los madrileños debían movilizarse. Margarita Nelken, socialista *bolchevique,* confiaba ante todo en las féminas, a quienes incitaba desde Valencia: «Las mujeres de Madrid (...). sabrán imponer su voluntad de victoria hasta las propias avanzadillas (...) ¡Mujeres de Madrid! A vosotras se dirige una mujer de Madrid, compañera vuestra, para pediros que seáis vosotras las que en estas horas impongáis al pueblo todo vuestro ánimo de triunfo»*.

---

* M. Nelken permaneció en Madrid los primeros días de la lucha y, según Zugazagoitia, prácticamente se adueñó del mando en el Ministerio de la Guerra, «donde permanecía horas y horas, ordenando y disponiendo». Rojo lo niega: «Es

En un cartel, un niño asustado llamaba al miliciano: «¡Padre!», sobre el comentario: «Tus hijos están detrás de ti». El enemigo planeaba exterminar a los obreros y sus familias. *Claridad,* órgano del PSOE de Largo, mermado su crédito por la salida de casi toda la dirección socialista de Madrid, clamaba: «¡No pasaréis, asesinos! Nuestras mujeres no serán poseídas por vosotros, nuestros hijos no saldrán de sus cunas ensartados en las bayonetas fascistas; no repetiréis aquí la matanza de miles de obreros, ni la quema de hombres vivos entre burlas bestiales. ¡No pasaréis, asesinos, no pasaréis!». La idea, archirrepetida, la resumía *El Socialista*: «Los facciosos matan niños y mujeres; los nuestros destruyen aparatos y combatientes». Pese a lo cual, los últimos iban llevando las de perder[6].

Los altavoces y la radio repetían sin cesar consignas y cantos. Himnos como *A las barricadas,* de la CNT, con música de *La Varsoviana:*

> Aunque nos espere el dolor y la muerte
> contra el enemigo nos llama el deber
> El bien más preciado es la libertad
> hay que defenderla con fe y con valor (...).

O *La joven guardia*:

> (...) al burgués insaciable y cruel
> no le des paz ni cuartel (...)
> Es la lucha final que comienza...

---

falso (...) aunque la propia señora Nelken creyera que mandaba; pero no sólo era ella quien así lo creía y lo hacía público entre sus contertulios y partidarios, persuadiéndoles de que si algo salía bien era por obra de sus consejos». Ida pronto a Valencia, abandonó el PSOE y entró en el PCE. Según García Oliver, había sido animadora y organizadora muy principal del terror en los meses anteriores[8].

La ayuda soviética, ya conocida, era exaltada en todos los tonos, y pronto enormes retratos de Lenin y Stalin cubrirían la Puerta de Alcalá, monumento emblemático de Madrid.

No menos invocado era el sentimiento de la patria, al ser ésta una de las pocas cosas por las que mucha gente parece dispuesta a ofrecer la vida, y al constituir un motivo capaz de forjar la unidad por encima de las disputas de partido. Los mismos ácratas denunciaban el supuesto designio enemigo de «hacer de España una colonia extranjera», o loaban a los defensores: «Son los héroes imperecederos de Cavite, Callao, Gerona, Trafalgar, Zaragoza, Arapiles, San Quintín, Breda, Amberes, Milán, Nápoles, Sicilia, Nervi, Constantinopla, Túnez, Orán, Otumba, Tetuán, que renacen hoy y exigen su sitio en la lucha sangrienta...»

No obstante, el espíritu patriótico aglutinaba a las fuerzas populistas menos que en el bando contrario [7].

En el lado nacional cundía la euforia tras las últimas victorias sobre el enemigo y las armas soviéticas. Se creía inminente la caída de la capital, y con ella, motivo especial de júbilo, el fin de las penalidades bélicas. Reinaba un ambiente de fervor religioso y patriótico, definido a menudo como de cruzada, recordando al supuesto en los momentos álgidos de la Reconquista. Canciones como el *Himno de combate* de la Falange, originariamente de las JONS, llamaban a luchar contra...

> el mundo cobarde y avaro
> sin justicia, belleza ni Dios...

O prometían:

> No más reyes de estirpe extranjera
> ni más hombres sin pan que comer.

La Falange, poco o nada monárquica, representaba, junto con los requetés carlistas, el espíritu más combativo, paralelo al comunista en la parte contraria, aunque con mucha menos influencia real que éste. En los dos bandos estaba presente el odio, pero también una formidable explosión de esperanzas.

Franco había pensado tres hipótesis: entrega de la ciudad sin lucha, defensa en la periferia con poca resistencia en el interior, y una fuerte resistencia periférica e interna. En el último caso, habría que romper la corteza de la capital y luego ocuparla sector por sector, impidiendo de paso el aflujo de refuerzos enemigos. Para eso, las tropas disponibles no bastaban en absoluto, y no estaba dispuesto a perder por cualquier imprudencia al ejército de África, el arma casi mágica de la victoria hasta entonces. Rechazó dos planes de osados ataques, a base de llevar las tropas en camiones por el este (Vallecas) o por el noroeste (Cuatro Caminos), para tomar por retaguardia a los resistentes; o una maniobra en tenaza por ambas vías. Para la última faltaban medios, y cualquiera de las otras dejaba un vacío en la línea de comunicaciones, por donde el enemigo podía aislar a la tropa; o bien ésta podía empantanarse en una lucha de calles en barrios obreros. Eligió un plan menos atrevido: un ataque de diversión por los barrios al sur del Manzanares, y una embestida principal por la Casa de Campo, al oeste, hacia la Ciudad Universitaria, para desde allí penetrar en la plaza por una zona burguesa de amplias calles, hacia los centros administrativos. Probablemente dudaba del éxito, pero llegado allí, resolvió confiarse a la buena suerte proverbial de Varela.

No obstante, el problema ya apareció el día 6 de noviembre, cuando, señala el diario de operaciones de una columna atacante, «ante la continuidad de la edificación, la guerra toma otro carácter». Y el 7, cuando Miaja y Rojo habían logrado coordinar las fuerzas y empezaba realmente la batalla de Madrid, otro testigo, legionario, observa: «además de un laberíntico campo de trincheras, cada casa se ha convertido en un baluarte donde se hostiliza con ametralladoras». Líster, el mítico jefe comunista a quien Antonio Machado dedicó un conocido poema, recuerda de ese día «una sucesión de combates feroces donde las armas principales eran la bomba de mano y la bayoneta; y así en cada calle, en cada casa...» [9].

La jornada favoreció a los nacionales, pero ya nada tenía que ver con los combates anteriores. El temor a la lucha de calles quedaba justificado. Por lo demás fue aquel un día simbólico para la defensa, como destacaron los periódicos: el XIX aniversario de la revolución bolchevique.

Y Varela tuvo mucha menos suerte de la esperada: al atardecer, los populistas hallaban su plan de operaciones en una tanqueta capturada. Fue un golpe de inmenso valor para la defensa, pues anulaba la sorpresa y le permitía sorprender a su vez al atacante, cuya limitada maniobra de flanqueo degeneraba en una lucha frontal contra un enemigo superior y preparado.

Así, la toma de Madrid se volvía prácticamente imposible. También caía por tierra la «quinta columna», con la que había especulado Mola en un comunicado, compuesta por enemigos de la revolución dispuestos a sublevarse dentro de la ciudad en el momento oportuno. La expresión «quinta columna» ganó celebridad y pasó a diversos idiomas. Pero esos descontentos, diezmados ya por sucesivas «limpias de retaguardia», iban a sufrir, desde el día 7, un acoso sistemático, materializado en la mayor matanza de presos de la guerra, debidamente comprobada. Milicianos y guardias de asalto los trasladaron, en número aun debatido, pero no inferior a 2.000, a varios puntos, en especial a Paracuellos del Jarama. Atados de dos en dos, fueron allí ametrallados a mansalva, ante grandes fosas. Muchos, sólo heridos, o arrastrados por sus compañeros, cayeron vivos a la fosa, y así los enterraron. Las matanzas duraron hasta el 4 de diciembre, cuando el anarquista Melchor Rodríguez las detuvo, con riesgo de su vida.

La discusión sobre la autoría de las masacres no ha cesado, pero fueron conocidas y sin duda aprobadas por el ministro de la Gobernación, Galarza, y por otros ministros, así como por el director general de Seguridad, Muñoz Martínez*. La organización corrió a cargo de la Junta de Defensa, de la que Carrillo era consejero de Orden Público. El día 13, dicho consejero declaraba: «La quinta columna está en camino de ser aplastada y los restos que de ella quedan en los entresijos de la vida madrileña están siendo perseguidos y acorralados con arreglo a la ley, con arreglo a todas las disposiciones de justicia precisas, pero, sobre todo, con la energía necesaria».

Carrillo ha negado su responsabilidad, y en una confidencia a Gibson atribuye el hecho a los soviéticos, cuyo sello puede verse en el sistema y frialdad de la acción; además, los diarios de Kóltsof, enviado de Stalin y hombre de gran influencia en Madrid por entonces, son ilustrativos. Se trató, muy probablemente, de una operación patrocinada por la NKVD y cumplida de buen grado por autoridades españolas que tenían a los soviéticos por modelo.

El curso de la batalla puede resumirse así: la resistencia populista logró retrasar, aunque no contener, a su enemigo, hasta que

---

* El cónsul de Noruega, Félix Schlayer, que denunció los hechos y salvó a gran número de perseguidos, implica a Muñoz. I. Gibson hace esta sorprendente observación: «Muñoz (...) era hombre de digno historial militar, conocido por su valor y hombría de bien y, cabe pensarlo, incapaz de acción tan baja»[10]. Pero se trataba, entre otras cosas, del organizador de la checa de Bellas Artes, luego de Fomento, una de las más siniestras de la ciudad, y había permitido –por lo menos– la matanza de la cárcel Modelo. Muñoz, masón del grado más elevado, pertenecía al partido de Azaña.

éste quedó como empotrado en la Casa de Campo y en los barrios de Carabanchel y Usera, al sur del río. Ya el día 9 pensó el gobierno, asesorado por los soviéticos, un plan que recuerda, en pequeño, al aplicado años más tarde en Stalingrado. La consigna de «resistir sin ceder un palmo» dejó lugar a la de «destruir al enemigo»: una gran contraofensiva conjunta de los ejércitos de Miaja y de Pozas debía encerrar a los atacantes en tres anillos por retaguardia, pensándose incluso en recuperar Toledo. La acción principal recaería en Pozas.

Pero el plan no gustó a Miaja, que perdía protagonismo, y lo boicoteó con ayuda de la Junta de Defensa, exigiendo para sí el grueso de la fuerza, y la secundaria para Pozas. Convertido en figura de prestigio mundial, en contraste con el gobierno huido a Valencia, Miaja se impuso*. El plan original debió de tener origen soviético, como sugieren las quejas de Kóltsof sobre su cambio, que reducía la contraofensiva a «un contragolpe», y revela posibles desconexiones entre los propios comunistas.

La operación comenzaría el día 13, habiendo llegado el anterior la columna catalana de Durruti. Miaja arengó: «Cincuenta mil hombres vais a aplastar hoy a la reacción en una lucha decisiva (...). Vais a terminar la semana de heroísmo con un triunfo decisivo, que admirará al mundo». Entraría en juego toda la superioridad artillera, aérea y blindada, capaz, sobre el papel, de aniquilar las débiles columnas atacantes, las cuales, aun reforzadas, constaban de unos dieciocho mil soldados. Pero, una vez más, los populistas toparon con una resistencia encarnizada, acompañada de movimientos

---

* En sus *Recuerdos,* Largo dice de la Junta: «Se constituyó en franca oposición al Gobierno (...). No estaba a las órdenes de Miaja, sino éste a las órdenes de ella (...). En vez de pedir aclaraciones (...) censuraban al Ministro. Algunos consejeros injuriaban al Gobierno (...) Tenían en cuenta al Gobierno sólo para hacerle reclamaciones y peticiones de dinero» [12].

ofensivos, y al final de la jornada no sólo el enemigo seguía en pie, sino que había ampliado su dominio de la Casa de Campo, hasta el río Manzanares. «Jornada de desilusiones y grandes amarguras», resume Kóltsof. Queipo de Llano, en su diaria alocución radiada desde Sevilla, comentaba una frase de un parte populista: "La guerra es a muerte, y hay que luchar contra el enemigo hasta su total exterminio". ¡Y eso digo yo! Eso vengo diciendo desde hace tiempo, mucho tiempo» [11].

El fracaso de la maniobra de destrucción de los nacionales, y el moderado éxito de éstos, marcaron básicamente el resto de los combates. En días sucesivos, los de Varela aún lograrían el importante triunfo de cruzar el río, ocupar buena parte de la Ciudad Universitaria, y sostenerse en ella frente a un enemigo varias veces superior. El día 20 moría en ese lugar Durruti, por un accidente de su propia arma, según unos, asesinado por la espalda, según otros. El mismo día era fusilado en Alicante José Antonio. Sobre esta muerte y la actitud de Franco se han tejido especulaciones de carácter evidentemente artificioso, que no trataremos aquí.

La batalla de Madrid incluyó un ensayo de bombardeos sobre la población civil. Se han atribuido esos ataques a la Legión Cóndor, pero ésta realizó su primer servicio, contra la base naval de Cartagena, el día 25, dos después de terminada esta batalla*. Los bom-

---

* Si los soviéticos mandaron a España a muchos de sus mejores especialistas, los alemanes les imitaron. En octubre, Hitler había ofrecido un grupo aéreo, a condición de que fuera responsable única y directamente ante Franco y gozase de amplia autonomía, y de que el mando nacional imprimiera a la guerra un ritmo «más racional y activo», procurando la captura y neutralización de los puertos de arribada del material ruso, pretensión algo extraña. Franco aceptó, por el importante apoyo que le suponía en una situación ardua, y por las nuevas ideas de empleo táctico del arma aérea traídas por los germanos. La unidad dispondría de un centenar de aviones (caza y bombardeo), más servi-

bardeos fueron efectuados por doce Ju-52 españoles, seis alemanes, y ocho Savoias italianos. La idea, básicamente criminal, había sido racionalizada por teóricos italianos, británicos y alemanes como un modo de acortar la contienda y, por tanto, el número de víctimas. En su propaganda, el gobierno izquierdista explotó con la mayor energía y éxito la indignación por esos bombardeos, pese a haber sido él quien los había comenzado. Franco concedió en Madrid una amplia zona exenta, donde podría refugiarse la población, y los ataques tuvieron relativamente poco alcance, como muestran los informes populistas: en todo noviembre, las víctimas civiles sumaron 312, y las casas siniestradas 486, cifras comparativamente muy inferiores a las de los bombardeos populistas en Huesca u Oviedo. Es indicativo que las autoridades se vieran en el caso de recriminar una mala costumbre a los madrileños. El día 15 escribía *El Socialista:* «Al público le está prohibido pararse a mirar cómo evolucionan los aviones, presentándoles un blanco macizo y fácil. No. El público tiene el deber, como está mandado, de resguardarse». *Mundo Obrero* abundaba: «Protegeos contra los asesinos de mujeres y chiquillos (...). Permanecer en la calle cuando hay arriba aviones negros es una temeridad y una tontería (...). Compañeros, refugiaos rápidamente tan pronto lleguen los trimotores asesinos*.

---

cios y un grupo de artillería antiaérea; no de carros –contra lo frecuentemente afirmado–, aunque llegaron instructores de esta arma. La Legión Cóndor despertó grandes esperanzas en los nacionales, pero de momento se vieron defraudadas: su material resultó netamente inferior al soviético, al cual no pudo arrebatar el espacio aéreo, para gran alegría de franceses y checos, preocupados por el creciente poderío alemán. Alegría prematura, pues los aviones alemanes irían mejorando, hasta equipararse a los soviéticos a lo largo de 1937, y empezar a superarlos en el otoño de ese año.

* Rojo hace esta extraña reflexión: «En verdad, Madrid se convertía durante aquellas jornadas en una ciudad mártir, olvidada del mundo que se

A los 17 días de lucha, los 10.000 hombres que sostenían directamente el asalto a la ciudad habían tenido 3.000 bajas, incluyendo tres de los seis jefes de columna, heridos, mientras los populistas contabilizaban casi 8.000 y varios jefes de columna, entre éstos dos muertos. Entonces, el 23 de noviembre, Franco, Mola, Varela y Saliquet, reunidos en Leganés, desistieron del ataque frontal a la ciudad. Lejos de ser derrotados, como a veces se lee, su éxito había sido sorprendente para la desproporción de fuerzas; además conservaban la iniciativa. Pero estaba clara su imposibilidad de batir a un enemigo cada vez más nutrido y armado, y preponderante en el aire.

Contra una persistente leyenda, la batalla de Madrid no enfrentó a unas poderosas huestes «fascistas», protegidas por masas de aviones y de tanques, contra un «pueblo» precariamente armado, sino al revés: contra las reglas militares, los atacantes sufrían neta inferioridad material, y ya hemos visto cómo fue el factor moral el determinante en el juego. Igualmente falsa es la versión de una batalla meramente defensiva por parte de los revolucionarios. Muy al contrario: conscientes éstos de su superioridad, trataron reiteradamente de aplastar a las columnas enemigas*.

---

titulaba democrático y cristiano». ¡Nada menos olvidado que Madrid en aquellos días! Y cita a diversos corresponsales y comentaristas: «Madrid es la primera ciudad civilizada del mundo que está sometida al ataque de la barbarie fascista». «Oh, vieja Europa, siempre tan ocupada en tus pequeños juegos y tus graves intrigas. Dios quiera que toda esta sangre no te ahogue». Otro habla del cielo «oscuro a causa de los aviones» o de ataques «con cientos de bombarderos» [13]. En realidad, los aparatos soviéticos impidieron a los adversarios dominar el cielo de Madrid.

* Y aun más falsa la versión propagandística siguiente: «Por primera vez en la historia, la población entera de una ciudad de un millón de habitantes entró en acción. Se mezcló con las fuerzas contendientes como si fuera la cosa más natural, ofreciendo sus servicios y refuerzos, construyendo barrica-

La batalla pudo haber tenido carácter decisivo y acortar la guerra, bien por conquista de Madrid, bien como «tumba del fascismo». En ambos sentidos resultó nula, y sin embargo fue decisiva por otra razón, pues dio a la guerra un giro fundamental. Hasta entonces habían entrado en juego columnas pequeñas y pequeñas batallas, con una ayuda exterior de escaso volumen, y más o menos equilibrada. Pero la intervención soviética, por su masividad, imponía otra concepción. Alemania e Italia iban a enviar muchas más armas y tropas, hasta equilibrar los envíos rusos e internacionalistas bien entrado 1937, y superarlos luego. Y, sobre todo, impuso la movilización masiva, hasta poner en pie ejércitos de más de un millón de soldados. Los populistas, tras la pobre experiencia mixta miliciana-profesional, ya concebían el Ejército Popular como de masas. Franco había esperado dirimir la contienda con la máxima economía de fuerzas, mediante el pequeño pero eficaz ejército de África, pues desconfiaba de las tropas de reemplazo y los voluntarios, a quienes hasta entonces había adjudicado misiones secundarias o de guarnición. El fracaso ante

---

das y colocándose totalmente a las órdenes del alto mando [...]. Todo aquel que podía cargar un fusil o sabía manejar un arma marchaba por su propia voluntad al frente, mientras que los demás se ocupaban de los servicios auxiliares» [14]. Esta leyenda la cita Blanco Escolá del *Journal Militaire Suisse* como la verdad indiscutible. Baste recordar que casi la mitad de la población de Madrid había votado a las derechas, y que, a pesar de la intensísima propaganda de aquellas jornadas, no hubo nada o casi nada de lo arriba descrito, que tampoco era necesario, dada la abundancia de fuerzas disponible. Como ha observado R. Salas, pocos madrileños se movilizaron, pues las tropas empleadas fueron sobre todo las que refluían desde el Tajo, en buena parte manchegas y extremeñas, más los catalanes de Durruti, los internacionalistas, etc. En teoría, Madrid ofrecía una reserva enorme de combatientes, pero en la práctica salieron pocos, fuera por falta de entusiasmo o por innecesarios. Y aquí dejamos ya al crédulo Blanco porque, la verdad, todo su análisis militar es por el estilo.

Madrid le obligó a cambiar de enfoque. La guerra corta se había transformado en una guerra larga.

La defensa de Madrid cuajó en uno de los grandes mitos, si no el mayor, de la guerra. De modo parecido al Alcázar de Toledo, se convirtió en un símbolo internacional, desde Inglaterra a China, por ser la primera vez que el «fascismo» había sido contenido, o, en versiones más optimistas, «derrotado».

El brillo del mito ha revertido en la muy debatida cuestión de quién o quiénes salvaron la ciudad. La propaganda comunista dio el máximo relieve a las Brigadas Internacionales, en especial la XI. Su jefe, *Kléber,* un oficial soviético nacido en Bucovina, llamado realmente Lazar M. Stern, alcanzó enorme popularidad, y muchos le atribuyeron el mérito principal. Por contra, Rojo, otro de los salvadores, no cita una sola acción suya, y resta valor a dichas brigadas (afirma también que la primera de ellas entró en juego el día 10, cuando lo hizo probablemente el 8 [15]), actitud causada posiblemente por celos, pues la intervención de Rojo, aunque muy relevante, fue reconocida tardíamente. Hoy tiende a aceptarse que 2.000 internacionales no podían haber decidido el combate, pero quizá sí. Las vanguardias de Mola eran asimismo poco numerosas, y un contingente como aquél pudo tener un papel resolutivo, sobre todo en las primeras y confusas jornadas. Y aparte de sus méritos directos, los soldados de *Kléber* inyectaron en los españoles una alta dosis de ánimo, el factor realmente clave en la pugna. En todo caso, *Kléber* caería pronto víctima de envidias y celos tanto del mando soviético como del español, descontento con el protagonismo de un extranjero, y terminaría desapareciendo en las purgas stalinianas. En general, la XI Brigada combatió bien, aunque no mejor que las mejores unidades españolas, como la anarquista de Cipriano Mera (mucho menos la de Durruti), algunas comunistas y otras. La XII Brigada, también internacional, tuvo un comportamiento mediocre.

Otros dan el mérito mayor al tándem Miaja-Rojo, en especial al segundo. Rojo descolló como organizador de la defensa, aunque su pericia pasó por un tiempo inadvertida al gran público, deslumbrado por los nombres proyectados a primer plano por la propaganda, como el citado *Kléber,* Miaja, Líster, *El Campesino,* Durruti, etc. Fue Kóltsof quien primero reparó en su labor callada y eficaz. Durante la guerra, el católico Rojo desarrollaría una labor militar muy relevante, en extraña armonía con los comunistas, facilitada por su extrema ingenuidad política. Para armonizar sus servicios a la revolución con su catolicismo, adoptó una actitud profesional y de servicio al «pueblo». Miaja, ensalzado hasta las nubes por el PCE, iba a recibir mil denuestos desde el final de la contienda, cuando se rebeló contra el gobierno de Negrín.

El papel de los consejeros soviéticos fue también, sin duda, muy destacado, dirigiendo la artillería (Vóronof), la aviación (Smushkévich), los carros (Krivoshein, Pávlof, ya en diciembre), las Brigadas Internacionales y –muy probablemente– el exterminio de la quinta columna; y planificando y promoviendo la defensa y las contraofensivas. A uno de ellos, llamado Górief, coordinador de las fuerzas soviéticas en Madrid, le adjudican diversos autores el crédito principal por la resistencia de la capital. Así lo afirman Carlos Contreras o Louis Fischer*, para quien «Él fue, más que ningún otro

---

* Fischer, periodista y agente de Stalin, con actividad no bien aclarada en España, sería luego el organizador de la propaganda de Negrín en el exterior. Contreras (Vittorio Vidali) organizó, con E. Castro Delgado, el Quinto Regimiento, fábrica de especialistas militares comunistas. Górief parece haber sido el instructor soviético que en 1923, bajo el nombre de Skoblefski, preparó un grupo terrorista dentro del Partido Comunista alemán, e intentó asesinar, entre otros, al general Von Seekt, y a Hugo Stinnes «entonces el hombre más rico de Alemania». Detenido y condenado a muerte, sería canjeado por once presos alemanes de la GPU, en 1926. Así lo indica Jan Valtin en *La noche quedó atrás:* «En 1937 fui interrogado con respecto al general Skoblefski

hombre, quien salvó Madrid». Iliá Ehrenburg le retrata así: «inteligente, reservado y al mismo tiempo apasionado –incluso poético–, se ganó la estima de todos (...). En los días de noviembre, Górief desempeñó un papel fundamental».

Incluso Rojo le estima como «extraordinariamente inteligente (...), valiosísimo auxiliar en las horas difíciles de la batalla de Madrid», «identificado con la obra de la revolución rusa por el inmenso amor que sentía hacia su pueblo» [16]. Su destino, como el de *Kléber*, Kóltsof y tantos más, sería trágico, desapareciendo en las purgas stalinianas.

La defensa de Madrid tuvo un marcado cuño soviético y comunista. Eran soviéticas las armas principales y sus servidores, las Brigadas Internacionales y el plantel de consejeros, muy influyente, y también el magno aparato de propaganda internacional que convirtió la batalla en un mito gigantesco. Desde luego, Stalin volcó su esfuerzo en pro de la victoria de sus protegidos. Los comunistas dirigieron la agitación de masas, la represión sanguinaria de la quinta columna y de los presos, lucharon en el frente y ocuparon las consejerías decisivas en la Junta de Defensa. En fin los internacionales cumplieron un papel, si no estelar, al menos muy relevante.

El mito de la resistencia de Madrid, un tanto desvaído si consideramos la gran superioridad material de la defensa, se justifica no obstante en la retención de la capital por los revolucionarios, contra expectativas muy compartidas en los dos bandos. Pero su fruto consistió en alargar en casi dos años y medio una contienda que de otro modo habría durado, probablemente, poco más de cuatro meses.

---

por el director de la División Extranjera de la Gestapo (...). Supe entonces que Skoblefski, bajo el nombre de Górief, había llegado a ser consejero militar del Soviet en los ejércitos leales de España».

Capítulo 21

LAS BRIGADAS INTERNACIONALES

Desde el mismo comienzo de la guerra los medios comunistas internacionales habían avanzado proyectos para enviar voluntarios a España, especialmente en reuniones de la Comintern y la Profintern (sindicatos) en Praga, el 21 y el 26 de julio. En ellas sitúa el nacimiento de las Brigadas Internacionales Andreu Castells, autor de un libro esencial sobre dichas brigadas, y brigadista él mismo. Pero en realidad se trató de proyectos sin consistencia, pues sólo en torno al 16 de septiembre decidió Stalin intervenir de lleno con armas y voluntarios, cuando, contra todo pronóstico, la derrota se cernía sobre el Frente Popular. El estado soviético canalizaría la ayuda material y organizativa (asesores), y la Comintern los voluntarios, a fin de disimular la implicación soviética. La decisión parece haber sido adoptada al margen de cualquier petición del o al gobierno español, o de otras fuerzas populistas. Según la historia oficial comunista, el 22 de octubre una comisión internacionalista solicitó y obtuvo del gobierno de Madrid la aceptación de las brigadas extranjeras, que estaban ya en avanzada gestación [1]. Los anarquistas las boicotearon, incluso obstruyendo el paso de voluntarios por la frontera con Francia.

En el designio comunista, las brigadas tenían una triple función: denunciar y agitar contra la inhibición de las democracias ante la «república» española, crear una especie de ejército particular soviético, y actuar como fermento y factor de cohesión para el nuevo ejército del Frente Popular. La Internacional Comunista recibió la consigna de centrar su actividad en la recluta de voluntarios, como explica Krivitski, un alto agente del espionaje militar soviético en Europa. Debía garantizarse la dirección comunista, pero enrolando al mayor número posible de gente sin partido o de otros partidos. En lo último tuvo poco éxito, pues la vasta mayoría (entre el 60 y el 80 por ciento) de los voluntarios procedía de sus mismas filas. Vinieron, se dice, de 53 países, sobre todo franceses, polacos, italianos, useños, alemanes, yugoslavos, ingleses y checos. El PC francés sirvió de base central para la tarea, y aunque ayudaría algún destacado socialista, como Pietro Nenni, la empresa tuvo carácter comunista de arriba abajo.

En las brigadas entraron los idealistas políticos, los aventureros deseosos de emociones fuertes, y a veces los simples delincuentes. Buena parte de ellos podría identificarse con las motivaciones del useño Sandor Voros, que se sentía «la hoja de acero templado en la lucha de clases, un comunista», y venía a luchar «al lado de los legendarios dirigentes comunistas» [2]. La recluta atrajo sobre todo a trabajadores diversos, muchos de ellos en paro por la crisis de la época, y aunque se ha destacado mucho la participación de intelectuales, la proporción fue baja. Los alistados viajaban a una base en Albacete, donde recibían instrucción bajo la autoridad principal de André Marty, comunista francés célebre desde 1919 cuando organizó un motín en los barcos de guerra franceses enviados al mar Negro en auxilio de la contrarrevolución rusa.

Las Brigadas Internacionales han sido uno de los mitos cumbres de la guerra. Las celebraron poetas como Alberti en sus conocidos versos:

Venís desde muy lejos... mas esta lejanía
¿qué es para vuestra sangre que canta sin fronteras?

No son menos famosas las frases de *La Pasionaria* al despedirlos hacia el final del conflicto: «Hablad a vuestros hijos de las Brigadas Internacionales. Decidles cómo estos hombres lo abandonaron todo y vinieron aquí y nos dijeron: estamos aquí porque la causa de España es la nuestra. Millares de ellos se quedarán en tierra española. Podéis iros con orgullo pues sois historia, sois leyenda. Sois el ejemplo heroico de la solidaridad y universalidad de la democracia. No os olvidaremos, y cuando el olivo de la paz eche de nuevos sus hojas, ¡volved!».

La leyenda persiste hoy con vigor en ámbitos intelectuales de izquierda, siempre con la concepción de hombres que entregaban su sangre generosamente por la libertad de España. En 1996, conmemorando el 60 aniversario del reinicio de la contienda, las izquierdas, con ayuda de buena parte de las derechas, lanzaron en España una magna campaña de exaltación de los internacionales, trayendo a 350 ancianos brigadistas a actos de homenaje. El Parlamento, con apoyo de la derecha, acordó otorgar la nacionalidad española a ex voluntarios que la pidieran, mientras otros parlamentos regionales y ayuntamientos acordaban homenajes diversos. El concejo de Alcalá de Henares propuso alzarles un monumento, pues constituían «Un canto de amor y de compromiso con la libertad».

Un hito en la campaña fue un congreso académico en Albacete, en noviembre, coordinado por la Universidad de Castilla-La Mancha, la cual recordó, como señalaba la revista de pensamiento *Lamusa,* de ese mes, el «compromiso de la ciudad con las Brigadas Internacionales». Historiadores como A. Elorza y otros afirmaron allí, si bien con cautela, que Stalin, o en todo caso los brigadistas, defendían en España «una república parlamentaria» o, en general «la libertad». Mayor entusiasmo exhibieron los políticos. Un diputado nacionalista catalán de la derechista CiU destacó «lo mucho que tenemos que agradecer en Cataluña a las Brigadas Internacionales»; a su juicio, la democracia actual «ha conseguido lo que ellos soñaron un día». El presidente socialista de Castilla La Mancha, José Bono, citó al académico Muñoz Molina, para quien los internacionales «viajaron a un país que no conocían dispuestos a perder no sólo su juventud sino también, si era preciso, la vida en defensa de la libertad»; y fue más lejos al dirigirse a los viejos brigadistas presentes: «Tomabais partido por la inteligencia contra la ignorancia». De ahí el agradecimiento de la universidad. Todavía en octubre de 2001, el líder de la oposición, Rodríguez Zapatero, caracterizaba su causa como «la más noble, la libertad de los humildes, la libertad de España».

El mito choca de entrada con una contradicción muy fuerte, en la que han preferido no reparar aquellos políticos y académicos: sabemos con certeza desde hace tiempo, por numerosos testimonios y los estudios de Martínez Bande, Castells, De la Cierva, o César Vidal, que se trató de una organización inspirada, mandada y encuadrada por el stalinismo*. Éste emprendía por aquellos mismos tiempos una de las más mortíferas oleadas de terror en la URSS, con reflejos también en España, como la represión contra el POUM y otros episodios. Por supuesto, Stalin y los suyos pregonaban a todos los vientos las consignas de libertad y democracia, pero su concepto de las mismas tenía poco en común con el que normalmente prevalece en los países occidentales. Las brigadas, al margen de las ilusiones que se hiciera cada voluntario, servían sin duda al concepto de libertad de Stalin, plasmada en el Gulag, y el equívoco al respecto, cultivado por la universidad y

---

* He comprobado en un reciente debate televisivo hasta qué punto ha calado la desinformación. Cuando señalé el carácter comunista de las brigadas manifestaron su asombrada incredulidad no sólo el presentador, sino una catedrática de Historia contemporánea y dos intelectuales «progresistas». Debo reconocer que tamaña ignorancia me dejó perplejo.

los políticos, en España y otros países a finales del siglo XX y entrado el XXI, indica una cierta calidad política e intelectual.

La dudosa libertad encarnada en las brigadas empezaba dentro de ellas mismas. Muchos voluntarios eran retenidos contra su voluntad una vez cumplido el periodo de su contrato, y tan pronto llegaban a Albacete entraban en un ambiente de vigilancia y sospechas por parte del NKVD, apoyado en chivatos y provocadores. En carta a la dirección de PC francés, Marty informaba: «En España, mezclados con magníficos militantes comunistas, socialistas, antifascistas (...) hemos recibido a muchos centenares de elementos criminales internacionales, y mientras algunos de ellos se han limitado a vivir a sus anchas sin hacer nada ni combatir, muchos han iniciado, aprovechándose de los primeros días, una innumerable serie de delitos abominables: estupros, violencias, robos, homicidios por simple perversión, hurtos, secuestros de personas, etc. No contentos con eso, fomentan sangrientas rebeliones contra las autoridades de Valencia, y no ha faltado alguno que se ha dedicado a ser espía de Franco (...). En vista de ello, no he dudado en ordenar las ejecuciones necesarias. Esas ejecuciones, en cuanto han sido dispuestas por mí, no pasan de quinientas.»

Número elevadísimo –que valió a Marty el mote de «carnicero de Albacete» en varios idiomas–, y probablemente inferior al real, pues no sólo se fusilaba por crímenes comunes, sino, y sobre todo, por sospechas políticas o, según G. Regler, comisario político de la famosa XII Brigada, de otro tipo: «Marty sabía que estos hombres no ignoraban nada de la corrupción y de la crueldad que reinaban en la corte de Albacete. En Francia podía revelar aquellas interioridades a la prensa francesa; así que se dispuso a liquidarlos».

La disciplina se impuso muy pronto por el terror. Escribirá, ya en 1938, el citado y muy stalinista Voros: «Los líderes del Kremlin (...) aunque nos proporcionan material, confían sobre todo en el terror. Oficiales y soldados son implacablemente ejecutados siguiendo sus órdenes. El número de víctimas es particularmente elevado entre los polacos, eslavos, alemanes y húngaros» [3].

Si difícilmente puede nadie considerar en serio que las brigadas luchasen por la libertad, hablar de «libertad de España» suena doblemente irónico, pues ellas constituían un elemento del gran dispositivo –PCE, asesores, policía secreta, control del oro español– mediante el cual Stalin satelizaba a la España izquierdista. Los trabajos ya aludidos, en especial el de César Vidal, apoyado en documentación soviética, han dejado la cuestión lo bastante clara.

Documentos publicados recientemente en el libro *Spain betrayed,* ya citado, ofrecen una visión cruda, libre de propaganda, que abunda en los estudios mencionados y ofrece, de paso, perspectivas nuevas. Para empezar, las relaciones con los españoles fueron en general muy poco cordiales. Según un informe atribuido a Vital Gayman (Vidal), un comunista francés, considerado un tanto enredoso por sus camaradas («un cobarde increíble», le llama *Kléber)* los mandos españoles consideraban a dichas brigadas «un ejército de mercenarios» con «un solo derecho: el de obedecer». Les encomendaban misiones imposibles, o los situaban en los sitios más expuestos, regateándoles las armas y sometiéndoles a provocaciones, lo cual volvía sus bajas desproporcionadamente numerosas. Considera tales conductas «un crimen militar y político». Y, ciertamente, las brigadas tuvieron muchas bajas, pero ello no parece haberse debido a decisiones del mando español, sino de los propios comunistas, que utilizaban las brigadas como fuerza de choque y de prestigio [4].

Al revés, diversos testimonios revelan la excesiva independencia de las brigadas hacia los españoles. En un largo informe *Kléber* señala cómo los jefes extranjeros –y los asesores soviéticos– solían prestar poca atención a las órdenes del mando populista, y trataban a los soldados españoles, que pronto entraron en las Brigadas Internacionales, como gente inferior en su propio país. Y es clarificador el informe del general *Walter* (Korol Sverchefski), soviético de origen polaco, asesor militar de las brigadas y, como el anterior, espíritu independiente dentro de lo que podían permitirse los stalinistas. Sverchefski aprecia en los internacionales «un terco rechazo a admitir que estamos en suelo español, subordinados al ejército español, que el único superior es el pueblo español y, para quienes somos comunistas, el Partido Comunista español.» Su deseo de cambiar esa mentalidad fue infructuoso: «Los internacionalistas vivimos nuestra propia y aislada vida. Salvo infrecuentes visitas oficiales, rara vez admitimos españoles entre nosotros.» Las brigadas integrarían pronto hasta un 60 y un 80 por ciento de personal indígena, pero los extranjeros «tienen completo, absoluto poder. Todos los puestos clave y las posiciones políticas están ocupadas firmemente» por ellos. Ofrece datos sobre diversas brigadas, donde la oficialidad foránea superaba el 70 por ciento, mientras sus «camaradas» hispanos sólo eran mayoría entre los suboficiales y la tropa. Los oficiales rara vez se molestaban en aprender dos palabras de español, descansando en traductores, con merma de la operatividad. Sverchefski señala cómo su empeño en cambiar tal hábito resultó también casi baldío [5].

En las unidades cundía el antisemitismo y menudeaban los rifirrafes y antagonismos nacionales, «pero en general eran, por así decir, riñas de familia, celosamente escondidas a ojos extraños, es decir, españoles». Hacia éstos adoptaban un tono de «patrón insatisfecho. Todas nuestras dificultades, flaquezas y fallos se excusaban aludiendo a la presencia de españoles en nuestras brigadas. *Los españoles son cobardes. Siempre huyen. Nunca quieren luchar*, y así sucesivamente». «Todos se consideraban superiores a los franceses, pero incluso éstos eran superiores a los españoles.»

De este desprecio da pruebas abundantes: «La 12 Brigada, en el Jarama, mostró profunda indignación por la *impertinencia* del mando español, que osó insinuar con mucha cautela la conveniencia de que la brigada compartiese su abundancia de medios con los vecinos españoles, faltos de ellos».

La brigada disponía de 150 camiones, 66 automóviles y 48 motocicletas, mientras, cerca de ella, toda la XI División sólo contaba con unos pocos camiones y ambulancias, y no podía retirar a sus heridos ni aprovisionar a sus tropas. Ni siquiera solían ceder los vehículos estropeados, pero fácilmente reparables. Tales actitudes no fueron aisladas, según Sverchefski, que anota también cómo vio cerca de Madrid «montañas de munición» desechadas por la misma brigada, bastantes a colmar las necesidades de las tropas españolas próximas. Asimismo era muy difícil conseguir que relevaran a los españoles en las trincheras.

Esas conductas contaminaban todo. Las brigadas procuraban surtir a cada grupo nacional con comida al estilo de sus países, pero había una total despreocupación en cuanto a la de sus «camaradas de armas» indígenas. La insolidaridad llegaba a extremos brutales: «Hasta hace poco la unidad sanitaria en Albacete atendía muy bien a los heridos internacionalistas, y sugería cínicamente que de los españoles se ocupara la división. Con magníficos hospitales en Albacete, Murcia, Alicante, Benicassim, equipados espléndidamente en personal y material [el responsable] se negó tercamente y por largo tiempo a atender a soldados españoles que habían luchado codo con codo en las mismas Brigadas Internacionales. Considero un gran logro que nuestra división haya sido la primera en atender a los heridos españoles en plano de igualdad con los internacionales». Menciona cómo un jefe de la XI Brigada informaba cuidadosamente de las bajas extranjeras, pero ni se preocupaba por enterarse de las españolas.

La disciplina de los internacionales declinó pronto, y las deserciones proliferaban, al punto de que alguna brigada decidió disimularlas dejando de informar de ellas. El batallón Abraham Lincoln, por ejemplo, llegó a tener 120 desertores al ser transferido de Madrid a Aragón. «No recuerdo un solo caso de investigación pública y castigo por deserción de un internacional, pero si un soldado español se ausenta sin permiso o vuelve tarde (cosa infrecuente, porque apenas se les conceden permisos), la espada inexorable de la justicia cae de inmediato sobre la cabeza del criminal.» Y expone casos de estas persecuciones «sádico-fariseas», «crueles, frías, desalmadas», y otras hazañas de quienes se creían «los salvadores de España contra el *fascismo*». No faltaron los abusos, gamberrismo e intimidación contra la población civil de su propio bando.

El número de internacionales sigue sin saberse con certeza. Solían considerarse alrededor de 35.000, pero Castell, en un cálculo minucioso, cuantifica 60.000, que han sido aumentados en otros cálculos por países. R. Salas los estima en torno a los 70.000, partiendo de la relación de bajas, que hace imposible el número habitualmente ofrecido. C. Vidal volvía a las viejas cifras, que parecen confirmadas por los documentos de *Spain betrayed:* un informe sobre la base de Albacete da 52.000 voluntarios pasados por ella, aunque, advierten los editores, muchos de ellos corresponderían a repetidas estancias de heridos. El número total ascendería a 31.400 hasta abril de 1938, cuando la base fue transferida a Cataluña. El comportamiento de los brigadistas fue muy desigual, con episodios de valor al principio, y otros, cada vez más frecuentes, de desbandada. C. Vidal expone cómo después de la guerra muchos de ellos siguieron formando una especie de ejército secreto, al servicio del espionaje del Kremlin.

Hasta la llegada de las Brigadas Internacionales, el número de voluntarios extranjeros era de unos pocos centenares en cada bando, entre infantes y aviadores. Pero la iniciativa soviética suscitó la llegada de la Legión Cóndor y, especialmente de contingentes italianos*, cuyos primeros 3.000 voluntarios desembarcaron en Cádiz a finales de diciembre, dos meses largos después de los primeros brigadistas que para esa fecha no debían de bajar de los 10.000. Luego, a lo largo de 1937 los italianos fueron aumentando hasta superar, probablemente, a los internacionales. A lo largo del conflicto pasaron por España en torno a los 70.000 italianos, según ha establecido Coverdale, aunque 10.000 de ellos no llegaron a intervenir, por llegar tardíamente.

Franco prefería integrar a los italianos en unidades españolas, pero Mussolini impuso su deseo de formar con ellas unidades propias (el CTV o Corpo de Truppe Volontarie), pues esperaba que decidiesen la guerra, gracias a su alto grado de mecanización y a su concepción de la «guerra rápida»; no gustaba al *Duce* la conducción bélica franquista, demasiado prudente para su gusto. Los italianos desempeñaron un papel fundamental en la toma de Málaga, en febrero de 1937, pero al mes siguiente encajaron una dura derrota en Guadalajara. El descalabro, con participación destacada de las Brigadas Internacionales, incluidos en ellas numerosos italianos, fue muy amplificada por la propaganda izquierdista. Des-

---

* Los moros, aunque evidentemente extranjeros, eran también parte del ejército regular español, y por tanto no pueden entrar en la misma consideración, De haber quedado Marruecos en poder del Frente Popular, éste los habría movilizado sin duda, como hizo Azaña en 1932, trayéndolos a la península durante la rebelión de Sanjurjo. La diplomacia populista intentó reiteradamente que las democracias incluyesen a dichos moros entre los extranjeros, pero éstas se negaron, y no sin causa: también tenían en sus ejércitos amplios contingentes reclutados en muchos lugares de sus imperios. La presencia de estos musulmanes sirvió para ironizar sobre las pretensiones de cruzada y salvación del catolicismo por parte de los sublevados, pero la ironía tiene tan poco sentido como pretender que los ingleses y franceses en la II Guerra Mundial no defendían la democracia, ya que empleaban grandes masas de tropas de sus colonias, donde la democracia no existía.

de entonces, Franco rehusó conceder a las unidades italianas ningún papel «estelar», para irritación del *Duce.* En conjunto, el comportamiento militar italiano fue bueno, mucho mejor de lo que suele decirse, y también lo fue con respecto a la población civil. En contraste con las Brigadas Internacionales, el CTV no fue mitificado por ningún contendiente.

En cuanto a los moros, lucharon en España como lo harían en Europa durante la guerra mundial, es decir, como tropas sobresalientes en combate.

Capítulo 22

INTERVENCIÓN Y NO INTERVENCIÓN

Los efectos sobre el curso de la guerra producidos por la política de No Intervención de las democracias sigue siendo una de las cuestiones más debatidas.

Los dos contendientes debieron afrontar de inmediato el problema de adquirir fuera la mayor cantidad de material posible. Ello no urgía tanto a los populistas, pues poseían una considerable industria bélica, y posibilidad de transformar muchas fábricas para fines militares, intensificando, de entrada la producción de cañones, ametralladoras, morteros, fusiles, munición, explosivos, etc., en Asturias, Santander y Vizcaya. Con un esfuerzo hubieran podido incluso fabricar blindados y aviones, allí y en Cataluña. A ello apuntaba, precisamente, una de las directrices de Stalin, en general acertadas. Pero los celos y rivalidades entre formaciones políticas y provincias impidieron sacar provecho de tales medios. Quizá previéndolo, el gobierno de Giral, y luego el de Largo, hicieron poco al respecto, y desde el primer momento descansaron casi por entero en la importación. Los posteriores empeños de Negrín tampoco iban a dar fruto.

En cuanto a los sublevados, carecían prácticamente de industria y disponían de pocas municiones, excepto en Marruecos. También andaban pobres de aviones, barcos y gasolina, por lo que obtenerlos se convirtió muy pronto en desafío vital. Al plantear los populistas la cuestión en el mismo terreno, se originó una carrera por el material foráneo, donde la presteza, la habilidad y la voluntad de superar obstáculos iban a desempeñar un papel no menor que en las decisiones estratégicas y tácticas, en la organización militar o en la estructuración política y económica de la retaguardia.

También aquí partían los rebeldes con el grave inconveniente de carecer de reservas financieras, imposibles de suplir por contribuciones como las del millonario Juan March. Debían comprar casi todo a préstamo, y no recibirían nada si no lograban inspirar suficiente confianza en su triunfo.

Según una leyenda largo tiempo circulada, y creída a pies juntillas por Azaña, los rebeldes se habían asegurado, previamente al conflicto, decisivos compromisos con las potencias fascistas, sin los cuales no habrían osado alzarse. Pero todas las rebuscas hechas después de la II Guerra Mundial en los archivos alemanes e italianos muestran sólo contactos secundarios, muy poco útiles el 18 de julio. Las peticiones de armas hechas al recomenzar la guerra, en simultaneidad con las de Giral, fueron rechazadas en un principio por Mussolini y por la burocracia alemana. Mola y Queipo hicieron gestiones, pero sólo las de Franco obtendrían eco positivo en Berlín y en Roma.

Para Hitler y Mussolini se trataba de una apuesta muy arriesgada. Nada autorizaba a esperar la victoria rebelde, y la embajada alemana en Madrid indicaba, con grueso realismo, cómo «la situación militar en general ha resultado considerablemente favorable al gobierno», por lo cual «es difícil esperar que en vista de todo ello triunfe la revuelta militar», las informaciones de cuyos jefes debían considerarse fiables «sólo hasta un cierto punto». Ayudar a unos rebeldes casi abocados al desastre entrañaba un riesgo muy alto de perder unos recursos militares preciosos para el rearme alemán o el italiano, y de quedar en posición desairada en la escena internacional. Ni el ejército ni el Ministerio del Exterior nazi favorecían la aventura. Pero el 25 de julio, cuando la embajada alemana emitía su nota, el puente aéreo sobre el estrecho de Gibraltar estaba en pleno funcionamiento, y Hitler decidía enviar aviones; el día 26 lo haría Mussolini.

Todavía se sigue especulando sobre la causa de esta decisión de los dictadores fascistas. Hubo de pesar en ella su radical anticomunismo, y la expectativa de contar con un régimen afín, o al menos amigo, en un punto estratégicamente importante. Pero más que esas apetencias debió de influir en Hitler el temor a quedar emparedado entre Rusia y una Francia reforzada por la España revolucionaria. Las noticias y rumores sobre la ayuda francesa –incluso rusa, por el momento falsa– al Frente Popular, inclinaron probablemente la balanza [1] *.

En la carrera por las importaciones, los populistas empezaron en mucha mejor posición: no sólo el oro del Banco de España les permitía hacer compras masivas sin necesidad de inspirar a sus proveedores confianza en su victoria, sino que la reivindicación de la legalidad republicana les facilitaba en principio las gestiones. Dicha legalidad sería invocada a voz en grito en todos los foros internacionales, y lo sigue siendo aun hoy por sus partidarios, pero ya hemos visto abundantemente que no correspondía a ninguna realidad, y los gobiernos democráticos, dueños de informaciones más seguras que los clamores de la propaganda, adoptaron pronto una actitud de distanciamiento hacia la España revolucionaria.

El primer impulso del gobierno francés, también de Frente Popular y presidido por Leon Blum, fue ayudar a los izquierdistas españoles, mientras Gran Bretaña contemplaba el asunto con

* Los nazis concibieron también proyectos de monopolizar el comercio y las materias primas españolas, echados a rodar cuando Franco mantuvo las exportaciones a Gran Bretaña, una vez caída la zona norte. Mussolini mostró mayor generosidad con los nacionales.

frialdad. Pero la decisión de Blum de vender armas a España chocó enseguida con fuerte oposición en la derecha francesa y en la opinión pública, temerosa de deslizarse a una confrontación con Alemania, para la cual no se sentía Francia preparada material ni psicológicamente. En la misma izquierda pesaba mucho el pacifismo. Por otra parte, obligado a rearmarse frente a Hitler, el país no podía desperdiciar en el extranjero armas quizá pronto necesarias cerca del Rin*. Además, aunque se arguyera con el carácter legítimo y democrático del gobierno de Madrid, los hechos probaban que en España cundía una violenta revolución, con peligro de contagio para una Francia sumida, a su vez, en graves alteraciones políticas y económicas.

Por tanto, aun simpatizando con las izquierdas españolas, el entusiasmo francés se fue entibiando bajo las proclamaciones de hermandad y solidaridad democrática, y Blum, tras algún esfuerzo no muy enérgico por convencer a Londres, optó por la no intervención, pensada para aislar la hoguera. Se ha achacado esa decisión a presiones británicas, o al deseo de congelar en España una relación de fuerzas muy favorable a los populistas. Las dos cosas no se contradicen, y la discusión es algo bizantina, teniendo en cuenta las condiciones del momento. De todas formas, la simpatía de las izquierdas francesas durante la guerra facilitó considerables ayudas a sus correligionarios del sur, pero sin arriesgarse a una extensión del conflicto.

En cuanto al gobierno conservador británico, presidido por Baldwin y mucho más sólido en aquellos momentos que el izquierdista de Blum, carecía de cualquier motivo de solidari-

---

* Como explica Jesús Salas, la capacidad francesa de construcción de aviones era entonces muy baja, tras la nacionalización y reorganización de las fábricas. Sólo si Londres cooperaba en la ayuda a España podía sostenerse el envite alemán, y eso no ocurrió.

dad con las izquierdas españolas. Muchos conservadores simpatizaban con los rebeldes, si bien no de modo entusiasta, tanto por la improbabilidad de un triunfo de éstos, como por cautela ante la interferencia italiana y, muy especialmente, alemana. No obstante, Londres creía que las potencias fascistas tenían pocas bazas para imponerse en España, y en todo caso, sólo Gran Bretaña podría prestar el dinero para reconstruir el país después de la contienda, ganara quien ganase. Además, al igual que Francia, precisaba atender a su propio rearme. Muchos en España creían que Londres buscaba la máxima destrucción en la guerra, a fin de arbitrar con plena autoridad la situación resultante. Sea como fuere, la política británica buscó el equilibrio entre las aportaciones de armas extranjeras a ambos beligerantes, y, en suma, su objetivo, muy racional, consistió en mantener el conflicto lo más marginal posible.

Así, el 10 de agosto, tres semanas después de reiniciada la guerra, Francia y Gran Bretaña proponían la No Intervención, aunque ésta tardaría un mes en entrar en vigor, tras la adhesión, entre otros, de Rusia, Italia y Alemania. Estas últimas retrasaron las negociaciones para, entre tanto, mandar más aviones a España, de modo que si en agosto los envíos de unos y otros se equilibraban, para septiembre los nacionales adquirían la superioridad táctica aérea en sus columnas de África.

La cuestión de las consecuencias bélicas de la No Intervención parecía zanjada después de los estudios de los hermanos Jesús y Ramón Salas Larrazábal, Alcofar Nassaes, etc.: el material recibido por los dos bandos habría sido aproximadamente igual –algo superior el del Frente Popular–, por lo que sus efectos se neutralizaron. También la aportación humana resultó pareja, o compensada (las Brigadas Internacionales, fueran iguales en número o inferiores al CTV italiano, tuvieron un valor militar superior, al adelantarse en su intervención, y hacerlo en la crisis de la lucha por Madrid y otros momentos, en general como tropa de choque, lo que rara vez hizo el CTV); ello aparte, los extranjeros no alcanzaron, ni en los momentos de mayor aflujo, el 10 por ciento de las tropas comprometidas, por lo que su contribución tuvo, en conjunto, importancia secundaria. La No Intervención, en suma, no habría impedido las actuaciones de Alemania, Italia y Rusia, pero las habría equilibrado.

Así las cosas, en 1998 el estudioso británico G. Howson, publicó el libro *Armas para España*, aplaudido por Preston, S. Juliá y otros, y presentado a menudo como la explicación racional y definitiva de la derrota populista. Para Howson, la No Intervención habría perjudicado a la «República», obligándola a negociar, en condiciones pésimas, la compra de armas malas y escasas, a precios exorbitantes, y forzándola a depender de la URSS, que también la habría estafado cobrando el material, a menudo de desecho, por encima de su valor. En conclusión, las izquierdas habrían luchado casi todo el tiempo en total inferioridad, y la postura de las democracias, en especial la británica, habría actuado como un dogal que asfixió lentamente a los republicanos. De modo similar arguyen Moradiellos, Avilés Farré y otros autores. Como cita Howson, aprobatoriamente, de E. Hemingway: «Los británicos fueron los auténticos villanos, todo el tiempo, desde el primer día» [2].

Howson intenta probar sus asertos con datos según los cuales el Frente Popular habría recibido muchos menos aviones, artillería y casi todo tipo de armas, que sus enemigos. Los aviones soviéticos se rebajan, por ejemplo, de los 1.100 antes admitidos, a 657, los cañones también sufren reducciones drásticas, y buena parte del material –salvo aviones y tanques– sería anticuado, a veces de museo, con escasa munición o sin repuestos.

Sin embargo, han resaltado algunos críticos, Howson cae en varios errores, como suponer exhaustivos los documentos por él consultados, y sugerir, implícitamente, que los nacionales no tenían problemas semejantes. J. Salas muestra cómo los datos de *Armas para España* en cuanto a la aviación soviética ya eran conocidos, excepto el nombre de los mercantes que la transportaron, proviniendo la discrepancia en las cifras de inexactitudes secundarias, y de un fallo esencial: ignorar los 250 aviones construidos en la propia España con elementos traídos de la URSS. Deben añadirse los 144 llegados a Cataluña ya en 1939, aunque la rapidez del avance nacional les impidiera actuar. El total se acerca a los 1.100 antes estimados, a los que deben sumarse unos 360 de otras procedencias, con un total muy similar en los dos bandos: 1.400-1.500.

En cuanto a artillería y armas ligeras, otro crítico, Artemio Mortera [3], demuele los datos de Howson, quien considera muy exagerado el número de 1.968 piezas artilleras importadas por los «republicanos», cuando el crítico ha contado minuciosamente no menos de 2.418. La mala calidad de las armas fue real a veces, pero no siempre, y los nacionales chocaron con el mismo escollo, si bien lo abordaron con distinto ánimo: «Cuando llegaba a manos nacionales, bien por captura, bien por adquisición, un tipo de material anticuado o desgastado, éstos, en vez de postergarlo entre lacrimógenas quejas o acerbas críticas, se limitaban a repararlo, ponerlo en servicio y sacarle así el mayor rendimiento posible».

El material calificado por Howson de vetusto e inservible, era a menudo aprovechado eficazmente por los franquistas. Por ejemplo, el fusil ametrallador Chauchat Mod. 1915 «dio mal resultado, pero los franceses lo emplearon durante toda la I Guerra Mundial y los norteamericanos lo adoptaron (...). Los nacionales capturaron cinco millares de estos fusiles ametralladores que transportaba el *Sylvia* y les sirvieron para salvar el bache anunciado por el general Orgaz (...) en octubre de 1936 cuando aseguraba, una vez rebañados los almacenes marroquíes, que si no se conseguían de inmediato 1.500 ametralladoras habría que suspender las operaciones. El Ejército nacional continuó empleando los Chauchat –los mismos que, según Jason Gurney tiraron a la basura [los brigadistas británicos] la primera mañana de la batalla del Jarama– hasta el final de la guerra».

Por lo demás «la captura providencial del *Sylvia* no fue la única en que los suministros republicanos sirvieron para solucionar alguna *papeleta* urgente al Ejército nacional, como volvió a suceder cuando, en mayo de 1938, el apresamiento de los mercantes *Eugenia Cambanis, Virginia S* y *Ellinco Vouono,* cargados con cuatro centenares de camiones, vino a resolver el problema de la motorización del Ejército del Norte nacional. Y es que hay algo que se olvida frecuentemente, que es el hecho de que, al aproximarse el final de la guerra, entre un veinticinco y un treinta por ciento del Ejército nacional –dependiendo de qué regiones– estaba armado con material capturado al enemigo». Ello ocurrió de modo especial con los tanques, pues, como ya sabemos, los rusos superaron todo el tiempo a los alemanes e italianos.

Otro error básico del escritor inglés consiste en presentar a los «republicanos» como honrados pardillos dispuestos a dejarse engañar, mes tras mes y año tras año, por los desalmados traficantes internacionales. A este respecto conviene hojear, al menos, los libros del historiador anarquista A. Olaya, ampliamente documentados e instructivos sobre una corrupción extendida y no reñida con la incompetencia.

Howson parte de un desenfoque inicial, muy compartido por toda la historiografía de izquierdas y revalorizado en los últimos años: el de considerar la actitud de las democracias como traición a una «república» española, en rigor inexistente. No hay modo de entender por qué los conservadores ingleses debían simpatizar con un régimen revolucionario opuesto violenta y totalmente a sus valores y objetivos, por mucho que ese régimen insistiese en presentarse como legítimo y democrático. El gobierno británico, bien al corriente de los sucesos españoles, no tenía la obligación, que le endilgan Howson, Moradiellos, Avilés, Preston, Broué, Témime, P. Vilar y tantos más, de comulgar con los tópicos de la propaganda populista, simplemente porque esos historiadores sí comulgan muy de grado.

Ni tenían los conservadores por qué compartir la idea de la democracia expuesta por Howson con una cita de un capitán W. E. Johns: el gobierno del Frente Popular «había sido elegido con el voto del pueblo y era tan democrático como podía serlo cualquier otro gobierno»; pues, en definitiva: «El alma de la democracia está en el simple hecho de que el pueblo siempre lleva la razón. Pero nuestro gobierno, que es de derechas, no es de ese parecer. Así, prefiere ver a España masacrada por sus peores enemigos antes que levantar un dedo para ayudarla. Ahí está el meollo de la cuestión». Un meollo huero. Las izquierdas no representaban al «pueblo», sino a un sector, de él probablemente minoritario, y tan dividido internamente que entre sus facciones llegaron a estallar dos guerras civiles dentro de la guerra civil general. Y la legitimidad democrática no nace sólo de las urnas, sino también del respeto a las libertades y del mantenimiento de la ley. Si no, el régimen nazi habría sido impecablemente legítimo y democrático.

La concepción de base de Johns y los demás es totalitaria. No existe el «pueblo» como un cuerpo unánime ni es cierto que tenga forzosamente la razón, aun en el caso imposible de apoyar sin fisuras a un partido. Entendemos mejor tal idea si nos percatamos de que, para quienes la defienden (jacobinos, comunistas, etc.), «el pueblo» integra al conjunto de los ciudadanos que les siguen, siendo el resto «reaccionarios» y condenados a ser aplastados. Ello queda bien claro en las confusas explicaciones ofrecidas por Howson sobre los antecedentes de la guerra. En septiembre de 1933, dice, se formó un gobierno de derechas presidido por Lerroux «con el fin de restablecer el orden y desmantelar las reformas» del bienio izquierdista. Debe aludir al gobierno de diciembre, respaldado por una muy amplia victoria en las urnas (de la que Howson esta vez se olvida), pese a su pretendido plan de anular las medidas a favor del «pueblo» decretadas antes por la izquierda.

Merece la pena una digresión sobre las causas de la guerra según las presenta Howson y, con diversos matices, una copiosísima y poco escrupulosa historiografía en estos últimos años.

Como a la mayoría de los historiadores de su cuerda, a Howson le parece un crimen execrable el alzamiento derechista de julio del 36, pero encuentra muy justificable el izquierdista de octubre del 34. Según él, el cese en la construcción de escuelas y la aplicación del siniestro programa contra las reformas, habría provocado «un levantamiento armado por parte de los mineros asturianos», complicado con el hecho de que «vascos y catalanes andaban alborotados (...) a causa del deseo de independencia. Ambos focos fueron apagados, pero a costa de cuatro mil vidas»; y el general Franco «había sofocado la sublevación asturiana con una brutalidad escalofriante». Es decir, la rebelión de las izquierdas contra un gobierno democrático elegido por la mayoría del pueblo real, tenía mil disculpas... basadas, por lo demás, en una sarta de invenciones. No los vascos y catalanes, sino los minoritarios *nacionalistas,* querían la independencia, y el pueblo catalán dejó en el vacío la rebelión de la Esquerra. El levantamiento armado no fue preparado por «los mineros» sino por el PSOE y en toda España, aunque sólo cuajase como guerra civil en Asturias. No hubo 4.000 muertos, sino cerca de 1.400, y Franco no sofocó la sublevación asturiana, sino que dirigió desde Madrid el conjunto de las operaciones en el país, sin intervenir en la represión, enormemente exagerada por la propaganda izquierdista, como sabemos.

Howson pinta la España de los años treinta con pinceladas como éstas: a una hora de distancia de Madrid «había aldeas que apenas habían evolucionado desde la caída del imperio romano», o incluso estaban «más deprimidas que en el 431 de la era cristiana». El absoluto atraso de los campesinos les hacía creer que los animales «nacían espontáneamente de los elementos ambientales de la tierra, el aire y el agua». Los duques y marqueses «probablemente poseían, además [de sus tierras], un palacio, tres casas solariegas, una casa en Madrid, un piso en Montecarlo, dos aeroplanos privados y seis Rolls-Royce, y tenían unos ingresos de aproximadamente 25.000 pesetas al día» (unos cinco millones actuales). A 90 km de Salamanca «había aldeas montañesas cuyos habitantes habían esperado hasta principios del siglo XX para abandonar sus prácticas paganas y convertirse al cristianismo». Etc. [4].

En fin, hasta llegar la república, la educación, «patrimonio exclusivo de los ricos» habría estado controlada por la Iglesia «que recibía una importante subvención anual del Estado» (la subvención, reconocidamente pequeña, era una compensación menor por las desamortizaciones de bienes eclesiásticos del siglo XIX). En consecuencia, el índice de analfabetismo superaba el 50 por ciento (era en torno al 25 por ciento, como recoge S. Payne). La república había retirado la subvención a la Iglesia, aplicándola a construir, sólo en el primer año, 7.000 escuelas (fueron 3.600 en dos años, y miles de alumnos se vieron perjudicados por la prohibición de enseñar impuesta a las órdenes religiosas). El ejército tenía «ochocientos generales en nómina» (multiplica por cuatro la cifra real), por lo que «no hubo más remedio que proceder a una purga». La república creó también «un salario digno para peones y campesinos» (las medidas laborales fueron muy discutidas, muy discutibles, y dieron frutos muy precarios). Por primera vez en la historia de España, «la libertad de expresión y opinión estaba garantizada» (estaba mucho más garantizada durante la Restauración; en el primer bienio republicano fueron cerrados y multados más periódicos que en ningún período anterior). Y así sucesivamente.

Estas reformas republicanas, aclara el historiador, «hicieron poner el grito en el cielo a la Iglesia, estamento militar y burguesía, que se opusieron a ellas con todos los medios a su alcance». ¿Qué otra cosa cabía esperar, tratándose de medidas beneficiosas para las clases humildes? Pero el grueso de la derecha, lejos de oponerse a ellas «con todos los medios», acató la legalidad, y, cuando llegó al poder, mantuvo la mayoría de las reformas y aumentó los presupuestos de enseñanza, contra lo que informa el mal informado Howson. La oposición de los reaccionarios habría hecho vacilar al gobierno, pero las izquierdas le habrían espoleado a tomar «medidas de corte social, incluido un salario mínimo que diera a los temporeros un medio de subsistencia durante los meses de desempleo. Naturalmente, los terratenientes rehusaron ponerlas en práctica y, cuando los sindicatos de agricultores convocaron una huelga, llamaron a la Guardia Civil. Hubo tiroteos con varios muertos, se intensificaron las agresiones y hubo más tiroteos y más muertos. En medio de este clima, en el transcurso de un mitin celebrado en Bilbao dos diputados socialistas y dos diputados republicanos fueron asesinados por pistoleros de extrema derecha». ¿De dónde habrá sacado el autor tales historietas?

Sigamos: «La palabra España evocaba autocracia en materia de gobierno y, sin embargo, la vida política era allí un auténtico hervidero de ideas y, en tal sentido, más rica que la de Gran Bretaña o cualquier país occidental». Los carlistas «creían en una monarquía absoluta que derivaba su legitimidad directamente de Dios». Pero en la tradición española, incluida la carlista, el poder no viene directamente de Dios, sino indirectamente a través del pueblo, como aclaró Suárez al monarca inglés Jacobo I, proclive a ver las cosas al modo que Howson achaca a los carlistas. No menos asombra el aserto de que en riqueza de ideas políticas España superaba a Gran Bretaña o cualquier otro país.

Los errores son constantes. El PSOE tenía «más de dos millones de miembros», la Legión se componía mayoritariamente de «ex presidiarios españoles cuyas penas se habían conmutado por el servicio militar»; antes del gobierno de Largo, ningún socialista había gobernado en España. «Las dos provincias vascas más importantes, Vizcaya y Guipúzcoa, se declararon republicanas a cambio de la promesa de independencia.» «Mientras que el terror en las zonas republicanas era desorganizado, generalmente espontáneo (movido por el deseo de venganza) y siempre llevado a cabo contra la voluntad del gobierno, el terror en las zonas nacionales obedecía a órdenes precisas de los mandos militares» Etc. [5].

Tal colección de errores, invenciones y exageraciones no merecería atención si no fuera porque muchos estudiosos y políticos, lejos de criticarla, han convertido a Howson en un autor de referencia, lo que dice algo sobre el nivel de cierta historiografía.

Volviendo a la No Intervención, debe añadirse que, finalmente, las aportaciones exteriores fueron pagadas por el gobierno de Franco en excelentes condiciones. Su coste total en dólares fue, en relación con Italia, de algo más de 300 millones, y de menos de 200 millones para Alemania. Los italianos exigieron su pago en liras, y como la mayor parte de dicho pago se produjo después de la II Guerra Mundial, con una lira muy devaluada, salió a España a precio de saldo. En cuanto a los alemanes, mucho más estrictos, ofrecieron condiciones de pago aceptables, hechas aun más favorables tras la dura y prolongada negociación sostenida por los franquistas*. La propiedad alemana sobre una serie de minas españolas, impuesta por el líder nazi Göring y muy mal

* Todavía un año largo después de la guerra, la mitad de las facturas presentadas por Berlín estaban sin aceptar, y las rebajas obtenidas por Madrid fueron sustanciales.

recibida por Franco, resultaría una empresa ruinosa para los alemanes, que no supieron apreciar el verdadero valor de unos yacimientos muy pobres.

En cuanto a las aportaciones logradas por el Frente Popular, falta todavía una contabilidad adecuada que permita conocer su coste real, pero sí sabemos que éste fue inferior a lo pagado por ellas. Al movilizar todas sus reservas de oro y plata, más los cuantiosos bienes confiscados a particulares y rebañados incluso de las familias humildes, más las divisas producidas por exportaciones de agrios, materias primas, etc., el gasto debió de superar muy ampliamente los 500 millones de dólares de sus contrarios, para obtener por ellos una cantidad similar de medios bélicos y otros.

Resumiendo la cuestión de la No Intervención y otros capítulos anteriores, creo que, con mayores o menores matizaciones, cabe hoy sostener las siguientes conclusiones:

a) La política de las democracias no impidió la intervención de otras potencias, pero la mantuvo básicamente equilibrada.

b) Las compras y aportaciones humanas de las potencias fascistas y de la URSS no tuvieron valor decisivo en el conjunto de la guerra, precisamente por su equilibrio, pero en alguna ocasión sí lo tuvieron. Esa ocasión fue, para numerosos autores, la ayuda alemana e italiana al puente aéreo sobre el estrecho de Gibraltar, gracias al cual los rebeldes salieron de una posición sin esperanzas. Sin embargo ya hemos visto que esa intervención, sin duda muy importante, no llegó a decisiva, porque el puente aéreo funcionaba desde más de dos semanas antes, y había tenido ya efectos del máximo relieve.

c) Hubo un momento en que la aportación exterior puede calificarse de decisiva, y fue la batalla de Madrid. Sin los copiosos envíos de armas soviéticas, más sus tropas, especialistas y voluntad de resistencia, es muy dudoso que la capital, y con ella la guerra, se hubieran sostenido muchas semanas más.

d) La intervención soviética, al combinar el control del tesoro español, el poder de un partido agente del Kremlin (el PCE), que pronto se hizo el más poderoso del régimen, y la actuación de sus asesores y policía política, convirtió al Frente Popular en un auténtico protectorado del Kremlin. Ni Italia ni Alemania, ni las dos juntas, lograron sobre el régimen de Franco una posición remotamente parecida.

e) Teniendo en cuenta los obstáculos encontrados por ambos contrincantes en su pugna por importar medios bélicos, no cabe la menor duda de que los nacionales resolvieron mucho mejor problemas mucho más graves, y lo hicieron sin el abrumador coste en soberanía e independencia en que incurrió el Frente Popular.

Sólo nuevos documentos y pruebas en contrario, sumamente improbables a esas alturas, obligarían a corregir sustancialmente estas conclusiones.

Capítulo 23

GUERNICA

A consecuencia de su fracaso ante Madrid, Franco comprendió que debía operar en lo sucesivo con un ejército numeroso, sustituyendo las columnas poco regulares por las grandes unidades clásicas: brigadas y divisiones. Obraba con algún retraso en relación a sus enemigos, pero lograría poner en pie un ejército más ágil y rápido en recuperarse, resolviendo problemas como la improvisación de mandos intermedios («alféreces provisionales») igual o mejor que sus contrarios («tenientes en campaña»).

Una segunda consecuencia fue el intento de tomar Madrid rodeándola. Tras una ofensiva por la carretera de la Coruña, en diciembre, que adelantó poco ante la eficaz defensa, los nacionales pensaron un ataque de cerco en tenaza desde el noreste y el sureste. Por falta de tropas suficientes, la operación se desdobló en dos sucesivas, perdiendo efectividad y dando lugar a las famosas batallas del Jarama, en febrero, y de Guadalajara en marzo. La primera se adelantó apenas a una ofensiva enemiga por la misma zona y con medios superiores, y terminó en tablas. La segunda, con tropas italianas, fue derrotada por los populistas gracias a su ventaja aérea, acrecentada por circunstancias meteorológicas. Curiosamente, los nacionales tendieron a considerarla un descalabro italiano y no propio, que también lo era. En ese período, la única victoria franquista importante fue la conquista de Málaga, en enero, en un frente secundario.

Madrid seguía siendo el eje de la guerra, por cuanto su captura supondría aniquilar el ejército del centro, el mejor de los ejércitos populistas, superior a los demás en armamento y, sobre todo, en disciplina y organización, acarreando por ello un probable y rápido fin de la guerra. Sin embargo el hueso resultó demasiado duro de roer, y sólo después de comprobarlo fehacientemente se resignó Franco a un cambio de estrategia, que explicaría al embajador italiano, Cantalupo, para que informara a un Mussolini descontento con su prudencia: «Las fracasadas ofensivas contra Madrid me han enseñado que debo abandonar todo programa de grandiosa e inmediata liberación total (...). No puedo tener prisa» [1]. Admitía que ello «me dará menos gloria, pero más paz». Prestó entonces mayor atención a objetivos parciales y a consolidar sus victorias mediante un programa de pacificación que combinaba la represión y la reorganización económica. La primera siguió siendo severa, pero ya muy alejada del furor de los primeros meses. La reorganización económica iba a tener notable éxito: el hambre y las enfermedades derivadas de la miseria fueron relativamente escasas en la zona nacional, mientras que en la populista irían en constante aumento.

Así pues, frustrado en Madrid, Franco cedió a las sugerencias de Vigón, Solchaga, Kindelán y los alemanes, y trasladó el centro de gravedad de la guerra desde el centro al norte de España. Podía hacerlo porque, pese a sus reveses, conservaba la iniciativa, pero el cambio de frente entrañaba un alto riesgo, pues dejaba a la espalda un ejército enemigo muy fuerte, imbatido y capaz de contraatacar masivamente. Por otra parte, si la captura del norte (Asturias, Santander y Vizcaya) supondría la de casi toda la industria pesada y de armas y explosivos del país, junto con las minas de hierro, carbón y cinc, y dejar fuera de combate hasta al 20 ó el 25 por ciento de las fuerzas enemigas, las dificultades estaban a la altura: tropas enemigas numerosas y bien pertrechadas, amparadas por un terreno sumamente escabroso y favorable a la defensa. También contaban con algunos jefes excelentes, sobre todo el comandante izquierdista Juan Ibarrola, procedente de la Guardia Civil, y que iba a distinguirse en todos los frentes a lo largo de la guerra.

Pese a las dificultades, el mando nacional parecía confiado, en parte por creer poco probable que el PNV formara piña con los populistas, de quienes le separaban abismos ideológicos. En octubre se había formado un gobierno autotitulado vasco, aunque en realidad sólo controlaba casi toda Vizcaya más pequeñas partes de Álava y Guipúzcoa. Lo componían cinco ministros nacionalistas y seis de otros partidos (tres socialistas, uno comunista y dos de los dos principales partidos republicanos). La hegemonía nacionalista era total, empezando por la presidencia, encomendada al líder del PNV José Antonio Aguirre, que llegaría a asumir el mando supremo de las fuerzas armadas, pese a su ignorancia en la materia. Franco pensaba atraérselo, como se había atraído a los nacionalistas de Álava y Navarra, con lo que habría ganado Vizcaya sin apenas lucha. Los contactos fueron frecuentes, pero la esperanza sólo se cumpliría, y de mala manera, después de caída Vizcaya, como veremos en otro capítulo.

También abonaba el optimismo franquista el fracaso de la ambiciosa ofensiva vizcaína sobre Álava, en noviembre-diciembre anterior. El ataque, en combinación con Santander y Asturias, había aprovechado la batalla de Madrid. «Se inicia la reconquista», auguraba el periódico *Euzkadi*. Participaron unos 15.000 hombres con total superioridad material y aérea sobre los 4.300 franquistas en el frente alavés. Chocaron pronto con oposición en Villarreal, defendida al principio por 800 soldados. La pequeña población sufrió 11 bombardeos aéreos, 2.600 cañonazos de gran calibre, y constantes tiros de mortero, y Vitoria también fue bombardeada con aviones. Pero los atacantes debieron retirarse a las dos semanas, habiendo perdido en la segunda la superioridad aérea, y tras sufrir al menos 4.000 bajas, entre ellas 800 ó 1.000 muertos[2]. Muchas de las bajas ocurrieron al sorprender seis aviones nacionales a un largo convoy de camiones con tropas, en una carretera encajonada y sin protección. Aguirre salió del empeño con el mote burlón de «Napoleonchu». Una vez más, la tenaz resistencia de un pequeño bastión frustraba planes ambiciosos. Otra ofensiva a principios de enero, naufragó sin pena ni gloria. Ello pudo inducir a los franquistas a un optimismo excesivo.

El gobierno de Aguirre había dedicado un gran esfuerzo a poner en pie un ejército, desobediente en la práctica al poder central, y en apariencia más disciplinado y organizado que el de los santanderinos y asturianos. Tras los descalabros citados, se centró en construir defensas «inexpugnables» en los accesos a la provincia, sobre todo el «Cinturón de hierro», sucesión de impresionantes fortificaciones en torno a Bilbao, que ayudaría a repetir las gestas del siglo XIX, cuando la liberal ciudad, aislada, había resistido duros asedios carlistas. Un golpe al proyecto fue el paso de uno de sus diseñadores, el ingeniero Goicoechea, a los nacionales.

Un punto débil de la zona norte era su estrechez (40 a 70 km). Por esa razón sus escasos aeródromos –que, imprevisoramente, no fueron aumentados– resultaban en extremo vulnerables, y situar aviones allí entrañaba un riesgo excesivo de perderlos, como vio pronto el gobierno de Valencia. En consecuencia, aunque fueron enviados, y perdidos, buen número de aparatos, siempre resultaron insuficientes para afrontar a sus enemigos, que pudieron así actuar con poco embarazo.

Una segunda desventaja de la zona cantábrica era su inferioridad naval, que permitió al enemigo organizar un bloqueo no muy estricto, por falta de fuerzas, pero suficiente para capturar presas valiosas, que aliviaban sus necesidades bélicas y castigaban en igual medida a los populistas. Como se recordará,

Prieto había enviado, en septiembre, la mitad de de su flota al Cantábrico, a fin, sobre todo, de reforzar la moral y voluntad de resistencia en Bilbao, de la cual se temía su entrega sin lucha, como había ocurrido con San Sebastián. Tras lograr el objetivo, si bien al precio de perder el dominio del estrecho de Gibraltar, la escuadra había vuelto al Mediterráneo, dejando algunos barcos en el norte, donde iban a mostrar una pasividad sorprendente.

Otra debilidad, en el fondo más peligrosa, eran las discordias entre los gobiernos de Santander, Asturias y Vizcaya, y la política de máxima independencia del PNV, que de inmediato vulneró sin contemplaciones el estatuto de autonomía, formando un ejército prácticamente separado.

La ofensiva nacional podía empezar por Oviedo, Santander o Vizcaya. Fue elegida la última, porque en torno a ella estaban previamente desplegadas importantes fuerzas, en especial las navarras. Se trataba de tomar la gran ciudad industrial de Bilbao, lo cual podía intentarse desde el suroeste, por los valles del Nervión y del Cadagua, para aislar a Vizcaya de Santander y embolsar a todo el cuerpo de ejército vizcaíno; o bien combinando una penetración desde el sureste con un ataque por el este desde Guipúzcoa, a lo largo de la costa. Mola, jefe directo en el nuevo escenario bélico, prefirió la segunda vía, por falta de tropas para la primera. En el sector elegido, los centros de la primera defensa enemiga eran Durango y Guernica, situadas a sólo 25-30 km del frente. La ofensiva comenzó el último día de marzo, contando los nacionales con inferioridad en tropas (39 batallones contra 50), cierta superioridad artillera y una abrumadora superioridad aérea* [2]. Una ruptura simultánea por el sur y el este

---

* Según el corresponsal inglés C. L. Steer, Mola amenazó, mediante octavillas con el total arrasamiento de Vizcaya y su industria si no se rendía enseguida. Pudo haber sido una intimidación típica, pero nunca se ha presenta-

habría sido lo más adecuado, pero la insuficiencia artillera obligó a dos intentos sucesivos, primero desde Álava y luego por Guipúzcoa, en dirección a Durango. Tal insuficiencia volvía más imprescindible el apoyo aéreo, cuyo efecto real resultó pequeño, aunque grande el psicológico*.

Ese primer día la aviación italiana atacó Durango, donde ocasionó entre 170 y 200 muertos, cifra muy superior a la del más duro ataque aéreo sufrido por Madrid, que no había pasado de 62. La desproporción obedece a la sorpresa de la acción y a la imprevisión del gobierno vizcaíno, que no había construido refugios adecuados. La ofensiva progresó con gran dificultad en los días siguientes, frente a una resistencia empeñada, que explotaba diestramente las ventajas del terreno.

Desavenencias entre Mola y la Legión Cóndor, y luego un tiempo muy empeorado, difirieron la segunda ruptura, por Vergara, hasta el 20 de abril. El 25, la I Brigada de Navarra llegó al monte Oiz, a espaldas de la línea de defensa enemiga, amenazando con desarticularla. Estaba la brigada a igual distancia de Guernica y de Durango, separadas entre sí unos 20 km en línea

---

do un solo ejemplar de la supuesta hoja, y Steer no fue modelo de veracidad. También Richthofen alude a una supuesta intención de Mola de arrasar la industria bilbaína, lo que pudo haber sido una *boutade,* pues la única orden de Mola conservada al respecto, ordena, precisamente, evitar tal destrucción.

* Aguirre y otros, con sus continuas quejas, contribuían a la desmoralización, cuando, dice J. Salas, «su obligación era imbuir a la tropa el convencimiento de que la aviación apenas causa daños a tropas disciplinadas que se mantengan impasibles en las trincheras, y mucho menos en terreno de montaña, y que, por el contrario, es demoledora su actuación contra unidades en movimiento, especialmente si retroceden en desorden»[3]. Las tropas aguantaban mejor que sus dirigentes. En general, los nacionales resistieron mucho mejor los golpes desde el aire, aunque sus contrarios harían lo propio en ocasiones, como en la batalla del Ebro.

recta, de norte a sur, y la primera junto a la costa, al final de la ría de Mundaca. En esa situación se produjo, el día 26, el bombardeo de Guernica, que redujo a pavesas casi toda la villa.

Al día siguiente, un comunicado del gobierno de Valencia declaraba: «Ayer por la tarde quedó reducida a ruinas y escombros la villa de Guernica. Su Casa de Juntas, el árbol de su tradición, el caserío que formaban sus calles señeras (...). Entre sus ruinas sólo quedan cadáveres carbonizados en gran cantidad (...). Llegan a miles las mujeres y los niños que han encontrado la muerte entre sus escombros (...). Los mandos rebeldes, los directivos alemanes, han resuelto borrar al labrador y a cuando represente el sentido Vasco de la Tierra». El nombre de la pequeña población, casi desconocido fuera de España, saltó a la primera plana de la prensa mundial, cuya impresión puede resumir un titular del diario uruguayo *El País*: «La población civil de Guernica fue aniquilada por la aviación rebelde». Acompañaban mil detalles macabros recogidos por cinco corresponsales extranjeros, entre los cuales destacó el británico, conservador, G. L. Steer. La cifra de muertos ofrecida por éstos subió rápidamente desde bastantes centenares hasta más de un millar.

La catástrofe desató una intensísima oleada de indignación en medio mundo, sin excluir un manifiesto de protesta de escritores católicos, encabezada por Maritain. El gobierno franquista trató de replicar a las acusaciones en un comunicado, el 5 de mayo: «Guernica ha sido destruida por el fuego y la gasolina. Ha sido incendiada y reducida a cenizas por las hordas rojas que están al servicio criminal de Aguirre (...). Aguirre ha preparado (...) la destrucción de Guernica para acusar luego de ella a su adversario y provocar una ola de indignación entre los vascos». La patraña se volvió rápidamente contra sus autores, al ser refutada fácilmente por diversos testigos, y utilizada contra aquellos como prueba de vileza añadida al crimen.

En estas circunstancias, reforzadas con la poderosa iconografía del cuadro de Picasso, uno de los más célebres del siglo XX, la destrucción de la villa foral surgió como un mito crucial no sólo de la guerra española y del nacionalismo vasco, sino del siglo, y retiene un extraordinario poder emocional. En un libro referido a los años 70-80, *Memoria y olvido de la guerra civil española,* la investigadora Paloma Aguilar afirma: «El día elegido para el bombardeo había resultado ser, para mayor tragedia, una jornada de mercado en la que los habitantes de los pueblos contiguos acudían a Guernica para comprar y vender productos alimenticios. Las bombas se habían lanzado sobre la población civil en un pueblo donde no había objetivo militar alguno. Por todo ello, la población indignada, y no sólo la de Guernica, que simbolizaba en general el drama del vencido, represaliado e injuriado por el vencedor, necesitaba una reparación urgente». Por lo cual, asegura, durante la transición democrática «el bombardeo y consiguiente destrucción de Guernica vino a ser el referente mítico de los vencidos, como había sido, y seguía siendo, el de Paracuellos para los vencedores [¿?]». Su presencia en la prensa que simpatizaba con la oposición democrática, como *El País,* fue abrumadora [4].

Dicho periódico describía la destrucción de la villa foral como «un ataque masivo y deliberado (...) contra una ciudad que representaba simbólicamente la vieja tradición foral de los vascos»*. Aunque su autora fue la Legión Cóndor, Á. Viñas ha insistido, razonablemente en apariencia, sobre la responsabilidad

---

* No obstante, Azaña, uno de los personajes más loados en dicho periódico, había visto con escepticismo esa historia. En 1933 escribía: «La misma tarde fuimos a Guernica. Visitamos el Árbol y la casa de Juntas, donde hay una porción de cachivaches que pretenden ser antigüedades y reliquias de una tradición» [7].

de Franco como jefe último de ella. «Tanto España como Alemania habían estado manteniendo una calumnia [la de la quema de la ciudad por sus enemigos] durante décadas, lo cual es suficientemente grave.» «Historiadores como Tuñón de Lara y García de Cortázar se refieren, explícitamente, a la crueldad de Franco», observa Aguilar aprobatoriamente [5].

La vuelta del *Guernica* de Picasso a España motivó agrias polémicas. Unos, en línea con la voluntad del pintor, querían instalarlo en Madrid, y los nacionalistas vascos lo querían en la villa foral. Los vascos, llegó a clamar el PNV, ponían los muertos y Madrid se llevaba el cuadro. En bienintencionada opinión de P. Aguilar «la destrucción de Guernica acabó representando en la transición a todos los vencidos (...), símbolo nacional al que se aferrarán todos para demostrar la crueldad del régimen anterior y sus injurias (...). El reconocimiento del bombardeo serviría para rehabilitar a la población vencida en general y, a su vez, para reconciliar a los vascos [los nacionalistas, obviamente] con el resto de los vencidos españoles, con el fin de integrarlos mejor en el proceso democrático. No habría sido positivo para la transición que los vascos [nacionalistas] se hubieran apropiado del sufrimiento del vencido a través de la monopolización de un símbolo tan poderoso». De ahí el traslado de Madrid [6].

Sin embargo los nacionalistas vascos, no muy «reconciliados» con los vencidos populistas, hacen del bombardeo, aún hoy, un motivo permanente de victimismo. Reiteradamente han exigido que «el Gobierno de España se disculpe por el bombardeo de Guernica», y en las elecciones de 2001, el PNV abrió la campaña pidiendo responsabilidades al respecto. Un líder del partido más proterrorista, Batasuna, comparaba a la Audiencia Nacional, que juzga a los etarras, con la Legión Cóndor. Frases así menudean en dichos medios.

En fin, según *El País,* tras la larga ocultación de los hechos por el franquismo, urgía restablecer la verdad, porque «si las mentiras no se esclarecen, se pueden convertir en traumas síquicos de los que luego nacen las enfermedades colectivas» [8]. Esa verdad sostenida por *El País* y una gran cantidad de historiadores y políticos la resume con precisión J. Salas en los siguientes puntos:

1. Se bombardeó una villa abierta, de 7.000 habitantes, carente de interés militar.
2. Por ser lunes, día de mercado semanal, la población de hecho aumentó por los asistentes al ferial y los refugiados transitorios, de modo que 10.000 civiles estuvieron expuestos al horror. La presencia militar en la villa era prácticamente inexistente.
3. Aquel día, 26 de abril, el frente estaba muy lejano a Guernica. No constituía, pues, un objetivo táctico.
4. El ataque fue realizado, en exclusiva, por aviadores alemanes.
5. Duró más de tres horas, sin interrupción, desde las 16,30 a las 19,45, y se llegó al ensañamiento ametrallar a baja altura a la población civil en el interior de la villa.
6. La destrucción de la villa fue deliberada y se logró mediante una carga especial de bombas explosivas e incendiarias, cuidadosamente seleccionadas para provocar el desastre. Fue un experimento, un nuevo sistema de bombardeo.
7. El número de víctimas resultó elevadísimo, citándose 1.654 y hasta tres mil muertos.

Amén de miles de artículos y comentarios, el bombardeo ha tenido una considerable bibliografía desde *The tree of Gernika,* del periodista inglés Steer, en 1938, pasando por obras del padre Onaindía, Southworth, la documentada de V. Talón, *Arde Guernica,* Cástor Uriarte, César Vidal, etc., en su mayoría correspondientes a los años de la transición posfranquista y posteriores. Pero seguramente el más minucioso y documentado es el de J. Salas, *Guernica,* de 1987. El autor concluye, tras sintetizar los puntos básicos del mito: «El apasionamiento ha prevalecido sobre la razón en este caso. He estudiado a fondo todos estos aspectos parciales de la leyenda sin prejuicios, y he llegado a la *conclusión sorprendente de que ni uno sólo se ajusta a la realidad*»[9].

Así, la población de Guernica era de 5.000 habitantes, y no debieron aumentar con la feria, al ser ésta suspendida a mediodía por el delegado del gobierno. También se suspendió el partido de pelota de la tarde, que en otras ocasiones entretenía a parte de los feriantes. Además, la población se había visto mermada por la recluta de 400 jóvenes en las intensivas movilizaciones desde octubre.

En cuanto al interés militar de una población que contaba con cuarteles y fábricas de armas, es obvio, y figuraba entre los objetivos del ejército nacional. Ese interés había crecido enormemente en los días anteriores, cuando el frente, a sólo 25 km, se había roto y las tropas de Aguirre retrocedían en desorden. El día anterior al bombardeo los nacionales estaban a menos de 14 km, creando un serio peligro tanto para Durango como para Guernica, siendo esta última un centro clave de comunicaciones para la retirada. Por eso el bombardeo tenía, en principio, un valor militar elevadísimo.

Asimismo estaban acantonadas en Guernica tropas considerables: tres batallones. Contando con los tres hospitales de sangre allí instalados, pudo haber no menos de 2.000 soldados (con ellos, la población sí pudo llegar a los 7.000).

Los relatos de ametrallamientos en el casco urbano no son creíbles, pues sus calles estrechas y cortas no lo permitían. Sí tuvo que haber ametrallamientos en las carreteras de entrada «como fue costumbre a lo largo de esta guerra y ha sido norma en todas las demás (...). Si en estas carreteras se mezclaron personas civiles con militares, esta imprudencia es imputable a las autoridades locales de la defensa pasiva, si es que las había, o al gobierno si no las creó. El padre Onaindía, responsable a título personal de este tipo de imprudencia, asegura que, tras un ametrallamiento a un puente que le había servido de cobijo, vio el cadáver de una mujer junto al de un *gudari*» [10].

Aparte del principal ataque alemán, hubo uno por aviones italianos (negado por Southworth y Steer). La acción no pudo durar tres horas y cuarto, pues «La Legión Cóndor no tenía posibilidades de efectuar un bombardeo de saturación que excediera de unos pocos minutos» * [11]. Hubo tres bombardeos ligeros entre las 16,30 y las 18,00, con intervalos de media a una hora, y desde el primero la población corrió a los refugios o salió del caserío. Fue hacia las 18,30 cuando entraron en acción los Junkers 52, y la disposición de las huellas de las bombas indica que recorrieron la población en sentido aproximado norte-sur, en una franja de unos 150 m de ancho, localizándose la mayoría de los embudos, diecisiete, en las afueras de la población y cerca del puente sobre el río Oca, en apariencia el objetivo principal, pero que no fue alcanzado. Además hay trece embudos en el interior de la población atribuibles a los Junkers, lo cual indica, o bien que el puente y la carretera no fue el único objetivo, o bien que la gran densidad de polvo y humo producido por los aviones de vanguardia habría impedido a los siguientes precisar el blanco.

A la acción de los Junkers se debió, indudablemente el vasto incendio. Con todo, los testimonios coinciden en que, una hora

---

* «Southworth –que alardea de conocimientos sobre autonomías de los aviones alemanes de la época, para obtener la pintoresca conclusión de que no pudo efectuarse el bombardeo partiendo de un aeródromo de Alemania y volviendo a dicho país a tomar tierra, afirmación digna de Pero Grullo– debía saber que los bombarderos de la Legión Cóndor no podían llegar hasta Guernica con una carga adecuada de bombas y sobrevolar la villa durante tres horas y cuarto, y que el tiempo máximo de permanencia en el aire de los cazas de acompañamiento era inferior a las dos horas y media».

después del ataque, la mayor parte de la villa estaba en pie, encontrándose derruidas o en llamas en torno a un 18 por ciento del caserío. Avisados los bomberos de la cercana Bilbao (a unos 30 km) por el encargado del servicio contra incendios, Cástor Uriarte, aquellos llegaron entre las 9,30 y las 11,00 de la noche, según versiones. Para entonces los incendios se habían extendido mucho, y Uriarte, que encontró diversos problemas, como la rotura de cañerías en un parte de la villa, aunque disponía de agua sobrada de la ría, decidió concentrar sus esfuerzos en la parte alta de la villa, abandonando la baja al fuego.

Entre tanto habían llegado a Guernica los corresponsales extranjeros, que marcharían hacia la una de la noche. A esa hora los incendios ya no permitían cruzar, como hasta poco antes, el casco de la población, según señala el padre Onaindía. Hacia las tres de la noche Uriarte dio orden de desistir en la lucha contra las llamas, creyendo inútil la tarea, dificultada además por un vientecillo que se había levantado. Los bomberos volvieron a Bilbao. Quince de los veintidos testimonios recogidos en el informe Herrán* califican la actuación de bomberos y tropas como «pasiva» o con adjetivos más duros.

Del propio relato de Cástor Uriarte se deduce que no acudieron todos los bomberos de Bilbao, que no se pidió apoyo a las fuerzas militares de Guernica y que la ayuda de la capital vizcaína se marchó pronto [12].

El intento de apagar el incendio no parece haber sido excesivamente empeñado, y el resultado final, pero probablemente

---

* Lo realizó, al poco de caer la villa en manos nacionales, un ingeniero del Ministerio de Obras Públicas. Muy minucioso y técnico, detalla hasta la posición de los embudos de las bombas, probando sin lugar a duda la realidad del bombardeo. Sin embargo, por motivos políticos, la conclusión, quizá debida a otra mano, es la contraria: ¡no hubo ningún bombardeo!

no deliberado, del ataque alemán, fue la destrucción del 71 por ciento de la villa.

Tan tremenda devastación dio lugar a la versión de que los alemanes habían empleado una nueva combinación experimental de bombas para lograr tal efecto, y a la contraria, según la cual el pueblo había sido abrasado con gasolina*. Ambas versiones son falsas. La combinación de bombas explosivas e incendiarias fue la misma empleada en Madrid, el Jarama, etc. Los efectos asoladores en la villa foral deben atribuirse a la concentración del bombardeo de los Junkers, a la densidad urbana y la abundancia de madera en la construcción de las casas, a la escasez de medios locales contra incendios, que impidió apagar éstos al principio, y a la tardía llegada de los bomberos de Bilbao, y su abandono quizá prematuro. Tampoco se recurrió a los explosivos para crear cortafuegos en torno a los focos.

La secuencia de los hechos vuelve muy improbable el número de víctimas ofrecido, no ya los 3.000 que han llegado a citarse (60 por ciento de la población de Guernica), sino los 1.654 (33 por ciento), dados por verídicos en innumerables estudios**.

La prensa anglosajona habló de cientos de muertos, para concretarlos enseguida en 800 y luego en un millar, mientras el diario comunista francés *L'Humanité,* a partir de una entrevista con el sacerdote nacionalista Alberto Onaindía, subía las víctimas mortales a 2.000. Southworth afirma que Leizaola declaró por radio,

---

* Debe señalarse que Irún y Éibar sí habían sido quemadas en buena parte con gasolina por las fuerzas izquierdistas en retirada.

** Incluso un historiador prestigioso como Joseph Perez afirma en su *Historia de España*, que hubo 1.600 muertos y que los corresponsales británicos «dio la casualidad de que estaban allí». Pero ni los corresponsales estaban allí, pues llegaron después del bombardeo, ni son muy fiables, y el número de muertos fue casi catorce veces menor.

el 4 de mayo, que habían muerto 592 personas en los hospitales de Bilbao, pero en realidad habló ese día de dos muertos de una lista de 30 hospitalizados y sólo bien avanzado mayo el periódico *Euzko Deya*, en traducción inglesa, daría la primera cifra, que el gobierno de Valencia subió a 690. Los periódicos de Bilbao, al reproducir las crónicas extranjeras, censuraron tales datos, increíbles para los testigos, pero Aguirre y *La Pasionaria*, el día 29, hablaron vagamente de «gran número», lo que, dice Salas «permitía no desmentir ni confirmar las absurdas cifras manejadas en el extranjero, que no hubieran podido reproducirse en Bilbao, pues los guerniqueses allí residentes sabían que eran falsas, pero convenía que siguieran circulando por el exterior».

¿Es posible conocer la realidad? Salas utiliza para ello los testimonios y la lista de enterramientos en los días siguientes, y de los heridos trasladados al hospital de Basurto, en Bilbao. Ya C. Uriarte indicó que las víctimas mortales no debían de pasar de 250. Los testigos sólo mencionan cifras notables de víctimas en tres lugares, el refugio de Santa María, el Asilo Calzada y el arranque de la carretera a Luno. Se conservan también las listas de enterramientos de los días 26 al 29, antes de la toma del pueblo por las brigadas navarras, así como de los fallecidos en el hospital bilbaíno de Basurto. Entre todos suman 75. Tras la entrada del ejército nacional, se rescataron 25 cadáveres del refugio de Santa María, que sumados a otros dos identificados, sumarían 102. Hubo 18 inscripciones tardías en el registro civil, probablemente parte de unos cincuenta no identificados nominalmente en los primeros momentos, pero que, si se quieren añadir como nuevos, aumentarían el total a 120. En su libro, Salas pide a quien tenga datos de otras víctimas le informe, pero nadie lo ha hecho. Los heridos fueron sorprendentemente pocos: 30, con tres fallecimientos, reforzando la idea de que los muertos no pudieron ser muchos. También apoya los datos de Salas el cuadro de ciudad vacía y sin actividad al día siguiente: el entierro de mil cadáveres, no digamos 3.000*, habría obligado a un movimiento considerable.

Los datos de Salas, ya adelantados varios de ellos por Vicente Talón, empiezan a abrirse camino en estudios especializados del País Vasco, como el de la asociación Gernika Zaharra, sin que ello trascienda por ahora al público general, sometido aún a una intensa propaganda. De todas formas, 102 ó 120 muertos no es una cifra baladí, en realidad resulta muy elevada para una población de 5.000 habitantes, pero pareció escasa a los propagandistas, en particular los anglosajones, que inmediatamente la multiplicaron a instancias de su fantasía o de su interés. El principal impulsor de la leyenda, animada con numerosos detalles claramente inventados, fue el inglés Steer y otros conservadores. Esto parece chocante, pero por una parte Steer era muy pro PNV, y por otra, los conservadores ingleses buscaban crear un ambiente popular favorable al rearme, ante la indudable agresividad alemana, pues el pacifismo laborista seguía pesando en la opinión pública. Se trataba de advertir a los británicos de lo que les esperaba, como así llegaría a ser, aunque la realidad de Guernica no tuviera el carácter atribuido. También por eso adjudicó Steer a los alemanes el bombardeo de Durango, a sabiendas de su autoría italiana.

Otro punto clave de la leyenda, la suposición de una ofensa deliberada a los simbólicos roble y Casa de Juntas queda desmentido por el hecho de que ninguno de ellos fue atacado, pese a haber instalado los nacionalistas, imprudentemente, el cuartel del batallón *Loiola* muy cerca de ellos. Al entrar en la villa los nacionales, un falangista navarro tuvo la idea de talar el árbol de Guernica, pero los requetés instalaron inmediatamente en torno a él una guardia

---

* Esta cifra fue dada por F. Basaldua dentro de un libro colectivo titulado, con cierta paradoja *En defensa de la verdad,* publicado en 1956, en Buenos Aires.

de honor y protección, ya que para los carlistas el simbolismo de la villa foral tenía tanto valor como para los nacionalistas.

Reducido el mito a sus proporciones y circunstancias aproximadas, queda la cuestión del origen del bombardeo. Los novelistas ingleses Gordon Thomas y Morgan-Witts cuentan en su libro *El día que murió Guernica,* una reunión en Burgos, la víspera del bombardeo, entre altos mandos españoles –Vigón y los jefes de una inexistente «División de Navarra» y de las brigada navarras, pero no de Mola ni de Franco– con el jefe de la aviación italiana y con Richthofen, jefe del estado mayor de la aviación alemana, para planear la aniquilación de la villa, que habría sido, así, un designio compartido por españoles, italianos y alemanes. La citada P. Aguilar toma, un tanto a la ligera, el libro de ambos autores por una investigación fidedigna, pero, como demuestra Salas, la reunión no pasa de ser un inverosímil adorno novelesco por parte de personas mal enteradas de la situación militar y política del momento. Los *Cuadernos de guerra* de Vigón, nada instructivos sobre los sucesos de esos días (ni siquiera mencionan a los alemanes o el bombardeo), dejan en claro que ese día estuvo en Guipúzcoa y visitando a unos familiares en el convento de misioneras de Bérriz. En cuanto a Richthofen, su diario prueba que pasó la jornada en el frente oriental vasco, e intentó luego reunirse en Vergara con Vigón, sin lograrlo hasta el día siguiente, y de quien logró un acuerdo no muy preciso de acción: «Imprimirá a sus tropas un ritmo tal, que todas las carreteras al sur de Guernica quedarán bloqueadas. Si lo conseguimos, tenemos metido al enemigo en la bolsa alrededor de Marquina» [13].

El teniente coronel Wolfram von Richthofen es precisamente el hombre clave de todo el asunto. No sólo dirigía con gran autonomía la Legión Cóndor, a las órdenes de Sperrle, jefe máximo de ella, responsable a su vez ante Franco, sino que coordinaba toda la aviación en el norte, italiana y española. Esa supremacía, pese al no muy brillante rendimiento de sus aviones en los meses anteriores, se debió quizá a su mayor número de aparatos y al descontento de Mola con la aviación italiana en Guadalajara. Richthofen, militar apolítico, muy profesional y capaz, si bien de notable arrogancia, tuvo roces enseguida con Mola y otros españoles, de quienes habla con desdén en sus diarios, aunque encajó bien con Vigón. El alemán se ufana en sus diarios de tomarse atribuciones excesivas, cosa que tanto Sperrle como los españoles solían consentirle, en parte por su reconocida valía militar y sus ideas sobre cooperación aérea, y en parte, en el caso de los españoles, por su posibilidad de vetar el empleo de la Legión Cóndor en operaciones concretas.

Las diferencias entre Richthofen y Mola surgieron desde el principio, pues el alemán, cuyos aviones podían actuar con plena libertad gracias a la casi ausencia de aviones rusos, exigía un ritmo más vivo a la ofensiva, sin atención a la superioridad numérica de un enemigo asentado en posiciones consideradas por éste inexpugnables, y muy difíciles de expugnar en todo caso (el alemán suele zaherir la «flojedad» de los españoles para avanzar y aprovechar las situaciones). Otra desavenencia vino por el aplazamiento, exigido por Richthofen, alegando insuficiente concentración artillera, de la ofensiva sobre Vergara, planeada por Mola para el 11 de abril. Sperrle acudió al arbitraje de Franco. Éste cedió a favor de los alemanes, para alegría algo caprichosa de Richthofen, pues la consecuencia de su éxito fue el aplazamiento de la ofensiva, no uno o dos días, sino diez, hasta el día 20, a causa de un fuerte temporal. El retraso dio un respiro a los defensores y multiplicó las dificultades de los atacantes.

Cuando, entre los días 23 y 25, los nacionales lograron situarse, como hemos dicho, a espaldas de la defensa y a igual distancia de Durango y Guernica, se abría la posibilidad de mantener la progresión principal sobre Durango, según el plan inicial de

Mola, o de cambiar éste y volcar el esfuerzo sobre Guernica. Lo último habría cortado la retirada a una docena de batallones enemigos, copándolos contra la costa y facilitando una pronta caída de Bilbao. Así pensó Richthofen, que en este caso tenía probablemente razón. Pero Mola prefirió ceñirse al plan primitivo, y ordenó avanzar sobre Durango, y aplazar unos días la ocupación de Guernica, como así ocurrió. Con ello, el bombardeo de esta villa perdía casi todo su valor militar, que, de haberse combinado con su ocupación por la infantería, habría decidido, muy posiblemente, la campaña vizcaína [véase mapa 6].

Pues bien, Richthofen mantuvo su orden de bombardeo, teóricamente para cortar la retirada del enemigo, pese a conocer la decisión de Mola, que volvía inútil tal acción. ¿Por qué lo hizo? Se ha invocado que en la mañana del día 26 habría llegado a un acuerdo con Vigón para modificar la orden de Mola, pero la misma siguió en vigor, y la modificación habría tenido que ser respaldada por Mola o por Franco, de lo que no existe la menor prueba. Es difícil ver el asunto de otra forma que como una manifestación de arrogancia del alemán, quizás para dejar bien claro el error de Mola. Conocidos los efectos del bombardeo, sin duda inesperados, los mandos de la Legión Cóndor ordenaron a las tripulaciones de los Junkers no hablar de él, o negarlo, y trataron de ocultar la verdad también a sus superiores españoles y a Berlín [14]. Tal actitud no puede ser más indicativa.

A ese extraño comportamiento se le han buscado diversas explicaciones. El estudioso J. M. Riesgo ha combinado recientemente tres motivos: el militar, por los objetivos bélicos allí existentes; el político, como resarcimiento del desairado papel jugado por aquellos días en Salamanca por el embajador Von Faupel y otros líderes nazis, en las querellas causadas por la unificación de Falange y el carlismo; y el de la venganza, por el asesinato, el 4 de enero, de un aviador de la Legión Cóndor, que, yendo a un bombardeo, había tenido que tirarse en paracaídas en Bilbao, y había sido atado con una soga y arrastrado y golpeado hasta morir (horas más tarde, en represalia por el bombardeo, que causó cinco muertos, fueron asaltadas las cárceles bilbaínas y asesinados 224 presos) [15].

Parecen demasiados motivos, y ninguno consistente. La supuesta relación con el fracaso de Von Faupel en Salamanca no es fácil de entender, y los objetivos militares de Guernica (cuarteles y fábricas de armas) podían haber sido atacados en otros momentos, y no lo fueron en aquel; y el principal valor del ataque real desapareció, como hemos indicado.

En cuanto al móvil de la venganza, suena poco creíble, sobre todo si se liga, como han hecho algunos, a una supuesta decisión tomada en Berlín, de la que no existe el menor indicio; ni tiene lógica una represalia tan aplazada (tres meses y medio). Después del arrastramiento del piloto alemán, Sperrle había solicitado a Franco un bombardeo de castigo sobre Bilbao, pero Franco se negó, para irritación de aquél. Por otra parte, los aviones italianos actuantes en Guernica recibieron la orden de concentrarse en «la carretera y el puente del este», para obstaculizar la retirada enemiga, y no atacar la ciudad «por evidentes razones políticas». Las razones políticas, observa C. Vidal, aludían a las conversaciones en curso con el PNV para una rendición separada. Aunque no se conservan las órdenes a la Legión Cóndor, es probable que fuesen similares. No obstante, Richthofen señala en su diario que amplió el objetivo a «los arrabales» de la población, atribuyendo el bombardeo del centro a la mala visibilidad por el humo de las bombas previas.

Incluir los arrabales supone un apartamiento de la línea de acción marcada por Franco. Tras rechazar la petición oral de Sperrle de castigo a Bilbao, aquél había ordenado a Kindelán recordar a la Legión Cóndor, en enero de 1937, que: «Sin orden expresa no se bombardeará ninguna ciudad ni centro urbano», y que «cuando se bombardeen objetivos militares en las poblaciones o próximos a ellas, se cuidará de la precisión del tiro con objeto de evitar víctimas en la población no combatiente».

El 10 de mayo, tras la destrucción de Guernica, la orden a Sperrle fue reiterada: «No deberá ser bombardeada ninguna población abierta y sin tropas o industrias militares, sin orden expresa del Generalísimo o del General Jefe del Aire [Kindelán]».

Instrucciones cumplidas hasta marzo de 1938, cuando, por decisión de Roma, aviones italianos bombardearon Barcelona y Levante. Franco, irritado, reiteró a las aviaciones italiana y alemana la orden de «no efectuar bombardeos del casco urbano de población sin una orden expresa de la Jefatura del Aire», entendiendo que bombardear una población se refiere a «los alrededores y no el casco urbano» [16].

En todo caso, Richthofen no volvió a actuar contra las instrucciones de la Jefatura del Aire nacional, y durante la guerra mundial permaneció al margen de los bombardeos sobre población civil.

Así pues, mientras nuevos estudios no contradigan el de Salas*, queda suficientemente claro que el bombardeo de Guernica obedeció a una decisión personal de Richthofen, en contradicción con la orden de Mola; que tenía un objetivo militar evidente, aunque inutilizado por dicha orden; que no supuso ningún ensayo especial de bombardeo sobre la población civil ni pretendía el arrasamiento de la villa, produciéndose el grueso del incendio con posterioridad y de manera no esperada; que no tenía la menor intención de atacar los símbolos vasquistas; y que ocasionó en torno a un centenar de víctimas, 120 como máximo.

Es fascinante ver cómo de un suceso sin duda terrible, pero no extraordinario dentro de la contienda, brotó uno de los mitos

---

* Asombra hasta qué punto ha sido «ninguneado» un estudio muy probablemente definitivo como el de J. Salas, apenas citado y a veces desvirtuado incluso en libros muy recientes.

más intensos, emotivos y desmesurados. De igual interés, en lo moral, resulta constatar cómo la creación del mito por periodistas y políticos anglosajones, que pretendían alertar a Gran Bretaña sobre el peligro nazi, no impidió que sus gobiernos perpetrasen durante la guerra mundial numerosos guernicas, de mortandad multiplicada por cien y hasta por mil, atacando deliberada y masivamente a la población enemiga, en emulación aventajada de las acciones hitlerianas.

Por último, cabe recordar nuevamente que los bombardeos sobre la población civil fueron iniciados y realizados a menudo por el Frente Popular. Para disuadir de esa práctica a los nacionales, los revolucionarios recurrieron varias veces a la matanza de presos, y, con mejor éxito, a la denuncia internacional, considerando tales acciones un crimen si las realizaba el enemigo, pero no en caso contrario.

Capítulo 24

GUERRA CIVIL EN LA GUERRA CIVIL: MAYO DEL 37 EN BARCELONA

La revolución que el 19 de julio del 36 acabó con los restos de la república, había resultado inconclusiva, pues, no predominando en ella ningún partido, cobró un carácter anárquico y plagado de celos internos. El caos resultante esterilizaba la superioridad material sobre el enemigo y arriesgaba degenerar en una pugna de todos contra todos. Evitarlo exigía poner en pie un nuevo estado, y a esa urgencia respondió el gobierno de Largo Caballero, como hemos visto, constituido al mes y medio de la sublevación derechista. Largo trató de comprometer en la tarea al mayor número de fuerzas políticas, desde el PNV a la CNT, y de ofrecer al exterior una fachada de democracia y continuidad con la II República. La tarea inmediata del nuevo estado, construir un ejército, como garantía de la victoria, fue abordada exitosamente con la ayuda, o más bien la tutela, de la Unión Soviética.

En principio la unidad de aquellas fuerzas debía asentarse en el común rasgo democrático invocado para sí por casi todas ellas. Pero en realidad pocos creerían sinceramente en el democratismo del PCE, de la CNT, de Largo, o incluso de los republicanos. Otro factor de unidad, el sentimiento nacional, tampoco acababa de convencer, aunque fuera empleado sin tregua, incitando a la población a luchar por la independencia contra «el invasor italoalemán». En las doctrinas revolucionarias, «los obreros no tienen patria», y ni la Esquerra catalana ni el PNV disimulaban gran cosa su aspiración a desarticular España, mientras aprovechaban la guerra para implantar en sus territorios regímenes casi independientes. La actitud negativa de los jacobinos hacia la España histórica tampoco resultaba muy consoladora. Su convicción de encarnar la esperanza de redención y modernización del país podía ser tomada en serio o no, y los revolucionarios y nacionalistas no la creían demasiado.

Pero todos parecían persuadidos de representar al pueblo contra una mínima oligarquía de curas, militares y millonarios, con lo que bien podían atribuirse el «verdadero patriotismo» y la defensa de la «verdadera España». Sea de ello lo que fuere, sirvió de poco como factor de unidad, según expone desesperadamente Azaña: «Lo que me ha dado un hachazo terrible, en lo más profundo de mi intimidad es, con motivo de la guerra, haber descubierto la falta de solidaridad nacional. A muy pocos nos importa la idea nacional (...). Ni aun el peligro de la guerra ha servido de soldador» [1].

Tenida por nefasta la historia de España, desentenderse de ella resultaba al menos tan lógico como pretender regenerarla, tarea quizá imposible, de todos modos. El ideal patriótico surtía mayor efecto en el bando contrario, cuyas rivalidades políticas también habían llegado en otro tiempo a extremos suicidas.

Contra lo que dice Azaña, el peligro de la guerra sí sirvió de soldador, o fue el único soldador, aunque no muy firme. El primer antagonismo surgió entre partidarios y opuestos a profundizar la revolución. Los partidarios –ácratas, parte de los socialistas, y el pequeño POUM–, tenían en contra al PCE, y también, algo medrosamente, a jacobinos y nacionalistas. Según el PCE, el desorden anárquico impedía la victoria, y por tanto debía ser refrenado, y apuntalada la fachada de democracia ante el exterior.

Los revolucionistas propugnaban las milicias y rechazaban el ejército regular, querían completar la colectivización de la tierra y las empresas, y privar a cualquier gobierno de poder efectivo. Contra ellos, los comunistas consideraban las milicias una garantía de derrota; y los «ensayos» colectivizadores los describía así José Díaz: «Como primera providencia, se ha abolido el dinero –en algunos sitios se ha llegado incluso a quemarlo– por entender que no era necesario. Pues bien: ese "comunismo libertario" ha durado lo que ha tardado en vaciarse la despensa» [2].

El PCE propugnaba asegurar sus pertenencias a la masa de pequeños y medios propietarios, garantizar la propiedad extranjera, poner en pie un ejército centralizado y disciplinado, y reforzar algunas apariencias de democracia.

Por eso los comunistas sufrían la acusación de contrarrevolucionarios, pero su visión era mucho más sutil. Buscaban, ante todo, ganar la guerra, pues «ganando la guerra hemos ganado la revolución (...). Ambas cosas son inseparables. Son dos aspectos del mismo fenómeno» [3].

La victoria podía exigir retrocesos en las conquistas revolucionarias de primera hora –debilitando de paso a sus rivales ácratas–, pero tales retiradas tácticas robustecerían al partido comunista, el único «auténticamente revolucionario». Las medidas para ganar la guerra debían hacer de él la fuerza decisoria, por eso eran «inseparables».

Por lo demás, bajo la equívoca palabra «revolución», latían muy distintas concepciones e intereses de grupo. Anarquistas y marxistas coincidían en aspirar a una sociedad casi mágica «sin clases, opresión ni explotación», pero cada cual excluía a sus rivales de la dorada sociedad prometida. Los ácratas veían en el marxismo una forma de opresión no menos temible que la *burguesa,* y los marxistas consideraban a los ácratas unos provocadores utópicos, saboteadores de la marcha práctica hacia el comunismo. En la URSS los anarquistas habían sido barridos a sangre y fuego, y el mismo destino habría cabido a los comunistas, de haber sido vencidos. En España, la cuestión se planteaba en términos similares.

Los defectos de la revolución se julio salieron pronto a la luz: las milicias se estancaban o cosechaban derrotas, las colectivizaciones funcionaban mediocremente o mal, y cientos de miles de pequeños propietarios echaban pestes. Tales inconvenientes, por supuesto, podían achacarse a una insuficiente profundización en el proceso revolucionario y a la necesidad de ir más allá todavía. Así lo pregonaban los ácratas y el POUM, pero la experiencia habida parecía a otros más que suficiente. El PCE, inspirado y respaldado por Moscú, recibió el apoyo de una masa de «pequeños burgueses» expoliados y vejados. Su éxito descansó en las importaciones soviéticas, pero más aun en su posesión de una estrategia definida, de una voluntad inconmovible de aplicarla, y de una organización combativa y militarizada. Lo cual faltaba escandalosamente al resto del Frente Popular, cuyas organizaciones, al lado de la comunista, daban impresión de ilusas y confusas, amén de intrigantes y oportunistas.

El PCE disimulaba sus designios hegemónicos bajo la consigna de la lucha «por la democracia». La tarea del momento no consistía en «construir el socialismo», sino en aplicar una «revolución popular», «democrática», para aniquilar a la «reacción» y al «fascismo». Venía siendo la misma política anterior a julio del 36, y significaba que, no sintiéndose fuertes para implantar de golpe su sistema, los comunistas buscaban el máximo apoyo político y social posible para avanzar por etapas hacia él. Pero la democracia sería, desde luego, «de nuevo tipo», con un «*verdadero* sufragio universal» [4]. En otras palabras: hegemonizada por los comunistas.

La estrategia comunista tenía su punto clave en el dominio de las fuerzas armadas, y a ellas consagró el partido sus mayores y mejores esfuerzos. Se trataba de poner en pie un ejército regular «único y disciplinado», con «dirección única y férrea». Proyecto con sentido común, pues sin él, estaba demostrado, toda la superioridad material no bastaba para aplastar al enemigo. No podía ser «un ejército a la antigua», advirtió José Díaz, sino «político», con vía libre a la agitación y proselitismo comunistas. «Queremos que sea lo que el Quinto Regimiento es en pequeño.» El Quinto Regimiento era, en efecto, una agrupación «antifascista» y de «frente popular», pero en realidad dominada completamente por los comunistas, al modo de las Brigadas Internacionales. Ese ejército debía convertirse en el factor decisivo del poder cuando llegara la paz.

El PCE, decía superar los 200.000 militantes para finales de 1936, y no debía de exagerar mucho. Ya no era un partido secundario sino, de hecho, el rector del Frente Popular, aunque obligado a contar con otras fuerzas tan masivas como la socialista y la libertaria. Sus competidores percibían su designio dominador bajo las consignas de unidad y disciplina, pero no acertaban bien a oponerse, una vez fallidas las milicias y llegada la aportación soviética. Con el paso de los meses cobraban un timbre más agudo las protestas por el «proselitismo militar» comunista, ejercido, decían, por medio del chantaje y el terror. Algunas campañas exaltaban la ayuda mejicana, en un patético empeño por contrarrestar el prestigio soviético. Largo, cada vez más alarmado, ponía mil trabas al PCE, y planeó extirpar su influjo en el comisariado.

Otro punto crucial de la línea del PCE seguía siendo la fusión con el PSOE, «nuestro norte», en palabras de José Díaz [6], que le habría convertido de golpe en un poder casi absoluto. Esa política había complacido a Largo cuando creía que la superioridad numérica y la veteranía socialista absorberían al joven y pequeño PCE, pero salió de su error al comprobar cómo la fusión de las juventudes de ambos partidos, bajo el nombre engañoso de Juventudes Socialistas Unificadas, colocó a éstas bajo control del partido «hermano». Largo quería mucho a sus juventudes, punta de lanza de la revolución de octubre del 34, y en las posteriores disputas con Prieto. También en Cataluña, y con el título igualmente engañoso de Partido Socialista Unificado (PSUC), los stalinistas habían absorbido a los socialistas. Y en la UGT habían creado una dinámica corriente interna de presión.

A lo largo del otoño de 1936, Largo Caballero fue sintiendo y resintiendo cómo los comunistas se convertían en los auténticos jefes, y resolvió, como último recurso, impedir la unión de ambos partidos, desafiando el incansable apremio de los soviéticos y de sus agentes españoles. Él mismo explica cómo los dos embajadores, Rosenberg y su sucesor Gaikis, le presionaban «con audacia inconcebible» en pro de la fusión; hasta el embajador español en la URSS, Pascua, le transmitía las mismas directrices, de parte de Stalin. «¿Qué designios tenebrosos se perseguían con esa inusitada tenacidad? Seguramente hacer lo que con las juventudes y el Partido Socialista de Cataluña, absorberlos y encuadrar a todo el proletariado español bajo las inspiraciones y las órdenes de Stalin» [7].

Y así Largo, antes principal aliado del PCE, iba tornándose un estorbo para éste, y crecía constantemente la irritación mutua. Los comunistas empezaron a criticar su conducción de la guerra y a sus asesores, en especial al general Asensio Torrado, cuya expulsión lograron aprovechando la caída de Málaga, en enero del 37. El *Lenin español* recibía ahora los epítetos de «senil», «vanidoso», «inepto», etc.

No preocupaban menos al PCE los anarquistas, que se consideraban a sí mismos tanto el motor de la revolución como los vencedores del golpe de Mola, y durante un tiempo no escatimaron desdenes hacia los stalinistas y sus pujos de protagonismo... hasta darse cuenta, un poco tarde, de la calidad de sus rivales.

Los documentos publicados en *Spain betrayed* prueban que desde muy pronto el PCE había visto en la CNT un enemigo apenas menor que el «fascismo», asimilable también al *trotskismo,* es decir, al POUM. Díaz afirmaba: «Trotski es un agente directo de la Gestapo». «El trotskismo no es un partido político, sino una banda de elementos contrarrevolucionarios. El fascismo, el trotskismo y los incontrolables [otro nombre para los anarquistas, o parte de ellos] son, pues, los tres enemigos del pueblo que deben ser eliminados de la vida política.» En diciembre del 36, el diario soviético *Pravda,* órgano del PCUS, escribía: «La limpieza de trotskistas y anarcosindicalistas debe ser realizada con la misma energía que en la URSS».

Las críticas a la CNT eran muy claras: «La socialización y colectivización precipitada de las fábricas o de las tierra (...) sólo han servido para desorganizar la producción (...). Ponen en peligro la economía del país y la situación de los frentes de batalla». Equivalían a «complicidad con el enemigo». La clara amenaza se combinaba con intentos conciliadores. Sin embargo la receta de *Pravda* podría aplicarse al débil POUM, pero de ningún modo, por el momento, a la potente CNT [8].

Pese a algunos intentos de arreglo, la aversión entre PCE y CNT crecía. El 5 de marzo del 37 declaraba Díaz: «Nuestros enemigos han hecho circular la especie de que entre los comunistas y los anarquistas habrá choques sangrientos e inevitables, y que el problema se plantea necesariamente así: quién dominará a quién. Se habla de la *segunda vuelta* y nosotros hemos de manifestaros que quien tales especies propaga es enemigo nuestro y enemigo también de los camaradas anarquistas». Pero tales «enemigos» decían simplemente la verdad. El inglés George Orwell, voluntario en las milicias del POUM, describe la «sensación inconfundible y escalofriante de rivalidad y odio político» en Barcelona, ciudad donde iba a reventar la infección [9].

En Cataluña la CNT dominaba la situación desde el principio, pero pronto el comunista PSUC, muy débil inicialmente, despegó de modo espectacular como partido del orden y de la pequeña y media propiedad, frente a la arbitrariedad libertaria. Al enfrentarse a la CNT, el PSUC se ganó la gratitud de la Esquerra, pues hacía lo que ésta deseaba, pero no osaba hacer. Los nacionalistas trataron de utilizar al combativo PSUC desde una cómoda penumbra, para recobrar parcelas del poder.

En la primavera del 37, mientras el centro de gravedad de la guerra pasaba de Madrid a Vizcaya, las rivalidades entre el PCE por un lado, y la CNT y Largo por otro, subieron de tono. Un interesante documento de finales de marzo, posterior a la batalla de Guadalajara, escrito por un informador político de la Comintern, quizá A. Marty, y enviado como «alto secreto» por Dimitrof al mariscal Voroshílof, que era como enviárselo a Stalin, recogía la opinión de los jefes comunistas españoles: «La creciente perspectiva de ganar la guerra provoca ansiedad en ciertos elementos sobre cómo repartirse el botín, la gloria y el crédito político por la victoria. Hay también creciente presión de Francia, y sobre todo de Inglaterra»*.

De esa ansiedad brotaban campañas anticomunistas, intentos de dividir la Juventudes Socialistas Unificadas, y una larga serie de intrigas por parte de anarquistas y republicanos. La peor oposición venía de Largo Caballero, y el PCE veía muy clara la situación: «*Caballero no quiere la derrota, pero teme la victoria*. La teme, porque ella significa un reforzamiento aun mayor del Partido Comunista en España. Esto [el reforzamiento] es algo natural e indiscutible. La indiscutible perspectiva horroriza a Caballero. ¿Y sólo a Caballero? No, esa perspectiva da miedo también a los anarcosindicalistas. Y, sobre todo, la perspectiva de una victoria militar final sobre el enemigo –una victoria que sería ganada sólo gracias al Partido Comunista; una victoria que garantiza su posición preeminente– da miedo también a la burguesía reaccionaria francesa y sobre todo inglesa».

---

* En el mismo sentido informaba a Moscú, en abril el embajador Gaikis, sucesor de Rosenberg: «La creciente influencia del Partido Comunista provoca gran ansiedad entre los reformistas españoles de cualquier franja política».

Largo obstruía la renovación del alto mando militar deseada por los rusos, y la victoria de Guadalajara había reforzado su obstinación: «No entiende la peligrosa situación creada por la inercia de la industria militar y la falta de suficiente personal cualificado». Por todo ello el viejo socialista *bolchevique* «se ha convertido objetivamente de símbolo del Frente Popular en el mayor obstáculo en la senda de la victoria sobre los rebeldes» [10].

Entre los comunistas, hastiados de las zancadillas, la ineptitud y las vacilaciones de sus aliados, cundía a veces la tentación expresada a Stalin por Krivoshein, jefe de los carros soviéticos: «La España revolucionaria necesita un gobierno fuerte capaz de organizar y garantizar la victoria de la revolución. El Partido Comunista debe llegar al poder incluso por la fuerza, si es preciso» [11]. Esto, sin embargo, no convenía, pues su superioridad en el Frente Popular no era aún lo bastante firme, y, sobre todo, tendría repercusiones internacionales muy negativas para la estrategia de Stalin. No había más remedio que encarar con paciencia los obstáculos y explotar las hondas rencillas entre sus aliados-rivales, apoyándose ora en unos, ora en otros.

Y así lo hicieron con la mayor habilidad. Procedieron a «usar la necesidad de unidad política como base para romper todas las maniobras». «Prevenir a los comisarios políticos» sobre las medidas que pensaba tomar Largo, fomentar «los contactos leales y fraternales con el Partido Republicano y con Azaña mismo»*. Cortejaron a la Esquerra y, en especial, desviaron hacia Prieto, antes tan denostado, el apoyo concedido a Largo hasta entonces. El PSOE seguía siendo un partido dividido y desorientado, falto no ya de estrategia, sino de una idea clara y compartida sobre la guerra y su desenlace. Prieto, Azaña y otros se dejaron querer. Estaban cansados del *Lenin español,* y los comunistas les prometían un trato más

---

* «Díaz y Dolores tuvieron un encuentro personal con Azaña, que también cree que las cosas no pueden seguir como hasta aquí» [12].

amigable y victorias militares. Largo tanteó una improbable coalición anarquista-socialista y, señala Marty, «Los republicanos, aterrados por el chantaje y el espectro de un bloque CNT-UGT, vacilaron al principio, pero ahora se declaran una piña con el PCE» [13].

A finales de marzo, los comunistas decidieron «ir de manera decisiva y consciente a la batalla contra Caballero y su círculo», y no «esperar pasivamente una salida *natural* de la oculta crisis gubernamental, sino acelerarla y, si es necesario, provocarla a fin de llegar a una solución del problema». Acerca de ello pedían consejo a Moscú, pues «La situación es muy complicada, muy seria» [14]. No sabemos qué consejo recibieron, pero sí la sucesión de los hechos, sobradamente ilustrativa.

En abril proliferaron los choques entre comunistas y anarquistas, especialmente en Cataluña, con mutuos asesinatos. Y el 3 de mayo, una semana después del bombardeo de Guernica, los comunistas, de acuerdo con la Esquerra, llevaron guardias de asalto a ocupar la Telefónica en Barcelona, un centro clave del poder libertario, desde el cual controlaba la CNT las comunicaciones de los demás partidos. El asalto fue repelido, y en breve la ciudad se llenó de barricadas, choques y asedios entre los anarquistas y el POUM, por un lado, y los guardias de la Generalidad y comunistas por otro. En medio quedó Azaña, en situación angustiosa, pues temía ser asesinado. Él había rechazado, hasta con amenaza de dimisión, la entrada de los anarquistas en el gobierno, aunque en vano, y éstos le odiaban desde la matanza de Casas Viejas en 1933. Largo apenas se preocupó del presidente de la república, aunque sí lo hizo Prieto*.

---

* Azaña amenazó veladamente con dimitir si el gobierno no tomaba medidas enérgicas: «Ni mi decoro personal ni la dignidad de mi función política ni el escándalo que se está dando ante el mundo entero permiten que el Jefe del Estado permanezca un día más en la situación en que se encuentra», telegrafiaba a Prieto el día 5.

El POUM comprendió que estaba en juego su supervivencia y presionó por llevar el combate hasta el final, aunque, curiosamente, sin mucha energía. La CNT –salvo el grupo Los Amigos de Durruti– parecía menos consciente de la apuesta, y la unión entre ellos y los *trotskistas* nunca tuvo solidez. La revuelta se vino abajo cuando los ministros anarquistas, en especial García Oliver, llamaron a los suyos a terminar la lucha, y llegaron fuerzas numerosas del gobierno de Valencia, vista la incapacidad de las de la Generalidad para reprimir los disturbios. En menos de cuatro días se produjeron entre 218 y 1.000 muertos, según estimaciones, aunque la realidad debe aproximarse a las cifras más bajas. Los comunistas ganaron. Y ganaron en toda España, y en una escala inimaginable meses antes.

Se ha discutido sobre si estos sucesos surgieron de forma espontánea a partir de unas tensiones insoportables, o, por el contrario, fueron el fruto de una provocación comunista claramente concebida. La diferencia tiene muy poca importancia real, y en cualquier caso todo indica lo segundo. El documento citado de *Spain betrayed* deja claro que los comunistas pensaban desde hacía semanas en fabricar la crisis, y la forma como se produjo el asalto a la Telefónica, mandado por el comunista Rodríguez Salas, con autorización del consejero de Seguridad, Aiguadé, de la Esquerra, y sin previa noticia oficial a la Generalidad –obviamente para no prevenir a la CNT–, tiene el sello de la provocación deliberada. Hábilmente, la propaganda comunista transformó la resistencia a su golpe en un «golpe trotskista-fascista» contra el Frente Popular, y comenzó una durísima represión contra el POUM y contra los anarquistas.

Así, con su atrevido ataque, el PSUC derribó la hegemonía anarquista en Cataluña, incontrastable en apariencia, y lo hizo hasta el punto de que en agosto, sólo tres meses después, la CNT soportaba sin casi rechistar el mayor ultraje: tropas del PCE, al mando de Líster desmantelaban *manu militari* las comunas anarquistas de Aragón, el símbolo más alto de las conquistas ácratas, detenían a sus jefes y llevaban a varios de ellos ante los tribunales por robo y saqueo. Tampoco salió bien parada la Esquerra, que esperaba sacar la mejor tajada amparándose en el PSUC, como antes lo había hecho en la CNT. Su incapacidad para controlar la revuelta obligó a trasladar a Barcelona importantes fuerzas de Valencia. Buena parte de la población las acogió con entusiasmo, y con alivio la misma *Generalidad*. Pero era el fin de la casi separación política instaurada al abrigo de la guerra por la Esquerra y la CNT, tan perjudicial para el esfuerzo bélico, a juicio del gobierno. El estatuto de autonomía, vulnerado sin tasa por los nacionalistas en los meses anteriores, iba a ser recortado ahora en la práctica, originando un sordo resentimiento de la Esquerra. Se habían avanzado grandes tramos hacia el objetivo comunista de un «mando único y férreo» y un «gobierno que gobierne».

Pero, ¿qué gobierno? No el de Largo. Con la mayor presteza, los comunistas y sus mentores convirtieron la revuelta de Barcelona en palanca para derribar al ex *Lenin español*. Según ellos, lo sucedido había sido un golpe del POUM en combinación con los servicios secretos franquistas y la Gestapo. Se imponía, pues, una represión ejemplar, empezando por proscribir al POUM y depurar la retaguardia de traidores. Largo no quería oír hablar de ello, y adoptó un escrúpulo legalista. El tiempo urgía al PCE, porque para el 15 de mayo tenía previsto el jefe del gobierno aplicar su plan de erradicación de la influencia comunista en el ejército. El ministro comunista Jesús Hernández, a quien Largo califica de «verdadero tipo de chulo de casa de prostitutas» [16], desató el ataque desde la prensa. Acto arriesgado, pues se creía que el atacado conservaba gran popularidad en los sindicatos y había el temor a una alianza entre él y la CNT. El 13 de mayo, Hernández y su camarada el también ministro Uribe, exigieron la persecución del POUM y un giro en la conducción de la guerra. Ante la negativa de Largo, salieron del consejo. Su acuerdo previo con Prieto y Azaña ofrece pocas dudas. Largo quiso seguir la reunión, pero Prieto, en su papel, advirtió que, rota la coalición, el jefe del gobierno debía consultar con Azaña. Éste fingió templar gaitas, y pareció posible aplazar la crisis, pero entonces tres ministros socialistas secundaron a los comunistas en su abandono del gabinete. Unos y otros decían no querer echar a Largo de la presidencia del gobierno, sino sólo del ministerio de la Guerra, sabiendo que él rechazaría tal solución. Por fin, el viejo líder *bolchevique* dimitió, y Azaña confió la formación de un nuevo gobierno a Negrín, el principal autor del envío del oro a Rusia, y muy afecto a los comunistas. Bolloten, en el capítulo 44 de *La guerra civil española,* trata con detalle estas decisivas intrigas, que merecerían una monografía a fondo.

Así, en una rápida serie de golpes audaces y maniobras magistrales, el PCE culminaba su carrera, reduciendo a la impotencia a las otrora invencibles CNT, UGT-PSOE de Largo, y a la Esquerra, y demoliendo al POUM. Su posición en el ejército se había hecho imbatible, y también en el gobierno, dirigido ahora por un socialista muy de su confianza. Por fin conquistaba la tan anhelada unidad política y militar, indispensable para la victoria destinada a alumbrar una «democracia de nuevo tipo».

Como anticipo de esa democracia, iba a producirse una violenta represión, con torturas y asesinatos. El POUM fue desarticulado, y sus miembros acosados sin piedad. Se adueñó de Barcelona, escribe Orwell «[una] atmósfera de sospecha, temor, incertidumbre y odio velado». «La policía llegó a sacar de los hospitales a milicianos [del POUM] gravemente heridos.» «Muchos de los arrestos eran abiertamente ilegales, y diversas personas cuya liberación fue dispuesta por el jefe de la policía, se vieron arrestadas otra vez (...) y llevadas a prisiones secretas.»

El crimen más resonante fue el cometido con el líder poumista Andreu Nin. Su secuestro, tortura y asesinato mostraron cómo la policía secreta soviética actuaba en España con independencia del poder oficial, y dirigía a su vez a la policía española o a parte de ella. La desaparición de Nin fue atribuida por sus autores a la Gestapo o a la policía franquista. Con todo, España no era todavía Rusia, y el hecho tuvo cierto eco internacional, suscitó protestas, y obligó a los stalinistas a refrenarse un poco, si bien los intentos de investigar el crimen por autoridades del Frente Popular quedaron abortados con escasa dificultad [17].

Los sucesos probaron la eficacia de la propaganda soviética entre las izquierdas *burguesas*: su versión del golpe «trotskista-fascista» recibió amplio crédito, pese a su poca verosimilitud, y la respaldaron importantes intelectuales. Los testimonios veraces sufrieron un silenciamiento asfixiante, para desesperación de los vencidos. Y no sólo en España: el libro de Orwell, *Homenaje a Cataluña,* hoy considerado un clásico sobre la guerra, y prueba del carácter revolucionario del POUM, y de la provocación y el terror comunista, padeció el boicot de las editoriales y prensa de la izquierda inglesa, hasta el punto de vender sólo 600 ejemplares en doce años. Comenta el autor: «Lo que se ha escrito sobre el tema alcanza para llenar muchos libros, pero sus nueve décimas partes –creo que no exagero al afirmarlo– son falsas. Casi todos los reportajes periodísticos publicados en esa época fueron realizados por periodistas alejados de los hechos, y no sólo son inexactos, sino intencionalmente engañosos. Como de costumbre, sólo se permitió que una versión de lo ocurrido llegara al gran público»* [18].

---

* Sobre la mendacidad y partidismo de la prensa británica, observa: «Todos recordamos el titular del *Daily Mail*: "Los rojos crucifican monjas", mientras que para el *Daily Worker* la Legión Extranjera de Franco se compo-

Las observaciones más interesantes del libro de Orwell se refieren al decurso de la revolución. Él llegó a Barcelona en diciembre del 36, cuando aún permanecía bastante del primer fervor. El escritor describe con mucho agrado la camaradería igualitaria reinante en la ciudad, los carteles inflamados, las canciones de combate entonadas sin cesar por los altavoces, la exaltación, la ausencia de estilo burgués en indumentarias, saludos y conductas. Percibe, no obstante, algún retroceso: si en las primeras jornadas se habían apuntado bastantes milicianas, en diciembre quedaban «algunas, pero no muchas», y «a los milicianos se les prohibía acercarse a la escuela de equitación mientras las mujeres se ejercitaban, porque se reían y burlaban de ellas» [19].

Cuando Orwell volvió del frente a la ciudad, en abril, sólo cuatro meses después, el ambiente era otro: «El uniforme de la milicia y los monos azules habían desaparecido casi por completo. La mayoría parecían usar esos elegantes trajes veraniegos españoles (...). En todas partes se veían hombres prósperos y

nía de "asesinos, tratantes de blancas, traficantes de drogas y el desecho de todos los países europeos". En octubre de 1937, el *New Statesman* nos regalaba historias de barricadas fascistas hechas con los cuerpos de niños vivos (elemento muy incómodo para hacer barricadas), y Mr Arthur Bryant declaraba que "en la España leal era cosa común aserrar las piernas de un comerciante conservador". La *crueldad española* siempre fue muy popular entre los bondadosos ingleses.» Termina amargamente Orwell: «Quienes escribían este tipo de cosas nunca lucharon: los soldados son los que luchan, los periodistas son los que gritan, y ningún "verdadero patriota" se acerca jamás a una trinchera, exceptuando las brevísimas giras de propaganda. A veces me resulta un consuelo pensar que el avión está modificando las condiciones de la guerra. Quizá cuando se produzca la próxima contienda podamos ver un espectáculo sin precedentes en toda la historia: un patriota incendiario con un orificio de bala» [21].

obesos, mujeres bien ataviadas y coches de lujo. Los oficiales del nuevo Ejército Popular, un tipo que casi no existía cuando dejé Barcelona, ahora abundaban en cantidades sorprendentes». «La indiferencia generalizada hacia la guerra causaba sorpresa, asco, y horrorizaba a quienes llegaban a Barcelona procedentes de Madrid o de Valencia.» «Nadie quería perder la guerra, pero la mayoría deseaba, sobre todo, que terminara (...). La gente con conciencia política se interesaba mucho más por la lucha intestina entre anarquistas y comunistas que por la guerra contra Franco.» «Por debajo del lujo y de la creciente pobreza, de la aparente alegría de las calles con puestos de flores, banderas multicolores, carteles de propaganda y abigarradas multitudes, se percibía el clima inconfundible de la rivalidad y el odio políticos.» En una frase: «la atmósfera revolucionaria ha desaparecido» [20].

¿Cómo había podido decaer tanto el poder de la CNT, casi absoluto durante los primeros meses en Cataluña? Aunque sus rivales, sobre todo el PSUC y la Esquerra, lo habían socavado sin tregua, la razón principal quizá estribe en el natural cansancio tras la explosión de euforia de las primeras semanas. Las doctrinas revolucionarias achacaban la culpa de la pobreza, la escasez, la opresión y todos los males de la sociedad, a la *reacción*, al *fascismo,* y por consiguiente, el derrocamiento de éstos debía abrir automáticamente todos los horizontes, aparte del placer de ajustar cuentas a los culpables designados. Ese sentimiento de liberación se ostentaba en la alegría, la fraternización más o menos auténtica, pero una explosión tal nunca se sostiene largo tiempo: exigiría una maravilla tras otra, y lo que realmente ocurría bajo la superficie, pocos lo considerarían maravilloso.

Además estaba el derroche y la arbitrariedad económica asociadas a la euforia, cuyas consecuencias pronto harían estragos.

Orwell no alude, seguramente no pudo percibirlo, al terror organizado por las izquierdas contra los vencidos de julio del 36, pero sí vio, ya en diciembre, cómo «las tiendas, en su mayoría, estaban vacías y poco cuidadas; la carne escaseaba y la leche había desaparecido prácticamente; faltaba carbón, azúcar y gasolina, y el pan era casi inexistente (...). Las colas para conseguir pan alcanzaban a menudo cientos de metros». Esto, en la región más rica y mejor organizada de España. Orwell creía ver contento y esperanza, pese a todo; pero acaso no hubiera tanto. Algo indica el que allí, como en el resto del país, surtieran poco efecto los constantes llamamientos del gobierno, de los sindicatos y de los partidos, espoleando a la gente a trabajar de firme por una causa supuestamente suya*.

Frente al declinante fervor revolucionario, los comunistas auspiciaban un programa nuevo y racional, cuya capacidad de persuasión aumentaba por las malas experiencias militares y económicas anteriores. A pesar de las proclamas altisonantes, tanto la CNT como el POUM confiaban cada vez menos en sí mismos, y probablemente viene de ahí su reacción inesperadamente débil al asalto comunista.

Orwell no entendió bien esto, como otros aspectos cruciales de la vida española, pero sí intuyó muy agudamente el significado del stalinismo y su aventura española fructificaría en libros posteriores como *Rebelión en la granja,* o *1984,* obras

---

* Como decía razonablemente José Díaz, «Para ganar la guerra es preciso, sobre todo, producir: *producir sin descanso, sin limitación de horas, todo cuanto haga falta*»[23]. Fue el único aspecto en que la política comunista fracasaría, pues la producción, industrial o agraria, siguió una curva a la baja, y el hambre cundiría hasta alcanzar, en 1938, las cotas mayores del siglo XX en España, superiores incluso a las registradas en la posguerra, durante el bloqueo internacional al régimen de Franco.

maestras de denuncia de los sistemas totalitarios, tal como *Homenaje a Cataluña* lo es de la represión y la propaganda comunistas.

En realidad, la revuelta de mayo manifiesta la incompatibilidad entre las distintas concepciones revolucionarias, cada una de las cuales implicaba la aspiración a un poder absoluto. Largo había alcanzado cierta unidad entre los partidos, bajo la presión del avance rebelde, pero, ausente otro motivo de tolerancia mutua, los antagonismos empujaban irresistiblemente a una confrontación por la supremacía. Ni siquiera el miedo al enemigo común logró impedir el estallido, que se reproduciría en 1939 para poner fin a la contienda.

Un problema parejo había sido superado, también con derramamiento de sangre, en el bando nacional. La jefatura de Franco había permitido superar la dispersión del mando, pero las fuerzas políticas nacionales sostenían divergencias de cierto calado. Entre las dos formaciones más aguerridas y en apariencia más importantes, Falange y el carlismo, habían surgido roces, y el *Generalísimo* resolvió anticiparse a cualquier empeoramiento, afirmando, de paso, la base del nuevo estado. No encontraba entre ambas doctrinas diferencias de enjundia, y en todo caso opinaba que, de haberlas, debían sacrificarse a la causa común. Por ello decidió unificar a carlistas y falangistas bajo su propia jefatura... sin ser él falangista ni carlista.

Y, bien porque unos y otros personificasen en Franco un interés patriótico superior, o por otras causas, la unificación fue aceptada, con escasos incidentes. Entre los días 16 y 19 de abril, las pugnas entre falangistas ocasionaron dos muertos. Nazis e italianos intentaron jugar alguna baza en la querella, pero su posición no tenía la más mínima comparación con la de los soviéticos en el otro bando, y su influencia careció de peso. El problema quedó resuelto con muy poca violencia en comparación con la precisada en el Frente Popular. La antigua CEDA, por boca de Gil-Robles, se adhirió también a la jefatura de Franco y no le puso el menor obstáculo, como tampoco se la pusieron los monárquicos alfonsinos.

Capítulo 25

EL PACTO DE SANTOÑA

El curso de la guerra en la primavera de 1937, siguió de este modo: la lucha por la hegemonía en el Frente Popular, a lo largo del mes de abril del 37, coincidió con la campaña de Vizcaya, y tuvo una crucial consecuencia estratégica en el abandono de un vasto plan de Largo Caballero. Ya vimos cómo Franco, al desplazar al norte la lucha principal, asumía un riesgo muy serio de ofensiva populista en el centro, que podía desbaratar sus expectativas. Pues en el centro contaban los revolucionarios con un potente ejército, ya curtido, y capaz de la victoria de Guadalajara. Además, al concentrarse el grueso de la aviación nacional en el norte, la superioridad aérea izquierdista en el centro se había vuelto absoluta. Aprovechar esas condiciones para avanzar por Castilla o Extremadura habría sido mucho más eficaz que enviar al norte aeroplanos con poca probabilidad de supervivencia.

Y así lo vieron los populistas. Para desviar de Vizcaya a los franquistas, y en la onda del entusiasmo por la victoria de Guadalajara, atacaron el 10 de abril los cerros del Águila y Garabitas, en torno a Madrid, dos objetivos muy locales y de valor secundario, pero contra los cuales movilizaron tantas fuerzas como las dirigidas por Solchaga en Vizcaya en un amplio frente: el V Cuerpo de Ejército, a las órdenes del comunista Modesto. Su ventaja aérea, artillera y acorazada era aplastante. Pero, como había ocurrido en Villarreal de Álava y otros puntos, el avance se estrelló contra una resistencia inconmovible ante las embestidas de los tanques y el machaqueo artillero y aéreo, y se comprobó cómo los aviones tenían poca eficacia contra soldados con alta moral y psicológicamente preparados.

Entonces Largo decidió poner en práctica una ofensiva de mayor envergadura, pensada desde marzo y más tarde denominada «Plan P». Se trataba de aprovechar el saliente populista al sur del Tajo, que se extendía hacia Extremadura hasta aproximarse unos 150 km de la frontera portuguesa. Una embestida por allí, con 75.000 hombres, debía volver a cortar en dos la zona nacional. Los soviéticos acogieron bien la idea, aunque quisieron transformarla en varias ofensivas simultáneas sin mucho sentido. Pero, conforme tomaba cuerpo el designio comunista de derribar a Largo, resolvieron sabotear el plan, temiendo que su éxito salvase al defenestrable. Pudieron sabotearlo porque controlaban las fuerzas aéreas y acorazadas. Largo protestó al jefe efectivo de la aviación, Smushkévich *(Douglas)*: «La aviación procede –al igual que ocurre con los carros blindados– con una libertad de acción que escapa a la previsiones y hasta a las órdenes emanadas del Ministro.» Smushkévich había prometido 100 aviones para la ofensiva, pero a última hora sólo ofrecía 40, y replicó con una burla a la pregunta del jefe del gobierno sobre si serían suficientes: «lo serán si el enemigo no presenta aviación o ésta es en número inferior a la nuestra» [1].

Cuando la crisis de mayo, Largo, empeñado en sacar adelante la ofensiva, resistió, si bien infructuosamente, las maniobras de Prieto, Azaña y los comunistas. La crisis obligó a postergar los planes militares, pero luego el gobierno Negrín, con Prieto en el ministerio de Defensa*, se afanó en recuperar el tiempo perdido.

---

* Concentraba los de Guerra, y Marina y Aire, reorganización pionera, más tarde seguida en muchos otros países.

Renunció al plan anterior, por identificarlo con Largo, y lo sustituyó por el que daría lugar a la batalla de Brunete. La idea de Largo era mucho más ambiciosa y peligrosa para los nacionales, pues habría dividido su territorio, amenazado la Andalucía de Queipo y obligado a Franco a abandonar la ofensiva en el norte. Su anulación –aunque se volvería sobre él más adelante, en condiciones peores– tuvo la mayor relevancia estratégica. Por derrocar al *Lenin español,* los comunistas perdieron probablemente una gran ocasión.

El gobierno Negrín, autoproclamado «de la victoria», como el de Largo, se apresuró a hacer honor al título aplicando las normas emanadas, en definitiva, del Kremlin: unidad, producción de guerra, seguridad en retaguardia. Su primer intento fue un ataque por La Granja para capturar Segovia por sorpresa, acción novelada por Hemingway en *Por quién doblan las campanas*. La punta de lanza constaba de tres brigadas y una compañía de tanques, y debía envolver a las tropas nacionales de la sierra para, si todo iba bien, profundizar luego en Castilla la Vieja, descongestionar Vizcaya y servir de maniobra previa para una ofensiva superior en Brunete, al oeste de Madrid. La acción empezó el 30 de mayo, y consiguió parar momentáneamente la ofensiva nacional en el norte, pero pronto perdió filo, como siempre, ante una defensa empecinada.

Fallido el intento, Prieto acordó, pocos días después, presionar por Aragón, mediante la toma de Huesca, a partir del 13 de junio, cuando en Vizcaya los nacionales iniciaban el asalto al «Cinturón de hierro» bilbaíno. El objetivo era paralizar dicho asalto, y de paso demostrar la superioridad del ejército regular sobre las milicias anarcosindicalistas, tachadas de flojas e ineptas. A las órdenes del general Pozas, ingresado en el PCE, más por oportunismo que por convicción, como Miaja, se pusieron las unidades más distinguidas en los combates en torno a

Madrid*. Acompañaban un centenar de aviones, la mitad pilotados por rusos, con algunos pilotos norteamericanos, y el resto por españoles. Huesca había sufrido ya otros ataques y muchos bombardeos, estaba casi rodeada, excepto por un estrecho pasillo muy vulnerable, y su conquista debía resultar fácil. Pero, una vez más, no fue así. La superioridad populista en cazas llegó a ser de cinco a uno, como la nacional en Vizcaya al principio, pero no logró barrer el grupo aéreo de García Morato, el as de la aviación franquista, cuya agresividad impidió al contrario adueñarse del aire. La patrulla de Morato hizo blanco en el coche de uno de los jefes de las Brigadas Internacionales, el general Lukacs, matándolo en el acto.

Los enconados combates parecieron en algunos momentos resolverse a favor de los atacantes, pero la ciudad aragonesa aguantó los envites. El día 19 entraban los franquistas en Bilbao, con lo cual la operación sobre Huesca perdía sentido, y fue abandonada.

Bilbao, donde el Frente Popular aspiraba a crear un segundo Madrid –también estaba allí de asesor Górief–, y emular los heroicos sitios del siglo anterior, había caído en sólo una semana. El día 16, todavía el periódico *Euzkadi* llamaba: «Momentos históricos. Con más fe y más ahínco que nunca, ¡a luchar!» A imitación de Madrid, el gobierno salió de la ciudad, dejando en ella una junta de defensa, pero la moral difería. Prieto, bilbaíno de adopción, invocó la «enorme responsabilidad» de entregar al enemigo «toda la potencia industrial de Vizcaya», y mandó «extremar defensa de Bilbao», o, en caso de retirada, «inutilizar cuantos elementos industriales no puedan ser trasladados». Hubo también orden de «incendiar la ciudad vieja», señala Víctor de Frutos,

* La división 45 y las brigadas 49, 72, 102 y 108, aparte de las internacionales.

comandante de la VI Brigada vasca y encargado de hacerlo, como se había hecho en Irún y en Éibar* [2].

Pero el PNV impidió cualquier destrucción. Varios batallones nacionalistas, a las órdenes de la brigada enemiga «Flechas negras», mixta hispanoitaliana, y, protegidos por la artillería de ésta, defendieron los altos hornos «amenazados de destrucción por dos batallones de mineros asturianos». Otros cortaron los conatos de incendio de los barrios. «Todo se realiza con orden perfecto: los cuatro batallones ex enemigos (caso poco frecuente en la historia de la guerra), armados con todas sus armas y completamente encuadrados, asumieron así papeles combativos a las órdenes del vencedor, pasando a las filas de los prisioneros de guerra sólo después de cumplida su misión», señala satisfecho el coronel italiano Piazzoni [3].

Para entender esta política debemos tomar en cuenta la posición peculiar del PNV, único partido fuertemente derechista y católico alineado con el Frente Popular. Dada la feroz persecución sufrida por la Iglesia, su actitud escandalizó a muchos peneuvistas, en particular los de Álava y Navarra, dos de cuyos dirigentes, J. Landáburu y M. Ibarrondo advertían a Aguirre, a principios de agosto del 36, que los jefes rebeldes estaban «seriamente preocupados por la suerte de Vizcaya y Guipúzcoa, y se extrañan de que los nacionalistas de ahí estéis de la mano de los rojos, cuando tantas cosas sagradas y fundamentales nos separan de ellos. Van a tener precisión, en el momento que consideren oportuno, de tomar esa tierra por las armas, y se lamentan de que tengan por enemigos a los nacionalistas vascos. Por eso, para evitar que vaya derramándose tanta sangre en nuestro País, nos han dicho que si los nacionalis-

---

* De los 75 batallones que llegaron a movilizarse, 40 pertenecían a las izquierdas y 35 a los nacionalistas, dirigidos por la «Euzko Gudarostea», llamada despectivamente por los revolucionarios, «la Gudarostia».

tas de ahí os limitáis, mientras ahí manden los rojos, a ser guardadores de edificios y personas, si no tomáis las armas contra el Ejército, seréis respetados cuando el Ejército se apodere de esa zona». Y le exhortaban a impedir «que en nuestra tierra vuelva a abrirse el surco de la guerra civil». Los mismos presionaban a Telesforo Monzón, otro líder peneuvista, con iguales argumentos: «Si no hacéis armas contra el Ejército (...) seréis respetados. De lo contrario, con harto sentimiento de esos mismos señores, las represalias tendrán que ser terribles». «Debes contribuir a evitar esta lucha fratricida, y a frenar a aquellos elementos afines que se hayan lanzado suicidamente a la lucha» [4].

Pero Aguirre, Monzón y otros muchos pensaban de distinta forma. En primer lugar creían poder vender a alto precio su colaboración con el Frente Popular, obteniendo una autonomía que se proponían empujar todo lo posible hacia la separación de España. El paso decisivo era, y a ello se aplicaron los nacionalistas rápidamente, la puesta en pie de un ejército propio –por supuesto no contemplado en el estatuto– apenas o nada obediente al gobierno. Prieto, indignado por los actos de Aguirre y la forma como éste los encubría, le recriminaba: «No llame usted con eufemismo abogadesco superación constitucional a lo que son vulneraciones constitucionales»; y criticaba sus pujos de política internacional independiente [5].

Con todo, el PNV ofrecía a sus aliados una compensación valiosa: su influencia en el Vaticano y en el mundo católico, empleada para obstruir el reconocimiento y las simpatías hacia el bando franquista, y para ocultar en lo posible la persecución religiosa. A ese fin, el PNV fue muy activo. El líder nacionalista Irujo, muy favorable al Frente Popular y ministro de Justicia con Negrín, propuso, por ejemplo, un decreto, con vistas a la imagen exterior, que afirmaba: «una parte de la Iglesia católica, concretamente la de Euzkadi, ha sabido en todo momento cumplir su misión religiosa con el máximo respeto al Poder civil (...). Por eso no ha sufrido el más leve roce con sus intereses». El resto de la Iglesia, implicaba, se había hecho acreedora a la persecución, pues «la pasión popular, confundiendo la significación de la Iglesia con la conducta de muchos de sus prosélitos, [hizo] imposible en estos últimos tiempos el ejercicio normal del derecho de libertad de conciencia y práctica de culto». El problema, así presentado, se reducía a la práctica del culto, quedando oscurecida la matanza de religiosos. Los mismos 55 sacerdotes asesinados en *Euzkadi* por las izquierdas no suponían «el más leve roce» para la circunspecta Iglesia nacionalista. El escrito empezaba: «La República española, respetuosa con las diversas creencias...», y proponía reabrir los templos. Ni aun así pudo aplicarse el proyecto de decreto, si bien fue abierta al culto alguna que otra iglesia, de lo que Irujo se felicitaba efusivamente [6].

El PNV luchó por facilitar al Frente Popular una buena imagen religiosa en el extranjero, favor no baladí, habida cuenta del efecto demoledor de la persecución para las pretensiones democráticas de dicho régimen. Por eso replicaba Aguirre a sus aliados, molestos por las «superaciones constitucionales»: «Euzkadi, sirvió con su ejemplo de único argumento en el exterior, invocado tantas veces en la Sociedad de Naciones y por numerosos políticos (incluso comunistas, v. gr. la señora Ibárruri) en sus mítines de propaganda exterior» [7]. Lo cual era cierto, pero los izquierdistas, no sin algo de razón, creían abusivo el pago que se tomaba Aguirre por ese servicio.

En la actitud de Aguirre y los suyos había, además, un segundo motivo, obvio, si bien rara vez señalado: creían en la victoria del Frente Popular, dada la correlación de fuerzas por entonces. Sin esa expectativa, su elección carecía de sentido. Cuando la victoria llegase, «Euzkadi» sería un oasis católico en un desierto religioso –desierto creado con la colaboración solapada de los nacionalistas, aunque según el maestro del PNV, Sabino Arana, España nunca había sido un país católico–, dispondría de un ejército propio (previsoramente, el PNV había exigido a los revolucionarios que sus tropas no fueran llevadas a combatir fuera de las provincias vascas y Navarra) y buenas relaciones internacionales, para asegurarse la separación definitiva.

Sin embargo la campaña de Vizcaya les había ido convenciendo de que la victoria populista, y con ella la separación de «Euzkadi», tornábase muy incierta. Por tanto, mientras mantenían la lucha, negociaban con el enemigo una posible rendición por separado, catastrófica para las izquierdas. Pocos días antes del bombardeo de Guernica parecían llevar buen camino los tratos, a espaldas de sus aliados, aunque vivamente sospechados por ellos (Largo había enviado como agente a Galo Plaza, dirigente de la CNT, para averiguar cuanto pudiese); pero la acción de Richthofen los arruinó*. No obstante, en mayo continuaron. De puente en las negociaciones servían el Vaticano y el gobierno italiano, desempeñando el papel de intermediarios los padres Onaindía y Pereda, nacionalistas. A principios de mayo, Franco llegó a ofrecer excelentes condiciones: no sólo facilidades para la salida de los dirigentes, libertad para los soldados y milicianos que se entregasen, y respeto a vidas y haciendas, sino incluso una descentralización administrativa como las de Álava y Navarra. Según Onaindía, la alternativa sería el arrasamiento de Bilbao al estilo de Guernica, cosa no muy probable, pues, como ya hemos visto Franco reafirmó por entonces la orden de no bombardear centros de población[8]. Pero las dilaciones nacionalistas impacientaban al Caudillo, cuyas concesiones se fueron haciendo cada vez menos amplias.

---

* El escollo principal era la exigencia nacionalista de que una potencia extranjera (Inglaterra o Italia) supervisase y garantizase los acuerdos. Franco no parecía dispuesto a ello.

Al caer Bilbao, el PNV se erigió en «guardador de edificios y personas», como les habían exigido los franquistas, entregando a éstos, intacto, un colosal botín en fábricas y altos hornos, magníficos para el esfuerzo bélico*. Tal entrega por parte del PNV llegaba tarde, a los ojos de Franco, pero éste aceptó aún nuevos intentos de pacto. Los tratos se anudaron principal, aunque no exclusivamente, a través de los fascistas italianos, en parte porque el PNV se hacía la ilusión de que éstos actuaban con independencia del mando franquista. Mussolini en persona tomó interés en el asunto. A un largo telegrama suyo del 6 de julio, respondió Franco que «la entrega de los vascos, si se lleva a cabo, facilitaría la guerra grandemente», aunque manifestaba escepticismo sobre el desenlace [9]. Los italianos parecían haber llegado a un acuerdo definitivo con el PNV para resolver la situación entre el 14 y el 15, pero Aguirre siguió dando largas, quizá porque estaba en marcha la ofensiva de Brunete, cerca de Madrid, en la que el Frente Popular depositaba vastas esperanzas. Desencadenada el mismo día del telegrama de Mussolini, iba a durar tres semanas, paralizar las operaciones en el norte, y ocasionar casi tantas bajas como los tres meses de lucha en Vizcaya.

Y el día 19, Aguirre visitaba en Valencia a Azaña, ante quien admitió: «Mucha gente se ha pasado [a los franquistas]», pero negó que lo hubieran hecho «unidades en masa».

Según la explicación del jefe del PNV, los nacionalistas «no tienen más que una palabra», y si habían impedido la destruc-

* También recibía Franco una sustanciosa ventaja internacional: el interés británico por el hierro vizcaíno, y por evitar que lo monopolizaran los alemanes. El gobierno de Londres había simpatizado mucho con el PNV, pero, al ver que éste llevaba las de perder, pasó a entenderse con Franco, a quien envió un agente diplomático, Hodgson. El Caudillo, muy satisfecho de la ocasión de debilitar la influencia germana, recibió al inglés antes, sintomáticamente, que al nuevo embajador alemán, Stohrer, sustituto de Faupel.

ción de la industria era «porque pensamos volver a nuestro país», y estaban decididos a «defender el País [Vasco] fuera de él» [10].

En realidad sus intenciones eran exactamente las contrarias. La conversación, relatada por Azaña, es digna de recuerdo. «Me pregunta qué tal estaría traer unas divisiones vascas a Huesca, para emplearlas en esa zona. Sin pararme a examinar los motivos de la propuesta, –si es que tales divisiones no hacen falta donde están, cosa poco creíble– le opongo la imposibilidad de realizarla: «¿Por dónde iban a venir? Por mar, es imposible, y por Francia no lo consentirían.» «¡Qué sé yo...! Como heridos...» «¿Heridos? También son combatientes, si no quedan inútiles. Y a nadie le haría usted creer que íbamos a transportar quince o veinte mil heridos de una región a otra.» «Pues es lástima. El cuerpo de ejército vasco, ya reorganizado, rehecha su moral, se batiría muy bien poniéndolo sobre Huesca. Se enardecería en cuanto le dijésemos que íbamos a conquistar Navarra.» «¿Navarra?», pregunta incrédulo el alcalaíno, que añade: «No dije nada. Recordé las frívolas expansiones de Irujo, este invierno, cuando para después de tomar Vitoria y Miranda, me prometía la conquista de Navarra (...). Y ahora este Gobiernito vasco, derrotado, expulsado de su territorio, sin súbditos, apenas con tropas, y desmoralizadas, se encandila y cree que encandilaría a sus gentes (...) pensando en la "conquista" de la provincia limítrofe y rival». Las propuestas de Aguirre generaban una desconfianza bastante lógica: las tropas del PNV estaban al lado mismo de Vizcaya, encuadradas en un ejército del norte todavía poderoso, y lo lógico sería que aspiraran a reconquistar desde allí lo perdido, en lugar de marchar a otra región abandonando y debilitando a asturianos y santanderinos, que se habían batido codo a codo con ellas en defensa de «Euzkadi». Según Aguirre, Azaña le dijo: «Para comprenderle a usted no hace falta más que saber geografía». Era una ironía clarísima, pero Aguirre la tomó al pie de la letra y la cita con orgullo en sus memorias [11].

El día 22, consigna Azaña: «Ayer por la tarde vino Aguirre, a despedirse. Ha estado en Madrid (...). Naturalmente, las obras de fortificación que ha visto son muy inferiores a las que habían hecho ellos en Vizcaya (...). Asegura que Prieto ha encontrado bueno el proyecto de traer al frente de Aragón unas divisiones vascas, y que le ha autorizado para que busque los medios de realizarlo (...). Aguirre cree que los rebeldes han fusilado a poca gente en Bilbao (...). Se ha mantenido en el terreno de las generalidades vagas, superficiales (...). No me ha dicho más que una mínima parte de lo que sabe, y nada de lo que verdaderamente piensa». La sospecha de Azaña estaba mucho más fundada de lo que él pudiera creer. Pese a sus enfáticas protestas de lealtad y cumplimiento de palabra, el PNV había resuelto evacuar sus fuerzas de cualquier modo, y no precisamente para llevarlas a combatir a ningún otro sitio.

Entre tanto, el respiro otorgado por la batalla de Brunete había permitido al ejército del norte, a cargo de Gámir Ulíbarri, reorganizar sus fuerzas, todavía muy nutridas y bastante bien armadas: 100.000 hombres, 30.000 de ellos nacionalistas e izquierdistas vascos, con una respetable masa artillera y carros, aunque siempre inferiores en el aire. No podían contar con vencer, pero sí con resistir unos meses hasta que el mal tiempo y las nieves de otoño frenasen las operaciones. Ello exigía la máxima lealtad de los grupos políticos, pero el PNV iba a mostrarse muy poco fiable. En un momento de euforia, Ulíbarri se sintió capaz de lanzar dos contraofensivas, una para conquistar por fin Oviedo, y otra hacia Vizcaya, a cargo sobre todo de los nacionalistas. El 26 comenzaba la segunda, por el macizo de la Nevera y la Ermita. El PNV la saboteó, como consta en informes de los comisarios nacionalistas Víctor Lejarcegui e Ignacio Ugarte: «La operación se inició pero, preparados oportunamente nuestros batallones de hacer que hacían y no hacer nada, fracasó (...). Al día siguiente se pretendió seguir la operación, pero nosotros nos opusimos a ello decididamente, y pasara lo que pasara dimos orden a nuestros batallones para que no actuasen, cumpliéndose la misma y haciendo fracasar totalmente los intentos de lucha» [12].

El informe parece chocar con otros, como el del líder peneuvista Leizaola al gobierno de Valencia: «Una vez más sólo fuerza Infantería vasca ha sabido responder abandonada totalmente por la Aviación (...) dándose triste caso de que vierta sangre en la mayor esterilidad y desamparo». *Sancho de Beurko,* escribe: «Todas las proximidades de la Ermita son como una pared y hay que maniobrar al descubierto (...). Durante toda la noche continúa el combate y el enemigo, entre tanto, recibe refuerzos. Al amanecer había gran cantidad de gudaris muertos en las alambradas». Y el parte franquista del 29 señalaba: «El enemigo ha efectuado un ataque con grandes masas (...) siendo rechazado en los seis intentos (...) haciéndoseles una verdadera carnicería y abandonando más de 1500 muertos en las laderas y llevándose recogidos 504 cadáveres en las propias alambradas. Los prisioneros cogidos aseguran que los lanzan al ataque amenazándoles con ametralladoras» [13].

Las dos cosas parecen ciertas: los batallones nacionalistas sabotearon las órdenes, pero algún día debieron de haber sido obligados a avanzar, en un ataque casi suicida, instalando ametralladoras detrás de ellos. Y la ofensiva llegaba tarde: cuando, terminada la batalla de Brunete los nacionales devolvían al norte las tropas de allí distraídas.

Para entonces, los nacionalistas habían acordado ya entregarse a los italianos el 31 de julio, indicándoles por dónde debían ser atacados sus aliados: «El ejército de Franco y las tropas legionarias para tomar Santander no atacarán por el frente de Euzkadi (...). Su ofensiva [irá] por Reinosa y el Escudo para ocupar Torrelavega y Solares, los dos puntos estratégicos de las comunicaciones con Santander y Asturias, y de esta manera copar al ejército de Euzkadi en su demarcación territorial». Aguirre había señalado a Azaña: «Si los rebeldes consiguen dar un corte, por ejemplo hacia Reinosa, se producirá un desastre incalculable». ¿Había hablado inocentemente? Es difícil creerlo [14] [véase mapa 5].

Pues, en efecto, los batallones nacionalistas habían pedido ocupar, y ocupaban, el frente oriental desde la costa al interior, mirando a Vizcaya. Así podían abrir una enorme brecha en la defensa de sus aliados, y disimular su responsabilidad si un ataque franquista desde el sur y el oeste, a sus espaldas les dejaba «copados», según ellos mismos habían indicado, obligándoles a una rendición en apariencia inevitable. Sus aliados, entonces, no podrían estar seguros de haber sido traicionados, e incluso podían ser culpados por el PNV de la derrota, por no haber impedido el envolvimiento. Naturalmente, los revolucionarios percibían en los nacionalistas muchos actos sospechosos, pero ignoraban el alcance de sus acuerdos con el enemigo.

Como siguiendo aquellas sugerencias, la ofensiva franquista, iniciada el 12 de agosto, avanzó hacia Santander desde el sur, por Reinosa y el puerto del Escudo, derrotando a los revolucionarios y copando a los nacionalistas, cuyo frente permanecía pasivo. El 14 los italianos avanzaban en el frente oriental, sin resistencia pero sin rendición de su amable enemigo peneuvista, que no acababa de cumplir su palabra.

Y el 18, conforme iban siendo efectivamente «copados», los nacionalistas recibieron de los italianos la promesa de vía libre marítima entre los días 21 y 24. Pero, por ineficacia de las gestiones emprendidas desde Francia por el PNV, los barcos no llegaban. Entonces, el 23, varios batallones nacionalistas (también izquierdistas, ajenos a los tratos con los italianos), replegados en Santoña, Laredo y otras pequeñas localidades, se sublevaron y declararon allí la «República de Euzkadi». La misma jornada huían Aguirre, Telesforo Monzón y otros, quedando Ajuriaguerra para firmar la rendición a los italianos. Las explicaciones dadas por los sublevados peneuvistas son realmente típicas. Afirmaron haberse rebelado «1) Porque entienden que meterlas en Santander sin salida hacia Asturias es un caso de traición combinado con el enemigo. 2) Que eso parece dirigido contra los vascos, que son los destinados a sufrir las consecuencias de la confusión (...). Que confían, en vista de que todo está perdido, en que se envíen barcos que les recojan para llevarles a Francia. De lo contrario se impone la capitulación». Así, quienes realmente estaban en connivencia con el enemigo, y resueltos a no replegarse hacia Asturias, y a promover la confusión, acusaban de todo ello a sus aliados izquierdistas* [15].

No menos típica es la falsa información de Aguirre, una vez llegado a Francia, a su correligionario Irujo, ministro de Justicia en Valencia: «No hubo sublevación, sino resistencia a evacuar a Asturias porque no se podía llegar a tiempo como la realidad ha demostrado y varios jefes militares afirmaban lo mismo [en realidad la salida a Asturias no se había cortado hasta el día 24]. Envíame copia de cuantos informes lleguen porque no estoy dispuesto a tolerar que los insignes fracasados intenten manchar nuestro nombre, respetado por todos» [16]. Aguirre, sabiendo que las izquierdas, aunque barruntaran algo, ignoraban sus negocios con los fascistas y los nacionales, intentaba hacer pasar al PNV por víctima ofendida de los manejos y la inepcia de sus traicionados aliados. ¿Por qué obraba así, en lugar de romper definitivamente un pacto tan extraño? Sólo puede entenderse recordando que, en fin,

---

* Lejarcegui y Ugarte recibieron las siguientes instrucciones de *Euzko Gudarostea:* «Aparentar cumplir un deber, oponer la mínima resistencia y aprovechar el momento oportuno para replegarse hacia Euzkadi, [es decir, entregarse] evitando a todo trance derivar ninguna fuerza hacia Asturias» [17].

habían elegido al Frente Popular, y su suerte dependía del triunfo izquierdista. Creían en él cada vez menos, pero no perdían nada manteniendo una alianza aparente que les permitiera beneficiarse de la victoria, si llegaba, dejando a los revolucionarios el peso de la lucha. A su vez, la permanencia del PNV en el gobierno convenía a las izquierdas por razones de imagen ante el exterior. Irujo, por supuesto, continuó en su ministerio en Valencia. Y ya en el exilio, el PNV aprovechará los lazos con los compañeros de lucha «republicanos» para espiarlos por cuenta de la CIA, como revela el caso Galíndez.

Al no llegar los barcos, se acordó la rendición el día 25 al amanecer. Pero, una vez más, la entrega de las tropas no se efectuó, pues los nacionalistas esperaban todavía poder escapar por mar, y se apoderaron de todos los pesqueros y otras embarcaciones surtas en el puerto. Franco, harto de dilaciones, y a la vista de que los tratos no le habían ahorrado la ofensiva, ordenó cesar los contactos. No obstante los italianos, que entraron ese día en Laredo, siguieron negociando. A medianoche se entrevistaron Ajuriaguerra y Roatta, jefe militar fascista. El segundo recordó el incumplimiento de lo pactado, y Ajuriaguerra alegó la «nobleza» con que habían actuado sus batallones – se habían rendido ya diez de ellos–, y pidió una prórroga. El 26 los italianos ocuparon Santoña, y obtuvieron la rendición de los batallones peneuvistas e izquierdistas, prometiendo garantías de que no habría represalias, que serían presos exclusivamente de los italianos, y que se permitiría embarcar a muchos de ellos, en los pesqueros y en dos barcos ingleses llegados por fin. El 27 comenzó el embarque, supervisado por los fascistas, mientras los pesqueros se colmaban de prófugos. Pero enterado Franco de esa desobediencia, ordenó el desembarque de las tropas enemigas, como efectivamente se hizo. Al parecer, el teniente coronel italiano Farina, muy implicado en los tratos, estaba indignado: «Es lamentable contemplar cómo un general italiano no puede mantener una promesa que ha hecho. No había ocurrido otro tanto a lo largo de toda la Historia». Y así concluyó el que ha pasado a los libros como «Pacto de Santoña».

Significativamente, la literatura del PNV ha querido crear el mito de la traición de los italianos, centrando la atención en si los mussolinianos cumplieron su palabra o no, al permitir que los de Franco desembarcasen a los nacionalistas y luego se hicieran cargo de los prisioneros. El padre Onaindía opina que no hubo traición: «A petición nuestra, los italianos lograron que del día 21 al 24 de agosto el mar se encontrase libre (...). El problema se planteó al no llegar los barcos, sin que jamás se haya podido saber el por qué (...). Los italianos (...) no fueron traidores. Fueron las circunstancias que se les echaron encima a ellos y a nosotros». Pero *Beurko* y la mayoría afirman que sí hubo traición italiana, profusamente lamentada a lo largo de muchos años. En realidad los nacionalistas llevaban meses dando largas e incumpliendo los plazos, por una razón o por otra, y los italianos habían prolongado las conversaciones contra la orden de Franco, por lo que es difícil imaginar qué otra cosa podía haber pasado.

Pero la cuestión de fondo, claro está, nada tiene que ver con la conducta de los italianos hacia el PNV, sino con la de éste hacia sus aliados del Frente Popular, que le habían concedido la autonomía, tolerado sus vulneraciones de ésta, y defendido Vizcaya a un alto coste, incluida la sangre de muchos izquierdistas vascos, asturianos y santanderinos. Todo, para ser finalmente víctimas de unas maniobras políticamente muy hábiles, pero no tanto desde el punto de vista ético.

La represión franquista sobre el PNV, aunque dura, fue mucho menor que sobre, por ejemplo, los izquierdistas asturianos, a pesar de que el terror contra la derecha en Vizcaya –bajo autoridad de los nacionalistas, aunque sin mucha participación directa de ellos– había sido más mortífero que en Asturias. Pero, después de todo, Franco no dejaba de tener motivos de agradecimiento hacia los nacionalistas vascos.

Capítulo 26

EL ENIGMA NEGRÍN

Las maniobras peneuvistas de Santoña, combinadas con el escaso ardor revolucionario de los santanderinos, permitieron, por primera vez en la contienda, el copo y captura de un ejército casi entero. Los franquistas desarticularon tres de los cuatro cuerpos de ejército del Norte, se apoderaron de 55.000 prisioneros y de una masa de armamento, habiendo destruido medio centenar de aviones enemigos.

Entre tanto, Negrín no desaprovechaba el tiempo, y concentraba en torno a Zaragoza diez divisiones, entre ellas las más prestigiosas del Ejército del Centro, incluidas dos internacionales. El objetivo estaba bien elegido, pues el frente nacional en Aragón, estimaban los informes, estaba guarnecido por «escasas fuerzas de no muy buena calidad», o «mal instruidas» [1]. El terreno era casi llano, de mala defensa, en particular contra los aviones, de los que el Frente Popular acumuló unos 200, con superioridad total. Zaragoza, una de las mayores ciudades del país, debía caer sin dificultad, abriendo un extenso boquete en las líneas enemigas, por el que debía proseguir un avance ulterior hacia Navarra. De paso, el ataque tendría que descongestionar el frente de Santander, obligando a Franco a volcarse en Aragón.

El 24 de agosto, casi en simultaneidad con el fracaso del pacto de Santoña, comenzaba la ofensiva... para estancarse, otra vez, ante una defensa enconada. El mando izquierdista estaba resuelto a no repetir el error de Brunete, donde focos secundarios de resistencia habían absorbido la energía del ataque, y avanzar resueltamente sobre el objetivo principal, pero las resistencias parecían fascinar a los atacantes. Los avances fueron escasos, y a los seis días el ambicioso objetivo original cambiaba al mucho más modesto de conquistar Belchite, pequeña población de 2.000 habitantes donde quedaron cercados otros dos mil soldados nacionales, acometidos por dos divisiones. Bajo un calor tórrido, muy escasos de agua y entre el hedor de los cadáveres, la tropa y la población de Belchite, conscientes de estar salvando Zaragoza, pelearon casa por casa y barricada por barricada, haciendo pagar un alto tributo de sangre a sus enemigos. Todavía el 4 de septiembre la radio de los defensores comunicaba: «Aunque el agotamiento físico es extremado, la moral es elevada y estamos decididos a morir por nuestra patria». El pueblo quedó totalmente devastado por los bombardeos, incendios y voladuras*. En la noche del 5 al 6, perdidas ya todas las posiciones, los últimos defensores ilesos, unos 200, lograron romper el cerco y abrirse paso hasta los suyos.

En aquella ofensiva tuvieron parte importante, si bien no muy lucida, las Brigadas Internacionales y los asesores soviéticos, generales Shtern, jefe de los consejeros, *Kléber*, *Walter* y *Montenegro*. La dirección superior quedó encomendada a Pozas, comunista de conveniencia, y destacaron los también comunistas Modesto y Líster. Buena parte de sus adversarios, al mando del general Ponte, eran requetés y falangistas, muy motivados. En esta ocasión, al revés que en Brunete, Franco no desvió su atención del norte, limitándose a enviar a Zaragoza dos brigadas hispanoitalianas y un buen número de aviones. Los populistas sólo conquistaron

* Y así conservada luego, como recuerdo.

algunos pueblos menores, para volver a perderlos en una contraofensiva algo posterior.

En cuanto al frente norte, pese a las tremendas desgracias sufridas en Santander, los izquierdistas asturianos decidían continuar la lucha, con auxilio de algunas unidades santanderinas y vascas que no se habían rendido. El Consejo de Asturias y León se declaró soberano. Con nueve divisiones (de 16 anteriores), en torno a medio centenar de aviones, y apoyándose en el terreno sumamente abrupto, combatieron tenazmente. Pero, en completa inferioridad de medios, su resistencia cesó el 21 de octubre, en el puerto de Gijón, entre escenas dantescas en la pugna por ocupar los pocos barcos disponibles para huir.

La campaña del norte decidió, en principio, la guerra: a lo largo de ocho meses, el Frente Popular había perdido sus mejores fábricas de armas, su industria pesada, minas fundamentales, el esfuerzo bélico y unos 200.000 soldados, la mitad de los cuales pasó a engrosar al ejército vencedor, más 200 aviones, dos destructores, cuatro submarinos y dos torpederos, medio centenar de tanques, medio millar de cañones, un cuarto de millón de fusiles, varios millares de armas automáticas y cien millones de cartuchos [2].

En conjunto, las izquierdas habían perdido un cuarto de su potencial bélico, y los nacionales adquirieron por primera vez una clara, si bien no muy acentuada, superioridad material [véanse mapas 6 y 7]. El gobierno de Negrín había llegado para proseguir la «lucha hasta la victoria, sin componendas ni amaños. ¡Nunca capitulación!» [3], pero después de aquel desastre su problema había cambiado: ya no se trataba de organizar y disciplinar unas fuerzas superiores para asegurar la victoria, sino de elegir entre la rendición, para ahorrar a la población sufrimientos inútiles, o la lucha a toda costa. El desánimo en su bando, y en el mismo gobierno, era profundo, pero Negrín eligió sostener la guerra, con el apoyo, sobre todo, de los comunistas. Ello beneficiaba a Moscú, al mantener abierta la llaga en el occidente europeo. Largo Caballero –y más tarde Prieto– terminó rebelándose contra la tutela de Stalin, pero Negrín iba a identificarse con los comunistas en cuerpo y alma, hasta el final.

Se mostró entonces el carácter enérgico del jefe populista, que impulsó un inmenso esfuerzo de reorganización, y, a pesar de sucesivos desastres, alimentó la hoguera bélica todavía un año y medio más. Negrín ha sido el personaje más polémico del Frente Popular, denostado con furia por numerosos socialistas, anarquistas y republicanos, empezando por Azaña, aunque éste lo recibiera al principio casi con alborozo; y defendido cerradamente por los comunistas y algunos intelectuales como Juan Marichal. En el posfranquismo, las izquierdas han preferido olvidarlo, hasta el punto de que S. Carrillo podía escribir, con razón, hace pocos años: «Don Juan Negrín es el gran silenciado de la reciente historia política de España. Pocas personas saben que existió un jefe del gobierno republicano durante la guerra que se llamó así (...). ¿Quién osa reivindicarle hoy?» [4]. Como haciendo caso a su denuncia, ha brotado últimamente una corriente de reivindicación del personaje, a cargo de grupos nacionalistas canarios y medios académicos. Su nombre se ha puesto a hospitales y cátedras de medicina, y con cierta asiduidad aparecen escritos y artículos elogiando su postura durante la guerra.

Negrín pudo prolongar la contienda gracias al firme respaldo de los comunistas y al más renuente de otros grupos y personajes, temerosos de la venganza franquista. En apariencia, la decisión de resistir era absurda, pero, aparte de que el Frente Popular disponía aún de cuantiosos medios y del apoyo soviético, respondía a una clara lógica en la situación internacional, pues, como explicaría Negrín: «Nadie podía prever cuándo la tormenta europea se desencadenaría, pero había de ser obtuso quien no la viera aproximarse» [5]. Si se conseguía mantener la lucha hasta ese momento, la guerra española enlazaría con la mundial, y entonces cabía esperar una intervención de Francia y Gran Bretaña a favor del Frente Popular, que volcase la balanza a su favor. La contienda resultaría mucho más larga y destructiva, pero entonces la victoria de las izquierdas quedaría asegurada: «Resistir es vencer».

A ese fin, caído el norte, fueron movilizados tres nuevos reemplazos para compensar los cuerpos de ejército perdidos, acercándose el total de los movilizados al millón de hombres. También el bando contrario reestructuró su ejército. Las unidades de voluntarios y tropas mal instruidas, no muy apreciadas antes, pero curtidas en los escenarios del norte, pasaron a constituir grandes unidades de calidad no inferior a las del ejército de África. Se constituyeron seis cuerpos de ejército de maniobra, los de Navarra, Galicia, Castilla, Aragón, el de Marruecos y el CTV. Los tres primeros, en especial, darían el tono de la guerra en los meses siguientes.

Tras una pausa impuesta por las necesidades de reorganización, el ejército de Negrín tomó la iniciativa en diciembre mediante un gran ataque contra Teruel, ciudad de 15.000 habitantes defendida por escasas fuerzas. Cercada fácilmente, los defensores, en condiciones durísimas por el frío excepcional de aquel invierno, y faltos de municiones, víveres y medicinas, terminaron por rendirse tras una empeñada resistencia. Por primera vez el ejército revolucionario conquistaba una capital de provincia, victoria aireada extraordinariamente en la propaganda interior e internacional, como augurio de un cambio profundo en el curso de la lucha. Italianos y alemanes, desagradablemente sorprendidos, criticaron a Franco, aunque éste no pareció preocupado. Rojo, principal planificador estratégico de las izquierdas, pensaba completar el golpe con uno más decisivo, retomando el plan de Largo Caballero de atacar por Extremadura para cortar en dos la zona nacional. Pero Franco se le adelantó con una gran contraofensiva sobre Teruel, que recobró en febrero del 38. Y a partir del 9 de marzo, hundió el frente enemigo en una amplia maniobra que le llevaría hasta el Mediterráneo, siendo la zona populista la que quedara cortada en dos [véase mapa 8].

Al hundirse el frente, cundió el derrotismo en las izquierdas no comunistas, todavía más que tras la pérdida del norte. Sin embargo no faltaban razones para la esperanza, al oscurecerse el panorama europeo por la anexión de Austria al III Reich, el 12 de marzo. Por unos días la guerra europea pareció a punto de estallar. En Francia, Leon Blum, vuelto al poder tras la dimisión del gabinete Chautemps, planteó el día 13, en el Comité Permanente de Defensa Nacional, enviar a Franco un ultimátum concebido en términos que hiciesen imposible su cumplimiento, como pretexto para invadir Cataluña o bien ocupar las Baleares y las colonias españolas en África. Una intervención tal, capaz de frustrar sus victorias, era lo que Franco menos deseaba, y lo que más quería Negrín. El primero hizo saber a los franceses su intención de permanecer neutral en un conflicto europeo, deseando lo mismo de ellos en el conflicto español, si querían mantener una relación amistosa después de la guerra. Pero la amenaza se diluyó, porque los consejeros de Blum no creían a Francia preparada para una guerra general. Entre otras cosas, el país producía sólo 40 aviones al mes, frente a 250 Alemania.

Negrín, por su parte, viajó a París y obtuvo de los franceses el envío de 200 cañones pesados y todas las facilidades para importar material de otros países. Vencidas las dificultades de transporte y bloqueo «se anunciaba la llegada de una abundante remesa de material ruso» y de otros países, explica el político español. «Al regresar a Barcelona, las noticias del frente eran catastróficas. En realidad no había frente (...). Lo peor era que la retaguardia se desleía y descomponía, bajo la doble acción de una desaforada propaganda derrotista y una labor de intenso y profundo espionaje (...). Hice esfuerzos sobrehumanos para rehacer los ánimos decaídos.¡Inútil intento! (...) Sometí entonces al presidente de la República el decreto en virtud del cual me encargaba del Ministerio de Defensa. Fue ésta una de las decisiones más penosas que he tomado en mi vida» [6].

La decisión de asumir dicha cartera significaba la exclusión de Prieto, que, con todo su pesimismo, había demostrado notable capacidad en su desempeño. Sin embargo se había enfrentado a los comunistas, al intentar impedir su proselitismo y desplazarlos de los órganos de mando en el ejército. El 6 de abril salía la lista del nuevo gobierno, que incluía de nuevo a la CNT, con un ministro, en un esfuerzo por dividir a esta central y debilitar a los prietistas. El día 15 llegaban los nacionales al Mediterráneo.

Al mismo tiempo, Negrín elaboró un programa de «Trece puntos», aprobado el 1 de mayo, sobre la base de la «independencia de España», una «democracia y legislación social avanzada», liquidación de la «vieja aristocrática propiedad semifeudal», etc., pero con promesas democráticas para calmar las suspicacias inglesas.

Cuando los franquistas, llegados al Mediterráneo, giraron hacia el sur en dirección a Valencia, toparon con una resistencia inesperada, apoyada en los montes del Maestrazgo, que sólo les permitió avanzar muy lentamente. Entre tanto, el gobierno de Negrín levantaba a marchas forzadas el ejército del Ebro, quizás el más preparado y comunistizado de los puestos en pie hasta entonces. Y el 25 de julio, ese ejército cruzó el río Ebro, a espaldas de los franquistas desplegados hacia Valencia. No tropezó en esta ocasión con belchites ni brunetes, y el primer día avanzó notablemente, conquistando unos seiscientos kilómetros cuadrados. Pero fue enseguida frenado por una rápida afluencia de tropas contrarias, para dar lugar a la batalla más larga y cruenta de la guerra: casi cuatro meses, hasta el 16 de noviembre, con más de 100.000 bajas entre ambos bandos, y la pérdida de 150 aviones por los populistas. Muchos tuvieron la impresión, al principio, de que el

Frente Popular podía vencer todavía, o al menos hacer tablas, pero una vez más el intento concluyó en derrota. Fue el último gran esfuerzo del Frente Popular.

Durante la batalla, Negrín volvió a ver la esperanza en la escena internacional, cuando las exigencias alemanas sobre Checoslovaquia estuvieron a punto de provocar, por fin, la conflagración general. Para seguir la crisis de cerca, el gobernante español se trasladó a Ginebra, donde intentó un golpe de efecto: anunció, el 21 de septiembre, la retirada de las Brigadas Internacionales, que para entonces se habían convertido en un cuerpo profundamente desmoralizado y de muy pobre eficacia. Numerosos brigadistas serían evacuados en noviembre, en una operación muy aireada, pero sin inducir las esperadas presiones internacionales para el abandono de alemanes (aunque 10.000 italianos fueron devueltos a su país). Las democracias deseaban el final de la contienda cuanto antes y el vencedor sólo podía ser Franco.

La crisis europea culminó en el último tercio de septiembre, con la claudicación de Munich, donde Chamberlain y Daladier, jefes de los gobiernos británico y francés, aceptaron la anexión al III Reich de la región checa de los Sudetes, poblada por alemanes, y la consiguiente desmembración de Checoslovaquia. Las ilusiones de Negrín acabaron de desinflarse cuando Franco anunció la neutralidad de España en caso de conflicto europeo, debilitando así los temores o las tentaciones de intervención de Londres o París. El anuncio del Caudillo fue recibido con indignación en Italia y por diversos jerarcas alemanes, pero Hitler, muy contento con su botín de Munich, lo despachó con un comentario desdeñoso: «Es una cerdada, pero ¿qué otra cosa podían hacer los pobres diablos?». A fin de cuentas España era para él un teatro secundario.

Por todo ello, la épica ofensiva y tenaz resistencia populista en el Ebro resultaron el canto del cisne de la política comunista. Luego, los nacionales pudieron planear tranquilamente la ofensiva en Cataluña. Negrín había hecho *in extremis* un gigantesco pedido de armas a Stalin, de más de 400 aviones y 2.000 cañones, etc., y el soviético lo atendió, pese a estar supuestamente agotado el tesoro español. Pero la rapidez del avance franquista en Cataluña impidió utilizar la mayor parte de la enorme remesa. Las armas, enviadas desde la URSS a Burdeos, se acumularon en Francia, y parte de ellas volvieron a la URSS o fueron malvendidas por Negrín. Azaña, tras salir por los Pirineos, dimitió finalmente, después de haber amagado hacerlo muchas veces. También los consejeros soviéticos salieron discretamente del país, señal de que la URSS abandonaba la partida, mientras sus acuerdos con Hitler debían de ir concretándose.

La derrota en Cataluña revistió proporciones apocalípticas, por la caótica huida de 400.000 personas, mitad soldados y mitad civiles, hacia la raya de Francia, mientras otras tantas recibían entusiásticamente a las tropas de Franco en Barcelona. De los emigrados, más de dos tercios volverían a España en el curso de 1939, quedando en torno 140.000 exiliados (muchas historias hablan, incorrectamente, de medio millón, dando por permanentes los huidos del primer momento) [7].

Quedó entonces al Frente Popular una zona en el centro-sureste de la península, todavía extensa, con buenos puertos, una flota potente, a la que habían sacado poco rendimiento hasta entonces, y un ejército cifrado en 800.000 soldados. En apariencia, los comunistas estaban resueltos a continuar luchando. Negrín dirigió a la población y a los partidos un llamamiento amenazador: «Si no queréis sucumbir como un rebaño de corderos o perecer en la extenuación y la miseria habréis de prestar oídos a mis palabras y obediencia a los mandatos del Gobierno.(...). De lo contrario, vosotros pagaréis vuestras culpas (...). Confío en que mi llamamiento será atendido, mas si tal no sucediera, el interés de todos y razones supremas de salud pública forzarán al Gobierno a aplicar con todo rigor las más severas medidas, sin contemplaciones ni debilidades» [8].

Sin embargo los partidarios de capitular se rebelaron, bajo las órdenes del coronel Casado, republicano sin partido, y de personajes tan significados como el anarquista Cipriano Mera o Besteiro, uno de los pocos dirigentes moderados del PSOE desde los días decisivos de 1933-34, cuando se opuso en vano a la dictadura del proletariado y a la insurrección. La rebelión originó una guerra civil dentro de la guerra civil, la segunda después de las jornadas de mayo del 37. Los comunistas tenían el control de la gran mayoría de las unidades militares y por tanto pudieron aplastar sin mucha dificultad a los rebeldes, pero tanto ellos como Negrín mostraron una extraña falta de energía e iniciativa, y se dejaron vencer con facilidad. Franco dejó madurar la situación, exigió la rendición incondicional, y la obtuvo finalmente sin ningún coste militar. En Alicante, donde se amontonaban miles de izquierdistas con esperanza de escapar, se repitieron las escenas de Gijón un año y medio antes. El 1 de abril de 1939 terminaba oficialmente la guerra.

Tan sólo un mes y medio después se producía una significativa polémica epistolar entre Negrín y Prieto, ya en el exilio mejicano, en que ambos se acusaban mutuamente de la responsabilidad por la catástrofe. Prieto se asombra: «Después de haber presidido tan colosal desastre, después de haber originado, con el uso de un poder personal, ejercido en beneficio exclusivo de determinada agrupación [alude al Partido Comunista], disensiones hondísimas que condujeron a millares de hermanos de lucha a despedazarse entre sí y teniendo todavía ante los ojos el espectáculo de medio millón de españoles fuera de su Patria debatiéndose en la miseria y sometidos a las más viles humillaciones, de las que una elemental previsión reiteradamente aconsejada les hubiera librado, después de todo eso ¿se atreve usted a decir que yo incubaba la catástrofe? Jamás conocí sarcasmo tan terrible como el del contraste entre sus inmensas responsabilidades y su jactanciosa actitud que le permite condenar caprichosamente a los demás y encima exigir, a guisa de premio, el reconocimiento de su jefatura de Gobierno con carácter permanente por indefinido» [9].

Negrín, desde luego, veía las cosas de otro modo. Había sostenido una resistencia obligada «porque sabíamos cuál sería el final de la capitulación». «Sea usted franco y un poquitín generoso, no lo he hecho tan mal a pesar de la descomunal empresa, y si se toma en cuenta las condiciones en que los profesionales de la política me traspasaron el cometido, y la forma en que entorpecieron mi labor». Pues «si a la superioridad del enemigo y a otros factores materiales y políticos no se hubiera sumado la envidia, la traición y la cobardía de gentes de nuestras filas, no presenciaríamos hoy el desgarrador espectáculo». «A nuestra causa no la han vencido los facciosos. No. La han vencido las asechanzas de unos cuantos malandrines», de los cuales «durante casi dos años he tenido que sufrir sus tretas y sus inquinas. Hasta que, por fin, me derrotaron», señala en referencia a la sublevación de Casado. En una carta a Stalin, «insigne camarada y gran amigo», había indicado, en diciembre del 38: «Por influjos exteriores; por influjo de la propaganda enemiga; por celos de partidos que han perdido su vitalidad o no han encontrado arraigo en el pueblo, sigue manteniéndose una enconada y dura campaña contra los comunistas (...). Hoy no podemos responder aún de forma adecuada, porque implicaría crear un nuevo conflicto». Pero aquellos enemigos se habían adelantado a su respuesta. Ellos, los intrigantes y derrotistas, habían causado la catástrofe: «Si aún hoy estuviéramos en guerra (...) ¿qué duda cabe, al contemplar el panorama actual del mundo, que nuestra situación sería (...) más prometedora que nunca?». Pese a todo, él había logrado «retrasar un año la hecatombe», a lo que replica Prieto: «¡Triste, tristísima confesión! Sí, retrasó usted la hecatombe, agigantándola siniestramente» [10].

En rigor, la discusión tenía poco sentido, pues, bajo los equívocos, Negrín la planteaba desde la necesidad y posibilidad de ganar la guerra, y Prieto desde la inevitabilidad de su pérdida. El primero tenía razón, indudablemente, cuando aludía a las jugadas e intrigas que él y los comunistas debieron soportar. Así, por ejemplo, Azaña actuó a menudo a sus espaldas, como había hecho a espaldas de Largo Caballero, en pro de una paz de compromiso –que posiblemente hubiera consagrado la división del país– a través de París o de Londres, y hay fuertes indicios de que Prieto mismo quiso tentar a Londres con un protectorado sobre España, para sacudirse el protectorado soviético. Un informe, probablemente de A. Marty a la más alta dirección soviética daba cuenta del comentario «ampliamente divulgado» de Prieto a unos marinos británicos, hacia febrero o marzo de 1937, todavía bajo el gobierno de Largo Caballero: «Si vuestra visita no hubiera sido de protocolo, yo les habría ofrecido un trato: quédense con Cartagena, quédense con algo más, pero ayúdennos a echar a los fascistas, alemanes e italianos».

La idea debió de seguirle rondando, porque su ayudante, el capitán Bayo, y Vidarte, también prietista, informan de una propuesta hecha por aquél a unos enviados británicos, ya bajo Negrín: «Si Inglaterra nos da el triunfo, si su país inclina los platillos de la balanza en nuestro favor, que puede hacerlo en cuanto quiera y que debe hacerlo para que nada tengamos que deberle a Rusia (...). España, por mi mediación, entregará a Inglaterra las soberbias rías de Vigo, donde puede cobijarse la escuadra inglesa entera, con holgura, la base naval de Cartagena, inexpugnable, y la soberbia base de Mahón, única en el Mediterráneo. Con estos tres puntos, Inglaterra vería su poderío reforzado en el Mediterráneo y en el Atlántico, y España quedaría agradecida bajo la protección inglesa, sacudiéndonos para siempre toda posibilidad de influencia rusa». El testimonio de Bayo, publicado en 1944, no fue desmentido por Prieto. El concienzudo historiador norteamericano Bolloten, escribió a uno de los oficiales ingleses implicados para confirmar el dato, pero éste lo remitió al Foreign Office. De no haber existido oferta, habría bastado una simple negativa [11].

Los nacionalistas catalanes y vascos hicieron jugarretas similares. Negrín, receloso de ellos, dijo a Azaña: «Aguirre no puede resistir que se hable de España. En Barcelona afectan no pronunciar siquiera su nombre. Yo no he sido nunca lo que llaman españolista ni patriotero. Pero ante estas cosas, me indigno. Y si esas gentes van a descuartizar a España, prefiero a Franco. Con Franco ya nos las entenderíamos nosotros o nuestros hijos, o quien fuere. Pero esos hombres son inaguantables. Acabarían por dar la razón a Franco»* [12]. Negrín ignoraba, evidentemente, el alcance de la traición de Aguirre en Santoña, y el representante del PNV, Irujo, siguió tranquilamente como ministro de Justicia hasta diciembre del 37, cuando dimitió alegando falta de garantías judiciales en la represión, para volver como ministro sin cartera en abril de 1938.

En cuanto a los nacionalistas catalanes, tras invadir en los primeros tiempos todas las competencias del gobierno central e intentar crear un ejército independiente de hecho, habían retrocedido tras las sangrientas jornadas de mayo del 37 en Barcelona, y se resentían vivamente El 31 de octubre del 37, poco des-

* Un informador traslada a Voroshílof quejas expuestas por Negrín sobre la Esquerra: «Ha prohibido el español en las escuelas catalanas», «propaganda antiespañola en el campo», «el gobierno catalán no se ocupa de los hijos de los refugiados de otras regiones», «no quiero que el dinero que le paso al gobierno catalán sirva para la propaganda antiespañola de la burguesía catalana» [13].

pués de la caída del norte, el gobierno se había trasladado de Valencia a Barcelona, cosa que la Esquerra entendió como una especie de ocupación. Azaña refiere en sus diarios las amenazas de Companys de dar algún gran escándalo. Recoge de Prieto: «Companys está loco, pero loco de encerrar en un manicomio». En una comida con más de treinta personas se desató en imprecaciones y quejas contra el Gobierno, en lamentos sobre su situación personal, que estima desairada e insostenible. Apuntó el deseo de recobrar el Orden público». En otra parte señala: «El ánimo de Negrín respecto de los asuntos catalanes está justificado en general (...). La defección de Cataluña (porque no es menos) se ha hecho palpable. Los abusos, rapacerías, locuras y fracasos de la Generalidad y consortes, aunque no en todos sus detalles de insolencia, han pasado al dominio público.» En septiembre cita de Martínez Barrio: Companys decía soportar «un ejército de ocupación» y relacionaba la situación con la guerra en tiempos del Conde Duque de Olivares: «hubo alguien que no se conformó, Clarís, que se entendió con Richelieu para hacer la guerra a España». Y comenta Azaña: «Poco encubierta amenaza, y amenaza de traición. "¿Quién sería ahora Richelieu?", pregunta Martínez Barrio. "Acaso Mussolini", le respondo (...). Martínez Barrio cree, por sus informaciones personales, que en Cataluña dominaba la opinión favorable a concluir la guerra de cualquier modo, y gran resistencia a incorporarse a filas» [14].

La confianza mutua era, pues, endeble. Desde junio de 1938, los nacionalistas vascos y catalanes emprendieron gestiones en Londres, con ignorancia del gobierno al que teóricamente pertenecían. A finales de agosto, en plena batalla del Ebro retiraron a sus ministros en protesta por lo que consideraban ataques a la autonomía. Acaso trataban de forzar una crisis, de acuerdo con los republicanos, que permitiera a Azaña retirar su confianza a Negrín. Pero, reaccionando con rapidez, los comunistas llenaron Barcelona de tanques y su cielo de aviones, en clara advertencia contra tal maniobra. Azaña amagó dimitir, pero, como siempre, no pasó de ahí.

Corrían rumores de tratos entre los nacionalistas catalanes y París, con vistas a una paz separada. El 12 de octubre, todavía en plena batalla del Ebro, Aguirre como «presidente de Euzkadi» y Companys como «presidente de Cataluña», hacían llegar al gobierno británico sendos memorandos, en los cuales felicitaban a Chamberlain por su claudicación en Munich ante Hitler, al recoger el «derecho a la autodeterminación» de los Sudetes y salvaguardar así la paz europea; y expresaban el mismo deseo para sus respectivas regiones, que quedarían bajo protección de Gran Bretaña y de Francia respectivamente. Políticos de ambos nacionalismos ofrecían las mejores garantías para Francia y sus líneas de comunicación con África; incluso Luis Arana, hermano del fundador del PNV, habló de una federación catalanoaragonesa que garantizaría a Gran Bretaña un territorio adicto entre el golfo de Vizcaya y el Mediterráneo. Estos planes de desmembrar España no prosperaron. Al parecer, el realismo británico los consideró un enredo más dentro de los muchos que sufría la Europa de entonces [15].

Por tanto, Negrín tenía bastante razón para quejarse de los manejos de sus aliados. Pero también es verdad que éstos encontraban cada vez más insufrible la hegemonía comunista y la tutela soviética. El empleo del terror contra poumistas, anarquistas y socialistas recalcitrantes fue muy frecuente, según testimonian numerosos informes. El anarquista Abad de Santillán menciona jóvenes libertarios torturados y asesinados*, Peirats afirma que con

---

* O hechos tan siniestros como éste: diversos pelotones de «probados antifascistas» fueron enviados a Turón, pueblo de Granada, a «eliminar a fascistas, por el bien de la causa». Los ejecutores eran de diversos partidos, enviados por el mando comunista del XXIII Cuerpo de ejército. «Matan a

Negrín «las mazmorras de la GPU se multiplicaron como infiernos de Dante», y sus descripciones de aquellas cárceles secretas coinciden con las hechas por los franquistas después de su victoria. Otros señalaban cómo los oficiales opuestos a la labor proselitista del PCE eran a menudo asesinados por la espalda y luego acusados de intentar pasarse al enemigo, hasta el punto de que en algunas unidades los oficiales socialistas y anarquistas se negaban a ir al frente. Las quejas de todos los partidos por los métodos terroristas del PCE para imponerse en el ejército son constantes y bien conocidas. En cuanto a la facción de Largo Caballero, todavía influyente en la UGT, le fue cortada toda posibilidad de expresión y confiscados sus medios económicos y sedes, atropellos que, como lamenta Largo, nunca se habían atrevido a realizar los gobiernos burgueses.

Instrumento especial de la represión comunista llegó a ser el SIM (Servicio de Investigación Militar). Curiosamente, Prieto lo creó a instancias de Alexandr Orlof, jefe de la policía política stalinista (NKVD) en España y autor de la tortura y asesinato de Nin. El organismo fue creado el 9 de agosto de 1937, cuando aún Prieto y Negrín se llevaban bien, después de la maniobra para expulsar a Largo Caballero. Pero el SIM, a pesar de los esfuerzos de Prieto, cada vez más hostil a la hegemonía del PCE, cayó

---

80 personas, entre las cuales la mayoría no tenía por qué sufrir esa pena, pues no era desafecta (...) dándose el caso de que elementos de la CNT, del partido socialista y de otros sectores, mataron a compañeros de su propia organización, ignorando que eran tales y creyendo que obraban en justicia, como les habían indicado sus superiores. También hay casos de violación de la hijas [que se ofrecían] para evitar que sus padres fueran asesinados. Y lo más repugnante fue la forma de llevar a cabo dichos actos, en pleno día y ante todo el mundo, pasando una ola de terror trágico por toda aquella comarca», los cadáveres habían sido enterrados en la zanja de una carretera en construcción [16].»

rápidamente bajo control de los comunistas, y sus tentáculos se extendieron tanto a las unidades militares como al mundo civil, disponiendo de sus propias cárceles y de una autonomía extraordinaria. Sus métodos, reconocidamente brutales, no fueron sólo aplicados a la «quinta columna» derechista, sino también a los aliados de izquierda disconformes con el rumbo seguido por el Frente Popular.

La perspectiva cada vez más nítida de un régimen al estilo soviético, cuyas características se dibujaban claramente en España a pesar de todos los empeños por disimularlas, llevaba a la desesperación a los partidos no comunistas, que tampoco podían esperar de Franco un trato misericordioso. La alternativa la expresa muy bien una conversación de Azaña con Vidarte sobre la posibilidad de enlazar la guerra de España con la europea. «Si esa catástrofe es inevitable –dice Vidarte– ¿no sería lícito procurar que ella pudiera aprovechar a un país como el nuestro?» Pero Azaña lo dudaba: «Suponga usted que el final de la guerra fuera la implantación del comunismo en la Europa occidental como el final de la anterior fue su implantación en la Europa oriental. A la mayoría de los republicanos y supongo que también a los socialistas, les repugnaría esta solución». De hecho, Azaña manifiesta en sus diarios una progresiva aversión a la continuación de la guerra, y multiplica los dicterios contra Negrín y los suyos. En la evacuación de Cataluña, comenta: «El ministro era un loco, que no (...) preveía la gigantesca catástrofe que se nos echaba encima. Estaba muy optimista pensando en la inminente guerra general». De Álvarez del Vayo, ministro procomunista, cuenta que, estando ya en Francia, aseguró a unos funcionarios: «Nunca hemos estado más cerca que ahora de ganar la guerra». Por primera vez, un empleado tuvo el valor de protestar contra la insania». Y así otros comentarios [17].

La repugnancia y el miedo a la hegemonía comunista terminaron prevaleciendo sobre el temor a Franco. Los partidarios de Negrín y los comunistas han afeado a menudo a los socialistas, anarquistas y republicanos sublevados con Casado, el haberse entregado a un enemigo que no manifestaba disposición a la clemencia, pero el reproche es falso. Franco no los engañó al respecto, y sabían lo que hacían: simplemente, entre una resistencia que sólo podía multiplicar las penalidades y acrecentar el dominio comunista, y la persecución esperada de Franco, eligieron la última. Por lo demás, tanto los dirigentes casadistas como los negrinistas, con la excepción de Besteiro, supieron ponerse a salvo, dejando atrás, como en una ratonera y sin previsión alguna de evacuación u ocultamiento, a decenas de miles de correligionarios, muchos de ellos complicados en el terror contra la derecha, y sobre quienes iba a caer la justicia o la venganza de los vencedores. Prieto lo había pronosticado tras el asesinato de Calvo Sotelo: «Será una batalla a muerte, porque cada uno de los bandos sabe que el adversario, si triunfa no le dará cuartel».

Otro aspecto de la polémica es la jactancia de Negrín contra sus enemigos internos: «¿Por qué no se atrevieron a desplazarme? Por miedo. Yo estaba con el pueblo. Tenía confianza en nuestra gente y por creer en las masas les supe insuflar fe en el triunfo, necesario aunque costara cualquier sacrificio y les hice admitir con estoicismo que con pan o sin pan había que resistir» [18].

La realidad difiere algo de estas palabras. Ya en la batalla de Brunete, en junio de 1937, consigna Azaña, un número muy alto de las bajas habían sido «desertores más o menos disimulados». A lo largo de 1938 el entusiasmo de las masas izquierdistas, sometidas al hambre y las privaciones, se había debilitado aun más, como demostraba el torrente de deserciones y la escasa atención a las campañas que llamaban a incrementar la producción industrial, o la cosecha. En Cataluña, los desertores y prófugos llegaron a formar guerrillas en la retaguardia para afrontar las expediciones enviadas para capturarlos. A fin de paliar esa descomposición, Negrín y Prieto reforzaron la disciplina con medidas francamente terroristas, castigando la deserción en los familiares –hasta de tercer grado– del culpable, y dando las mayores facilidades a los mandos para ejecutar a los soldados considerados desafectos. En la batalla del Ebro, Líster profirió amenazas de fusilar sobre la marcha a quien retrocediese, y existen fotos de tiradores de ametralladora muertos al lado de su máquina, a la que estaban encadenados. El comisario socialista del Ejército del Centro, Piñuela, denunciaba: «La responsabilidad por las derrotas se exige cada día más estrechamente al soldado, sobre el que se hace caer duramente (...) el código de Justicia Militar, interpretado con excesiva rigidez por los Tribunales Permanentes. La responsabilidad, que debe ser mayor cuanto más alta es la jerarquía, va difuminándose hasta desaparecer conforme ascendemos en la escala jerárquica». Estas medidas se complementaron con una intensísima propaganda y adoctrinamiento de la tropa, y fue la combinación de ambos métodos la que aseguró la disciplina indispensable. Al rebelarse Casado, el ejército simplemente se desintegró. «El pueblo» no estaba con Negrín tanto como éste presume [19].

La auténtica cuestión subyacente a la polémica entre Negrín y Prieto, por ninguno de ellos tocada, era la de la tutela soviética, manifestada, entre otras cosas, en la prepotencia comunista. Principal artífice del envío del oro a Moscú, Negrín quedó indisolublemente comprometido con sus efectos, y no vaciló en seguir la política de Stalin y los comunistas, en quienes veía, o quería ver, la garantía para el triunfo de lo que él llamaba la «causa de la libertad y la democracia». El enigma creado en torno a su actuación es en buena medida artificioso, como otros relacionados con la guerra. Negrín, simplemente, era consecuente con la situación creada, y en diversas ocasiones expresó su fervor por Stalin y los comunistas: «Stalin, el gran amigo de España, guía de un magnífico pueblo hermano (...) paladín de una nueva civilización; Stalin, con quien, sean cuales sean las discrepancias ideológicas, todos los hombres liberales y demócratas compartirán el común anhelo de encontrar para la humanidad módulos nuevos de civilización y progreso». O bien: «De una manera desinteresada, sin reclamar, ni siquiera insinuar, compensaciones que comprometieran nuestra orientación nacional, y mucho menos pretender ingerirse en nuestros asuntos de orden interior, sin formalizar convenios o tratados políticos, procuró la URSS dar satisfacción a las demandas de suministro de material y recursos, de asesoramiento técnico y de apoyo diplomático». Etc. ¿Era sincero al hablar así? Cuesta mucho trabajo creerlo, pero en la práctica importa poco. Negrín, sincero o no, fue sin duda el hombre de Stalin en España [20].

En esa función procuró conscientemente llevar hasta el final su política sin el menor reparo en los sufrimientos de la población o en el empleo del terror contra sus aliados. Pero dentro de ello no es posible negarle la grandeza de la consecuencia y la firmeza frente a quienes, habiendo contribuido también a crear tal situación, se rebelaban patéticamente contra las consecuencias de sus actos, pretendiendo descargar en él unas responsabilidades compartidas.

Capítulo 27

EL SALVAMENTO DE LAS OBRAS DEL MUSEO DEL PRADO Y OTROS SALVAMENTOS

Al perder Teruel y ante el avance de los nacionales hacia el Mediterráneo, el gobierno del Frente Popular trasladó presurosamente a Cataluña un inmenso tesoro artístico guardado hasta entonces en Valencia, y ya anteriormente evacuado desde Madrid y otros lugares: obras de museos, de iglesias saqueadas, colecciones privadas, bienes y alhajas incautadas a particulares en las cajas de los bancos, etc. Entre abril y agosto de 1938, esos bienes fueron almacenados muy cerca de la frontera, en grandes depósitos en los castillos de Perelada y Figueras, y en las minas de talco de La Vajol. En el primero quedaron las principales obras del Museo del Prado, de la Academia de San Fernando, de El Escorial, Palacio de Liria, etc., así como libros raros, obras de orfebrería y tapices. Los otros dos recibieron también cargamentos de tapices, cuadros, documentos históricos, manuscritos, esculturas, alhajas, billetes de banco y valores diversos. Lo almacenado en La Vajol valía, informó Negrín a Azaña, 200 millones (más de 40.000 millones actuales) [1]. En varios depósitos menores había guardado la Generalidad obras de arte de Cataluña. El objetivo evidente de los políticos era llevar consigo fuera de España esas inmensas riquezas, en caso de derrota.

Y la derrota llegó, antes de lo previsto, tras el derrumbe de la ofensiva del Ebro y la victoria franquista en Cataluña. Son conocidos las lamentos de Azaña sobre los sucesos de principios de febrero del 39: «Los [cuadros] de Perelada estaban en grave peligro de bombardeo porque en los jardines del castillo ¡había un parque de material de guerra! (...) El 19 de julio del 39, en el Ayuntamiento de Barcelona, sostuve una conversación algo violenta por mi parte, con el ministro de Hacienda [Méndez Aspe] "¿Puede usted dormir teniendo esa responsabilidad?" le dije. Aseguró que no dormía. Como el sujeto es morfinómano debía de vivir generalmente en una euforia provocada (...) Repetidamente le llamé la atención a Negrín. "El Museo del Prado –le dije– es más importante para España que la República y la monarquía juntas" (...) De la verdadera situación de todo esto, no me enteré hasta que fui a residir a Perelada. Debajo de nuestro comedor estaban los Velázquez. En un edificio anejo, otro gran depósito. Cada vez que bombardeaban en las cercanías, me desesperaba (...). Tardíamente, cuando ni Álvarez del Vayo podía dudar de que los enemigos llegarían pronto a la frontera, dislocados todos los servicios, obstruidas las carreteras y bombardeadas, escasos los transportes, con el enemigo en los talones, se concertó el traslado arriesgadísimo de uno de los grandes tesoros del mundo (...). Algunas cajas de cuadros, no pudiendo utilizarse ya la carretera, pasaron de La Vajol a Francia, atravesando la montaña, llevados en hombros por los carabineros, que trabajaron con tanto tesón como si los cuadros hubieran sido suyos (...). Desde París les enviaron una recompensa en metálico, pero algún intermediario se guardó el dinero, y los pobres hombres, en recompensa por su servicio, han ido al infierno de un campo de concentración (...). El Cuartel General del Ejército del Este en retirada fue a parar precisamente a Perelada (...). Me comunicaron la decisión de instalarse allí. Hice notar que eso sería poner en peligro el edificio mismo y las valiosas colecciones de propiedad particular que guardaba. Alegaron "necesidades militares", como si yo fuese algún

Costureras preparando una bandera de las Brigadas Internacionales [foto: Cordon Press].

Festejo por la entrada del ejército nacional en Jadraque, Guadalajara [foto: Centro de Estudios de Castilla-La Mancha/Biblioteca Nacional de Madrid].

Soldados "republicanos" rodeando a un oficial enemigo capturado, Guadalajara [foto: Centro de Estudios de Castilla-La Mancha/Biblioteca Nacional de Madrid].

Guadalajara: varios soldados y guardias civiles "republicanos" cuerpo a tierra disparando [foto: Centro de Estudios de Castilla-La Mancha/Biblioteca Nacional de Madrid].

Vista de Trijueque (Guadalajara) con varios aviones de combate sobrevolando el pueblo [foto: Centro de Estudios de Castilla-La Mancha/Biblioteca Nacional de Madrid].

Guadalajara: prisioneros españoles e italianos en fila con las manos en la cabeza [foto: Centro de Estudios de Castilla-La Mancha/Biblioteca Nacional de Madrid].

Soldados "republicanos" de pie ante las tumbas de dos compañeros muertos en Guadalajara [foto: Centro de Estudios de Castilla-La Mancha/Biblioteca Nacional de Madrid].

Destrozo de imágenes religiosas en una calle de Urgel, Cataluña [foto: Cordon Press].

Milicianos en Barcelona, 1936 [foto: Cordon Press].

Una mujer con un niño en brazos al ser su pueblo, Brihuega (Guadalajara), conquistado por los "republicanos" [foto: Centro de Estudios de Castilla-La Mancha/Biblioteca Nacional de Madrid].

Material de guerra cogido a los italianos. Soldado "republicano" junto a una camioneta italiana "tomada a la canalla fascista" [foto: Centro de Estudios de Castilla-La Mancha/Biblioteca Nacional de Madrid]

Soldados y civiles posando entre los escombros del Alcázar de Toledo [foto: Centro de Estudios de Castilla-La Mancha/Biblioteca Nacional de Madrid].

Soldados "republicanos" abriendo fuego contra el Alcázar [foto: Centro de Estudios de Castilla-La Mancha/Biblioteca Nacional de Madrid].

Fachada del Alcázar de Toledo en ruinas [foto: Centro de Estudios de Castilla-La Mancha/Biblioteca Nacional de Madrid].

Ataque de Almudévar, en el frente de Aragón [foto: Cordon Press].

Soldados voluntarios carlistas reunidos en apoyo a Franco [foto: Cordon Press].

Bombardeo de posiciones rebeldes durante la guerra civil [foto: Cordon Press].

Guernica tras el bombardeo en 1937 [foto: Cordon Press].

bobo»[2]. Pero no hubo bombardeos, pues el mando nacional conocía la localización de los bienes, como muestra José Álvarez Lopera en su monografía *La política de bienes culturales del Gobierno republicano durante la guerra civil española,* que citaré ampliamente.

En más de dos mil cajones salió para Francia mucho de lo mejor del patrimonio artístico español. El contenido de La Vajol fue evacuado, y los franquistas, al ocupar las minas, creyeron que allí no podían haberse almacenado obras de arte, debido a la humedad; pero el desorden reinante, multiplicado desde el 4 de febrero, impidió trasladar más que una parte de los depósitos de Perelada y Figueras. Entonces el mando populista ordenó destruir ambos castillos. El de Figueras contenía un depósito de municiones, y la explosión retumbó en toda la comarca. Los nacionales, llegados enseguida, hallaron «la más espantosa confusión, como resultado de haber salido proyectadas a gran distancia la inmensa mayoría de las cajas y fardos en que se contenían todos estos objetos, mezclados con cientos de millones de títulos valores y billetes de banco de muy diversas condiciones, así como lingotes de plata y oro, monedas y otros objetos». Por suerte, consigna M. Chamoso Lamas, responsable de la recuperación de bienes culturales, sólo quedó destruida «una pequeña parte del inmenso tesoro allí almacenado (evacuado ya en gran parte) (...). Al penetrar los agentes (...), encontraron el enorme depósito ardiendo, procediendo con toda rapidez a la extinción del incendio». Parte del edificio de Perelada estaba en llamas, «las magníficas sillerías y muebles destrozados a culatazos, los cuadros acuchillados. Las arañas que pendían del techo igualmente destruidas (...). En el claustro, románico, hallaron los agentes 18 botellas con gasolina (...). La proximidad de las fuerzas nacionales, que ocuparon el puesto rodeándolo, no dio tiempo a verificar por medio del incendio la proyectada destrucción». Quedaba «enorme cantidad de cajones (...). El centro de la nave central se hallaba libre, comprobándose ser aquel el lugar donde habían estado los cajones conteniendo las obras más famosas y que fueron llevadas al extranjero» [3].

El comunista José María Rancaño, relacionado con estas operaciones, escribía en un informe confidencial a su partido, en 1956: «En Figueras (...) pude ver el espectáculo de un ministro [Méndez Aspe], rodeado de funcionarios (...) y otras gentes, en una lucha angustiosa contra el tiempo, deshaciendo relojes y echando a un lado las tapas de oro o plata, y la maquinaria al suelo; destripando alhajas de toda clase; metiendo en maletas y cajas, empaquetando, ocupándose él mismo de todo, dando voces, presa del mayor histerismo. También estaban allí 17 ó 18 cajas que componían el depósito cerrado de los condes de Heredia Spínola en el Banco de España, cajas que conocía yo muy bien (...) porque tuve que defenderlas contra la insensatez de unos intelectuales que pretendían que se las entregásemos en Madrid, cuando yo ejercía el control del ministro en el Banco, argumentando que (...) había en aquellas cajas autógrafos valorados en millones de libras esterlinas –del Gran Capitán y de no sé quién más–, que fue justamente la razón por la que no se las entregamos». «El equipaje que arrastraba el ministro desde Madrid, enriquecido a su paso por las distintas provincias de España, incluía otros objetos de valor», como colecciones filatélicas raras [4]».

Tampoco logró la Generalidad evacuar varios de sus almacenes, pero en lugar de intentar destruirlos, dejó una guardia para entregarlos de forma ordenada a las tropas de Franco. Con muchas de las obras pasadas a Francia, entre ellas las más conocidas del Museo del Prado, entregadas a la Sociedad de Naciones en Suiza, y por ésta al nuevo régimen español, se organizó en Ginebra una magna exposición.

Curiosamente, Azaña no se pregunta qué hacían aquellos enormes depósitos por aquellos parajes, pero la extraordinaria peregrinación del patrimonio histórico-artístico, desde Madrid a Valencia, y luego a Cataluña, en condiciones a veces buenas y a veces muy malas, expuesto a mil peligros, provoca de inmediato la pregunta por el motivo de tan insólita conducta de las autoridades populistas. Éstas, acuciadas por las acusaciones del bando contrario, ofrecieron, oficialmente y por boca del artista José Renau, uno de los principales responsables de tales movimientos, una triple explicación [5]:

a) Los bombardeos aéreos enemigos «ponían en gravísimo peligro el patrimonio artístico español». Según Ossorio y Gallardo: «Mientras algunas gentes estúpidas o malvadas preguntan si es verdad que hemos vendido el Museo del Prado, nosotros defendemos tenazmente ese y otros tesoros bombardeados con predilección por los aviones fascistas» [6].

b) El duro otoño-invierno de 1936 cambió hasta límites peligrosos las condiciones ambientales de los museos en Madrid.

c) No existía ningún lugar en Madrid adecuado para preservar las obras de arte.

La segunda razón contradice a la primera, pues implica que si las condiciones ambientales no hubieran sido malas, las obras habrían seguido en los museos, y, a la inversa, si éstos sufrían tan rudamente los bombardeos, ¿qué importaban dichas condiciones? Por lo demás, se trata de una falsedad obvia. El museo del Prado, y tantos otros, habían conocido en su larga vida inviernos sin duda más rigurosos.

También es falsa la tercera razón. Según el subdirector del Museo del Prado por aquellas fechas, Sánchez-Cantón, que trató, en vano de impedir el traslado, el propio museo ofrecía refugio suficiente, y en él siguieron recogiéndose cientos de cuadros procedentes de otras requisas.

Y en cualquier caso, estaba la cámara acorazada del Banco de España, vaciada de sus reservas. Las autoridades populistas afirmaron haber guardado en dicha cámara algunas pinturas, cuyo deterioro por la humedad les disuadió de utilizarla; además, el diámetro de la entrada a la cripta impedía el paso de cuadros grandes. Pero las pinturas deterioradas no estuvieron en la cámara, sino en otros puntos del banco, y el paso de los cuadros apenas tiene más problema técnico que desarmar los marcos o despegar de ellos las telas. Madariaga es tajante al respecto: «El cacareado salvamento de los cuadros del Prado, lejos de ser tal salvamento, fue uno de los mayores crímenes que contra la cultura española se han cometido jamás (...). Madrid poseía precisamente la mejor cámara subterránea quizá entonces del mundo para la protección de tesoros artísticos, recién terminada con arreglo a la técnica más moderna a treinta metros de profundidad bajo el Banco de España. A los técnicos ingleses que visitaron España entonces se les enseñó un par de cuadros del Greco enmohecidos por la humedad para hacerles creer que esta cámara subterránea no era suficiente. A la sazón presidente de la Oficina Internacional de Museos de la Sociedad de Naciones, pude estudiar documentación suficiente para asegurar aquí que los cuadros del Museo del Prado no debieron haber salido nunca de Madrid, y que no hubieran salido de no haber predominado en el Gobierno de entonces la pasión política más miserable sobre el respeto a la cultura y al arte»[7].

En cuanto a los bombardeos, realizados «con predilección» sobre museos y centros culturales, al decir de Ossorio, Bergamín y tantos más, se mencionan los sufridos por el Museo del Prado, la Biblioteca Nacional, la Academia de San Fernando, o el Palacio de Liria. La monografía citada de Álvarez Lopera afirma: «Durante un mes [noviembre del 36] no se ahorró medio ni ocasión de sembrar el terror. No se buscaban objetivos militares. Los hospitales, los asilos, calles y barrios más poblados, fueron las primeras víctimas». «Sólo los [bombardeos] nocturnos de los días 8 y 9 produjeron 350 víctimas. Ahora se hicieron diarios (...) el 16, con una incursión que costó 250 muertos y 600 heridos empezaba, coincidiendo con la detención de la ofensiva [se detuvo el 23] la matanza metódica de la población civil. Las primeras bombas cayeron sobre el Hospital Provincial y el Hospital de San Carlos. Después, sobre todo el barrio comprendido entre Atocha y las Cortes. Otro día las bombas alcanzaron a caer a las tres de la mañana (...)». «Fue –dice Delaprée– un trabajo bien hecho, una siembra copiosa y cuidadosamente dosificada de todos los barrios del Centro (...). Las bombas explotan por todas partes (...). Ese mismo día comenzaba el martirio de los monumentos y museos» [8].

Visto lo cual, Álvarez se pregunta: «¿Fueron atacados el Prado y el edificio de la Biblioteca Nacional directa y deliberadamente o cayeron bombas sobre ellos por error? (...) No resulta fácil admitir la realización por españoles de semejantes atentados contra nuestro patrimonio (...). Quizá el escaso número de bombas caídas sobre ambos, y consecuentemente la poca entidad de los daños, haya sembrado el escepticismo ante las afirmaciones republicanas. Pero (...) recuérdese el tipo de estrategia empleada en esos momentos sobre el cielo de Madrid. Era el terror. Se atacaban preferentemente hospitales, asilos, los barrios más poblados. Se pretendía, dice Thomas, «ver la reacción de una población civil ante un intento cuidadosamente planeado de prender fuego a la ciudad, barrio por barrio. ¿En virtud de qué principios éticos o culturales se puede entonces esperar que los aviones nazis y fascistas hicieran una excepción con las pinturas y con las estatuas? ¿No es más lógico pensar que en su intento de que *nada* ni *nadie* pudiera sentirse seguro en Madrid, los mandos de la Legión Cóndor decidieran aumentar la tensión haciendo caer algunas bombas (...) sobre Museos?» [9].

Estas lucubraciones, montadas sobre otras lucubraciones, alzadas a su vez sobre datos falsos, son harto típicas, como hemos comprobado abundantemente. La Legión Cóndor no llegó a actuar en Madrid entonces, y la aviación soviética impidió moverse a su antojo a la de Kindelán (española, italiana y alemana). Hubo un ensayo de «bombardeo de desmoralización», ya señalado en el capítulo sobre la batalla de Madrid, pero los datos de la propaganda o de autores como Hemingway o Delaprée, citado por Álvarez merecen poco crédito.

Por fortuna subsisten en el Archivo Histórico Militar las estadísticas de los partes izquierdistas no destinados a publicidad. Sabemos por ellas que el primer bombardeo sobre Madrid, el día 7, ocasionó un solo muerto, con 37 más, y 97 casas alcanzadas, en los cinco días siguientes. Desde el 13, los ataques cobraron mayor fuerza, con 94 muertos y 239 edificios dañados en seis días. El 19 fue el primer ataque masivo y a continuación se sucedieron los ataques nocturnos, con 133 fallecidos en cuatro noches, aunque sólo 110 casas dañadas. En la última semana del mes, tras la renuncia a tomar la capital, la intensidad decreció: 47 muertos y 40 edificios dañados. En suma, 312 muertos y 486 casas dañadas en un mes y en una densa ciudad de un millón de habitantes sometida a una supuesta demolición e incendios sistemáticos, barrio por barrio. Ello reduce, una vez más, a sus auténticas dimensiones unos bombardeos incomparables con los de la guerra mundial, pero desorbitados por los impresionismos de la propaganda, repetidos sin cesar en nuevos comentarios y especulaciones [10].

En tal contexto, las bombas esporádicamente caídas sobre edificios culturales sólo pudieron provenir de errores de puntería. Y en las inmediaciones del Prado, debe recordarse, había objetivos militares, como los hoteles que hospedaban a numerosos consejeros soviéticos o, a pocos cientos de metros, en el Retiro, un parque de artillería*. De la excepción, el palacio de los duques

* Escribe Ramón Salas Larrazábal: «Los ataques a la ciudad son limitados, como limitados eran los medios disponibles, e iban dirigidos de prefe-

de Alba, bombardeado a conciencia, nunca se ha dado explicación razonable, pero estaba prácticamente en la zona del frente, y todo inclina a pensar que los atacantes creían alojado en él algún organismo militar o político enemigo. Decenas de palacios y edificios históricos y culturales fueron incautados por las fuerzas políticas y militares populistas para sedes de sus actividades.

Por otra parte, la evacuación de las obras del Prado comenzó el 5 de noviembre, antes de los bombardeos, y sólo el día 16 cayeron sobre él tres bombas de escasa potencia, por lo que el peligro alegado es posterior a la acción. Y no debieron de creer mucho en tal riesgo los jefes populistas, cuando siguieron llevando al museo, durante el resto de la guerra, todo tipo de obras artísticas requisadas de otros lugares, «hasta alcanzar las 20.000», reconoce Álvarez [11].

Con todo esto, ¿cabe sostener que las autoridades populistas salvaron innumerables piezas artísticas? En cierto modo, sí, pese a haber expuesto el legado histórico artístico del país a cien contingencias. Pero no lo salvaron de los bombardeos ni de las malas condiciones ambientales, sino del vandalismo y la depredación de los partidos y fuerzas del propio Frente Popular.

Como es bien sabido, aunque a menudo ocultado o disimulado, al caer la república en julio de 1936 prosiguió, en escala mucho más vasta, la destrucción de obras de arte, bibliotecas,

---

rencia a los Ministerios de la Guerra, Gobernación y Hacienda, al edificio de la Telefónica y a la zona Atocha-Retiro, en todos los cuales se encontraban importantes objetivos militares (...). Los bombardeos efectuados sobre el Retiro, donde se encontraba la reserva general de artillería y el emplazamiento de buen número de baterías, fueron los que causaron mayores daños, pues bastaban pequeños errores de lanzamiento para que resultaran batidas zonas residenciales, por cierto las más elegantes y aristocráticas de la ciudad: las inmediatas al Museo del Prado» [12].

edificios, etc., relacionados con la religión, ya comenzada en el primer mes de la república y recrudecida tras el triunfo del Frente Popular en febrero del 36. Desde el 19 de julio, los incendios, devastaciones y pillaje se extendieron a palacios, archivos, registros municipales, bibliotecas y colecciones privadas, y a cuanto oliera a «reaccionario»*, lo cual suscitó en el exterior una pésima imagen, muy contraria a la culta y democrática pretendida por los gobiernos izquierdistas. Una mezcla de inquietud por esa imagen, y de sincera angustia ante la catástrofe cultural, movió a grupos intelectuales y políticos a salvar lo posible. En particular se ocupó de ello el Ministerio de Instrucción Pública, sobre todo desde septiembre del 36, bajo el ministro comunista Jesús Hernández, y la Alianza de Intelectuales Antifascistas**.

La publicidad del PCE explotó con abundancia y destreza esa labor, presentándola como un salvamento del patrimonio nacional contra las asechanzas «fascistas». Pero la verdad reluce en las campañas de carteles, folletos, etc., llamando a los milicianos y a la población a respetar y entregar las obras de arte, con consignas como: «El Tesoro Artístico nacional te pertenece como ciudadano. ¡Ayuda a conservarlo!», «El arte y la cultura reclaman tu ayuda, ciudadano», etc. Estos llamamientos, como los destinados a aumentar la producción industrial o agrícola, tuvieron escaso efec-

---

* Abundaron los robos de los funcionarios encargados de la represión, como el chequista socialista García Atadell (Rancaño habla de «los numerosos García Atadell que operaban por cuenta propia») o el teniente coronel Uribarri, jefe del SIM durante un período, que huyeron al extranjero con joyas y bienes expoliados.

** Cree Álvarez que la Alianza «logró aglutinar a lo más válido de la intelectualidad joven española (...). Por lo demás, en la Alianza se daba un predominio de miembros y simpatizantes del PCE, lo que resulta lógico si tenemos en cuenta sus antecedentes» [13].

to, de lo que da alguna idea esta carta de un responsable del tesoro artístico, Ángel Ferrant, en un momento tan avanzado como septiembre de 1938: «Todos los problemas son variaciones de uno mismo: se siguen destruyendo cosas y hay que evitarlo (...). Principalmente nos apresuramos a recoger todo lo que corre riesgo de que lo quemen cuando vengan los fríos. Sabemos por experiencia la cantidad de buenas imágenes y retablos que, sin poderlo evitar, corrieron esa suerte el año pasado (...). Es de lo más desolador enterarse constantemente de la desaparición de piezas importantes (...). Es una ceguera horrorosa la que se padece» [14]. Mucho más eficaces que las exhortaciones resultaron las acciones y requisas directas de los diversos organismos.

Es lugar común atribuir las destrucciones a la «incultura» de las masas, haciendo recaer indirectamente la culpa sobre los «reaccionarios», responsables de su atraso. Pero no parece verosímil. Tales acciones nacían, por el contrario, de una *cultura* difundida de modo obsesivo por la prensa, las declaraciones, los folletos revolucionarios y jacobinos. Para esa propaganda, el patrimonio artístico, en particular el religioso, pero no sólo, expresaba una ominosa opresión que había «consumido durante siglos el alma y el cuerpo de la humanidad», en típica frase, ya citada, del diario azañista *Política*. Por otra parte, se insistía en que todos aquellos bienes habían pasado a propiedad «del pueblo», y como cada grupo político se veía a sí mismo como representante privilegiado del «pueblo», se sentía con pleno derecho a apropiarse y tratar a su gusto aquellas manifestaciones de un pasado lóbrego y oscuro. Recuérdese cómo la llamada «quema de conventos» de mayo del 31, tan aludida, inevitablemente, en este libro, fue atribuida al «pueblo», casi unánimemente, por la prensa de izquierdas. Y el pueblo, insistían todos, siempre tenía razón. Tanto quienes aniquilaban o robaban piezas del patrimonio histórico y artístico, como los ejecutores del terror, eran gentes muy politizadas e influidas por esas consignas, sin excluir a intelectuales*.

Las mismas autoridades contribuyeron muy directamente a la destrucción de material histórico. Por ejemplo, una orden ministerial de Instrucción Pública, el 2 de septiembre de 1937, encargó reducir a pasta de papel buena parte del contenido de los archi-

---

* La Alianza de Intelectuales Antifascistas se instaló en el palacio Zabálburu, de Madrid, donde existía una de las mejores bibliotecas de libros antiguos del mundo. Rafael Alberti y María Teresa León se aposentaron también en el palacio, donde organizaron fiestas y actuaciones teatrales. De esta manera, la valiosísima biblioteca se salvó del destino de tantas otras, simplemente destrozadas. A cambio, al terminar la guerra pudo comprobarse la desaparición de unos 90 libros antiguos de enorme valor, entre ellos un códice medieval (el libro becerro de Arlanza), veintidós incunables, una primera edición del Quijote, etc. También habían desaparecido la colección de monedas de oro, numerosos objetos de plata, etc., que indudablemente fueron «expropiados» por alguno o algunos intelectuales. Araquistáin, que definiría el exilio como «una admirable Numancia errante que prefiere morir gradualmente a darse por vencida», es acusado por Constancia de la Mora de haberse llevado a Francia buen número de libros en ambulancias militares: «¡Ambulancias para transportar papeles y alfombras cuando nuestros heridos no podían escapar a la barbarie de los fascistas por falta de ellas!» [15].

Vienen a cuento los expresivos versos de Alberti, donde exalta, no sin un punto de turbia melancolía, la destrucción, en sus aspectos material y humano:

> «¡Palacios, bibliotecas! Estos libros tirados (...)
> estos inesperados
> retratos familiares
> en donde los varones de la casa, vestidos
> los más innecesarios jaeces militares,
> nos contemplan partidos
> sucios, pisoteados,
> con ese inexpresable gesto fijo y oscuro
> del que al nacer ya lleva contra su espalda el muro
> de los ejecutados.

vos madrileños, destruyéndose 300 toneladas de documentación archivística de los Ministerios de Instrucción Pública (28 toneladas de papeles referidos al período entre 1842 y 1914, y veinte toneladas más de libros escritos «por elementos fascistas»), de la Delegación de Hacienda, del Archivo General Central de Alcalá de Henares y del Ministerio de Hacienda. Sobre este último tiene el mayor interés el informe del encargado de la tarea: «Ya es sabido que los numerosísimos fondos que constituían este Archivo fueron, casi en su totalidad, quemados en el mes de diciembre pasado, al necesitarse para servicios de guerra los sótanos en que estaban custodiados. De esta quema se salvaron solamente los legajos correspondientes a cinco de sus salas y algunos legajos (unos 3.000 aproximadamente) que fueron depositados en el Patio Árabe del Museo Arqueológico Nacional. Este papel salvado (...) estima el informante que puede ser todo considerado como inútil». El Ministerio de Hacienda había sido ocupado para el Estado Mayor de Miaja y Rojo durante los meses de noviembre, y al parecer el archivo fue utilizado para caldear el edificio en aquel frío invierno [16].

Por otra parte, el salvamento de miles de pinturas y obras de arte, libros, etc., tuvo su lado extremadamente oscuro. Si apenas puede dudarse del carácter ficticio de los motivos aducidos por Renau y los organismos oficiales para la evacuación del patrimonio, debemos preguntarnos por las razones verdaderas. Sánchez-Cantón, el ya citado subdirector del Prado en la época, afirma que la finalidad era meramente financiera: vender las obras cuando se considerase oportuno. Unos intelectuales «antifascistas» le habrían comunicado, en diciembre de 1937: «Salido de Madrid, hace meses, el oro del Banco, el que queda es el Museo. Sobre él pueden obtenerse empréstitos. Con las divisas habrá cañones y aeroplanos. Sería tonto dejárselo a los rebeldes».

Álvarez Lopera encuentra el testimonio increíble, pues «¿cómo iban los *intelectuales antifascistas* a revelar unos planes de esta naturaleza a un hombre en el que, según él mismo, veían un enemigo, sospechoso de connivencia con el alzamiento? ¿Y por qué no dice quiénes fueron esos intelectuales?». Quizá tenga Álvarez razón, y quizá no. Propósitos mucho más graves que los de dichos intelectuales se hicieron públicos en la prensa izquierdista de la época, incitando incluso a la asolación del patrimonio «reaccionario»; y de la excusa para la destrucción de tales bienes al uso práctico de ellos como medio económico, sólo hay un corto y racional paso. Álvarez cita, por ejemplo, estas frases de *El Socialista,* del 17 de agosto del 37, bien expresivas de un talante: «El Palacio de Alba y los cuadros cuya guarda interesa tan extraordinariamente en Londres valen mucho. Pero los muertos del País Vasco, las mujeres y niños sacrificados en el exilio de Málaga, las víctimas inocentes ocasionadas en los bombardeos de Madrid valían mucho más. Bastante más, moralmente sobre todo, que todos los Museos del Mundo». El aserto, con su tosco sentimentalismo y mezcla ilógica de cosas incomparables, implica, obviamente, que el arte bien podría invertirse en la meritoria tarea de obtener medios para combatir a los asesinos de «mujeres y niños, e inocentes». Las víctimas causadas por las izquierdas, ni las menciona [17].

Y aunque, como apunta Álvarez, el ex subdirector del Prado no demuestra su afirmación sobre el fin económico del «salvamento» del patrimonio, no hay otra explicación con sentido. El mismo Álvarez manifiesta su extrañeza ante unas palabras de Renau justificando el traslado por nunca aclarados «motivos políticos y militares del Gobierno». Señala también una orden de la Dirección General de Bellas Artes, según la cual era «criterio del Gobierno de la República, compartido por esta Dirección General, que todas las obras de arte y objetos de valor integrantes de nuestro Patrimonio Artístico deben estar depositadas en el sitio donde él resida» [18]. Tampoco se aclara esta súbita pasión de los políticos por el arte.

Aun más ilustrativo resulta el cambio de la autoridad sobre el patrimonio, desde el Ministerio de Instrucción Pública, al... ¡de Hacienda!, por decreto reservado de 9 de abril de 1938. ¡Qué suceso podría ser más revelador de la intención financiera del «salvamento», hasta entonces disfrazada a medias por el primer ministerio, dirigido por los comunistas! El propio Álvarez observa: «La medida quedó en la penumbra, dado el desprestigio que podía acarrear a la República y la dificultad de justificación cara al exterior. De haberse aireado, no cabe duda que todos los análisis hubieran coincidido con el de Sánchez-Cantón recién acabada la guerra: la estimación que merecía a los que gobernaban el patrimonio histórico de España era el de una suma de efectos cotizables en el mercado»*. No debe creerse que el cambio de autoridad mermara el influjo comunista, pues el Ministerio de Instrucción Pública acababa de pasar bajo la dirección del anarquista Segundo Blanco, a quien, desde luego, se trataba de excluir del control de la operación. También vale la pena advertir que por aquellas fechas se estaba agotando, oficialmente, el oro llevado a la URSS, y el gobierno de Negrín comenzaba a pedir a Stalin armas a crédito. Hacienda aceleró todavía el ritmo de las evacuaciones, exigiendo, entre otras, 120 nuevas pinturas del Prado [19].

No es fácil imaginar otra razón que la económica para los azarosos viajes del tesoro histórico-artístico. Pero Álvarez Lopera opone a ello el argumento de que, en todo caso, el tesoro no lle-

---

* Álvarez alude frecuente y desdeñosamente a los «tópicos», las «exageraciones» o «calumnias» del franquismo, pero su investigación demuestra que muy a menudo las acusaciones franquistas fueron ciertas, o incluso quedaban cortas, por ignorancia de datos.

gó a venderse. Esto, sin embargo, no es cierto, y la solución del problema nos devuelve a la polémica Negrín-Prieto en Méjico, abordada en el capítulo anterior.

Las acusaciones cruzadas entre los líderes socialistas por la pérdida de la guerra y por el dominio comunista, pese a su interés histórico, encubren la causa real de la disputa: Negrín solicitaba a su «querido amigo Prieto» una entrevista para arreglar un negocio algo oscuro. Prieto rechazó la entrevista y la amistad, y admitió sólo contacto epistolar. El fondo de la cuestión lo expone así Negrín: «Queda un asunto esencial. En marzo de este año (...) el ministro de Hacienda [Méndez Aspe], de acuerdo conmigo, y conforme a un plan minuciosamente estudiado y preparado desde hacía, mucho tiempo, trató de asegurar en países, o por procedimientos en que nuestro derecho sobre los recursos del Estado republicano no pudieran ser puestos en peligroso litigio, todos los medios utilizables para remediar, en lo posible, el infortunio de nuestros compatriotas en la emigración (...). Gracias a nuestra previsión y diligencia han podido salvarse elementos tales que en su cuantía no lo hubieran soñado quienes hace dos años aseguraban que la guerra estaba a punto de terminar por agotamiento de nuestros recursos y daban el insensato consejo, cuando aún la guerra podía y debía ganarse, de situar fondos en el extranjero, por estimar seguro un desenlace contrario, sin reflexionar que el sigilo de tales movimientos (...) es muy difícil guardarlo y que el conocimiento de tal medida hubiera tenido resultados catastróficos (...). Por fortuna, la decisión sobre esta materia estuvo en manos de hombres (...) no impulsivos, precavidos, además, contra la improvisación incompetente y amantes de la cavilación, del estudio y del asesoramiento técnico. Así, con cautela y rapidez, sin precipitaciones ni atolondramientos, se ha podido salvar lo que se ha salvado, resguardado por una posición jurídica, la más sólida dentro de lo viable» [20].

Lo «salvado» con tan sagaz previsión fue una ingente suma de obras de arte, joyas, metales preciosos y valores diversos, mediante la requisa y el pillaje de templos y de bienes privados. Ya el 3 de octubre de 1936 el gobierno emitió un decreto obligando a los particulares a entregar al Banco de España y sus sucursales todo el oro y las divisas y valores extranjeros de que dispusieran. Los desobedientes serían perseguidos por delito de contrabando y considerados «enemigos del régimen a todos los efectos» cosa en extremo peligrosa. El escritor mexicano Alfonso Junco señala cómo al acercarse los nacionales a Madrid, el 6 de noviembre de 1936, Méndez Aspe, director general del Tesoro, mandó vaciar las cajas de seguridad del Banco de España, unas 4.000, y 2.000 depósitos de alhajas, y después las cajas de los demás bancos. Dos decretos de agosto de 1937 trataron de obligar a la población a depositar en los bancos las joyas y gemas que les quedaran. Y «el 23 de marzo de 1938, una orden del ministro de Hacienda –entonces ya Francisco Méndez Aspe [«sujeto morfinómano», según Azaña]– hablaba en estos términos merecedores de esculpirse en mármol: «Con el fin de salvaguardar los intereses de los titulares de cajas y depósitos de toda la banca acreditada en territorio leal al Gobierno de la República, procede que unos y otros pasen inmediatamente al Estado, para que el Ministro de Economía adopte las precauciones indispensables que garanticen en todo momento la integridad del contenido de dichas cajas y depósitos». Ello permitió descerrajar muchas más cajas, incluso las de los Montes de Piedad, con los objetos de valor de personas humildes[21] *.

---

* Terminada la guerra, Alcalá-Zamora, una víctima del gigantesco expolio, rechazó secamente ofertas de ayuda procedente de aquellos fondos, pese a la penuria que entonces le afligía.

El citado Rancaño corrobora: «Entre estas alhajas estaban las alianzas de boda de centenares de gentes modestas, leales, además, a la República, y los recuerdos familiares de cientos de familias [sacados] de los Montes de Piedad, donde estaban empeñados. Primero salió la disposición –decreto o lo que fuera—ordenando la entrega de las alhajas (...) en los bancos (...). Después se bloquearon las cajas de alquiler y los depósitos de los bancos, así como las existencias de los Montes de Piedad (...). Y en los primeros días de noviembre (...) se procedió a abrir con soplete las cajas de alquiler». No se hizo relación del contenido de cada saca así llenada, por lo que Rancaño supone que muchos géneros «desaparecerían» [22].

También fue afectado el Museo Arqueológico. El 6 de noviembre de 1936, explica el catálogo de la exposición *De gabinete a museo,* se recibió «la orden de incautación de las monedas de oro (...). El personal facultativo, ante una orden terminante, pero contraria a su cometido, consiguió salvar algunas importantes piezas, burlando con grave riesgo personal la vigilancia de la entrega, escondiéndolas entre sus ropas y en los recipientes más a mano, para posteriormente, envueltas en sus papeletas, ocultarlas incluso enterradas en el jardín. Las monedas de oro incautadas fueron 2.796: 60 griegas antiguas, 830 romanas, 297 bizantinas, 322 hispanovisigodas, 585 árabes, 94 españolas medievales y modernas, 543 extranjeras y 67 medallas» [23]. De ellas se sabe que las hispanovisigodas las compró el gobierno mejicano al gobierno republicano en el exilio, y parte de las árabes la Hispanic Society. El paradero del resto se desconoce. Fue el intelectual marxista Wenceslao Roces, a la sazón director general de Bellas Artes, quien se presentó en el museo al mando de unos milicianos, para efectuar la faena.

Las ambiciones de Negrín llegaban más lejos, como señala Rivas Cherif en su biografía de Azaña. Ya en el exilio, en febrero del 39, «el Ministro [Méndez Aspe] se presentó (...) con la pretensión de que el Presidente le firmara dos decretos: el uno, enajenando todos los bienes muebles e inmuebles del Estado español en el extranjero a una sociedad anónima. El segundo, cediendo a la URSS, en no sé cuántos millones, unos barcos surtos en puertos rusos, detenidos, creo, en prenda de deudas de material de guerra». Azaña rubricó el segundo, pero se negó resueltamente a hacerlo con el primero, pese a presionarle también el jurista Sánchez Román, que había elaborado el programa del Frente Popular para las elecciones de 1936, y luego había rehusado firmarlo. Y es que a Azaña, observa expresivamente Rivas, «le repugnaba profundamente el aparecer a última hora como salteador» de unos bienes pertenecientes a la nación* [24].

Gracias a estos métodos pudo escribir Negrín: «Nunca se ha visto que un Gobierno o su residuo, después de una derrota, facilite a sus partidarios, como lo hacemos, medios y ayuda que ningún Estado otorga a sus ciudadanos después de una victoria» [25]. Palabras difíciles de creer, si no las hubiera escrito él mismo.

Hubo diversos tesoros así acumulados. El reunido en Guipúzcoa, Vizcaya y Santander fue embarcado en esta última ciudad cuando iba a caer en manos de Franco. Probablemente el buque navegaba hacia la URSS, pero los bancos afectados reclamaron, y al arribar aquél al puerto holandés de Flesinga, el cargamento fue embargado, y sus propietarios pudieron recuperarlo. Quedó de relieve entonces la necesidad de buscar un país inmune a tan «peli-

---

* Unos días después dimitía, tras haberlo amagado tantas veces. No parece haber tenido parte en las actividades pecuniarias de otros dirigentes, y de hecho murió en la pobreza. En los últimos días se reconcilió con la Iglesia. Según el obispo francés Théas, que le visitó por entonces, besó el crucifijo, diciendo «Jesús, piedad, misericordia». Según otras versiones, había perdido la razón para entonces. El funeral lo pagó la embajada de México, que impuso a cambio un entierro civil y no religioso, contra la voluntad de Azaña y de su viuda.

grosos litigios» como decía Negrín. Ese país podía ser la URSS, o bien Méjico, sometido de hecho a un régimen de partido único, con una especie de corrupción institucionalizada. Era el ideal, pues resultaba arduo alcanzar la URSS a través de países poco favorables y del bloqueo franquista. Uno de los mayores depósitos, aunque no el único, fue trasladado en el yate *Vita,* bajo pabellón useño, al puerto mejicano de Tampico. El género iba consignado a nombre del doctor Puche, ex rector de la Universidad de Valencia y hombre de confianza de Negrín, pero éste cometió el error de encomendar su custodia a los célebres guardaespaldas de Prieto, los de la «Motorizada», según informa Rancaño. Prieto, advertido, estaba ya en Méjico, y sustrajo habilidosamente el tesoro, el más famoso de todos por las querellas originadas en torno a su posesión [26].

Y así, continuaba amargamente Negrín en su misiva a Prieto: «Lo que estos hombres previsores no supieron adivinar, ni para ello existe reactivo que lo delate, es hasta qué punto la infidelidad y deslealtad de unos guardianes podrían malograr sus cálculos. La situación resultante de nuestro error ha sido que una buena parte de esos caudales, por la intervención personal de usted, o por su *consejo,* se encuentra hoy no sabemos ni en qué manos ni en qué sitio, bajo su custodia o a sus órdenes.

»Le ruego a usted que me comunique si está dispuesto a dar las órdenes o *consejos* procedentes para que las cantidades, valores y objetos detectados sean puestos a la disposición de las personas responsables de su envío y gestión (...). Ante el doctor Puche y el señor Méndez Aspe ha manifestado usted, después de negarse a dar cuenta de la situación de los fondos, que éste es un asunto que lleva usted directa y personalmente y que nada hará sin recibir determinadas instrucciones».

Negrín acusaba a Prieto de cínicos manejos: «Promueve usted una reunión de los diputados aquí presentes y elude el invitar a nuestro compañero señor Bugeda, quien, experto en algunas cuestiones que allí se tergiversaron, podía haber aclarado los hechos y desbaratado sus planes; les insinúa que mi acogida en los círculos oficiales y altas esferas de México parece haber sido fría y poco cordial (cosa del todo falsa); abusa del deslumbramiento que su imponente personalidad y prestigio produce en ciertos bienaventurados amigos; aprovecha el natural descontento de los que no comprenden cómo habiendo *fabulosos tesoros* han de sufrir privaciones (...); trata de provocar desde aquí la venida a México de la Diputación permanente (organismo al que usted reconoce o no personalidad, según cuadre a sus designios), a la que usted espera, valiéndose de sus preciados resortes oratorios, hacer marchar tras sí, dando la sensación de que le empujan, esto es, sin responsabilidad; discute mi persona y mi gestión sin osar citarme a comparecencia; suscita la venida de otras personalidades para fecha en que sabe he de estar ausente. ¿Quiere decirme qué significa todo esto?» [27].

Naturalmente, Prieto niega cada una de las imputaciones, o las presenta al revés, y tras anunciar que sería «conciso y discreto (...) porque lo exige la naturaleza de los asuntos ante la posible difusión de esta correspondencia», invoca el acuerdo de una Diputación permanente de las Cortes, algo fantasmal, de «delegar en el señor Prieto, con amplias facultades y con los auxilios personales que estime precisos, para que custodie en su nombre los intereses hoy a su cargo». Por tanto, rehusó dar explicación alguna a quien había juntado los caudales y organizado su embarque. Además, Prieto se había adelantado a negociar con el gobierno mejicano, el cual «trató conmigo asunto con nobleza y generosidad loabilísimas» [28], si bien a duras penas tal generosidad habrá dejado de ser recompensada con una buena tajada de la mercancía del *Vita*. Frente a los hechos consumados y a la complicidad del gobierno mejicano, Negrín debió claudicar.

La posesión de los dineros tenía la mayor importancia, pues ella podía asegurar tanto la adhesión de muchos izquierdistas en torno a un gobierno en el exilio, como la impotencia de los irreductibles. Negrín había montado, para ayudar a los exiliados, el Servicio de Evacuación de Republicanos Españoles (SERE), cuyo funcionamiento y fondos siguen envueltos en el misterio. Los peticionarios de ayuda debían firmar una nota: «Considero al SERE como el único organismo habilitado para administrar los fondos recibidos de la solidaridad internacional y que administra el último Gobierno constitucional de España, y declaro no tener ninguna relación ni percibir fondos de otras organizaciones similares al SERE» [29]. De ahí el duro esfuerzo de Negrín por recuperar los bienes del *Vita,* sin atender a su propia dignidad personal, como él mismo señala, y también la rotunda negativa de Prieto, que tenía sus propios designios políticos.

Con sus nuevas riquezas, Prieto organizó un organismo de ayuda rival del SERE, la Junta de Auxilio a los Republicanos Españoles (JARE), que tuvo una vida tormentosa. Tras insistentes denuncias de corrupción hechas por otros exiliados, y presiones de grupos económicos y políticos del régimen mejicano, ávidos de controlar los fondos, el gobierno del país acogedor disolvió el organismo en 1943, demostrando hasta qué punto tenía bajo su férula a los políticos españoles exiliados. La JARE fue sustituida por la CAFARE (Comisión Administradora del Fondo de Auxilio a los Republicanos Españoles), fuertemente mediatizada por dicho gobierno, aunque bajo la administración nominal del azañista Carlos Esplá, que ya lo había sido de la JARE. Prieto se hizo, además, con valores a disposición del embajador en Washington, Fernando de los Ríos, y de la reventa a Méjico de un importante material aéreo (15 aviones Bellanca y 150 motores de aviación) comprados por el Frente Popular en Usa, y tres aviones Boeing.

Hubo también, según informó el diario *Excelsior,* «una fuerte suma de oro» depositada por el gobierno revolucionario español en Méjico [30].

Los fondos expoliados sirvieron para promover empresas, la mayoría de las cuales quebraron, y algunas inversiones de tipo cultural o asistencial muy valiosas; también sirvieron como medio de corrupción y presión política, o para facilitar la emigración desde Francia a América, en lo cual desempeñó un papel importante la dictadura dominicana de Trujillo. Tanto Negrín como Prieto hablan de atender las necesidades de los exiliados, pero las ayudas llegaban con preferencia a ex altos cargos del régimen populista, que no sufrieron los campos de concentración franceses, o pronto salieron de ellos; y apenas, o nulamente, a las masas de «a pie». En su competencia por atraerse a las personas decisivas, la JARE les pasaba la alta asignación mensual de 5.000 francos, doble que el SERE (que dejó de funcionar a mediados de 1940), mientras innumerables solicitudes eran denegadas por falta de fondos*, como muestran los balances de la organización. En el primero de ellos, de septiembre de 1939, la cantidad dedicada a socorros a los refugiados de tropa apenas sobrepasa el 10 por ciento, mientras que las habilitaciones de la Diputación Permanente de las Cortes y de la *Generalitat* ocupan casi dos tercios del total gastado [31] **.

---

* Martínez Barrio o Miaja, por ejemplo, percibían subsidios quince veces superiores a los de la gente «de base».

** Asunto importante es el del número de refugiados, sobre el cual se ha «mitificado» a discreción. Prieto y Negrín aluden constantemente a la existencia de medio millón de ellos, y la cifra se sigue repitiendo, como definitiva y permanente, en multitud de libros, artículos, reportajes televisivos, etc. Como ya indiqué, se trata, como en tantas otras ocasiones aquí vistas, de una pura distorsión de la realidad. En los primeros tiempos los emigrados se acercaron, efectivamente, al medio millón, arrastrados en gran medida por movimientos de pánico colectivo, y a veces empujados por las tropas; pero antes de fin de año habían vuelto a España las tres cuartas partes de ellos, unos 360.000, de modo que el 14 de diciembre de 1939, el ministro francés

Todos estos hechos, que buena parte de la historiografía sigue tratando con la misma *discreción* que Prieto creía conveniente, necesitan aun hoy una monografía detallada, por más que en líneas generales y en algunos aspectos son bien conocidos.

Distinta suerte corrieron las obras maestras del Prado, los tapices gobelinos del Palacio Real, y otras. Enviadas a Ginebra, y allí expuestas de junio a septiembre del 39, con éxito multitudina-

---

del Interior, Sarraut, informaba que sólo quedaban en Francia 140.000, de los cuales 40.000 eran mujeres y niños [32].

En una reciente exposición organizada por el político socialista Alfonso Guerra, se abultan a 200.000 los exiliados, sin explicar la pronta repatriación de la gran mayoría. Bajo el epígrafe «Retornos», el público recibe la siguiente *información:* «En el interior de España se intensificó la oposición al régimen de Franco. Aumentaron las relaciones entre el exilio y el denominado "exilio interior". Poco a poco revivieron con fuerza aquellos ideales que condenaron al exilio a miles de españoles: la soberanía nacional y el Estado de derecho», hasta terminar en la democracia actual que permitió la vuelta de muchos. Si de algo no cabe duda es de que el Frente Popular enajenó la soberanía nacional a Stalin, y que desde las elecciones de 1936 intentó «republicanizar el régimen», entendiendo por ello, entre otras cosas, la anulación de la independencia de los jueces. Hay, no obstante, un grano de verdad en el aserto, y es que la oposición anitifranquista no superó los tópicos del Frente Popular, siendo ésa una de las causas de su inoperancia. La oposición del propio Guerra a la dictadura fue insignificante. Y si recordamos que el jefe socialista, ya en el poder desde 1982, declaró enterrado a Montesquieu, intentó destruir la independencia del poder judicial, explicó como expropiación para «el pueblo» la incautación de Rumasa, fuente de una inmensa corrupción, etc., entenderemos mejor el sentido de «estado de derecho» en su boca. Todavía asombra más la pretensión de los organizadores de que la muestra aspira a la reconciliación. Es, por el contrario, extremadamente sectaria. Los exiliados aparecen como el bien absoluto, víctimas de la vesania del bando nacional, el mal no menos absoluto. La exposición, extraordinariamente promocionada en los medios de masas, los oficiales y la mayoría de los privados, obliga a recordar la reflexión de J. F. Revel en torno a la potencia de la mentira en nuestro tiempo.

rio, volvieron a España justo antes de la guerra mundial. Estas obras, demasiado famosas en todo el mundo, no podían venderse como las del *Vita*. ¿Por qué, entonces, fueron acarreadas en pos del gobierno y expuestas a mil avatares, habiendo sufrido varias de ellas deterioros sensibles? No existe explicación clara, pero sí cabe aventurar al menos una hipótesis racional: podrían estar destinadas a la URSS. Como se recordará, Stalin no admitió la concesión de préstamos sobre la garantía del oro español, sino la consunción directa de éste. Increíblemente, cambió de opinión a última hora, cuando la guerra estaba perdida por los «republicanos», y el oro oficialmente agotado. Entonces envió, a crédito, una masa de armamento por valor de más de cien millones de dólares, gesto inutilizado por la veloz progresión franquista. Pero aún sin dicha progresión, nadie esperaría que las nuevas armas sirvieran más que para retrasar algo la derrota, y por tanto la URSS no podía contar con el reembolso del enorme dispendio. La extemporánea rumbosidad del Kremlin no ha sido aclarada por políticos ni historiadores, y resulta desde luego enigmática... salvo que los jefes populistas hubieran comprometido en garantía lo mejor del patrimonio artístico español. Luego, la rapidez de los sucesos y el caos de la retirada habrían impedido completar la operación. Como en el caso del asesinato de Calvo Sotelo, me limito a exponer una hipótesis que creo razonable y digna de investigación.

Pese a los hechos, aquí muy resumidos, los gobiernos «republicanos» han recibido alto crédito por su rescate de bienes culturales, hazaña sin parangón, si hemos de creer a los propios implicados, como Alberti, María Teresa León, Bergamín, Renau etc., cuyos autoditirambos han merecido acríticas loas de incontables historiadores y políticos, de izquierda y de derecha. El último drama escrito por Buero Vallejo, *Misión al pueblo desierto,* en el año 2000, la película *La hora de los valientes,* o una novela recientemente premiada, encomian los pretendidos salvamentos.

Más aun, ha sido común la atribución al bando nacional de las destrucciones y peligros del patrimonio del país, cuando la evidencia prueba taxativamente sus esfuerzos por preservar ese patrimonio, al que ocasionaron los mínimos daños esperables en una contienda así. Por poner algunos ejemplos, la encargada del departamento de Goya en el Museo del Prado en 1999, atribuía en *ABC* los deterioros de *La carga de los mamelucos,* de Goya, al viaje de vuelta de Ginebra, y otras inexactitudes parecidas. Las referencias a los bombardeos, en la línea de la monografía de Álvarez, proliferan.

Debe admitirse que si el supuesto salvamento del tesoro artístico por los «republicanos» constituyó una hazaña dudosa, por decirlo de alguna manera, no tuvo nada de dudosa la hazaña de su propaganda, tan exitosa en presentar la realidad al revés exactamente de como fue.

Capítulo 28

EL ENIGMA FRANCO

Si Negrín ha provocado opiniones apasionadas en pro y en contra, para ser luego olvidado y últimamente vuelto a reivindicar, Franco ha suscitado una enorme bibliografía, aun más apasionada y discrepante, que no ha hecho sino crecer en estos años, mientras se insiste, paradójicamente, en que su figura está olvidada. Baste mencionar las biografías o estudios biográficos de A. Bachoud, R. de la Cierva, S. Payne, J. P. Fusi, F. Torres, A. Vaca de Osma, H. Southworth, C. Blanco Escolá, P. Preston, E. González Duro, A. Moradiellos, A. Palomino, M. Vázquez Montalbán, R. Casas de la Vega, J. Descola, B. Bennasar, J. Tusell, L. Suárez, J. M. Carrascal, J. Bardavio y J. Sinova, etc., todos recientes, en una lista que no da señal agotarse, sumada a estudios o testimonios antiguos como los de B. Crozier, F. Franco Salgado, J. Trythall, J. Arrarás, G. Hills, C. Martin, L. Galinsoga, P. Noury, M. Gallo, etc. Son incontables los artículos y libros relacionados, con abundancia de autores extranjeros, especialmente franceses y británicos.

La mayor parte de estos estudios, sobre todo en los últimos años, dan una imagen en extremo negativa de Franco. Las referencias en la prensa, la radio y la televisión, la literatura y el cine, tanto de izquierdas como de buena parte de la derecha, le denigran en una forma que alcanza a veces tintes cómicos y en los lugares más inesperados. Una periodista comentaba en una revista de automoción la obligación impuesta por Franco, por espíritu centralista y monopolista, de que los autobuses llevaran motores «Pegaso», en lugar de los extranjeros, mucho mejores, que llevan ahora (los motores Pegaso eran de patente inglesa, y resulta inimaginable que Franco se ocupara de tales cosas). Un reportaje conmemorativo del ferrocarril Madrid-Burgos, glosaba el aspecto satisfecho y contento de los obreros ferroviarios el día de la inauguración, comparándolo con la figura trágica y siniestra del dictador que inauguraba la línea [1]. He oído a una comentarista en la radio referirse a aquella época en que «estaba prohibido hablar, estaba prohibido cantar, estaba prohibido pensar... estaba prohibido todo». Curiosamente, hablaba de las canciones de los años cuarenta, una época dorada de la canción española, como es bien sabido.

Sería imposible abarcar en un corto trabajo los motivos de controversia en torno al personaje, por lo que me centraré en dos facetas, vueltas lugar común en la crítica: su ineptitud, o al menos mediocridad como militar y político, y su crueldad.

Franco debe ser el único militar de la historia que, habiendo ganado una guerra y casi todas sus batallas, recibe a menudo la sentencia de incompetente o, en todo caso, del montón, o bien de «buen táctico», pero casi nulo estratega. La paradoja ya lo convierte en un enigma. ¿Cómo puede admitirse tal contraste entre los éxitos y la incompetencia? Según los críticos, Franco dispuso de tal superioridad material y cualitativa sobre su enemigo, que cualquier jefe de mediano talento en su caso habría terminado la guerra mucho antes. Abonarían ese juicio ocasionales comentarios despectivos por parte de sus aliados extranjeros, como el que le califica de «mediocre general colonial, en cuya cabeza no cabe más de una brigada», hecha por alemanes de la Legión Cóndor. Su ineptitud para vencer pronto y con poca sangre, revelaría además su crueldad, pues habría alargado adrede la contienda como medio para ir realizando una salvaje represión en la retaguardia que le garantizase un poder irrestricto.

Pero si atendemos a la cronología y a la relación de fuerzas en cada momento, cosas poco atendidas por los críticos, la imagen cambia. Se recordará que el golpe de Mola falló –como Franco temía desde el principio de la conspiración–, dejando a los alzados ante una derrota prácticamente segura, según observaban, entre otros muchos, los expertos alemanes de la embajada. Ni el más exaltado de los heroísmos los habría salvado, en palabras de Prieto... a no ser por la resolución casi temeraria y la inventiva del futuro Caudillo. Y es cierto que su ejército de África, a cuya organización y espíritu él había contribuido tanto, demostró superior calidad –de forma inesperada– sobre las milicias enemigas; pero también lo es que se trataba de unidades mínimas frente a un enemigo con muchos más medios, y expuestas al desastre por cualquier error o imprudencia. Los críticos, absolutamente seguros del triunfo, habrían volcado a aquellos pocos miles de hombres dotados de armamento ligero, en la conquista de Madrid, pero puede comprenderse que Franco pensara de otra manera. Y aunque fracasó en tomar la capital, lo conseguido en tan poco tiempo y con tan cortas fuerzas, sólo admite el calificativo de extraordinario.

La conquista de Madrid era entonces la clave de una guerra corta, y la conducta de Franco prueba que a ello aspiraba, aun si con cierto escepticismo. En el momento decisivo, los populistas cobraron aun mucho más poder, no sólo por las armas y las brigadas de Stalin, sino también por los excelentes militares soviéticos que, en conjunción con el Partido Comunista, impusieron un estilo de lucha sumamente enconado y sin concesiones. La fórmula del nuevo Ejército Popular era básicamente la misma que había dado la victoria a los bolcheviques en la guerra civil rusa contra ejércitos regulares auxiliados por Gran Bretaña, Francia,

USA y Japón: unidades muy politizadas, con disciplina de hierro, y capaces de utilizar a los militares profesionales de las viejas fuerzas armadas.

Tal enemigo sólo pueden desdeñarlo críticos muy superficiales, y Franco pudo comprobar la eficacia del nuevo enemigo en las siguientes batallas en torno a la capital, que ya excluían una guerra realizada, como hasta entonces, con máxima economía de fuerzas. Pero él supo retener la iniciativa y adaptarse a la situación, movilizando un nuevo ejército de masas, en cuya organización lograría aventajar al contrario. Y percibió con realismo que la victoria rápida se había esfumado, como aclaró a Mussolini, algo ligero en sus observaciones pese a la severa lección administrada a sus soldados en Guadalajara.

El final de la trabajosa campaña del norte, en octubre del 37, dio a los nacionales, por primera vez, la superioridad material, estimada así por J. Salas: «En agosto de 1937 los potenciales de ambos Ejércitos podían medirse con un índice 100 para el Ejército Popular y 90 para el enemigo. A finales de octubre el Ejército Popular había perdido el 25% de sus efectivos y sus medios (...) que en parte recuperó con la organización de siete nuevas Divisiones, pasando su índice a 86; el coeficiente asignable al Ejército de Franco se elevó a una cifra cercana a la mitad de la perdida por sus adversarios en el Norte, por lo que pudo bien subir al valor 100. Una desventaja del 10% se traducía, pues, en una superioridad del 14%» [2]. Este balance pudo haber determinado el fin de la lucha, aunque la supremacía nacional, con ser importante, no bastaba para decidir una rápida victoria frente a un enemigo resuelto a combatir. Y resuelto estaba, pues volvió a imponerse la decisión stalinista de seguir en la brega a toda costa, con vistas a enlazar con la contienda europea, cuyo espectro ensombrecía el horizonte.

Franco consideró entonces dos líneas de ataque: por el valle del Ebro, para cortar la zona enemiga, o contra Madrid. Prefirió ésta, lo cual le ha sido criticado, por haber perdido la ex capital mucho de su valor estratégico. Pero eso, cierto en parte, también resulta discutible. Madrid, único gran fracaso «fascista», simbolizaba la resistencia y la esperanza revolucionarias, y su caída habría asestado a ambas un golpe terrorífico, aparte de acarrear la destrucción de su mayor y mejor grupo de ejércitos. Pero fueron Negrín y Prieto quienes tomaron la iniciativa, en Teruel, y Franco resolvió entonces dirigirse sobre el Mediterráneo. ¿Manifiesta ese cambio una flexible adaptación y visión de la oportunidad, o bien ineptitud para mantenerse firme en el objetivo designado? Al margen de lucubraciones, el hecho realmente significativo fue la victoria arrolladora de las tropas nacionales y su llegada al Mediterráneo.

Tras el contratiempo de la marcha hacia Valencia, llegó la mayor batalla de la guerra, la del Ebro, donde la férrea conducción comunista brilló a su mayor altura. Pero sus notables éxitos iniciales fueron transformados por el Caudillo en una derrota definitiva, que él explotaría, como en Teruel, mediante una amplia maniobra sobre Cataluña.

Sólo le quedaba por conquistar la zona centro. Su superioridad se había vuelto aplastante de verdad, por primera vez. Ninguna situación más propicia a una fácil y brillante campaña de liquidación del enemigo. No obstante, prefirió favorecer las discordias populistas, para ganar la victoria final con un coste en sangre prácticamente nulo.

Podemos dividir la guerra, desde este punto de vista, en cuatro etapas: la lucha por una victoria rápida, frustrada ante Madrid por la intervención soviética, entre noviembre del 36 y marzo del 37, pero que no impidió a Franco retener la iniciativa; la lucha por la superioridad material y estratégica, coronada con éxito con la ocupación del norte cantábrico a finales de octubre del 37; la contienda, durante 1938, para acorralar al enemigo y quebrar sus intentos de rehacerse y tomar la iniciativa, culminada en noviembre, con la victoria del Ebro; y la campaña final, ya con superioridad incontrastable, en Cataluña y el centro, concluida a finales de marzo. Vistas en conjunto estas campañas, el modo como Franco logró superar una situación inicial al borde del abismo, cómo se adaptó a las circunstancias o cambió, siempre con éxito, la orientación estratégica cuando creyó advertir una buena ocasión en otra dirección, cómo convirtió en victorias propias las ofensivas contrarias, y las explotó en amplias maniobras, y cómo aprovechó, finalmente, las querellas en el campo enemigo, dejan una fuerte impresión de brillantez de concepción y flexibilidad. Añádase el capítulo de la lucha en el mar, que escapa a este libro, por no haber producido «mitos» especiales*.

* Aunque tuvo importancia muy considerable, habiéndose perdido ente ambos contendientes, dos acorazados, un crucero, un destructor, siete submarinos y once buques de guerra menores. Los populistas, con una flota de guerra más numerosa y en parte más moderna (con enorme diferencia, al comienzo), y con el 85 por ciento de los mercantes, colocaron ante un arduo problema al mando franquista. Pero éste adoptó en el mar una actitud ofensiva, mientras los populistas apenas lograron salir de una defensiva protección de convoyes y similares, pese a que su verdadera capacidad quedó de relieve en una victoria de auténtica magnitud, el hundimiento del crucero *Baleares* la unidad más potente y moderna de los nacionales, junto con el *Canarias*. Los comunistas achacaban la pasividad de la escuadra al influjo derrotista de Prieto, dominante en ella. Poco antes de terminar la guerra, la flota desertó a la base francesa de Bizerta, en Túnez. La mayoría de los marineros eligió volver a España.

Las acciones de bloqueo y contra el comercio populista, incluyendo mercantes armados en curso que llegaron a operar hasta Noruega, y con intervención temporal de submarinos italianos en el Mediterráneo, causaron serios perjuicios a los revolucionarios. En particular el hundimiento del *Komsomol* soviético por el *Canarias*, en diciembre de 1936, llevó a una verdadera crisis al tráfico soviético en el Mediterráneo, obligando a la URSS a arbitrar la línea

Sin embargo, bajo esta brillante superficie, los críticos divisan mil errores fundamentales... aunque, deben admitirlo, no ocasionaron una sola derrota importante al mediocre. Acaso el ejemplo más relevante sea el de la batalla del Ebro. Como se recordará, el ejército populista, tras sus avances de primera hora, quedó contenido al sur del río, sin que lograse cortar la retaguardia del ejército franquista desplegado contra Valencia. Así, tuvo Franco la ocasión de retener allí, con fuerzas menores, a su adversario, y cercarlo avanzando por el norte, por una Cataluña supuestamente desguarnecida: habría vencido al ejército del Ebro a un coste mínimo, en principio, arrastrando de paso la caída de Cataluña. Esa maniobra, cuyas ventajas saltan a la vista, la auspiciaron Yagüe y otros. Pero aquél impuso la operación más costosa y difícil: destruir al enemigo en una contraofensiva frontal, y sólo después atacar por Cataluña. No sabemos la razón de ello, y los críticos se inclinan a explicarlo por la ineptitud del general, y su afición a la sangre y la masacre.

Pero difícilmente dejaría Franco de discernir lo que está al alcance de cualquier aficionado, y la explicación debe tener en cuenta que en aquellos meses Europa estuvo al borde del cataclismo, y Francia muy cerca de invadir Cataluña. El Caudillo deseaba evitar a París cualquier pretexto para la invasión, y ello ayuda a entender tanto su conducta en el Ebro como su anterior decisión, tras llegar al Mediterráneo, de girar sobre Valencia, en lugar de hacerlo sobre Barcelona, objetivo militarmente muy superior. Mantener a sus tropas alejadas de la frontera francesa, crean-

---

del Báltico y Murmansk a los puertos franceses del Atlántico. La nota que el almirante nacional Moreno entregó a Franco resumiendo estas acciones, concluía: «Nuestros buques efectuaron un gran número de presas, siendo un orgullo para mí el poder dar cuenta a V. E. que el enemigo no apresó durante toda la campaña ni un solo vapor nacional» [3].

do al mismo tiempo condiciones, mediante el aplastamiento del Ejército del Ebro, para avanzar luego cómodamente por Cataluña, una vez superada la crisis internacional, concuerda con su cauta mentalidad. En cualquier caso, la aparente estupidez de la batalla del Ebro terminó en un nuevo y completo triunfo para él.

También debe señalarse que los alemanes o Mussolini erraron casi siempre en sus análisis sobre España, desde el primer mensaje de la embajada germana en Madrid, hasta Teruel o el Ebro, cuando creyeron que los populistas podían mantenerse indefinidamente, o incluso vencer a los nacionales.

Sobra discutir aquí si Franco descuella como un militar de primera clase en la historia. Baste indicar hasta qué punto es absurda la pretensión de pintarle como un inepto o un mediocre, no digamos la frecuente comparación con el talento, incluso la «genialidad» de sus enemigos, en especial Rojo (casi siempre se olvida a los consejeros soviéticos), que planteó bien sus ofensivas, pero no ganó una sola; o de considerarle simplemente un «buen táctico», cuando venció en una guerra tan complicada*.

Complicada, porque los jefes en los dos bandos hubieron de resolver problemas que rebasaban muy ampliamente el terreno militar. Derrumbada la república, ambos precisaron construir sobre la marcha sendos estados nuevos, incluyendo ejércitos también nuevos; y tener muy en cuenta los objetivos económicos, especialmente arduos para Franco, así como la compleja y variable evolución europea, que pesaba sobre el Caudillo como una gran roca a punto de caerle encima. No menos ardua era la conducta a seguir con los respectivos aliados, potencias capaces de someterlos a sus intereses, limitando o anulando su independencia.

---

* Las críticas a la capacidad militar de Franco han sido ampliamente rebatidas por especialistas como M. Alonso Baquer o R. Casas de la Vega, por J. Semprún, y otros.

Pues bien, en la resolución de todos esos problemas Franco superó netamente a sus adversarios. El estado que formó, simple pero ágil, funcionó con eficiencia, y aseguró la regularización de la vida económica y el abastecimiento de la población. Esa hazaña, muy poco o nada citada por sus críticos, queda probada en el hecho de que en la zona nacional la sobremortalidad por hambre y enfermedad derivada de la miseria, fue muy escasa, mientras que en la populista creció hasta extremos pavorosos, sobre todo en 1938. Un caso indicativo es el de Asturias, Santander y Vizcaya: sobre una base 100 para la preguerra, en Asturias la mortalidad por enfermedad subió en 1937 a 120, en Santander a 156, y en Vizcaya a 138*. En 1938, ya todas en la zona nacional, el índice de sobremortalidad en el norte descendió respectivamente a 107,7, a 110,9 y a 92, esta última por debajo de la anteguerra [4].

Otro rasgo de la construcción del estado fue la capacidad de los dirigentes para mantener la cohesión de sus filas. Largo Caballero terminó fracasando en el empeño, y Negrín y los comunistas triunfaron hasta cierto punto, pero a base de una fuerte dosis de terror y provocación; Franco mantuvo la unidad con más eficacia y sin apenas derramar sangre. Su logro no debe darse por obvio ni mucho menos. Las intrigas podían tomar tintes catastróficos, y probablemente no había en el campo nacional otra persona capaz de concitar, por su prestigio y energía, la lealtad de políticos y grupos dispares, perfectamente capaces de apuñalarse entre sí**.

---

* En la producción económica ocurrió el mismo fenómeno, aun más acentuado, lo cual no debe achacarse en exclusiva al precario bloqueo mantenido por la flota nacional en el Cantábrico, pues en Cataluña y el resto de la zona populista pasó otro tanto.

** De la articulación del estado se ocupó Ramón Serrano Súñer, que le daría un tono fascistoide, no muy profundo.

También en la apreciación de la escena internacional acertó Franco y erraron sus enemigos. Como diría Negrín, si las izquierdas hubieran resistido sólo cinco meses más, la guerra civil habría podido eslabonarse con la mundial, pero no es seguro que en tal caso las democracias interviniesen a favor del Frente Popular. El previsor Franco había declarado la neutralidad española antes de y durante la crisis de Munich. Una España hostil era para las democracias sumamente peligrosa, y por ello su neutralidad les interesaba mucho más que aventurar fuerzas en ella. Para colmo, al empezar la guerra mundial con un increíble pacto entre Hitler y Stalin, los populistas se habrían hallado en una situación imposible.

La declaración de neutralidad de Franco prueba su fundamental independencia de Hitler y Mussolini, cosa tampoco obvia, pues al apoyarse en el crédito que éstos le concedieran, por carecer él de recursos financieros, estaba en posición muchísimo peor que los revolucionarios, amos de las reservas del Banco de España. Sin embargo el Frente Popular se enfeudó por completo a Stalin, mientras que Franco sorteó hábilmente ese peligro, combinando concesiones y firmeza, y obteniendo unas condiciones de pago óptimas, pese a su casi menesteroso punto de partida. Estos éxitos revelan cualquier cosa menos mediocridad.

Sólo en un terreno lo superaron sus enemigos: en el de la propaganda.

Queda la espinosa cuestión de la crueldad. Se compara a veces a Franco con Hitler, y he oído a una catedrática equipararlo a Stalin. Salvo entre sus escasos partidarios de hoy, su crueldad se ha convertido en tópico indiscutible en la izquierda y en la derecha. Y sin embargo, como tantos tópicos examinados en este libro, merece discutirse.

Las guerras son siempre crueles, y quienes las dirigen rara vez pueden permitirse obrar con dulzura, pero hay gradaciones entre una violencia medida y una entrega al demonio de la sangre o la venganza. No observamos mucho de lo último en los combates de España. La suma de caídos en lucha, unos 150.000, es bastante baja comparada con la de los conflictos del siglo XX*. Aunque Preston y otros acusan a Franco de promover batallas de aniquilamiento, la cifra demuestra lo contrario, más aun al considerar que las bajas mortales enemigas superaron en sólo 10.000 a las propias, pese a resultar aquellas casi siempre derrotadas. A Mussolini le dijo el Caudillo que prefería conducir la lucha con calma y seguridad, aunque ello le reportase menos gloria. No hablaba por hablar, pues en la campaña final prefirió la contención, cuando tenía a mano el aplastamiento total del adversario, oportunidad que no habría dejado escapar un general cruel y obsesionado por cierta forma de «gloria». Lo mismo en su victoria en Vizcaya, fácilmente explotable mediante una persecución encarnizada de los vencidos, pero que él prefirió hacer menos sangrienta intentando la negociación con el PNV.

En cuanto a los ataques a la población civil, y salvo el «bombardeo de desmoralización» sobre Madrid, de corta envergadura, actos brutales como los de Guernica o Barcelona, fueron realizados por sus aliados, y contra su criterio, habiendo él frenado tales operaciones. Las mejores estimaciones sobre el número de civiles caídos, en los dos bandos, por tales acciones y por «daños colaterales», lo elevan a unos 15.000, un 10 por ciento de los muertos militares [5]. Compárese con lo ocurrido en la II Guerra Mundial, donde las víctimas civiles igualaron a las militares, propor-

---

* Incluso en el siglo XIX la primera guerra carlista resultó comparativamente más sangrienta. En la guerra civil norteamericana murieron 600.000 combatientes, si bien una gran parte, quizá la mayoría, por enfermedades derivadas de las pésimas condiciones higiénicas de los ejércitos, o en los espeluznantes campos de prisioneros.

ción aumentada en las guerras de la segunda mitad del siglo XX. No obstante, nadie acusa de crueldad a los jefes de la contienda mundial, excepto a Stalin y a Hitler, por más que las acciones de las potencias anglosajonas fueran también horriblemente mortíferas para la población civil, en especial los bombardeos sobre las ciudades alemanas y japonesas.

Tampoco cabe detectar crueldad especial en el trato a los prisioneros. Gran parte del ejército derrotado fue internada en condiciones de vida muy duras, como por lo demás lo eran en toda la España de la posguerra, y contados miles fallecieron por enfermedades achacables a la penuria. Pero no existió nada parecido al exterminio deliberado de masas (contadas por cientos de miles y por millones) de prisioneros, por hambre o trabajos forzados, como ocurrió en los campos nazis, soviéticos, norteamericanos y franceses* en la guerra mundial.

Franco, pues, sale bien parado, en cuanto a crueldad, si lo comparamos con, por ejemplo, Churchill, Roosevelt o Truman, no digamos Hitler o Stalin. Y también con Negrín, que instauró un sistema brutal en su propio campo para mantener a toda costa una guerra perdida, y con el designio de volverla mucho peor al soldarla con la mundial.

No obstante, el nudo de la acusación radica en la represión de retaguardia. Como ya vimos al hablar de las matanzas de Badajoz y la cárcel Modelo de Madrid, los críticos achacan a Franco un terror deliberado, impuesto de arriba abajo como método para aplastar a un «pueblo» profundamente opuesto y enemigo. En

---

* El caso de los campos norteamericanos y franceses es poco conocido, pero en ellos perecieron cientos de miles de prisioneros alemanes, según el documentado libro de James Bacque, *Other losses,* no traducido en España. Patton llegó a acusar a Eisenhower de emplear «prácticamente los métodos de la Gestapo».

contraste, el terror «republicano» habría sido «de abajo arriba», popular, espontáneo y provocado, además, por la rebelión derechista. Ya hemos visto la falsedad de tales asertos, cuyo sentido se aclara, nuevamente, al recordar el significado de «pueblo» y «popular» en la jerga revolucionaria, puerta de entrada a los laberintos de la demagogia. Esa jerga tiene la virtud ilusionista de diluir en las masas populares las responsabilidades concretas de los dirigentes, justificándolas de pasada, ya que la causa de «pueblo» es, por definición, la justa. Pero el pueblo real estaba dividido por la mitad, si atendemos a las elecciones de febrero de 1936 –y descontamos casi un tercio de abstenciones–. Y quienes armaron a las masas eligieron la revolución, haciéndose responsables de unas consecuencias más que previsibles. Además, el terror «popular» fue estimulado y organizado por los partidos y por el gobierno de Giral –algunas de las checas más siniestras salieron de sus organismos–; y no nació en julio de 1936, pues entonces sólo continuó, muy acrecentado, el que venían practicando las izquierdas desde el triunfo del Frente Popular. Esa represión careció de centro en los primeros meses, pues la practicaban a su aire partidos y órganos gubernamentales, pero ¿puede llamarse a eso «espontaneidad popular»?

Ni más ni menos «popular» que en la zona contraria. Las instrucciones de Mola preveían una violenta represión inicial. Esa norma ha sido mil veces enarbolada como prueba de un terror deliberado y desde arriba, pero, como ya quedó también indicado, se trata de una norma general en las insurrecciones, incluida la del PSOE de 1934, citada en *Los orígenes de la guerra civil.* Su intención es paralizar la reacción enemiga y reducir, gracias a ello, la matanza. Como en la zona populista, el terror nacional en los primeros meses fue en buena medida desordenado, mezclándose la aplicación de la directriz de Mola con venganzas particulares o de partido.

En otoño del 36, conforme en los dos campos tomaba cuerpo el estado y la autoridad central se afirmaba, la represión fue reordenada, los crímenes irregulares disminuyeron, aunque continuaran algunos como los asaltos a las prisiones en Vizcaya y otros puntos, y los tribunales militares o «populares», según los casos, tomaron las riendas. La nueva justicia fue muy severa, pero las ejecuciones descendieron mucho. En esa normalización influyeron las denuncias internacionales, y sobre todo la necesidad de asegurar la autoridad de los nuevos poderes. El campo izquierdista conoció una forma de terror entre sus propios partidos, inexistente en el contrario, y del que hemos visto algunos ejemplos.

La mayor centralización y moderación no debe, con todo, llamar a engaño. En los primeros cuatro o cinco meses, los dos bandos habían logrado romper el espinazo de reales o eventuales «quintas columnas», limitadas en lo sucesivo a una labor cautelosa de espionaje o desmoralización, y por tanto la intensidad represiva decayó por sí sola. No obstante, los dos pensaban cobrarse el terror sufrido mediante un ajuste de cuentas general al acabar la guerra. Sólo el vencedor tuvo ocasión de hacerlo, pero el vencido dio clara muestra de su intención en sucesos como la matanza de prisioneros, entre ellos el obispo y el heroico defensor de Teruel, respectivamente Polanco y Rey d'Harcourt, al retirarse de Cataluña. La junta del republicano Casado, a su vez, fusiló a comunistas, después de que éstos fusilaran a varios casadistas, y no es difícil imaginar qué habría pasado a éstos de haber llevado la peor parte. Y si las izquierdas llegaban a usar la tortura y el fusilamiento entre ellas, ¿qué suerte habrían corrido los franquistas, de haber perdido?

El día siguiente al final de una guerra es muy triste para el vencido. Se ceban en él muchos vencedores que han sufrido directamente sus violencias, y sobre todo muchos que no han sufrido gran cosa, pero aprovechan la ocasión para satisfacer sus peores instintos o para mostrar devoción al nuevo régimen. Un sacerdote escribía de una zona de Castilla: «A los pobres desgraciados (...) les obligan a volver a los pueblos, donde por aquella parte les espera una muerte crudelísima a palos y golpes». «En toda aquella zona impera la barbarie y la venganza; sólo seis rojos han llegado hasta ahora al pueblo, y han asesinado a cuatro de ellos, dejando malheridos a otros dos.» Como los curas condenaran tales crímenes, «nos dicen que procedemos con tal nobleza porque no nos han hecho nada los rojos; los comentarios son que si queremos irnos, otros vendrán, que no ir a la iglesia, etc». Una instrucción del obispo de Ávila, a finales de marzo de 1939, denunciaba «hechos dolorosos y sangrientos» en algunos lugares, y en casi todos «hostilidad y malos tratos». «Pues bien, ante este desbordamiento de pasiones, odios y rencores, es preciso que el sacerdote recuerde a todos, y mantenga con suave energía la verdadera doctrina.» Sacaba a relucir asimismo cómo muchos que «ahora vociferan y toman terribles represalias», habían tenido responsabilidad en el desencadenamiento de la guerra, por sus abusos contrarios a la «justicia social». Etc. [6].

El ambiente de desquite debió de causar decenas o cientos de crímenes en el primer momento, pero pronto tomaron cartas las autoridades y los tribunales militares. También aquí cabe la comparación con lo ocurrido en otros países. Al terminar el conflicto bélico mundial en Francia o Italia, donde la invasión externa se había doblado de una pequeña guerra civil, hubo relativamente pocas ejecuciones legales, pero fueron liquidados irregularmente miles o decenas de miles de fascistas reales o supuestos. En ambos países las nuevas autoridades optaron por un período corto, pero intenso, de ajustes de cuentas en la oscuridad, evitándose engorrosos y largos procesos judiciales. Franco obró al revés: eligió la represión judicial, permitiendo comparativamente pocas venganzas espontáneas. De esa forma, las sentencias y ejecuciones prosiguieron durante años, y se reprodujeron en la época del *maquis*, con los costes políticos y de todo tipo anexos; pero en la mentalidad del Caudillo, era el método adecuado*. A su juicio, las convulsiones del país arraigaban en las continuas amnistías e indultos, que volvían muy barata la rebelión. Dice mucho su respuesta a Sanjurjo cuando éste le pidió defenderle: «Se ha ganado usted el derecho a morir». Las condenas a muerte en la posguerra subieron a unas 50.000, con la mitad ejecutadas, y conmutadas las restantes por cadena perpetua. En su mayoría, la «perpetua» no duró más de seis u ocho años.

Fue, desde luego, una represión muy dura. Para entenderla es preciso referirse a la revolución de octubre del 34. Entonces Calvo Sotelo y el político moderado Melquíades Álvarez habían mencionado los miles de fusilamientos ordenados por Thiers después de la Comuna de París, aduciendo que ellos habían salvado la república francesa y la paz para muchos decenios. Franco debía de pensar igual. Además, la propaganda nacional exageraba enormemente el número de víctimas del terror contrario, cifrándolo en 400.000. El Caudillo no tenía la menor intención de dejar impunes a los autores, ni mostró al respecto la menor hipocresía. Y había capturado a la mayoría de ellos.

---

* Sainz Rodríguez resalta su crueldad al pintarlo tomando chocolate con picatostes mientras revisaba los expedientes de condenados a muerte y señalaba los que debían cumplirse. Otros añaden que apuntaba al margen: «garrote y prensa», es decir, publicidad. Nunca se han aportado los expedientes anotados, que debieran ser muchos, y la anécdota, de veracidad nebulosa, no indica crueldad, sino frialdad. Para Franco, los sentenciados eran culpables de muy graves delitos, y difícilmente le conmovería su destino. No se sabe, por ejemplo, que quienes ordenaron el bombardeo de Dresde mostraran compasión, pese a no poder ser acusadas las víctimas de ningún crimen.

La izquierda, aún más exagerada, atribuía al terror franquista hasta un millón y más de asesinatos y ejecuciones, 200.000 de ellos sólo en la posguerra. Cifras así circularon muchos años, hasta que en 1977 Ramón Salas Larrazábal, en *Pérdidas de la guerra,* obra extraordinariamente cuidadosa y documentada, probó su gratuidad. En cuanto a la represión contraria, la Causa General había rebajado nada menos que en cinco veces la cifra de sus víctimas, hasta 85.000, y la investigación del obispo A. Montero sobre la persecución religiosa, en 1961, había reducido ésta de 12.000 y hasta 25.000 clérigos presuntamente exterminados, a 6.832, cifra revisada luego al alza, pero ligeramente.

Salas cuantificaba la represión izquierdista en 72.000 muertes, y la derechista en 35.000, más 23.000 en la posguerra, hasta un total de 58.000. Aunque esos datos han sido corregidos posteriormente, el trabajo de Salas marca un antes y un después, y los más acérrimos defensores de las viejas cifras han tenido que trabajar en torno a las suyas... excepto Preston, que con desparpajo reintrodujo ¡en 1993! los pretendidos 200.000 fusilados de posguerra, entre otras perlas de rigor historiográfico.

Las correcciones a Salas han sido principalmente las recogidas en el libro coordinado por Santos Juliá *Víctimas de la guerra,* y las de A. D. Martín Rubio, en *Paz, piedad, perdón... y verdad,* y en *Salvar la memoria.* El de Juliá, indisimuladamente panfletario, habla de más 130.000 víctimas de los nacionales y menos de 50.000 de los populistas, pero al menos ha de girar sobre el estudio de Salas, sin las desorbitadas exageraciones tradicionales. Los autores de *Víctimas* intentan reiteradamente desprestigiar a Salas, pero cualquiera que tenga ocasión de leer ambos libros constatará de inmediato la muy superior valía científica y ecuanimidad del de Salas.

Víctimas utiliza estudios provincia por provincia, de autores para quienes el terror populista era «popular» y el derechista «antipopular». Ello aparte, observa Martín Rubio, «no resulta legítimo elaborar una suma a partir de trabajos tan diferentes en su metodología científica ni en los criterios empleados. Habrá que precisar en primer lugar qué se entiende por «represión», delimitar después el marco cronológico, hacer homogéneos los resultados de las monografías provinciales y llevar a cabo, sólo entonces, la valoración final. Y, sobre todo, habrá que poner un nombre detrás de cada cifra, evitando así que se diga haber identificado a miles de víctimas de la represión que no existen más que en la imaginación de misteriosos *testigos* (sean anónimos o no), en la llamada «voz popular», o en difícilmente justificables *estimaciones*.

Corrigiendo a Salas, Martín Rubio rebaja a unos 60.000 los muertos por el terror izquierdista y aumenta los del nacional hasta 83.000, incluyendo entre 25.000 y 30.000 de la posguerra. Estos datos, probablemente los más cercanos a la realidad, indican que la terrible siega durante la guerra fue bastante pareja en los dos campos, si bien más intensa en el populista, al haberse ejercido sobre la mitad del territorio nacional, y no sobre la totalidad, como pudieron hacer los vencedores. A las cifras izquierdistas debieran sumarse las de la represión entre ellos mismos, muy poco estudiadas.

La crítica a la represión de posguerra debe tener también en cuenta que, si bien hubo inocentes entre sus víctimas, la mayoría fueron condenados, muy probablemente, por crímenes a veces horrendos. Pero esta distinción no suele hacerse, y los críticos acostumbran meter en el mismo saco a ajusticiados tipo García Atadell con represaliados tipo Besteiro, condenado a prisión con evidente injusticia.

En años recientes, autores y grupos variopintos han recurrido sin tasa a una visión unilateral y exagerada del terror franquista para crear en el público una definitiva imagen de Franco y de su conducta bélica. *Víctimas de la guerra* ha disfrutado de extraordinaria difusión y apoyo, tanto en la izquierda como en la derecha, recibiendo mil elogios en la prensa, la radio y la televisión. Por el contrario, *Salvar la memoria,* mucho más ecuánime y ajustado, quedó sumido en un silenciamiento opresivo y manipulador, y su difusión apenas ha pasado de los especialistas. La casi totalidad de los periodistas y creadores de opinión pública en torno a estos temas sólo han leído una versión. Y el esencial libro de Salas resulta inencontrable, por supuesto.

El tema ha pasado a la literatura y el cine, siempre con la misma mezcla de ignorancia y sectarismo, mientras asociaciones diversas promueven campañas de propaganda en torno a tal o cual «fosa común» descubierta, en torno a la identificación de tal o cual cadáver, sin olvidar la referencia constante a García Lorca, a fin de mantener abierta la llaga so pretexto de «recuperar la memoria histórica» ... tratando de sepultar en el olvido, claro está, a las víctimas contrarias, sacrificadas, en definitiva, por la «indignación popular».

Vista la cuestión en perspectiva, resulta más que dudoso que la crueldad y la responsabilidad de Franco fueran mayores, en todo caso, que las de los dirigentes contrarios, y causa pasmo oír tales acusaciones en boca de historiadores y comentaristas cuyos modelos y héroes han sido personajes incomparablemente más sanguinarios, como Stalin. Volvemos a comprobar cómo subsiste en ciertos ámbitos una mentalidad de guerra civil, con los viejos clichés apasionados y fanáticos, inmune a la crítica y al examen de los hechos. El supuesto de que Franco se habría rebelado contra un gobierno legítimo, y aplastado una república democrática, es la base que parece justificar todos los denuestos y maldiciones. El mismo supuesto permite, por el contrario, glorificar sin tasa a Azaña, Negrín o Prieto, según preferencias, o excusar cualesquiera de sus errores. Sin embargo Franco no creía haberse rebelado contra una república democrática, sino contra un extremo peligro revolucionario. ¿Tenía razón? Si los datos expuestos en esta investigación son correctos, como confío, no puede haber la menor duda de que la tenía.

EPÍLOGOS

Epílogo I

LA GUERRA CIVIL ESPAÑOLA EN EL SIGLO XX

La Guerra Civil española fue española en su carácter, y no debió de ser nunca identificada con los antagonismos europeos: Alemania y las potencias occidentales, fascismo, comunismo, capitalismo y socialismo. España era un país solitario y debió habérsele dejado en su soledad. Como conflicto interno español por completo, tal vez se hubiera resuelto más rápida y menos terriblemente. Golo Mann [1].

A menudo hablábamos de España, y recuerdo su observación cuando se sorprendió de ello: «¿Por qué pensamos tanto en ello? ¿Nostalgia de nuestra juventud? No. Fue una guerra de hombres, sin duda la última. Paul Nothomb y A. Malraux [2].

Los manuales recientes sobre historia del siglo XX parecen seguir el consejo de G. Mann de marginar la guerra de España. Así, en las mil quinientos páginas dedicadas al siglo XX en la *Historia Universal* dirigida por el propio Golo Mann y Alfred Heuss, dicha contienda sólo recibe dos cortos párrafos. La *Historia Oxford del siglo XX* apenas le hace unas referencias marginales, sin nombrar siquiera a figuras tan significativas como Azaña o Negrín, mientras aparecen Mugabe, Somoza, Elvis Presley, Trujillo, políticos secundarios anglosajones, etc. Franco recibe tres menciones, número alto, pues Churchill tiene cinco. La *Historia general del siglo XX,* de G. Procacci, le dedica un breve capítulo, citando una vez a Negrín, tres a Azaña y seis a Franco. La *Historia del siglo XX*, de E. Hobsbawm cita siete veces a Franco, más por su régimen que por la guerra, y ninguna a Azaña o a Negrín. Etc.

Sin embargo, en su momento, nuestra guerra tuvo una formidable resonancia mundial, suscitó pasiones y partidismos entre las masas y entre la intelectualidad europea y americana, e incluso asiática, como en la India o China. Decenas de miles de hombres vinieron voluntarios a luchar en uno u otro bando, de preferencia en el Frente Popular. Las potencias europeas tomaron posición, unas interviniendo con armas y soldados, y otras con un abstencionismo muy distinto de la inhibición.

La emocionalidad se ha prolongado en el tiempo, y ha producido una bibliografía inundatoria, una de las más nutridas sobre cualquier suceso del siglo XX. Aun hoy, más de sesenta años después, no da signos de cesar la fascinación, y siguen saliendo nuevos títulos, no sólo en español, sino en inglés, también en francés, con menos frecuencia en alemán o italiano, así como cientos de artículos en revistas especializadas y prensa común. Por consiguiente sigue hablándose mucho de aquella guerra, como hacía Malraux, y a veces con el mismo apasionamiento de antaño. El tema parece siempre inconcluso, y en torno a él continúan justificándose y peleando las ideologías y las propagandas, con frecuencia a costa del rigor historiográfico.

En el momento bélico, esa atención rompió una tendencia que justificaba las frases de Golo Mann separando lo español de lo europeo. Desde la guerra de Independencia, a principios del siglo XIX, España, sometida a graves agitaciones internas, pasó poco advertida en la escena del mundo, aunque resulta exagerado llamarle nación solitaria. En aquel siglo, el país había perdido la carrera de la revolución industrial, pero en el XX, especialmente bajo la dictadura de Primo de Rivera, empezaba a recobrarse de su rezago. Y si bien sufría una clara inferioridad respecto a las naciones ricas, no tanto al conjunto de Europa, pues ocupaba un buen puesto, probablemente detrás de Italia y Checoslovaquia, en el semicírculo de naciones extendido desde Irlanda a Finlandia por el Mediterráneo y el este europeo. También, perdidos los restos de su imperio en América y el Pacífico, retenía una presencia menor, pero significativa, en África. Había sido de los contados países europeos neutrales en la I Guerra Mundial, pero en agosto de 1917 había sufrido un movimiento revolucionario izquierdista, en la onda de las alteraciones continentales. La posguerra había visto el triunfo marxista en Rusia, movilizaciones extremistas en numerosos países, y, en parte como reacción, un deslizamiento hacia soluciones autoritarias o fascistas. España había participado de ambas tendencias, con la ola de terrorismo de los primeros años veinte y luego con la suave dictadura de Primo de Rivera, que había apuntillado al régimen liberal de la Restauración.

Después, a principios de los años treinta, España se dotó de un régimen en principio democrático, la II República, a contracorriente del impulso autoritario europeo. La II República vivió cinco años entre crisis, insurrecciones y terrorismo. En aquel continente convulso, España lo era especialmente, sin por ello atraer mucha curiosidad del exterior. Sólo la insurrección de octubre de 1934, la «nueva *Commune*», despertó un momentáneo interés general.

Si la influencia política hispana tenía poca amplitud, mayor tenía la cultural. Europa vivía tiempos de extraordinaria creatividad, idos con la II Guerra Mundial para no volver luego, y España participaba de ella: Unamuno, Ortega, Picasso, Buñuel, Ramón y Cajal, Dalí, García Lorca, Baroja, Valle-Inclán y otros, gozaban de reconocimiento en el extranjero. Esta proyección ampliaría el eco mundial de un conflicto en un país políticamente marginal, pero no propiamente aislado.

La pasión por la guerra de España brotó, en primer lugar, del clima prebélico reinante en el continente europeo. La URSS nunca había ocultado su voluntad de extender su sistema por el mundo, empezando por Alemania, y a tal efecto había creado la Comintern (Internacional Comunista o III Internacional), conjunto de partidos manejados con puño de hierro desde Moscú. Las revoluciones parecían a la vuelta de la esquina. En el ambiente de frustración de los años treinta, causado o agravado por la depresión económica mundial, las naciones eran sacudidas por protestas y agitación de masas. Desde 1933, cuando Hitler llegó al poder, el fantasma de una guerra general empezó a dibujarse con creciente nitidez en el horizonte.

Los nazis aspiraban a convertir a Alemania en la potencia rectora de Europa, y a conquistar un inmenso «espacio vital» a costa, especialmente, de Rusia. Para cumplir sus planes necesitaban dar varios pasos previos, como la anexión de Austria y la ocupación de Checoslovaquia y Polonia, y al mismo tiempo rearmarse, rompiendo los tratados nacidos de la I Guerra Mundial. El auge nazi originó, a su vez, una carrera armamentista, y el continente se convirtió en un polvorín. En ese polvorín, la contienda española venía a ser una mecha encendida, amenazando hacerlo estallar, y de ahí la mezcla de excitación y miedo que suscitó.

En la I Guerra Mundial las masas habían ido alegremente a la batalla, pero la experiencia las había escarmentado, y pocos miraban con entusiasmo una repetición de la matanza. No obstante, y entre mil promesas de paz, el camino hacia la guerra parecía de obligado recorrido, y esta expectativa originaba cálculos diversos. Básicamente, si la contienda estallaba entre Alemania y las democracias (Francia y Gran Bretaña, ante todo), cabía esperar un mutuo desangramiento, y la rápida expansión de la planta revolucionaria en las ruinas de Europa occidental, para beneficio de la URSS; si, por el contrario, la guerra surgía entre Alemania y la URSS, ambos totalitarismos podrían agotarse, en provecho de las democracias. Esta alternativa motivaría, al menos en parte, la «comprensión» y «debilidad» de Londres y París ante la expansión nazi por Austria y Checoslovaquia. Y también explica el interés de Stalin por mantener encendida la mecha española, tratando de forzar el choque de las democracias con el nazismo, al tiempo que buscaba un acuerdo con Hitler.

En buena medida, la proyección exterior del conflicto español resultó de esa pugna entre la URSS y las democracias, la primera por extender la contienda a Europa occidental, y las segundas por evitarlo. Vista desde el Kremlin, la actuación de Italia y Alemania en España, país situado a espaldas de Francia y sobre vitales líneas de comunicación del Imperio Británico, parecía una amenaza crucial para los intereses de Francia y Gran Bretaña, y por tanto una magnífica ocasión para que todas ellas se enzarzasen. Pero las democracias, ansiosas por mantener aislada la llama española, diseñaron una política de «no intervención», asumiendo un cierto riesgo de expansionismo nazi por la Península Ibérica, en el cual tampoco creían demasiado. A Hitler, el escenario peninsular le interesaba para evitar una alianza francoespañola, como campo de entrenamiento militar, y para ganar un amigo, aunque el amigo mostrara pronto demasiada independencia. Para Mussolini, una España pro fascista aumentaría su influencia estratégica y comercial; pero Londres, y también París, deseaban atraerse al *Duce*, dada su peligrosidad y belicosidad muy inferiores a las germanas, y su régimen mucho más moderado, además de desconfiado hacia Hitler.

En tal cúmulo de peligros y expectativas continentales se desarrollaba el conflicto español, y de ahí, en parte, la conmoción que produjo.

Pero por encima de los meros cálculos estratégicos y políticos, esta guerra adquirió una vasta dimensión ideológica y espiritual.

En España, como en el resto de Europa y de buena parte del mundo, la época posterior a la guerra del 14 contempló una crisis profunda del liberalismo y la democracia, y también de la religión. Mucha gente creía opuestas al progreso las ideas cristianas, y un residuo decimonónico las liberales, fardos del pasado a liquidar en el más avanzado siglo XX. Cristianismo y liberalismo habían perdido atractivo entre las masas obreras, parte de las medias y de la juventud, mientras diversos movimientos y organizaciones trabajaban con energía, y a menudo con violencia, por acabar de erradicarlos. Los valores de la familia, la propiedad privada, la religión y el estado liberal sufrían una profunda erosión. Cuando, a principios de los años treinta, la crisis ideológica se combinó con la económica, la balanza del destino pareció inclinarse definitivamente contra aquellas viejas herencias, mientras los totalitarismos nazi y soviético exhibían a los cuatro vientos sus triunfos económicos y sociales. Incluso sistemas de fuerte raigambre liberal, como el inglés, injertaban medidas e instituciones estatalizantes, para adaptarse a los nuevos tiempos.

Tanto el régimen nazi como el comunista, en disputa por decidir el futuro del mundo, tenían un fondo común de darwinismo, considerando la sociedad humana como el escenario de una lucha por la existencia. Esa lucha constituiría la única realidad histórica de fondo, con respecto a la cual las prédicas religiosas o la verborrea liberal y democrática constituirían velos hipócritas, encubridores de la explotación de las masas por los privilegiados, o de la opresión de pueblos enteros. El comunismo cultivaba el «ateísmo militante», y el nazismo un estilo neopagano y ateoide. Sus críticas, a veces agudas y siempre muy agresivas, desgarraban las ilusiones *burguesas,* tachadas de falsas e interesadas, y sacaban a la luz la *verdad científica* de la vida social: un combate despiadado, del cual debía salir triunfante el *proletariado*, según los comunistas, y una especie de aristocracia *aria*, según los nazis.

En esa pugna los *prejuicios* democráticos, las *falacias* religiosas sobre la compasión, la dignidad humana y similares estaban de sobra, constituían cadenas atadas a los pies de los mejores, el partido *proletario* o el de la raza *aria*, llamados a alumbrar un mundo nuevo inmensamente superior al entonces agonizante. Los métodos empleados en la URSS o en Alemania podían ser, se admitía, implacables y sanguinarios, pero les aureolaba el éxito, prueba de su carácter científico. Junto a su sugestión espiritual, otra causa de la fuerza expansiva de los totalitarismos radicaba en sus organizaciones disciplinadas y fanatizadas, volcadas en su causa con una entrega que aun mirada en la distancia infunde temor y asombro. Para millones de europeos, el camino y la esperanza estaban en aquellos movimientos.

Por esta razón, y pese a transcurrir en un escenario relativamente marginal, el conflicto hispano fue entendido y a menudo vivido como conflicto de fuerzas y tendencias mundiales, verdadero choque de civilizaciones, «lucha épica, y hasta bíblica, entre el bien y el mal», tanto para las izquierdas como para las derechas. Stalin definió el combate del Frente Popular como «la causa común de toda la humanidad avanzada y progresista», y la Comintern declaraba: «Por su heroica lucha por la libertad, el pueblo español se ha colocado a la cabeza de las naciones de Europa Occidental, encarnando la dignidad de Europa. Sus armas no salvaguardan solamente la libertad, sino el honor de un continente».

Los numerosos extranjeros partidarios del Frente Popular coincidían de lleno, y acusaban acerbamente a las democracias por no comprometerse a fondo en la lucha contra el fascismo y por la libertad de todos. En España, también las izquierdas daban a la confrontación un alcance histórico y global, expreso en mil frases: «En esta lucha titánica ventilamos el porvenir no sólo de

España, sino del mundo entero». O el fascismo, que es la muerte, y el clero con su cruz ensangrentada, o el pueblo español, que es el progreso y la libertad.» «El Frente Popular defendía la causa de todos los pueblos, defendía la paz y la democracia.» El fracaso del asalto franquista a Madrid, en noviembre del 36 quedó como la primera derrota del fascismo en el mundo, lograda con el esfuerzo, no sólo de los españoles, sino de los soviéticos y de voluntarios llegados de decenas de países: «Madrid, en esta hora, es la patria del mundo y la madre gloriosa de los siglos libertadores».

De modo simétrico, los sublevados derechistas valoraban su lucha como una defensa de los valores religiosos, familiares y de la propiedad privada, tan en crisis por entonces; como una defensa de la cultura europea y cristiana: «Una mano secreta desde la noche oscura, ha ordenado una siega satánica de cruces», dice un famoso poema de J. M. Pemán. Para Franco: «estamos ante una guerra que reviste, cada día más, el carácter de cruzada, de grandiosidad histórica y de lucha trascendental de pueblos y civilizaciones. Una guerra que ha elegido a España, otra vez en la Historia, como campo de tragedia y de honor para resolver y traer la paz al mundo enloquecido de hoy día». El obispo catalán Pla y Deniel escribió en *Las dos ciudades:* «El año 1936 señalará época, como piedra miliar, en la historia de España (...). En el suelo de España luchan hoy cruentamente dos concepciones de la vida, dos sentimientos, dos fuerzas que están aprestadas para una lucha universal (...). Ya no se trata de una guerra civil, sino de una cruzada por la religión y la patria y la civilización».

En esa impresión intensamente emotiva también incidió la visión romántica de España y de su conflicto como «la última guerra de hombres», por su apasionamiento y porque todavía no intervinieron de lleno en ella las maquinarias militares abrumadoras, tecnificadas e impersonales, propias de las guerras modernas.

Así, en el escenario hispano combatían fuerzas presentes en el resto del mundo y determinantes de su evolución, y en ese sentido se encuadra, a despecho de G. Mann, en los conflictos y la crisis general de la época. No obstante, también tuvieron muy destacado relieve las particularidades hispanas, tales el carlismo o el anarquismo, ausentes o casi en el resto de Europa. Pero el rasgo más peculiar y crucial fue el estallido de una persecución anticristiana sin paralelo, salvo en la Revolución Francesa o en el Imperio Romano, la cual motivó una fortísima reacción en sentido contrario, y dio a la contienda un tinte religioso impensable en el resto de Europa. Incluso se ha hablado de «guerra de religión», retoño tardío de las europeas en los siglos XVI y XVII, de las que España se había librado. Esto es forzar mucho la nota, si bien con un componente de realidad.

El sello del catolicismo en la historia de España es profundo, y requiere aquí una breve digresión, porque ayuda a explicar un rasgo esencial de la guerra. En Irlanda o Polonia, otros países de frontera, esta religión también estuvo unida íntimamente a la forja de la nacionalidad: en Polonia, frente la ortodoxia rusa y el protestantismo prusiano, a cuyas manos sucumbió el país varias veces; en Irlanda, contra el protestantismo inglés, vencedor también por varios siglos. No obstante, el enemigo en estos casos era alguna variante cristiana; en España la diferencia cultural y política con el adversario había tenido mucho mayor calado, pues se trataba del islam, dominador de buena parte del país durante cinco siglos, y de un residuo considerable dos siglos largos más. España se había reconstruido en pugna con Al-Andalus*, partiendo de unos mínimos núcleos de resistencia, y es quizá el único país del mundo que, habiéndose islamizado en gran medida, volvió al cristianismo y a la cultura europea. Esta larguísima pugna mar-

* Al-Andalus no se limitaba a Andalucía, pues incluía toda la península sometida al islam.

có la mentalidad popular, y creó una fuerte peculiaridad con respecto al resto de Europa, ajena a tal experiencia; aunque beneficiaria de ella, pues España, con su reconquista constituía una línea avanzada de defensa del continente*.

Ello es bien conocido, pero suele prestarse menos atención a otro largo proceso histórico no menos crucial. La cima de la reconstrucción de España, alcanzada entre finales del siglo XV y principios del XVI, coincidió con una nueva oleada de expansión islámica, esta vez de la mano del Imperio Otomano, la auténtica superpotencia de la época, que no ocultaba su designio de devolver España al islam y dedicar a pesebres para los caballos las aras del Vaticano. El Magreb se convirtió en una base de piratería e incursiones turco-berberiscas, mientras Italia y las posesiones españolas en ella sufrían la constante amenaza del turco, dueño del mar. España, entonces, volvió a hallarse en primera línea, país de frontera nuevamente. El poderío otomano tenía ímpetu bastante para extender sus brazos no sólo por el Mediterráneo sino también por el continente, desde los conquistados Balcanes hacia el centro de Europa. La segunda línea expansiva también afectaba a España, por la alianza familiar de los Habsburgo y por una percepción del peligro más aguda que en otros países, y así este país

* Rusia tomó forma en lucha con los tártaros, pero no llegó a estar islamizada. Creo, por otra parte, que no deben desconcertar ciertas leyendas sobre la «tolerancia» en la Edad Media, o las fantasías de Américo Castro. Hubo una larga coexistencia entre cristianos, musulmanes y judíos, pero no convivencia entre iguales. Unas regiones eran cristianas, y otras musulmanas, con pleno dominio político y cultural de unos o de otros. En ambas alternaron períodos de tolerancia y de dura opresión hacia los sometidos, pero, desde luego, los tolerados hubieran preferido ser ellos quienes tuvieran el poder, y ejercerlo con más o menos tolerancia, según les conviniera.

asumió la defensa de Europa desde Viena al Magreb, convirtiéndose en el principal freno al expansionismo musulmán*.

Esa lucha, de por sí muy ardua, lo fue más con la escisión protestante y las guerras consiguientes entre cristianos. También entonces tomó el país sobre sí la defensa de lo que consideraba la unidad cristiana, tanto en el campo político y militar como en la promoción de la Reforma católica, culminada en Trento. La unidad cristiana urgía tanto más a los españoles frente a un islamismo a la ofensiva, pero no lo apreciaban de igual modo los «herejes», que sentían la amenaza musulmana mucho más remota, al no encontrarse en primera línea ni sufrir directamente sus embates.

Es más, los protestantes buscaron permanentemente la alianza con los turcos, para atacar a la católica España, cuya lucha en dos frentes, agotador cada uno, se complicó en sumo grado. Peor: la católica Francia aunó su fuerza con la otomana y a veces con la protestante, convirtiéndose en una verdadera plaga para el esfuerzo hispano**.

Otro grave peligro nacía de la presencia en territorio español de una quinta columna formada por una masa de población

---

* Cuando los turcos amenazaban Hungría, Lutero censuraba la resistencia, por contraria al designio divino: con la invasión turca, Dios castigaba los pecados de los cristianos. Aunque cambiaría de postura y algunos protestantes ayudaron, más tarde, a la defensa de Viena.

** Aparte de la acción combinada franco-protestante-otomana, España sufría las continuas incursiones piráticas y de caza de cautivos desde el Magreb, en las cuales participaban activamente los protestantes. Francia convirtió su puerto de Tolón en base otomana, centro de un activo tráfico de esclavos europeos y de una piratería sistemática. La victoria cristiana en Lepanto, fue recibida con suma consternación en Francia y en los países protestantes, los cuales animaron a los turcos a no cejar en la lucha «contra los idólatras españoles», en frase del embajador inglés en Constantinopla. Por paradoja, fueron un alivio para Madrid las cruentas guerras de religión francesas, al distraer de aventuras exteriores a los reyes del país vecino.

musulmana, añorante de Al-Andalus, esperanzada en el poderío turco, y presta a apoyar las incursiones magrebíes*. La gran rebelión morisca en Granada, en 1568 contó enseguida con la ayuda de protestantes y turcos.

Contra enemigos tan numerosos y potentes, España tenía la ventaja de su imperio ultramarino, del cual extraía cuantiosos recursos financieros, si bien en contrapartida se veía obligada a dispersar por medio mundo sus no muy nutridas fuerzas. Y podía reclutar tropas y medios en Alemania, Italia, Flandes y otros lugares, pero en conjunto la tarea necesariamente le desbordaba, pues el país no era de por sí una gran potencia. Su población no pasaba de la mitad de la vecina Francia, con una administración mucho menos centralizada, y, en tiempos de economía fundamentalmente agraria, tenía suelos peores y mucha menos agua que Francia, Inglaterra, Países Bajos o Alemania. En realidad, España era inferior materialmente al Imperio Otomano (el sultán percibía rentas dobles que Carlos I) y a Francia, no digamos al conjunto de sus enemigos, y su defensa fue siempre precaria y difícil. A duras penas lograba defender su litoral frente a la piratería incesante turco-berberisca y a la frecuente de los ingleses, y en 1560 llegó a quedar desguarnecida, a merced de un gran ataque por el Mediterráneo, aunque los turcos no llegaran a aprovechar su magnífica oportunidad, quizá por no haberla percibido a tiempo.

Sorprende cómo una nación con tales desventajas logró sostener durante un siglo y medio una lucha de frente y por la espalda, por así decir, infligiendo a sus enemigos más reveses que los sufridos de ellos, y marcar los límites a la expansión turca, francesa y protestante, desarrollando al mismo tiempo una brillante

---

* Algunos autores han pintado un cuadro muy distinto, como una población pacífica y ajena a la política internacional y al recuerdo de Al-Andalus. Pintura muy difícil de creer.

cultura. Pero así ocurrió, según todo indica. En cambio perdió desde muy pronto la batalla de la propaganda política, que en sus formas modernas nació entonces, y nació en gran medida como propaganda antiespañola, consolidada en la llamada «Leyenda negra», compuesta con algunas verdades y muchas exageraciones. A su vez, aunque España nunca fabricó una propaganda similar contra sus adversarios, la experiencia de aquel siglo y medio motivó en ella un cierto desprecio y resentimiento hacia el norte de los Pirineos*.

En los siglos XIX y XX la «Leyenda negra» caló también en España, y de modo muy pronunciado tras la crisis moral del 98 y la pérdida de las últimas colonias en América y el Pacífico. El rencor por la decadencia, atribuida al catolicismo, unido a las prédicas de la masonería y el liberalismo jacobino, hicieron de la Iglesia, en la mentalidad de las nuevas fuerzas revolucionarias y republicanas, el obstáculo principal a la modernización del país. Había que romper con la historia de España, y particularmente con su componente religioso. Como expresó Azaña, «Nada puede hacerse de útil y valedero sin emanciparnos de la historia. Como hay personas heredo-sifilíticas, así España es un país heredo-histórico.»

---

* La memoria de los tiempos de gloria, «el Siglo de Oro», y de la lucha contra tantos enemigos, hizo probablemente que en España fuese recibida la Ilustración con fuerte desconfianza, máxime cuando ésta tomó, a partir de Francia, un tono abiertamente antiespañol. Véase en Azaña otra interpretación de la época, muy compartida en las izquierdas revolucionarias y jacobinas: «España es víctima de una doctrina elaborada hace cuatro siglos en defensa y propaganda de la Monarquía católica imperialista, sobrepuesta con el rigor de las armas al impulso espontáneo del pueblo». Se sobreentendía que el pueblo así oprimido debía de ser indiferente en religión, espontáneamente preazañista, cosa improbable.

Creo que sin atender a la historia anterior no se entendería el peso del factor religioso en la guerra civil, ni su eco externo. Como herencia de aquellos siglos, el país conservaba en el XX, pese a su relativa marginalidad, una proyección mundial, manifiesta en hechos como el ser su idioma el segundo más hablado de Occidente. También heredaba de los países del norte una buena tanda de desprecios: «África empieza en los Pirineos», «Ese trozo de África pegado a la inventiva Europa», «Una gran ballena varada en la costa de Europa», y otras expresiones conocidas revelaban una opinión hostil y despectiva muy extendida*, con toda la carga de desdén y animosidad suscitados por la palabra África en aquellos europeos. Esa hostilidad venía compensada en parte por una cierta simpatía de los católicos, por visiones románticas, o por una vaga mala conciencia, expresada, por ejemplo, por H. de Montherlant: «España es una de las naciones más odiadas de Europa porque es diferente y porque es noble, dos rasgos que sólo se le perdonarían si tuviera poder, y no lo tiene.»

---

* Los prejuicios siguen muy vivos. Salvador de Madariaga cuenta sobre su famoso libro *España:* «No ha habido edición francesa. Sin proponerme analizar las razones para tal curiosa omisión, me limitaré a decir que cuando todo estaba dispuesto para publicar una edición en París, cambió la escena súbitamente terminando esta aventura con la publicación de una Historia de España y Portugal fuertemente antiespañola por una editorial protestante. Formidable vitalidad de la sombra de Felipe II». Las campañas y agitaciones europeas relacionadas con España, como la defensa del terrorista pedagogo Ferrer Guardia, retomaban los viejos tópicos: «La España negra», «la intolerancia y la crueldad», «la España de la Inquisición», etc. (Si bien la Inquisición española no parece haber sido más cruel que las inquisiciones protestantes. Vale la pena recordar que la primera ocasionó unas mil ejecuciones, probablemente menos, en sus tres siglos de existencia, mientras que sólo el rey Enrique VIII hizo ejecutar triple número de católicos en Inglaterra, por entonces bastante menos poblada que España).

Así, al componente de las tensiones internacionales y la lucha de ideologías, la guerra hispana añadía el matiz, diluido y a veces no muy consciente, pero detectable, de un ajuste final de cuentas por los hechos de los siglos XVI y XVII, de una revancha definitiva sobre el «oscurantismo católico»; o bien, al contrario, de una victoriosa reivindicación del catolicismo, aunque fuera en un país muy venido a menos material y políticamente.

Terminado el conflicto en abril de 1939, con la victoria del bando derechista o nacional, quedó claro el error de Franco al considerar que la experiencia española traería la paz «al enloquecido mundo de hoy», pues sólo pasarían cinco meses hasta que una guerra mucho más brutal y arrasadora estallara en Europa. Por simple razón de proximidad temporal, la contienda española ha sido considerada el prólogo de la mundial, o incluso su primera batalla. Desde luego muchas de las fuerzas presentes en España lo estuvieron también en la guerra subsiguiente, pero lo hicieron en forma y proporciones demasiado distintas. Nazis y soviéticos, enfrentados radical, aunque indirectamente en España, aparecieron cinco meses después repartiéndose amistosamente Polonia. Las democracias no se implicaron en España, pero sí contra Alemania, mientras la URSS se abstenía. En su segunda fase, la guerra mundial tomó la forma de una alianza entre las democracias y la Unión Soviética contra Hitler, disposición nada común con la ocurrida en España. Finalmente, España permaneció neutral, y en la posguerra el régimen de Franco, sometido a presiones y amenazas en apariencia irresistibles, aguantó, y no sufrió el destino de los regímenes nazi y fascista, a los cuales lo asimilaban muchas gentes. Por tanto, la identificación entre ambas guerras resulta arbitraria*.

* La proximidad en el tiempo suele crear espejismos, ha observado el estudioso J. M. Carrascal.

No por ello dejó de tener influencia el resultado del conflicto español en el mundial, al ser precisamente la victoria de los nacionales lo que permitió la neutralidad posterior de España. Ya antes de su triunfo declaró Franco su neutralidad para el caso de una guerra europea, y obró en consecuencia llegado el caso, fueran cuales fueran sus tentaciones o vacilaciones. De haber ganado las izquierdas, Alemania habría invadido la península y con toda probabilidad cortado el estrecho de Gibraltar, vital para Gran Bretaña.

No siempre se ha apreciado debidamente la trascendencia de la neutralidad española en la guerra mundial. Dada su debilidad, España representaba poco como aliada para las democracias, pero no así para Alemania, debido a su posición estratégica, a espaldas de Francia y sobre líneas de abastecimiento muy fundamentales del Imperio Británico. Tras la derrota de Francia en 1940, que dejó a Gran Bretaña contra las cuerdas, y luego durante las campañas de Libia y Egipto, el control del estrecho de Gibraltar tuvo un valor crucial, y volvió a tenerlo ante el desembarco anglouseño en el Magreb, a finales de 1942. El paso de ese control a Alemania habría sido un auténtico desastre, de imprevisibles consecuencias, para las democracias. Por eso la neutralidad española rindió a los Aliados un beneficio estratégico muy de primer orden, y a las potencias fascistas sólo ventajas tácticas menores, como facilidades de información y aprovisionamiento, insignificantes al lado del anterior.

Pese a ello, al terminar la guerra mundial, el régimen franquista sufrió el boicot y la hostilidad de los vencedores, con especial empeño de Stalin, que había sufrido en España un descalabro no por indirecto menos doloroso, y luego había soportado la presencia de la División Azul en su territorio. Franco calculó que la alianza entre las democracias y Stalin sería pasajera, y acertó. Logró resistir y superar el bloqueo internacional, y luego participar en la *guerra fría* contra la URSS.

Por lo demás, el régimen franquista se presentaba no sólo como vencedor de la revolución, sino como alternativa a la democracia liberal «inorgánica», y por tanto como un modelo político con capacidad de proyectarse fuera de sus fronteras. Sin embargo la aplastante superioridad material de sus adversarios en la posguerra hacía inviable cualquier intento de expansión ideológica, y forzó al régimen a replegarse sobre sí mismo. Aparte de simpatías en algunos países y sectores políticos americanos, europeos y árabes, la influencia exterior del régimen como modelo político fue insignificante.

Mucho más relieve tuvo su proyección indirecta a través de la Iglesia mundial, durante los años cuarenta y cincuenta. España conservaba un prestigio notable en esos medios, y fue un gran venero de actividad misional. De ahí que al comenzar el Concilio Vaticano II, en 1962, auspiciado por Juan XXIII, las delegaciones españoles acudieran creyendo representar un ejemplo. Cuál no sería su sorpresa cuando la doctrina prevaleciente fue la del grupo de presión «Alianza Europea», con especial relieve del obispado alemán proclive a una «puesta al día», a sustituir la condena al marxismo por el diálogo, etc. Por entonces el comunismo había cubierto media Europa y buena parte de Asia, presionaba con dureza en los principales países eurooccidentales, especialmente Francia e Italia, ponía pie en el continente americano a través de Cuba, pesaba fuertemente en los nuevos países de Asia y en los movimientos anticoloniales de África, lograba triunfos técnicos como el primer satélite artificial o el primer hombre en el espacio, disponía de inmenso poderío militar y atómico, y manifestaba, en general, un dinamismo expansivo apabullante. Muchos, en el mundo católico, creían probable su triunfo general en plazo más o menos largo, y esa impresión debió de influir en el lanzamiento de una política crudamente distinta a la sostenida por la Iglesia española salida de la guerra civil. La postura hispana, más tradicional y avalada, en su propia opinión, por sus miles de mártires y su éxito social, influía poco, incluso en el sector conservador del «Grupo Internacional de Padres».

Con ello, el ascendiente español fue diluyéndose también en el orden religioso durante los años sesenta, en medio de una aguda crisis del catolicismo en el mundo. El papa Juan Pablo II orientó más tarde un relativo cambio de rumbo, contrario a las corrientes izquierdistas abiertas por el Concilio Vaticano II, y manifiesto, entre otras cosas, en la beatificación de numerosos mártires cristianos de la guerra civil.

Si examinamos la proyección exterior de la contienda española en el siglo XX, encontramos, en suma, una influencia pasiva, pero muy relevante, en el curso de la guerra mundial, un influjo político muy débil del régimen resultante de la guerra, y un eco religioso difuso, si bien considerable, hasta los años sesenta. Pero sobre todo, ha quedado, para unos, como la «herida incurable», por la que consideran derrota de una democracia progresista a manos de la reacción y el fascismo; y para otros como la primera gran victoria sobre el comunismo, que habría contribuido a salvar de la revolución no sólo a España sino a la civilización cristiana y occidental; preludio de la victoria definitiva, llegada muchos años después, hacia finales del siglo XX.

Epílogo II

LA GUERRA CIVIL EN LA HISTORIA DE ESPAÑA

La explosión de odios de la guerra ha generado una copiosa y jeremaca literatura que la explica con invocaciones telúricas al carácter de los españoles y su violencia congénita. Hasta intelectuales de la talla de Menéndez Pidal cayeron en retóricas brumosas de ese jaez. Américo Castro, en particular, vio el guerracivilismo como una propensión de los españoles desde que éstos expulsaron a los más ilustrados componentes de su ser, el judaico y el morisco, para vivir luego en «un letargo sangriento y rencoroso». Dada la ignorancia de los españoles sobre sí mismos, sobre su verdadera y mutilada naturaleza tricultural, Castro los exhortaba a tomar «actitudes reflexivas» para que «los españoles, antes de matarse, miren lo que hacen», porque «se han matado unos a otros sin saber ni quiénes son, ni por qué se matan, ni por qué son tan duros ... de convivir» [1]. Tiradas similares abundan, en competencia o compañía de las cocinadas con «lucha de clases».

Los españoles serían violentos por comparación con los «europeos», al menos los de la Europa occidental y rica. Así se dice, cerrando los ojos a hechos como la mucho mayor explosión de odio y sangre comenzada en 1939 *. Sería difícil demostrar que

* Véase la desenvoltura de F. Borkenau: «Me atrevo a sugerir que quizás masacrar a todos los enemigos no sea tanto una costumbre anarquista, como, más bien, española» [2].

los españoles son más –o menos– violentos que cualquier otro pueblo. En todo caso, como ha observado Julián Marías, España resultó, desde los Reyes Católicos hasta el siglo XIX, uno de los países internamente más pacíficos de Europa, aserto extensible a su enorme imperio de entonces.

Lucubraciones como las de Castro, sostenidas contra toda evidencia, emanan del resentimiento contra la cultura e historia propias, ya aludido al hablar de Azaña, y muy extendido desde el 98. Y no dejan salida. Si los hispanos son violentos, intolerantes y obtusos, el único remedio para las escasas personas lúcidas que lo han descubierto sería cambiar de nacionalidad, por no ser víctimas de sus intratables connaturales. Sin embargo, en lugar de tomar acuerdo tan sensato, casi todos ellos prefieren persistir en sus plañideras e inútiles censuras, lo que hace sospechar en ellos una inteligencia quizá no tan grande como la que se autoatribuyen.

En contraste con la Edad moderna, la contemporánea sí ha resultado violenta en España, que en el siglo XIX sufrió constantes golpes militares y tres guerras civiles, las carlistas –si bien sólo la primera, de 1833 a 1840, tuvo verdadera amplitud–; y en el siglo XX una sola, pero trascendental. Opino que esas alteraciones se explican en muy buena medida por la irrupción de partidos revolucionarios jacobinos, y después obreristas. Tales partidos no aceptaban la realidad social del país para transformarla progresivamente, como hacía el liberalismo conservador, sino que la condenaban, y aspiraban a romperla y cambiarla de raíz. Como hasta la sociedad más tranquila y estable es un nido de tensiones e insatisfacciones, puede definirse la política normal como el arte de conducir esas tensiones, evitando su estallido. Por el contrario, el arte de la revolución consiste en exacerbar esas tensiones a fin de echar por tierra la sociedad execrada. El revolucionario cree poseer soluciones radicales para devolver al hombre a su naturaleza supuestamente auténtica, o a una especie de plenitud, emancipándolo de la opresión y alienación productos de una historia equivocada o algún poder siniestro, designado como «el capitalismo», la «reacción», etc. El grandioso objetivo justifica la mayor violencia. Ideas semejantes, referidas no a los hombres en general, sino sólo a algunos de ellos, aparecen en los nacionalismos de vocación balcanizante, producto también de la crisis del 98.

En la historia española de estos dos siglos observamos la acción revolucionaria detrás de todas las convulsiones. Se objetará que a su vez el empuje revolucionario reflejaba la insatisfacción y el sentimiento de opresión e injusticia de las masas. En parte es cierto, pero las realidades donde enraizaban tales sentimientos podían irse corrigiendo evolutivamente, aunque de modo parcial, pues no hay sociedad perfecta, y la solución de unos problemas y tensiones siempre abre la puerta a otros nuevos. Las masas, en general, preferían la evolución pacífica, como prueba el hecho de que los movimientos revolucionarios fueron muy minoritarios hasta la llegada de la república, naciendo su peligrosidad de su carácter extremadamente violento, y no de masas de seguidores. Justamente por su poca masividad, los jacobinos hubieron de recurrir constantemente al golpismo militar, y los obreristas al terrorismo o a intentonas combinadas con los primeros. Debemos insistir en el significado del golpe de Primo de Rivera, porque constituye una lección histórica: los revolucionarios tenían capacidad para arruinar al régimen constitucional, explotando sus libertades, pero no para sustituirlo. Pese a la mínima represión de Primo, los anarquistas y republicanos fueron reducidos a la pasividad, mientras los socialistas colaboraban con el dictador.

Otro factor a tomar en cuenta es que, entre tanto, el liberalismo conservador que había articulado el medio siglo de la Restauración, se había podrido, por así decir. La agresión revolucionaria no debe hacer olvidar la otra cara de la moneda: la corrosión del sistema liberal por unos líderes intrigantes y sin altura de miras, los cada vez más impopulares «politicastros». Incapaces de abordar los problemas de fondo y de emprender las necesarias reformas de la época, ellos contribuyeron a liquidar la Restauración, y así, el golpe de Primo de Rivera, en 1923, mataba a un muerto. Por eso, cuando, al irse el dictador, las viejas fuerzas reemergieron para intentar una transición democratizante, sus jefes, faltos de confianza en sí mismos y convencidos de su propia flaqueza moral, hundieron la monarquía, más que los republicanos.

Y en la república tomaron forma, por primera vez, movimientos revolucionarios de masas que, si antes habían podido perturbar al poder, ahora se sentían con fuerzas para derrocarlo u ocuparlo. Eso y la quiebra liberal cambiaron la distribución de fuerzas con respecto a la época anterior. Frente a la revolución no pudo alzarse un partido liberal, y la resistencia vino de un sector católico moderado, pero convencido de que la hora del liberalismo había pasado. El otro gran partido moderado fue el republicanismo histórico de Lerroux, perdido su viejo jacobinismo y convertido en lo más semejante a un partido liberal conservador que hubo esos años. Contra ideas muy comunes, la república sólo hubiera podido vertebrarse mediante la alianza de estos dos partidos, y no de jacobinos y revolucionarios: en octubre de 1934 y después, la democracia se sostuvo gracias a los moderados. Que fuera un conservador con pujos progresistas como Alcalá-Zamora, reliquia en muchos aspectos de la Restauración, quien echase por tierra la esperanza de estabilidad representada por ambos partidos, muestra hasta qué punto la historia llega a hacerse imprevisible.

En sentido muy amplio, la guerra civil del siglo XX vino a concluir los procesos abiertos a principios del siglo anterior, que parecían resueltos por la Restauración. En sentido más estricto, fue la consecuencia última del fracaso de la Restauración. Tal desenlace no era ineluctable, pero ciertamente ocurrió. La república polarizó la sociedad entre el catolicismo y la revolución, pero fue esta última, y no una amenaza fascista o reaccionaria, la que exacerbó las tensiones hasta su decisión por las armas.

El enfrentamiento entre revolución y catolicismo (cada uno con sus matices y variantes) ha dado lugar a equívocos, bien visibles en el análisis de Orwell, donde catolicismo equivale a oscurantismo y atraso. Si ganaban las izquierdas, dijo, vendría una dictadura, pero «el régimen franquista sería peor. Para los trabajadores urbanos quizá la situación no cambiará, gane quien gane. Pero España es fundamentalmente un país agrícola y los campesinos sí se beneficiarían de la victoria del gobierno (...). El gobierno de posguerra sería, por lo menos, anticlerical y antifeudal (...). Modernizaría el país, por ejemplo, construyendo carreteras, y promovería la educación y la salud públicas. Algo se había hecho ya en esa dirección, hasta en plena guerra. Franco, en cambio, no sólo era un títere de Italia y Alemania, sino que estaba ligado a los grandes terratenientes feudales y representaba una rancia reacción clérigo-militar. El Frente Popular podía ser una estafa, pero Franco era un anacronismo. Sólo los millonarios o los románticos podían desear su triunfo» [3].

Nada más distante de la realidad. El tan anacrónico régimen «títere de Italia y Alemania», perro guardián de la «rancia reacción clérigo-militar», etc., dejó un balance, a los 36 años, de neutralidad en la guerra mundial, tan de agradecer para los Aliados*;

* Según Preston y otros, Franco evitó esa guerra «no por una gran habilidad o intuición, sino por una fortuita combinación de circunstancias, de las cuales fue en buena parte espectador pasivo: el desastre de la entrada de Mussolini en la guerra, que alertó al Führer contra otro aliado pobre; luego, por la negativa de Hitler a pagar el alto precio que el Caudillo solicitaba por su beligerancia; y, en definitiva, el hábil uso que los diplomáticos aliados hicieron de los escasos recursos alimenticios y de combustible en una España económicamente devastada» [4]. El hecho de que a Franco siempre le ocurriera lo mismo, es decir, que saliera adelante a pesar

de transformación de un país agrario en industrial y de servicios, más próximo que nunca en los siglos XIX o XX a la renta de los países ricos de Europa; de erradicación del hambre y el analfabetismo, con una enseñanza superior de masas y una seguridad social cuyo éxito resume el haber llegado España, de ser una de las poblaciones europeas con menor expectativa de vida, a ser la de mayor, sólo detrás de Suecia, y delante de Gran Bretaña, Francia o Alemania. Y era acaso el país europeo con menos presos, proporcionalmente, aunque algunos de ellos fueran políticos.

Estas transformaciones obturan el caudal interpretativo que las tenía por imposibles bajo el franquismo; pero al ser indiscutiblemente ciertas, ha tomado vuelo la teoría, por así llamarla, de que ellas ocurrieron al margen o a pesar de la dictadura. Lo afirman historiadores, literatos y políticos... que no dejan de pintar al régimen como asfixiante y omnipresente. Pero, ¿pudieron las universidades o la seguridad social organizarse al margen o en contra del gobierno? ¿Funcionaron las empresas al margen o en contra de la política económica oficial? ¿Se multiplicaron los centros de enseñanza, y aprendieron a leer y escribir millones de personas desafiando las órdenes franquistas? ¡Se trataría de una dictadura no ya inefectiva, sino etérea! ¿Debe tomarse en serio una historiografía tan irracional?

---

de su «fatuidad» y escasa inteligencia, debiera suscitar en el propio Preston alguna sospecha sobre la inteligencia de sus análisis. El caso de Mussolini poco tuvo que ver con la pobreza, pues falló ante Grecia, país mucho más pobre. El alto precio puesto por Franco a su beligerancia fue con toda probabilidad deliberado. Y el «hábil uso» de la debilidad española por los diplomáticos aliados retrasó la reconstrucción del país y aumentó dramáticamente el hambre. Ahora bien, nada de eso habría disuadido a un Franco descrito como cruel, indiferente al sufrimiento ajeno, cínico y frenético por el poder. Ni tampoco su escasez de armas. Si creyó en la victoria alemana casi hasta el final del conflicto, como afirma el estudioso, ¿por qué no se subió al carro de Hitler, al coste que fuera?

El régimen pasó por tres grandes etapas de un decenio cada una, salvo la última, de 16 años. En la primera, los años cuarenta, debió afrontar la reconstrucción del país, sobre todo de la antigua zona populista, sumida en el caos*. No ayudaban las estrecheces impuestas por una guerra mundial en la que una neutralidad muy distinta de la de 1914-1918 excluía beneficios e incluía amenazas de invasión. Hacia 1944 estaba superada en buena parte la ardua posguerra, pero una segunda posguerra cayó sobre el país, impuesta por el boicot internacional, y la privación de los créditos del Plan Marshall, que tanto ayudaron a Europa Occidental a salir del marasmo, ofrecidos también a los regímenes comunistas, pero no al de Franco. Todo ello complicado con el *maquis,* guerrilla organizada por los comunistas, resueltos a recomenzar la guerra civil con la idea de ganarla esta vez gracias al respaldo de los vencedores en la guerra mundial**. Franco derrotó

---

* Véase una interpretación del historiador P. Voltes: «Una de las páginas más dramáticas de la historia de nuestra guerra civil es la anulación, por Franco, de la moneda emitida por el Gobierno republicano a partir del 18 de julio de 1936, y con ella, la ruina de millares de familias, empresas y entidades». Esta «hecatombe económica» constituye, según él, una estafa gigantesca: «¿Qué duda cabe de que en el territorio republicano se había registrado una inflación que pesaba sobre el futuro del país? Bien está. Obsérvese, empero, que en la *zona nacional* había habido también su propia inflación». Pero Voltes no cuantifica el monto de cada inflación (40,4 por ciento la nacional y 1.430 por ciento la populista), omite que la «republicana» había anulado el valor de aquellas pesetas, por nadie aceptadas, y olvida graciosamente que la ruina de miles de empresas y entidades se había consumado desde el 18 de julio. Como señala J. Velarde, la Ley de Desbloqueo de 1940, por la que se convertían pesetas populistas a nacionales, permitió que la banca siguiera funcionando, aunque al coste de heredar parte de la inflación «republicana» [5].

** Funcionó también una pequeña guerrilla socialista en Asturias y anarquista en Cataluña. Significativamente, autores y grupos izquierdistas vienen glorificando al *maquis* en una campaña de propaganda similar a la realizada con las Brigadas Internacionales, es decir, difuminando su carácter comunis-

al *maquis* y resistió las presiones, viendo confirmada su tesis de que la alianza entre la URSS y los occidentales duraría poco. Fue una década de pobreza en un país exhausto, con dos fuertes repuntes del hambre en 1941 y en 1946, aunque sin llegar a la gravedad de la padecida en 1938 en la zona populista. No obstante, para 1948 el franquismo había superado en lo esencial la dura prueba.

Los años cincuenta vinieron a ser un período de transición. El progreso económico y social se acentuó, pero terminó frenado por una política económica de pretensiones autárquicas, fruto, por una parte, del aparente éxito del modelo alemán en los años de preguerra, y por otra del bloqueo exterior. A partir de 1959 el régimen cambió su política económica, liberalizándola. Franco, renuente al principio, aceptó los consejos de los expertos, con resultados espectaculares. El país llegó a tener los índices de crecimiento económico más altos del mundo, después de Japón y algún otro, al punto de que diversos analistas creían que en los años ochenta superaría en renta *per capita* a Italia y Gran Bretaña, pronóstico fallido por la crisis del petróleo de la segunda mitad de los años setenta, y por otros factores.

La historia del franquismo no es completa sin la del antifranquismo. Los dirigentes exiliados mantuvieron las viejas retóricas mientras se sumían en la pasividad y las querellas internas,

---

ta, ocultando que perseguían reiniciar la guerra civil, y presentándolo como una lucha «por la democracia y la libertad». El mejor libro publicado sobre el *maquis* es probablemente el de J. R. Gómez Fouz, *La brigadilla,* centrado en Asturias. La intensidad de la propaganda negrinista-comunista sobre la conveniencia de continuar la guerra a toda costa, aparece en este comentario de Alcalá-Zamora, en el exilio, sobre la actitud de otros emigrados: «llegaban a desear el monstruoso horror de un resurgimiento de la guerra civil», «plegándose con ceguera al extranjero que creían les serviría mejor para prevalecer de nuevo» [6].

y su recuerdo se diluía en el interior de España, donde perdieron todo apoyo. Hubo, sin embargo, unos años de esperanza para ellos, conforme los Aliados ganaban la guerra mundial y los exiliados confiaron en volver al poder sobre los tanques useños. También lo creyó buena parte de la derecha, hasta varios generales, aparte de Gil-Robles y Don Juan, el hijo de Alfonso XIII aspirante al trono. Proliferaron las maniobras y reagrupamientos políticos, acercamientos a la izquierda, en especial a Prieto, contactos con la embajada británica, etc. El régimen parecía agrietarse. Pero de nuevo Franco salió con la suya pese a las pobres cualidades intelectuales y de carácter que le conceden sus agudos críticos, y Don Juan perdió en la apuesta sus opciones al trono. Ya en 1944 el Caudillo había advertido a Churchill del peligro soviético y la imposibilidad de mantener la alianza entre las democracias y Stalin, contra la visión opuesta del estadista inglés [7]. Los hechos justificarían al ferrolano, dando paso a la llamada guerra fría, y al fin del bloqueo y del aislamiento mundial del franquismo, convertido en aliado occidental contra la URSS.

Desde ese momento, republicanos, socialistas, anarquistas y nacionalistas vascos y catalanes, desorganizados, sin espíritu de lucha ni apenas lazos con el interior, se hundieron en la inoperancia. En 1949 decía un desalentado Gil Robles: «Nosotros no somos ya más que un recuerdo en la política española (...). Las nuevas generaciones nos resultan por completo extrañas» [8].

Lo mismo podían decir los demás exiliados. La idea, a menudo expuesta, de que ello se debió a que la represión había aniquilado a las personas de izquierda políticamente capaces, es una simple argucia: el número de víctimas derechistas durante la guerra fue aproximadamente igual, y si, como se pretende, representaban a una ínfima oligarquía, el exterminio de la derecha debió haber tenido efectos mucho más definitivos que el de la izquierda.

La excepción fue el PCE, que contra viento y marea persistió, a veces con auténtico heroísmo, en la ímproba tarea de organizar una oposición dentro de España. Vencido el *maquis*, su actuación se orientó a la infiltración en los sindicatos oficiales, en ambientes universitarios, intelectuales y artísticos, etc. El fruto de este esfuerzo oscuro y penoso iba a llegar muy lentamente. En 1947 había habido en Bilbao una huelga importante, y en 1951 un boicot al transporte en Barcelona, pero habían tenido carácter espontáneo, sin deber casi nada a ningún partido. En cambio las manifestaciones estudiantiles de Madrid, en 1956, aunque sin continuidad durante años, sí tuvieron relación con la labor comunista. De todas formas, su mensaje no cuajaba. La experiencia de la guerra estaba próxima, y a la gente le repugnaban unos lenguajes y consignas que la recordaban demasiado.

Desde 1959, el panorama evolucionó. El régimen, más seguro de sí, adoptó medidas liberalizadoras, y el ambiente social, con el aumento de la riqueza, se abrió a nuevas ideas y tendencias. Los comunistas, tras algunas purgas internas, impulsaron movimientos como Comisiones Obreras, el Sindicato Democrático de Estudiantes o la Asamblea de Cataluña, de carácter abierto y actuación semilegal, con la aspiración de movilizar a amplios sectores sociales. Consiguieron poner en marcha también a grupos cristianos radicalizados, a nacionalistas catalanes, etc. Los resultados, sin ser desdeñables, tampoco hacían peligrar al régimen. Los antifranquistas más demócratas permanecían pasivos, y el comunismo, perceptible bajo las siglas y proclamas democráticas, seguía asustando y repeliendo a la población.

Pues, en definitiva, aquellas organizaciones eran densamente antidemocráticas. Concebían las invocadas libertades como una palanca para abrir la puerta a un sistema de estilo soviético en España. Por entonces el comunismo se hizo respetable en casi todo el movimiento antifranquista, teñido fuertemente de simpatía hacia la URSS, Fidel Castro, Ho Chi-Min y otros sistemas y líderes totalitarios. Al calor de aquel ambiente y de la liberalización del régimen, resurgió el terrorismo hacia finales de los años sesenta, de la mano del nacionalismo vasco de izquierda –una novedad histórica–, en menor medida del catalán y del gallego, de los maoístas y de algunos anarquistas.

Novedad de los tiempos fue asimismo la radicalización de sectores eclesiásticos. La Iglesia, salvada de manera muy literal por el franquismo, había constituido uno de los pilares fundamentales de éste en los años cuarenta y cincuenta, pero a partir del Congreso Vaticano II crecieron en ella tendencias de afinidad con el marxismo. Los jesuitas, y no sólo ellos, ampararon con eficacia a comunistas e izquierdistas, desde Comisiones Obreras a los abiertamente terroristas. Un factor clave en la formación y asentamiento de ETA fue la «comprensión» de numerosos clérigos vascos. También parte del clero dejó su impronta en el renacimiento del nacionalismo catalán.

Así, son discernibles cinco rasgos en el movimiento antifranquista de los años sesenta:

a) Lo principal de él giraba en torno a los comunistas.

b) También apoyó al terrorismo nacionalista vasco, aunque no a otros.

c) Simultánea y contradictoriamente, clamaba por la democracia y las libertades.

d) Las corrientes izquierdistas en la Iglesia le brindaron cobertura, justificación e impulso, y al paso agrietaban uno de los pilares esenciales del régimen.

e) Pese a algunos éxitos ocasionales, como la campaña pro ETA cuando el proceso de Burgos, en 1970, el antifranquismo no pasó de causar molestias al régimen.

Con estos rasgos, suena duro de creer que la democracia actual en España debiera mucho a aquella oposición, como a menudo se oye. Y, en efecto, le debió muy poco.

En años recientes ha habido empeño en destacar otro tipo de oposición, más o menos liberal, representado en el llamado, por el franquismo, «Contubernio de Munich», ocurrido en 1962. Consistió en una reunión de personajes monárquicos, ex falangistas, católicos, socialistas y nacionalistas vascos y catalanes, impulsada por Madariaga. Rasgo común a todos ellos era su incidencia en España, prácticamente nula. Gil-Robles, el personaje más destacado del encuentro, constituía para entonces una reliquia del pasado, y quienes sí tenían alguna organización, los comunistas, quedaron excluidos*. Como al terminar la II Guerra Mundial, los reunidos no hacían planes disponiendo de una fuerza apreciable, orgánica o de opinión, en el interior del país, sino especulando con presiones o intervenciones exteriores, en este caso del Mercado Común Europeo. Según el estudioso portorriqueño L. López Álvarez, siguieron seis meses de negociaciones, frustradas porque los republicanos no admitían una transición timoneada por Don Juan [9].

El régimen vio en la cita muniquesa un manejo para volver a la situación prebélica, e, impresionado por la aparente implicación del Mercado Común Europeo, desató una campaña de acusaciones contra los participantes, a varios de los cuales detuvo o desterró por un tiempo de sus lugares de residencia. Pero el «contubernio» no tuvo otra repercusión que la que quiso darle el franquismo, y quedó como un hecho aislado, sin peso discernible en

---

* Fue tanto antifranquista como anticomunista. Según F. S. Saunders, autora de *La CIA y la guerra fría cultural,* estuvo financiado por la CIA, cosa probable, porque ocurrió en una época de grandes alarmas en Europa por los avances del comunismo, manifiestos en abultados éxitos electorales en Francia e Italia, que algunos han supuesto incluso mayoritarios. La idea era arrebatar al PCE la iniciativa de una posible transición democrática, pretensión aventurada ante la debilidad política y orgánica de los asistentes.

la historia posterior. Como en el caso del antifranquismo de tendencia o simpatías comunistas, incomparablemente más activo, han menudeado los intentos de otorgar a la reunión de Munich una trascendencia decisiva –y harto improbable– en la configuración del actual régimen democrático.

Por causas ya indicadas, el liberalismo, hundido con la monarquía en 1931, desempeñó un papel menor durante la república, nulo durante la guerra, y casi nulo como oposición a la dictadura. Unos liberales apoyaron al régimen, la mayoría se abstuvo de molestarle, y casi ninguno le resistió con actos reseñables. Si después del franquismo fraguó una democracia, nada debió a una previa oposición liberal, sino a que aquel creó, por sus propios objetivos, las condiciones propicias.

Lo mismo cabe decir del retorno de la corona, que en 1931 pareció quedar desahuciada por la historia. Y que algunos, anacrónicamente, identifican con la democracia liberal, pues durante la república, la mayoría de los monárquicos abandonó el liberalismo, volviéndose francamente hostil a él, y sólo volvió a la vieja doctrina, y con grandes limitaciones, bajo la ilusión de que los Aliados expulsarían a Franco en 1945. Suele reprocharse al *Caudillo* no haber restaurado mucho antes la monarquía, pero él no tenía mayor obligación de hacerlo desde el momento en que, como hizo ver a Don Juan, el alzamiento de 1936 no tuvo carácter monárquico, aunque en él participasen grupos alfonsinos minoritarios. Sin Franco, favorable a una nueva restauración monárquica, aunque sin prisas, el trono habría tenido escasísimas posibilidades volver a España.

Al fallecer Franco, en noviembre de 1975, el régimen se encontró en un dilema. En él subyacían dos concepciones: una lo tenía por alternativa superadora del comunismo y también de la democracia liberal, y otra lo entendía como un expediente pasajero, nacido de la crisis revolucionaria de los años treinta.

Para ésta, el franquismo no debía sobrevivir a la figura de su jefe, «irrepetible», se insistía, lo cual obligaba, tras la muerte del Caudillo, a la homologación política del país en la Europa occidental, a cuyo ámbito económico y cultural pertenecía. En los años setenta, la primera opción parecía agotada, y la segunda terminó imponiéndose. El propio Franco debía de ser cada vez más escéptico sobre la perduración de su régimen, como indican diversas expresiones suyas, entre ellas la conocida respuesta al enviado norteamericano V. Walters*.

Para esa homologación, la oposición antifranquista no inquietaba, excepto el PCE: ¿había cambiado, o seguía siendo el viejo lobo con piel de cordero? También ETA, con su corriente de apoyo, suponía una nube en el horizonte. El régimen prefería otros grupos, y toleraba, si es que no alentaba, la reorganización de un PSOE teóricamente marxista, en realidad sometido a las directrices de la socialdemocracia alemana.

En todo caso la corriente del régimen opuesta a su supervivencia, resultó muy mayoritaria. Juan Carlos, el rey designado por Franco por encima de su padre Don Juan; Torcuato Fernández

---

* Dice Walters, «Nixon, que estaba muy preocupado con la situación en España, me dijo: "Quiero que vayas y hables con Franco sobre lo que acontecerá después de él". Franco me recibió de pie. Me dijo: "Lo que interesa realmente a su presidente es lo que acontecerá en España después de mi muerte, ¿no? Siéntese, se lo voy a decir. Yo he creado instituciones y nadie piensa que funcionarán. Están equivocados. El Príncipe será Rey, porque no hay alternativa. España irá lejos en el camino que desean ustedes, los ingleses y los franceses: democracia, pornografía, droga, y qué sé yo. Habrá grandes locuras, pero ninguna de ellas será fatal para España". Yo le dije: "Pero, mi general, ¿cómo puede estar usted seguro?" "Porque voy a dejar algo que no encontré hace cuarenta años." Yo pensé que iba a decir las Fuerzas Armadas, pero dijo: "la clase media española". Se levantó, me dio la mano y ya había terminado la entrevista» [10].

Miranda, destacada figura intelectual y política del franquismo; Adolfo Suárez, ex jefe del partido único o Movimiento Nacional; y bastantes jefes más, encontraron escasas resistencias a su plan de reformas, votado muy mayoritariamente por las Cortes franquistas, que aceptaron su propia disolución para dar paso a las libertades políticas. La transición se haría mediante una reforma, rápida pero ordenada, «de las leyes a las leyes», sin ningún azaroso vacío de poder*.

Ese camino disgustaba a la oposición, pues en definitiva legitimaba al franquismo desde la democracia. A la vía de la reforma opuso la de la ruptura, como si creyese en una derrota del régimen anterior o quisiese reducir a éste a un paréntesis entre la república y la nueva situación, consagrando algo así como un triunfo póstumo del Frente Popular. Persuadida de la fragilidad del proyecto franquista (Juan Carlos «el Breve», solía llamar al rey), la oposición desplegó a lo largo de 1976, en práctica legalidad, una intensísima agitación y movilización de masas, en un pulso entre la ruptura y la reforma, que debía culminar en una magna huelga general, en noviembre. La huelga fracasó y el pulso lo ganó la reforma, votada masivamente en el referéndum de diciembre de 1976, poco después de que uno de los grupos izquierdistas más exaltados, el maoísta PCE(r)-GRAPO, secuestrase a Antonio María de Oriol, patriarca de una de las familias industriales y finan-

* La hegemonía de los reformistas sobre el llamado *Búnker* quedó bien de relieve cuando el asesinato de Carrero Blanco. Fue la ocasión más propicia para que el *Búnker* tomara la iniciativa, utilizando la provocación etarra para aplastar a la oposición y suprimir las políticas aperturistas de los años anteriores. Hubo un conato de reacción «involutiva», por el general Iniesta Cano, pero Fernández Miranda la anuló rápida y fácilmente.

cieras más poderosas del país y ex ministro de Franco, y luego al general Villaescusa*.

Comparando esta transición con la posterior a Primo de Rivera, notamos cómo en 1930-1931 el monarquismo liberal fue desbordado por una oposición pequeña e improvisada, pero sumamente activa y diestra en la explotación del clima de inseguridad anejo a los períodos provisionales. En 1976-1977, por el contrario, los reformistas del régimen, cuyo ánimo liberal se manifestaría enseguida, retuvieron la iniciativa, y eso ha sido, a mi juicio, el cimiento de la estabilidad democrática actual. Percibiremos el peligro entrañado en la «ruptura» si reparamos en la heterogénea y vaporosa composición de sus organismos, la Junta y la Plataforma democráticas: comunistas, socialistas, democristianos, nacionalistas catalanes, maoístas y personajes de variada adscripción, todos faltos de arraigo popular o de organización sólida, con la excepción del PCE. Ni por consistencia política ni por espíritu democrático, ausente en la mayoría de ellos, podían aquellas fuerzas garantizar una democracia libre de las viejas epilepsias. Al no reproducirse el desfallecimiento conservador de 1931 en el arriesgado proceso de transición, a la oposición le tocó una función auxiliar, más positiva, aunque la cumpliera a regañadientes. Su triunfo llegaría después, en la batalla de la propaganda, y hoy predomina en la desorientada memoria colectiva la idea de que fueron los antifranquistas quienes forzaron y protagonizaron la transición, con algunos sectores del franquismo en posición auxiliar.

---

* He escrito sobre estos sucesos, en los que participé, en *De un tiempo y de un país,* y en *La sociedad homosexual y otros ensayos.* En cuanto al movimiento rupturista, una de sus consignas principales, la amnistía, iba a afectar al medio millar de presos políticos, cifra indicativa en un país de 38 millones de habitantes presuntamente llenos de odio al franquismo. La mayoría de los presos era comunista o lo estaba por atentados terroristas.

Puede decirse que la guerra civil marcó un antes y un después en la historia de España desde la invasión napoleónica o, en todo caso, en el siglo XX. Su efecto inmediato, la llamada «era de Franco» por el economista R. Tamames, desembocó en una sociedad nueva, con problemas nuevos, propicia a una democracia estable. La decisiva mutación se refleja en las fuerzas políticas actuales, tan distintas de las de preguerra: los republicanos jacobinos y los anarquistas desaparecieron a efectos prácticos. El PSOE volvió, tras un eclipse de 36 años, pero poco tenía ya en común con el partido de Largo, Prieto y Besteiro. El naufragio comunista ofrece un curioso paralelismo, acaso superficial, con el de la Falange: destacado protagonismo en la guerra y la dictadura, para diluirse rápidamente después. El carlismo padecía en 1975 una crisis demoledora, caído en un peculiar izquierdismo. La democracia cristiana, cuyo precedente sería la CEDA, no cuajó en la transición. Tampoco existe un partido monárquico, aunque sí un sentimiento monárquico extendido, habiendo recuperado el trono su popularidad gracias a la manera como orientó la democratización.

No cabe conceptuar el franquismo como un paréntesis oscuro y vacío entre la república y la democracia actual, pues ésta procede directamente de él, y su estabilidad descansa en la base social y económica creada por él, que facilita encauzar las tensiones sociales sin demasiados sobresaltos. Al revés de la republicana, la nueva Constitución ha nacido de un amplio consenso, el violento y turbio anticlericalismo de antaño ha casi desaparecido, y el clima político actual, salvo excepciones como la del terrorismo nacionalista vasco, está muy lejos de la crispación y el enfrentamiento, a menudo feroz, típicos de la república.

Pese a ello pervive en la izquierda, por legado del antifranquismo de los años sesenta y setenta, una identificación sentimental con la catastrófica II República, un empeño en pintar de rosa a ella y al Frente Popular, indistinguibles en la propaganda, y en desfigurar justificativamente la historia. Esas tendencias constituyen una rémora para la democracia, y no hace falta mucha sagacidad para percibir cómo ahí enraízan las conductas más perturbadoras de estos años: el terrorismo, la pretensión de «enterrar a Montesquieu» degradando el poder judicial, los nacionalismos balcanizantes, la oleada de corrupción de los años ochenta, etc. Esas amenazas, en especial el terrorismo, han engendrado reacciones igualmente peligrosas, como la intentona golpista de 1981.

El franquismo, régimen peculiar, no se deja etiquetar fácilmente. Con su retórica antijudía, ayudó a los judíos perseguidos por Hitler más, probablemente, que cualquier otro país, y siguió haciéndolo frente al extremismo musulmán, aunque, nuevo matiz, se negara a reconocer al estado de Israel; antiobrero, según sus enemigos, estableció la legislación laboral más favorable a los obreros que haya existido antes o después en España... Y, en fin, sin ser liberal ni democrático, ha desembocado en una democracia liberal, básicamente por su propio impulso. ¿Cómo fue posible esto, máxime cuando la oposición activa no era democrática, y la democrática no era activa? A mi juicio, la clave yace en su carácter autoritario, pero no totalitario. El autoritarismo limita seriamente las libertades políticas, sin extender la política sobre toda la actividad humana; el totalitarismo no limita, sino proscribe las libertades, y al teñir de política toda la vida humana, reduce a muy poco la libertad personal, que el franquismo apenas atacó. La diferencia resalta en las transiciones de los países socialistas y la de España. Ésta ha resultado bastante sencilla, mientras que las primeras han chocado con mil complicaciones y obstáculos, y en muchos de esos países no se han completado trece años después de la caída del muro de Berlín.

Por lo demás, la rebelión del 36 no fue contra la república o lo que de democrático quedaba en ella, sino contra la revolución, aunque en su impulso arramblara con otras muchas cosas. En ese sentido, la reforma del franquismo, en 1976, abría paso a una especie de segunda Restauración, pero en una situación, creada por aquel régimen, incomparablemente mejor que cualquiera de preguerra.

No me parece exagerado decir, como ya señalé en *De un tiempo y de un país,* que la victoria de Franco en la guerra civil salvó a España de una traumática experiencia revolucionaria, y que su régimen la libró de la guerra mundial, modernizó la sociedad y asentó las condiciones para una democracia estable. Con todos sus elementos negativos, y a pesar de la imagen nefasta cultivada por sus enemigos en estos años últimos, su balance final me parece muy positivo, e infundada la mayoría de las críticas a él que hoy circulan como verdades inconcusas*.

---

* Merece referirse con cierta extensión un suceso plenamente revelador. El 20 de marzo de 1976, Solyenitsin, sorprendido por la facilidad de la vida en España, declaró en una entrevista a Televisión Española: «Sus *progresistas* llaman dictadura al régimen vigente en España. Hace diez días que yo viajo por España (...) y me he quedado asombrado. ¿Saben ustedes lo que es una dictadura? (...) He aquí algunos ejemplos de lo que he visto con mis propios ojos (...). Los españoles son absolutamente libres de residir en cualquier parte y de trasladarse a cualquier lugar de España. Nosotros, los soviéticos, no podemos hacerlo en nuestro país. Estamos amarrados a nuestro lugar de residencia por la *propiska* (registro policial) Las autoridades deciden si tengo derecho a marcharme de tal o cual población (...).

»También he podido comprobar que los españoles pueden salir libremente de su país para ir al extranjero. Sin duda se han enterado ustedes por la prensa de que, debido a las fuertes presiones ejercidas por la opinión mundial y por los Estados Unidos, se ha dejado salir de la Unión Soviética, con no pocas dificultades, a cierto número de judíos. Pero los judíos restantes y las personas de otras nacionalidades no pueden marchar al extranjero. En nuestro país estamos como encarcelados.

»Paseando por Madrid y otras ciudades (...) más de una docena, he podido ver que se venden en los kioscos los principales periódicos extranjeros. ¡Me pareció increíble! Si en la Unión Soviética se vendiesen libremente periódicos extranjeros, se verían inmediatamente docenas y docenas de manos tendidas y luchando para procurárselos. Pues bien, en España, su venta es libre.

»También he observado que en España uno puede utilizar libremente las máquinas fotocopiadoras. Cualquier individuo puede hacer fotocopiar cualquier documento, depositando cinco pesetas por copia en el aparato. Ningún ciudadano de la Unión Soviética podría hacer una cosa así en nuestro país. Cualquiera que emplee máquinas fotocopiadoras, salvo por necesidades de servicio y por orden superior, es acusado de actividades contrarrevolucionarias.

»En su país –dentro de ciertos límites, esto es verdad– se toleran las huelgas. En el nuestro, y en los sesenta años de existencia del socialismo, jamás se autorizó una sola huelga. Los que participaron en los movimientos huelguísticos de los primeros años de poder soviético fueron acribillados por ráfagas de ametralladora, pese a que sólo reclamaban mejores condiciones de trabajo (...).

»Si nosotros gozásemos de la libertad de que ustedes disfrutan aquí, nos quedaríamos boquiabiertos (...). Hace poco han tenido ustedes una amnistía. La califican de "limitada". Se ha rebajado la mitad de la pena a los combatientes políticos que habían luchado con armas en la mano [alude a los terroristas]. Puedo decirle esto: ¡ojalá a nosotros nos hubiesen concedido, una sola vez en veinte años, una amnistía limitada como la suya! (...) Entramos en la cárcel para morir en ella. Muy pocos hemos salido de ella para contarlo».

Estas palabras despertaron en la oposición una furia sin límites. Las contestó Juan Benet, emblemático intelectual antifranquista, el día 27, en *Cuadernos para el diálogo,* una revista cristiano-progresista cercana al marxismo: «Todo esto, ¿por qué? ¿Porque ha escrito cuatro novelas (las más insípidas, las más fósiles, literariamente decadentes y pueriles de estos últimos años)? ¿Porque ha sido galardonado con el premio Nobel? ¿Porque ha sufrido en su propia carne –y buen partido ha sacado de ello– los horrores del campo de concentración? (...) Yo creo firmemente que, mientras existan personas como Alexandr Solyenitsin, los campos de concentración subsistirán y deben subsistir. Tal vez deberían estar un poco mejor guardados, a fin de que personas como Alexandr Solyenitsin no puedan salir de ellos hasta que no hayan adquirido un poco de educación. Pero una vez cometido el error de dejarle marchar, nada más higiénico que el hecho de que las autoridades soviéticas (cuyos gustos y criterios sobre los escritores rusos subversivos comparto a menudo) busquen la manera de librarse de semejante peste».

Desde hacía años, la oposición no violenta al franquismo entrañaba muy pocos riesgos, y para más de uno constituía una buena y oportunista inversión en futuro. Como luchador por la libertad era insignificante la talla de Benet, que escribía y desenvolvía su vida muy cómodamente bajo la limitada dictadura de entonces. ¿Cómo se atrevía a hablar así de Solyenitsin, testigo crucial de la barbarie totalitaria del siglo XX, auténtico luchador contra ella y auténtica víctima de ella, aparte de escritor cien codos por encima de él?

La oposición no condenó las obscenas y reveladoras vilezas de Benet. Al contrario y con pocas excepciones, como la de J. P. Quiñonero en *Informaciones,* lanzó una campaña de descrédito contra el gran escritor ruso. El subdirector de la revista, Eduardo Barrenechea, decía del «hombrecillo Soljenitsin»: «Lo seguro es que muchos telespectadores debieron enrojecer... de vergüenza». En la revista *Por favor,* Soledad Balaguer cantaba una loa entusiasta al sistema soviético y denostaba al «premio Nobel barbudo» que daba «gato por liebre diciéndonos que los rusos eran muy malos porque eran comunistas, sin conseguir que nadie le creyese». La pro comunista revista *Triunfo,* una de las de más tirada bajo el franquismo, denunciaba el «escándalo» de la «operación Solyenitsin», por «aprovechar el enorme público de este programa del sábado para acometernos de esta manera por medio de una disertación fanática y apasionada (...). El señor Solyenitsin llega con retraso de una guerra fría, y la Televisión española, de una guerra civil renovada». Denunciar lo que ocurría en la URSS y compararlo con España significaba, pues, renovar la guerra civil y atacar «la democracia española inexistente».El semanario izquierdista *Personas,* informaba: «Solyenitsin es un paranoico clínicamente puro (...). La voz del viejo patriarca zarista penetró en los campos y en las ciudades españolas como un viento glacial. Fue una vergüenza». Y en la misma revista: «¿Quién habrá pagado el *spot* de don Alexandr? (...) Don Alexandr no es político. Es folklore, nada más». Arturo Rubial, en la revista *Posible,* opinaba del *Solyenitsin Show:* «Ese Solyenitsin es un Nobel por nada (...) Miente a cada instante: ha perdido decididamente la brújula». «Habrían debido hacer de manera que Solyenitsin contase todo esto al estilo de *music-hall,* rodeado

---

de lindas muchachas del ballet *Set 96;* este caballero tiene pasta de showman.» Montserrat Roig, en *Mundo*, no le cedía en agudeza: «La barba de Soljenitsin parece la de un cómico de pueblo, la de un cómico ambulante pagada por una alianza de señores feudales. El escritor ruso hace reír al gallinero (...). Un día le arrancarán las barbas postizas». Hasta en publicaciones de provincias tan poco protagonistas como Soria, podía leerse: «Soljenitsin, turista privilegiado, multimillonario a costa de los sufrimientos de sus compatriotas, vive bien, muy bien, de sus discursos». La oposición de derechas, por pluma de Cela podía escribir: «Solyenitsin no está solamente contra España, nuestro pequeño y amado país, lo cual no sería nada. Solyenitsin está contra Europa (...). Está contra la libertad (...). Heraldo de la tristeza (...). No tenemos necesidad de pájaros de mal agüero». Francisco Umbral lo trataba de «payaso», y Antoni Serra de «payaso de segunda clase». Para Jiménez de Parga: «Uno pierde la calma delante de quien, sirviéndose de las pantallas de la TV, pretende tomarnos por imbéciles, permitiéndose explicar precisamente en España lo que es una dictadura». Etc. Entre los epítetos dedicados al viejo luchador ruso están los de «enclenque», «chorizo», «mendigo desvergonzado», «famélico», «espantajo», «bandido», «hipócrita», «multimillonario», «siervo», «aprueba las ejecuciones de Chile», «mercenario», «perdió la chaveta», «delirante», y tantos otros, reveladores de una calidad moral e intelectual.

En fin, la simpatía hacia la Unión Soviética, incluidos los campos de concentración, era un signo de identidad muy importante de aquel antifranquismo. Que la oposición y sus mediocres intelectuales osaran hablar como lo hicieron, refleja mucho mejor que un largo tratado el escasísimo espíritu democrático y la extrema banalidad de tales héroes.

Menos burdo y más insidioso, *Le Monde,* daba su información bajo este titular: «Solyenitsin considera que los españoles viven en la "libertad más absoluta"». El escritor no usó tal expresión, entrecomillada como textual por el periódico, ni quiso decir nada así... a menos que las libertades por él enumeradas, y muy reales en aquella España, agotaran, para el diario francés, el catálogo de libertades posibles. Recientemente el antaño popular Íñigo, autor de la entrevista a Solyenitsin, decía, en medio de comentarios triviales, que la misma había tenido lugar en vida de Franco, y que a éste le había gustado tanto que había ordenado repetirla. ¿Mala memoria? [11].

Nota bibliográfica

Por la índole de este trabajo, he procurado reducir la bibliografía a lo indispensable y a obras recientes, para centrarme en el examen lógico de los datos. Debo señalar que si en el extranjero, y como dice P. Johnson, sólo últimamente empieza a extraerse la verdad escarbando en los mil embrollos propagandísticos, en España ha ocurrido al revés: en los años sesenta y setenta se editaron trabajos decisivos y clarificatorios, en especial los de Martínez Bande, los hermanos Salas Larrazábal y Bolloten. Pero desde entonces no ha parado de crecer la «montaña de mendacidad», hasta un volumen del que este libro ofrece una ligera idea. Ello ha sido posible porque numerosas cátedras y medios de comunicación han caído en manos de personas muy ideologizadas, que han ejercido además un eficaz chantaje contra cualquier intento de réplica, motejándolo de «fascista», «neofranquista», etc., mientras hacían desaparecer prácticamente de la universidad las obras fundamentales de los autores mencionados, hoy día inhallables en su mayoría. Las imprescindibles monografías de Martínez Bande, que seguían disfrutando de una demanda considerable, han dejado de reeditarse «por órdenes superiores» del Servicio Histórico Militar. El libro de Bolloten sigue, pero apenas citado. Y así sucesivamente. Con métodos tan *científicos,* una «progresista» profesora de la UNED podía jactarse enfáticamente, en televisión, de que autores como Ricardo de la Cierva habían sido «erradicados» de la historiografía «profesional». El modo como De la Cierva ha sido descalificado, injuriado y atacado de mil formas por quienes casi siempre le son inferiores profesionalmente, constituye toda una lección sobre cómo ha crecido la montaña.

En cuanto a la república, los dos libros mejores entre los antiguos, y ambos con el mismo título, *Historia de la Segunda República española*, son los de Josep Pla y de Joaquín Arrarás, este último la mejor crónica de aquellos años. Arrarás es historiador muy sectario, como, en el otro bando, Tuñón de Lara, Juliá y tantos más, pero su obra es un pozo de información casi siempre veraz. Entre los modernos, destaca la amplia y concienzuda investigación de Stanley Payne, *La primera democracia española*.

La desvirtuación de la historia reciente ha adquirido tal consistencia en libros, películas, reportajes, teatro, novela, exposiciones, etc., que no será fácil ni rápido reducirla a proporciones soportables. Pero la mentira envenena la memoria colectiva, y sus efectos no pueden en ningún caso ser benéficos. A disminuir su volumen quiere contribuir modestamente este resumen, expuesto a la crítica, repito, y deseoso de ella.

Apéndice I

MAPAS

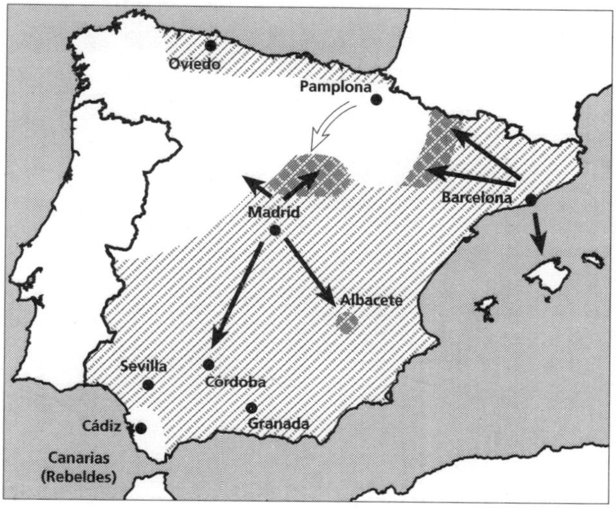

1. Julio de 1936

Zona revolucionaria

Zona rebelde

Expansión revolucionaria

Ataques revolucionarios

Ataques rebeldes

Enclaves rebeldes

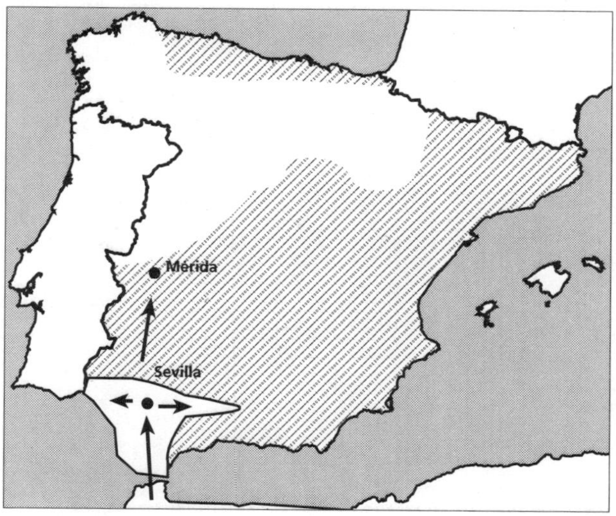

2. 20 julio a 8 de agosto

Efectos del puente aéreo sobre el estrecho de Gibraltar (antes de la ayuda alemana).

a) Consolidación de la zona rebelde en Andalucía.

b) Rápido progreso hacia la unión de las dos zonas de la rebelión.

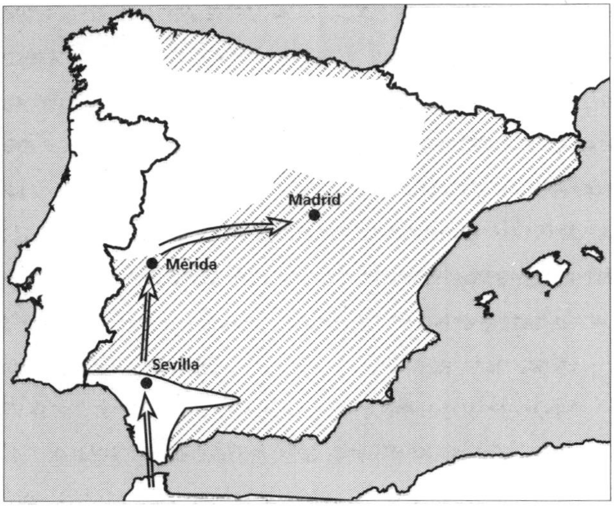

3. Julio-noviembre de 1936

La guerra rápida: marcha rebelde desde Sevilla a Madrid.

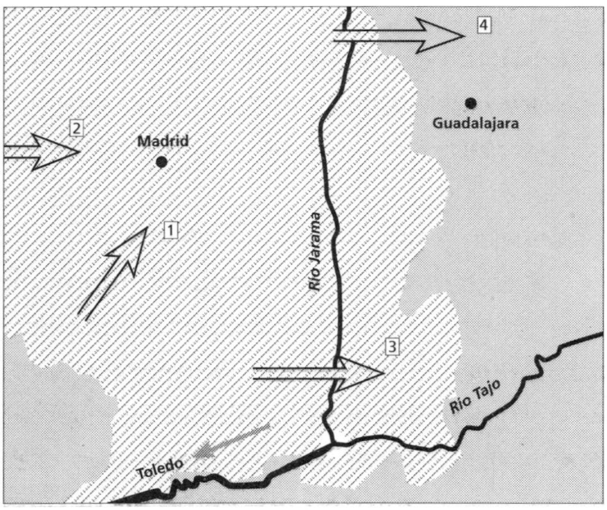

4. Noviembre 1936-marzo 1937

FRACASO DE FRANCO EN EL ASALTO Y EL CERCO A MADRID

1. Noviembre: Batalla de Madrid.
2. Diciembre: Batalla de la carretera de la Coruña.
3. Febrero: Batalla del Jarama.
4. Marzo: Batalla de Guadalajara.

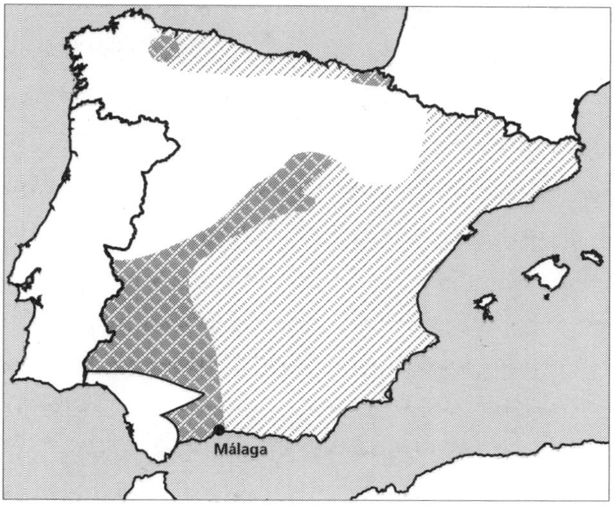

5. Marzo de 1937

SITUACIÓN EN VÍSPERAS DEL ATAQUE DE FRANCO A LA ZONA CANTÁBRICA

Pérdidas del Frente Popular

Zona revolucionaria

Zona nacional

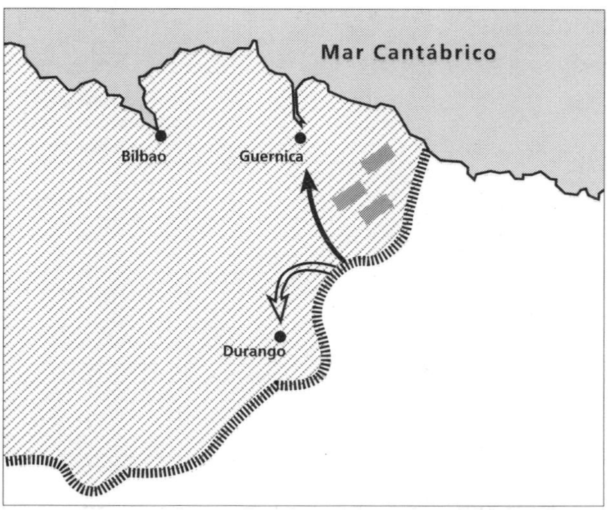

6. 24-27 de abril de 1937

IMPORTANCIA MILITAR DE GUERNICA

Línea del frente el 24 de abril.

Dirección ofensiva deseada por Richtofen.

Importantes unidades izquierdistas y del PNV que habrían sido copadas según el plan de Richtofen.

Dirección efectiva del ataque a los dos días siguientes al bombardeo de Guernica, que hizo inútil éste.

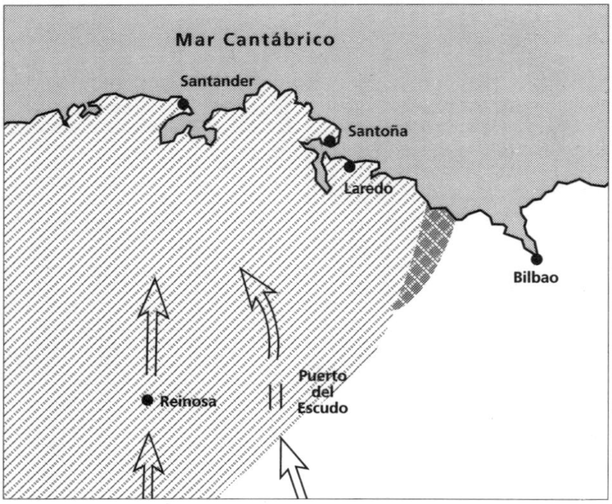

7. Agosto de 1937

PACTO DE SANTOÑA

Posiciones del PNV e izquierdistas vascos.

Propuesta del PNV a las tropas franquistas: atacar desde el sur y sureste para dejar «copadas» a las tropas nacionalistas vascas.

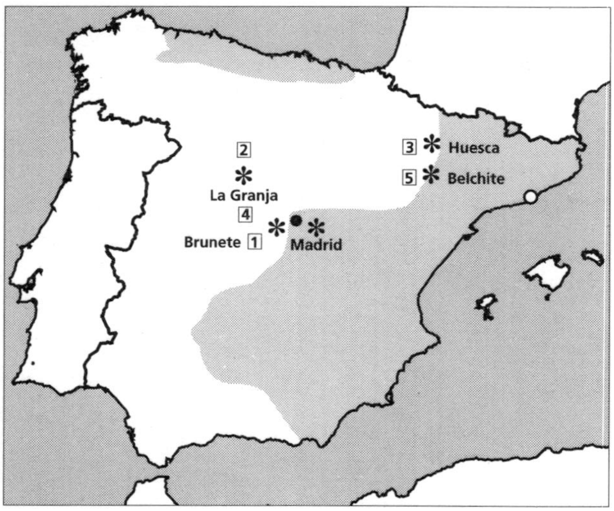

8.Abril-octubr e 1937

Intentos del Frente Popular por ganar la iniciativa y salvar la zona cantábrica:

1. Madrid: abril.

2. La Granja: mayo-junio.

3. Huesca: junio.

4. Brunete: julio.

5. Belchite: agosto-septiembre.

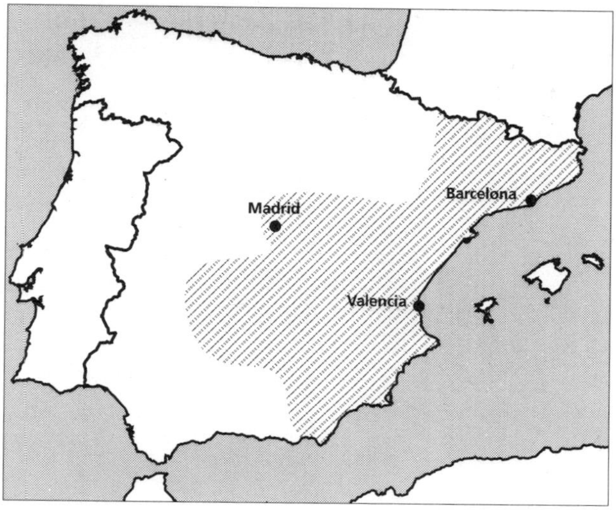

9. Octubre 1937

Frustadas las ofensivas del Frente Popular, el mapa queda así una vez caída la zona cantábrica.

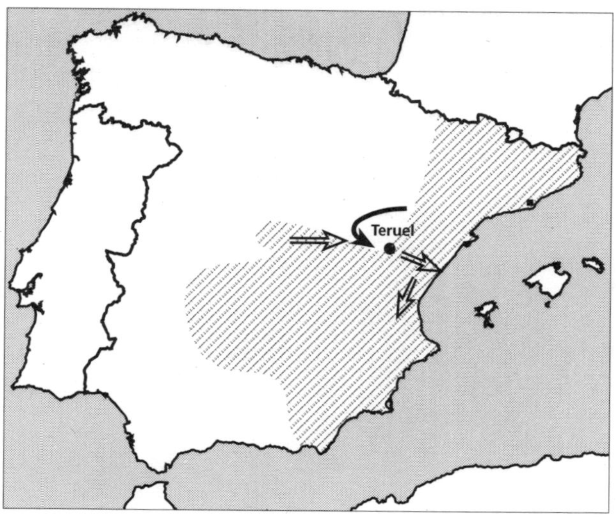

10. Diciembre 1937-abril 1938

La toma de Teruel por el Frente Popular se transforma en una victoria de Franco, que le lleva al mediterráneo, cortando en dos la zona izquierdista.

Ataque del Frente Popular.

Contraataques nacionales.

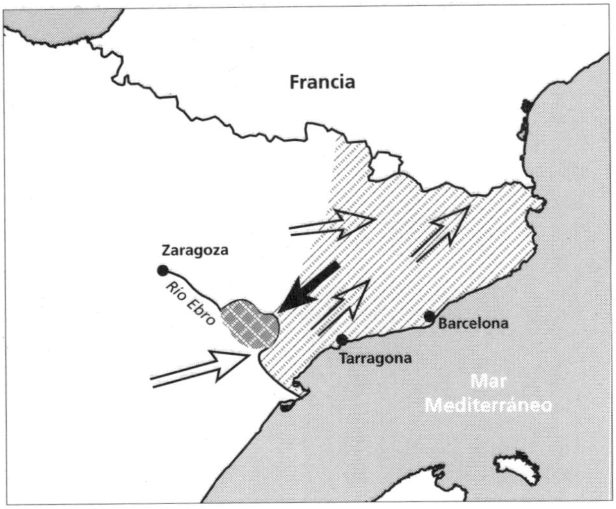

11. Julio 1938-febrero 1934

La contraofensiva del Frente Popular en el Ebro se transforma en derrota, con la consiguiente victoria de Franco, que ocupa Cataluña.

Zona que llegaron a ocupar los revolucionarios.

Ataque Frente Popular.

Ataque Nacional.

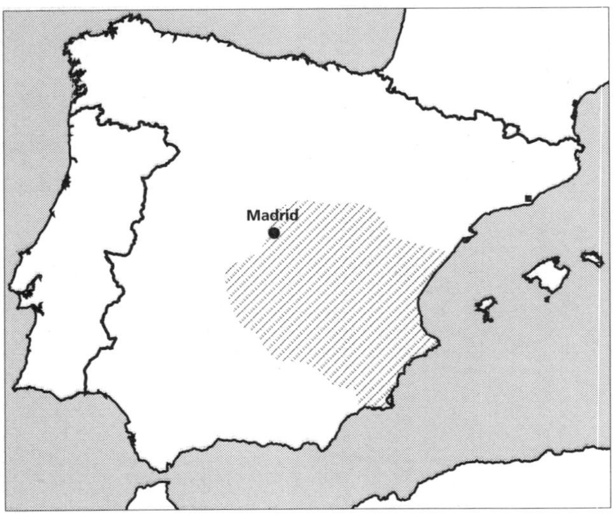

12. Febrero-abril 1939

Situación final antes de que fuerzas socialistas, republicanas y anarquistas se subleven contra Negrín y los comunistas, para rendirse a continuación a Franco.

Apéndice II

ORIGEN REGIONAL DE PERSONAJES CITADOS

La lista está muy lejos de ser exhaustiva, y algunas regiones se hallan claramente subrepresentadas, pero incluye a muchos de los personajes más significativos de la guerra civil. También a algunos otros que, pese a ser anteriores al conflicto, incluso del siglo XIX, ayudan a percibir algún matiz. Como decía al principio del libro, muestran el carácter civil de la guerra en todas las regiones, contra las pretensiones de algunos nacionalismos balcanizantes.

ANDALUCÍA

ALBERTI, Rafael (1902-1999), poeta, comunista.

ALCALÁ-ZAMORA, Niceto (1877-1949), líder conservador, organizó el triunfo republicano de 1931. Presidente de la república, expulsó a la CEDA del gobierno y abrió paso al Frente Popular en febrero de 1936. Destituido por el mismo Frente Popular en abril.

AYALA, Francisco (1906), escritor, pro Frente Popular.

CÁNOVAS DEL CASTILLO, Antonio (1828-1897), fundador de la Restauración, asesinado por anarquistas.

CASTILLO, José del (1901-1936), teniente de la Guardia de Asalto e instructor de las milicias socialistas, implicado en la insurrección de octubre del 34, muy duro en la represión de las derechas durante el primer Frente Popular. Su asesinato sirvió de pretexto para el de Calvo Sotelo y de Gil-Robles, fallido el último.

CORTÉS, capitán Santiago (1897-1937), héroe del santuario de la Virgen de la Cabeza.

DÍAZ, José (1896-1942), secretario general del Partido Comunista de España.

FAL CONDE, Manuel (1894-1975), dirigente carlista, a quien F. Franco exilió.

FLORES DE LEMUS, Antonio (1876-1941), quizá el economista español más destacado de la época. Huyó del Frente Popular.

GARCÍA LORCA, Federico (1898-1936), escritor apolítico, pero asesinado por fuerzas derechistas en Granada, al comienzo de la guerra.

GARCÍA MORATO, Joaquín (1904-1939), as de la aviación nacional, con 40 derribos.

GARCÍA MORENTE, Manuel (1888-1942), filósofo, decano de la Facultad de Filosofía de Madrid, convertido al catolicismo, partidario de Franco.

GIMÉNEZ FERNÁNDEZ, Manuel (1896-1968), dirigente de la CEDA, de ideas republicanas.

JIMÉNEZ, Juan Ramón (1881-1958), uno de los más destacados poetas españoles del siglo XX, premio Nobel. Más bien neutral en la guerra.

JIMÉNEZ FRAUD, Alberto (1883-1964), director de la Residencia de Estudiantes, de Madrid, marchó al exterior al sentirse amenazado por las milicias.

LERROUX, Alejandro (1864-1949), republicano jacobino, adoptó en la república posiciones moderadas. Su caída en octubre de 1935, por el asunto del «straperlo» facilitó el choque de los extremismos.

MODESTO GUILLOTO, Juan (1906-1969). Uno de los más destacados jefes militares comunistas. Dirigió la ofensiva del Ebro.

MACHADO, Antonio (1875-1939), poeta de la generación del 98, pro Frente Popular.

MACHADO, Manuel (1874-1947), escritor, hermano del anterior, pro franquista.

MARTÍNEZ BARRIO, Diego (1883-1962), antiguo lerrouxista y alto jefe de la masonería, adoptó en 1934 posturas más jacobinas. Último jefe de gobierno de la república, al suceder por unas horas a Casares y negarse a armar a las masas. Jefe del Gobierno republicano en el exilio.

MIJE, Antonio, dirigente comunista.

MUÑOZ SECA, Pedro (1881-1936). Dramaturgo y humorista, asesinado en Madrid por el Frente Popular.

PEMÁN, José María (1897-1981), escritor monárquico muy comprometido con la causa franquista.

PICASSO, Pablo (1881-1973), quizá el más famoso pintor del siglo XX, pro comunista.

PRIMO DE RIVERA, Miguel (1870-1930), general y dictador de 1923 a 1930, tras derribar al ya muy decrépito régimen de la Restauración.

RÍOS, Fernando de los (1879-1949), dirigente socialista moderado.

ROSALES, Luis (1910-1992), poeta, falangista, luego monárquico, amigo de García Lorca, cuyo asesinato no pudo impedir.

RODRÍGUEZ, Melchor (1893-1972), anarquista que puso fin a las sacas de las cárceles en Madrid, organizadas por los comunistas.

VARELA, José Enrique (1891-1951), uno de los militares más destacados del bando nacional.

ARAGÓN

ASCASO, hermanos Francisco (1891-1936) y Joaquín (?-1939), líderes anarquistas. El primero, parte del grupo de Durruti y García Oliver, cayó en las luchas de julio del 36 en Barcelona; el segundo rigió el Consejo de Aragón, hasta su disolución violenta por Líster.

BUÑUEL, Luis (1900-1983), quizá el director de cine español más conocido. Pro Frente Popular.

COSTA, Joaquín (1846-1911), pensador «regeneracionista», invocado tanto por derechas como por izquierdas.

LAÍN ENTRALGO, Pedro (1908-2001), escritor y médico, falangista. Tenía un hermano en las Juventudes Socialistas.

RAMÓN Y CAJAL, Santiago (1852-1934), premio Nobel de Medicina.

SENDER, Ramón (1902-1982), novelista, afecto al Frente Popular. Exiliado tras la guerra.

SERRANO SÚÑER, Ramón (1901), uno de los principales dirigentes nacionales.

ASTURIAS

ALBORNOZ, Álvaro de (1879-1954), ministro en el bienio izquierdista de la república. Durante la Guerra ejerció labores diplomáticas con el Frente Popular.

ÁLVAREZ, Melquíades (1864-1936), jefe político de Azaña en los primeros escarceos políticos de éste. Asesinado en la cárcel Modelo de Madrid, por las izquierdas.

CARRILLO, Santiago (1915), líder juvenil socialista *bolchevique* primero, y comunista después. Bajo su responsabilidad como consejero de Orden Público en Madrid, en noviembre, ocurrió la matanza de Paracuellos.

GONZÁLEZ PEÑA, Ramón (1882-1952), líder de la insurrección asturiana de octubre de 1934. Después se hizo prietista, y durante la guerra negrinista, sustituyendo a Largo Caballero cuando éste fue defenestrado de la presidencia de la UGT. Ministro de Justicia con Negrín.

MIAJA, José (1878-1958), general que antes de la guerra estuvo en la conspiración monárquica de la UME. El 18 de julio le sorprendió en zona populista, cuya causa abrazó hasta hacerse comunista. Dirigente militar de la defensa de Madrid en noviembre del 36, y de la exitosa defensa contra la ofensiva nacional sobre Valencia, en 1938.

PÉREZ DE AYALA, Ramón (1880-1962), novelista, uno de los «padres de la república». Durante la guerra apoyó abiertamente a Franco.

RICO AVELLO, Manuel (1887-1936), político republicano, ministro con Lerroux. Detenido por las izquierdas y asesinado en la cárcel Modelo, en agosto de 1936.

ROCES, Wenceslao, intelectual comunista, uno de los principales organizadores de la incautación de bienes artísticos durante la guerra.

ROSAL, Amaro del (1903-1981), dirigente de UGT, uno de los jefes de la insurrección de octubre del 34, más tarde vicesecretario de la UGT, de tendencia *bolchevique*, primero, y después comunista.

VIGÓN, Juan (1880-1955), uno de los generales franquistas más destacados.

BALEARES

MARCH, Juan (1884-1962), «El último pirata del Mediterráneo», importante apoyo financiero de los nacionales.

MARQUERÍE, Alfredo (1907-1974), poeta, falangista.

MAURA, Antonio (1887-1971), uno de los grandes políticos de la Restauración, conservador. El fracaso de su programa de reformas democratizantes, por la oposición de las izquierdas y los liberales, tuvo las peores consecuencias para el régimen.

CANARIAS

NEGRÍN, Juan (1892-1956), el político más destacado del Frente Popular, consecuente con lo que éste había llegado a ser. Muy controvertido en la propia izquierda.

CASTILLA LA NUEVA

AZAÑA, Manuel (1880-1940), el político más importante de la II República, a la que dio un tinte jacobino y proclive a los movimientos revolucionarios.

BUERO VALLEJO, Antonio (1916-2000). Propagandista del PSOE y combatiente, fue condenado a muerte después de la guerra, quedando en seis años de cárcel. Triunfó como dramaturgo bajo el régimen franquista.

CASTILLA LA VIEJA

ARAQUISTÁIN, Luis (1886-1959), principal inspirador intelectual de la línea *bolchevique* de Largo Caballero. Durante la guerra adoptaría una postura crecientemente anticomunista, acentuada todavía en el exilio.

GUZMÁN, Eduardo de (1909), periodista e historiador anarquista, redactor jefe de *La Tierra* y director de *Castilla libre*. Condenado a muerte después de la guerra, pasó ocho años en prisión.

LEÓN, María Teresa (1905-1988), escritora, mujer de Rafael Alberti, comunista.

PASCUA, Marcelino (1897-1977), embajador del Frente Popular en Moscú. Socialista. Encargado en París de custodiar y traficar con metales preciosos y joyas requisadas.

QUEIPO DE LLANO, Gonzalo (1875-1951), general conspirador contra la monarquía, terminó alzándose contra el Frente Popular en Sevilla, en julio del 36. Utilizó la radio como medio de propaganda bélica, y una represión muy dura. Muy poco «franquista».

QUINTANILLA, Luis (?-1978), pintor socialista, implicado en la insurrección del 34. Propuso emplear gases asfixiantes contra el Alcázar de Toledo, y en el exilio escribió un libro escasamente veraz sobre la defensa del Alcázar.

RIDRUEJO, Dionisio (1912-1975), poeta falangista. Estuvo en la División Azul, en Rusia, y finalmente en la oposición antifranquista.

SÁNCHEZ ALBORNOZ, Claudio (1893-1984), uno de los mayores historiadores españoles del siglo XX, azañista, partidario del Frente Popular, aunque convencido de que el triunfo de éste habría llevado a la eliminación de los republicanos.

YAGÜE, Juan (1891-1952), uno de los militares africanistas más descollantes, organizador de la rebelión del ejército de África en julio del 36.

CATALUÑA

AGUSTÍ, Ignacio (1913-1974), escritor, pro franquista.

BADIA, Miquel (?-1936), líder separatista, Asesinado en 1936 por anarquistas, en represalia por la dura persecución de que los había hecho objeto en 1934, cuando organizaba la insurrección a las órdenes de Companys.

BALMES, Jaime (1810-1848), uno de los principales pensadores españoles del siglo XIX. Tradicionalista.

BATET, Domingo (1872-1937), general que venció la revuelta de Companys contra el gobierno legítimo en 1934. Franco lo hizo fusilar en 1937, por haberse opuesto al alzamiento de julio del 36, y a pesar de que Queipo de Llano pidió su indulto.

CAMBÓ, Francesc (1876-1947), líder del nacionalismo de derechas, procuró su integración en un proyecto nacional español. Político de calidad muy por encima de la media, su mala salud le impidió timonear la transición posterior a la dictadura de Primo de Rivera. Pro franquista durante la guerra.

CARRASCO I FORMIGUERA, Manuel (1890-1938), nacionalista radical, conservador, promotor del Pacto de San Sebastián que traería la república, y posteriormente consejero de la Generalidad. Fusilado por los nacionales.

CASANOVAS, Ignacio (1865-1936), investigador e historiador jesuita, asesinado por el Frente Popular.

COMPANYS, Lluis (1882-1940), nacionalista jacobino, promovió como presidente de la Generalidad la insurrección de octubre de 1934 contra el poder legítimo. Desbordado por los anarquistas desde julio del 36 desbordó a su vez el estatuto hasta una práctica independencia, para verse obligado a retroceder por Negrín, desde mayo del 37. Fusilado por los vencedores en 1940.

DALÍ, Salvador (1904-1989), uno de los pintores más célebres del siglo, pro franquista.

DENCÀS, Josep (1900-1966), impulsor de las milicias nacionalistas extremistas *escamots*. En 1934 le ordenó Companys planear la rebelión contra el gobierno democrático de Samper. Convertido luego en chivo expiatorio del fracaso. Durante la guerra parece haber hecho gestiones ante Mussolini, en pro de la separación de Cataluña de España.

DOMINGO, Marcelino (1884-1939), líder republicano próximo a Azaña, y ministro en el primer bienio y en el Frente Popular.

FERRER GUARDIA, Francisco (1859-1909), pedagogo de principios de siglo, entre jacobino y anarquista. Probable inspirador de diversos y sangrientos atentados. Ejecutado en relación con la Semana Trágica de Barcelona, en 1909.

GARCÍA OLIVER, Juan (1901-1980), quizá el más destacado jefe anarquista. Ministro de noviembre a mayo de 1937.

GOICOECHEA, Antonio (1876-1953), marqués de Lozoya, dirigente monárquico alfonsino. En 1934 preparó un golpe contra la república, que no se produjo, con ayuda de Mussolini.

GOMÁ, Isidro (1869-1940), cardenal primado de Toledo, autor de la *Carta colectiva del episcopado español,* uno de los principales defensores del alzamiento de Franco

HURTADO, Amadeu (1875-1950), uno de los principales juristas catalanes, nacionalista, representante de la Generalidad ante el gobierno de Madrid durante la crisis de 1934, autor de una interesantes memorias.

LLUHÍ, Joan (1897-1944), nacionalista moderado, seguidor de Companys en la insurrección de octubre de 1934. Ministro de Trabajo con Casares Quiroga, marchó al extranjero al recomenzar la guerra, como hicieron otros muchos políticos nacionalistas y republicanos, estableciéndose como cónsul en Toulouse.

LÓPEZ OCHOA, Eduardo (1877-1936), general que ayudó a Macià a tomar el poder en Barcelona al llegar la república, y luego dirigió la lucha contra los insurrectos asturianos en octubre de 1934. Asesinado por los revolucionarios en julio del 36.

MACIÀ, Francesc (1859-1933), coronel españolista, evolucionó a un abierto separatismo. Durante la dictadura de Primo protagonizó el incidente de Prats de Molló. Se hizo con el poder a la llegada de la república, y rompió los acuerdos del Pacto de San Sebastián, aunque luego retrocedió en parte. Como presidente de la Generalidad, buscó el acuerdo con los anarquistas y estimuló las milicias separatistas llamadas *escamots.*

MONTSENY, Federica (1905-1994), líder de la FAI-CNT, ministra entre noviembre del 36 y mayo del 37. Se arrepentiría de ello, por haber «deshonrado» al anarquismo. Nacida en Madrid.

NIN, Andreu (1892-1937), dirigente del grupo comunista POUM, desafecto a Moscú, fue torturado y asesinado por orden del jefe de la policía secreta de Stalin en España, Orlof.

ORS, Eugenio d' (1881-1954), probablemente el pensador catalán más notable del siglo XX. Pro franquista.

PÉREZ FARRÁS, Enrique (1885-1949). Comandante nacionalista. Rebelde en Barcelona, en octubre del 34, le fue conmutada la condena a muerte. En julio del 36 participó en el aplastamiento de la revuelta derechista y luego fue asesor militar de Durruti.

PI I SUNYER, Carles (1887-1971), alcalde de Barcelona, insurrecto durante el golpe de octubre del 34. Consejero de cultura de la Generalidad durante la guerra.

PLA, Josep (1897-1981), quizá el más importante escritor en catalán del siglo XX. Pro franquista.

PLA Y DENIEL (1876-1968), obispo. Escribió la carta pastoral *Las dos ciudades,* documento fundamental de defensa del franquismo.

SERT, José María (1874-1945), muralista muy destacado, favorable a Franco, intervino para la vuelta a España de los cuadros del Museo del Prado, en 1939.

VALLS TABERNER, Fernando (1888-1942), historiador y jurista, intelectual muy relevante de la época, nacionalista moderado (diputado por la *Lliga),* optó resueltamente por Franco.

VIDAL i BARRAQUER, Francesc (1868-1943), cardenal, muy nacionalista, Companys le salvó de ser asesinado. No firmó la *Carta colectiva del episcopado español,* con cuyo fondo y forma se manifestó de acuerdo, por temor, según dijo, a que la misma contribuyera a aumentar la persecución.

EXTREMADURA

CORTÉS, Donoso (1809-1853), el pensador español más influyente en Europa en el siglo XIX. Contrarrevolucionario.

GONZÁLEZ, Valentín (1909-1985), «El Campesino», célebre jefe de milicias, comunista. Exiliado en la URSS, rompió con el PCE.

HIDALGO, Diego (1886-1961), ministro de la Guerra durante la insurrección revolucionaria de octubre del 34. La rebelión de julio del 36 le sorprendió en Valencia, de donde logró marchar a París, donde pasó los tres años. Vuelto a España más tarde.

VIDARTE, Juan Simeón (1902-1976), líder socialista y de sus juventudes, masón destacado. Participó en la organización de la guerra civil de octubre de 1934. Sobre ella y la del 36, escribió unas memorias de gran interés, pese a su sectarismo.

GALICIA

ÁLVAREZ, Santiago (1913-2002), jefe miliciano comunista, biógrafo de Negrín

BALBOA, Benjamín (1901-1976), radiotelegrafista que, el 18 de julio, tras arrestar a un oficial rebelde, alertó al gobierno y a las tripulaciones de la escuadra, impidiendo la sublevación de ésta ganando para el Frente Popular una baza en principio decisiva.

BUGEDA, Jerónimo, dirigente socialista

CALVO SOTELO, José (1893-1936), dirigente monárquico cuyo asesinato, en julio de 1936, decidió el estallido de la guerra.

CAMBA, Julio (1882-1962), escritor, humorista, favorable a Franco.

CANALEJAS, José (1854-1912), relevante político de la Restauración. Asesinado por anarquistas.

CASARES QUIROGA, Santiago (1884-1950), galleguista y azañista, penúltimo jefe de gobierno de la república. Se negó a armar a los sindicatos al estallar la sublevación derechista, por temor de que se cumpliera a la «revolución social».

CELA, Camilo José (1916-2002), escritor. Combatió en el frente al lado de los nacionales. Franquista durante la guerra y años después. Premio Nobel de Literatura.

CHAMOSO LAMAS, Manuel, arqueólogo, encargado de la recuperación de bienes artísticos al terminar la guerra.

CONDÉS, Fernando (1906-1936), capitán de la Guardia Civil, instructor de las milicias socialistas e implicado en la revolución de octubre del 34. El 12 de julio del 36 mandó el grupo de guardias de asalto y milicianos que secuestró a Calvo Sotelo y acabó con su vida.

CUENCA, Luis (1910-1936), guardaespaldas de Prieto y asesino directo de Calvo Sotelo.

CUNQUEIRO, Álvaro (1912-1981), escritor, pro franquista.

DATO, Eduardo (1856-1921), gobernante de la Restauración, artífice de la neutralidad de España en la I Guerra Mundial, de la derrota de la huelga revolucionaria de 1917 y de importante legislación social. Asesinado por anarquistas.

FERNÁNDEZ FLÓREZ, Wenceslao (1885-1964), escritor, humorista, partidario de Franco.

FRANCO, Francisco (1892-1975), *Caudillo* del bando nacional y dictador hasta su muerte en noviembre de 1975.

FRANCO SALGADO-ARAUJO, Francisco (1890-1975), primo del anterior y colaborador suyo.

IGLESIAS, Pablo (1850-1925), fundador del PSOE.

LÍSTER, Enrique (1907-1994), el más relevante jefe militar comunista, junto con Modesto.

MADARIAGA, Salvador de (1886-1978), ensayista liberal, historiador y literato, uno de los que mejor describe la situación revolucionaria en 1936. Se mantuvo neutral en la guerra.

MENÉNDEZ PIDAL, Ramón (1869-1968), uno de los filólogos e historiadores españoles más descollantes del siglo XX. Más bien favorable al franquismo.

PORTELA VALLADARES, Manuel (1866-1952), jefe de gobierno. Convocó las elecciones de febrero del 36.

RISCO, Vicente (1884-1963), intelectual y teórico del nacionalismo gallego. Más bien pro franquista.

TORRENTE BALLESTER, Gonzalo (1910-1999), escritor. Pro franquista.

VALLE-INCLÁN, Ramón del (1866-1936), escritor de la Generación del 98, de tendencias izquierdistas-señoriales, por decirlo así. Murió a principios del 36.

LEÓN

ABAD DE SANTILLÁN, Diego (1897-1983), (seud. de Sinesio García Delgado), dirigente de la FAI-CNT, muy anticomunista.

FELIPE, León (1884-1968) (seudónimo de Felipe Camino Galicia de la Rosa). Poeta, pro Frente Popular.

GALARZA, Ángel (1892-1966), jacobino y luego socialista, amenazó de muerte a Calvo Sotelo en el Parlamento. Ministro de Gobernación con Largo Caballero, impulsó activamente el terror.

GIL-ROBLES, José María (1898-1980), máximo dirigente de la CEDA. Muy moderado, en general, ayudó a mantener la legalidad republicana frente el asalto de las izquierdas en octubre del 34. Apoyó el alzamiento de julio del 36 ante la situación revolucionaria.

GORDÓN ORDÁS, Félix (1885-1973), republicano jacobino (radical socialista). Al perder la izquierda las elecciones en 1933 (su partido quedó prácticamente sin diputados), presionó a Alcalá-Zamora en favor de un golpe de estado que impidiese gobernar al triunfador centro-derecha. Durante la guerra fue embajador en Méjico y Cuba.

PESTAÑA, Ángel (1886-1937), líder anarquista en Barcelona, donde propuso una línea moderada al llegar la república, siendo desbordado por la FAI, y expulsado de la CNT. Murió de enfermedad durante la guerra, sirviendo al Frente Popular con cierto escepticismo.

MADRID

ÁLVAREZ DEL VAYO, Julio (1891-1975), intelectual y político muy afecto a las posiciones soviéticas.

ARANDA, Antonio (1888-1979), defensor de Oviedo y uno de los principales jefes militares nacionales.

BAREA, Arturo (1897-1957), novelista, autor de *La forja de un rebelde*, partidario del Frente Popular.

BENAVENTE, Jacinto (1866-1954), dramaturgo, Premio Nobel en 1922. Pro franquista.

BERGAMÍN, José (1895-1983), poeta y ensayista, presidente de la Alianza de Intelectuales Antifascistas, católico y pro comunista.

CASTRO DELGADO, Enrique (1907-1964), dirigente comunista, fundador del «Quinto Regimiento».Exiliado en la URSS, abandonó el partido y escribió dos libros anticomunistas, autobiográficos, de gran eco en su tiempo.

FIGUEROA, Álvaro de (1863-1950), conde de Romanones, en 1931 entregó sin resistencia el poder a los republicanos.

FOXÁ, Agustín de (1903-1959), escritor falangista.

FRANCISCO, Enrique de, dirigente socialista, muy influyente en Guipúzcoa.

GÓMEZ DE LA SERNA, Ramón (1888-1963), uno de los escritores más renombrados en su tiempo, muy favorable a Franco.

JIMÉNEZ DE ASÚA, Luis (1889-1970), jurista, miembro del PSOE. Autor de la definición constitucional de la república como estado «de trabajadores de todas clases». Salió ileso de un atentado de Falange, en marzo de 1936. Durante la guerra marchó a Praga como representante diplomático.

LARGO CABALLERO, Francisco (1869-1946), el *Lenin español,* principal líder socialista durante la república y el Frente Popular, jefe del gobierno populista desde septiembre de 1936 a mayo de 1937, cuando fue expulsado por sus aliados.

MARAÑÓN, Gregorio (1887-1960), médico y ensayista, una de las cabezas del liberalismo español. Influyó en la llegada de la república. Luego se inclinó por el bando nacional.

MAURA, Miguel (1887-1971), político conservador, verdadero organizador de la llegada de la II República. Ministro de la Gobernación cuando la «quema de conventos» de mayo de 1931, su deslucido papel le hizo perder, a él y a Don Niceto, la posibilidad de dirigir la derecha española antifranquista.

MERA, Cipriano (1897-1975), anarquista, hábil jefe militar del Frente Popular. A su intervención en marzo de 1939, movilizando su división en apoyo de Casado, se debe en gran medida el final de la contienda.

MOSCARDÓ, José (1878-1956), coronel, dirigió la defensa del Alcázar de Toledo.

NELKEN, Margarita (1896-1968), experta en arte, diputada socialista, luego comunista, muy radical e impulsora del terror en el verano de 1936.

NEVILLE, Edgar (1899-1967), escritor, guionista de cine y humorista. Pro franquista.

ORTEGA Y GASSET, José (1883-1955), suele considerársele el filósofo más destacado de España en el siglo XX. Su actitud, en general, fue favorable al franquismo.

OSSORIO Y GALLARDO, Ángel (1873-1946). Opuesto al principio al Frente Popular, lo apoyó después como embajador en Bruselas, París y Buenos Aires.

PRIMO DE RIVERA, José Antonio (1903-1936), fundador de la Falange.

RIVAS CHERIF, Cipriano (1891-1967), escritor y director de teatro, cuñado de Azaña. Partidario del Frente Popular.

SAINZ RODRÍGUEZ, Pedro (1898-1986), intelectual de *Acción Española,* y conspirador vocacional. Después de la guerra dirigió maniobras monárquicas contra Franco, el cual le permitió volver a España en 1969, y reocupar su cátedra.

SALAZAR ALONSO, Rafael (1895-1936), político lerrouxista, asesinado en Madrid por el Frente Popular.

SÁNCHEZ MAZAS, Rafael (1894-1966), poeta y novelista, uno de los fundadores de la Falange.

SÁNCHEZ ROMÁN, Felipe (1893-1956), jurista y político republicano, elaboró en parte el programa del Frente Popular, triunfante en febrero de 1936 pero a última hora rehusó suscribirlo. Alineado con el bando revolucionario en la guerra.

MURCIA

CABANELLAS, Miguel (1872-1938), general, republicano y masón, jefe nominal durante unos meses de la rebelión derechista del 36, hasta el nombramiento de Franco.

HERNÁNDEZ, Jesús (1907-1971), ministro comunista, criado en Bilbao.

NAVARRA

ANSÓ, Mariano (1899-1981), ministro con Negrín, devolvió a España, en 1956, los documentos relativos al oro español en Rusia, y volvió luego para establecerse en España.

ARRARÁS, Joaquín (1899-1975), periodista de destacada actuación en el bando nacional. Historiador de la república y biógrafo de Franco.

AZNAR, Manuel (1894-1975), periodista de complicada trayectoria, que acabó defendiendo ardientemente el franquismo.

IRUJO, Manuel (1891-1981), político del PNV, ministro en el Frente Popular, trató de encubrir y disculpar la persecución religiosa, para mejorar la imagen exterior de los revolucionarios. Al mismo tiempo salvó a algunos clérigos perseguidos.

LIZARZA, Antonio de (1891-1974), hombre de acción y conspirador carlista, organizador del Requeté.

PRADERA, Víctor (1873-1936), intelectual y político carlista. Asesinado en San Sebastián, al reanudarse la guerra.

RUIZ DE ALDA, Julio (1897-1936), militar, participó en la hazaña del *Plus Ultra,* cruzando en avión desde España a Buenos Aires. Dirigente falangista, asesinado en la cárcel Modelo madrileña.

SANJURJO, José (1872-1936), general que optó por la república en abril de 1931, y aseguró su llegada pacífica. En agosto de 1932 se sublevó contra Azaña, parece que pensando imponer a Lerroux. Vencido y amnistiado en 1934, encabezaría nominalmente la rebelión de julio del 36, pero apenas comenzada ésta, murió en accidente aéreo.

VALENCIA

ALBIÑANA, José María (1883-1936), protofascista, fundador del pequeño Partido Nacionalista Español, asesinado en la cárcel Modelo.

AZORÍN (José Martínez Ruiz) (1873-1967), uno de los más destacados escritores de la Generación del 98. Pro franquista.

CHAPAPRIETA, Joaquín (1871-1951), político de la monarquía y experto hacendista, lo nombró Alcalá-Zamora para sustituir a Lerroux, en octubre de 1935. Trató de sanear la Hacienda, pero el clima de sospechas creado por las interferencias del presidente de la república, y crecientes roces con Gil-Robles, le llevaron a dimitir. Se mantuvo apartado de la guerra.

ESPLÁ, Carlos (1895-1971). En 1934, participó por cuenta de Azaña en las maniobras desestabilizadoras previas a la insurrección, protagonizadas por socialistas, jacobinos y nacionalistas catalanes y vascos. Al recomenzar la guerra se refugió en Suiza.

FANJUL, Joaquín (1880-1936), general que se rebeló en Madrid en julio de 1936, y fue derrotado por el Frente Popular, condenado a muerte y ejecutado.

HERNÁNDEZ, Miguel (1910-1942), poeta, comunista. Condenado a muerte al terminar la guerra, le fue conmutada la pena, y falleció poco después en la cárcel.

PEIRATS, José (1908), dirigente anarquista, muy activo en la CNT catalana.

RENAU, José (1907-1982), artista plástico comunista, organizó buena parte de las incautaciones de bienes artísticos.

ROJO, Vicente (1894-1966), principal estratega del Frente Popular. Católico, con buena relación con los comunistas.

SAMPER, Ricardo (1881-1938), jefe de gobierno de abril a octubre de 1934, tuvo que lidiar con las maniobras desestabilizadoras de las izquierdas y el PNV previas a la insurrección de octubre.

VASCONGADAS

AGUIRRE, José Antonio (1904-1960), jefe del gobierno autónomo de Vizcaya durante la guerra, cuyas circunstancias aprovechó para imponer una práctica independencia de la provincia.

ARANA, Sabino (1865-1903), fundador del nacionalismo vasco, extremadamente racista y xenófobo, inventor de la bandera hoy oficial en Vasconia, del nombre «Euzkadi» y de una peculiar historia regional.

ARANA, Luis, hermano del anterior, autor, durante la guerra, de un plan para poner Vasconia y Navarra bajo protección inglesa, y Aragón y Cataluña bajo la francesa, con ventajas estratégicas para Gran Bretaña.

BAROJA, Pío (1872-1956), uno de los novelistas españoles más importantes del siglo XX, favorable a Franco.

HERNÁNDEZ, Jesús (1907-1971), nacido en Murcia. Comunista, ministro de Instrucción Pública desde septiembre de 1936 a abril de 1938. Adaptó la política cultural y de enseñanza a las normas de propaganda comunista. Exiliado, terminaría rompiendo con el PCE, contra el que escribió una agria requisitoria.

IBARROLA, Juan (1900), izquierdista capitán de la Guardia Civil, y uno de los militares más capaces del Frente Popular.

IBÁRRURI, Dolores (1895-1989), «La Pasionaria», renombrada dirigente y agitadora comunista.

LEIZAOLA, Jesús María (1896-1984), político del PNV, presente en el «Pacto de Santoña».

MAEZTU, Ramiro de (1874-1936), el pensador más destacado de *Acción Española*, asesinado en Madrid por el Frente Popular al comenzar la guerra.

MONZÓN, Telesforo (1904-1981), consejero de Gobernación del gobierno autónomo vasco. El político nacionalista Ajuriaguerra pidió su destitución por su actitud pasiva y respuesta tardía a las matanzas de presos en Bilbao, en enero de 1937, pero Aguirre lo conservó en su cargo.

PRIETO, Indalecio (1883-1962), nacido en Asturias, criado en Bilbao. El jefe socialista más destacado después de Largo Caballero.

URIBE, Vicente (1897-1961), líder comunista, ministro de Agricultura desde septiembre de 1936 hasta el final de la guerra.

VEGAS LATAPIE, Eugenio (1907-1985), militar e ideólogo de una monarquía autoritaria y antidemocrática, al terminar la guerra conspiró contra Franco y fue uno de los consejeros de Don Juan.

ZUGAZAGOITIA, Julián (1898-1940), periodista y dirigente del PSOE, promotor de la revolución de octubre del 34. Después se unió a Prieto contra Largo. Con Negrín desempeñó la cartera de Gobernación en tiempos muy duros. Autor del interesante libro *Guerra y vicisitudes de los españoles.* Huido a Francia, fue devuelto a España por los alemanes, y fusilado.

Los generales franquistas Emilio MOLA y Alfredo KINDELÁN, así como el político azañista José GIRAL, nacieron en Cuba. Américo CASTRO, en Brasil.

Apéndice III

CRONOLOGÍA

1923 SEPTIEMBRE. El día 13, el golpe de Primo de Rivera pone fin al régimen liberal de la Restauración, carcomido por el terrorismo, la guerra de África, y la inoperancia de sus dirigentes. La dictadura subsiguiente, muy poco represiva, solucionó los problemas del terrorismo y la guerra marroquí, y elevó la renta *per capita* más que cualquier época anterior desde principios del siglo XIX.

1930 ENERO. Primo, desasistido del rey Alfonso XIII y del ejército, abandona. Se inicia, con el general Berenguer y luego con el almirante Aznar, un proceso de transición a un régimen constitucional. El proceso se transformará en una rápida marcha hacia la república.

AGOSTO. Encuentro, el 17, de políticos republicanos en San Sebastián, del que saldrá el célebre Pacto para traer la república mediante un pronunciamiento militar.

DICIEMBRE. Fracasa, tras causar varias víctimas mortales, el golpe o pronunciamiento militar previsto en el Pacto de San Sebastián. Dos militares golpistas, Galán y García Hernández, son fusilados, convirtiéndose en héroes de los republicanos.

1931 MARZO. Juicio contra los políticos implicados en el golpe de diciembre. El juicio se transforma, con ayuda de los jueces, en plataforma de propaganda republicana, y los acusados salen prácticamente absueltos.

ABRIL. El día 12 los republicanos pierden las elecciones municipales en el conjunto del país, pero ganan en casi todas las capitales de provincia. Los monárquicos se dan por vencidos y ceden sin resistencia el poder. La república se instaura el día 14, mientras el rey huye al exilio. Niceto Alcalá-Zamora preside el gobierno republicano.

LA REPÚBLICA

1931 MAYO. El 11 empiezan las jornadas de incendios de iglesias, bibliotecas, centros de formación profesional y enseñanza, etc. regentados por órdenes religiosas. Crisis inicial de la república y comienzo de su jacobinización.

JUNIO. Elecciones legislativas con abrumadora victoria de las izquierdas. El PSOE, primer partido, con diferencia. Las nuevas Cortes se inauguran simbólicamente el 14 de julio, fiesta revolucionaria y nacional francesa.

OCTUBRE. Alcalá-Zamora dimite en protesta por los artículos anticatólicos de la Constitución, la cual, a su juicio, «invita a la guerra civil». España ya no es católica, en opinión de Azaña.

DICIEMBRE. Aprobada la Constitución, no hay nuevas elecciones, sino un nuevo gobierno que rompe la amplia coalición inicial republicana y da paso a otra republicano-socialista, bajo la dirección de Azaña, dejando fuera a los conservadores republicanos y al partido de Lerroux, el más importante de los republicanos. El pilar de la coalición será el PSOE, único partido realmente fuerte por entonces. El 11, Alcalá-Zamora es nombrado presidente de la república, por su prestigio, cree él, por no haber otro en ese momento, y pese a su «demencia», en opinión de Azaña.

1932 ENERO. Insurrección anarquista en el Alto Llobregat. Azaña da al ejército órdenes severísimas de aplastarla. En sus diarios consigna que ordena fusilar sobre la marcha.

AGOSTO. El 10, golpe de Sanjurjo, fácilmente desbaratado. Diez muertos. Azaña castiga a las derechas no complicadas en el golpe, y aprovecha para hacer aprobar el estatuto catalán y la ley de reforma agraria.

1933 ENERO. Segunda insurrección anarquista, reprimida con brutalidad. Matanza de campesinos de Casas Viejas por la Guardia de Asalto. Protesta general. Declive de Azaña, que perderá las elecciones municipales parciales de ese año, y las del Tribunal de Garantías Constitucionales.

AGOSTO. En la Escuela de verano del PSOE, en Torrelodones, se acentúa la tendencia del partido hacia la ruptura con los republicanos y la lucha por la dictadura del *proletariado.* Largo Caballero empieza a ser llamado *El Lenin español.*

SEPTIEMBRE-OCTUBRE. Alcalá-Zamora retira la confianza a Azaña. Breve gobierno de Lerroux y ruptura pública «indestructible e inviolable» del PSOE con los republicanos. Gobierno de Martínez Barrio encargado de preparar elecciones.

NOVIEMBRE. Gran victoria electoral del centro (Lerroux) y la derecha (Gil-Robles). Las izquierdas no aceptan el veredicto de las urnas. Azaña y otros republicanos proponen un golpe de estado. La Esquerra de Cataluña (nacionalistas de izquierda) se pone «en pie de guerra». El PSOE decide preparar ya la guerra civil revolucionaria, y comienza a desplazar al sector moderado y demócrata de Besteiro.

1934 FEBRERO. Se constituye el comité clandestino del PSOE encargado de preparar la insurrección armada en todos los terrenos: milicias, infiltración en el ejército, alianzas, maniobras de desestabilización, etcétera.

JUNIO-SEPTIEMBRE. Maniobras desestabilizadoras (huelgas violentas, disturbios, desobediencia a la ley, amenazas de rebelión) sucesivas, a cargo del PSOE, de los nacionalistas catalanes de izquierda apoyados por el PSOE, el PNV y los republicanos; y de los nacionalistas vascos (de derecha), apoyados por todas las izquierdas. Plan de golpe de estado de Azaña, que fracasa al no apoyarlo el PSOE. Crisis profunda del régimen.

OCTUBRE. El 4, la derecha entra en el gobierno por primera vez, con tres ministros, y comienza la insurrección socialista, con apoyo moral de los republicanos de izquierda. El 6 se rebela la *Generalitat* gobernada por la Esquerra. Sólo en Asturias siguen las masas los llamamientos, creando durante dos semanas una situación de guerra civil. La intentona ocasiona cerca de 1.400 muertos y enormes daños materiales, artísticos, en bibliotecas, etc. La derecha, tachada insistentemente de fascista, defiende la legalidad republicana y las libertades.

1935 ENERO-MAYO, la intensísima campaña nacional e internacional sobre los supuestos crímenes de la represión en Asturias, más las frecuentes intromisiones de Alcalá-Zamora, provocan una crisis y división permanentes entre los vencedores de octubre. La inestabilidad gubernamental pareció superarse cuando, tras abandonar el gobierno en abril, la CEDA volvió un mes después, con cinco ministerios.

MAYO-DICIEMBRE. Las izquierdas se rehacen en torno a un proyecto de coalición, embrión del Frente Popular. División extrema en el PSOE entre seguidores de Prieto y de Largo. En septiembre y octubre toma cuerpo la intriga de Prieto y Azaña con un delincuente holandés, llamado Strauss, para liquidar a Lerroux valiéndose de una corruptela menor, el *straperlo*. Alcalá-Zamora interviene contra Lerroux, arruinando a éste y a su partido, y lo sustituye por Chapaprieta, en septiembre. En diciembre expulsa a la CEDA del gobierno, y promueve otro dirigido por Portela Valladares. Máxima inestabilidad política y tensión entre derechas e izquierdas.

1936 ENERO-FEBRERO. Para rehuir la acusación de la derecha, Alcalá-Zamora y Portela Valladares disuelven las Cortes y convocan elecciones. Éstas tienen lugar en un clima de guerra civil. Ganan, en situación confusa, las izquierdas en diputados, aunque en votos se produce empate. Comienza a aplicarse la ley desde la calle (amnistía y poco después la reforma agraria). Doble poder, de hecho.

MARZO-JULIO. Oleada de crímenes, asaltos, incendios, huelgas y tumultos. Las Cortes izquierdistas impugnan arbitrariamente numerosas actas de diputados derechistas, para hundir a éstas en la impotencia El gobierno reprime duramente a la derecha, en especial a la Falange, pero deja impunes los desmanes de las izquierdas. Las peticiones de la derecha, en las Cortes, para que el gobierno imponga la ley, son desoídas. Planes revolucionarios de PSOE, PCE y CNT. Azaña y Prieto maniobran para destituir a Alcalá-Zamora, en cuyo puesto se situará el primero. A finales de abril toma cuerpo y peligrosidad, por primera vez, la conspiración militar bajo dirección de Mola.

JULIO. El día 12, un grupo de milicianos socialistas y guardias de asalto, mandados por un capitán de la Guardia Civil, secuestran y asesinan al líder de la oposición, Calvo Sotelo. El azar salva a Gil-Robles del mismo destino. El 17 estalla la sublevación militar en Melilla. El 19, el gobierno de Giral arma a los sindicatos, y los restos de legalidad republicana se vienen abajo en una marea revolucionaria que cubre dos tercios del país.

LA GUERRA CIVIL

1936 JULIO. Con aplastante superioridad material, los revolucionarios se expanden por Aragón y Guadalajara, aplastan la rebelión en San Sebastián y Albacete, detienen a las tropas de Mola en la sierra madrileña e intentan bloquear al ejército de Marruecos. Reciben un serio revés cuando Franco logra pasar tropas en avión sobre el estrecho de Gibraltar, salvando a los rebeldes de una derrota casi segura. Oleada de terror en los dos bandos.

AGOSTO. Las columnas de Franco unen las dos zonas de la sublevación. Represión en Badajoz y matanza de la cárcel Modelo madrileña. Asesinato de García Lorca. Resistencias del Alcázar de Toledo, Simancas, Oviedo; comienza a formarse el núcleo de resistencia de la Virgen de la Cabeza. Acuerdo de No Intervención, vulnerado en escala aún pequeña por Alemania e Italia, mientras el Frente Popular compra armas en Francia y otros países.

SEPTIEMBRE. Los días 3 y 4, Talavera e Irún caen en manos rebeldes. Los descalabros obligan al Frente Popular a reestructurarse. El 4, el gobierno de Giral es sustituido por el de Largo Caballero, para encauzar la revolución. Entre el 14 y el 16, el oro del Banco de España es llevado a Cartagena. El 16, Stalin da luz verde a una ayuda-intervención masiva en España. A fines de mes, el Alcázar de Toledo es liberado, y Franco elegido jefe único de su bando.

OCTUBRE. El día 1 se aprueba el estatuto vasco. Franco es proclamado jefe del gobierno del estado, con todos los poderes. Asesinato de Ramiro de Maeztu. Ante noticias de intervención soviética, Franco ordena apresurar la marcha sobre Madrid. Incidente entre Unamuno y Millán Astray. El 29 fracasa la primera contraofensiva populista con tanques y aviones soviéticos contra las tropas que atacan Madrid. Cuatro días antes había partido el oro español rumbo a Odesa.

NOVIEMBRE. Batalla de Madrid. El gobierno se traslada a Valencia. Ingentes requisas de obras de arte, alhajas, monedas de oro y objetos preciosos en la zona populista, destrucción de archivos, etc. Llegan las Brigadas Internacionales. Tras varios intentos de los revolucionarios de aplastar a las tropas nacionales, materialmente inferiores, la situación se estabiliza y la batalla termina en tablas. Mueren José Antonio y Durruti. A finales de mes llega la Legión Cóndor.

DICIEMBRE. Nuevo asalto franquista a Madrid, por la carretera de La Coruña, que no logra su objetivo. A finales de mes empiezan a llegar contingentes italianos a la zona nacional. Muere Unamuno.

1937 ENERO-MARZO. Toma de Málaga por los nacionales (enero). El intento de éstos de envolver Madrid por el Jarama (febrero) termina de nuevo en tablas, y en derrota la ofensiva por Guadalajara (marzo). Los populistas intentan entonces contraofensivas al oeste de Madrid, que fracasan. El último día de marzo, Mola inicia la ofensiva contra la zona populista del Cantábrico.

ABRIL. Avances dificultosos de los nacionales en Vizcaya. Unificación de carlistas y Falange, e incidentes menores en Salamanca. El 26, Guernica es destruida por un bombardeo de la Legión Cóndor. La Junta de Defensa de Madrid, que había dirigido la resistencia de noviembre, es disuelta.

MAYO-JUNIO. Guerra civil en Barcelona entre anarquistas y milicianos del POUM, y comunistas y fuerzas gubernamentales. Vencidos los primeros, sufren una brutal represión. Una maniobra de los comunistas, Prieto y Azaña, expulsa a Largo Caballero, y lo sustituye por Negrín, incondicional de Moscú. A finales de mayo, crisis en el comité de No Intervención tras el ataque de un avión pilotado por un soviético al crucero alemán *Deutschland,* al que ocasiona numerosos muertos, y de la represalia alemana, con un feroz bombardeo sobre Almería. Por las mismas fechas comienza la ofensiva populista contra Segovia, por La Granja, que terminará en fracaso. El 3 de junio muere Mola en accidente aéreo. El 19, los nacionales ocupan Bilbao y los populistas desisten de tomar Huesca.

JULIO. El día 1, *Carta colectiva del espiscopado español* en apoyo a la causa de Franco. Por sugestión del jefe de la policía secreta soviética, Prieto crea el SIM, organismo policial militar, pronto dirigido por los comunistas, que aplicará una represión durísima dentro y fuera del ejército. El 6 comienza la batalla de Brunete, cerca de Madrid, que retrasa la toma de Santander.

AGOSTO. Intensa actividad bélica en Santander. Los nacionalistas vascos se rinden tras abrir el frente e indicar a los fascistas italianos la mejor vía de ataque a sus aliados del Frente Popular (Pacto de Santoña). Comienzo, el 24, de la batalla de Belchite.

SEPTIEMBRE. Conferencia de Nyon entre las potencias de la No Intervención, para garantizar la seguridad en el Mediterráneo (día 10). Franco logra el reconocimiento cuasi oficial del Vaticano (22). Fracasa la ofensiva populista contra Zaragoza (batalla de Belchite).

OCTUBRE-NOVIEMBRE. El 21 de octubre las tropas nacionales ocupan Gijón y Avilés, acabando con la zona norte enemiga. El 31, el gobierno populista se traslada de Valencia a Barcelona. Relaciones más estrechas de los nacionales con Gran Bretaña, en relación especialmente con el hierro de Vizcaya.

DICIEMBRE. El 15 comienza la ofensiva populista contra Teruel. Picasso da los últimos toques al *Guernica*.

1938 ENERO-FEBRERO. El ejército izquierdista toma Teruel el 7 de enero. El 30, Franco nombra su primer gobierno propiamente dicho, y poco después comienza la reconquista de la ciudad, culminada el 22 de febrero.

MARZO. Ofensiva nacional en el frente de Aragón. Los comunistas organizan una gran manifestación en Barcelona contra los intentos de mediación. Crisis europea por la anexión de Austria por Hitler. Ante la amenaza francesa de invadir España, Mussolini ordena bombardeos sobre Barcelona.

ABRIL-MAYO. El 6 de abril, nuevo gobierno de Negrín tras destituir a Prieto del ministerio de Defensa, por derrotista. Prieto había insinuado ofertas a Londres para convertir España en un protectorado inglés, a cambio de asegurar la victoria a los populistas y desplazar políticamente a los soviéticos. Los nacionales alcanzan el Mediterráneo a mediados de mes, dividiendo en dos la zona enemiga. El 30, Negrín proclama los «Trece puntos». En mayo, nuevos bombardeos italianos sobre Barcelona y Levante, que Franco desaprueba y hace cesar.

JUNIO-JULIO. Negrín supera una grave crisis política y de desmoralización. La ofensiva franquista sobre Valencia progresa con dificultades. En el segundo aniversario del comienzo de la guerra, el 18 de julio, Azaña pronuncia su célebre discurso, de fondo derrotista, pidiendo «paz, piedad, perdón». El 25 de julio comienza la batalla del Ebro.

AGOSTO. Crisis y maniobras de partidos en el bando populista. El 13, el partido de Azaña pide nada menos que un gobierno exclusivamente republicano. El día 17, los nacionalistas vascos y catalanes tratan de provocar una crisis, retirándose del gobierno, pero son fácilmente sustituidos. El 20 comienza la contraofensiva nacional en el Ebro.

SEPTIEMBRE. La agravación de la crisis europea, que no mengua desde marzo, lleva al continente al borde de la guerra. Franco declara la neutralidad de España en tal eventualidad, para irritación de sus aliados. Negrín anuncia la retirada de las Brigadas Internacionales. El 30 se disipan aparentemente las amenazas, tras claudicar Francia y Gran Bretaña en Munich, ante las exigencias de Hitler.

OCTUBRE-DICIEMBRE. Maniobras de los nacionalistas vascos y catalanes en Londres y París, con vistas a desintegrar España, poniendo a sus regiones bajo protección inglesa y francesa. A finales de octubre salen de España buena parte de los internacionales, así como numerosos italianos. El 16 de noviembre termina la batalla del Ebro con una completa victoria de Franco. El 23 de diciembre empieza la ofensiva franquista en Cataluña.

1939 ENERO-ABRIL. El 26 de enero, las tropas de Franco entran en Barcelona, aclamadas por un enorme gentío, mientras otra multitud de soldados y civiles huye hacia la frontera. En los días siguientes, en medio del caos, los grandes tesoros acumulados por los gobernantes del Frente Popular pasan la frontera. Los cuadros del Museo del Prado volverán a España, pero no otros muchos tesoros.
Los populistas intentan una contraofensiva por Extremadura, rechazada fácilmente por Queipo de Llano, y que no detiene el avance nacional por Cataluña, hasta ocupar la frontera con Francia el 9 de febrero. El 10, Negrín y otros líderes vuelven en avión desde Francia, para continuar la lucha en la zona centro. El 28, Azaña dimite la presidencia de la «República», mientras en Madrid está en marcha la conspiración de Casado para rendirse y acortar los sacrificios de la guerra.
El 5 de marzo, Casado, Besteiro y Cipriano Mera constituyen el Consejo Nacional de Defensa, en rebeldía contra Negrín y los comunistas. Al día siguiente, Negrín y los comunistas se fugan, pese a disponer de la gran mayoría de las fuerzas armadas. Ello no impide una nueva guerra civil dentro de la guerra civil, con miles de muertos y el fusilamiento recíproco de jefes militares, y derrota final comunista. Franco exige la rendición incondicional. A partir del 26, el frente populista se desmorona, los nacionales entran en Madrid el 28, y el 1 de abril, Franco proclama la victoria completa sobre los revolucionarios.

Notas

Introducción

[1] *ABC,* 16-1-1997.

[2] P. JOHNSON, *Tiempos modernos,* Buenos Aires, Vergara, 2000, p. 406.

[3] J. F. REVEL, *El conocimiento inútil,* Barcelona, Planeta, 1989, p. 9.

[4] *Ibid.,* p. 144.

[5] P. VILAR, *La guerra civil española,* Barcelona, Crítica, 1986, p. 11.

[6] *Spain betrayed,* editada por R. Radosh, M. R. Hableck y G. Sevostianov, New Haven y Londres, Yale University Press, 2001, p. XXVII.

[7] G. TORTELLA, *El desarrollo de la España contemporánea,* Madrid, Alianza, 1995, p. 94.

[8] P. PRESTON, *Las tres Españas del 36,* Barcelona, Plaza y Janés, 1998, p. 247.

[9] E. MORADIELLOS, en *Revista de libros,* Madrid, enero 2002.

Capítulo 1

[1] En diario *ABC,* Madrid, 11-12-2001.

[2] M. MAURA, *Así cayó Alfonso XIII,* Barcelona, Ariel, 1995, p. 48.

[3] J. S. VIDARTE, *No queríamos al rey,* Barcelona, Grijalbo, 1977, pp. 227-228.

[4] N. ALCALÁ-ZAMORA, *Memorias,* Barcelona, Planeta, 1998, p. 559.

[5] M. MAURA, *Así cayó...,* pp. 250-251.

[6] N. ALCALÁ-ZAMORA, *Memorias,* cit., p. 218.

[7] *Ibid.,* pp. 627 y ss.

[8] ALCALÁ-ZAMORA, diarios que le fueron robados por el gobierno del Frente Popular, y publicados parcialmente durante la guerra, citados en J. ARRARÁS, *Historia de la II República española II,* Madrid, 1968, p. 379.

[9] F. CAMBÓ, *Memorias,* Madrid, Alianza, 1987, p. 462; FPI (Fundación Pablo Iglesias), *AFLC* (Archivos de Largo Caballero) *XXII,* p. 250.

[10] S. de Madariaga, *España,* Madrid, 1979, pp. 377-378.

Capítulo 2

[1] J. MARICHAL, *La vocación de Manuel Azaña,* Madrid, 1971, pp. 13-14; en VV.AA., *Azaña,* Madrid, Ministerio de Cultura, 1991, pp. 147, 163 y 179.

[2] M. AZAÑA, *Tres generaciones del Ateneo,* Madrid, 1931, pp. 23 y 27.

[3] N. ALCALÁ-ZAMORA, *Memorias,* p. 220.

[4] M. AZAÑA, *Memorias I,* Barcelona, Grijalbo, 1978, p. 384.

[5] Las opiniones despectivas de Azaña sobre sus ministros, y sobre los republicanos en general, salpican sus diarios. Véase, por ejemplo *Memorias I,* pp. 496, 503, 536, 538, 587, o *Diarios 1932-1933. «Los cuadernos robados»,* Barcelona, Crítica, 1997, pp. 309, 332, 334, 339, 408, etc.

[6] M. AZAÑA, *Diarios,* pp. 400-1, 391, 313-4, 396.

[7] S. JULIÁ, prólogo a *Diarios.*

[8] M. AZAÑA, *Diarios,* p. 106.

[9] M. AZAÑA, *Mi rebelión en Barcelona,* Madrid, 1935, p. 35; F. Largo Caballero, *Escritos de la República,* Madrid, Pablo Iglesias, 1985, pp. 111-116.

[10] M. AZAÑA, *Discursos en campo abierto,* Madrid, 1936, p. 240.

[11] Discurso, 1 de marzo de 1936, ante las masas, en P. Moa, *El derrumbe de la segunda república y la guerra civil,* Madrid, Encuentro, 2001, p. 270.

[12] Cortes, Diario de Sesiones, 3-4-1936.

[13] J. PEÑA GONZÁLEZ, *Manuel Azaña,* Alcalá de Henares, 1991, p. 195; M. Muela, *Azaña estadista,* Madrid, Biblioteca Nueva, 2000, p. 190.

Capítulo 3

[1] F. LARGO CABALLERO, *Correspondencia secreta* (edic. parcial de *Mis recuerdos,* de M. Carlavilla), Madrid, 1961, p. 99.

[2] En P. MOA, *Los orígenes de la guerra civil española,* Madrid, Encuentro, 1999, p. 160; F. LARGO CABALLERO, *Correspondencia,* p. 174.

[3] *El Socialista,* 16-8-1933.

[4] A. SABORIT, *Julián Besteiro,* Buenos Aires, Losada, 1967, p. 328-40.

[5] En P. MOA, *Los orígenes de la guerra civil,* Madrid, Encuentro, 1999, p. 173 y ss.

[6] A. DEL ROSAL, *1934, El movimiento revolucionario de octubre,* Akal, Madrid, 1983, p. 32. En P. MOA, *Los orígenes...,* cit., pp. 222 ss.

[7] F. LARGO CABALLERO, *Discursos a los trabajadores,* Fontamara, Barcelona, 1979, pp. 174 ss., 185; en *Renovación,* Madrid, 3 de marzo y 18 de abril de 1934.

[8] Actas UGT, Fundación Pablo Iglesias (FPI, AARD XIX), pp. 99-100.

[9] En E. MALEFAKIS, *Reforma agraria y revolución campesina en España en el siglo XX,* Ariel, Barcelona, 1971, pp. 381-382; S. CARRILLO, *Memorias,* Planeta, Barcelona, 1993, p. 110.

[10] F. LARGO CABALLERO, *Correspondencia secreta,* edición de sus *Recuerdos* a cargo de M. Carlavilla, Madrid, 1961, p. 182.

[11] J. S. VIDARTE, *Todos fuimos culpables,* I, Barcelona, Grijalbo, 1978, p. 101.

[12] En M. RUBIO CABEZA, *Diccionario de la Guerra Civil española I,* Planeta, Barcelona, 1987, p. 355.

[13] S. PAYNE, *La primera democracia española,* Barcelona, Paidós, 1995, pp. 398-399.

Capítulo 4

[1] Numerosas citas similares en *Páginas de Sabino Arana,* Criterio libros, Madrid, 1998.

[2] F. CAMBÓ, *Memorias,* Alianza, Madrid, 1987, pp. 420-421.

[3] M. MAURA, *Así cayó...,* cit., p. 71.

[4] F. CAMBÓ, *Memorias,* cit., p. 420.

[5] M. AZAÑA, *Memorias I,* cit., p. 21 y 22 julio de 1931.

[6] J. PLA, *De la monarquía a la república,* Acervo, Barcelona, 1977, p. 93.

[7] *L'Humanitat,* Barcelona, 14 y 22 de noviembre de 1933; CAMBÓ, *Memorias,* cit., p. 458.

[8] En P. MOA, *Los orígenes...,* cit., pp. 323 ss.; C. PI SUNYER, *La República y la guerra. Memorias de un político catalán,* Oasis, México, 1975, p. 219.

[9] A. HURTADO, *Quaranta anys d'advocat. Història del meu temps,* Barcelona, Ariel, 1967, p. 290.

[10] Diario de sesiones del Parlamento catalán, del 5 de mayo de 1936.

[11] En P. MOA, *Los orígenes...,* cit., pp. 323 ss.

[12] *Ibid.,* pp. 323 ss., p. 339.

[13] En P. MOA, *El derrumbe...,* cit., pp. 87 ss.

[14] C. RIVAS CHERIF, *Retrato de un desconocido. Vida de Manuel Azaña,* Barcelona, Grijalbo, 1981, p. 667.

Capítulo 5

[1] J. GARCÍA OLIVER, *El eco de los pasos,* Ruedo Ibérico, Barcelona, 1978, p. 11.

[2] *Ibid.,* p. 125.

[3] J. PEIRATS, *Los anarquistas en la crisis política española,* Júcar, Madrid, 1976, p. 73.

[4] *Ibid.,* p. 74.

[5] *Ibid.,* p. 77.

[6] GARCÍA OLIVER, *El eco...,* cit., p. 117.

[7] *CNT*, 19 de junio de 1933.

[8] GARCÍA OLIVER, *El eco...,* cit., pp. 126-130.

[9] J. PEIRATS, *Los anarquistas...*, cit., pp. 69-70.

[10] *Ibid.*, p. 78.

[11] M. AZAÑA, *Diarios...,* cit., p. 36.

[12] GARCÍA OLIVER, *El eco...*, cit., p. 131.

[13] *Ibid.*, p. 135.

[14] En P. MOA, *El derrumbe...*, cit., pp. 124 ss.

[15] D. ABAD DE SANTILLÁN, *Alfonso XIII, la II República, Francisco Franco,* Júcar, Madrid, 1979, p. 271.

[16] GARCÍA OLIVER, *El eco...*, cit., pp. 138-139.

[17] *Ibid.*, p. 139.

Capítulo 6

[1] En P. MOA, *El derrumbe...*, cit., pp. 119-122.

[2] S. COURTOIS *et al.*, *El libro negro del comunismo,* Espasa, Madrid, 1998, p. 195.

[3] J. DÍAZ, *Tres años de lucha,* I, Laia, Barcelona, 1978, pp. 114-115; R. DE LA CIERVA, *Los documentos de la primavera trágica,* Editora Nacional, Madrid, 1967, p. 435.

[4] J. DÍAZ, *Tres...*, I, cit., pp. 102, 119.

[5] *Ibid.*, pp. 80, 109.

[6] *Ibid.*, p. 108.

[7] *Ibid.*, p. 119.

[8] *Ibid.*, pp. 196-197.

[9] *Ibid.*, p. 209.

[10] *Ibid.*, pp. 201-202, 215.

[11] *Ibid.*, pp. 213, 244.

[12] *Ibid.*, p. 273.

Capítulo 7

[1] Extractos de *Breve antología de José Antonio*, Madrid, Umbral, 1971.

[2] En S. PAYNE, *Falange. Historia del fascismo español*, Sarpe, Madrid, 1985, p. 104; R. DE LA CIERVA, *Comunistas y falangistas. La verdadera fuerza,* ARC, Madrid, 1997, p. 42.

[3] H. RAGUER, «Un halago para nostálgicos», en *Vida nueva,* núm. 2.308, 8 de diciembre de 2001.

[4] M. TAGÜEÑA, *Testimonio de dos guerras,* México, Oasis, 1973, pp. 53-54; J. L. RODRÍGUEZ JIMÉNEZ, *Historia de Falange Española de las JONS,* Alianza, Madrid, p. 175; *Renovación,* revista de las Juventudes Socialistas, 3 de marzo y 18 de abril de 1934; *El Socialista,* 10 de julio de 1934.

[5] *F.E.*, y de febrero de 1934.

[6] P. PRESTON, *Franco,* Mondadori, Barcelona, 1998, p. 135.

[7] En *R.* DE LA CIERVA, *Comunistas...*, cit., p. 126-129.

[8] *Ibid.*, p. 137.

[9] S. PAYNE, *Franco y José Antonio. El extraño caso del fascismo español*, Planeta Barcelona, 1997, pp. 309-310.

[10] F. RIVAS, *El Frente Popular,* San Martín, Madrid, 1976, p. 128.

[11] *Ibid.,* pp. 129-130.

[12] I. GIBSON, *La noche que mataron a Calvo Sotelo*, Plaza y Janés, Barcelona, 1986, p. 60.

[13] J. L. RODRÍGUEZ JIMÉNEZ, *Historia...*, cit., p. 173.

Capítulo 8

[1] *Acción Española* núm. 1, Madrid, diciembre de 1931.

[2] E. VEGAS LATAPIE, *Memorias políticas,* Planeta, Barcelona, 1983, p. 132; P. SAINZ RODRÍGUEZ, *Testimonio y recuerdos*, Planeta, Barcelona, 1978, p. 194.

[3] En R. MORODO, *Los orígenes ideológicos del franquismo. Acción Española*, Alianza, Madrid, 1985, pp. 73, 76.

[4] A. DE LIZARZA, Madrid, Dyrsa, 1986, pp. 21 y 22.

[5] *Ibid.*, p. 23.

[6] En M. RUBIO CABEZA, *Diccionario...*, I, cit., p. 149.

[7] *Acción Española*, núm. 43.

[8] P. SAINZ RODRÍGUEZ, *Testimonio...,* pp. 209 y 109.

[9] J. M. GIL-ROBLES, *No fue...*, cit., pp. 150 y 371.

[10] *Ibid.*, p. 675.

Capítulo 9

[1] J. M. GIL-ROBLES, *No fue...*, cit., p. 34.

[2] *Ibid.*, p. 34.

[3] *Ibid.*, p. 39.

[4] *Ibid.*, p. 53.

5 *Ibid.*, p. 63.

6 *Ibid.*, p. 76.

7 *Ibid.*, p. 78.

8 *Ibid.*, p. 79.

9 *Ibid.*, p. 186; En P. MOA, *Los orígenes...*, cit., p. 186.

10 En *Los orígenes...*, cit., pp. 187 ss.

11 *El Debate*, 20 de enero de 1934.

12 J. M. MACARRO VERA, «Octubre, un error de cálculo y de perspectiva», en VV.AA., *Asturias, 1934. Cincuenta años para la reflexión*, Siglo XXI, Madrid, 1985, pp. 271-273.

13 *El Debate*, 6 y 5 de octubre de 1934.

14 J. M. GIL-ROBLES, *No fue...*, cit., pp. 139-140.

15 *Ibid.*, p. 354.

16 N. ALCALÁ-ZAMORA, *Memorias*, cit., p. 388.

17 GIL-ROBLES, *No fue...*, cit., p. 356.

18 J. TUSELL, *Historia de la Democracia Cristiana en España*, I, Sarpe, Madrid, 1986, p. 206.

19 En MOA, *El derrumbe...*, cit., pp. 262-263.

20 C. RIVAS CHERIF, *Retrato...*, cit., pp. 671, 675, 667.

21 *Ibid.*, cit., p. 665.

22 R. DE LA CIERVA, *Los documentos de la Primavera Trágica*, Editora Nacional, Madrid, 1967, p. 588.

23 GIL-ROBLES, *No fue...*, cit., p. 778.

Capítulo 10

1 I. PRIETO, *Discursos fundamentales*, Turner, Madrid, 1975, p. 257.

2 F. FRANCO SALGADO-ARAUJO, *Mis conversaciones privadas con Franco*, Planeta, Barcelona, 1976, p. 452; F. FRANCO, *Apuntes personales*, Madrid, Fundación Nacional Francisco Franco, p. 22.

3 En P. PRESTON, *Franco*, cit., p. 104.

4 M. AZAÑA, *Memorias I*, cit., p. 43.

5 M. AZAÑA, *Memorias I*, cit., p. 121.

6 F. FRANCO SALGADO-ARAUJO, *Mis conversaciones...*, cit., p. 452.

7 *Ibid.*, pp. 499-500; P. Preston, *Franco*, cit., p. 121.

8 F. FRANCO SALGADO, pp. 499, 500, 452.

9 D. MARTÍNEZ BARRIO, *Memorias*, cit., p. 138.

10 M. AZAÑA, *Memorias*, I, cit., pp. 546.

[11] P. SAINZ RODRÍGUEZ, *Testimonio...*, p. 324.

[12] F. FRANCO, *Apuntes,* cit., p. 11.

[13] D. HIDALGO, *¿Por qué fui lanzado del Ministerio de la Guerra?*, Madrid, 1934, p. 65; S. de MADARIAGA, *Memorias. Amanecer sin mediodía,* Espasa, Madrid, 1974, p. 532; J. Pla, *Historia...,* cit., III, p. 298.

[14] P. PRESTON, *Franco,* cit., pp. 137-138.

[15] F. FRANCO, *Apuntes*, cit., p.19.

[16] *Ibid.*, pp. 18-19, 15.

[17] *Ibid.*, p. 25.

[18] *Ibid.*, pp. 27-31.

[19] *Ibid.* p. 21.

[20] F. FRANCO SALGADO-ARAUJO, *Mi vida junto a Franco,* Planeta, Barcelona, 1977, p. 132.

[21] R. DE LA CIERVA, *Franco, la Historia,* Fénix, Madrid, 2000, p. 276; F. FRANCO, *Apuntes*, cit., p. 34.

[22] R. DE LA CIERVA, *Franco,* cit., p. 275.

[23] F. FRANCO SALGADO-ARAUJO, *Mi vida...*, p. 150.

[24] J. ZUGAZAGOITIA, *Guerra y vicisitudes de los españoles,* I, Librería española, París, 1968, p. 22; J. S. VIDARTE, *Todos...*, I, cit., p. 101.

[25] P. JOHNSON, *Tiempos modernos,* cit., p. 410; C. BLANCO ESCOLÁ, *La incompetencia militar de Franco,* Alianza, Madrid, 2000, pp. 19, 67.

Capítulo 11

[1] F. CAMBÓ, *Memorias,* pp. 311-312; G. BORROW, *La Biblia en España,* Alianza, Madrid, 1970, p. 522.

[2] J. DÍAZ, *Tres años...*I, cit., pp.127-128.

[3] J. VILLARROYA I FONT y J. SOLÉ I SABATÉ, «El castigo de los vencidos», en *La guerra civil* (24), *Historia 16,* p. 66.

Capítulo 12

[1] Dolores IBÁRRURI *et al.*, *Guerra y revolución en España, 1936-39,* I, Progreso, Moscú, 1967, p. 117.

[2] D. MARTÍNEZ BARRIO, *Memorias,* cit., pp. 356-357.

[3] *El Sol,* 19 de julio de 1936.

[4] J. ZUGAZAGOITIA, *Guerra...,* cit., Tusquets, Barcelona, 2001, p. 68; D. MARTÍNEZ BARRIO, *Memorias,* cit., pp. 358-359.

[5] *Ibid.*, p. 360-361.

[6] *Ibid.*, p. 366; L. ROMERO, *Tres días de julio,* Planeta, Barcelona, 1987, p. 32.

[7] M. TUÑÓN DE LARA, *La España del siglo XX,* Laia, Barcelona, 1974, p. 536; L. ROMERO en *1936-1939. La guerra de España,* edit. por *El País,* 1986, p. 45; H. THOMAS, *La guerra civil española,* edit. por *Diario 16,* p. 227.

[8] D. MARTÍNEZ BARRIO, *Memorias*, cit., p. 366.

[9] AZAÑA, *Memorias,* II, cit., pp. 291, 281.

Capítulo 13

[1] F. DÍAZ PLAJA, *La guerra de España en sus documentos,* Plaza y Janés, Barcelona, 1969, pp. 54-55, 42-44, 35-36.

[2] En J. SALAS, *Guerra aérea 1936/39,* I, Instituto de Historia y Cultura Aeronáuticas, Madrid, 1999, p. 74.

[3] F. Díaz Plaja, *La guerra...*, cit., p. 13.

[4] *Ibid.*, p. 25.

[5] J. SALAS LARRAZÁBAL, *Guerra...*, I, cit., p. 85.

[6] *Ibid.*, p. 105.

[7] C. BLANCO ESCOLÁ, *La incompetencia...*, cit., p. 229; G. CARDONA, en VV.AA., *La Guerra civil española, 50 años después*, Labor, Barcelona, 1985, p. 231; A. VIÑAS, *id.,* p. 131, y en *Guerra, dinero, dictadura,* Crítica, Barcelona, 1984, p. 29; P. PRESTON, *Franco,* cit., pp. 197, 205.

[8] J. SALAS, *Guerra,* I, cit., p. 129.

Capítulo 14

[1] V. CÁRCEL ORTÍ, *La gran persecución. España, 1931-1939,* Planeta, Barcelona, 2000, p. 211.

[2] J. L. ALFAYA, *Como un río de fuego,* Madrid, 1998, p. 112.

[3] A. MONTERO, *Historia de la persecución religiosa en España,* BAC, Madrid, 1998, p. 385.

[4] V. CÁRCEL ORTÍ, *La gran...*, cit., pp. 55, 57.

[5] *Ibid.*, pp. 49-50.

[6] A. MONTERO, *Historia...*, cit., pp. 627 ss.; J. ALFAYA, *Como un...*, cit., pp. 261 ss.

[7] J. S. VIDARTE, *Todos...*, cit., p. 503.

[8] V. CÁRCEL ORTÍ, *La gran...*, cit., p. 55.

[9] AZAÑA, *Memorias I,* cit., pp. 202, 235.

[10] *Ibid.*, II, pp. 253-255.

[11] En A. Elorza y M. Bizcarrondo, *Queridos camaradas,* Planeta, Barcelona, 1999, p. 323. En P. Moa, *El derrumbe...*, cit., p. 453.

[12] C. Rivas Cherif, *Retrato...*, cit., pp. 191-192.

[13] S. de Madariaga, *España,* Espasa, Madrid, 1979, p. 419.

[14] *Ibid.*, p. 420.

[15] E. Antolín, *Ayala sin olvidos,* Espasa, Madrid, 1993, p. 135.

[16] S. Madariaga, *España,* cit., p. 419.

[17] *Ibid.*, p. 420.

[18] F. Borkenau, *El reñidero español*, Ruedo Ibérico, París, 1971, p. 65.

[19] R. de la Cierva, *Historia esencial de la Guerra civil española*, Fénix, Madrid, 1996, pp. 639 ss.

[20] V. García Cárcel, *La gran...*, cit., pp. 139 ss.

[21] J. Andrés-Gallego y A. M. Pazos, *Archivo Gomá. Documentos de la Guerra civil*, 1, CSIC, Madrid, 2001, pp. 249, 313 y 43-44.

Capítulo 15

[1] P. Sainz, *Testimonio...*, cit., p. 123; F. Suárez, prólogo a R. de Maeztu, *Defensa de la Hispanidad,* p. 37.

[2] I. Gibson, *Granada 1936. El asesinato de García Lorca,* Crítica, Barcelona, 1979, p. 42.

[3] *El Sol,* 23-6-1931.

[4] *Ahora,* 17 de junio de 1936; *El mono azul*, núm. 4, Madrid, 17 de septiembre de 1936.

[4] A. Trapiello, *Las armas y las letras. Literatura y guerra civil*, Planeta, Barcelona, 1994, p. 86.

[5] *Ibid.*, p. 120.

[6] En A. Reig Tapia, *Memoria de la guerra civil. Los mitos de la tribu,* Alianza, Madrid, 1999, p. 295.

[7] En J. M. García Escudero, *Historia política de las dos Españas*, III, Editora Nacional, Madrid, 1976, p. 1495.

[8] F. Suárez en R. de Maeztu, *Defensa...*, cit., p. 38.

[9] A. Trapiello, *Las armas...*, cit., p. 110; A. Trapiello, *Los nietos del Cid*, Barcelona, 1997, p. 88.

[10] A. D. Martín Rubio, *Salvar la memoria. Una reflexión sobre las víctimas de la guerra civil*, Badajoz, 1999, pp. 131-133; G. Fernández de la Mora en *Razón española,* núm. 89, Madrid, mayo-junio de 1998.

[11] M. T. León, *Memoria de la melancolía,* Laia, Barcelona, 1977, pp. 171-173.

[12] J. Ortega y Gasset, *La rebelión de las masas,* Vergara, Barcelona, 1962, p. 282.

[13] En *El cultural,* suplemento literario de *El Mundo,* 4 de julio de 2001.

[14] *Ibid.*; M. Rubio Cabeza, *Los intelectuales españoles y el 18 de julio,* Acervo, Barcelona, 1975, p. 83.

[15] J. M. Cuenca Toribio, *La guerra civil de 1936,* Espasa, Madrid, 1986, pp. 206 ss.

Capítulo 16

[1] A. Bullón De Mendoza y L. E. Togores, en VV.AA., *La Guerra civil española (sesenta años después),* Actas, Madrid, 1999, p. 87.

[2] R. Salas Larrazábal, *Historia del Ejército Popular de la República,* I, Madrid, Editora Nacional, 1973, p. 266; R. de la Cierva, *Historia esencial...,* cit., p. 309; R. Radosh *et al.*, *Spain Betrayed,* cit., p. 299.

[3] R. Salas, *Historia del Ejército...,* cit., p. 267.

[4] J. M. Martínez Bande, *La marcha sobre Madrid,* San Martín, Madrid, 1982, p. 140.

[5] R. Salas, *Historia del Ejército...* cit., p. 392.

[6] J. Salas, *Guernica,* Rialp, Madrid, 1987, pp. 236 ss.

[7] En J. M. Martínez Bande, *Los asedios,* Madrid, 1983, p. 168.

[8] A. Bullón y L. E. Togores, *El Alcázar de Toledo. Fin de una polémica,* Actas, Madrid, 2001, pp. 37 y 45 ss.; A. Reig Tapia, *Memoria...,* cit., p. 163.

[9] Bullón y Togores, *El Alcázar...,* cit., p. 125.

[10] *Ibid.*, p. 38; H. Southworth, *El mito de la cruzada de Franco,* Ruedo Ibérico, París, 1963, p. 57-58.

[11] Bullón y Togores, *El Alcázar...,* cit., p. 43.

[12] R. Salas, *Historia del Ejército...,* I, cit., p. 269.

[13] Bullón y Togores, en VV.AA., *La guerra...,* cit., pp. 120-121.

[14] A. Reig Tapia, *Memoria de...,* cit., p. 185.

[15] *Ibid.*, p. 179.

[16] R. Salas, *Historia del Ejército...,* I, cit., pp. 268-269.

[17] B. Bolloten, *La Guerra civil española. Revolución y contrarrevolución,* Alianza, Madrid, 1997, p. 423.

Capítulo 17

[1] J. ZUGAZAGOITIA, *Guerra y...*, Tusquets, Barcelona, 2001, p. 135.

[2] JUSTO VILA, *Extremadura: La guerra civil*, Universitas, Badajoz, 1983, p. 58; A. REIG, *Memoria de...*, cit., pp. 115-116.

[3] *Ibid.*, p. 115.

[4] P. PRESTON, *Franco,* cit., p. 211.

[5] En A. REIG, *Memoria de...*, cit., pp. 134 ss.

[6] *Ibid.*, pp. 133-134.

[7] *Política,* 8 y 16 de agosto de 1936.

[8] En *La dominación roja en España. Avance de la Causa General,* Madrid, Ministerio de Justicia, 1943, pp. 220 ss.

[9] J. CERVERA, *Madrid en guerra. La ciudad clandestina, 1936-1939,* Alianza, Madrid, 1998, pp. 62 ss.

[10] C. SÁNCHEZ ALBORNOZ, *Dípticos de historia de España,* Espasa, Madrid, 1984, p. 177.

[11] J. GARCÍA OLIVER, *El eco...*, cit., p. 466.

[12] S. Juliá y otros: *Víctimas de la guerra,* Temas de hoy, Madrid, 1999, pp. 108-109; «La dominación roja en España» Ministerio de Justicia, Madrid, 1944, pp. 254-255; P. Moa, «Los crímenes de la guerra civil», en *El derrumbe de la II República y la guerra civil,* cit., pp. 535 y ss.

[13] L. ARAQUISTÁIN, *Sobre la guerra civil y en la emigración,* Espasa, Madrid, 1983, p. 22.

Capítulo 18

[1] N. ALCALÁ-ZAMORA, *Memorias,* cit., p. 15.

[2] F. OLAYA, *El oro de Negrín,* Nossa y Jara, Madrid, 1998, pp. 451 y 442.

[3] FPI (Fundación Pablo Iglesias), AFLC XXIII, pp. 467 ss.; AFLC XXV, p. 1.119.

[4] FPI, AFLC SSIII, pp. 467 y ss.; I. PRIETO, *Convulsiones de España,* II, Oasis, México, 1968, p. 130.

[5] FPI, AFLC XXIII, p. 477.

[6] *Ibid.,* XXV, p. 1420; J. ZUGAZAGOITIA, *Guerra y...*, cit., p. 316; D. ABAD DE SANTILLÁN, *Por qué perdimos la guerra,* Plaza y Janés, Barcelona, 1977, pp. 328-331.

[7] I. PRIETO, *Convulsiones...* II, cit., p. 121-122.

[8] J. M. CUENCA TORIBIO, *La guerra civil...*, cit., p. 146.

[9] FPI, AFLC XXIII, pp. 602 y 694.

[10] M. ANSÓ, *Yo fui ministro de Negrín,* Planeta, Barcelona, 1976, p. 230.

[11] A. VIÑAS, *El oro de Moscú. Alfa y omega de un mito franquista,* Grijalbo, Barcelona, 1979, p. 436.

[12] F. OLAYA, *El oro...*, cit., p. 431.

[13] P. M. ACEÑA, *El oro de Moscú y el oro de Berlín,* Taurus, Madrid, 2001, p. 151.

[14] *Ibid.*, pp. 47 ss.

Capítulo 19

[1] F. FRANCO SALGADO, *Mi vida junto a Franco,* Planeta, Barcelona, 1977, p. 199; A. KINDELÁN, *Mis cuadernos de guerra,* Plus Ultra, Madrid, s.d., p. 23.

[2] A. KINDELÁN, *Mis...*, cit., p. 53.

[3] L. SUÁREZ, *Franco. El general de la monarquía, la república y la guerra civil,* Actas, Madrid, 1999, p. 559-560.

[4] P. PRESTON, *Franco,* cit., pp. 235-236.

[5] G. CABANELLAS, *La guerra de los mil días,* Grijalbo, Barcelona, 1973, p. 650; P. PRESTON, *Franco,* cit., p. 230.

Capítulo 20

[1] *Milicia Popular, Diario del Quinto Regimiento,* 18 de octubre de 1936.

[2] *Mundo Obrero,* 9 de octubre de 1936.

[3] *Ibid.*, 4 de octubre; *El Socialista,* 7 de octubre.

[4] *El Socialista,* 10 y 8 de noviembre.

[5] *Milicia Popular,* 7 de noviembre; *Mundo Obrero,* 9 de noviembre de 1936.

[6] *El Socialista,* 9 de noviembre; *Claridad,* 9 de noviembre.

[7] *CNT,* 12 de noviembre.

[8] ZUGAZAGOITIA (Tusquets), p. 196; V. ROJO, *Así fue la defensa de Madrid,* Comunidad de Madrid, Madrid, 1987, p. 33; J. GARCÍA OLIVER, *El eco...*, cit., pp. 306, 311.

[9] J. M. MARTÍNEZ BANDE, *La marcha sobre Madrid,* San Martín, Madrid, 1982, p. 293-294.

[10] I. GIBSON, *Paracuellos: cómo fue,* Plaza y Janés, Barcelona, 1987, p. 116.

[11] J. M. MARTÍNEZ BANDE, *La marcha...*, cit., p. 314. *Ayeres,* revista del Ateneo de Madrid, octubre de 1990.

[12] F. LARGO CABALLERO, *Correspondencia...*, cit., p. 238.

[13] V. ROJO, *Así fue...*, cit., pp. 87-88.

[14] C. BLANCO ESCOLÁ, *La incompetencia...*, cit., p. 301.

[15] V. ROJO, *Así fue...*, cit., pp. 88 y 90-91.
[16] *Ibid.*, p. 221.

Capítulo 21

[1] PCE, VV.AA., *Guerra y revolución...*, II, cit., pp. 114-115.
[2] B. BOLLOTEN, *La guerra...*, cit., p. 463.
[3] *Ibid.*, p. 865, A. CASTELLS, *Las Brigadas Internacionales en la guerra de España*, Ariel, Barcelona, 1974, pp. 257-258.
[4] VV.AA., *Spain betrayed*, pp. 305, 241 ss.
[5] *Ibid.*, pp. 312 ss., 463 ss.

Capítulo 22

[1] J. SALAS, *Guerra aérea...*, I, cit., p. 111.
[2] G. HOWSON, *Armas para España*, Península, Barcelona, 2000, p. 344.
[3] A. MORTERA, «Armas para España... pese a Howson», en *Revista española de historia militar*, núm. 9, marzo de 2001.
[4] G. HOWSON, *Armas...*, cit., pp. 16, 119, 17.
[5] *Ibid.*, pp. 25, 145.

Capítulo 23

[1] R. CANTALUPO, *Embajada en España*, Caralt, Barcelona, 1951, pp. 191 ss.
[2] J. SALAS, *Guerra aérea*, II, cit., p. 269; en VV.AA., *La guerra (sesenta años después)*, cit., pp. 125-126.
[3] *Ibid.*, II, p. 99.
[4] P. AGUILAR, *Memoria y olvido de la Guerra civil española*, Alianza, Madrid, 1996, pp. 273-274.
[5] *El País*, 21 de abril de 1977; P. AGUILAR, *Memoria y...*, cit., p. 276.
[6] P. AGUILAR, *Memoria y...*, cit., pp. 273 ss.
[7] AZAÑA, *Diarios (robados)*, cit., p. 242.
[8] *El País*, 21 de abril de 1977.
[9] J. SALAS, *Guernica*, cit., p. 31.
[10] *Ibid.*, p. 31.
[11] *Ibid.*, p. 162.
[12] J. PÉREZ, *Historia de España*, Crítica, Barcelona, 2001, p. 632.
[13] P. AGUILAR, *Memoria y...*, cit., p. 224; en J. SALAS, *Guernica*, cit., p. 210.
[14] J. SALAS, *Guernica*, cit., p. 191.

[15] J. M. Riesgo, «Guernica, 65 aniversario. Las verdaderas causas del bombardeo», en *La aventura de la historia,* abril de 2002.

[16] J. Salas, *Guernica,* cit., pp. 324-326.

Capítulo 24

[1] Azaña, *Memorias II,* cit., p. 281.

[2] J. Díaz, *Tres años...* II, p. 145.

[3] *Ibid.*, p. 227.

[4] *Ibid.*, p. 142.

[5] *Ibid.*, pp. 52, 80.

[6] *Ibid.*, p. 177.

[7] FPI, AFLC XXII, pp. 263-265.

[8] J. Díaz, *Tres...,* II, cit., pp. 186-187; VV.AA., *Spain betrayed,* cit., pp.146, 144-145.

[9] J. Díaz, *Tres...,* II, cit., p. 180.

[10] VV.AA., *Spain betrayed,* cit., pp. 186-187, 192, 168.

[11] *Ibid.*, p. 148.

[12] *Ibid.*, p. 167.

[13] *Ibid.*, p. 162.

[14] *Ibid.*, pp. 194-195.

[15] *Ibid.*, p. 189.

[16] FPI, AFLC XXII, p. 271.

[17] Orwell, *Homenaje a Cataluña,* Virus, Barcelona, 2001, pp. 168 y 181; W. Solano, *El POUM en la historia. Andreu Nin y la revolución española,* Madrid, 1999, p. 164-166.

[18] Orwell, *Homenaje...,* cit., p. 151.

[19] *Ibid.*, p. 24.

[20] *Ibid.*, pp. 109 ss.

[21] *Ibid.*, pp. 230-231.

[22] *Ibid.*, p. 22.

[23] J. Díaz, *Tres...,* II, cit., p. 52.

Capítulo 25

[1] FPI, AFLC XXV, pp. 1149-1150 y 1173.

[2] J. Salas, *Guerra aérea...* II, cit., pp. 183 ss.

[3] *Ibid.*, p. 188.

[4] J. Andrés-Gallego y A. M. Pazos, *Archivo Gomá,* 1, p. 72-73.

[5] FPI, AFLC XXIII, pp. 708 ss.

[6] En P. MOA, *El derrumbe...*, cit., p. 451.

[7] J. M. MARTÍNEZ BANDE, *La guerra en el Norte,* San Martín, Madrid, 1969, pp. 237-238.

[8] C. VIDAL, *La destrucción de Guernica,* Espasa, Madrid, p. 125.

[9] J. Salas, *Guerra aérea...,* II, cit., p. 247.

[10] Azaña, *Memorias II,* cit., pp. 153 y ss.

[11] Ibid., p. 158; En V. Talón, revista *Defensa,* extra, núm. 22, p. 32.

[12] V. TALÓN, *Defensa,* extra, 22, p. 11.

[13] *Ibid.*, pp. 12-13,

[14] De los archivos del PNV, citados por G. MORÁN, *Los españoles que dejaron de serlo,* Barcelona, Planeta. 1981, p. 185; M. AZAÑA, *Memorias II,* p. 156.

[15] J. SALAS, *Guerra...* II, cit., pp. 249 ss.

[16] V. TALÓN, revista citada, p. 39.

[17] *Ibid.*, p. 36.

Capítulo 26

[1] J. SALAS, *Guerra,* III, cit., p. 27.

[2] *Ibid.*, II, pp. 271 ss.

[3] S. ÁLVAREZ, *Negrín, personaje histórico,* II, cit., p. 163.

[4] S. CARRILLO, *Juez y parte,* Barcelona, Plaza y Janés, 1998, p. 147.

[5] S. ÁLVAREZ, *Negrín...,* II, *cit.,* p. 162.

[6] *Epistolario Prieto-Negrín,* Fundación I. Preito-Planeta, Barcelona, 1990, p. 120.

[7] Javier RUBIO, *La emigración de la guerra civil de 1936-1939,*Madrid, San Martín, 1977, p. 123.

[8] S. ÁLVAREZ, *Negrín...,* II, cit., p. 94.

[9] *Epistolario...,* cit., p. 24.

[10] *Ibid.*, pp. 56, 55, 151; S. ÁLVAREZ, *Negrín...*II, cit., pp. 52-53.

[11] VV.AA., *Spain betrayed,* p. 162; J. S. VIDARTE, *Todos...,* pp. 820-822; B. BOLLOTEN, *La guerra...,* cit., pp. 824-825.

[12] AZAÑA, *Memorias II,* cit., p. 176.

[13] *Spain betrayed,* cit., p. 500.

[14] AZAÑA, *Memorias II,* cit., pp. 248, 176, 272-273.

[15] A. BAHAMONDE y J. CERVERA, *Así terminó la guerra de España,* Marcial Pons, Madrid, 1999, pp. 287 ss.

16 D. ABAD DE SANTILLÁN. *Por qué perdimos la guerra,* Plaza y Janés, Barcelona, 1977, pp. 288-289.

17 J. S. VIDARTE, *Todos...*, cit., pp. 894-895; AZAÑA, *Memorias II,* cit., pp. 461, 446-447.

18 *Epistolario...*, cit., p. 66.

19 AZAÑA, *Memorias,* cit., p. 243; VV.AA., *Víctimas de la guerra,* Temas de hoy, Madrid, 1999, pp. 235 ss.; FPI, AFLC XXV, pp. 1116 ss.

20 S. ÁLVAREZ, *Negrín*...II, pp. 128, 156.

Capítulo 27

1 AZAÑA, *Memorias,* II, cit., p. 439.

2 *Ibid.*, p. 442-444.

3 J. ÁLVAREZ LOPERA, *La política de bienes culturales del Gobierno republicano durante la guerra civil española,* II, Ministerio de Cultura, Madrid, 1982, p. 34.

4 E. LÍSTER, *Memorias de un luchador,* Del Toro, Madrid, 1977, pp. 416 ss.

5 J. ÁLVAREZ LOPERA, *La política...*, I, cit., p. 156.

6 *Ibid.*, p. 46.

7 S. de MADARIAGA, *España, cit.*, p. 422.

8 J. ÁLVAREZ LOPERA, *La política...*, II, cit., p. 53.

9 *Ibid.*, p. 59.

10 J. SALAS, *Guerra...*, I, cit., pp. 214-215.

11 J. ÁLVAREZ LOPERA, *La política...*, I, cit., p. 159.

12 R. SALAS, *Historia del Ejército...*, I, pp. 624-625.

13 J. ÁLVAREZ LOPERA, *La política...*, I, cit., pp. 27-28, 93.

14 *Ibid.*, p. 116.

15 Catálogo de la biblioteca del palacio de Zabálburu; Constancia DE LA MORA, *Doble esplendor,* cit., pp. 429-430, en Javier RUBIO, «Notas sobre Araquistáin», *La ilustración liberal,* núm. 12, octubre 2002.

16 J. A. GARCÍA NOBLEJAS, «El Alcázar», *Letras,* 2 de febrero de 1984.

17 J. ÁLVAREZ LOPERA, *La política...*, I, p. 157.

18 *Ibid.*, p. 160.

19 *Ibid.*, pp. 99-100.

20 *Epistolario Prieto-Negrín,* cit., p. 57.

21 P. DE CHURRUCA, *De soldado a embajador. Recuerdos y reflexiones,* Biblioteca Nueva, Madrid, 2001, pp. 77-78.

22 E. LÍSTER, *Memorias...*, cit., p. 418.

[23] *De gabinete a museo. Tres siglos de historia del Museo Arqueológico Nacional,* Ministerio de Cultura, abril-julio de 1993, p. 86.

[24] C. RIVAS CHERIF, *Retrato de un desconocido. Vida de Manuel Azaña,* Grijalbo, Barcelona, 1981, pp. 431-432.

[25] *Epistolario...,* cit., p. 58.

[26] P. DE CHURRUCA, *De soldado...,* cit., p. 74; E. LÍSTER, *Memorias...,* cit., p. 420.

[27] *Epistolario...,* cit., pp. 58-60.

[28] *Ibid.,* pp. 146 ss.

[29] Javier RUBIO, *La emigración de la guerra civil, 1936-1939,* San Martín, Madrid, 1972, p. 136.

[30] *Ibid.,* pp. 148-149.

[31] *Ibid.,* p. 149.

[32] *Ibid.,* p. 123.

Capítulo 28

[1] A. MAESTRO, «Franco tiene la culpa», en *Razón Española,* núm. 114, Madrid, julio-agosto, 2002.

[2] J. SALAS, *Guerra...*II, cit., p. 271.

[3] J.VELARDE FUERTES, "El capítulo marítimo en la economía de la guerra de España", *Razón española,* mayo-junio 2002.

[4] R. SALAS, *Pérdidas de la guerra,* Planeta, Madrid, 1977, p. 401-402.

[5] R. SAlas, *Los datos exactos de la guerra civil,* Drácena, Madrid, 1980, p. 310.

[6] *Boletín oficial eclesiástico de la diócesis de Ávila,* núm. 6, 29 de abril de 1939.

Epílogo I

[1] Citado por J. M. CARRASCAL en diario *La Razón,* Madrid, 6 de agosto de 2000.

[2] En suplemento *El Cultural,* de *El Mundo,* 31 de octubre de 2001.

Epílogo II

[1] A. CASTRO, *La España que aún no conocía,* PPV, Barcelona, 1990, pp. 91, 36.

[2] F. BORKENAU, *El reñidero español,* cit., p. 60.

[3] ORWELL, *Homenaje...,* cit., p. 154.

[4] P. PRESTON, *Franco,* cit., p. 659.

[5] P. VOLTES, *Historia inaudita de España,* Plaza y Janés, Barcelona, 1984, pp. 314 ss.; J. VELARDE, «Aspectos económicos de la guerra civil», en VV.AA., *La guerra... (sesenta años después),* cit., pp. 391-392.

[6] ALCALÁ-ZAMORA, *Memorias,* cit., p. 493.

[7] S. HOARE, *Embajador ante Franco en misión especial,* Sedmay, Madrid, 1977, pp. 341 ss.

[8] J. M. GIL-ROBLES, *La monarquía por la que yo luché. Páginas de un diario (1941-1954),* Taurus, Madrid, 1976, p. 317.

[9] *Diario de Ferrol,* 31 de julio de 2002.

[10] *ABC,* 15 de agosto de 2000.

[11] En Ricardo PASEYRO, *España en la cuerda floja,* Plaza y Janés, Barcelona, 1977, pp 25 ss. *El Mundo,* Madrid, 6 de septiembre de 2002.

Índice onomástico

Abad de Santillán, Diego, 99, 307, 441
Abadal, Raimon 'd, 87, 92
Aguado, E., teniente coronel, 49, 69
Aguilar, Paloma, 376-377, 385
Aguirre, José Antonio, 371-372, 375, 379, 383, 414-416, 418-420, 422-423, 439, 441
Agustí, Ignacio, 246, 253
Aiguadé, Jaime, 397
Ajuriaguerra, Juan, 423-424
Alberti, Rafael, 243, 250, 253, 344, 471
Albiñana, José María, 118, 284, 286
Albornoz, Álvaro de, 53
Alcalá-Zamora, Niceto, 30-31, 36-48, 50-51, 53, 55, 57-60, 62, 64, 67, 72, 76-77, 90, 95, 127, 133, 141, 149, 151, 156-162, 172, 175-177, 189, 194, 516
Alcofar Nassaes, 358
Alfonso XII, 26
Alfonso XIII, 27, 38, 39, 521
Allen, Jay, 279-283
Álvarez Conque, coronel, 257
Álvarez de Vayo, Julio, 66, 142, 293, 443, 448
Álvarez Lopera, José, 449, 452-455, 460-461, 472
Álvarez, Melquíades, 49, 284, 488
Ansaldo, Juan Antonio, 139
Ansó, Mariano, 305
Antoniutti, Ildebrando, monseñor, 239
Arana, Luis, 441
Arana, Sabino, 78-79, 417
Aranda, Antonio, 214, 255, 259
Araquistáin, Luis, 67, 70, 290, 299, 301, 307
Ariel, líder cenetista, 324
Arranz, Luis, 27
Arrarás, Joaquín, 49, 272, 473, 536
Ascaso, Francisco, 93
Asensio, Manuel, general, 264-265, 322, 325-326
Avilés Farré, 359, 362
Azaña, Manuel, 30-35, 38, 42, 44, 48-53, 55-67, 71-72, 76-77, 80, 86-91, 98, 100, 103-

105, 107, 111, 113, 119, 126-128, 130-131, 135, 138, 142, 135, 148, 151, 162, 168, 170-171, 173-174, 177, 179, 181-183, 187, 189-190, 194, 202-207, 213, 227-230, 232, 235, 252, 262, 269, 284-285, 287-289, 292, 294, 296, 299, 302, 323, 328, 355, 392, 399, 411, 418-420, 422, 430, 435, 438-440, 443-444, 447-448, 450, 463, 464, 465, 491, 496, 507, 514
Azorín, José Martínez Ruiz, 244-245, 250, 253

Bachaud, Andrée, 473
Badia, Miquel, 99
Bakunin, Mikhail, 94-95
Balboa, Benjamín, 201, 216
Baldwin, Stanley, 357
Balmes, Jaime, 133-134, 246
Baraibar, Carlos, 66
Barceló, Francisco, teniente coronel, 264
Bardavio, Joaquín, 473
Barea, Arturo, 253
Baroja, Pío, 245, 250, 253, 497
Barrera Luyando, Emilio, general, 139
Barrio, general, 177
Barriobero y Herrán, Eduardo, 381
Batet, Domingo, general, 89, 94
Bayo, Alberto, capitán, 438-439
Beigbeder, Juan Luis, coronel, 215
Benavente, Jacinto, 253
Bennassar, Bartolomé, 473
Bergamín, A., 250, 452
Bergamín, José, 244, 253
Berthet, Jacques, 282
Besteiro, Julián, 64-65, 67-68, 77-78, 436, 444, 490, 523
Beurko, Sancho de, 421, 425
Blanco Escolá, Carlos, 265, 316, 473
Blum, Leon, 356-357, 432
Bolloten, Burnett, 87, 439, 535
Bono, José, 346
Borbón, Juan de, 521, 524-526
Borrow, George, 185
Brenan, Gerald, 70
Broué, Pierre, 69, 362
Buero Vallejo, Antonio, 471
Bugeda, Jerónimo, 466
Bullejos, José, 107
Bullón, Alfonso, 266, 268, 270-271
Buñuel, Luis, 253, 497
Burillo, Ricardo, teniente coronel, 264-265

Cabanellas, Guillermo, 306, 316
Cabanellas, Miguel, 310-311
Cabello, Cándido, 256, 268
Cabello, Carmelo, 267
Calvo Sotelo, José, 33, 73-77, 125, 133, 135, 137-139, 141-145, 147-148, 165, 180, 188, 199-200, 241-242, 444, 471, 488
Camba, Julio, 253
Cambó, Francesc, 80-81, 85-87, 89-90, 184
Canalejas, José, 27
Cánovas del Castillo, Antonio, 26-27, 140
Cantalupo, Roberto, embajador italiano, 370
Cañizares, 280
Capaz, general, 286
Cárcel Ortí, V., 224-225
Carrascal, José María, 473
Carrasco i Formiguera, Manuel, 81
Carrillo, Santiago, 71, 326, 334, 430
Carvajal Gómez, Francisco, 17
Casado, Segismundo, coronel, 436-437, 444-445, 486
Casanovas, Ignacio, 246
Casares Quiroga, Santiago, 61, 73-74, 85, 90, 142-145, 179-181, 199-203, 205, 208, 215, 229
Casas de la Vega, Rafael, 473
Castejón, Antonio, 275
Castells, Andreu, 343, 346
Castillo, José del, teniente, 74, 76
Castro, Américo, 513-514
Castro, Fidel, 522
Cela, Camilo José, 253
Chamberlain, Neville, 441
Chamoso Lamas, Manuel, 449
Chapapietra, Joaquín, 44, 157
Checa, Pedro, 107
Churchill, Winston, 484, 495, 521
Cierva, Ricardo de la, 69, 125, 129, 283, 346, 473, 535
Ciutat, Francisco, teniente, 257
Claudel, Paul, 224, 233, 246
Cleugh, James, 277
Codovilla, Victorio, 106
Companys, Lluis, 78, 83, 85, 87-88, 91, 101, 107, 213, 226, 290, 328, 440-441
Conde Duque de Olivares (*véase* Guzmán y Pimentel, Gaspar de)
Condés, Fernando, capitán, 73-74
Contreras, Carlos, 341
Cortés González, Santiago, 261

Costa, Joaquín, 313
Coverdale, John F., 352
Croce, Benedetto, 248
Crozier, B. 473
Cuenca Toribio, José Manuel, 236, 253
Cuenca, Luis, 75
Cunqueiro, Álvaro, 253

Dalí, Salvador, 253, 497
Dato, Eduardo, 27, 93
Delaprée, Louis, 453-454
Dencás, Josep, 57, 84, 89, 93, 96
Descola, Jean, 473
Díaz, José, 105, 107, 110-114, 121, 147, 225, 322, 393, 395, 397
Díaz-Nosty, Bernardo, 69
Dimítrof, G., 110, 398
Doménech, Ricardo, 238
Domingo Alonso, 271
Domingo, Marcelino, 53, 85, 90, 135, 202, 203
Donoso Cortés, Juan Francisco, 133
Dostoiewski, Fedor, 276
Durruti, Buenaventura, 13, 93, 106, 214, 335-336, 340-341, 397

Ehrenburg, Iliá, 243, 342
Einstein, Albert, 251
Elorza, Antonio, 186, 349
Engels, Friedrich, 66
Esplá, Carlos, 57, 468

Fal Conde, Manuel, 136
Fanjul, Joaquín, general, 160, 255
Faraudo, Carlos, capitán, 131
Farina, teniente coronel, 424
Felipe, León, 253
Fernández Miranda, Torcuato, 526
Ferrant, Ángel, 457
Ferrer Guardia, Francisco, 237
Fischer, Louis, 341
Flores de Lemus, Antonio, 246
Foxá, Agustín, 242, 253
Francisco, Enrique de, 164
Franco Salgado-Araujo, Francisco, 180, 309, 473
Franco, Francisco, 16, 21, 56, 62, 125, 157, 160, 168-183, 201, 203, 215-220, 222, 247, 251, 258-259, 261, 263, 264, 269-270, 277, 281, 297, 302, 309-320, 323, 332, 336-339, 347, 352, 355, 363, 366-370, 371, 377, 385-389, 402, 408-410, 412, 417-418, 421, 424-428, 431, 434-436, 439, 443-444, 450,

465, 473-484, 487-488, 490, 492, 495-496, 502, 509-510, 517, 519-521, 523, 525-528, 531
Frutos, Víctor de, 413
Fusi, Juan Pablo, 70, 473

Gaikis, 396
Galán, Fermín, 39
Galarza, Ángel, 74, 145, 293, 334
Galíndez, Jesús, 424
Galinsoga, Luis de, 473
Gallego, José Andrés, 244
Gallo, Max, 473
Galo Plaza, 417
Gámir Ulíbarri, Mariano, 420
García Atadell, Agapito, 490
García de Cortázar, Fernando, 69, 377
García Hernandez, Ángel, 39
García Lorca, Federico, 242, 246, 249, 271, 290, 491, 497
García Morato, Joaquín, 413
García Morente, Manuel, 253
García Oliver, Juan, 13, 93, 96-99, 101, 103-104, 273, 288, 306, 397
García Rojo, 267-268, 271-272
Gibson, Ian, 73, 125, 334
Gil-Robles, José María, 33, 43, 45, 73-75, 77-78, 115, 121, 135, 139, 141, 145, 147-163, 165-166, 168-169, 171, 175-178, 187-188, 194, 409, 521, 524
Giménez Fernández, Manuel, 153, 162, 228
Giral, José, 61, 205, 262, 291, 294-295, 307, 321, 354-355, 485
Goded, Manuel, general, 177
Goicoechea, Antonio, 135, 138, 372
Gomá, Isidro, arzobispo, 238, 244, 256
Gómez de la Serna, Ramón, 243-245
Gómez, Mariano, 287-288
González Duro, Enrique, 473
González Peña, Ramón, 157
Gordón Ordás, Félix, 53
Górief, general, 341-342, 413
Göring, Hermann, 366
Gurney, Jason, 361
Guzmán y Pimentel, Gaspar de, conde duque de Olivares, 440
Gutiérrez Solana, José, 253

Hemingway, Ernest, 359, 412, 454
Heredia Spínola, 450
Hernández Zancajo, Carlos, 124
Hernández, Jesús, 107, 402, 456

Hernández, Miguel, 250, 253
Herreros, Isabelo, 266-267
Heuss, Alfred, 495
Hidalgo, Diego, 174
Hills, George, 473
Hitler, Adolf, 66, 108-109, 122, 188, 218, 302, 355-357, 434-435, 441, 482, 484, 498-499, 509, 530
Ho chi-min, 522
Hobsbawm, Eric, 496
Howson, Gerald, 35, 305, 359-366
Hurtado, Amadeu, 57, 88, 93-94

Ibarrola, Juan, 371
Ibarrondo, Melchor, 414
Ibárruri, Dolores, 105, 107, 114, 142-135, 147, 162, 189, 202, 349, 383
Iglesias, Pablo, 27, 64
Irujo, Manuel, 255, 293, 415, 419, 424, 439

Jackson, Gabriel, 69, 122, 186
Jacobo I, rey de Inglaterra, 365
Jiménez de Asúa, Luis, 128, 131, 147
Jiménez Fraud, Alberto, 243
Jiménez Losantos, Federico, 49
Jiménez, Juan Ramón, 244-245
Johns, W. E., 362
Johnson, Paul, 21, 535
Jordana de Pozas, Luis, 272
Jover, Gregorio, 93
Juan Carlos I, rey, 526
Juan Pablo II, papa, 512
Juan XXIII, papa, 511
Juliá, Santos, 33, 49, 54, 70, 123, 186, 359, 489, 536
Junco, Alfonso, 463

Karoly, 135, 199
Kazantzakis, Nikos, 247
Kerenski, 135, 199
Kindelán, Alfredo, general, 309-311, 370, 388-389, 454
Kléber, Emilio, 257, 340-342, 348-349, 428
Koch, S., 109
Kóltsof, 265, 334-336, 341-342
Krivitski, 109, 344,
Krivoshein, 341, 399

Laín Entralgo, Pedro, 253
Landáburu, Javier, 414
Largo Caballero, Francisco, 16, 34, 46, 57-58, 63-69, 71-74, 77-78, 107, 109-111, 113-114, 121, 126, 128, 130-131, 137, 181, 202-203, 262, 264-265, 273, 279, 291, 293, 295, 298-301,

307-308, 310, 321-322, 324-325, 330, 354, 366, 391, 395-396, 400-402, 408, 410-412, 417, 430-431, 438, 442-443, 481, 523
Ledesma Ramos, Ramiro, 118-119
Leizaola, Jesús María, 383, 421
Lejarcegui, Víctor, 420
Lenin, Vladimir Ilich Ulianov, 66-67, 106, 110, 248, 331
León, María Teresa, 471
Lerroux, Alejandro, 30-31, 38, 40, 42-45, 47, 59-60, 76, 87, 115, 121, 127, 135, 153, 363, 516
Lincoln, Abraham, 351
Líster, Enrique, 257, 265, 333, 341, 398, 428, 445
Lizarza, Antonio de, 136-138
Lluhí, Joan, 83, 88, 200
López Álvarez, L., 524
López Ochoa, Eduardo, 177
Loyola, Ignacio de, 246
Lukacs, Georg, 413

Machado, Antonio, 243-244, 250, 253, 333
Machado, Manuel, 250, 253
Macià, Francesc, 81-83, 86, 89-90
Madariaga, Salvador de, 47, 56, 174, 185, 187, 189, 231-232, 234-235, 313, 452, 524
Maeztu, Ramiro de, 133, 241, 248, 250, 253, 313
Malraux, André, 495-496
Mann, Golo, 495-496, 503
Marañón, Gregorio, 32, 244-245, 251-252
March, Juan, 355
Marco, J. M., 27, 49
Marías, Julián, 21, 514
Marichal, Juan, 49, 430
Maritain, Jacques, 375
Martín Aceña, Pablo, 295, 304-305, 307-308
Martín Macho, Malaquías, 267-268
Martín Rubio, Ángel David, 282, 489-490
Martín, C., 473
Martín, Isidoro, 227
Martínez Bande, José Manuel, 220, 327, 346, 535
Martínez Barrio, Diego, 57, 61, 189, 199-205, 207-208, 212, 284, 323, 440
Martínez de Velasco, Ángel, 284
Marty, André, 344, 347, 396, 398, 438
Marx, Karl, 66, 95, 100

Masquelet Lacaci, Carlos, 174, 177
Matthews, Herbert, 265, 268-269, 273
Maura, Miguel, 37-40, 42-43, 50, 76, 86, 88, 131, 133-134, 149, 164, 186-187, 202
Maura, Antonio, 27
Maurras, Charles, 133
McNeill-Mos, 282
Méndez Aspe, Francisco, 448, 450, 462-464, 466
Menéndez Pidal, Ramón, 244-245, 253, 513
Mera, Cipriano, 340, 436
Miaja, José, general, 260, 326, 328, 332, 335, 341, 412, 459
Mije, Pedro, 111, 326, 329
Millán Astray, José, 247, 253, 311
Modesto Guilloto, Juan, 410, 428
Mola, Emilio, general, 31-32, 131, 178-180, 203, 210, 213, 216, 218, 222, 258, 293, 309-311, 315, 333, 338, 340, 355, 373-374, 385-387, 390, 396, 475, 485
Montenegro, 428
Montero, A., 489
Montero, Matías, 125
Montes, Juan, 253
Montesquieu, barón de, Charles de Secondat, 530
Montherlant, Henry de, 508
Montseny, Federica, 94
Monzón, Telesforo, 415, 423
Moradiellos, E., 359, 362, 473
Moreno Villa, José, 243
Morgan-Witts, Max, 385
Morodo, Raúl, 153-154
Mortera, Artemio, 360
Moscardó, José, coronel, 254, 256, 258, 261-264, 266-267, 269-271
Moscardó, Luis, 256, 261, 266-267, 269-272, 309
Mourlane, Pedro, 253
Mújica, obispo, 38, 238
Münzenberg, William, 252
Muñoz Martínez, 334
Muñoz Molina, Antonio, 346
Muñoz Seca, Pedro, 249
Muñoz, Manuel, 286
Mussolini, Benito, 122, 132, 139, 302, 352, 355-356, 370, 418, 440, 476, 480, 482-483, 499

Napoleón I, 212
Negrín, Juan, 16, 226, 251, 279, 288, 293, 296, 299-300, 303-305, 341, 354, 399, 411-412, 415, 427, 429-

440, 442-448, 461-462, 464-469, 473, 477, 481-482, 484, 491, 496
Negrín, Rómulo, 303-304
Nelken, Margarita, 141, 288, 329
Nenni, Pietro, 344
Neves, Mario, 278-279, 282
Neville, Edgar, 253
Nin, Andrés, 13, 35, 225, 400, 442
Nothomb, Paul, 495
Noury, Pierre, 473

Olaechea, Marcelino, 238
Olaya, A., 361
Olazábal, Rafael, 138
Oliveira Salazar, Antonio, 154
Onaindía, 379, 381-382, 417, 425
Orejas Canseco, José, 17
Orgaz, Luis, general, 360
Oriol, Antonio María de, 527-528
Orlof, Alexandr, 442
Ors, Eugenio d', 253
Ortega y Gasset, Eduardo, 130
Ortega y Gasset, José, 27, 80, 83, 85, 118, 243, 245, 248, 251-253, 497
Orwell, George, 397, 400-401, 403, 407-408, 517
Ossorio y Gallardo, Ángel, 230, 451-452

Palomino, Ángel, 473
Pascua, Marcelino, 299, 396
Pavlof, general, 341
Payne, Stanley, 25, 77, 105, 127, 129, 364, 473, 536
Pazos, Antonio M., 235
Pedregal, Manuel, 131
Peirats, José, 95, 104, 441
Pemán, José María, 247, 253, 502
Pérez de Ayala, Ramón, 244-245, 251-253
Pérez Farrás, Enrique, 157, 214
Pérez Salas, 57
Pestaña, Ángel, 97
Piazzoni, Sandro, 414
Picasso, Pablo, 253, 376, 377, 497
Pinilla, Antonio, coronel, 255
Piñuela, José, 445
Pío XI, papa, 239
Pla Barniol, Carlos, 17
Pla y Deniel, 238, 311, 502
Pla, Josep, 174, 194, 245, 253, 536
Platón, Miguel, 17
Polo, Carmen, 247
Ponte, Miguel, general, 428

Portela Valladares, Manuel, 44, 158, 160-162, 177
Pozas, Sebastián, general, 177, 285, 326, 335, 412
Pradera, Javier, conde de Rodezno, 136
Preston, Paul, 31-33, 69, 123, 186, 314, 316, 359, 362, 473, 483, 489
Prieto, Indalecio, 38-39, 44, 53, 56, 58-61, 64-68, 70-77, 90, 110-113, 119, 124, 127, 128, 131, 142, 146, 148, 168, 174, 188-189, 202, 212, 259, 292-293, 299-303, 306, 308, 373, 396-397, 399-400, 411-413, 415, 420, 430, 433, 436, 438-440, 442-443, 445, 462, 466-470, 475, 477, 491, 521, 523
Primo de Rivera, Fernando, 286
Primo de Rivera, José Antonio, 13, 33, 35, 77, 119, 121-127, 129, 131-132, 139, 166, 174, 179, 242, 286, 336,
Primo de Rivera, Miguel, marqués de Estella, 28-29, 49, 62, 65, 85, 93, 106, 135, 148, 242, 496-497, 515-516, 528
Procacci, Giovanni, 496
Puche, Ramón, 466
Puente, Enrique, 285
Puig de la Bellacasa, Joaquín, 17
Puigdengolas, Ildefonso, coronel, 274, 282
Pujol, Jordi, 14

Queipo de Llano, Gonzalo, 49, 201-202, 218, 222, 310, 315, 336, 355, 412
Quintanilla, Luis, 257, 266, 269-271

Raguer, Hilari, 123
Ramón y Cajal, Santiago, 497
Rancaño, José María, 450, 464, 466
Regler, Gustav, 347
Reig Tapia, Albert, 265, 271-272, 277, 280-281
Renau, José, 451, 459-460, 471
Revel, Jean François, 21, 34
Rey d'Harcourt, 486
Richthofen, Wolfgang von, 385-387, 389-390, 417
Rico Avello, Manuel, 284
Ridruejo, Dionisio, 253
Riesgo, Juan M., 387
Ríos, Fernando de los, 52, 313, 468
Riquelme, José, general, 254, 257
Risco, Vicente, 253

Rivas Cherif, Cipriano, 230, 464-465
Roatta, Mario, 424
Roces, Wenceslao, 464
Rodríguez Jiménez, José Luis, 123
Rodríguez Salas, Julio, coronel, 397
Rodríguez Zapatero, José Luis, 346
Rodríguez, Melchor, 334
Rojo, Vicente 262, 326, 332, 340-342, 431, 459, 480
Romanones, Álvaro de Figueroa, conde de, 39, 134
Romero, Luis, 204-205
Roosevelt, Theodor, 154, 484
Rosal, Amaro del, 68
Rosales, Luis, 242, 246, 253
Rosenberg, embajador, 298, 396
Ruiz de Alda, Julio, 119, 284, 286-287
Ruiz Funes, Mariano, 205

Sainz Rodríguez, Pedro, 133, 135, 138-140, 172-173, 241
Salas Larrazábal, Jesús, 17, 22, 218, 220, 358, 360, 378-379, 383-385, 389, 476, 535
Salas Larrazábal, Ramón, 272-273, 322, 351, 358, 489-491, 535
Salazar Alonso, Rafael, 87, 284
Salinas, capitán, 257
Saliquet, Andrés, 338
Salzillo, Francisco, 142
Samper, Ricardo, 86-87
Sánchez Albornoz, Claudio, 253, 287
Sánchez Cantón, Francisco, 451, 459, 461
Sánchez García-Saúco, 70
Sánchez Guerra, José, 134
Sánchez Marroyo, Fernando, 283
Sánchez Mazas, Rafael, 253
Sánchez Román, Felipe, 251, 465
Sánchez, Francisco, 270
Sandoval León, Dolores, 17
Sanjurjo, José, 30, 43, 45, 56, 61-62, 71, 88, 104-105, 135, 171-172, 178-179, 181, 186-188, 201, 203, 488
Schumann, Maurice, 166
Seco Serrano, Carlos, 27
Sender, Ramón, 253
Serna, Víctor de la, 253
Serra Pàmies, Miquel, 87
Sert, José María, 253
Sheelagh Ellwood, 123
Shtern, general, 428
Sinova, Justino, 473
Smushkévich, 341, 411
Southworth, Herbert, 122, 265-266, 269, 378, 380, 382, 473
Spengler, Oswald, 119

Sperrle, Hugo, 385, 387-389
Stalin, Iosiv Djugachvili, 68, 105, 106, 108, 109, 111, 265, 297-300, 302-303, 306, 309, 320, 322, 331, 334, 342-343, 349, 346, 348, 354, 396, 398-400, 435, 437, 445-446, 461, 471, 475, 482, 484, 491, 499, 501, 510, 521
Stashefski, 297, 300
Steer, George L., 375, 378, 380, 384-385
Stepanof, 106
Stern, Lazar M., 340
Suárez, Adolfo, 527
Suárez, L. 473
Sverchefski, Korol, 349-350

Tagüeña, Manuel, 123
Talón, Vicente, 379, 384
Tamames, Ramón, 523
Temime, Emile, 70, 362
Thomas, Gordon, 385
Thomas, Hugh, 70, 205, 453
Tiziano, 142
Togliatti, Palmiro, 106
Togores, Luis E., 266, 268, 270-271
Torquemada, Tomás de, 112
Torrado, Asensio, general, 396
Torrente Ballester, Gonzalo, 253
Torres, F., 473
Tovar, 253
Trotski, Leon, 125-126, 396
Trujillo, Julián, 495
Truman, Harry S., 484
Trythall, J., 473
Tuñón de Lara, Manuel, 27, 49, 70, 122-123, 186, 205, 377, 536
Tusell, Javier, 49, 473

Ugarte, Ignacio, 420
Unamuno, Miguel de, 32, 242-243, 245, 247-250, 253, 312, 497
Uriarte, Cástor, 378, 381-383
Uribe, Vicente, 107, 402

Vaca de Osma, José Antonio, 473
Valdés, Francisco, 246
Valle-Inclán, Ramón del, 244, 497
Vallespín, teniente coronel, 255
Valls Taberner, Fernando, 253
Varela, José Enrique, 265, 297, 310, 321, 326, 332-333, 336, 338
Varela Ortega, José, 27
Vázquez Camarasa, Enrique, 263
Vázquez Dodero, J.L., 241
Vázquez Montalbán, Manuel, 473
Vegas Latapie, Eugenio, 133

Vidal, César, 346, 348, 351, 378, 388
Vidal i Barraquer, Francesc, 226, 228, 238
Vidarte, Juan Simeón, 72, 77, 113, 123, 181, 190, 199, 226, 290, 438, 443
Vigón, Jorge, general, 241, 370, 385-387
Vila, Justo, 277
Vilanova, Joaquín, 266
Vilar, Pierre, 22, 23, 25, 29, 362
Villaescusa, general, 528
Villegas, general, 286
Viñas, Ángel, 222, 303-305, 307-308, 376
Vital Gayman, 348
Voltaire, Francois Marie Arouet, 236
Von Faupel, embajador, 387
Vóronof, 341
Voros, Sandor 344, 347
Voroshílof, 398

Walters, V., 526
Whitaker, John T., 278

Yagüe, Juan, teniente coronel, 220, 262, 264-265, 274-275, 277-278, 282, 290, 310-311, 318-319, 479
Yagüe, Nicolás, 310

Zuazo, Secundino 251
Zugazagoitia, Julián, 75, 181, 189, 201, 208, 276, 301, 317, 328
Zuloaga, Ignacio, 253